B.C.Info

제 2 판

Ver 17.4

실무와 예제를 중심으로 한

OrCAD PCB설계

김종오 · 안태원 · 박현찬 공저

Foreword

오늘날 정보화 사회의 구현에 맞추어 전기 및 전자 산업은 빠른 속도로 변화하고 있다. 변화에 따른 다양한 요구로 인해 회로의 복잡성 증가, 동작 속도와 집적도의 증가, 제품의 다양화 및 라이프 사이클 감소 등 개발자에게 신속한 대응의 필요성이 커지고 있다. 이러한 환경 변화에 쉽게 적응할 수 있는, 보다 나은 개발툴들이 필요하게 되었다.

Cadence사의 OrCAD Capture는 오늘날 전자 회로 설계분야에서 가장 보편적으로 사용되는 빠르고 강력한 업계 표준의 범용 회로설계 편집 도구로서 자리를 잡고 있다. 제품의 특징으로는 강력한 회로도 생성, 통합된 부품정보시스템, 통합된 설계절차, 다양한 PCB 설계제품 지원기능, 개방형 플랫폼 및 사용자 편의성 및 생산성 향상의 기능을 제공한다.

OrCAD PCB Editor는 종합적인 PCB 설계 솔루션으로 전자회로 산업계에서 많이 요구되는 고속이며, 고집적인 PCB 설계에 대응되는 툴이다. 기본적인 회로도면과 PCB툴 간의 연동, 고속 회로설계를 고려한 PCB 설계의 규칙설정 및 적용을 위한 강력한 환경을 제공하고 있다.

본서는 Cadence사의 **OrCAD Ver17.4**를 기본으로 하였다. 즉, OrCAD Capture Ver17.4와 OrCAD PCB Editor Ver17.4의 기본적인 사용법과 실무예제를 통한 활용능력 배양에 중점을 두었다.

본서는 크게 3개의 Part로 구성된다.

Part 1은 OrCAD Capture를 사용한 회로도 작성 및 회로도 작성과 관련된 응용프로그램 수행에 대해 설명하고, 실습예제를 이용한 실습을 수행할 수 있도록 하였다.

Part 2는 OrCAD PCB Editor를 이용한 PCB 설계방법 및 이와 관련된 명령어를 실습할 수 있도록 하였다.

Part 3은 '따라하기 실습예제' 부분으로 총 5개의 실습과제를 통하여 회로도 작성에서 PCB 설계 및 거버 파일 작성까지의 각 과정을 차근차근 따라하는 실습과정으로, 회로도 입력에서부터 PCB 보드 제작의 과정을 이해하기 쉽도록 최대한 노력하였다.

본서의 미흡한 부분은 앞으로도 지속적으로 보완할 예정이며, 본서가 출간되기까지 수고해주신 나인플러스IT(주) 및 복두출판사 관계자 여러분의 노고에 감사드린다.

저자일동

CONTENTS

PART 1 OrCAD CAPTURE

PART 2 OrCAD PCB Editor

PART 3 따라하기 실습예제

P/A/R/T 01

OrCAD CAPTURE

1. OrCAD 입문
2. OrCAD 설계
3. 회로도 작성
4. 네트리스트 작성
5. 계층구조설계
6. 새로운 부품 작성
7. 인터페이스
8. 설계 실습

01 OrCAD 입문

OrCAD는 1985년부터 현재까지 전 세계 수많은 PC 사용자들을 위한 EDA 툴로서의 주요한 역할을 해왔고, 2000년부터 Cadence사에 의해 제품이 공급되고 관리되면서 많은 변화와 발전을 가져왔다. 2008년 11월에 배포된 Windows 사용자를 위한 OrCAD 버전 16.0은 회로 설계와 그리기를 위한 Capture와 Capture CIS, PCB 설계를 위한 PCB Editor 그리고 회로 및 로직 시뮬레이션을 위한 PSpice A/D 등으로 구성되어 있으며, 기존의 OrCAD PCB 설계 툴이 Cadence Allegro PCB로 통합 변환되어 보다 완벽한 PCB 설계 기능이 강화되었다. 특히 2009년 1월에 발표한 Allegro OrCAD 버전 16.2는 성능 개선과 함께 Capture의 사용자 인터페이스 환경에도 적지 않은 변화를 가져 왔으며, 최근에 발표한 OrCAD 버전 17.4는 3D Canvas 기능을 포함하여 추가적인 성능 개선 후 기능을 업그레이드하여 설계 환경을 조금 더 편리하게 변화하였다.

OrCAD Capture는 오늘날 전자 회로 설계분야에서 가장 보편적으로 사용되는 빠르고 강력한 업계 표준의 범용 회로설계 편집 툴로서, 일반적인 회로도 입력은 물론, 블록도, 복잡한 PCB, FPGA, CPLD 등 설계 대상에 관계없이 입력 툴로 사용할 수 있으며 빠르고 편리한 사용자 인터페이스를 제공한다. 또한 시스템 설계자가 새로운 아날로그 회로를 설계하거나, 기존의 PCB의 회로도면을 재구성 또는 HDL 모듈로 디지털 회로를 구성하고자 할 때 시스템 수정, 검증 작업을 위한 완벽한 작업환경을 제공한다.

OrCAD Capture CIS(Component Information System)는 최신 버전의 Capture에 Part List 작성기능, 대화 형식의 부품정보 시스템을 통합한 것으로 Capture의 설계도면을 벗어나지 않고, 부품 데이터베이스나 인터넷상의 온라인 부품데이터에 접속하여 선택한 부품의 제조 관련 데이터를 검색하고 도면에 등록시킬 수 있다.

1.1 OrCAD 기본 아이콘(Icon)

Windows 상에서 OrCAD 17.4를 설치한 디렉토리 안에는 각종 문서들을 포함하고 있는 doc 디렉토리와 Capture, PCB Editor, PSpice 프로그램이 포함되어 있는 tools 디렉토리가 있으며, 각각의 디렉토리는 여러 개의 실행파일 및 도움말에 관련한 파일들로 구성되어 있다.

Capture, PCB Editor, PSpice 등의 프로그램은 OrCAD 17.4 설치 화면에서 한 번에 설치할 수 있으며 부품 데이터베이스 활용여부에 따라 Capture나 Capture CIS를 선택적으로 설치할 수 있다. 현재 OrCAD 17.4는 따로 Demo 버전이 제공되지 않으며, 라이센스가 없으면 Trial 버전으로 동작한다. Trial 버전은 정상적으로 사용할 수 있는 기간이 30일로 제한이 있다.

회로의 작성 및 수정은 Capture를 통하여 수행한다. PCB Editor는 Capture 또는 다른 회로 작성 툴에서 작성된 회로의 PCB 설계를 위해 사용되며, PSpice A/D는 작성된 회로의 해석을 위한 프로그램으로서 아날로그 및 아날로그/디지털 혼합회로의 동작의 모의실험을 위한 회로 해석 프로그램이다.

1.2 OrCAD를 이용한 설계 과정

OrCAD를 이용한 설계는 Capture를 이용한 회로도면의 작성으로부터 시작한다. 즉 Capture의 도구를 이용하여 부품을 입력하거나 기존의 회로 도면으로부터 수정 작업을 통해 회로를 작성한다. Capture에서 제공되는 라이브러리는 약 20,000개 이상의 부품으로 구성되어 있으며, 100만개 이상의 부품이 등록되어 있는 데이터베이스(ICA)에서 부품검색과 선택을 통하여 신속하고 정확한 부품의 사용이 가능하며 사용자가 용도에 따라 기존에 사용된 부품의 속성을 변경하여 간단히 새로운 부품을 생성하는 것도 가능하다.

설계는 프로젝트 관리자(Project Manager)에 의해 관리되고, 하나 또는 그 이상의 회로도로 구성되어 있다. 프로젝트 관리자는 프로젝트에 필요한 모든 자료를 수집하여 나타낸다. 이러한 자료에는 회로도 폴더, 회로도 페이지, 부품 라이브러리, 부품, VHDL 파일, BOM 및 네트리스트와 같은 출력 리포트들이 포함된다. 프로젝트는 *.OPJ의 확장자를 사용하며 ASCII형식을 따르고 있어, 일반편집기로도 내용의 확인이 가능하다. 프로젝트 관리자 윈도에는 설계자료 정보와 참조 프로젝트(referenced project), 리포트 등이 표시되며, 설계 자료 안에 설계에 포함된 회로정보 및 설계 캐시(design cache)와 라이브러리가 같이 표시된다. 설계 캐시는 라이브러리와 같이 설계에 사용된 모든 부품을 저장한다. 설계 캐시와 회로도면을 포함한 회로도는 *.DSN 확장자를 갖는 하나의 파일에 저장된다.

작성된 회로는 네트리스트 작성에 의해 다른 EDA 툴과 정보를 교환할 수 있게 된다. OrCAD에서 지원하는 네트리스트 형식은 30가지 이상이며, 사용자에 의해 자신만의 형식으로 네트리스트를 작성할 수 있다. 네트리스트의 종류에는 PCB Editor, EDIF200, INF, Layout, Pspice, SPICE, VHDL, Verilog, VHDL 등이 있다.

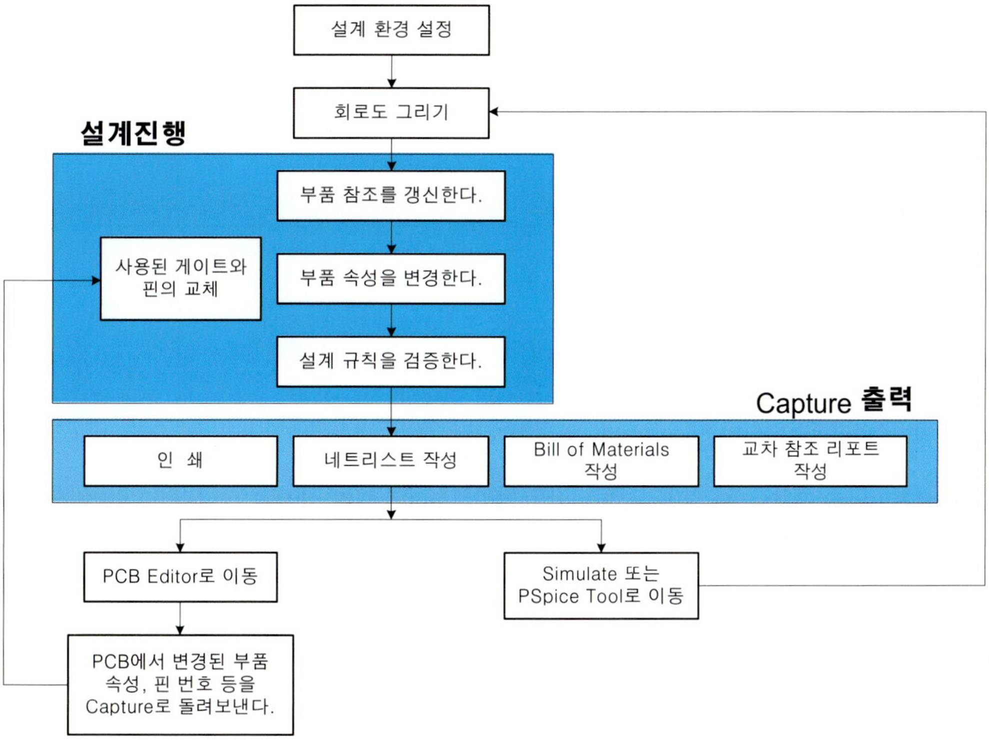

Capture에서의 설계는 설계 환경 및 작업 환경 설정으로부터 시작한다. 설계 환경은 Design Template와 Design Properties의 설정에 의해 글자체, 제목 블록, 페이지 크기, 그리드 참조, 계층구조 등을 지정한다. 작업 환경의 설정은 색상, 그리드 표시여부, 팬과 줌, 선택 버튼, 기타 등의 작업에 관련된 환경을 설정한다. 설계 환경과 작업 환경을 설정한 후, 회로도 작성 도구를 사용하여 회로도면을 그린다.

회로도를 작성한 후에는 각 부품 참조가 유일할 수 있도록 부품 참조를 갱신하며 각 부품 및 네트의 속성을 변경한다. 또 설계가 기초 설계와 전기 규칙에 일치하는지의 여부를 Design Rules Check를 통해 검증한다. 설계 검증을 통해 에러를 찾을 수 있으며, 에러를 수정하여 에러가 더 이상 생기지 않을 때, Capture 출력을 통해 프린터로 인쇄하여 보관할 수 있고 네트리스트를 작성하여 다른 EDA 툴과 정보를 교환할 수 있다. 또 각 부품에 대한 목록을 위해 BOM(Bill of Materials)을 작성하고 모든 부품 또는 부품 참조와 부품 값을 포함하는 목록을 위해 교차 참조 목록을 작성한다.

또한 PCB 설계를 위한 네트리스트 작성으로 PCB 레이아웃 툴인 OrCAD PCB Editor에 연결되어 PCB를 작성하며, PCB 작업 중에 생긴 게이트 및 핀 교체에 대한 정보를 다시 Capture로 넘겨 회로도면을 갱신한다. 또한 PSpice A/D는 아날로그 회로 및 아날로그/디지털 혼합회로에 대한 시뮬레이션을 수행하며 잘못된 결과에 대하여 Capture의 회로 그리기를 통해 수정한다.

1.3 Capture의 시작

Capture는 윈도 시작메뉴에서 Cadence Release 17.4 프로그램 그룹 내에 있는 OrCAD Capture 아이콘을 클릭하여 시작할 수 있다. Capture에는 프로젝트 관리자(Project Manager), 편집기(Editor), Session Log 등 세 가지 윈도가 있으며, 동시에 여러 개의 프로젝트 관리자 윈도 또는 편집기 윈도를 사용할 수 있다.

OrCAD는 다른 Windows 프로그램과 같이 온라인 도움말을 사용할 수 있다. 도움말은 F1을 눌러 온라인 도움말 화면이 나타나도록 하여 특정 주제를 선택하는 방법과 Help 메뉴에서 Help Topic 명령을 이용하여 사용할 수 있다.

1.4 Capture의 기본

Capture를 실행하면 세션 프레임(Session Frame) 윈도가 나타난다. 이 세션 프레임 윈도는 회로의 설계, 작성 및 처리 작업을 진행하며, 경우에 따라 프로젝트 관리자(Project Manager) 윈도, 회로도면 편집기 또는 부품 편집기, 세션 로그(Session Log) 윈도를 사용할 수 있다. 세션 프레임 윈도는 일반적인 Windows 응용 프로그램과 비슷한 모양을 하고 있다.

제어메뉴 박스(Control Menu Box)는 윈도의 닫기, 크기의 변경, 응용 프로그램의 교체 등을 할 때 사용되며, 복원 버튼(Restore Button)은 윈도의 크기를 원래의 크기로 복원하는데 사용된다. 아이콘 버튼(Icon Button)은 윈도를 닫고 아이콘화 하는데 사용되며, 타이틀 바(Title bar)에는 실행 중인 응용프로그램을 표시한다.

메뉴바(Menu Bar)는 각종 명령을 수행하기 위한 메뉴를 나타내며, 각 메뉴를 클릭하면 서브메뉴(Sub Menu)가 나타나 명령들을 선택할 수 있게 된다. 또한 툴바(Toolbar)는 각종 명령에 대한 단축 버튼으로 자주 사용하는 명령들을 쉽게 사용할 수 있도록 하며 마우스의 단추를 클릭하여 작업을 수행할 수 있다. 희미하게 나타난 버튼은 현재 상황에서 사용할 수 없음을 나타낸다.

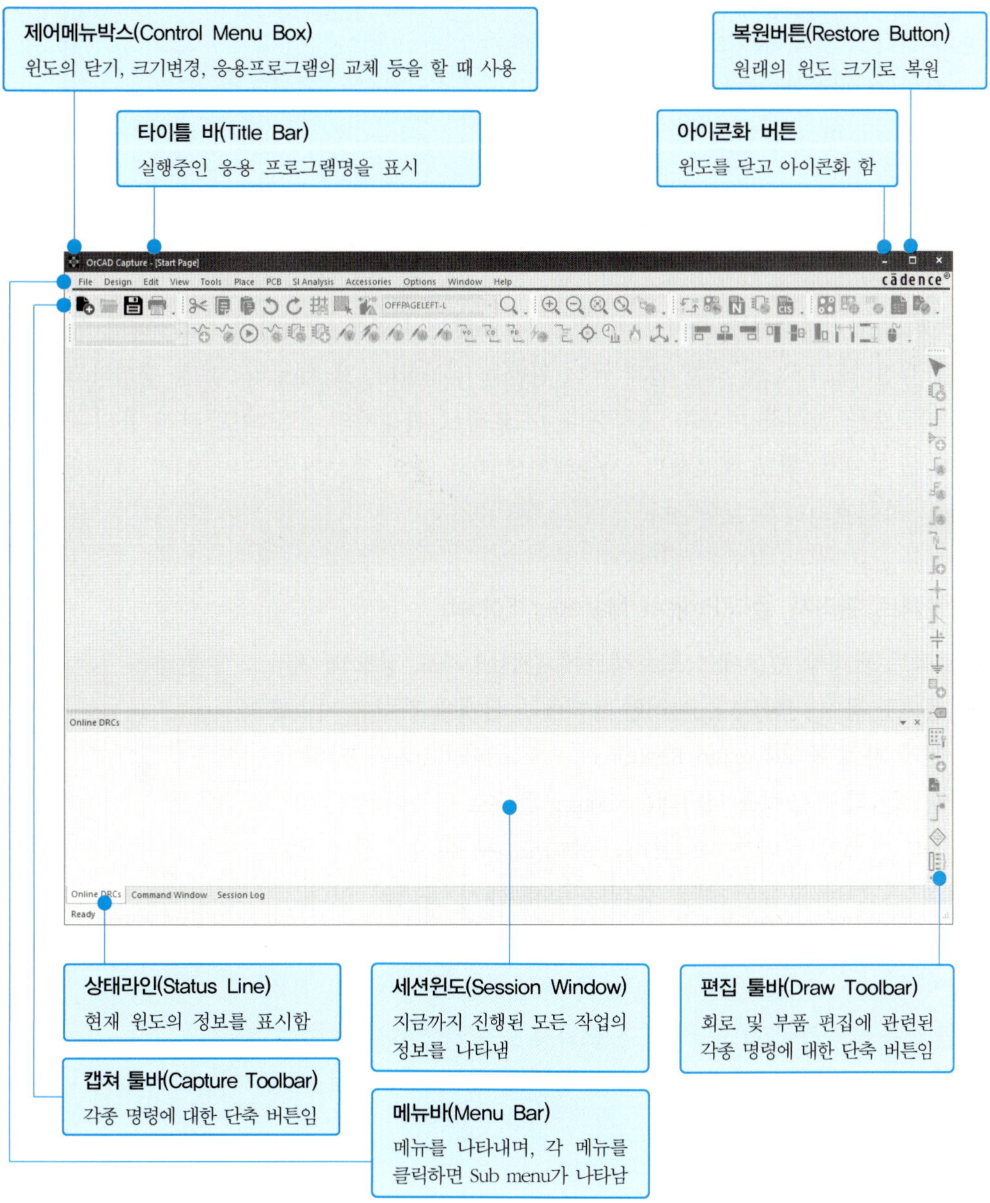

1.4.1 프로젝트 관리자(Project Manager)

프로젝트 관리자 윈도에는 설계자료 정보와 리포트, 참조 프로젝트(referenced project), 시뮬레이션 자료 등이 표시되며, 설계자료 안에 설계에 포함된 회로정보 및 설계 캐시(design cache)와 라이브러리가 같이 표시된다. 하나의 프로젝트는 하나의 설계만 가질 수 있으나 하나의 설계에는 하나 이상의 회로도가 포함될 수 있으며, 하나의 회로도에는 하나 이상의 회로도면이 포함될 수 있다.

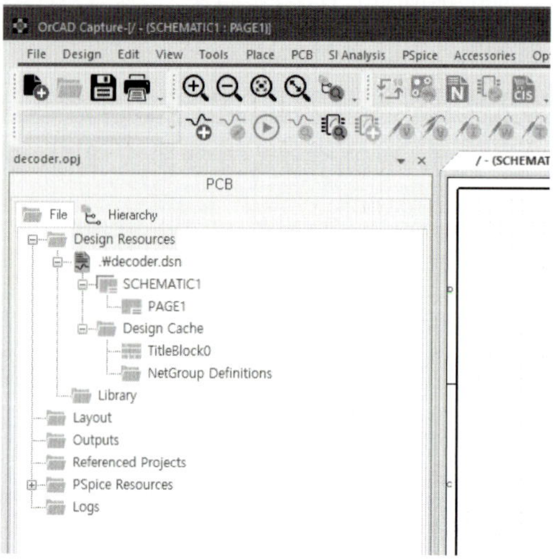

프로젝트 관리자에서는 라이브러리와 그에 포함된 부품도 관리하며 Annotate를 통해 부품 번호를 갱신하고 DRC에 의한 설계 규칙 위반을 검사한다. 또 네트리스트를 생성하고 설계에 대한 리포트를 작성하는 툴을 제공한다. 프로젝트 관리자의 프로젝트 관리 폴더 윈도에는 설계자료, 보고서, 참조 프로젝트, 시뮬레이션 자료 등의 정보가 있으며, 설계 자료에는 설계 정보 및 라이브러리가 포함된다.

1) 프로젝트 관리자 폴더(Project Manager Folder)

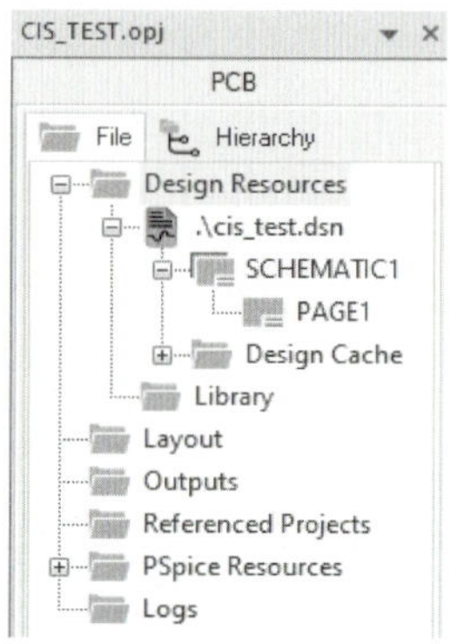

프로젝트 관리자 윈도에는 프로젝트에 관련된 자료 정보를 여러 개의 폴더로 묶어 나타낸다. 이러한 폴더에는 설계에 관련된 자료를 모은 설계 자료 폴더(Design Resources Folder)와 Capture 작업 중에 발생하는 각종 출력을 나타내는 Output 폴더로 나누어진다. 설계 자료 폴더는 설계 폴더와 라이브러리 폴더로 나누어지며 설계 폴더에는 회로도면이 포함된 회로 폴더와 설계 캐시 폴더가 있다.

프로젝트 관리자 윈도의 기능은 윈도 파일 관리자의 기능과 유사하다. 마우스의 커서를 설계나 회로도의 객체에 놓고 마우스의 왼쪽 단추를 더블 클릭하여 화면상의 구조를 확장 또는 축소시킬 수 있다. 회로도면상에서 마우스의 왼쪽 단추를 더블 클릭하게 되면 회로도면 편집기 윈도가 나타나고 선택된 회로도면이 열리게 된다.

프로젝트는 한 개의 설계만 가질 수 있으나 라이브러리는 여러 개를 가질 수 있다. 설계는 한 개 이상의 회로도 또는 VHDL 모델을 가지며 설계의 가장 높은 레벨에는 하나의 루트 모듈(Root Module)이 있어야 한다. 프로젝트 관리자에서 폴더의 왼쪽 옆에 있는 (+)와 (-) 표시를 클릭하여 폴더의 내용을 확인할 수 있다. 회로도면 폴더 내에 있는 회로도면을 더블 클릭하면 회로도면 편집기 윈도에 회로도면을 열거나 이미 열려 있는 회로도면을 활성화시킬 수 있다.

프로젝트 관리자 윈도에는 파일(File)과 계층구조(Hierarchy)에 대한 프로젝트 자료 정보를 제공한다. 파일 탭을 선택하면 프로젝트 관리자 윈도에는 모든 프로젝트의 폴더, 회로 폴더, 그리고 회로도면 등이 나타나며, 계층구조 탭을 선택하면 프로젝트 관리자 윈도에는 프로젝트의 회로 폴더와 회로도면 사이의 계층구조 관계를 표시한다.

2) 찾아보기 윈도(Find Window)

찾아보기 윈도는 툴바 우측 상단의 검색창 또는 Edit 메뉴의 Find 명령으로 찾거나 선택된 항목을 표시한다. 찾는 항목은 부품(Parts), 네트(Nets), 평면 네트리스트(FlatNets), 제목 블록(TitleBlocks), 전원-심볼(Power-Symbols) 등을 각각 선택하여 찾을 수 있다.

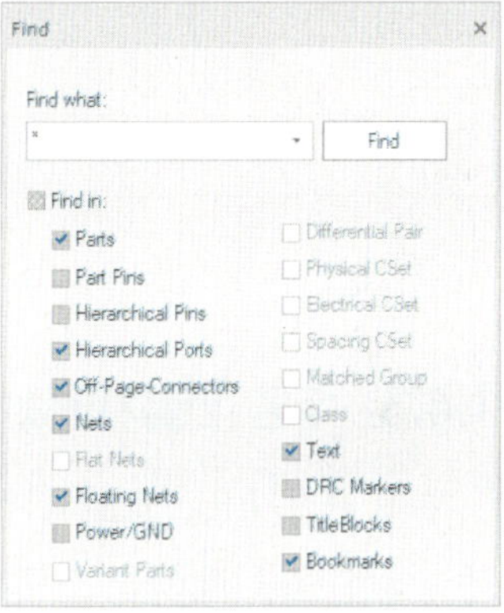

Find 명령은 설계 구조 윈도에서 선택된 모든 회로도와 회로도면에 적용된다. 찾아보기 윈도에서 표시된 항목을 더블 클릭하게 되면 회로도면 편집기 윈도에 그 객체를 포함하고 있는 회로도면이 나타나고 그 객체는 선택된 상태로 된다.

1.4.2 회로도면 편집기(Schematic Page Editor)

회도도면 편집기(Schematic Page Editor) 윈도는 회로도면을 표시하고 편집한다. 본 윈도에서는 편집 툴바(Draw Toolbar)를 통해 부품, 와이어, 버스 등 입력할 수 있을 뿐만 아니라 그래픽 또는 문자들을 입력할 수 있다.

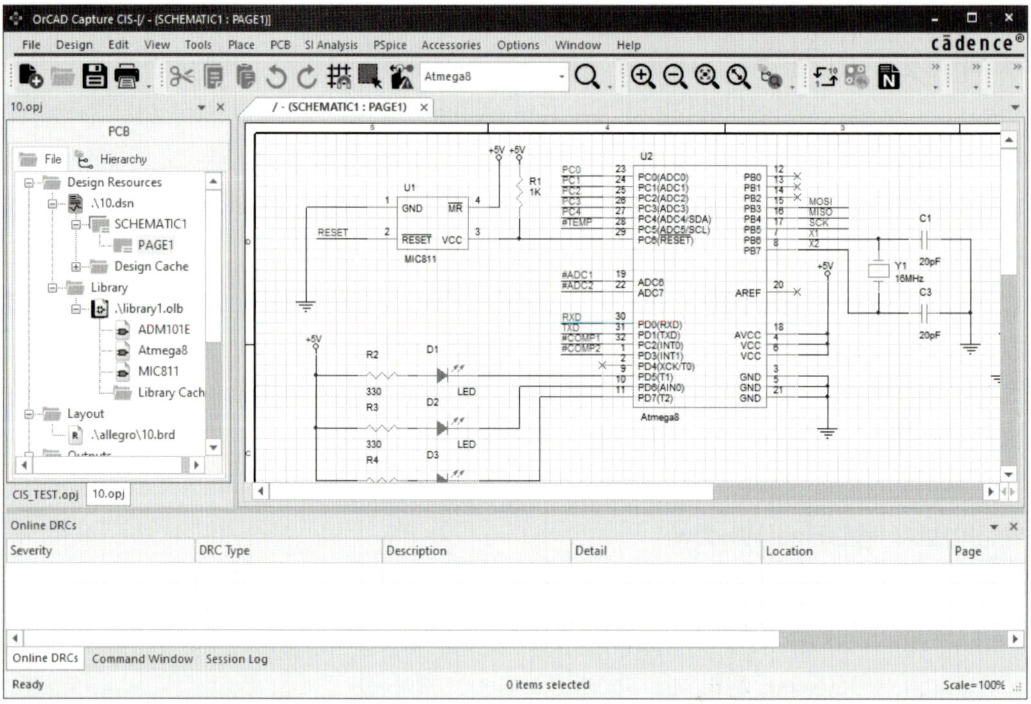

1.4.3 부품 편집기(Part Editor)

부품 편집기(Part Editor) 윈도에서 부품을 작성하고 편집할 수 있으며, 부품 편집기의 View 메뉴에서 부품(Part)을 선택하거나 패키지(Package)를 선택할 수 있다. 부품 편집기에서는 부품과 심벌을 작성하고 편집하여 새로운 라이브러리나 기존의 라이브러리에 저장할 수 있다. 또 전원과 접지의 심벌, 페이지간 커넥터(Off-page Connection) 심벌, 계층구조 포트(Hierarchical Port) 심볼, 제목 블록 등을 작성하고 편집할 수 있다.

부품 편집기에도 편집 툴바가 있으며 편집 툴바에는 부품과 기호를 작성하는 도구와 부품에 핀을 입력하는 도구가 포함되어 있다. 부품 편집기에서 새로운 부품을 작성하려면 프로젝트 관리자 윈도에서 File 메뉴를 열어 New의 서브 메뉴 중에서 Library를 선택하여 새로운 부품의 이름을 기입한다. 또 기존의 부품을 편집하려면 File 메뉴에서 Open 서브 명령 중에서 Library를 열어 기존의 라이브러리를 선택한다.

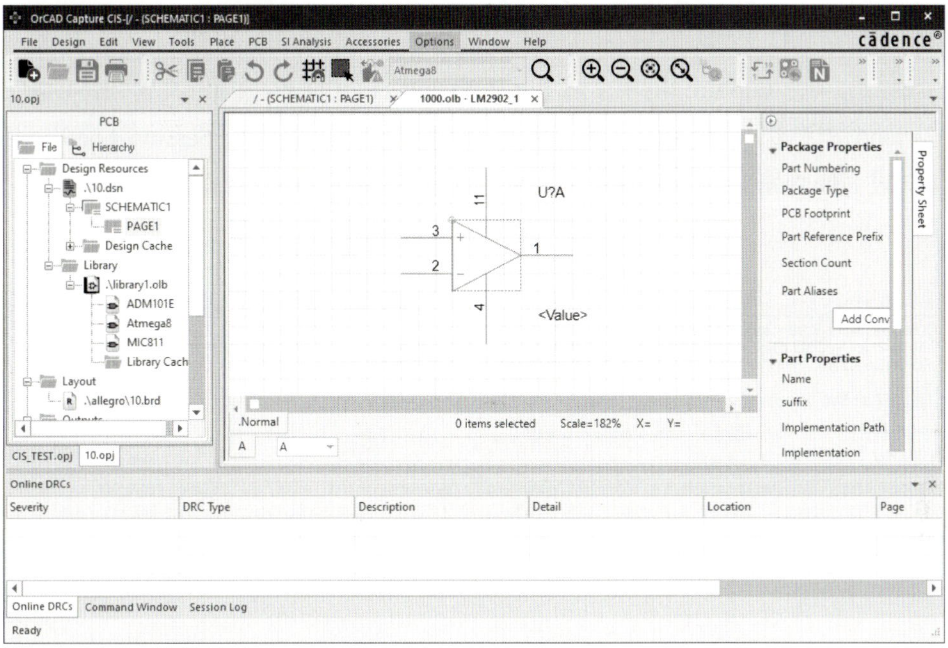

1.4.4 프로그래머 편집기(Programmer's Editor)

Capture에 있는 텍스트 파일 또는 VHDL 파일을 작성하거나 보기 위해 프로그래머 편집기(Programmer's Editor)를 사용한다. VHDL keyword와 comment 문은 다른 색상으로 표시할 수 있으며, 이것은 Preferences 대화상자에 있는 Text Editor 탭에서 설정할 수 있다.

프로그래머 편집기에서 새로운 VHDL 파일을 작성하려면 프로젝트 관리자 윈도에서 File 메뉴를 열어 New의 서브 메뉴 중에서 VHDL를 선택하여 새로운 VHDL 파일의 이름을 기입한다. 또 기존의 VHDL 파일을 편집하려면 File 메뉴의 Open 서브 명령 중에서 VHDL 파일를 열어 기존의 VHDL 파일을 선택하거나 프로젝트 관리자 윈도에서 VHDL 파일을 직접 선택한다.

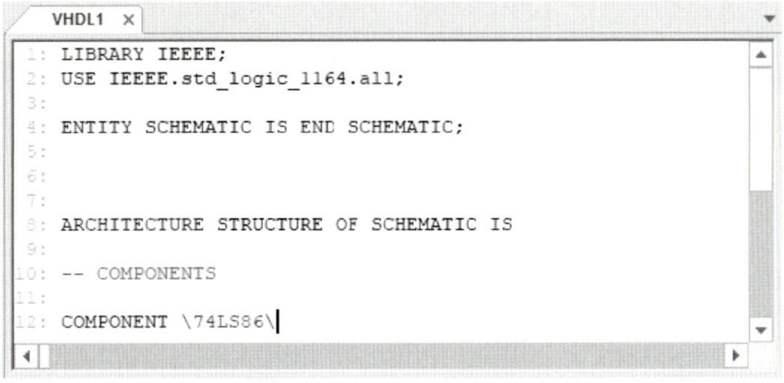

1.4.5 Session Log

Session log에는 Capture의 작업 과정에서 발생한 모든 내용과 메시지가 기록된다. Edit 메뉴의 Find 명령을 통해 Session Log에서 정보를 찾을 수 있으며, Session Log의 내용을 삭제하려면 Edit 메뉴에서 Clear Session Log 명령을 선택하거나 CTRL+DEL 키를 동시에 누른다.

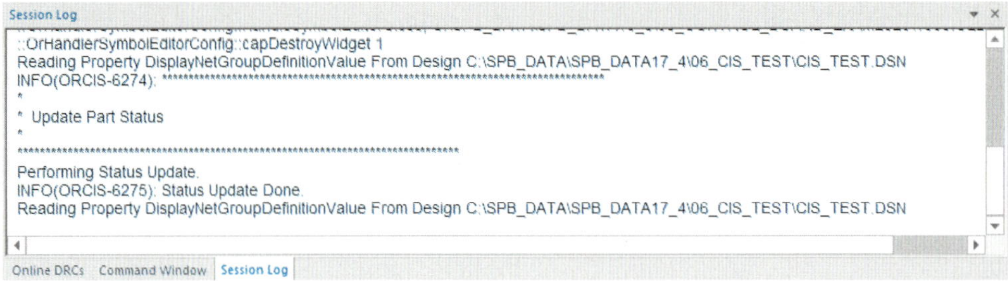

1.4.6 툴바(Toolbar)

툴바는 자주 사용하는 명령들을 쉽게 사용할 수 있도록 아이콘화하여 마우스 단추의 클릭에 의해 작업을 수행할 수 있게 한다. 툴바의 비활성화된 아이콘은 사용할 수 없으며 작업의 종류에 따라 변하게 된다. 툴바 중에는 선택된 객체와 관계없이 사용할 수 있는 것과 선택된 객체에만 적용되는 것들이 있다. 툴바는 View 메뉴에서 Toolbar를 선택하여 툴바를 감추거나 보이도록 할 수 있다.

1) 캡쳐 툴바(Capture Toolbar)

캡쳐 툴바는 OrCAD Capture에서 자주 사용하는 명령들을 쉽게 사용할 수 있도록 아이콘화하여 마우스 단추의 클릭에 의해 작업을 수행할 수 있게 한다. 캡쳐 툴바의 아이콘에 대한 설명은 다음 표와 같다.

Create Document	새 프로젝트를 만든다.
Open Document	기존 프로젝트를 연다.
Save Document	현재 프로젝트 파일이나 도면을 저장한다.
Print	현재 도면을 출력한다.
Cut to clipboard	선택된 개체를 잘라내기 한다.
Copy to clipboard	선택된 개체를 클립보드로 복사한다.
Paste from clipboard	클립보드에 있는 내용을 붙여넣기 한다.
Undo	이전 작업을 취소한다.
Redo	취소된 작업을 다시 실행한다.
74S133 Most recently used	가장 최근에 사용된 부품을 보여준다.
Zoom In	현재 화면을 확대한다.
Zoom out	현재 화면을 축소한다.
Zoom to region	특정 영역만큼 확대한다.
Zoom to all	도면 전체를 작업창 안에 표시한다.
Fisheye	Fisheye 모드를 켜고 끈다.
Annotate	부품 참조자에 대한 정렬작업을 한다.
Back annotate	보드에서 변경된 내용을 디자인에 재적용한다.
Design Rules Check	현재 도면에 Design Rules Check를 한다.
Create netlist	도면에 대한 Netlist를 생성한다.
Cross reference parts	도면에 사용된 부품심볼의 경로 목록을 생성한다.
Bill of materials	부품 목록을 생성한다.

Snap To grid	Grid 기반 작업 선택 여부를 설정한다.
Area Select	부품 선택시 부분선택 또는 전체 선택에 대한 설정을 한다.
Drag connected object	부품 간 연결방법에 대한 설정을 한다.
Project manager	프로젝트 매니저 창을 선택한다.
Help	도움말을 볼 수 있다.

2) **편집 툴바(Draw Toolbar)**

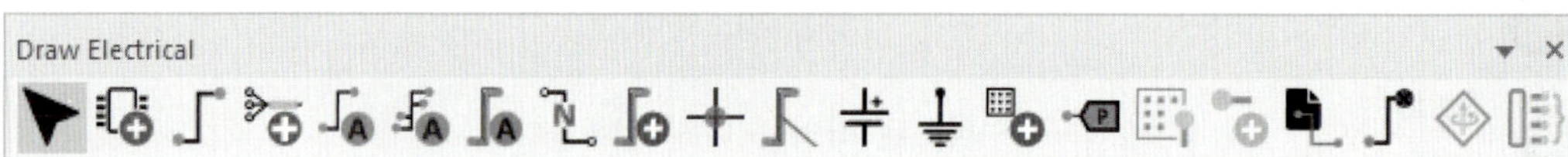

편집 툴바는 회로도면 편집 윈도 및 부품 편집 윈도에서 자주 사용하는 명령을 모아 버튼화한 것으로서, 설계 작업에 따라 사용할 수 있는 버튼이 결정된다.

Select	개체 선택 시 사용한다.
Place part	도면에 사용할 부품 선택 시 사용한다.
Place wire	부품 간 Net 연결에 사용한다.
Two Points	두 개의 Net을 자동으로 연결한다.
Multiple Pinsts	두 개 이상의 Net을 자동으로 연결한다.
Connet to Bus	자동으로 Bus Line을 연결한다.
Place net alias	Net에 이름을 붙여주는데 사용한다.
Place bus	Bus line을 표시하는데 사용한다.
Place junction	Net의 접점을 표시하는데 사용한다.

Place bus entry	Bus와 Net를 연결하는데 사용한다.
Place power	Power Symbol을 표시하는데 사용한다.
Place ground	Ground Symbol을 표시하는데 사용한다.
Place hierarchical block	계층 블록 구조를 그리는데 사용한다.
Place port	입출력 등 다양한 포트를 표시하는데 사용한다.
Place pin	계층 블록의 Pin을 정의하는데 사용한다.
Place offpage connector	페이지간 Net 연결에 사용한다.
Place no connect	사용하지 않는 Pin을 표시하는데 사용한다.
Place line	도면에 Line을 그리는데 사용한다.
Place polyline	도면에 다각형을 그리는데 사용한다.
Place rectangle	도면에 사각형을 그리는데 사용한다.
Place ellipse	도면에 타원을 그리는데 사용한다.
Place arc	도면에 호를 그리는데 사용한다.
Place text	도면에 글자를 나타내는데 사용한다.

1.5 설계 구조

대부분의 설계는 한 장의 회로도면에 들어갈 수 있지만, 어떤 설계는 너무 커서 한 장의 회로도면에 들어갈 수 없을 경우도 있다. 매우 복잡한 회로의 설계는 한 장의 회로도면에 넣는 것보다는 여러 부분으로 나누어 그리는 것이 효율적이다. 이를 위해서는 복잡한 다중 도면 설계를 평면 설계(Flat Design) 또는 계층구조 설계(Hierarchical Design)의 방법으로 처리할 수 있다. 복잡한 회로도면의 페이지를 나누는 방법은 사용자의 편의에 따라 다를 수 있겠지만 일반적인 원칙은 다음과 같다.

- 프린터의 최대 용지 규격에 들어갈 수 있도록 한다.
- 동시에 여러 사람이 작업할 수 있도록 설계를 나눈다.
- 탑-다운(Top-Down) 접근방식으로 설계한다. 즉, 먼저 주요기능을 대표하는 블록으로 블록도를 구성하고, 다음에 각 블록의 상세한 회로도를 작성한다.
- 기능적인 부분으로 나누어 설계한다.

1.5.1 평면 설계(Flat Design)

평면 설계는 회로도면이 크지 않은 설계에 적합하며, 한 회로도면의 출력 라인들은 오프-페이지 커넥터(Off-Page Connector)라는 객체를 통하여 동일한 회로도의 다른 페이지의 입력 라인으로 연결된다. 평면 설계에는 계층구조(계층구조 블록, 계층구조 포트, 계층구조 핀)의 부품이 사용되지 않으며, 동일한 회로도 및 동일한 레벨에 속한다. 평면 설계에서는 오프-페이지 커넥터에 이름을 지정하여 평면 설계의 페이지들 사이의 연결 관계를 관리하기 때문에 설계의 크기를 상대적으로 작게 유지하여야 한다.

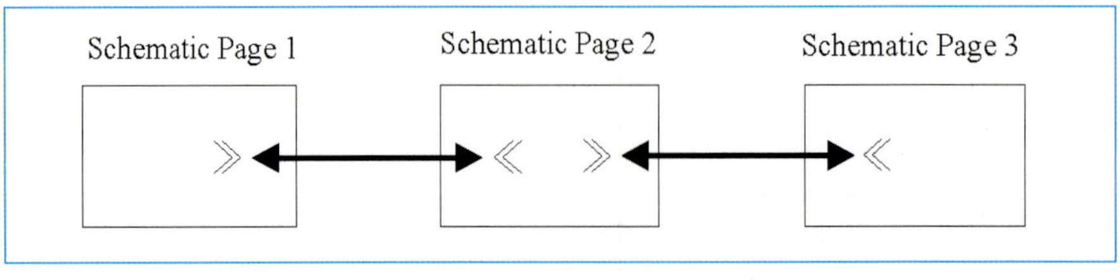

1.5.2 계층구조 설계(Hierarchical Design)

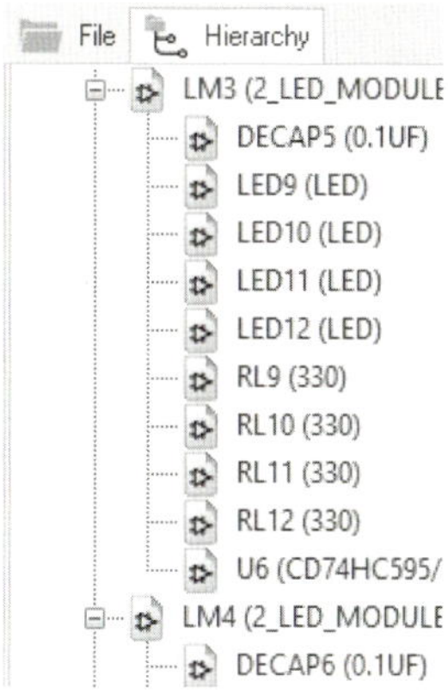

계층구조 설계는 평면 설계와 달리 특정 회로도에 다른 회로도들을 포함하고 있으며, 포함된 각 회로도는 간단한 심벌로 대신하여 나타낸다. 이들 심벌들을 계층구조 블록(Hierarchical Block)이라 하며, 회로도를 다른 회로도 내에 포함시킴으로써 계층을 구성한다. 모든 회로도는 다른 회로도를 표시하는 계층구조 블록을 포함할 수 있으며, 이러한 네스트 구조(Nest Structure)는 단계의 제한 없이 구성될 수 있다. 계층구조의 최상위에 있으면서 직접적이나 간접적으로 프로젝트의 모든 설계를 참조하는 회로도 폴더를 루트 모듈(Root Module)이라고 하며, 프로젝트 관리자 윈도에서 회로도의 아이콘 내에 백슬래시(\)에 의해 구별된다. 루트 모듈은 다른 설계와 마찬가지로 많은 회로도면을 포함할 수 있다.

1) 단순한 계층구조 (Simple Hierarchies)

계층구조 블록과 참조하는 회로도 사이에 일대일로 대응하는 단순한 구조를 말한다. 단순한 계층구조에서 각 계층구조 블록은 하나의 회로도로 표시된다.

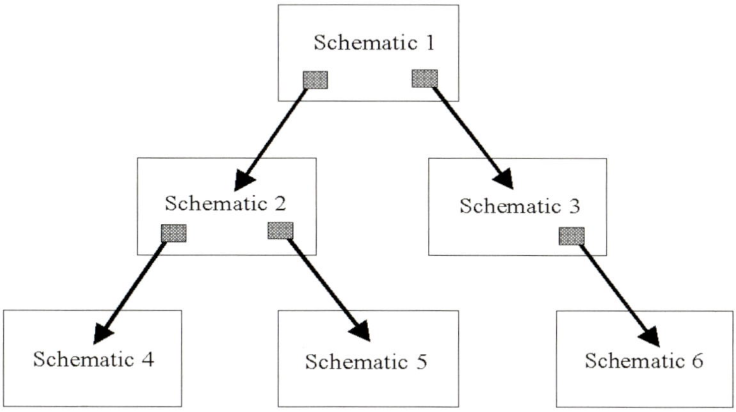

2) 복잡한 계층구조(Complex Hierarchies)

계층구조 블록과 참조하는 회로도 사이에 다대일로 대응되는 구조로서 하나의 계층구조 블록이 참조하는 회로도에 여러 번 반복 사용되는 것이다.

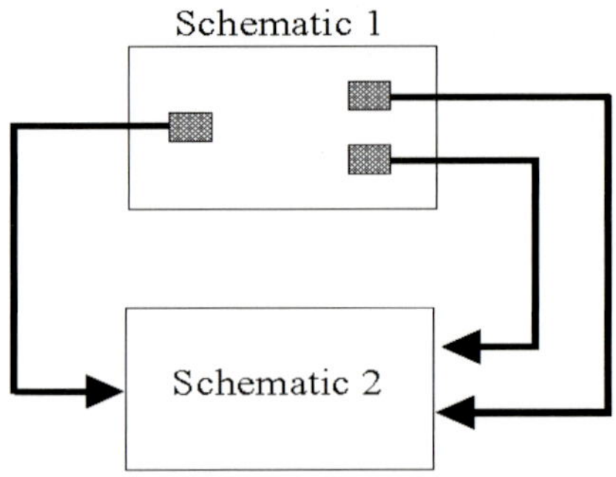

1.5.3 설계의 연결

Capture에서 계층구조 블록, 계층구조 포트, 계층구조 핀, 오프-페이지 커넥터 등을 이용하여 네트를 확장하며 회로도와 회로도면을 연결한다. 계층구조 블록, 계층구조 포트, 그리고 계층구조 핀들은 회로도와 회로도면 사이에 신호를 전달하며, 오프-페이지 커넥터는 동일한 회로도 내의 회로도면 사이에 신호를 전달한다. 계층구조 블록, 계층구조 포트, 계층구조 핀, 오프-페이지 커넥터를 입력하는 방법은 추후 설명한다.

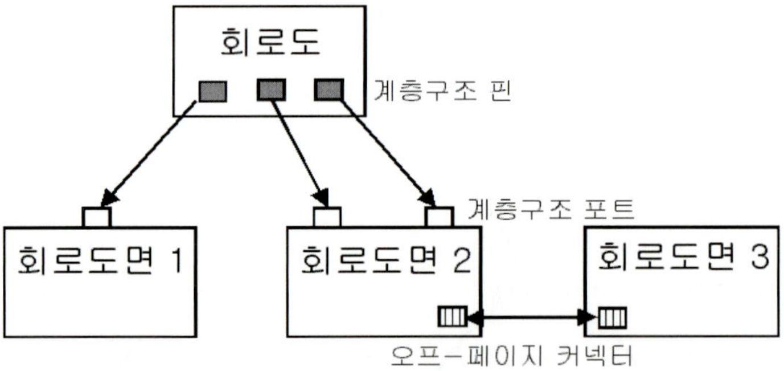

1) 계층구조 블록(Hierarchical Block)

계층구조 블록은 계층구조 블록에 연결되어 있는 종속 회로도를 의미하며 계층이 낮은 방향으로만 수직 연결된다. 계층구조 블록 내에 있는 계층구조 핀과 계층구조 블록 밖에 있는 계층구조 포트에 의해 연결된다. 계층구조 포트는 계층구조 블록과 이에 연결되어 있는 회로도의 다른 전기적 객체와 전기적 연결을 표시하는 연결부이다. 계층구조 블록은 상위 계층 회로도에서 "회로가 포함되어 있는 부품"과 같은 기능을 수행한다.

2) **계층구조 포트**(Hierarchical Port)

계층구조 포트는 계층구조 블록의 밖에 위치하여 상위 계층의 같은 이름의 계층구조 핀을 통하여 연결되고 동일한 회로도 내에 같은 이름의 네트, 계층구조 포트, 오프-페이지 커넥터에 연결된다. 계층구조 포트의 기능은 회로도 사이에 네트를 구성하는 것이라 생각할 수 있다.

3) **계층구조 핀**(Hierarchical pin)

계층구조 핀은 하위 계층 방향으로 수직적 연결만 제공한다. 계층구조 핀은 회로도가 연결되어 있는 회로도면의 같은 이름의 계층구조 포트와 연결된다.

4) **오프-페이지 커넥터**(Off-Page Connector)

오프-페이지 커넥터는 동일한 회로도 내에 있는 회로도면들을 연결한다. 오프-페이지 커넥터는 동일한 회로도 내에서 같은 이름의 다른 오프-페이지 커넥터와 연결되며, 다른 회로도에 있는 같은 이름의 오프-페이지 커넥터와는 연결되지 않는다.

1.6 OrCAD CIS 시스템

OrCAD CIS 시스템은 수작업으로 부품자료를 관리하거나 직접 부품을 검색하고 입력하는 과정의 단계를 획기적으로 줄인 부품관리 시스템이라고 할 수 있다. 즉, 사용자는 회로도면에 사용되는 부품자료를 쉽게 얻을 수 있을 뿐 아니라 설계 과정 전반에 걸쳐 이들 자료를 공유할 수 있다. 따라서 설계 과정을 공동 관리하는 데이터베이스를 통하여 갱신된 부품은 개발자 그룹 내에서 공유하여 사용하게 되며, 여기서 관리되는 자료는 수시로 사용자의 도면에 직접 적용되어 갱신된다.

즉, 제품에 따른 요구사항에 따라 부품의 번호, Footprint, 패키지의 형식 등의 자료를 가지고 정확한 도면설계가 가능하다. 이러한 CIS 시스템의 특징을 요약해 보면 다음과 같다.

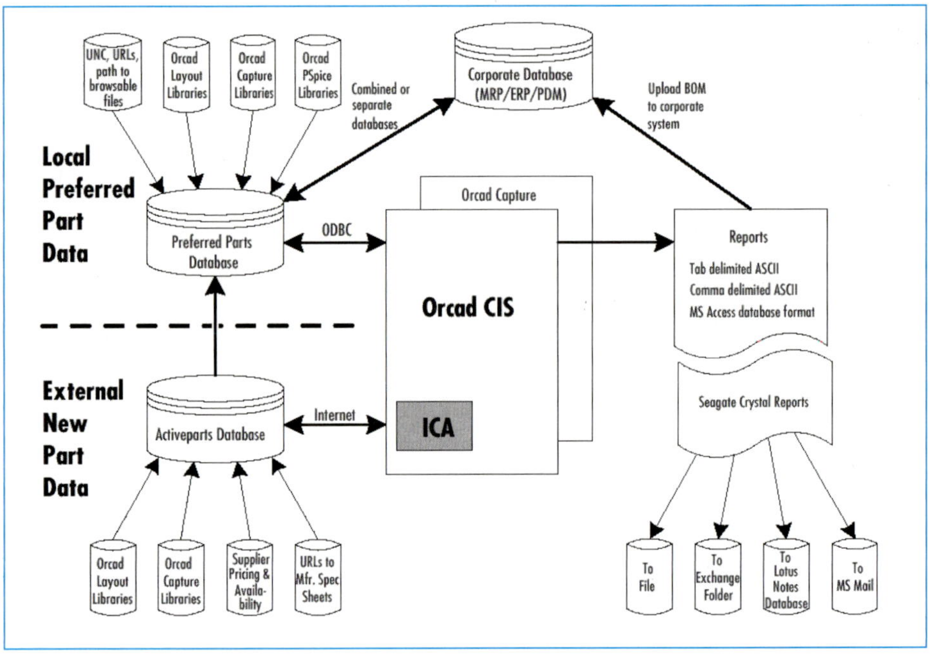

- 설계에 필요한 항목과 환경 등이 네트워크로 연결된 부품 데이터베이스와 연결되어 자동적으로 자료에 대한 갱신이 이루어진다.
- 전체 회로도면에서 최근에 갱신된 부품의 사용과 일관성을 유지한다.
- 데이터베이스에서 선택된 자료는 설계도면에서 선택한 부품에 자동적으로 바로 적용된다.
- 회로도면상의 부품과 데이터베이스 내의 자료는 항상 링크관계를 유지하므로 회로도면이나 출력된 리포트에서도 직접 이들 자료를 취하여 검토하는 것이 용이하다.
- 부품관리자는 부품공급자의 최신정보와 부품자료의 정확성을 검증하고 적용한다.
- 인터넷 부품 데이터베이스를 통한 부품정보는 사용자의 회로 도면에 곧바로 적용되어 사용된다.

1.6.1 인터넷 부품 데이터베이스 기능 ICA (Internet Component Assistant)

사용자가 부품 데이터베이스를 지원하는 사이트에 접속하여 이들 데이터베이스에서 직접 새로운 부품관련 자료를 지원 받는 기능을 ICA(Internet Component Assistant)라고 한다. 사용 가능 사이트에서 부품을 검색하여 찾았으면 사용자의 지역 부품 데이터베이스(LPD)에 일시적으로 부품을 만들게 되며, 이렇게 만들어진 임시부품은 회사규정 부품 번호를 부여하거나 승인절차를 거쳐 사용자의 회로도면에 적용된다.

1.6.2 PCB 설계시 CIS의 사용방법

PCB 설계과정에 CIS기능을 사용하기 위해서 사용자나 혹은 시스템관리자는 반드시 다음 내용을 반드시 숙지하고 있어야 한다.

① 적합한 부품을 담은 지역 부품 데이터베이스(LPD)에 만들어 준다.
② 지역 부품 데이터베이스를 개방형 데이터베이스 연결(ODBC)자료로 설정한다.
③ 부품관리 시스템의 환경설정을 한다.

모든 설정과정을 마친 후에 Capture에서 다음 단계를 거쳐서 CIS를 사용한다.

- 데이터베이스로부터 상호 연관성이 있는 속성을 갖는 부품을 선택한 후 사용자의 도면에 배치한다.
- 배치된 부품의 상태를 검사하여 변경된 내용을 데이터베이스에 반영하기 위하여 속성을 갱신해준다.
- 설계도면과 부품 데이터베이스 정보를 이용하여 Report와 BOM을 만든다.

1.6.3 CIS의 작업환경

CIS의 작업환경은 두 개의 작업 창으로 구성되어 있다. 하나는 지역 부품 데이터베이스를 관리하기 위한 창(Part Manager)이고 다른 하나는 부품 데이터의 자료를 탐색하는 창(CIS Explorer)으로 이들은 모두 Capture 메뉴에서 통합관리되고 있다.

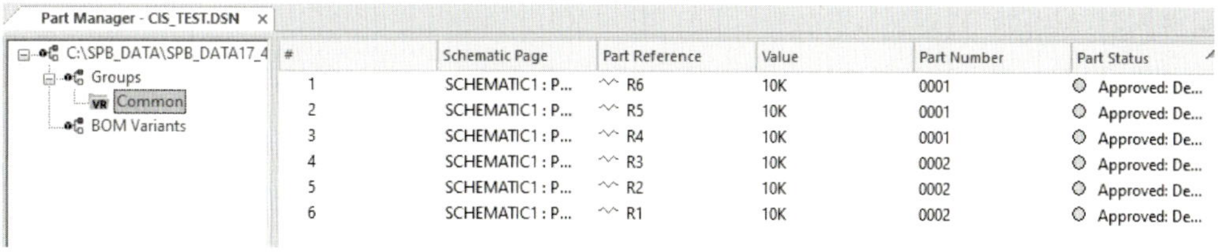

CIS 탐색창을 이용하면 부품의 검색과 다양한 부품정보를 얻어낼 수 있다. 이러한 탐색창에는 지역 부품 데이터베이스(Local Part Database)와 인터넷 부품 데이터베이스(Internet Component Assistant)를 이용할 수 있는 두 개의 선택 탭이 화면하단에 위치해 있다. CIS 탐색창은 다음과 같은 세 가지 방법으로 내용을 확인할 수 있다.

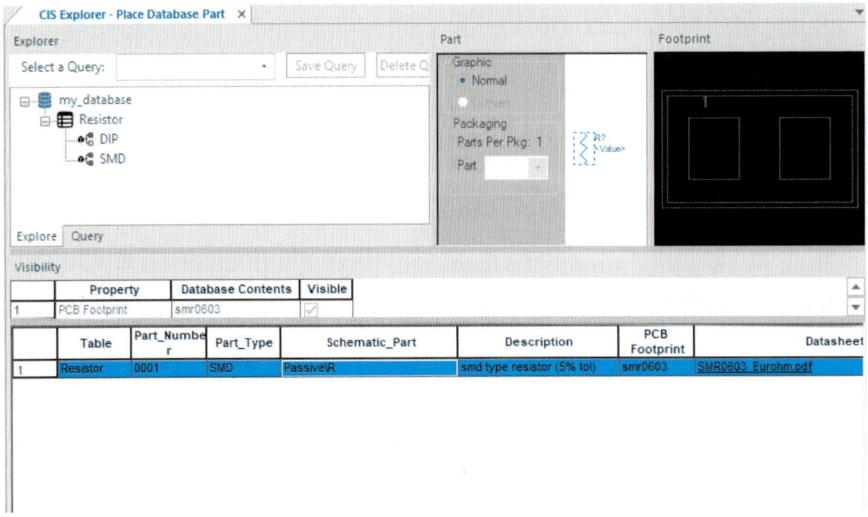

- 데이터베이스 부품을 배치하는 방법으로 열기
- 데이터베이스 부품을 배치된 부품에 연결하는 방법으로 열기
- 배치된 부품의 데이터베이스 속성을 확인하는 방법으로 열기

부품관리 창에서는 설계한 도면의 모든 부품에 대한 상태를 다음과 같은 내용으로 요약해서 보여준다.

- 부품의 참조 표시자 및 부품 값과 부품번호
- 부품 데이터베이스에 관련된 배치부품의 상태
- 배치된 부품과 관련된 데이터베이스 표
- 부품이 배치된 곳의 Capture 라이브러리와 패키지

#	Schematic Page	Part Reference	Value	Part Number	Part Status
1	SCHEMATIC1 : P...	R6	10K	0001	Approved: De...
2	SCHEMATIC1 : P...	R5	10K	0001	Approved: De...
3	SCHEMATIC1 : P...	R4	10K	0001	Approved: De...
4	SCHEMATIC1 : P...	R3	10K	0002	Approved: De...
5	SCHEMATIC1 : P...	R2	10K	0002	Approved: De...
6	SCHEMATIC1 : P...	R1	10K	0002	Approved: De...

02

OrCAD 설계

한 프로젝트에 속하는 모든 회로도면과 라이브러리 부품들은 설계(Design)라고 하는 하나의 파일로 저장된다. 설계는 프로젝트 관리자(Project Manager)에 의해 관리되고, 프로젝트는 하나의 설계와 라이브러리, VHDL 파일, Verilog 파일 그리고 설계와 관련된 출력 파일 등으로 구성된다.

설계는 하나 또는 그 이상의 회로도로 구성되며, 설계 캐시(Design Cache)와 같이 표시된다. OrCAD 설계는 설계환경의 설정에서부터 시작된다. 설계 환경은 Preferences와 Design Template의 설정에 의해 글자체, 제목 블록, 페이지 크기, 그리드 참조, 계층구조 등을 지정한다.

2.1 설계의 시작

한 프로젝트에 속하는 모든 회로도면과 라이브러리 부품들은 프로젝트 관리자(Project Manager)에 의해 관리되고, 프로젝트는 하나의 설계와 라이브러리, VHDL 파일, Verilog 파일 그리고 설계와 관련된 출력 파일 등으로 구성된다. 설계는 하나 또는 그 이상의 회로도로 구성되며, 설계 캐시(Design Cache)와 같이 표시된다. 설계 캐시는 내장 라이브러리와 같은 것으로 설계에 사용된 모든 부품들이 저장되어 있다.

2.1.1 프로젝트, 설계, 라이브러리 시작

다음과 같이 새로운 프로젝트, 설계, 라이브러리, 등을 시작한다.

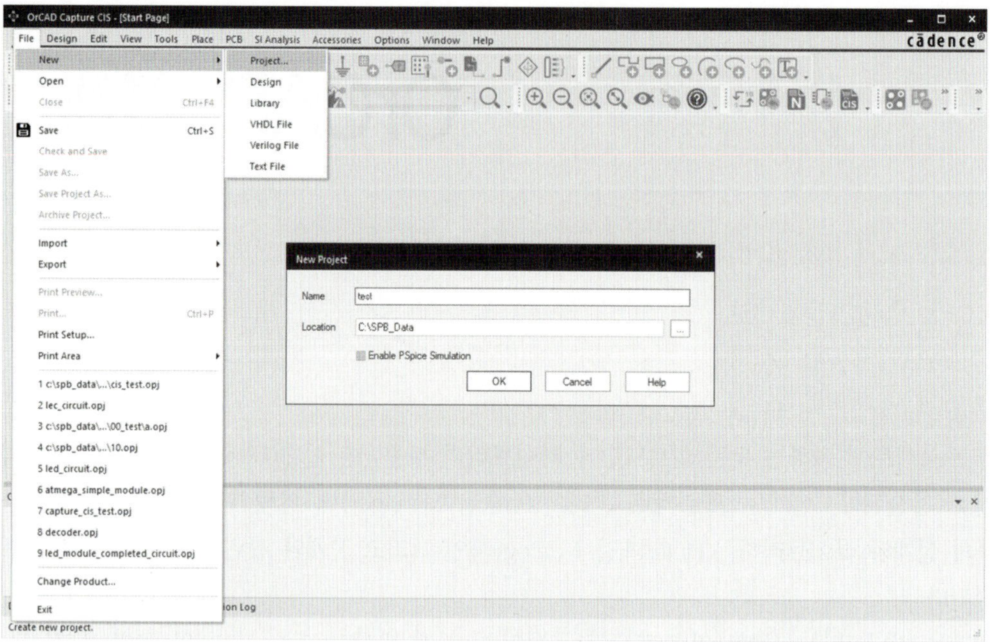

1) 새로운 프로젝트의 시작

① OrCAD Capture 윈도의 File 메뉴에서 New를 클릭한 후 Project(단축키는 ALT-F, N, P)를 선택한다.

② New Project 이름의 대화상자가 열린다. New Project 대화상자에 있는 Name 문자상자에 새로운 프로젝트 이름을 입력한다.

③ 새로운 프로젝트를 저장할 위치를 알면 Location 문자상자에 경로를 입력하고 그렇지 않으면 Browse 버튼을 눌러 경로를 설정한다.

④ Pspice기능을 사용할 때는 Enable Pspice simulation 체크박스를 활성화 한다.

⑤ Name 대화상자에 test란 이름을 입력하면, 새로운 프로젝트 관리자 윈도에서 새로운 설계가 test.dsn이란 이름으로 열린다. test.dsn 설계 밑에는 SCHEMATIC1이란 이름의 회로도와 설계캐시가 표시되며, SCHEMATIC1이란 회로도에는 PAGE1이란 회로도면이 나타난다.

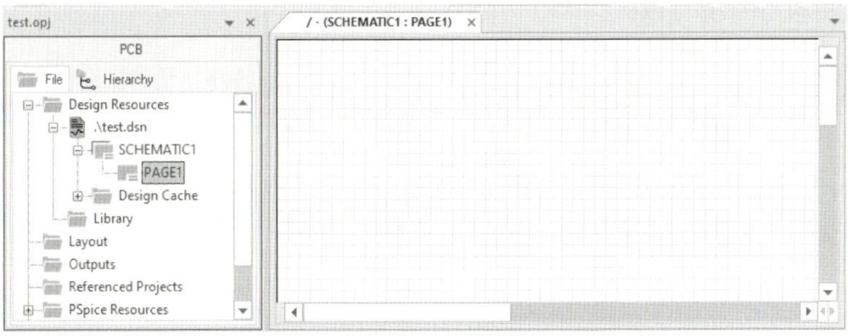

2) 새로운 설계의 시작

① Capture 윈도의 File 메뉴에서 New를 클릭한 후 Design(단축키는 ALT-F, N, D)을 선택한다.

② 디렉토리가 설정되어 있는 경우에는, 바로 프로젝트 관리자 윈도가 열리고 Design1이란 이름의 새로운 설계가 시작된다. 만약 여러 번의 설계를 시작하였다면, DesignN의 이름으로 새로운 설계가 시작된다. 여기서 N은 임의의 숫자이며, 중복되지는 않는다.

3) 새로운 회로도면의 시작

① 프로젝트 관리자 윈도에서 파일 탭을 클릭하고 설계 폴더를 클릭하여 회로도 폴더를 연다.

② 새로운 회로도면을 만들 회로도 폴더를 선택하고 마우스의 오른쪽 버튼을 클릭하면 Pop-up 메뉴가 나타난다.

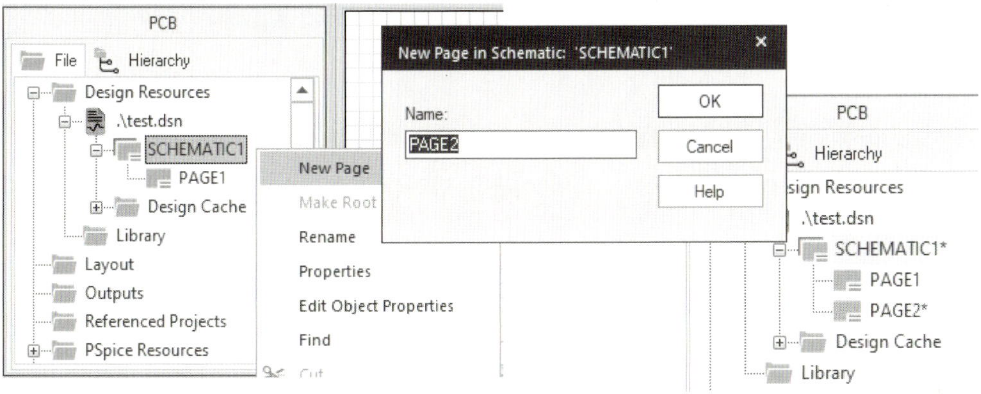

③ Pop-up 메뉴에서 New Page를 선택하면 새로운 도면의 이름을 입력하는 대화상자가 나타나고 대화상자에 PAGE2 이름을 입력하면 회로도 폴더 내에 PAGE2 이름의 새로운 회로도면이 나타난다.

4) 새로운 라이브러리의 시작

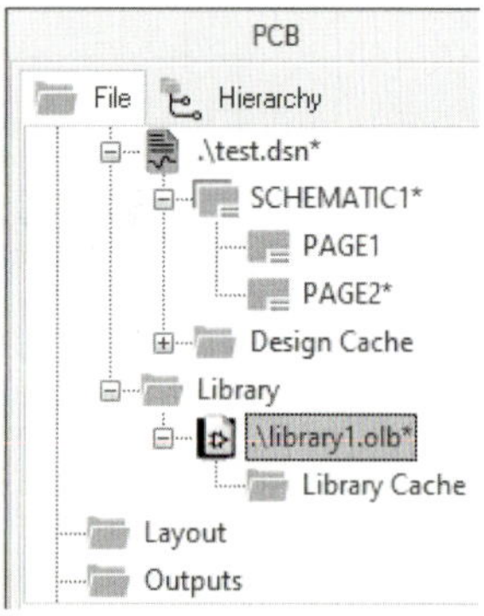

① Capture 윈도의 File 메뉴에서 New를 클릭한 후 Library(단축키는 ALT-F, N, L)를 선택한다.

② 프로젝트 관리자 윈도에 라이브러리가 열리면서 라이브러리 캐시(Library Cache) 폴더가 추가된다.

5) 새로운 VHDL/Verilog 파일의 시작

① Capture 윈도의 File 메뉴에서 New를 클릭한 후, VHDL File(단축키는 ALT-F, N, V) 또는 Verilog File(단축키는 ALT-F, N, E)을 선택한다.

② Capture의 VHDL/Verilog 편집기 윈도가 열린다.

③ 또는 프로젝트 관리자 윈도에서 Design 메뉴에서 New VHDL File 또는 New Verilog File을 선택하면 프로젝트에 VHDL 파일 또는 Verilog 파일을 첨부할 것인가를 묻는 대화상자가 열린다.

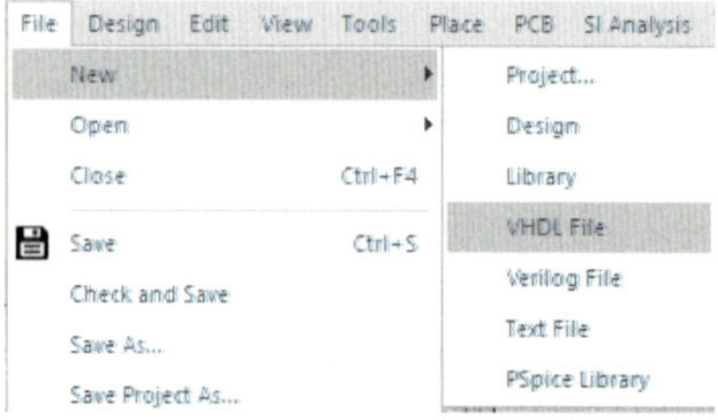

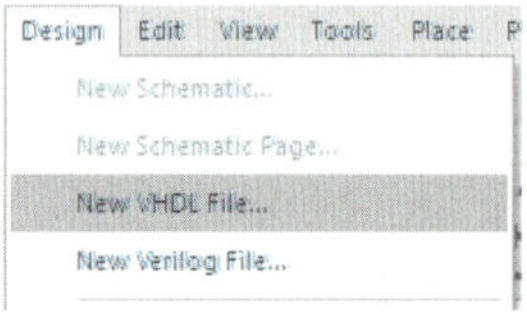

④ 대화상자에서 Yes 버튼을 선택하면 다른 이름으로 저장하기 대화상자가 나타나고 새로운 이름의 VHDL 파일 또는 Verilog 파일 이름을 입력한 후 Save 버튼을 클릭하여 저장한다.

2.1.2 기존의 프로젝트, 설계, 라이브러리, VHDL/Verilog 파일 열기

1) 기존의 프로젝트 열기

① OrCAD Capture 윈도의 File메뉴에서 Open을 클릭한 후, Project(단축키는 ALT-F, O, P)를 선택한다.

② Open Project 대화상자가 열리고 대화상자의 프로젝트 상자에 있는 프로젝트를(*.OPJ) 선택하거나 문자상자에 프로젝트의 이름을 입력한 후 프로젝트를 시작한다.

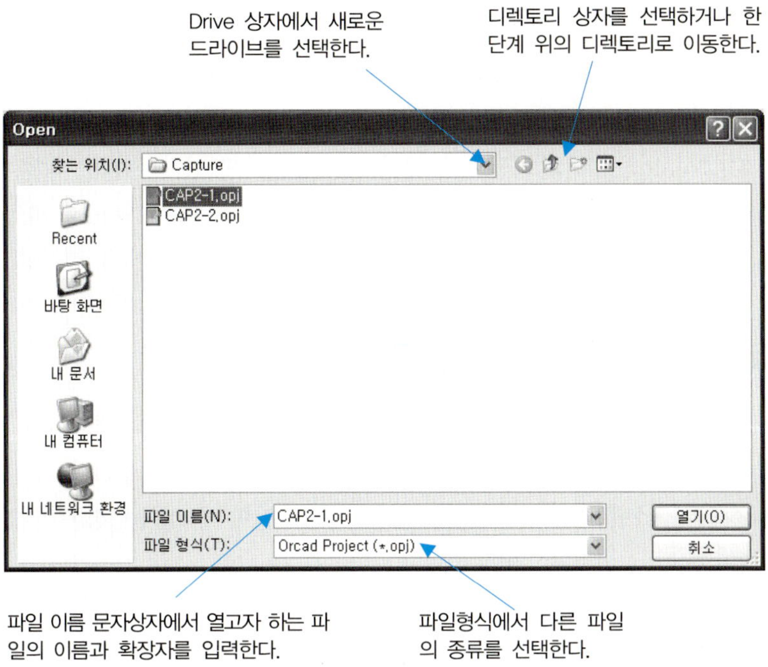

2) 기존의 설계 열기

① Capture 윈도의 File 메뉴에서 Open을 클릭한 후 Design(단축키는 ALT-F, O, D)을 선택한다.

② Open Design 대화상자가 열리고 대화상자에 있는 설계(*.DSN)를 선택하거나 문자상자에 설계의 파일명을 입력하여 설계를 연다.

3) 기존의 회로도면 열기

① 프로젝트 관리자 윈도에서 파일 탭을 선택하고 회로도 폴더 아이콘을 더블 클릭한다. 이것은 회로도면을 나타낼 수 있도록 폴더를 확장하는 것이다.

② 회로도면 아이콘을 더블 클릭하여 회로도면을 연다.

4) 기존의 라이브러리 열기

① Capture 윈도의 File 메뉴에서 Open을 클릭한 후 Library(단축키는 ALT-F, O, L)를 선택한다.

② Open Library 대화상자가 열리고 대화상자에 있는 라이브러리(*.OLB)를 선택하거나 문자상자에 라이브러리 이름을 입력한다.

5) 기존의 VHDL/Verilog 파일 시작

① Capture 윈도의 File 메뉴에서 Open을 클릭한 후 VHDL File(단축키는 ALT-F, O, V) 또는 Verilog File(단축키는 ALT-F, O, E)을 선택한다.

② Open VHDL/Verilog File 대화상자가 열리고 대화상자에 있는 VHDL 파일(*.VHD) 또는 Verilog 파일(*.v)를 선택하거나 문자상자에 VHDL 파일이름 또는 Verilog 파일이름을 입력한다.

2.1.3 프로젝트 내부에 파일의 추가 및 삭제

프로젝트 관리자를 이용하면 라이브러리와 VHDL/Verilog 파일 등을 포함하고 있는 파일을 추가하거나 삭제하는 것이 가능하다. 그러나 이 경우 파일의 형식이 ASCII형식이나 Capture에서 지원하는 형식이 아닌 경우에는 원하는 결과를 확인할 수 없는 경우가 있다.

1) 프로젝트에 파일의 추가

① 프로젝트 관리자의 Edit 메뉴에서 Project를 선택하면, Add File to Project Folder 대화상자가 나타난다.

② 대화상자에서 추가할 파일이 있는 경로를 선택하고 파일을 선택하여 열기버튼을 누르면 파일이 프로젝트에 추가된다.

2) 프로젝트에서 파일의 삭제

① 프로젝트 관리자에서 삭제할 파일을 선택한다.

② Delete 키를 누르면 프로젝트내의 선택한 파일이 삭제된다.

2.1.4 프로젝트, 설계, 라이브러리의 저장

Capture에서는 새로운 프로젝트, 기존의 프로젝트, 설계 또는 라이브러리 등을 저장할 수 있다.

① 프로젝트 관리자의 File 메뉴에서 Save(단축키는 CTRL-S)를 선택한다. 기존의 프로젝트, 설계 또는 라이브러리일 경우 각각 저장되고 프로젝트 관리자는 작업을 계속할 수 있도록 계속 열려 있다.

② 프로젝트, 설계 또는 라이브러리가 처음 또는 새로운 이름으로 저장될 경우에는 File메뉴의 Save As 명령과 마찬가지로 다른 이름으로 저장(Save As) 대화상자를 나타낸다.

③ 파일 이름(File Name) 문자상자에 설계의 이름을 입력한 후 저장 버튼을 누른다.

④ 프로젝트, 설계 또는 라이브러리를 복사하기 위해서는 프로젝트 관리자의 File 메뉴에서 Save As를 선택하여 다른 이름으로 저장(Save As) 대화상자가 나타나면, 파일이름(File Name) 문자 상자에 이름을 입력한 후 저장 버튼을 누른다.

2.1.5 설계 종료

프로젝트 관리자가 활성화되어 있을 때 프로젝트를 종료하며 Capture의 종료 없이 프로젝트를 종료할 수 있다.

1) 프로젝트 종료

프로젝트 관리자의 File 메뉴에서 Close(단축키는 ALT-F, C)를 선택한다. 프로젝트를 저장하지 않았다면 Save Files In Project 대화상자가 나타나고 수정했던 내용을 저장할 것인가를 묻는다.

- Yes : 프로젝트 내의 열린 문서를 저장할 때 선택
- Yes All : 프로젝트 내의 모든 문서를 저장할 때 선택
- No : 열린 문서를 저장하지 않고 종료할 때 선택
- No All : 모든 열린 문서를 저장하지 않고 종료할 때 선택
- Cancel : 프로젝트 종료 명령을 취소할 때 선택

2) Capture 종료

프로젝트 관리자의 File 메뉴에서 Exit(단축키는 ALT-F, X)를 선택한다. 프로젝트를 저장하지 않았다면 Save Files In Project 대화상자가 나타나고 수정했던 내용을 저장할 것인가를 묻는다.

2.2 설계 환경 설정

Capture에서는 여러 가지 설계 환경을 제공한다. Options 메뉴에 있는 명령을 이용하여 다음과 같은 내용을 설정할 수 있다.

- Preferences를 사용하여 사용자에 적합한 작업환경을 설정한다.
- Design Template를 사용하여 새로운 설계의 기본 설정치를 작성한다.

- Autobackup을 사용하여 자동 백업 환경을 설정한다.
- Design Properties를 사용하여 개별 설계에서의 설계 템플릿(template)을 변경한다.
- Schematic Page Properties를 사용하여 개별 회로도면에서의 설계 템플릿을 변경한다.

Capture에서 어떤 윈도를 사용하든지 Options 메뉴에는 Preferences 명령과 Design Template 명령 그리고 Autobackup 명령이 있다. Options 메뉴에는 현재 사용하고 있는 윈도에 관련된 명령이 포함된다. Preference 대화상자에서 설정한 내용은 사용자 작업환경을 결정하며, Capture의 한 세션에서 다음 세션으로 넘어가더라도 계속 유지된다. 사용자가 원하는 색상, 그리드 표시 옵션, 팬(Pan)과 줌(Zoom) 옵션 등을 설정하면 다른 설계 작업을 하여도 설정내용은 변하지 않는다. Design Template 대화상자에서 설정한 내용은 사용자가 사용하는 모든 설계의 기본 특성을 결정한다. 새로운 설계는 현재의 설계 템플릿(Template)을 그대로 적용하기 때문에 새로운 설계를 작성하기 전에 설계 템플릿을 검사하는 것이 바람직하다. Autobackup 대화상자에서 설정한 내용은 자동 백업 환경을 결정하며, 백업시간, 보관 횟수, 백업할 디렉토리 등을 설정한다. 일단 설계를 시작하면 Options 메뉴에서 Design Properties를 선택하거나 회로도면 편집기에서 Schematic Page Properties를 선택하여 특정한 특성을 변경할 수 있다.

2.2.1 Preferences 설정

Preference 대화상자에서 설정된 옵션들은 Capture의 수행에 영향을 준다.

1) 색상 설정

Preferences의 대화상자에서 Colors/Print 탭을 이용하여 각종 회로도면의 객체를 표시하는 색상을 설정한다.

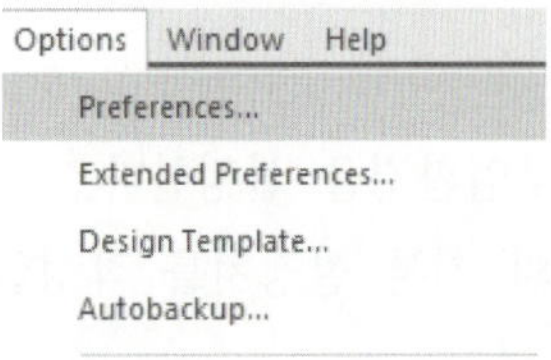

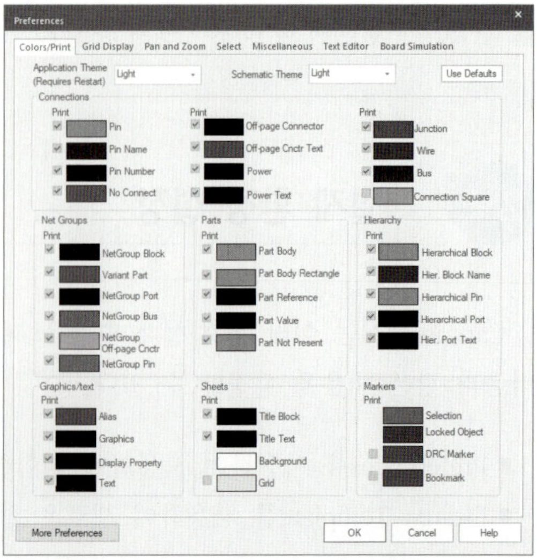

① Option 메뉴에서 Preference(단축키는 ALT-O, P)를 선택하고 Colors/Print 탭을 선택한다. 각 객체의 색상을 프린트할 때에는 왼쪽의 체크 박스에 마우스를 클릭한다.
② 객체의 색상 변경을 할 때에는 색상 변경을 원하는 항목을 선택하여 마우스의 왼쪽 단추를 클릭하면 Color Palette 윈도가 열린다.
③ 새로운 색상을 선택하고 확인 버튼을 클릭하면 Color Palette 윈도가 사라지고 색상이 선택된다.
④ Colors/Print Preference 윈도에서 확인 버튼을 클릭하면 객체에 대한 색상 설정이 끝나게 된다.

2) 그리드 조정

회로도면 편집기와 부품 편집기에 독립적으로 그리드를 화면에 표시할 것인지 또는 인쇄시 인쇄할 것인지의 여부를 설정하며 그리드에 선을 사용할 것인지 점을 사용할 것인지를 결정한다. 또한 각 편집기에서 마우스 커서가 그리드를 따라 움직일 것인지의 여부를 설정한다.

3) 팬(Pan)과 줌(Zoom) 설정

커서가 화면의 끝부분 근처로 이동하면 문서의 다른 부분이 표시되어 화면 표시가 변경되는 것을 팬(Pan)이라 한다. 화면의 변경되는 거리 또는 위치를 설정할 수 있다. 화면을 확대하거나 축소할 수 있는 확대 계수(Zoom Factor)를 설정할 수 있으며, 회로도면 편집기와 부품 편집기에 각각 설정한다.

4) 선택 옵션 설정

객체 선택에 있어서 객체가 사각형 형태의 선택영역에 완전하게 포함되어야 할 것인지 선택용 사각형에 일부 포함되어도 선택될 것인지를 설정하며, 끌기 동작의 수행에서 고해상도로 표시할 수 있는 객체의 최대수를 설정한다. 선택 옵션은 회로도면 편집기와 부품 편집기에 각각 설정된다.

5) 기타 옵션 설정

회로도면 편집기와 부품 편집기에서 작성한 그래픽의 채우기, 선의 형태와 넓이 등을 설정하며, 회로도면 편집기의 기본 선 색상을 설정한다. 또한 프로젝트 관리자와 세션 로그에서의 글자체를 설정한다. 또한 Capture, PCB Editor, PSpice 등과 상호 연결할 수 있는 Intertool Communication 옵션을 설정한다.

6) 문자 편집기 옵션 설정

Capture의 문자 편집기 옵션은 VHDL keyword의 자동 표시, 주석 또는 인용 문장 등을 설정한다. 또한 글자체, 탭 간격, 그리고 강조특성들을 선택한다.

7) 보드 시뮬레이션 옵션 설정

Capture의 보드 시뮬레이션 옵션은 보드 시뮬레이션을 위해 시뮬레이션 흐름을 설정하는 것으로 VHDL flow와 Verilog flow가 있다.

2.2.2 Design Template 설정

Design Template 대화상자에서 설정한 옵션은 모든 새로운 설계와 기존의 설계에 첨가하는 회로도와 회로도면의 기본 설정 값으로 된다. 개별 설계 또는 회로도면에서 일부 옵션을 변경할 수 있다.

1) 서체 설정

새로운 설계의 각 회로도면 객체에 사용할 문자의 서체를 설정한다. 여기에서 설정된 서체는 기존의 설계에는 영향을 끼치지 않는다.

① Option 메뉴에서 Design Template(단축키는 ALT-O, D)를 선택하고 Fonts 탭을 선택한다.
② 각 항목에 버튼에 마우스의 왼쪽 단추를 클릭하면 표준 윈도 Font 대화상자가 나타난다.
③ 이 대화상자에서 글꼴, 글꼴 유형, 크기, 언어 등을 선택한 후 확인 버튼을 클릭한다.
④ Design Template 윈도에서 확인 버튼을 클릭하면 서체 설정이 끝나게 된다.

2) 제목 블록 내용 설정

제목 블록에는 기본과 선택의 두 가지 형태가 있다. 기본 제목 블록은 Design Template 대화상자의 제목 블록 탭에서 설정한다. 제목 블록 탭에서 Title, Organization Name, Organization Address, Document Number, Revision, CAGE Code 영역에 문자를 입력하고 심벌의 라이브러리 이름과 제목 블록 이름을 입력하면 회로도면의 오른쪽 하단에 기본 제목 블록이 생긴다. 여기에서 입력한 정보는 툴 메뉴에 있는 명령들을 사용하여 리포트로 작성된다. 제목 블록 설정은 새로운 설계와 기존 설계의 새 회로도면에 적용되며 Schematic Page Properties 대화상자의 Grid Reference 탭에서 기본 제목 블록을 기존의 회로도면에 나타낼 것인지 여부를 설정한다.

회로도면 윈도에서 Place 메뉴의 Title Block 명령을 이용하여 회로도면의 임의의 위치에 선택 제목 블록을 몇 개든 표시할 수 있다. 선택 제목 블록은 제목 블록 심벌의 속성 값으로 입력한 정보를 표시한다. Capture는 CAPSYM.OLB 라이브러리에 기본 제목 블록 심벌을 둔다. 또한 제목 블록을 사용자에 맞게 만들어 프로젝트 관리자 Design 메뉴의 New Symbol 명령을 사용하여 라이브러리에 저장할 수 있다.

① Option 메뉴에서 Design Template(단축키는 ALT-O, D)를 선택하고 Title Block 탭을 선택한다.
② Text 영역에서 Title, Organization Name, Organization Address, Document Number, Revision, CAGE Code에 표시하고자 하는 문자를 입력한다.
③ 심벌 영역에서 라이브러리 이름과 제목 블록 이름을 입력한다.
④ Design Template 윈도에서 확인 버튼을 클릭하면 제목 블록 설정이 끝나게 된다.

3) 회로도면 규격 설정

새로운 설계에 대해 기본 단위, 회로도면의 높이와 넓이, 핀 사이의 기본 간격 등을 인치와 밀리미터로 설정한다. Pin-to-Pin Spacing 문자상자는 핀 사이의 기본 간격을 설정하는데, 이것은 부품 편집기에서 부품의 핀 간격을 결정한다. 이것은 그리드의 간격을 결정한다. 기본 단위를 인치로 설정하면 페이지의 크기는 A, B, C, D, E, Custom으로 표시되고 밀리미터로 설정하면 A4, A3, A2, A1, A0, Custom으로 설정된다.

① Option 메뉴에서 Design Template(단축키는 ALT-O, D)를 선택하고 Page Size 탭을 선택한다.
② 다음의 내용을 설정한다.
- 회로도면의 단위
- 회로도면의 사이즈
- 핀 사이의 간격

③ Design Template 윈도에서 확인 버튼을 클릭하면 회로도면 규격 설정이 끝나게 된다.

4) 그리드 참조 설정

수평과 수직 그리드 참조를 위해 각 방향으로 표시될 그리드 참조의 수, 그리드 참조가 숫자 또는 알파벳으로 표시할 것인지, 회로도면에서 그리드 참조를 오름차순 또는 내림차순으로 표시할 것인지, 그리드 참조 셀의 넓이를 설정한다. 그리고 외곽선, 그리드 참조, 제목 블록을 표시하거나 감추도록 설정한다. 이 탭에서 설정된 내용은 새로운 설계와 기존 설계에서의 새로운 회로도면에 적용된다.

① Option 메뉴에서 Design Template(단축키는 ALT-O, D)를 선택하고 Grid Reference 탭을 선택한다.

② 다음 내용을 설정한다.

- 수평과 수직 그리드 참조의 수와 표시 방법
- 화면표시 및 인쇄시, 외곽선 표시 여부
- 화면표시 및 인쇄시, 그리드 참조 표시 여부
- 화면표시 및 인쇄시, 제목 블록 표시 여부
- ANSI 표준에 맞춘 그리드 참조 표시 여부

③ Design Template 윈도에서 확인 버튼을 클릭하면 그리드 참조 설정이 끝나게 된다.

5) 계층구조 옵션 설정

Primitive Property가 기본 값으로 설정되어 있는 계층구조 블록과 부품 인스턴스(Part Instance)에 대하여 Capture가 이들을 Primitive(첨부된 회로도에 종속되지 있지 않음) 또는 Nonprimitive(첨부된 회로도에 종속되어 있음)로 다룰 것인지를 설정한다.

① Option 메뉴에서 Design Template(단축키는 ALT-O, D)를 선택하고 Hierarchy 탭을 선택한다.

② 다음 내용을 설정한다.

- 계층구조 블록의 Primitive 또는 Nonprimitive 설정여부
- 부품의 Primitive 또는 Nonprimitive 설정여부

③ Design Template 윈도에서 확인 버튼을 클릭하면 계층구조 옵션 설정이 끝나게 된다.

6) OrCAD SDT와 호환성 설정

SDT 형식으로 설계를 저장할 때, Capture의 속성들이 어느 SDT 부품에 속할 것인지를 설정한다. 이 부품 영역 정보를 사용하는 네트리스트에 매핑할 수 있다. SDT Compatibility 윈도에서 좌측에 나타낸 부품 영역은 SDT 부품 영역이며, 우측에 문자상자로 나타낸 부품 영역에서 Capture의 어느 속성을 어느 SDT 부품 영역에 매핑할 것인지를 설정한다.

① Option 메뉴에서 Design Template(단축키는 ALT-O, D)를 선택하고 SDT Compatibility 탭을 선택한다.

② 8개의 SDT 부품 영역에 대해 Capture의 속성들을 매핑 여부를 설정한다.

③ Design Template 윈도에서 확인 버튼을 클릭하면 OrCAD SDT 호환성 설정이 끝나게 된다.

2.2.3 Autobackup 설정

새로운 설계에 대한 옵션들은 Design Template 대화상자를 통해 설정할 수 있다. 그러나 기존 설계에 대한 옵션들은 Design Properties 대화상자를 통해 설정한다. Design Properties 설정은 프로젝트 관리자 윈도에서 설계 아이콘을 선택하고 Option 메뉴에서 Design Properties를 선택하여 실행할 수 있다.

2.2.4 기존 설계의 속성 변경

새로운 프로젝터에 대한 옵션들은 Design Template 대화상자를 통해 설정한다. 그러나 기존 설계에 대한 옵션들은 Design Properties 대화상자를 통해 설정한다. Design Properties 설정은 설계 관리자 윈도에서 Option 메뉴의 Design Properties를 선택하여 실행할 수 있다.

문자체 설정, 계층구조 설정, OrCAD SDT 호환성 설정은 Design Template에서의 설정 방법과 동일하다. 기타 옵션의 윈도에는 설계명, 최상위 회로도명, 작성시간, 수정 시간 등이 표시되며, 문서 정리 또는 디버깅 목적으로 전원 핀의 표시 여부를 설정한다.

2.2.5 기존 회로도면의 속성 변경

새로운 회로도면을 작성할 때, 옵션들은 Design Template 대화상자를 통해 설정하고, 기존 회로도면에 대한 옵션들은 Schematic Page Properties 대화상자를 통해 설정한다. Schematic Page Properties 대화 상자는 프로젝터 관리 윈도에서 회로도면 내의 파일이름에 오른쪽 마우스 버튼을 클릭하여 Schematic Page Properties를 선택하거나, 회로도면 윈도에서 Option 메뉴에서 Schematic Page Properties를 선택하여 설정한다.

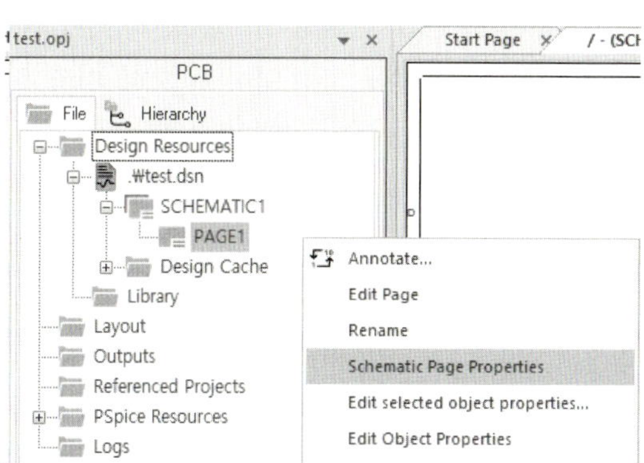

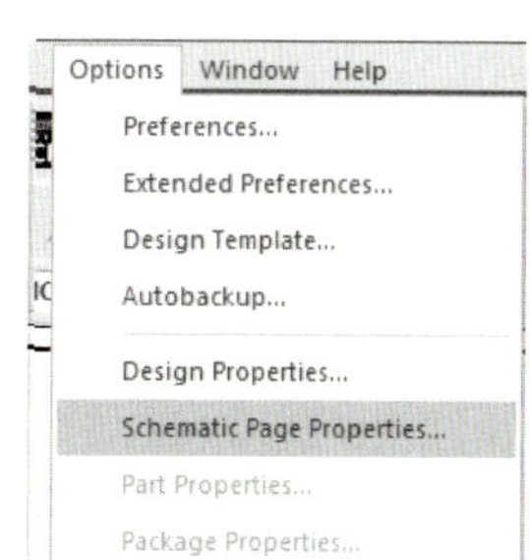

Schematic Page Properties 대화상자에서 페이지 크기 설정, 그리드 참조 설정은 Design Template에서 설정 방법과 동일하다. 기타 옵션의 대화상자에는 작성시간, 수정시간, 페이지 번호, 프로젝트 형태 등 회로도면에 관한 정보가 표시된다.

2.3 설계 환경 설정 연습

실습예제 2-1

A4 크기의 종이용지를 사용하고 그리드는 화면에 표시되게 설정하며, 인쇄시 그리드는 나타나지 않도록 하라. 또 제목 블록은 화면과 인쇄시 모두 나타나도록 설정하라. 기본 제목 블록은 옆의 표와 같이 설정하고 CAP2-1.DSN으로 설계를 저장한다.

Title	설계 환경 설정
Organization Information	Cadence사
Document Number	CAP2-1
Revision Number	1.0
CAGE Code	{Blank}
Library Name	{Blank}
Title Block Name	기본 값

① 우선 Capture 아이콘을 클릭하거나 OrCAD 프로그램 그룹 내에 있는 Capture CIS 아이콘을 더블 클릭하여 Capture를 시작한다.

② 프로젝트 관리자 윈도의 Option 메뉴에서 Design Template(단축키는 ALT-O, D)를 선택한다. 또한 기존 회로도면의 속성변경으로 회로도면 편집기 윈도의 Option 메뉴에서 Schematic Page Properties 명령을 선택하여 Schematic Page Properties 대화상자에서 Page Size, Grid Reference, Miscellaneous 등의 옵션을 선택할 수 있다. 그러나 Schematic Page Properties 옵션은 현재 사용하고 있는 회로도면에 국한되어 있으며 전체 설계에는 영향을 끼치지 않는다. 또한 회로도면 편집기 윈도의 Option 메뉴에 있는 Design Template 명령의 수행은 현 회로도면 및 설계에는 적용되지 않는 것에 유의하여야 한다.

③ Design Template 대화상자에서 Fonts, Hierarchy, SDT Compatibility 옵션은 설정하지 않고 기본 값을 사용한다.

④ Title Block 탭을 선택하여 표에서 정한 값을 입력한다.

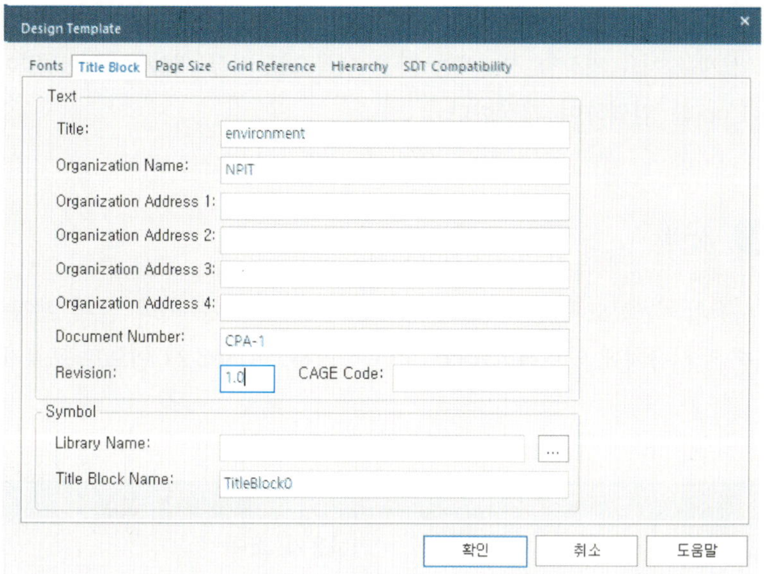

⑤ Page Size 탭을 선택하여 Units는 Millimeters를 선택하고 New Page Size에 A4 크기를 선택한다.

⑥ Grid Reference 탭을 선택하여 수평 그리드에 대해 Board Visible의 옵션 중 Displayed를 선택하며, 수직 그리드에 대해 Grid Reference Visible의 옵션 중 Displayed를 선택한다. Title Block Visible에는 Displayed와 Printed를 모두 선택하고 확인 버튼을 누른다.

⑦ 환경을 설정한 후 File 메뉴에서 New를 클릭하고 Design을 선택하면 DESIGN1의 새로운 프로젝트 관리자 윈도가 나타난다. 프로젝트 관리자 윈도에는 SCHEMATIC1의 루트 회로도와 설계 캐시가 나타난다. 루트 회로도 밑에 PAGE1의 회로도면이 있으며, PAGE1을 더블 클릭하면 회로도면 편집기 윈도가 열리고 오른쪽 아래에 앞에서 설정한 제목 블록이 나타난다.

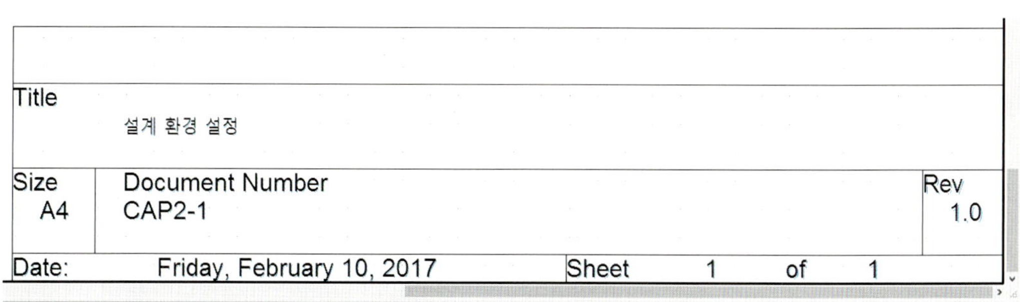

⑧ 새로운 설계를 CTRL-S 키를 눌러 저장하든가 또는 File 메뉴에서 Save(ATL-F, S)를 선택하여 저장한다. 설계를 처음 저장할 경우에는 다른 이름으로 저장 대화상자의 파일이름 문자상자에 CAP2-1.opj를 입력하여 저장한다.

실습예제 2-2

사용자가 사용할 수 있도록 종이 크기, 그리드 표시여부 등 기타 설계 환경을 설정하라. 기본 제목 블록은 사용자에 맞도록 아래와 같이 설정하고 CAP2-2.OPJ으로 프로젝트를 저장한다.

Title	설계 환경 설정 2
Organization Information	{사용자 소속}
Document Number	CAP2-2
Revision Number	1.0
CAGE Code	{Blank}
Library Name	{Blank}
Title Block Name	기본 값

03 회로도 작성

Capture에서 회로 그리기는 부품의 배치부터 시작된다. Capture에서 제공하는 라이브러리에서 부품, 전원 및 접지 심벌 등을 읽어서 회로도면에 입력한다. 부품을 배치한 후, 배치된 부품들은 와이어 또는 버스를 사용하여 연결한다. 접합점은 두 개 이상의 교차된 와이어 또는 버스를 연결한다. 부품의 배선이 끝나면 와이어 또는 버스에 네트 이름 또는 별명(Alias)을 부여하여야 한다.

3.1 부품 배치

새로운 회로도 작성은 새로운 프로젝트로부터 시작한다. File 메뉴에서 New를 클릭한 다음 Project를 선택하면 New Project 대화상자가 열린다. New Project 대화상자에 있는 Name Text 문자상자에 새로운 프로젝트 이름을 입력한다. 프로젝트 관리자 윈도에서 새로운 설계가 열리고 설계 밑에는 SCHEMATIC1이란 이름의 회로도와 그 회로도에 포함된 PAGE1이란 회로도면, 그리고 설계캐시가 포함된다. 프로젝트 관리자 윈도의 최상위 아이콘인 SCHEMATIC1 밑의 PAGE1을 클릭하면 회로도면 편집기가 활성화된다.

Capture는 30,000개 이상의 부품, 전원 및 접지 심벌 등이 포함되어 있는 라이브러리를 제공한다. 이러한 객체의 인스턴스를 회로도면에 입력할 수 있으며, 일단 입력된 부품은 부품의 모양, 속성, 위치 등을 변경할 수 있다. Capture는 회로도면 사이를 연결하는 심벌을 제공하는데, 오프-페이지 커넥터(Off-Page Connector)를 이용하여 한 회로도 내의 각 회로도면 사이에 신호를 연결할 수 있다. 회로도 사이의 신호의 연결은 계층구조 블록, 계층구조 포트, 계층구조 핀을 사용한다. 부품과 전기 객체 사이의 신호 연결은 와이어(Wire)와 버스(Bus)로 한다. 한 개 또는 한 개 이상의 와이어로 구성된 것을 네트(Net)라 하고, 여러 개의 와이어 또는 네트를 묶어 버스라 한다.

3.1.1 부품의 입력 및 수정

Capture에는 30,000개 이상의 부품을 포함하는 라이브러리가 제공되며, 이러한 부품을 회로도에 입력할 수 있다. 또 필요에 따라 사용자 자신의 부품을 만들어 사용할 수 있다. 라이브러리 부품은 실질적인 물리적 객체를 나타내는 패키지 보기(Package View)를 갖는데, 패키지 보기에는 물리적인 핀 번호, 다른 논리적인 부품들을 포함하고 있는지의 여부 등을 볼 수 있다. 다른 부품들을 그래픽 모양과 전기적 연결이 동일하도록 패키지로 나타내든지(동일 패키지) 그래픽 모양과 전기적 연결을 다르게 나타낼 수 있다(이질 패키지). 이에 더하여 라이브러리 부품에는 부품 보기(Part View)를 갖는데, 부품 보기에는 핀에 의해 표시되는 전기적 연결에 대한 논리 및 전기 객체를 정의하는 그래픽 표현 등이 있다.

각 부품에는 부품 값과 참조 지정기(Reference Designator) 정보를 포함하고 있으며, 이러한 정보는 PCB Editor 또는 시뮬레이션 툴에 의해 사용되는 정보가 포함되어 있다. 이 정보에는 핀의 이름, 번호, 모양, 종류, 굵기, 가시성 등이 포함되어 있다. 핀 종류는 Design Rules Check 명령에 의해 기본적인 전기적 규칙들을 검사하는데 사용된다. 부품에는 핀을 포함되지 않는 경우도 있는데, 그런 경우에 BOM(Bill of Materials)에는 등록되지만 네트리스트에는 나타나지 않는다. 스크루, 너트, 와셔 등의 기계적 부품에 등록시키고자 할 경우 편리하게 사용할 수 있다.

Primitive 부품은 계층구조가 포함되지 않은 기본 부품이며, Nonprimitive 부품은 첨부된 회로도, PSpice 모델, VHDL 코드 또는 Verilog 코드와 같이 계층구조가 포함되어 있는 부품이다. Nonprimitive 부품의 입력은 첨부된 회로도에 포함되어 있는 모든 회로도면이 추가되기 때문에 설계에 계층구조의 레벨을 쉽게 추가할 수 있다. Capture에서 부품, 전기 심벌, 그래픽과 같은 객체를 입력할 때, 조금씩 다른 속성은 마우스의 오른쪽 버튼을 클릭하여 나타나는 팝업 메뉴에서 Edit Properties를 선택하여 객체를 수정하고 다시 입력할 수 있다.

1) 부품의 입력

회로도면 편집기에는 여백의 제도판과 편집 툴바(Draw Toolbar)가 있다. 메뉴 바에 있는 Place 메뉴의 각 명령을 선택하거나 편집 툴바를 마우스로 클릭하여 회로도면을 작성할 수 있다.

① 회로도면 편집기의 Place 메뉴에서 Part(단축키는 ALT-P, P)를 선택하거나 툴바에서 를 마우스로 클릭한다.

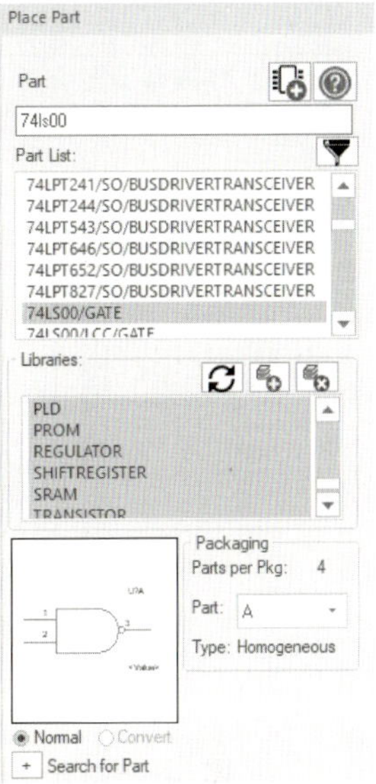

② Place Part 대화상자가 나타난다. Part List를 이용하여 입력하고자 하는 부품을 선택한다.

③ Place Part 대화상자에 있는 Part 대화상자에서 부품의 이름을 지정한다. 부품 목록(Part List)에 있는 부품 이름을 부품 목록에서 클릭하면 부품 대화상자에 나타난다. 만약 부품의 이름을 정확하게 알 수 없는 경우에 와일드카드 문자(* 또는 ?)를 사용하여 부품을 찾을 수 있다. 입력하고자 하는 부품을 입력하면 해당 부품의 그래픽 이미지가 이미지 상자에 나타난다. Place Part 대화상자에서 다음과 같은 옵션을 선택할 수 있다.

- 사용 라이브러리(Libraries)
- 부품에 포함된 패키지 정보

④ Part List에 원하는 부품이 없을 경우 Add Library(ALT+A) 버튼을 클릭하면 Browse File 대화상자가 나타나고 원하는 라이브러리를 선택하여 Place Part 대화상자에 포함시킬 수 있다.

⑤ 필요 없는 라이브러리는 메모리를 낭비할 수 있으므로 Remove Library(ALT+A) 를 통해 삭제한다. Place Part 대화상자의 Libraries에 있는 라이브러리 이름을 하이라이트한 후 Remove Library 버튼을 클릭하여 라이브러리를 삭제한다.

⑥ Place Part 대화상자에서 원하는 라이브러리와 부품을 선택한 후, Place Part(Enter) 버튼을 클릭하거나, 좌측 마우스 버튼을 더블클릭한다.

⑦ 회로도면 편집기의 윈도에 선택한 부품이 희미하게 나타나고 마우스의 오른쪽 단추를 누르면 팝업 메뉴가 나타난다. 이 팝업 메뉴에는 부품 입력 작업을 끝내는 End Mode를 포함하여 부품을 표시하기 위한 기능이 있다. 팝업 메뉴에서 Mirror Horizontal(좌우 수평대칭), Mirror Vertical(상하 수직대칭), Rotate(90도 회전), Zoom in, Zoom out 등의 기능을 사용하여 부품의 입력 위치 또는 표시 방법을 선택한다.

⑧ 회로도면에서 부품을 입력하고자 하는 위치로 이동하여 마우스의 왼쪽 버튼을 클릭하면 부품이 입력된다. 같은 부품을 계속 입력하고자 할 때 원하는 위치로 다시 이동하여 마우스의 왼쪽 버튼을 클릭하게 되면 계속해서 부품을 입력할 수 있다. 만약 부품을 더 이상 입력하지 않을 때는 Esc 키를 눌러 종료하거나 마우스의 오른쪽 단추를 눌러 팝업 메뉴에서 End Mode를 클릭하여 부품 입력을 끝낼 수 있다.

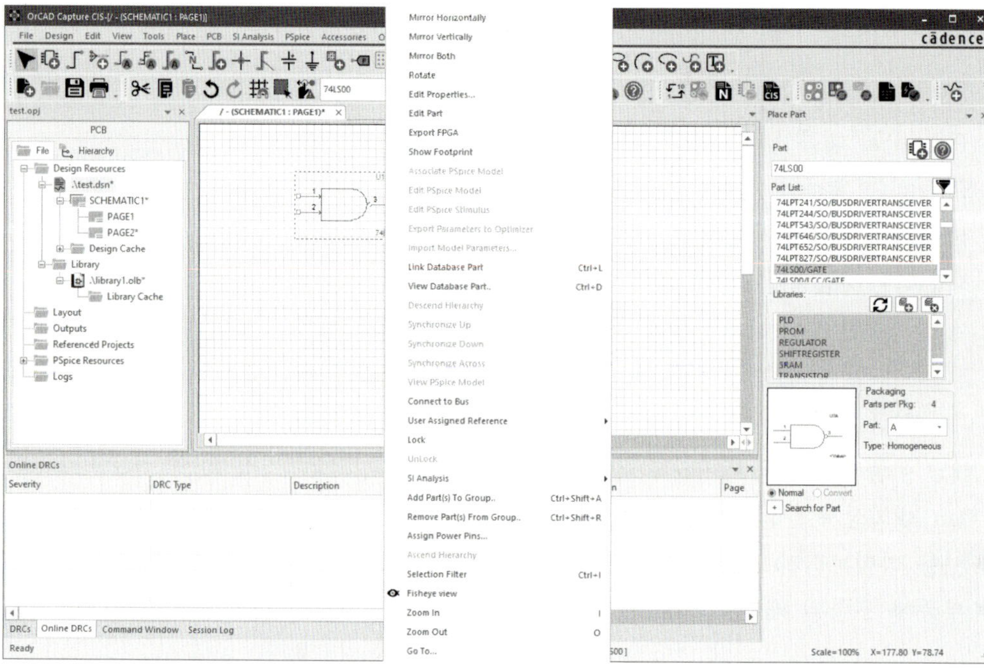

⑨ 입력된 부품에 마우스의 오른쪽 버튼을 클릭하면 부품을 수정할 수 있는 팝업 메뉴가 나타난다. 이 팝업 메뉴를 통해 부품의 위치 변경이나 계층구조 아래 또는 위쪽으로 이동할 수 있다.

2) 부품의 수정

회로도면에 위치한 부품을 선택하고 마우스로 끌어 새로운 위치로 옮기거나 Edit 메뉴에서 Rotate 또는 Mirror 명령을 이용하여 부품의 방향을 변경할 수 있다. 또한 부품 편집기(Edit part)를 이용하여 부품의 물리적 모양을 변경하거나 부품의 속성을 변경할 수 있다. 특히 회로도면에서 부품을 수정할 때는 존재하는 라이브러리와 다르게 부품을 수정할 수 있으며, Edit 메뉴의 Copy 명령을 사용하여 수정된 부품을 다른 위치에 복사할 수 있다.

부품의 물리적인 수정은 회로도면에서 수정할 부품을 선택하고 Edit 메뉴에서 Part 명령을 선택하거나 또는 회로도면 편집기 윈도에서 수정할 부품을 선택하고 마우스의 오른쪽 단추를 눌러 팝업 메뉴가 나타나면 Edit Part 명령을 선택하여 수행한다. 이어서 부품 편집기 윈도가 나타나면, 윈도에 표시된 부품을 수정할 수 있다. 부품 수정을 완료하고 Save 명령을 선택하면 Save Part Instance 윈도우창이 나타나며 해당 부품의 인스턴스를 갱신할 것인지 아니면 설계에 포함된 모든 인스턴스를 갱신할 것인지 또는 수정된 인스턴스를 버릴 것인지를 묻는다. 여기서 해당 인스턴스의 갱신을 선택하면 설계 캐시에 새로운 부품이 생성된다. 모든 인스턴스의 갱신을 선택하면 설계 캐시에 저장되어 있는 라이브러리 부품을 편집된 부품으로 교체한다.

부품 속성의 수정은 회로도면에서 부품을 선택하고 Edit 메뉴에서 Properties 명령을 선택하거나 회로도면 편집기 윈도에서 수정할 부품을 선택하고 마우스의 오른쪽 단추를 눌러 팝업 메뉴가 나타나면 Edit Properties 명령을 선택하여 수행한다. 또 부품을 더블 클릭하게 되면 Property Editor의 스프레드시트 형태의 대화상자가 나타난다. Property Editor 대화 상자에는 부품의 색상, Designator, 그래픽, ID, 구현 파일의 이름 및 구현된 파일의 경로와 구현 형태, 부품의 위치, OrCAD 프로그램이 갖는 이름, 부품 지정자, PCB Footprint, 전원 핀의 가시성 여부, 부품의 Primitive 여부, 부품 참조, 부품이 포함된 라이브러리, Source package, Source 부품, 부품 값 등의 정보를 나타낼 수 있으며, 사용자가 필요 없는 속성들을 삭제하고 필요한 속성들을 추가할 수 있다. Property Editor에는 부품(Parts), 회로 네트(Schematic Nets), 핀(Pins), 제목 블록(Title Block) 등의 탭이 있다.

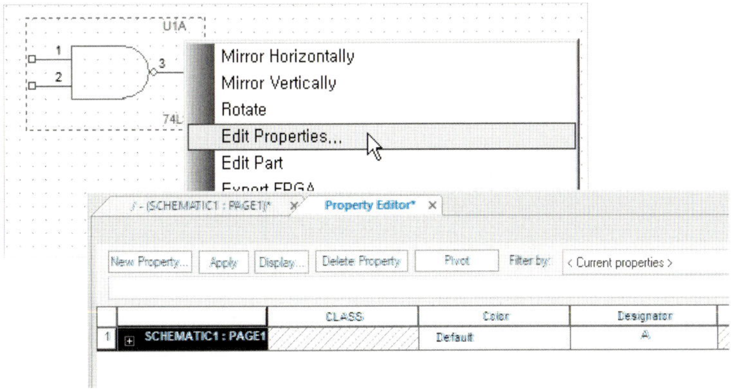

부품의 문자 보이기 속성 수정은 부품의 문자만을 선택하고 Edit 메뉴에서 Properties 명령을 선택하거나 회로도면 편집기 윈도에서 수정할 부품을 선택하고 마우스의 오른쪽 단추를 눌러 팝업 메뉴가 나타나면 Edit Properties 명령을 선택하여 수행한다. 또 부품의 문자를 더블 클릭하여 수정할 수 있다. 수정 명령에 의해 Display Properties 대화상자가 열리면, 이름은 수정할 수 없으나 부품 값, 부품 문자의 표시 유무, 부품 문자의 색상 및 서체, 글자의 회전 방향 등을 설정할 수 있다. 원하는 속성의 수정을 완료하고 OK 버튼을 클릭한다.

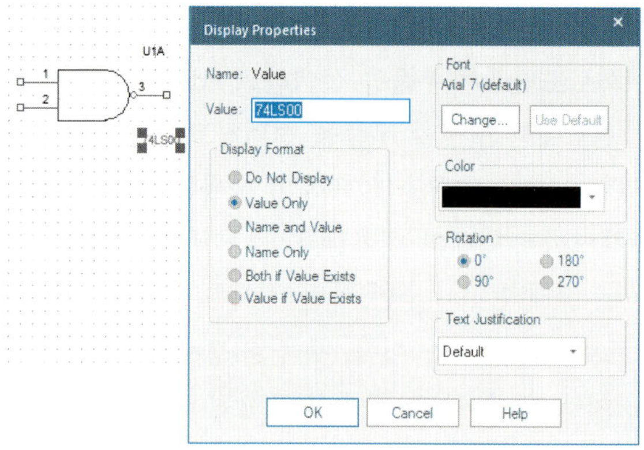

3) 부품 수정의 예

부품 입력 도구를 사용하여 저항을 입력할 경우, 저항 심벌과 부품 참조, 그리고 저항 값이 표시된다. 앞에서 설명하였듯이 저항 값은 라이브러리에서 부품의 이름으로 사용한 RESISTOR /DISCRETE.olb에서 나타나며 부품 참조는 R1로 나타난다. 부품 참조는 만일 회로에 저항이 여러 개 사용될 경우, 각 저항에 일련번호가 붙게 되어 다른 저항과 구별된다.

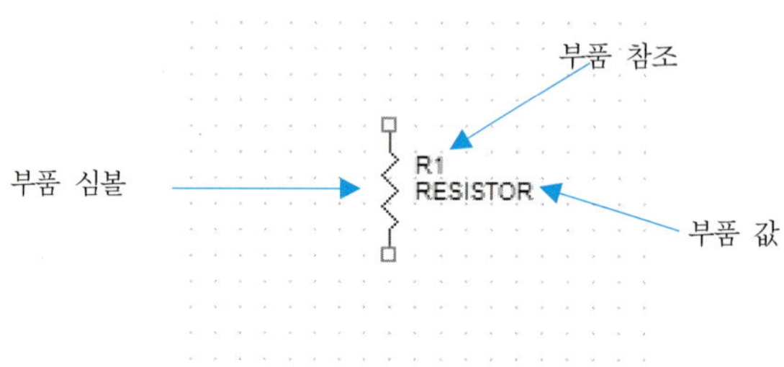

OrCAD에서는 각 소자별로 이름을 부여하고 있다. 그림에 표시된 부품 값은 기본적으로 라이브러리 부품의 이름을 사용하지만, 사용자에 의해 변경이 가능하고 단위에 주의해야 한다.

① 부품 값의 수정은 Edit 메뉴에서 Properties 명령을 선택하거나 회로도면 편집기 윈도에서 수정할 부품을 선택하고 마우스의 오른쪽 단추를 눌러 팝업 메뉴가 나타나면 Edit Properties 명령을 선택하면 Property Editor의 스프레드시트 형태의 대화상자가 나타난다.
② Property Editor 대화상자에서 부품 값이나 부품 참조 등 부품의 속성들을 수정할 수 있다. 다음은 Value를 클릭하여 10K를 입력한 예이다.

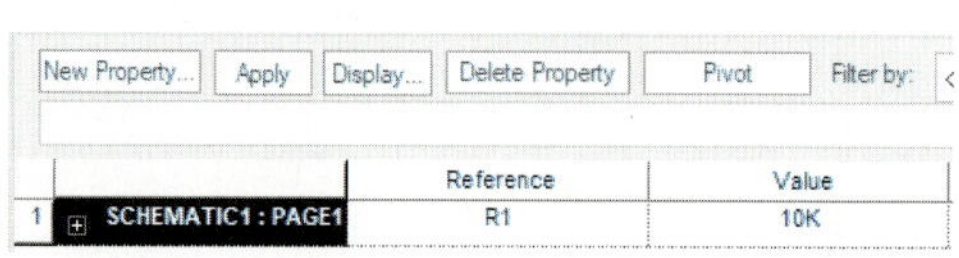

③ 부품의 문자를 선택하여 더블 클릭하면 Display Properties 대화상자가 나타나고 부품 값, 부품의 표시방법, 색상, 글자체, 문자의 회전 등을 수정할 수 있으며, Value 문자상자에서 부품 값을 수정한다.

④ 부품 참조는 부품의 입력 순에 의해 자동적으로 부여하기도 하고 갱신(Annodate) 명령에 의해 부품의 참조를 부여할 수도 있다. 아래 표는 OrCAD의 부품 참조에 사용되는 부품의 이름을 나타낸다.

소 자 명	부품참조 명	소 자 명	부품참조 명
캐패시터	C	IC 류	U
다이오드	D	커넥트	J
인 덕 터	L	트랜지스터	Q
저　　항	R	릴레이	K
스 위 치	SW	트랜스포머	T

⑤ 부품 심벌의 나타내기 수정은 팝업 메뉴를 사용한다. 부품을 선택하여 마우스 오른쪽 단추를 누르면 팝업 메뉴가 나타나는데, 회전(Rotate), 수평 거울반사(Mirror Horizontally), 수직 거울반사(Mirror Vertically) 등을 통해 수정한다.

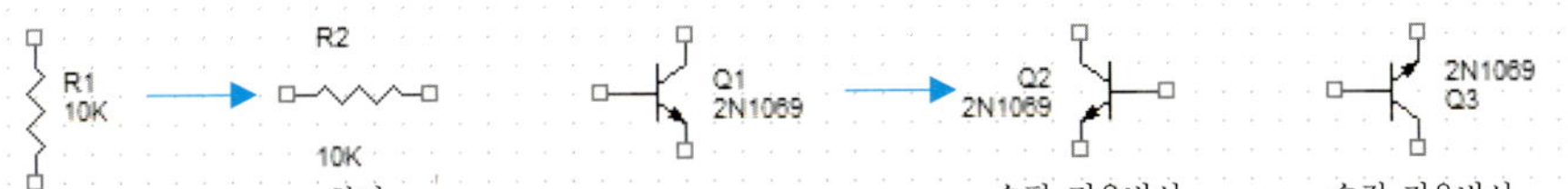

회전 (Rotate) 　 수평 거울반사 (Mirror Horizontally) 　 수직 거울반사 (Mirror Vertically)

4) 설계 연습

OrCAD Capture를 이용한 회로 그리기의 연습으로 8031 컨트롤러 회로를 작성해 본다. 8031 컨트롤러 회로는 크게 8031 마이크로 컨트롤러를 포함하여 RAM, ROM, 디코더, 클럭 발생회로 등의 기본회로와 A/D 변환기, D/A 변환기, RS-232 통신포트, Dot Matrix 등을 포함한 응용회로로 나눌 수 있다.

여기서는 8031 기본 회로를 중심으로 회로도를 작성한다. OrCAD Lite 버전에서는 부품수가 60개로 제한되어 있어 부품수가 60개 이상인 설계의 회로도면을 작성할 수는 있지만 저장할 수 없다.

실습예제 3-1

8031 회로 입력을 위한 부품을 찾아 다음과 같은 회로 도면을 작성하라.

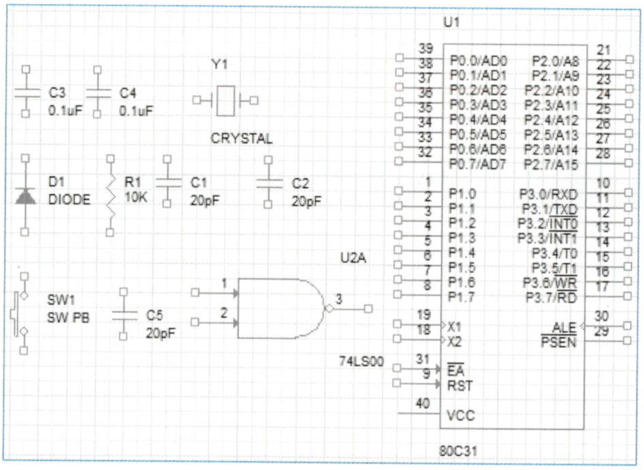

마이크로 컨트롤러

입력하는 부품: 80C31/MICROCONTROLLER

클럭 신호를 위한 크리스털, 두 개의 캐패시터

입력하는 부품: CRYSTAL/DISCRETE, CAP NP/DISCRETE

Reset 신호를 위한 74LS00, 저항, 캐패시터, 스위치, 다이오드 등

입력하는 부품: 74LS00/GATE, RESISTOR/DISCRETE,
SW PUSHBUTTON/DISCRETE, CAP NP/DISCRETE, DIODE/DISCRETE

전원안정용 부품 : 두 개의 캐패시터

CAP NP/DISCRETE

① Capture를 시작하여 CAP3-1이라는 이름의 새로운 프로젝트를 만들면 PAGE1이라는 회로도면 편집 윈도가 열린다.

② Place 메뉴에서 Part(단축키는 ALT-P, P)를 선택하거나 툴 파렛트에서 를 마우스로 클릭하여 Place Part 대화상자를 연다.

③ 필요한 부품의 라이브러리를 선택하기 위해 Add Library 버튼을 클릭하고, Browse File 대화상자에서 Gate.olb를 선택한다. 열기(Open) 버튼을 클릭하여 Place Part 대화상자의 Libraries 문자상자에 GATE 라이브러리가 표시되도록 한다. 동일한 방법으로 MICROCONTROLLER, DISCRETE 등의 라이브러리를 추가한다.

④ Place Part 대화상자의 문자상자에서 80C31을 입력하면 Part 목록상자에 비슷한 이름의 내용들이 표시되고, 표시된 부품들 중 80C31 부품을 클릭하면 그래픽 미리보기 상자에 80C31의 형태가 표시된다. 원하는 부품이 맞으면 Place Part(Enter) 버튼을 눌러 회로도면에 입력하고, 원하는 부품이 아니면 다시 Part 문자상자에서 문자를 입력하거나 부품 목록에서 원하는 부품을 찾는다. 문자상자에 부품 이름의 문자를 하나씩 입력할 때마다 부품 목록상자에는 Libraries 목록상자에 선택된 라이브러리 중에서 앞에서부터 같은 이름의 문자들이 표시된다. 라이브러리는 Libraries 목록상자에 있는 라이브러리 목록 중 마우스의 왼쪽 버튼을 클릭하여 선택하는데, 한 개 이상의 라이브러리를 선택할 경우 Ctrl 키와 함께 마우스의 왼쪽 버튼을 클릭한다.

⑤ 회로도면 편집기 윈도에는 80C31의 커서가 나타나며 마우스의 움직임에 따라 움직인다. 원하는 위치에 옮겨 마우스의 왼쪽 버튼을 클릭하면 80C31 부품이 입력되고 오른쪽 마우스의 버튼을 클릭하면 팝업 메뉴가 나타나 배치에 필요한 옵션을 선택할 수 있다. Esc 키를 누르거나 선택 버튼을 누르지 않는 경우에는 계속해서 80C31을 입력할 수 있다.

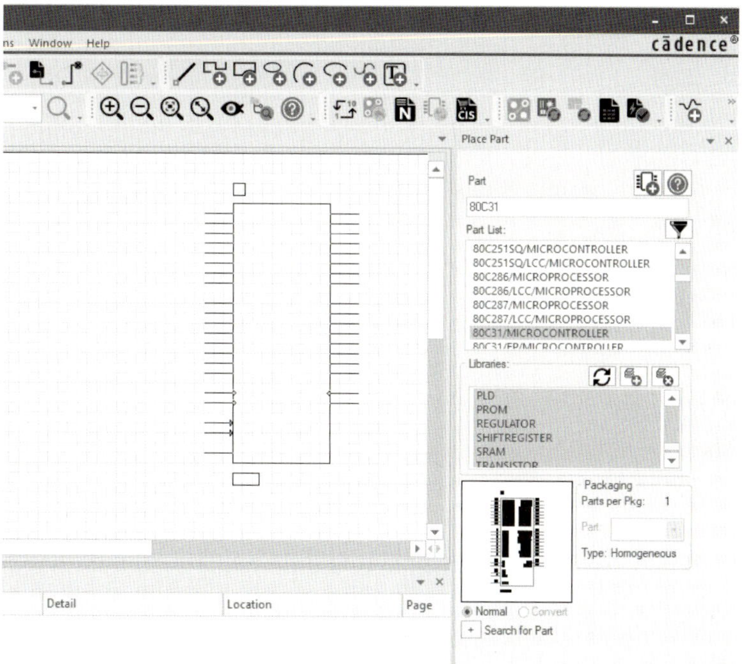

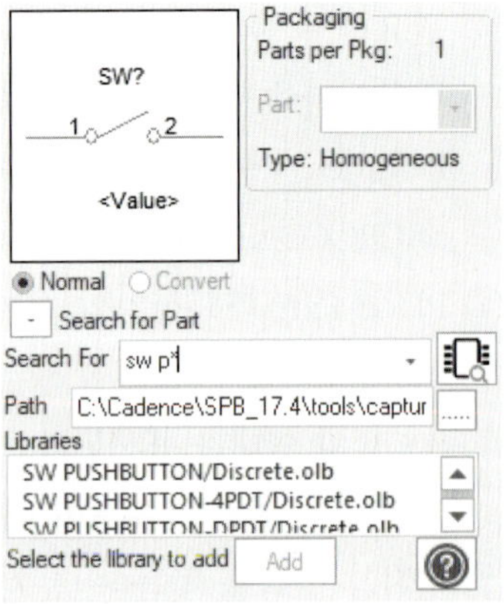

⑥ 부품 명이 포함되어 있는 라이브러리를 모르는 경우에는 Search for Part 버튼을 클릭하여 라이브러리를 찾아야 한다. Search for 문자상자에 와일드카드 문자(SW P*)를 포함하여 입력하고 Begin Search 버튼을 누른다. Libraries 목록상자에 SW P로 시작하는 모든 부품의 이름이 표시된다. Libraries 목록에서 원하는 부품 이름이 포함되어 있는 라이브러리를 더블 클릭하게 되면 Place Part 대화상자의 Libraries 목록상 자에 해당 라이브러리가 추가되고 선택된 부품이 그래픽 미리보기 상자에 나타난다. 원하는 부품이 맞으면 회로도면에 삽입한다.

⑦ 부품의 라이브러리가 Libraries 목록상자에 포함되어 있는 경우에는 ④와 ⑤를 수행하고 Libraries 목록상자에 포함되지 않을 경우에는 ⑥을 수행하여 CRYSTAL, 74LS00, RESISTOR, SW PUSHBUTTON, DIODE, CAP NP 등을 입력하여 예제의 회로처럼 적당한 위치에 배치한다.

⑧ 8031 컨트롤러 회로의 부품에 Property Editor 또는 Display Properties 대화상자를 이용하여 다음 부품 값으로 수정한다.

클럭 회로

- 크리스털: 11.0592MHz
- 캐패시터: 20pF

Reset 회로

- 저항: 10K
- 캐패시터: 10uF
- 스위치: SW PB

전원안정용 캐패시터

- 0.1uF

⑨ 회로를 File 메뉴의 Save 명령을 이용하여 저장한다(설계의 이름은 CAP3-1.OPJ).

실습예제 3-2

다음의 부품을 라이브러리에 찾아 회로도를 작성하라. (설계의 이름은 CAP3-2.OPJ)

■ 부품

12 HEADER, 74LS00, 74LS162, 두 개의 CAPACITOR

■ 부품 값

캐패시터 0.1uF

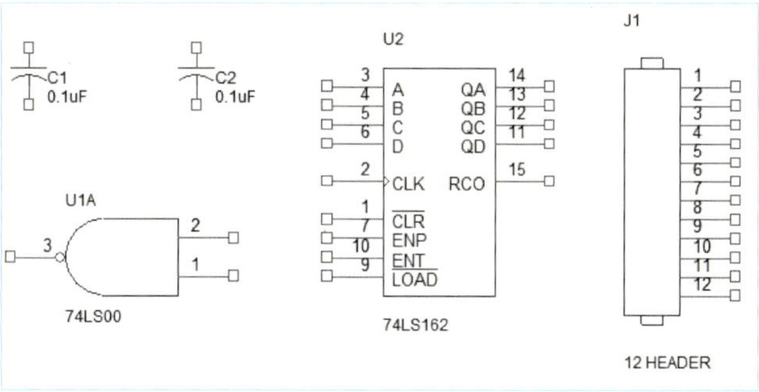

3.1.2 전원 및 접지 심벌의 입력과 수정

전원 심벌과 접지 심벌을 입력할 수 있으며, 입력 후 이들을 수정할 수 있고 심벌에 부착된 문자들도 수정할 수 있다. 전원 심벌의 이름은 글로벌(Global) 네트의 이름이다.

1) 전원 및 접지 심벌의 입력

전원 심벌과 접지 심벌은 라이브러리에서의 부품 입력과 비슷한 방법으로 Place 메뉴의 명령이나 툴 파렛트의 명령으로 수행할 수 있다. 전원 및 접지 심벌의 입력방법은 다음과 같다. 전원 심벌의 입력 방법을 위주로 나타내었으며, 접지 심벌의 입력방법은 소괄호로 사용하였다.

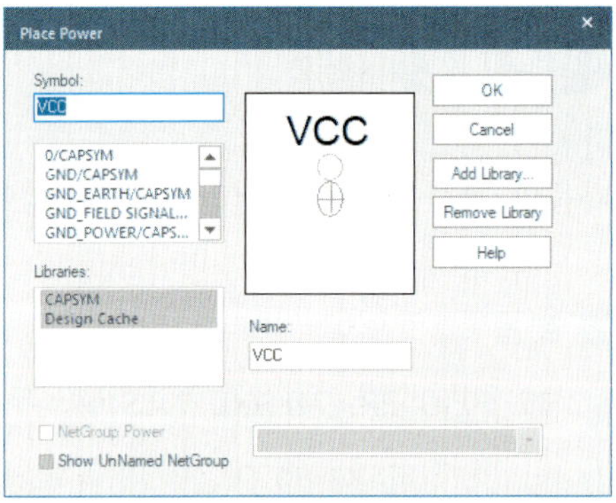

① 회로도면 편집기의 Place 메뉴에서 Power 명령(Ground 명령)을 선택하거나(단축키는 ALT-P, O 또는 ALT-P, G) 툴 파렛트에서 ⏉(⏚)를 마우스로 클릭한다.

② Place Power(Place Ground) 대화상자가 나타나면 Symbol 문자상자에 입력하고자 하는 전원 심벌(접지 심벌)을 입력한다.

③ 전원 심벌(또는 접지 심벌)을 선택한 후 OK 버튼을 클릭하면 전원 심벌(접지 심벌)의 커서가 나타나며, 마우스의 오른쪽 단추의 클릭에 의해 팝업 메뉴가 나타나 전원 심벌(접지 심벌)에 대한 속성들을 변경할 수 있다.

④ 회로도면에 전원 심벌(접지 심벌)을 입력하고자 하는 위치로 이동하여 마우스의 왼쪽 버튼을 클릭하면 심벌이 입력된다. 같은 심벌을 계속 입력하고자 할 때 원하는 위치로 다시 이동하여 마우스의 왼쪽 버튼을 클릭하게 되면 계속해서 심벌을 입력할 수 있다. 만약 심벌을 더 이상 입력하지 않을 때는 Esc 키를 눌러 심벌 커서가 사라지게 하여야 한다.

2) 전원 및 접지 심벌의 수정

회로도면에서 전원 심벌이나 접지 심벌을 선택한 후 Edit 메뉴에서 Properties 명령을 선택하거나 마우스의 오른쪽 단추를 눌러 팝업 메뉴에서 Edit Properties 명령을 선택하여 변경한다. 또 심벌을 더블 클릭하여 수정할 수도 있다. 수정 명령의 선택에 의해 Property Editor의 대화상자가 열리며 대화상자에서 Name의 상자에 마우스를 클릭하여 이름을 변경하고 OK 버튼을 클릭하여 수정한다.

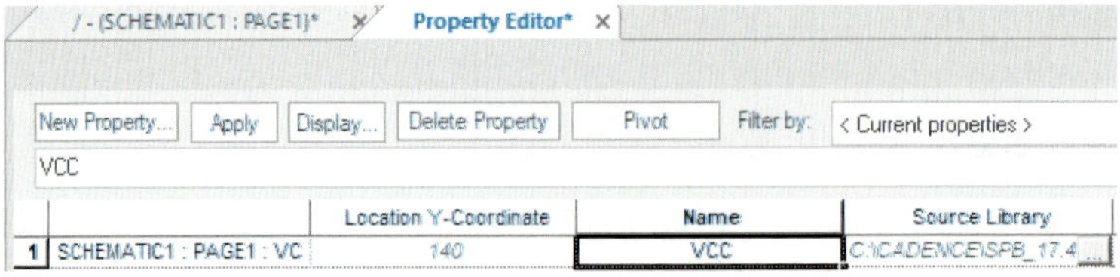

전원 심벌 또는 접지 심벌의 문자 보이기 속성의 수정은 심벌의 문자만을 선택하고 Edit 메뉴에서 Properties 명령을 선택하거나 마우스의 오른쪽 단추를 눌러 팝업 메뉴에서 Edit Properties 명령을 선택하여 변경한다. 또 심벌의 문자를 더블 클릭하여 수정할 수 있다. 수정 명령에 의해 Display Properties 대화상자가 열리면 속성의 수정을 완료하고 OK 버튼을 클릭한다. 전원 심벌 또는 접지 심벌에는 사용자 정의 속성을 설정할 수 없다.

3) 설계 연습

실습예제 3-3

8031 컨트롤러 회로도 작성을 위해 다음과 같이 전원 심벌과 접지 심벌을 아래 회로와 같이 입력하여라.

- 전원 심벌은 VCC_CIRCLE 심벌을 선택하고 심벌 이름을 Vcc라 설정한다.
- 접지 심벌은 GND_POWER 심벌을 선택하고 심벌 이름은 GND라 설정한다.

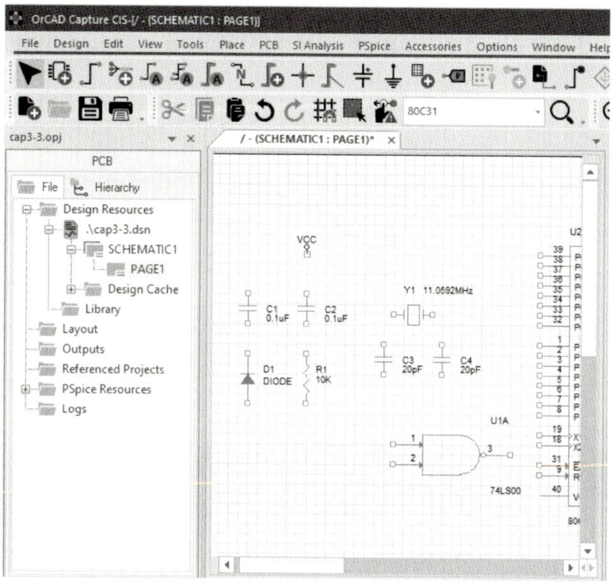

① Capture를 시작하여 CAP3-1.OPJ을 열고, 프로젝트 관리자 윈도에서 PAGE1을 더블클릭하여 회로도면 편집기가 열리게 한다.

② Place 메뉴에서 Power 명령을 선택하거나(단축키는 ALT-P, O) 툴 파렛트에서 ⏚를 마우스로 클릭한다. Place Power 대화상자가 나타나며, Symbol 문자상자에 VCC_CIRCLE을 입력하여 OK 버튼을 누르거나 심벌 목록상자에서 VCC_CIRCLE을 클릭하면 그래픽 미리보기 상자에 VCC_CIRCLE 심벌이 나타난다. OK 버튼을 누르거나 VCC_CIRCLE을 더블 클릭하면 회로도면 편집기에 전원 심벌 커서가 나타난다.

③ 전원 심벌을 VCC 전원을 연결할 위치에 옮겨 마우스의 왼쪽 단추를 클릭한다. VCC 전원 위치에서 마우스를 다시 옮겨 왼쪽 단추를 클릭하면 계속하여 전원 심벌을 입력할 수 있다. 더 이상 입력할 전원 심벌이 없을 때, Esc 키를 누르면 심벌 커서가 사라지게 된다.

④ Place 메뉴에서 Ground 명령을 선택하거나(단축키는 ALT-P, G) 툴 파렛트에서 ⏚를 마우스로 클릭한다. Place Ground 대화상자가 나타나며, Symbol 문자상자에 GND_POWER을 입력하여 OK 버튼을 누르거나 심벌 목록상자에서 GND_POWER을 클릭하면 그래픽 미리보기 상자에 GND_POWER 심벌이 나타난다. OK 버튼을 누르거나 GND_POWER을 더블클릭하면 회로도면 편집기에 접지 심벌 커서가 나타난다.

⑤ 접지 심벌을 접지에 연결할 위치에 옮겨 마우스의 왼쪽 단추를 클릭한다. 접지 위치에서 마우스를 다시 옮겨 왼쪽 단추를 클릭하면 계속하여 접지 심벌을 입력할 수 있다. 더 이상 입력할 접지 심벌이 없을 때, Esc 키를 누르면 심벌 커서가 사라지게 된다.

⑥ 입력된 전원 심벌을 선택하고 Edit 메뉴에서 Properties 명령을 선택하거나 마우스 오른쪽 단추를 눌러 팝업 메뉴에서 Edit Properties를 선택하여 Rename Power Symbol 대화상자에서 VCC_CIRCLE를 Vcc로 수정한다.

⑦ 입력된 접지 심벌을 선택하고 Edit 메뉴에서 Properties 명령을 선택하거나 마우스 오른쪽 단추를 눌러 팝업 메뉴에서 Edit Properties를 선택하여 Rename Ground Symbol 대화상자에서 GND_POWER를 GND로 수정한다.

⑧ 회로를 File 메뉴의 Save 명령을 이용하여 저장한다(설계의 이름은 CAP3-3.OPJ).

실습예제 3-4

전원 심벌과 접지 심벌을 아래 회로와 같이 입력하라(CAP3-2.OPJ 파일을 열 것).

전원 심벌은 VCC_ARROW 심벌을 선택하고 심벌 이름을 VCC라 설정하고 12 HEADER의 6번 핀, 2개의 PCB용 캐패시터 윗부분, 74LS162의 7, 10번 핀에 전원을 연결한다.

접지 심벌은 GND_SIGNAL 심벌을 선택하고 심벌 이름은 GND라 설정하고 12 HEADER의 8번 핀, 두 개의 PCB용 캐패시터 아래 부분, 74LS162의 3, 4, 5, 6번 핀에 접지 심벌을 연결한다. CAP3-4.OPJ라는 이름으로 저장한다.

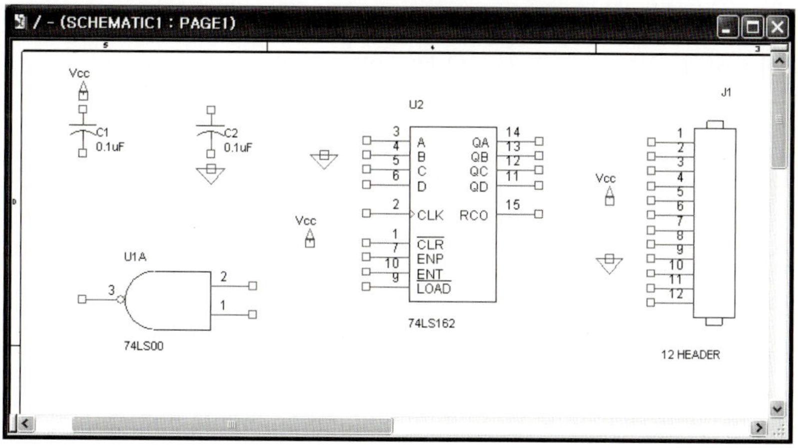

3.2 부품 배선

부품의 연결을 위해 와이어(Wire) 또는 버스(Bus)를 사용한다. 두 개의 와이어가 서로 겹쳐지더라도 접합점이 존재하지 않는다면 연결되지 않는다. 와이어 및 버스는 회로도면 편집기의 Place 메뉴에서 Wire 또는 Bus 명령을 선택하거나 툴 파렛트에서 와이어 또는 버스 도구를 선택하여 사용한다. 접합점도 회로도면 편집기의 Place 메뉴에서 Junction 명령을 선택하거나 툴 파렛트에서 접합점 도구를 선택하여 사용한다. 두 개의 와이어 또는 두 개의 버스를 물리적으로 연결하는 방법은 다음과 같다.

- 한 와이어가 다른 와이어의 세그먼트에 겹쳐지고 와이어들이 만나는 곳에 결합점이 표시될 때, 와이어들이 연결된다.
- 한 와이어 세그먼트의 시작점이나 끝점에 다른 와이어의 세그먼트가 겹쳐지고 와이어들이 만나는 곳에 결합점이 표시될 때, 와이어들이 연결된다.
- 한 버스 세그먼트의 시작점이나 끝점에 다른 버스의 세그먼트가 겹쳐지고 버스들이 만나는 곳에 결합점이 표시될 때, 버스들이 연결된다.

와이어와 버스가 이름에 의해 연결되는 방법은 다음과 같다.

- 버스의 세그먼트 위에 와이어의 세그먼트 끝 또는 시작이 있고 그 곳에 접합점이 있으며, 버스와 와이어에 같은 이름이 사용될 때, 버스와 와이어는 연결된다.

- 와이어의 세그먼트 위에 버스의 세그먼트 끝 또는 시작이 있고 그 곳에 접합점이 있으며 버스와 와이어에 같은 이름이 사용될 때, 버스와 와이어는 연결된다.

설계에서 다른 부품과 심벌에 연결된 와이어와 버스는 네트 이름을 통해 논리적으로 상호 연결되어 네트를 형성한다. 와이어를 입력하면 입력된 와이어에는 Capture에서 만든 네트 이름이 설정되고 이 이름은 별명(Alias) 또는 다른 네트 이름으로 교체할 수 있다. 버스가 유효한 이름이나 별명을 가지게 되면 이 이름이나 별명은 버스에 의해 전달되는 신호와 네트에 해당하는 그들 신호에 연결된다. 예를 들어 별명 A[0:3]은 4개의 신호가 포함되어 있는 버스를 정의하고 전달되는 4개의 신호 A[0], A[1], A[2], A[3]은 네트 A0, A1, A2, A3에 연결된다.

와이어와 마찬가지로 버스도 다음의 두 가지 방법에 의해 이름과 별명을 얻을 수 있다.

- 유효한 버스 이름을 직접 적용한다.
- 유효한 버스 이름을 갖는 계층구조 포트, 오프-페이지 커넥터, 글로벌 버스 핀에 전기적으로 연결한다.

3.2.1 와이어의 입력 및 수정

1) 와이어의 입력

핀에 와이어를 연결하면 Capture는 핀에 있는 미연결 핀 상자가 삭제되어 연결 상태를 시각적으로 확인할 수 있다. 두 개의 연속적인 와이어가 90도로 상호 교차하면 전기적으로 서로 연결되지 않는다. 한 와이어 위에 가로지르는 다른 와이어를 그릴 때 마우스의 왼쪽 단추를 클릭하여 접합점을 만들어야 연결된다. 부품의 두 핀 끝 부분이 맞닿으면 핀들은 상호 연결된다. 와이어를 그리는 방법은 다음과 같다.

① 회로도면 편집기의 Place 메뉴에서 Wire 명령을 선택하거나(단축키는 ALT-P, W) 툴 파렛트에서 를 마우스로 클릭한다.

② 마우스의 왼쪽 단추를 클릭하여 와이어를 시작한다.

③ 마우스를 배선을 원하는 곳으로 옮겨 와이어를 그린다. 정점을 두거나 방향의 변경 또는 가로지르는 와이어를 연결하려면 마우스의 왼쪽 단추를 클릭한다. 와이어는 90도의 정수배로 꺾어지며 Shift 키를 누르고 와이어를 그리면 임의의 각도로 그릴 수 있다.

④ 더블 클릭하여 그리고 있는 와이어를 끝낸다. 와이어 입력 작업을 종료하려면 툴 파렛트의 선택 도구를 선택하거나 ESC키를 누른다.

2) 와이어의 수정

수정을 원하는 와이어를 선택한 후 와이어를 끌어 위치를 수정할 수 있으며, Edit Properties의 선택에 의한 네트 속성 수정은 네트의 이름은 변경할 수 없으며 화면 표시 여부만 수정 가능하다. 팝업 메뉴에서 Mirror Horizontally, Mirror Vertically, Rotate, Zoom In, Zoom Out, Go To..., Delete 명령들은 부품의 팝업 메뉴와 동일하다. 연결된 와이어 전체를 선택하기 위해서는 Select Entire Net를 클릭한다.

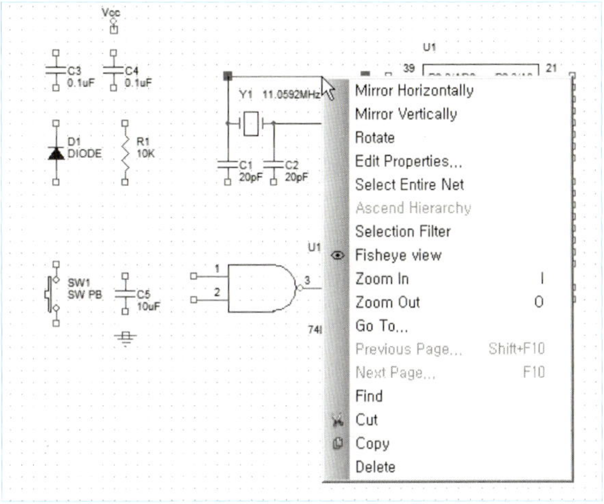

처음 와이어를 입력하였거나 와이어의 문자가 나타나지 않을 때에는 원하는 와이어를 선택하고 마우스의 오른쪽 버튼을 눌러 팝업 메뉴에서 Edit Properties를 클릭하면 Property Editor 대화상자의 Schematic Nets 탭에 있는 정보들이 나타난다. 대화상자에는 네트의 ID와 네트 이름이 표시되는데, 이것은 모두 Capture에서 지정된 것이다. 네트이름을 클릭하여 수정할 수 있는데, 수정된 이름이 네트 이름이 된다.

와이어를 이동하려면 와이어를 선택하고 다른 위치로 끌면 된다. 그러면 와이어는 늘어난 상태에서 연결을 유지하게 된다. 와이어의 연결을 끊은 상태에서 이동시키려면 Alt 키를 누른 상태에서 이동한다.

3) 설계 연습

실습예제 3-5

8031 컨트롤러 회로에서 클럭 회로와 RESET 회로에 대해 Wire 명령이나 툴 파렛트를 이용하여 와이어를 연결한다(CAP3-3.OPJ 파일을 열 것).

클럭 회로

- 80C31의 19핀(X1)에 크리스털의 왼쪽 핀과 왼쪽 캐패시터의 위쪽 핀에 연결한다.
- 80C31의 18핀(X2)에 크리스털의 오른쪽 핀과 오른쪽 캐패시터의 위쪽 핀에 연결한다.
- 두 개의 캐패시터의 아래 핀들은 접지(GND)에 연결한다.

RESET 회로

- 다이오드와 저항을 병렬 연결하고 다이오드와 저항의 병렬 연결단자에 전원(Vcc)을 연결한다.
- Push-button 스위치와 캐패시터를 병렬 연결하고 한쪽 끝을 접지에, 다른 쪽 끝을 다이오드 애노드와 저항의 병렬 연결단자에 연결한다.
- 다이오드 애노드와 스위치의 연결된 단자를 74LS00의 1번과 2번(NAND input) 핀에 연결한다.
- 74LS00의 3번(NAND output) 핀과 80C31의 9번(RST) 핀을 연결한다.

전원안정용 캐패시터 회로

- 두 개의 캐패시터를 병렬로 연결하고 위쪽 핀을 전원(Vcc)에 또 아래쪽 핀을 접지(GND)에 연결한다.

① Capture를 시작하여 CAP3-3.OPJ을 열고, 프로젝트 관리자 윈도에서 PAGE1을 더블 클릭하여 회로도면 편집기가 열리게 한다.

② Place 메뉴에서 Wire 명령을 선택하거나(단축키는 ALT-P, W) 툴 파렛트에서 마우스로 클릭하면 회로도면 편집기 윈도에 십자 형태의 커서가 나타나고 다음 그림에 있는 클럭 회로부터 연결한다.

③ 부품의 연결은 부품의 연결 여부를 나타내는 작은 네모상자의 표시 여부로 확인할 수 있으며, 와이어 세그먼트의 시작점이나 끝점에 다른 와이어가 겹쳐질 때 또는 부품의 세그먼트에 다른 와이어 세그먼트의 시작점이나 끝점이 겹쳐질 때 접합점은 자동으로 생성된다. 선택 버튼이나 Esc 키를 누르면 십자 모양의 커서가 사라지게 되고 와이어의 입력이 끝나게 된다.

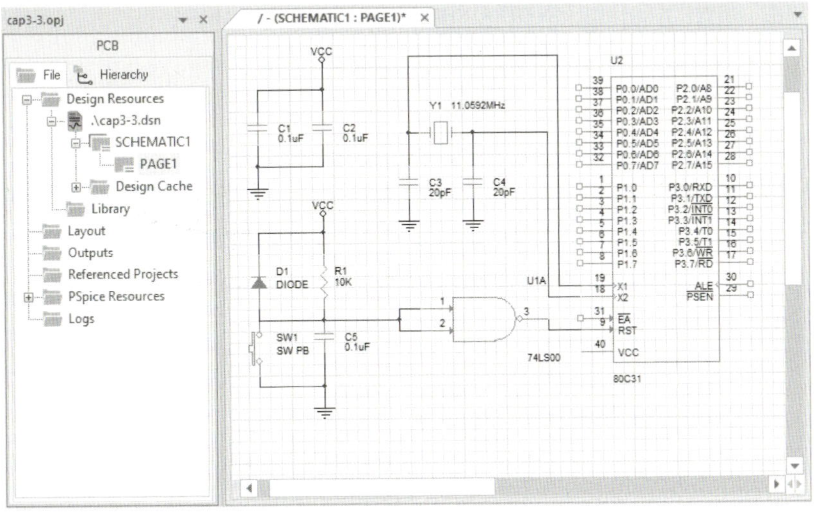

④ 클럭 회로의 연결이 끝나면, RESET 회로, 전원안정용 캐패시터 회로를 연결한다.
⑤ 회로를 File 메뉴의 Save 명령을 이용하여 저장한다(설계의 이름은 CAP3-5.OPJ).

실습예제 3-6

다음 회로와 같이 Wire 명령이나 툴 파렛트를 이용하여 와이어를 연결하라. (CAP3-4.OPJ 파일을 열 것)

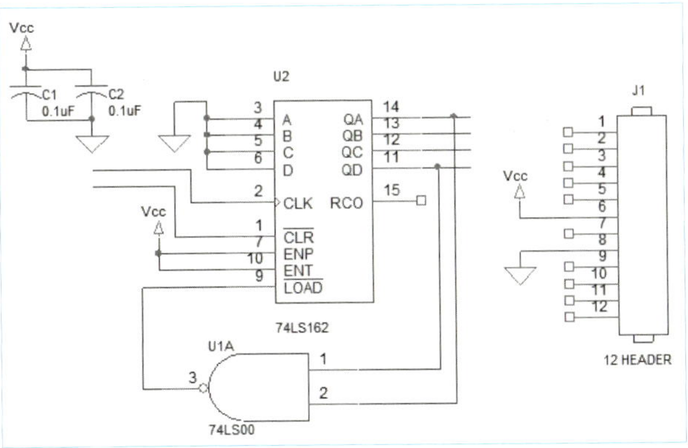

3.2.2 네트 이름 작성 및 접합점 입력

1) 네트 이름 작성

설계에서 다른 부품과 심벌에 연결된 와이어와 버스는 네트 이름을 통해 논리적으로 상호 연결되어 네트를 형성한다. 와이어를 입력하면 입력된 와이어에는 시스템이 만든 네트 이름이 설정되고 이 이름은 별명(Alias) 또는 다른 네트 이름으로 교체할 수 있다. 버스가 유효한 이름이나 별명을 가지게 되면 버스에 의해 전달되는 신호와 네트에 해당하는 그들 신호에 연결된다. 네트 이름의 입력 방법은 다음과 같다.

① 회로에서 핀에 연결된 와이어를 선택한다.
② 회로도면 편집기의 Place 메뉴에서 Net Alias 명령을 선택하거나(단축키는 ALT-P, N) 툴 파렛트에서 를 마우스로 클릭한다.
③ Place Net Alias 대화상자가 나타나고 별명의 이름과 색상, 서체, 별명의 표시 방향 등을 설정한다.

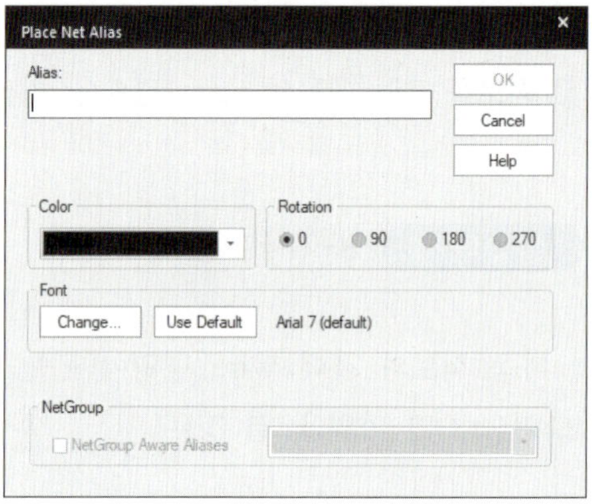

2) 접합점 입력

접합점은 두 개의 와이어 또는 버스, 버스와 와이어 사이를 연결하는 도구로 회로도면 편집기의 Place 메뉴에서 Junction 명령을 선택하거나 툴 파렛트에서 접합점 도구를 선택하여 사용한다. 두 개의 와이어 또는 두 개의 버스의 물리적인 연결은 한 와이어가 다른 와이어의 세그먼트를 겹쳐질 때는 Junction 명령에 의해 접합점을 연결하여야 하며, 한 와이어 세그먼트의 시작점이나 끝점에 다른 와이어의 세그먼트가 겹쳐질 때와 한 버스 세그먼트의 시작점이나 끝점에 다른 버스의 세그먼트가 겹쳐질 때에는 접합점이 자동적으로 생성된다.

① 회로도면 편집기의 Place 메뉴에서 Junction 명령을 선택하거나(단축키는 ALT-P, J) 툴 파렛트에서 를 마우스로 클릭한다.
② 커서를 접합점을 원하는 겹쳐진 와이어 또는 버스에 이동하여 마우스의 왼쪽 단추를 클릭한다.
③ 모든 접합을 완성한 후 ESC 키를 사용하여 접합점 만드는 작업을 종료한다.

3) 설계 연습

실습예제 3-7

8031 컨트롤러 회로에서 모든 접합점을 만들고 컨트롤러와 연결되는 네트를 선택하여 네트에 별명을 준다(CAP3-5.OPJ 파일을 열 것).

- X1 핀에 연결된 와이어를 선택하여 X1의 별명을 준다.
- X2 핀에 연결된 와이어를 선택하여 X2의 별명을 준다.
- RST 핀에 연결된 와이어를 선택하여 RESET의 별명을 준다.

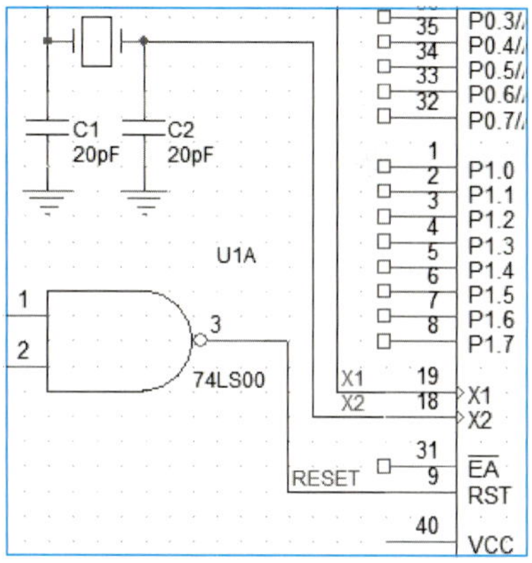

① Capture를 시작하여 CAP3-5.OPJ을 열고, 프로젝트 관리자 윈도에서 PAGE1을 더블 클릭하여 회로도면 편집기가 열리게 한다.

② 접합점은 와이어 세그먼트의 시작점이나 끝점에 다른 와이어가 겹쳐질 때 또는 부품의 세그먼트에 다른 와이어 세그먼트의 시작점이나 끝점에 겹쳐질 때 자동으로 생성된다. 사용자가 직접 접합점의 위치를 찾아서 접합점을 입력해야 하는 경우에는 Place 메뉴에서 Junction 명령을 선택하거나(단축키는 ALT-P, J) 툴 파렛트에서 를 마우스로 클릭하여 접합점 커서가 나타나면 접합점을 원하는 겹쳐진 와이어에 이동하여 마우스의 왼쪽 단추를 클릭하고 계속하여 마우스의 왼쪽을 클릭하여 접합점을 입력한다. 모든 접합점 입력이 끝나면 ESC 키를 누르거나 툴 파렛트의 선택 버튼을 사용하여 접합점 만드는 작업을 종료한다.

③ 80C31의 X1 핀(19번)에 연결된 와이어를 선택하고 Place 메뉴에서 Net Alias 명령을 선택하거나(단축키는 ALT-P, N) 툴 파렛트에서 를 마우스로 클릭하면 Place Net Alias 대화상자가 나타난다. 대화상자의 Alias 문자상자에 X1을 입력하고 별명하고 색상, 서체, 별명의 표시 방향 등을 설정하여 OK 버튼을 누르면 대화상자가 닫힌다. 회로도면 편집기 윈도에는 네모 모양의 커서가 나타나고 별명을 입력하려는 위치로 커서를 옮겨 마우스의 왼쪽 버튼을 클릭하여 별명을 입력한다.

④ X2 핀에 연결된 와이어를 선택하고 X2 별명을 입력하며, 또 RST 핀에 연결된 와이어를 선택하여 RESET 별명을 입력한다.

⑤ 회로를 File 메뉴의 Save 명령을 이용하여 저장한다(설계의 이름은 CAP3-7.OPJ).

실습예제 3-8

다음 회로와 같이 모든 접합점을 만들고 부품에 연결되는 네트를 선택하여 네트에 별명을 준다(CAP3-6.OPJ 파일을 열 것).

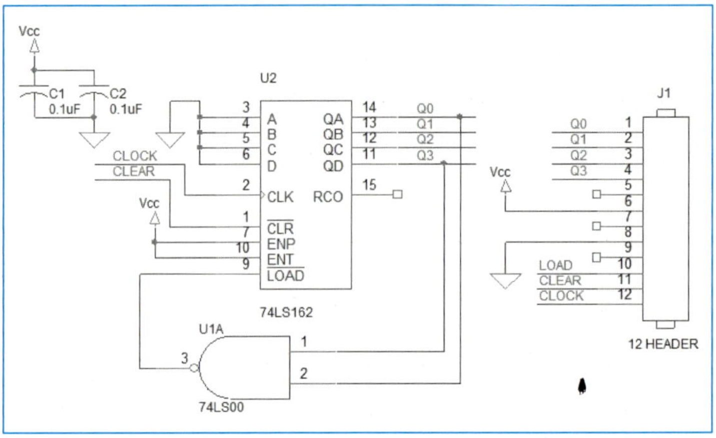

3.2.3 버스의 입력, 수정 및 버스 엔트리 입력

버스(Bus)는 한 개 이상의 와이어를 묶어서 나타내는 것으로 데이터나 어드레스, 입·출력 인터페이스 등을 나타내는데 주로 사용한다. 두 개의 버스가 서로 겹쳐지더라도 접합점이 존재하지 않는다면 연결되지 않는다.

1) 버스의 입력

버스는 회로도면 편집기의 Place 메뉴에서 Bus 명령을 선택하거나 툴 파렛트에서 버스 도구를 선택하여 사용한다. 설계에서 다른 부품과 심벌에 연결된 버스는 네트 이름을 통해 논리적으로 상호 연결되어 네트를 형성한다. 버스를 입력하면 입력된 버스에는 시스템에서 제공하는 네트 이름이 설정되고 이 이름은 별명(Alias) 또는 다른 네트 이름으로 교체할 수 있다. 버스가 유효한 이름이나 별명을 가지게 되면 이 이름이나 별명은 버스에 의해 전달되는 신호와 네트에 해당하는 그들 신호에 연결된다. 버스를 그리는 방법은 다음과 같다.

① 회로도면 편집기의 Place 메뉴에서 Bus 명령을 선택하거나(단축키는 ALT-P, B) 툴 파렛트에서  을 마우스로 클릭한다.

② 마우스의 왼쪽 단추를 클릭하여 버스를 시작한다.
③ 마우스를 배선을 원하는 곳으로 옮겨 버스를 그린다. 정점을 두거나 방향의 변경 또는 가로지르는 버스를 연결하려면 마우스의 왼쪽 단추를 클릭한다. 버스는 90도의 정수배로 꺾어지며 Shift 키를 누르고 버스를 그리면 임의의 각도로 그릴 수 있다.
④ 더블 클릭하여 그리고 있는 버스를 끝낸다. 버스의 입력 작업을 종료하려면 툴 파렛트의 선택 도구를 선택하거나 ESC키를 누른다.

2) 버스 이름의 수정

버스를 선택한 후 Edit 메뉴에서 Properties를 선택하거나 마우스의 오른쪽 단추를 눌러 팝업 메뉴가 나타나면 Edit Properties를 선택하여 Net Properties 대화상자에서 버스의 속성들을 볼 수 있다. 또 버스를 더블 클릭하여도 된다. 버스의 속성은 Net Properties 대화상자에서 User Properties를 선택하여 첨가 또는 삭제할 수 있다.

버스는 한 개 이상의 와이어를 묶은 것으로 A[0..3]과 같은 형식으로 나타낸다. 이것은 A[0], A[1], A[2], A[3]의 와이어에 각각 대응하는 것이다. 버스의 이름은 Net Alias를 통해 입력되고 입력된 이름은 Net Properties에 설정된다.

버스를 이동하려면 버스를 선택하고 다른 위치로 끌면 된다. 그러면 버스는 늘어난 상태에서 연결을 유지하게 된다. 버스의 연결을 끊은 상태에서 이동시키려면 Alt 키를 누른 상태에서 이동한다.

3) 버스 엔트리 입력

버스 엔트리(Bus Entries)는 네트를 버스로 끌어들이는데 선택적으로 사용된다. 버스 엔트리와 와이어 세그먼트의 차이는 와이어와 와이어는 서로 연결할 수 있지만, 버스 엔트리와 버스 엔트리는 연결할 수 없다.

① 버스 엔트리를 연결하고자 하는 버스를 선택한다.
② 회로도면 편집기의 Place 메뉴에서 Bus Entry 명령을 선택하거나(단축키는 ALT-P, E) 툴 파렛트에서 을 마우스로 클릭한다.
③ 버스 엔트리 커서가 나타나면 Edit 메뉴에 Rotate(단축키는 ALT-E, R)를 선택하여 버스 엔트리를 시계 반대 방향으로 돌려 원하는 위치로 이동한다.
④ 마우스를 이용하여 버스에 버스 엔트리 끝을 붙이고 마우스의 왼쪽 단추를 클릭하면 버스 엔트리가 입력된다.
⑤ 계속하여 버스에 포함되어 있는 선이 연결되도록 버스 엔트리를 붙인다.

⑥ 모든 작업을 완료한 후 ESC 키를 누르거나 툴 파렛트의 선택도구를 사용하여 버스 엔트리 입력 작업을 종료한다.

4) 연결 없음(No Connect)의 표시

연결 없음(No Connect)의 표시는 사용하지 않는 핀을 처리하기 위해 사용된다. 일반적으로 사용하지 않는 핀은 연결하지 않은 상태로 둘 수 있지만 네트리스트 작성시 연결 정보가 없으므로 에러(error)가 발생한다. 따라서 사용하지 않는 핀은 연결 없음의 표시로 나타내어야 한다.

① 회로도면 편집기의 Place 메뉴에서 No Connect 명령을 선택하거나(단축키는 ALT-P, C) 툴 파렛트에서 를 마우스로 클릭한다.
② 마우스를 연결하지 않는 핀으로 옮겨 왼쪽 단추를 클릭하며, ESC 키나 툴 파렛트의 선택도구를 선택하기 전에는 계속하여 연결 없음을 표시할 수 있다.

5) 설계 연습

실습예제 3-9

8031 컨트롤러 회로의 클럭 회로, RESET 회로, 전원안정용 캐패시터 회로는 완성되었다. 기본 8031 컨트롤러 회로에는 완성된 회로 이외에 데이터와 어드레스의 구별을 위한 74LS373 버퍼, ROM인 27256, RAM인 KM62256A, 디코드인 74LS138을 버스와 버스 엔트리를 사용하여 연결하여야 한다.

① Capture를 시작하여 CAP3-7.OPJ을 열고, 프로젝트 관리자 윈도에서 PAGE1을 더블 클릭하여 회로도면 편집기가 열리게 한다.
② 74LS373/BUSDRIVERTRANSCEIVE, 27256/PROM, KM62256A/SRAM, 74LS138/MUXDECODER을 부품 입력 도구나 명령을 사용하여 배치한다. 아직 등록되어 있지 않은 라이브러리가 있다면, Add Library 버튼을 클릭하여 라이브러리를 추가하여야 한다.

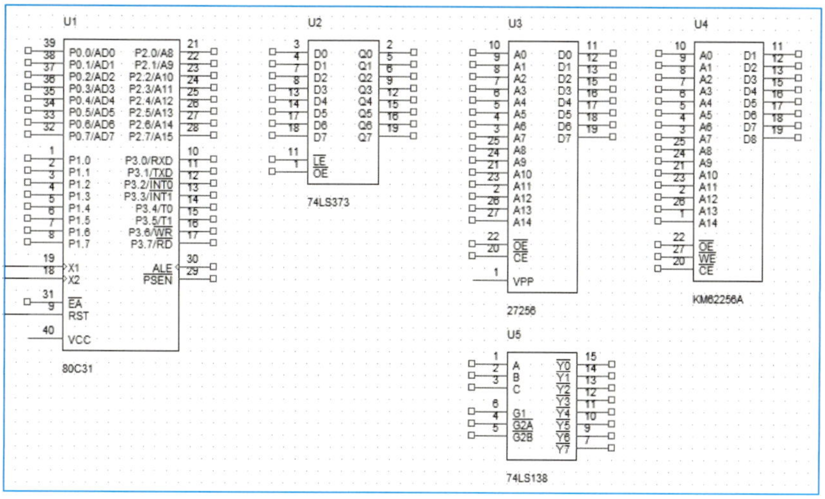

③ 와이어 도구를 사용하여 다음과 같이 연결한다.

80C31 컨트롤러와 74LS373 버퍼에 와이어를 연결하고 별명(Alias)을 입력한다.

- 80C31의 39번(P0.0) 핀과 74LS373의 3번(D0) 핀을 연결하고 D0의 별명을 입력한다.
- 80C31의 38번(P0.1), 37번(P0.2), 36번(P0.3), 35번(P0.4), 34번(P0.5), 33번(P0.6), 32번(P0.7) 핀과 74LS373의 4번(D1), 7번(D2), 8번(D3), 13번(D4), 14번(D5), 17번(D6), 18번(D7) 핀을 각각 연결하고 D1에서 D7의 별명을 각각 입력한다.

여기서 여러 개의 같은 명령의 반복은 Edit 메뉴에서 Repeat 명령을 선택하거나 F4 키를 누름으로써 계속 수행할 수 있다. 즉 80C31의 39번(P0.0) 핀과 74LS373의 3번(D0) 핀을 연결한 다음, Edit 메뉴에서 Repeat 명령을 선택하거나 F4 키를 누르면 38번과 4번이 연결되고 다음은 37번과 7번으로 각각 연결된다.

별명의 입력에도 Edit 메뉴에서 Repeat 명령을 선택하거나 F4 키를 누르고 마우스의 커서를 다음 네트 별명을 위치하는 곳으로 옮겨 마우스의 왼쪽 단추를 클릭하게 되면 네트 별명이 1이 증가하여 표시된다. 계속하여 마우스의 커서를 옮겨 왼쪽 단추를 클릭하게 되면 계속하여 네트 별명이 1씩 증가하여 표시된다.

컨트롤 선을 연결한다.

- 80C31의 17번 핀($\overline{RD}$)과 KM62256A의 22번 핀($\overline{OE}$)을 연결하고 /RD의 네트별명을 입력한다.
- 80C31의 16번 핀($\overline{WR}$)과 KM62256A의 27번 핀($\overline{WE}$)을 연결하고 /WR의 네트별명을 입력한다.

- 80C31의 29번 핀($\overline{PSEN}$)과 27256의 22번 핀($\overline{OE}$)을 연결한다.
- 80C31의 30번 핀(ALE)과 74LS373의 11번 핀($\overline{LE}$)을 연결한다.
- 74LS138의 15번 핀($\overline{Y0}$)과 27256의 20번 핀($\overline{CE}$)을 연결한다.
- 74LS138의 14번 핀($\overline{Y1}$)과 KM62256A의 20번 핀($\overline{CE}$)을 연결한다.

전원 및 접지 심벌을 연결한다.

- 80C31의 31번 핀($\overline{EA}$)은 전원 심벌에 연결한다.
- 74LS373의 1번 핀(OC)은 접지 심벌에 연결한다.
- 27256의 26, 27번 핀(A13, A14)은 접지 심벌에 연결하고 1번 핀(VPP)은 전원 심벌에 연결한다.
- KM62256A의 1, 26번 핀(A13, A14)은 접지 심벌에 연결한다.
- 74LS138의 4, 5번 핀($\overline{G2A}$, $\overline{G2B}$)은 접지 심벌에 연결하고 6번 핀(G1)은 전원 심벌에 연결한다.

④ 버퍼 74LS373과 ROM 27256의 연결은 데이터와 어드레스 버스를 각각 연결하여야 한다. 데이터 버스의 연결은 74LS373의 3번(D0) 핀과 27256의 11번(D0) 핀부터 시작하여 74LS373의 18번(D7)과 27256의 19번(D7) 핀까지 각각 연결한다. 버스를 입력하기 위해서 Place 메뉴에 Bus 명령을 선택하거나(단축키는 ALT-P, B) 툴 파렛트에서 를 마우스로 클릭한다. 여기서 임의의 각도를 입력하기 위해서는 Shift 키를 누르고 마우스의 왼쪽 단추를 클릭한다.

⑤ 입력된 버스를 선택하고 Place 메뉴에서 Net Alias 명령을 선택하거나(단축키는 ALT-P, N) 툴 파렛트에서 를 마우스로 클릭하면 Place Net Alias 대화상자가 나타난다. 대화상자에 네트 별명(Net Alias)을 D[0..7]로 입력한다. 이것은 하나의 버스에 D0에서부터 D7까지 8개의 데이터 와이어가 연결되었다고 볼 수 있다. 네트 별명으로 입력된 이름은 Net Properties에 설정된다.

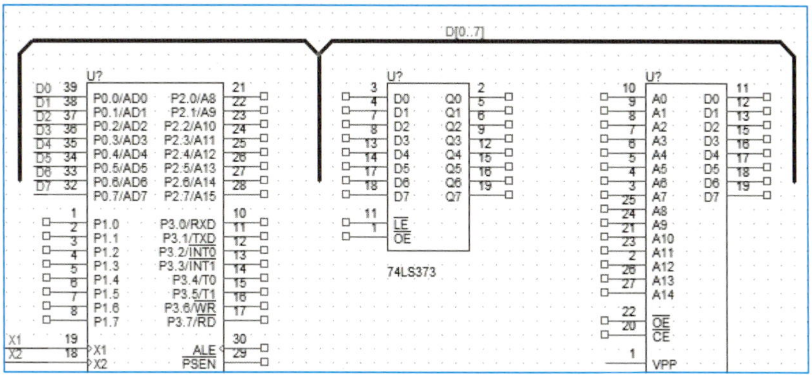

⑥ ⑤에서 입력된 80C31과 74LS373의 사이의 버스를 선택하고 Place 메뉴에서 Bus Entry 명령을 선택하거나(단축키는 ALT-P, E) 툴 파렛트에서 [아이콘]를 마우스로 클릭하면 버스 엔트리 커서가 나타난다. Edit 메뉴에 Rotate(단축키는 ALT-E, R)를 선택하여 버스 엔트리를 시계 반대 방향으로 돌려 원하는 위치로 이동한 다음, D0부터 D7까지 차례로 버스 엔트리를 입력하여 D[0..7] 버스와 연결한다. 버스 엔트리의 방향이 맞지 않으면 Edit 메뉴에서 Rotate 명령을 선택하거나 Ctrl-R 키를 눌러 방향을 바꾼다. 다시 27256의 오른쪽에 있는 버스에 버스 엔트리를 연결하기 위해 와이어를 입력하고 버스 엔트리를 입력하여 버스와 연결한다. 이 때 와이어에는 D0에서부터 D7까지 네트 별명(Net Alias)을 입력한다.

⑦ KM62256A의 11핀에서 19핀까지 버스 엔트리와 와이어를 이용하여 버스에 연결한다. 또 KM62256A의 11핀에 연결된 와이어를 선택하고 네트 별명(Net Alias)을 D0을 입력하며 계속하여 19핀까지 네트 별명 D7을 입력한다.

⑧ 입력된 어드레스 버스를 선택하고 Place 메뉴에서 Net Alias 명령을 선택하거나(단축키는 ALT-P, N) 툴 파렛트에서 [아이콘]를 마우스로 클릭하면 Place Net Alias 대화상자가 나타난다. 대화상자에 네트 별명(Net Alias)을 A[0..15]로 입력한다. 계속하여 74LS373의 2, 5, 6, 9, 12, 15, 16, 19번 핀들을 네트 엔트리와 와이어를 통해 버스에 연결하고 네트 별명(Net Alias)을 A0에서 A7까지 입력하고 27256의 10, 9, 8, 7, 6, 5, 4, 3, 25, 24, 21, 23, 2번 핀들을 네트 엔트리와 와이어를 통해 버스에 연결하고 네트 별명을 A0에서 A12까지 입력한다. 또 KM62256A의 10, 9, 8, 7, 6, 5, 4, 3, 25, 24, 21, 23, 2번 핀들을 네트 엔트리와 와이어를 통해 버스에 연결하고 네트 별명을 A0에서 A12까지 입력한다. 상위 어드레스 8비트의 연결을 위해 80C31 컨트롤러의 21번 핀에서 28번 핀까지

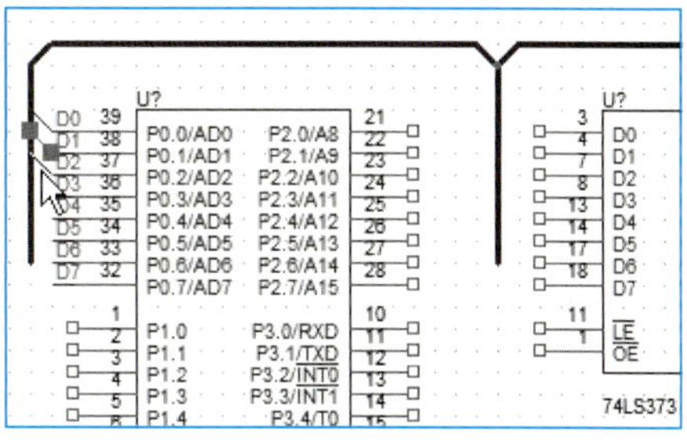

를 어드레스 버스에 묶고 네트 별명을 A8에서 A15까지 입력한다. 디코드 74LS138의 어드레스 버스 연결을 위해 어드레스 버스를 연장하고 1번, 2번, 3번 핀에 와이어와 버스 엔트리를 통해 버스에 연결하고 A13에서 A15까지의 네트 별명을 입력한다.

⑨ 연결 없음을 표시한다. 연결 없음 표시는 Place 메뉴에서 No Connect 명령을 선택하거나(단축키는 ALT-P, C) 툴 파렛트에서 를 마우스로 클릭한 후, 마우스를 연결하지 않는 핀으로 옮겨 왼쪽 단추를 클릭한다.

- 80C31 - 1번에서 8번, 10, 11, 12, 13, 14, 15번 핀에 연결 없음을 표시한다.
- 74LS138 - 7, 9, 10, 11, 12, 13번 핀에 연결 없음을 표시한다.

⑩ 회로를 File 메뉴의 Save 명령을 이용하여 저장한다(설계의 이름은 CAP3-9.OPJ).

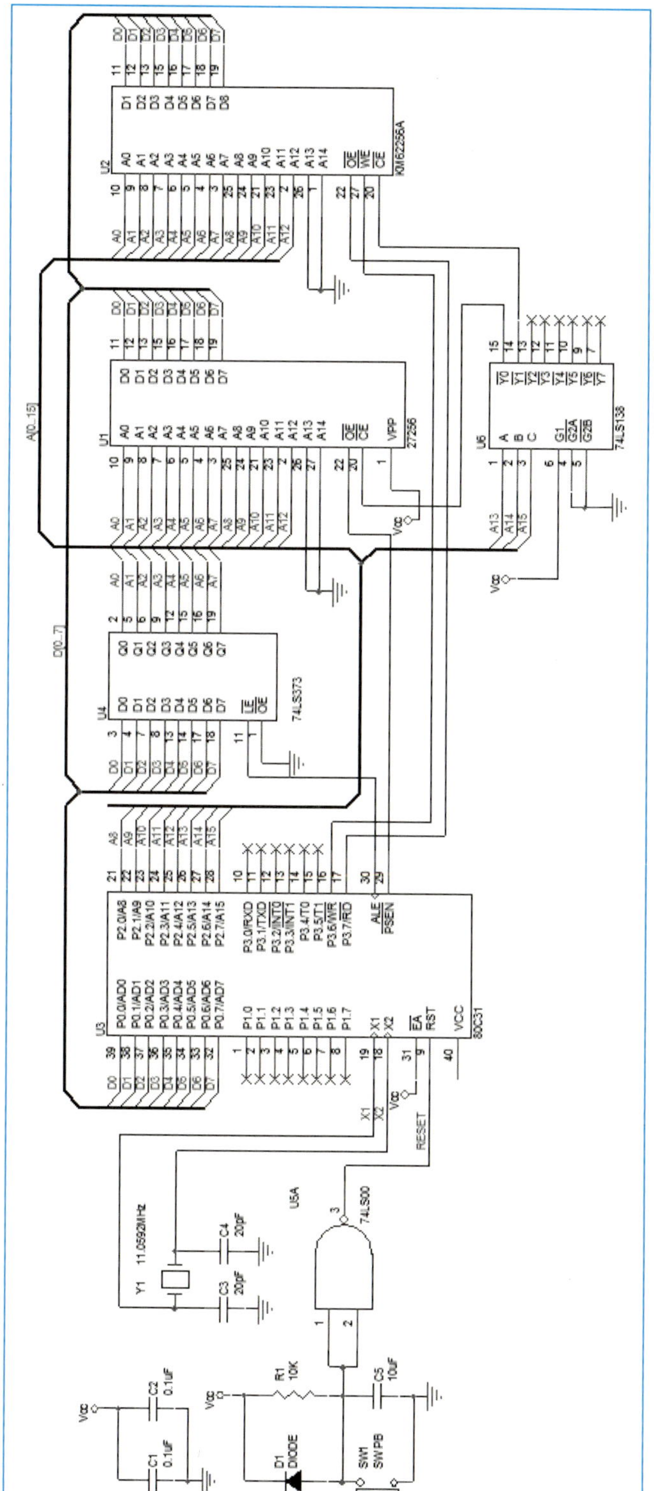
U2
KM62256A
U1
27256
U4
74LS373
U3
80C31
U6
74LS138
A[0..15]
D[0..7]
Vcc
Y1 11.0592MHz
C3 20pF
C4 20pF
U5A
74LS00
RESET
X1
X2
R1 10K
C5 10uF
C1 0.1uF
C2 0.1uF
D1 DIODE
SW1 SWPB

실습예제 3-10

다음 회로와 같이 버스, 버스 엔트리, 연결 없음 등을 입력하라.
(CAP3-8.OPJ 파일을 열 것)

버스 연결

74LS162의 14, 13, 12, 11번 핀과 12 HEADER 1, 2, 3, 4번 핀에 버스를 입력하고 네트 별명을 Q[0..3]을 입력한다.

버스 엔트리

입력된 버스와 74LS162의 14, 13, 12, 11번 핀과 12 HEADER 1, 2, 3, 4번 핀을 연결하도록 버스 엔트리를 입력한다.

연결 없음

- 74LS162의 15번 핀
- 12 HEADER 5, 7, 9번 핀

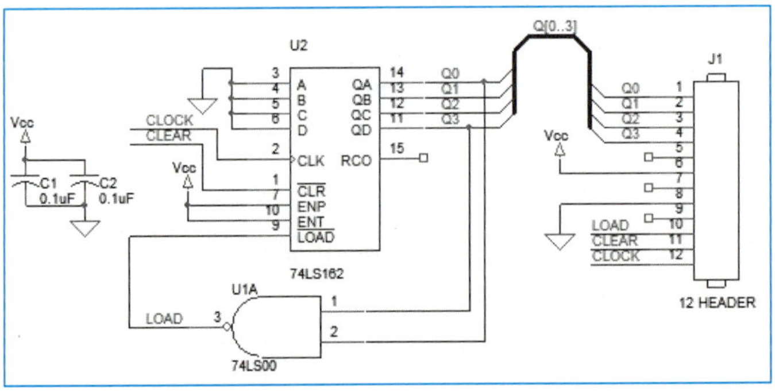

04

네트리스트 작성

회로도면에 부품의 입력이 끝나게 되면 시뮬레이션, PCB, 합성 또는 기타 외부 프로그램에 필요한 정보를 위해 네트리스트를 작성해야 하며, 네트리스트 작성을 위해서는 먼저 부품 참조 갱신, 속성 갱신, 설계 규칙 검증 등의 작업을 수행하여야 한다. 부품 참조 갱신에서 설계에 사용된 부품의 패키지(Package)를 지정하며, 속성 갱신에서 속성의 값을 변경하고, 설계 규칙 검증에서 미연결된 부품 및 불필요한 연결의 유무를 확인한다.

4.1 네트리스트 작성의 준비 작업

회로도면에 부품의 입력과 배선이 끝나게 되면 Capture 툴을 사용하여 시뮬레이션, PCB, 합성, 구매 또는 기타 외부 프로그램에 필요한 정보를 위해 네트리스트를 작성한다. Capture에서 설계한 프로젝트는 Annotate를 거쳐 배정되지 않은 부분 참조 및 핀 번호 등의 정보를 배정한다. 모든 부품 참조가 갱신되면 시뮬레이션, PCB, 합성 또는 기타 외부 프로그램에 필요한 정보를 만들기 위한 네트리스트 작성을 위한 방향과 구매 또는 BOM(Bill of Materials)을 위한 리포트 작성을 위한 방향으로 나누어 진행된다.

네트리스트 작성을 위해 먼저 설계 규칙 검증(Design Rules Check) 툴을 사용하여 전기규칙 위반과 다른 제한조건들을 검사한다. 설계 규칙 검증이 끝나면 필요한 속성들을 추가하거나 수정하여 속성들을 갱신하고 신호와 핀 사이의 논리적 상호연결 정보를 위한 네트리스트를 생성한다. 생성된 네트리스트를 바탕으로 시뮬레이션, PCB 설계 등의 작업을 수행하며 PCB 레이아웃과 같은 외부 작업시 변경된 내용을 수정하기 위해 Back annotate 툴을 사용하고 결과 파일을 이용하여 Capture에서 수정한다.

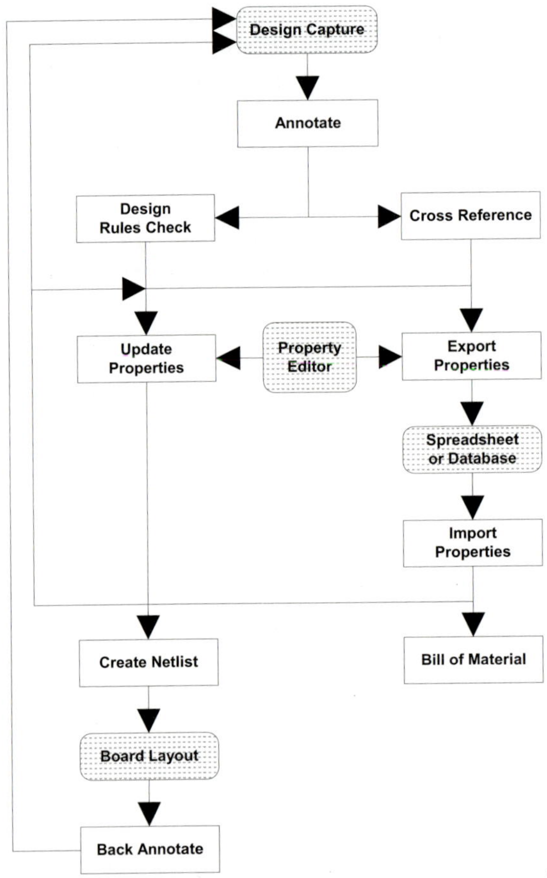

리포트 작성을 위해서는 먼저 교차 참조(Cross Reference) 툴을 수행한다. 교차 참조 툴은 모든 부품의 부품 참조와 부품 값을 포함하는 리포트를 작성하며 리포트에 각 부품의 좌표 값이 포함되어 있다. 교차 참조 파일이 작성되며 스프레드시트 또는 데이터베이스 프로그램의 실행을 위해 프로젝트에 있는 각 부품의 속성 및 값들을 사용하여 리스트를 작성한다. 작성된 리스트는 스프레드시트 또는 데이터베이스 프로그램에 의해 수정되고 저장되어 다시 Capture 툴에 의해 입력된다. 이들 파일을 사용하여 구매 등의 자료로 사용되는 BOM(Bill Of Materials) 파일을 작성한다.

4.1.1 Annotating

회로도면에 부품을 입력한 후, 다른 부품과 구별하기 위해 각 부품에 고유한 부품 참조를 할당하여야 한다. 사용자는 수작업으로 각 부품을 편집하여 일일이 부품 참조를 할당할 수 있지만 프로젝트 관리자의 Tools 메뉴에 있는 Annotate 명령을 사용하여 자동적으로 할당할 수 있다.

Annotate 명령은 또한 다중 부품 패키지(Multiple-Part Package)에 속해 있는 각각의 부품을 다중 부품 패키지에 할당한다. 즉 다중 부품 패키지에 속해 있는 각각의 부품에 다중 부품 패키지의 한 개의 핀 번호가 지정된다. 부품은 회로도면상에 나타나 있는 순서에 따라 갱신되는데, 좌측에서 우측으로, 위에서 아래의 순서로 갱신된다.

Annotate 툴을 사용하면 Intersheet Reference에 오프-페이지 커넥터와 계층구조 포트 등을 첨가할 수 있다. Intersheet Reference는 설계에 사용되었던 회로 심벌과 회로도면의 출처와 목적 등을 나타낸다.

① Capture를 시작하여 기존의 설계 파일을 열거나 새로운 설계를 시작하여 회로도면을 작성한다.

② 프로젝트 관리자의 윈도에서 갱신하고자 하는 회로도면을 선택한다.

③ 프로젝트 관리자의 Tools 메뉴에서 Annotate(단축키는 ALT-T, O)를 선택하거나 툴 파렛트에서 를 마우스의 클릭하게 되면 Annotate 대화상자가 나타난다.

④ Annotate 대화상자에서 설계의 범위, 부품 참조의 갱신 방법, 부품 또는 네트의 Instance 또는 Occurrence 속성의 갱신, 다중 부품 패키지 속성 지정, 참조 번호를 1부터 시작할 것인지의 여부 등을 선택한다.

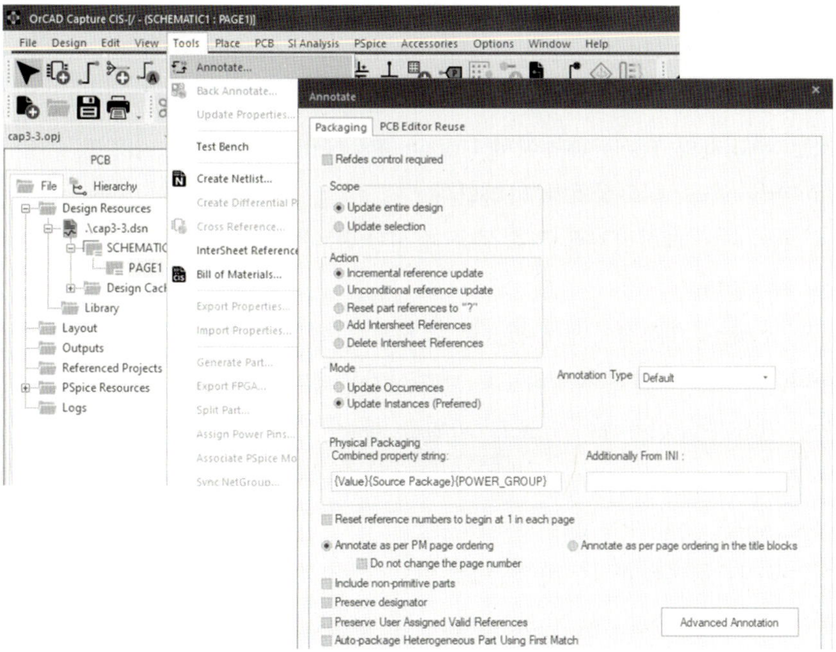

⑤ Annotate 대화상자에서 필요한 옵션을 선택한 후 확인 단추를 눌러 부품 참조 갱신을 실행한다.

4.1.2 부품 또는 네트의 속성 갱신

부품 또는 네트의 속성은 회로도면 편집기를 통해 각각 수정할 수 있지만 수정하고자 하는 부품 또는 네트의 수량이 많을 경우 Update Properties 도구를 사용 하는 것이 훨씬 쉽고 빠르다. Update Properties 도구를 이용하면 부품 참조, 네트 이름, 네트 ID를 제외한 모든 속성을 수정할 수 있으며 다른 속성을 추가할 수 있다.

부품 또는 네트의 속성을 갱신할 때, 문자 편집기로 수정하고자 하는 각각의 부품 또는 네트에 해당하는 라인을 한 줄씩 추가시켜 갱신 파일(Update File)을 만든다. 첫 번째 항은 부품 또는 네트를 구별하고 나머지 항은 새로운 속성 값을 표시한다. Update Properties 명령은 라이브러리에 대해서도 실행할 수 있다.

1) 속성의 갱신

① 문자 편집기를 이용하여 갱신 파일(Update File) 형식의 갱신 파일을 작성한다.

② 부품 인스턴스(Part Instance)의 속성을 갱신하려면 Update Properties 대화상자에서 Update Instance Mode를 선택하여야 하며, 부품 어커런스(Part Occurrence)의 속성을 갱신하려면 Update Properties 대화상자에서 Update Occurrence Mode를 선택하여야 한다.

③ 프로젝트 관리자의 윈도에서 갱신하고자 하는 회로도면을 선택한다.

④ 프로젝트 관리자의 Tools 메뉴에서 Update Properties(단축키는 ALT-T, P)를 선택하면 Update Properties 대화상자가 나타난다.

⑤ Update Property 대화상자에서 속성을 갱신할 범위, 형태, 방법을 선택하고 속성 갱신 파일을 지정한다.

⑥ Update Property 대화상자에서 필요한 옵션을 선택한 후, OK 단추를 눌러 속성 갱신을 실행한다. 리포트 파일을 작성하도록 대화상자를 설정하였을 경우, 속성 갱신을 실행한 후 문서 편집기를 이용하여 리포트 파일을 볼 수 있다.

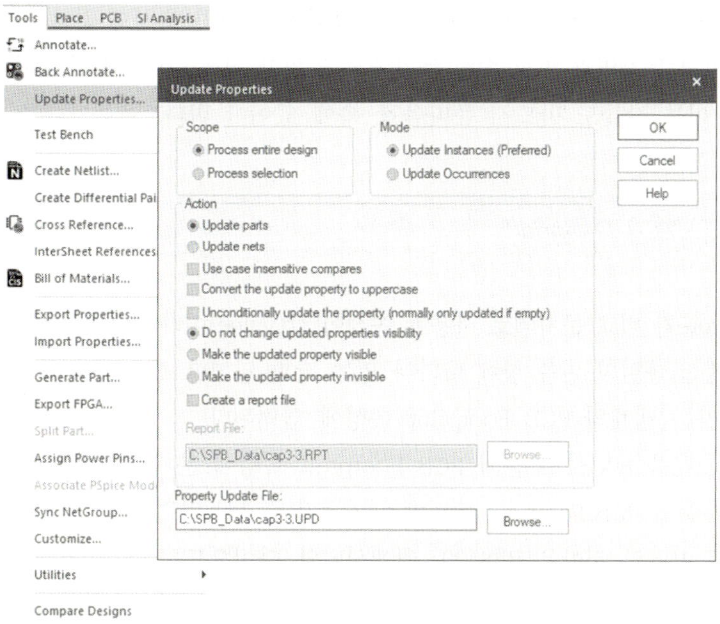

2) 갱신 파일의 형식

갱신 파일은 회로도면에 일치되는 속성, 갱신하려는 속성, 갱신하려는 값을 포함하여 만들어진 ASCII 문서 파일이다. 파일에는 세미콜론의 오른쪽에 있는 모든 문자를 무시하는 커멘트 문을 포함한다. 갱신 파일의 첫 번째 행의 형식은 다음과 같다.

$$CombinedPropString \qquad PropToUpdate1 \qquad PropToUpdate2$$

첫 번째 항은 비교할 문자열과 속성을 설정하려는 비교 속성 문자열이며 나머지 영역은 갱신해야 하는 부품 또는 네트의 속성들이다. 비교 문자열과 속성의 이름은 반드시 큰따옴표 속에 있어야 한다. 갱신 파일의 첫 행 이후의 행의 형식은 다음과 같다.

$MatchString1 \qquad Update1 \qquad Update2...$

$MatchString2 \qquad Update1 \qquad Update2...$

.

.

비교 문자열은 첫 번째 항의 비교 속성 문자열에서 지정한 속성의 값과 비교할 문자이다. 갱신 영역은 비교 문자열과 비교 속성 문자열과 일치할 경우, 첫 번째 행에서 지정한 속성에 넣을 값이다. 이들 값들도 반드시 큰따옴표 속에 있어야 한다. 예를 들면,

"{Value}"   "PCB Footprint"

이것은 Capture가 비교 문자열로 사용할 속성이 값(Value)이라는 것을 나타내며, 각 객체의 값(Value)이 갱신 파일의 왼쪽 항에 나타나 있는 값과 일치할 경우에는 오른쪽 항에 나타나 있는 해당 문자는 객체의 PCB Footprint 속성에 입력된다.

본 예제에서 부품 80C31 부품의 PCB Footprint 속성에 문자 DIP40_6이 입력되고 부품 74LS138에는 부품의 PCB Footprint 속성에 문자 DIP16_3이 입력된다. 11.0592MHz Crystal은 CRYS11MHZ로 10K의 저항은 RES400, 캐패시터와 다이오드는 CAP196 등으로 입력된다.

4.1.3 설계 규칙 검증(Design Rules Check)

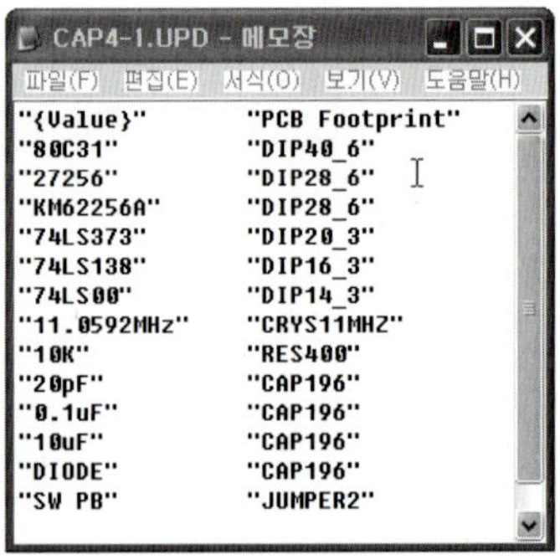

설계 규칙 검증 툴은 설계가 설계 규칙 및 전기 규칙에 부합하는지를 검사한다. 이 검사의 결과는 회로도면에 DRC Marker로 표시되고 리포트에 기록되어, 설계 및 전기적 오류를 쉽게 찾아 수정할 수 있다. DRC Marker는 프로젝트 관리자(Project Manager) 윈도의 Edit 메뉴에서 Browse 명령을 이용하면 찾을 수 있다.

또한 결과 목록에서 항목을 더블 클릭하면 회로도면에서 Marker가 위치하는 곳으로 즉시 이동하여 찾을 수 있다. 회로도면에 Marker가 표시되어 있을 때, Marker를 더블 클릭하면 Marker의 문자가 표시된다.

규칙 검증을 하기 전에 다음과 같이 오류를 검출하는 조건을 옵션에서 지정할 수 있다.

- DRC의 범위
- 그리드를 벗어난 부품
- 연결되지 않는 네트나 핀, 포트 또는 페이지 오프 커넥터
- 동일한 부품 참조
- 종류가 맞지 않는 부품
- OrCAD 회로 설계 도구와 호환되지 않는 설계 항목

설계 규칙 검증 툴은 설계를 시뮬레이션 또는 합성도구와 같은 다른 툴에 입력하기 전에 유용하게 사용할 수 있다. 설계 규칙 검증 툴이 나타내는 전기 규칙 위반에는 다음과 같은 두 가지가 있다.

- 반드시 수정해야 할 에러(Error)
- 설계에서 수용될 수 있는지 불확실한 상황에 대한 경고(Warning)

설계 규칙 검증 대화상자의 ERC Matrix 탭에서 전기 규칙에 대한 위반이 에러 또는 경고로 표시될 것인지를 설정할 수 있다. 에러는 언제나 회로도면에 DRC Marker로 표시된다. 경고는 설계 규칙 검증 대화상자의 경고 옵션에 Create DRC markers를 선택하면 경고도 DRC Marker로 표시된다. 그러나 설계 규칙 검증에 의해 작성된 리포트에는 "경고" 또는 "에러"로 분류되기 때문에 쉽게 판단할 수 있게 된다.

일단 설계 규칙 검증이 실행되면 회로도면에 있는 기존의 DRC Marker는 제거되고 새로운 DRC Marker가 생기게 된다. 또한 기존의 DRC Marker를 설계 규칙 검증 대화상자에서 Delete existing DRC markers 옵션의 선택에 의해 제거한 후 검사를 실행할 수 있다. 네트리스트를 작성하기 전에 반드시 설계 규칙 검증을 실행해야 한다.

① 프로젝트 관리자의 윈도에서 갱신하고자 하는 회로도면을 선택한다.

② 프로젝트 관리자(Project Manager)의 Tools 메뉴에서 Design Rules Check(단축키는 ALT-T, D)를 선택하거나 툴 파렛트에서 를 마우스로 클릭하게 되며 Design Rules Check 대화상자가 나타난다.

③ Design Rules Check 대화상자에는 Rules Setup 탭과 ERC Matrix 탭 등이 있다.

④ Options 탭에 있는 옵션을 설정한다. Options 탭은 설계 규칙 검증에 의해 작성되는 리포트에 포함하는 내용을 설정한다. 또한 회로도면에서 경고 및 에러에 대한 DRC Marker 여부를 표시하는 옵션을 설정하며, 기존의 DRC Marker 삭제여부를 설정한다.

⑤ ERC Matrix 탭에 있는 옵션을 설정한다. ERC Matrix 탭에서 설계 규칙 검증에서 사용하는 전기 규칙을 설정하는데, ERC 매트릭스를 사용한다. ERC 매트릭스에는 핀, 계층구조 포트, 페이지 오프 커넥터 등의 연결을 검사할 때 설계 규칙을 검증할 전기 규칙을 설정한다. 핀, 계층구조 포트, 페이지 오프 커넥터의 모든 형태가 행과 열에 표시되고 행과 열이 교차하는 곳에 표시한다. 셀에 어떤 표시도 없을 때는 그 종류의 연결에 대해 아무 메시지가 발생하지 않으며, "W"가 포함되면 경고, "E"가 포함되면 에러 메시지가 발생된다.

⑥ Design Rules Check 대화상자에 있는 2개의 탭을 모두 설정한 후 확인 버튼을 클릭하여 설계 규칙 검증을 실행한다.

⑦ 설계 규칙 검증이 실행되면 다음의 방법에 의해 그 결과를 볼 수 있다.

- 문서 편집기를 사용하여 작성된 리포트 파일을 열 수 있다. 이 파일의 기본 확장자는 *.DRC이며 Session Log에도 동일한 정보가 포함되어 있다.
- 프로젝트 관리자의 Edit 메뉴에서 Browse 명령을 이용하여 설계에 포함되어 있는 DRC Marker의 목록을 볼 수 있다. 이 목록은 에러와 경고에 관한 정보가 포함되어 있으며, 회로도면에 있는 DRC Marker도 같은 정보를 포함하고 있다. 프로젝트 관리자의 목록에서 항목을 더블 클릭하여 회로도면에 항목이 있는 곳으로 즉시 이동할 수 있으며 회로도면에 표시되어 있는 Marker를 더블 클릭하여 Marker의 문자를 볼 수 있다. 또한 회로도면 편집기의 Find 명령을 이용하여 특정 DRC Marker를 찾을 수 있다.

4.1.4 Back Annotating

1) Back Annotating

Back Annotating은 PCB Editor와 같은 외부 프로그램에 의해 변경된 내용을 반영할 때 사용된다. Capture는 게이트 또는 핀을 교체하거나 핀 또는 부품 참조를 변경할 수 있도록 하며, 이를 위해서 간단한 교체 파일(Swap file) 형식을 사용한다.

일반적으로 Back Annotating은 설계 회로도를 완성한 후, PCB 회로를 결선하는 동안 동일한 부품의 2개 게이트를 상호 교체하여 비아(Via)의 수, 트랙의 길이, 또는 결선의 복잡성 등을 줄이기 위해 사용된다. 같은 패키지 내의 U1A와 U1B를 상호 교체하여 보드의 연결을 변경하도록 PCB Editor 툴을 사용할 수 있으며, 설계 회로도에 연결을 변경한 보드의 내용을 반영할 수 있게 하기 위해 PCB Editor 툴을 이용하여 교체 파일(Swap File)을 작성하고 Capture에서 Back Annotating 툴을 실행하여 U1A와 U1B가 교체되는 것을 확인할 수 있다.

① 일반적으로 교체 파일(Swap File)은 OrCAD PCB Editor와 같은 외부 프로그램에 의해 작성되거나 문서 편집기를 사용하여 교체 파일 형식에 맞도록 교체 파일을 작성한다.
② 프로젝트 관리자(Project Manager) 윈도에서 갱신하고자 하는 회로도면을 선택한다.
③ 프로젝트 관리자의 Tools 메뉴에서 Back annotate(단축키는 ALT-T, A)를 선택하거나 툴 파렛트에서 를 마우스로 클릭하게 되며 Back annotate 대화상자가 나타난다.
④ 대화상자에서 Back annotate를 할 회로의 범위, 형태를 설정하고 Back annotate 교체 파일을 지정한다.
⑤ 대화상자에서 필요한 옵션을 선택한 후 확인 버튼을 클릭하여 게이트와 핀을 교체한다.

2) 교체 파일(Swap File)의 형식

교체 파일은 Back annotate 명령이 사용할 기존의 부품 참조와 새로운 부품 참조를 포함하고 있는 ASCII 형태의 문서 파일이다. 이 파일은 OrCAD PCB Editor와 같은 다른 응용 프로그램에 의해 작성되거나 임의의 문서편집기를 사용하여 ASCII 형태의 교체 파일(*.SWP)을 작성한다. 교체 파일에는 세미콜론 이후의 문자를 주석문으로 인식하여 세미콜론 오른쪽에 있는 모든 내용을 무시한다.

교체 파일의 각 라인은 하나의 동작을 가지며, 각 라인의 요소는 탭 문자나 여러 개의 공백으로 분리한다. 일반적으로 라인의 첫 요소는 교체의 종류를 지정하는데, 지정되지 않으면 CHANGEREF로 간주한다. 교체의 다른 종류는 GATESWAP, PINSWAP, CHANGEPIN이 있다. 다음은 교체 파일의 예이다.

```
CHANGEREF    U1     U2          ; Change part reference U1 to U2
             U1C    U2C         ; Change part reference U1C to U2C
GATESWAP     U1     U2          ; Swap parts U1 and U2
GATESWAP     U1A    U1B         ; Swap gates U1A and U1B
CHANGEPIN    U7     1   2       ; Change pin 1 to pin 2
CHANGEPIN    U7     2   1       ; Change pin 2 to pin 1
CHANGEPIN    U5B    "D0" "D1"   ; Change pin named D0 to D1
CHANGEPIN    U5B    "D1" "D0"   ; Change pin named D1 to D0
```

여기서 `CHANGEPIN U7 1 2` 의 명령은 pin1을 pin2로 바꾸는 것이다. Pin2가 이미 존재하면 pin2는 중복이 되므로 원래의 pin2를 다른 pin으로 변경하여야 한다. 따라서 교체 파일의 예처럼 2개의 CHANGEPIN 명령을 이용하여 각각 교체하여야 한다. PINSWAP은 두 핀을 직접 교체하는데, `PINSWAP U7 1 2` 의 명령은 pin1과 pin2의 교체를 의미한다. 그러나 PINSWAP 명령은 핀의 현재 상태를 유지하기 때문에 계속되는 명령의 수행에 유의해야 한다.

PINSWAP과 CHANGEPIN의 명령은 같은 부품의 같은 형태와 모양의 핀에만 국한되어 사용되어야 한다. 또 이와 같은 명령은 명령의 실행 순서에 따라 결과가 바뀌게 되므로 명령 실행 순서에 유의해야 한다.

4.1.5 설계 연습

실습예제 4-1

3장에서 작성한 8031 컨트롤러의 기본회로를 이용하여 네트리스트(Netlist) 작성에 필요한 준비 작업을 수행하라.

1) 부품 참조를 갱신하라.

2) 문서 편집기를 이용하여 CAP4-1.UPD를 작성하고 부품의 속성을 갱신하라.

```
"{Value}"          "PCB Footprint"
"80C31"            "DIP40_6"
"27256"            "DIP28_6"
"KM62256A"         "DIP28_6"
"74LS373"          "DIP20_3"
"74LS138"          "DIP16_3"
"74LS00"           "DIP14_3"
"11.0592MHz"       "CRYS11MHZ"
"10K"              "RES400"
"20pF"             "CAP196"
"0.1uF"            "CAP196"
"10uF"             "CAP196"
"DIODE"            "CAP196"
"SW PB"            "JUMPER2"
```

3) DRC 검증을 하고 CAP4-1.DRC 리포트 파일을 만들어라(ERC Matrix는 default로 설정한다).

4) 3-입력 AND 게이트를 그리고 다음의 PINSWAP에 의한 핀 교체를 실행하라.

```
PINSWAP        U1      1      2
PINSWAP        U1      2      13
```

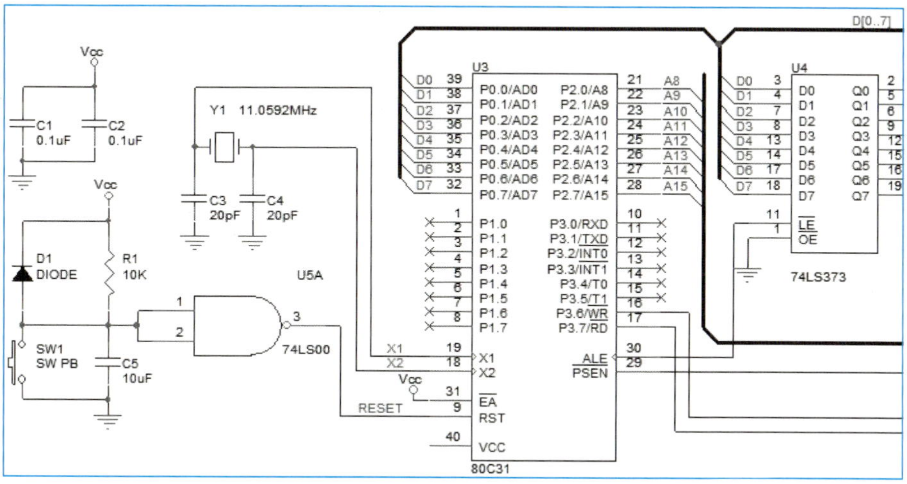

① Capture를 시작하여 CAP3-9.DSN을 열면 프로젝트 관리자 윈도에 회로도가 나타난다. 이미 회로도면 편집기 윈도나 부품 편집기 윈도에 있는 경우 툴 파렛트에서 를 마우스로 클릭하여 프로젝트 관리자 윈도로 옮겨야 한다.

② Tools 메뉴에서 Annotate(단축키는 ALT-T, O)를 선택하거나 툴 파렛트에서 를 마우스의 클릭하게 되며 Annotate 대화상자가 나타난다. 대화상자에서 부품 참조의 범위를 전체 설계로 설정하고, 부품 참조 번호가 증가하는 방향으로, 그리고 페이지 번호는 변하지 않고 부품 참조 번호가 1부터 시작할 수 있도록 옵션을 설정한다.

③ 확인 버튼을 누르면 부품 참조가 갱신된다(CAP4-1.OPJ으로 저장). 갱신 이전의 부품 참조는 부품을 위치한 순서대로 입력되어 있으나, 부품 참조의 갱신의 명령에 의해 부품 참조 대화상자에서 설정한 옵션에 의해 부품 참조가 갱신된다.

④ 문서 편집기(메모장 또는 NotePad 이용)를 이용하여 갱신 파일(Update File)을 작성하여 CAP4-1.UPD로 저장한다.

⑤ 프로젝트 관리자의 Tools 메뉴에서 Update Properties(단축키는 ALT-T, P)를 선택한다. Update Properties 대화상자가 나타나면 전체 설계를 선택하고 부품 갱신을 선택한다. 리포트 파일을 선택하면 리포트 파일 문자상자에 디렉토리 경로와 설계의 이름과 같은 CAP4-1.RPT 파일 이름이 함께 나타나며, 속성 갱신 파일은 디렉토리 경로와 CAP4-1.UPD 파일 이름이 함께 나타난다.

⑥ 확인 버튼을 누르면 부품 속성 갱신 작업이 진행된다. 부품 속성을 갱신 후, PAGE1을 더블 클릭하여 회로도면 편집기 윈도에서 한 부품을 선택하고 Edit 메뉴에서 Properties를 선택하거나 마우스의 오른쪽 단추를 눌러 팝업 메뉴에서 Edit Properties를 선택하면 Property Editor 대화상자가 나타난다. 대화상자에는 Annotate 명령의 실행에 의해 Part Reference에 U1이라는 부품 참조 번호가 생성되고, 또 Update Properties 명령의 수행에 의해 PCB Footprint 문자상자에 DIP40_6의 PCB Footprint가 나타난다. 또 CAP4-1.RPT 파일도 생성된다.

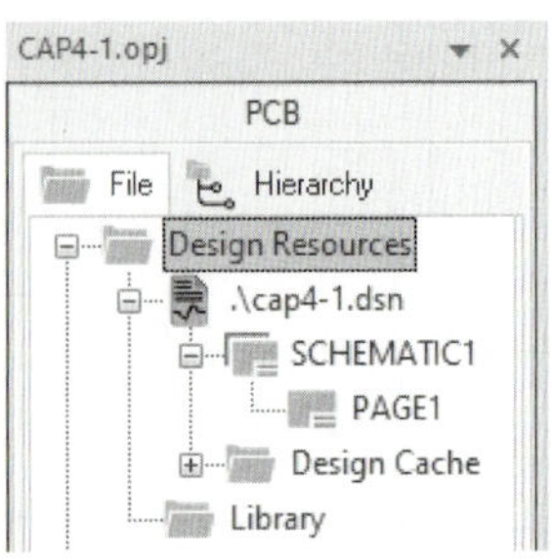

⑦ 프로젝트 관리자의 윈도로 이동하고 Tools 메뉴에서 Design Rules Check(단축키는 ALT-T, D)를 선택하거나 툴 파렛트에서 를 마우스로 클릭하면 Design Rules Check 대화상자가 나타난다.

⑧ Design Rules Check 탭을 선택하여 전체 설계를 체크하고 설계 규칙을 체크하며 경고에 대해서도 DRC marker를 생성한다. 또 연결되지 않은 네트를 체크하고 같은 부품 참조나 부품의 형태가 같지 않는 부품을 CAP4-1.DRC로 리포트하게 체크한다.

⑨ 확인 버튼을 클릭하면 Design Rules Check 명령이 실행되고 에러 또는 경고가 있을 경우 경고 메시지가 나타난다. 예(Y) 버튼을 클릭하면 Design Rules Check 명령의 실행 결과가 세션 로그(Session Log)에 나타난다. 또 회로도면 편집기 윈도에는 DRC Marker가 원형으로 표시되고 DRC Marker를 클릭하면 View DRC Marker 경고상자가 나타나 경고 또는 에러의 원인을 설명한다. 따라서 원인을 파악하여 회로도면을 수정하고 다시 DRC 명령을 실행하며, DRC 명령을 경고나 에러 표시가 나타나지 않을 때까지 계속하여 실행한다.

⑩ 프로젝트 관리자에서 새로운 설계를 열고 Part 명령을 이용하여 74LS11의 3-입력 AND 게이트를 입력한다(CAP4-1T .DSN). 문자 편집기를 이용하여 교체 파일(Swap File)을 작성하여 CAP4-1T.SWP로 저장한다.

⑪ 프로젝트 관리자의 Tools 메뉴에서 Back Annotate(단축키는 ALT-T, A)를 선택하거나 툴 파렛트에서 를 마우스로 클릭하게 되며 Back Annotate 대화상자가 나타난다. 대화상자에서 전체 설계를 선택하고 교체 파일의 위치를 확인한 후, 확인 버튼을 클릭하여 Back Annotate 명령을 실행한다.

CAP4-1T.SWP - 메모장

파일(F) 편집(E) 서식(O) 보기(V) 도움말(H)

```
PINSWAP U1    1    2
PINSWAP U1    2    13
```

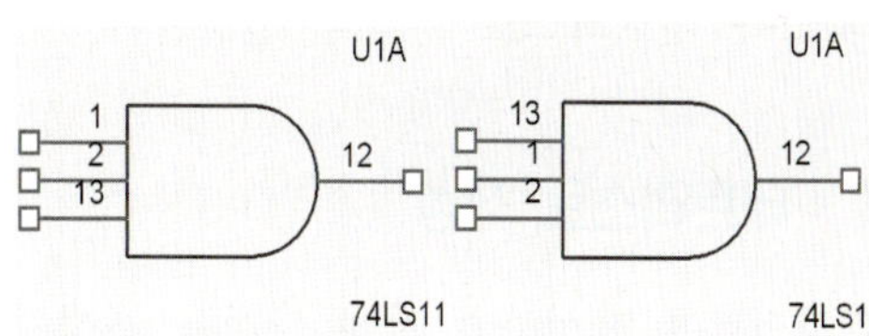

⑫ 회로도면 편집기 윈도에서 74LS11의 3-입력 AND 게이트 핀의 교체가 발생함을 확인할 수 있다. 즉 1, 2, 13의 순서가 13, 1, 2의 순서로 바뀌었음을 알 수 있다.

실습예제 4-2

3장에서 작성한 CAP3-10.DSN 회로를 이용하여 네트리스트(Netlist) 작성에 필요한 준비 작업을 수행하라.

1. 부품 참조를 갱신하라.
2. 문서 편집기를 이용하여 CAP4-2.UPD를 작성하고 부품의 속성을 갱신하라.

"{Value}"	"PCB Footprint"	"Order Number"
"12 HEADER"	"SIP12"	"14Kg"
"74LS00"	"DIP14_3"	"TI74LS00"
"74LS162"	"DIP16_3"	"HI74LS162"
"0.1uF"	"CAP196"	"TANT.1MIC"

3. DRC 검증을 하고 CAP4-2.DRC 리포트 파일을 만들어라(ERC Matrix는 default로 설정).

4.2 네트리스트 작성

네트리스트는 다른 EDA(Electronic Design Automation) 툴과 설계 관련 정보를 교환하기 위해 작성한다. 현재 30개 이상의 네트리스트 형식이 존재하며, 응용하고자 하는 상대 프로그램에 맞도록 네트리스트 형식을 결정한다.

4.2.1 네트리스트 작성

네트리스트를 작성하기 전에 설계를 완성해야 하며, 또 Annotate를 실행해야 하고 설계 규칙 검증에 의해 전기 규칙에 대한 위반이 없어야 한다.

① 프로젝트 관리자에서 네트리스트가 필요한 설계 파일을 연다. 네트리스트 작성을 실행하기 전에 Annotate와 설계 규칙 검증을 거쳐야 한다.
② 프로젝트 관리자의 Tools 메뉴에서 Create Netlist(단축키는 ALT-T, N)를 선택하거나 툴파렛트에서 N를 마우스로 클릭하게 되며 Create Netlist 대화상자가 나타난다.
③ 필요한 네트리스트 형식의 탭을 선택하여 각 옵션을 설정한다.
④ 확인 버튼을 클릭하면 네트리스트가 작성된다.

4.2.2 네트리스트 형식 탭

Capture에서 지원하는 네트리스트 형식은 30가지 이상으로 Allegro로부터 VHDL까지 다양하게 있다. 본 장에서는 OrCAD PCB Editor와 PSpice 네트리스트에 대해서만 설명한다.

1) PCB Editor 네트리스트 형식

OrCAD의 PCB 설계 툴인 PCB Editor에 사용되는 네트리스트 형식이다.

① Create Netlist(단축키는 ALT-T, N)를 선택하거나 툴 파렛트에서 N를 마우스로 클릭하게 되면 Create Netlist 대화상자가 나타난다. Create Netlist 대화상자에서 PCB 탭을 선택한다.

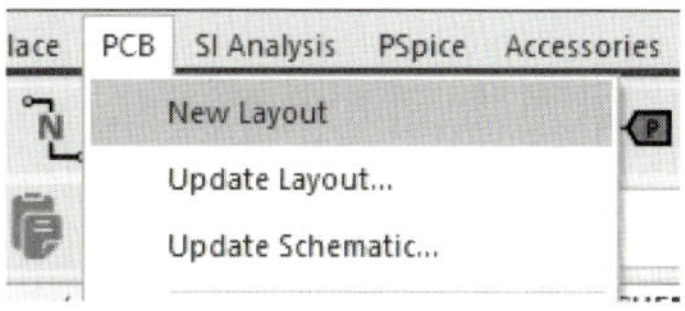

② PCB Editor 네트리스트 대화상자에서 PCB탭의 Create PCB Editor Netlist 체크, OK를 클릭하면 Netlist 파일이 Allegro폴더 내 생성된다. 만약 Netlist를 넘김과 동시에 PCB Editor를 연동하여 PCB 설계를 진행할 경우에는 PCB탭의 New layout으로 진행하면 된다.

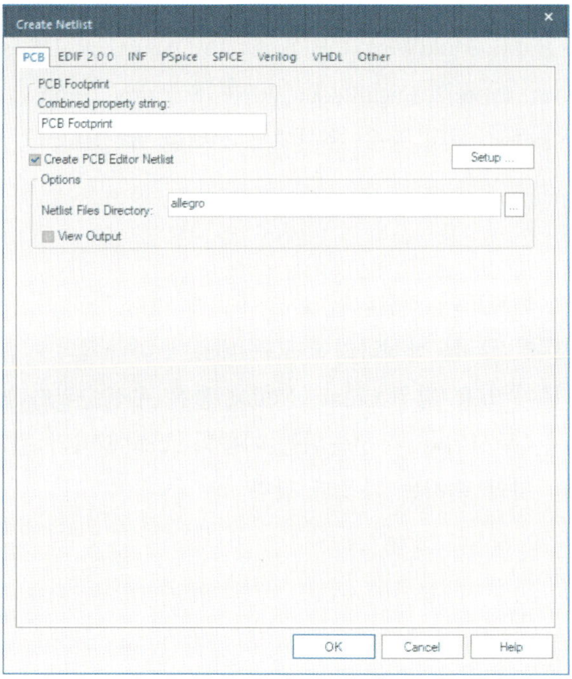

2) PSpice 네트리스트 형식

PSpice 형식은 회로 설계 또는 분석을 위한 PSpice 툴에 사용되는 네트리스트 형식이다.

① Create Netlist(단축키는 ALT-T, N)를 선택하거나 툴 파렛트에서 N를 마우스로 클릭하게 되면 Create Netlist 대화상자가 나타난다. Create Netlist 대화상자에서 Pspice 탭을 선택한다.

② Pspice 네트리스트 대화상자에서 계층구조 형태의 네트리스트 작성 여부를 결정하고 Settings... 버튼을 클릭하여 Hierarchical Pspice Netlist Settings 대화상자에서 Pspice에서 사용할 계층구조 형태를 결정한다.

③ Pspice 네트리스트 대화상자에서 네트리스트에 Subcircuit 포함 여부, 에러와 경고에 의한 DRC 마크의 표시 여부를 선택하고 네트리스트 파일 이름을 지정한다.

④ 확인 버튼을 클릭하면 네트리스트가 작성된다.

3) 기타 네트리스트

네트리스트 탭에서 EDIF200, INF, Layout, SPICE, Verilog, VHDL 형식 등의 네트리스트를 선택할 수 있으며, Other 탭에서 Accel, Algorex, Alteraad, ApplBRAVO, AppliconLEAP, Cadnetix, Calay, Calay90, Case, CBDS, ComputerVision, DUMP, EEDESIGNER, FutureNet, HiLo, IntelADF, Intergraph, MultiWire, OHDLnet, PADS2000, PADS-PCB, PCAD, PCADnlt, PCBII, PDUMP, PLDNet, Protel2, RacalRedac, RINF, Scicards, Tango, Telesis, Vectron, VST Model, Winboard, WireList 형식 등을 옵션에서 선택할 수 있다.

4.2.3 네트 이름

회로도를 설계할 때, 회로도에 연결되어 있는 네트에 여러 가지 네트 이름과 별명(alias)을 지정할 수 있으며, 네트리스트를 작성하려면 모든 네트에 하나씩의 이름이 필요하다. 하나의 네트에 여러 개의 이름이 있을 경우 Create Netlist 툴은 우선순위가 높은 이름이 사용되고 우선순위가 낮은 이름은 무시된다. 우선순위는 이름의 소스에 따라 결정되는데, 우선순위가 높은 것으로부터 낮은 것의 순서는 다음과 같다.

- 이름이 있는 네트
- 계층구조 포트의 이름
- 페이지 오프 커넥터
- 전원 객체의 이름
- 별명(Alias)
- Capture에서 자동으로 만든 이름

같은 우선순위에서 우선권 충돌이 발생하면 다음과 같은 규칙에 따라 해결한다.

- 우선순위가 같은 네트 이름 사이에는 이름의 알파벳순에 따라 우선순위가 정해진다.
- 네트가 버스일 경우 버스에 포함되어 있는 수가 많은 네트의 별명이 우선순위가 높다.

4.2.4 설계 연습

실습예제 4-3

실습예제 4-1에서 작성한 8031 컨트롤러의 기본회로를 이용하여 OrCAD PCB Editor에 사용할 수 있도록 네트리스트(Netlist)를 작성하라.

① Capture를 시작하여 CAP4-1.DSN을 열면 프로젝트 관리자 윈도에 회로도가 나타난다. 이미 회로도면 편집기 윈도나 부품 편집기 윈도에 있는 경우 툴 파렛트에서 [아이콘]를 마우스로 클릭하여 프로젝트 관리자 윈도로 옮겨야 한다.

② Tools 메뉴에서 Create Netlist(단축키는 ALT-T, N)를 선택하거나 툴 파렛트에서 [N]를 마우스로 클릭하게 되면 Create Netlist 대화상자가 나타난다.

③ PCB Editor 네트리스트 대화상자에서 PCB Footprint, Create or Update PCB Editor Board 체크, 네트리스트 파일 이름을 CAP4-3.BRD로 지정한 후, Do not open a board file을 선택한다.

④ 확인 버튼을 클릭하면 네트리스트가 작성되고 오류 등 아무 이상이 없으면 아래와 같이 pstxprt.dat, pstxnet.dat, pstchip.dat 파일 3개를 생성한다.

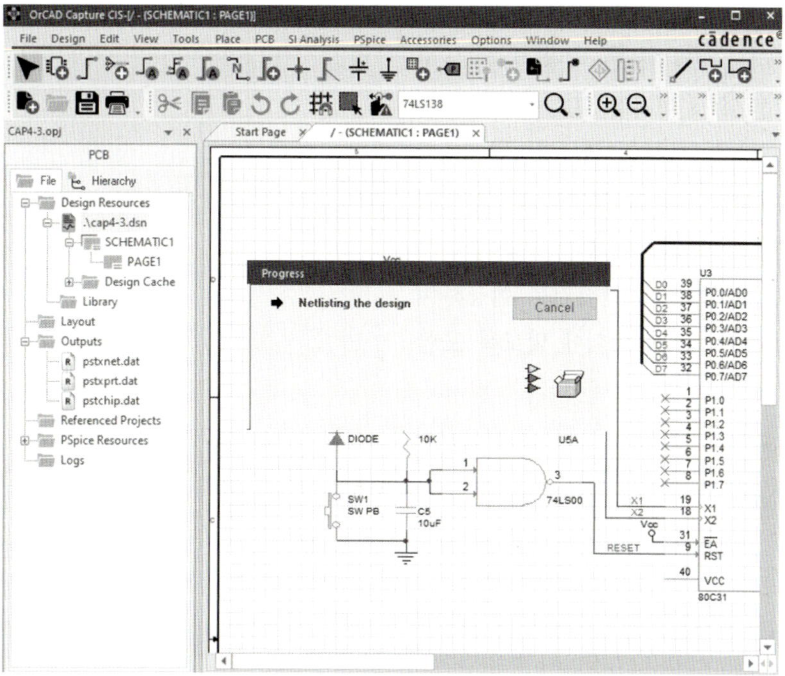

실습예제 4-4

앞에서 작성한 CAP4-2.OPJ 회로를 이용하여 OrCAD PCB Editor에 사용할 수 있도록 네트리스트(Netlist)를 작성하라.

4.3 리포트(Report) 작성

Capture에서 BOM(Bill of Materials)과 교차 참조(Cross Reference)의 리포트를 작성할 수 있다.

4.3.1 BOM(Bill of Materials) 작성

1) BOM 작성

프로젝트 관리자의 Tools 메뉴에서 Bill of Materials 명령을 선택하여 BOM 파일을 작성하며 이 파일은 워드 프로세서나 문자 편집기를 사용하여 편집하고 인쇄할 수 있다. BOM에는 속성 항목, 수량, 참조, 부품의 값 등이 포함되며 다른 속성 항목을 포함할 수 있다. BOM에는 핀이 없는 부품 즉, 스크루, 와셔 등과 같은 기계적 부품을 포함할 수 있으며 이러한 부품은 네트리스트에는 포함되지 않는다. 필요할 경우 문서 편집기를 이용하여 포함 파일(Include File) 형식에 맞도록 포함 파일을 작성할 수 있다.

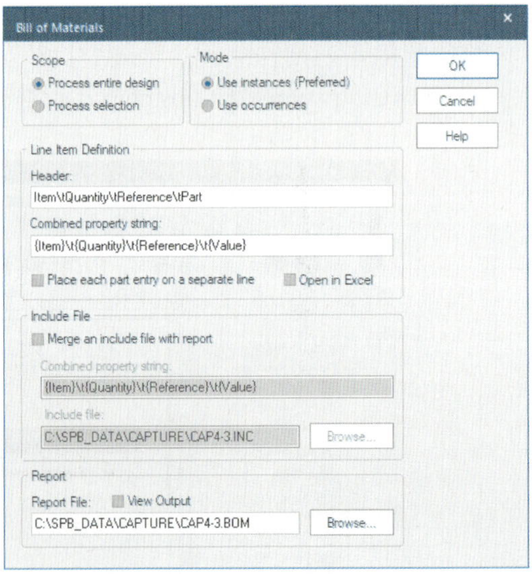

① Tools 메뉴에서 Bill of Materials(단축키는 ALT-T, B)를 선택하거나 툴 파렛트에서 를 마우스로 클릭하게 되면 Bill of Materials 대화상자가 나타난다.

② Bill of Materials 대화상자에서 필요한 옵션들을 선택하고 BOM 파일명을 지정한다. BOM 파일명은 *.BOM의 확장자를 가진다. OK 버튼을 클릭하여 BOM을 작성한다.

2) 포함 파일(Include File) 형식

포함 파일을 이용하여 BOM의 각 라인에 추가 정보를 입력할 수 있으며, 포함 파일은 문자 편집기를 사용하여 수정할 수 있는 ASCII 형식이고 *.INC의 확장자를 가진다. 포함 파일의 첫 번째 라인은 헤더로서 두 개의 작은따옴표로 시작된다. 첫 번째 라인의 기타 부분에는 BOM에 대한 이해를 돕는 정보를 포함시키고 있으며, 일반적으로 BOM의 나머지 부분에 입력되어 있는 값에 해당되는 내용을 입력한다.

파일의 나머지 부분은 각 부품이 분리된 라인을 가지며, 모든 라인은 반드시 작은따옴표 안에 포함되어 있는 속성 값으로 시작한다. 이것은 비교 문자열(Match String)로서 Bill of Materials 대화상자에 있는 포함 파일의 조합 속성 문자열(Combined Property String)에서 설정한 찾기 문자열(Search String)과 비교된다. 속성 값의 뒤에는 BOM에 추가하고자 하는 정보를 입력하며 부품 값과 추가 정보 사이에 하나 또는 여러 개의 공백 또는 탭 문자를 삽입하여 분리할 수 있다. 포함 파일의 예는 다음과 같다.

```
' '         DESCRIPTION                PART ORDER CODE
'1K'        Resistor 1/4 Watt 5%       10000111003
'4.7K       Resistor 1/4 Watt 5%       10000114703
'22K'       Resistor 1/4 Watt 5%       10000112204
'1uF'       Capacitor Ceramic Disk     10000211006
'0.1uF'     Capacitor Ceramic Disk     10000211007
```

4.3.2 교차 참조(Cross Reference) 작성

교차 참조 툴은 모든 부품의 부품 참조와 부품 값을 포함하는 리포트를 작성한다.

① 프로젝트 관리자의 Tools 메뉴에서 Cross Reference(단축키는 ALT-T, C)를 선택하거나 툴 파렛트에서 를 마우스로 클릭하게 되면 Cross Reference 대화상자가 나타난다.

② 대화상자에 있는 옵션을 선택하고 리포트 파일명을 지정한다. 리포트 파일명은 *.XRF 확장자를 가진다. OK 버튼을 클릭하여 리포트를 작성한다.

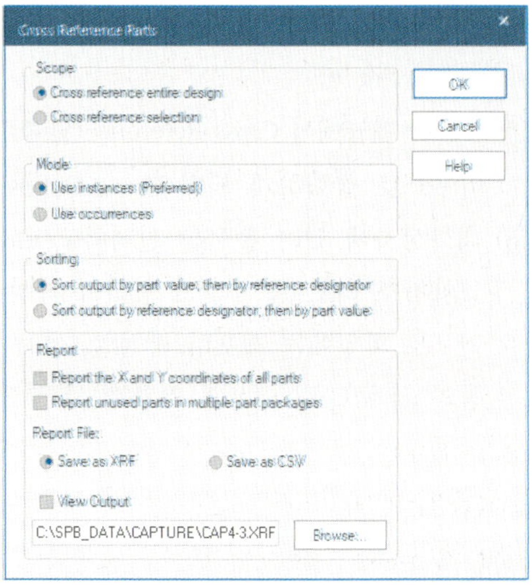

4.3.3 설계 연습

실습예제 4-5

3장에서 작성한 8031 컨트롤러의 기본회로를 이용하여 BOM과 교차 참조 리포트를 작성하라.

① Capture를 시작하여 CAP3-9.DSN을 열면 프로젝트 관리자 윈도에 회로도가 나타난다.
② 프로젝트 관리자 윈도의 Tools 메뉴에서 Bill of Materials(단축키는 ALT-T, B)를 선택하거나 툴 파렛트에서 를 마우스로 클릭하게 되면 Bill of Materials 대화상자가 나타난다.
③ Bill of Materials에 있는 대화상자에 필요한 옵션들을 선택하고 OK 버튼을 클릭하여 BOM이 작성되도록 한다.
④ BOM 리포트는 ASCII 형식의 파일이므로 어떤 문서 편집기도 열 수 있다. BOM 파일에는 BOM 파일 작성일, 설계 제목, 설계 버전 등의 설계 관련 내용과 부품명, 부품의 수, 부품 참조 등이 포함된다.

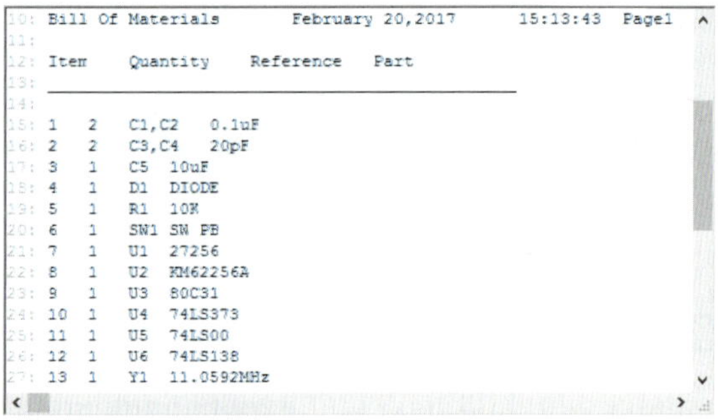

```
Bill Of Materials       February 20,2017       15:13:43  Page1

Item    Quantity    Reference    Part
______________________________________________________

1    2    C1,C2    0.1uF
2    2    C3,C4    20pF
3    1    C5    10uF
4    1    D1    DIODE
5    1    R1    10K
6    1    SW1   SW PB
7    1    U1    27256
8    1    U2    KM62256A
9    1    U3    80C31
10   1    U4    74LS373
11   1    U5    74LS00
12   1    U6    74LS138
13   1    Y1    11.0592MHz
```

⑤ Tools 메뉴에서 Cross Reference(단축키는 ALT-T, C)를 선택하거나 툴 파렛트에서 를 마우스로 클릭하게 되면 Cross Reference 대화상자가 나타난다.
⑥ 대화상자에 있는 옵션을 선택하고 OK 버튼을 클릭하면 교차 참조 리포트를 작성한다. 교차참조 리포트는 ASCII 형식의 파일이므로 어떤 문서 편집기도 열 수 있다. 교차 참조 리포트 파일에는 레포터 작성일, 설계 제목, 설계 버전, 설계 파일 경로를 포함한 설계명 등의 설계 관련 내용과 부품명, 부품의 수, 부품 참조, 사용 라이브러리 등이 포함된다.

```
Design Name:  C:\EXAMPLE\CAPTURE\CAP3-9.DSN

Cross Reference          January 24,2022      13:25:22  Page1

Item    Part    Reference   SchematicName   Sheet   Library
_______________________________________________________________________________

1    0.1UF    C1   SCHEMATIC1/PAGE1    1    C:\CADENCE\SPB_17.4\TOOLS\CAPTURE\LIBRARY\DISCRETE.OLB
2    0.1UF    C2   SCHEMATIC1/PAGE1    1    C:\CADENCE\SPB_17.4\TOOLS\CAPTURE\LIBRARY\DISCRETE.OLB
3    10K R1   SCHEMATIC1/PAGE1    1    C:\CADENCE\SPB_17.4\TOOLS\CAPTURE\LIBRARY\DISCRETE.OLB
4    10uF     C5   SCHEMATIC1/PAGE1    1    C:\CADENCE\SPB_17.4\TOOLS\CAPTURE\LIBRARY\DISCRETE.OLB
5    11.0592MHz   Y1   SCHEMATIC1/PAGE1    1    C:\CADENCE\SPB_17.4\TOOLS\CAPTURE\LIBRARY\DISCRETE.OLB
6    20PF     C3   SCHEMATIC1/PAGE1    1    C:\CADENCE\SPB_17.4\TOOLS\CAPTURE\LIBRARY\DISCRETE.OLB
7    20PF     C4   SCHEMATIC1/PAGE1    1    C:\CADENCE\SPB_17.4\TOOLS\CAPTURE\LIBRARY\DISCRETE.OLB
8    74LS00   U5A  SCHEMATIC1/PAGE1    1    C:\CADENCE\SPB_17.4\TOOLS\CAPTURE\LIBRARY\GATE.OLB
9    74LS138 U6    SCHEMATIC1/PAGE1    1    C:\CADENCE\SPB_17.4\TOOLS\CAPTURE\LIBRARY\MUXDECODER.OLB
10   74LS373 U4    SCHEMATIC1/PAGE1    1    C:\CADENCE\SPB_17.4\TOOLS\CAPTURE\LIBRARY\BUSDRIVERTRANSCEIVER.OLB
11   80C31    U3   SCHEMATIC1/PAGE1    1    C:\CADENCE\SPB_17.4\TOOLS\CAPTURE\LIBRARY\MICROCONTROLLER.OLB
12   27256    U1   SCHEMATIC1/PAGE1    1    C:\CADENCE\SPB_17.4\TOOLS\CAPTURE\LIBRARY\PROM.OLB
13   DIODE    D1   SCHEMATIC1/PAGE1    1    C:\CADENCE\SPB_17.4\TOOLS\CAPTURE\LIBRARY\DISCRETE.OLB
14   KM62256A    U2   SCHEMATIC1/PAGE1    1    C:\CADENCE\SPB_17.4\TOOLS\CAPTURE\LIBRARY\SRAM.OLB
15   SW PB    SW1  SCHEMATIC1/PAGE1    1    C:\CADENCE\SPB_17.4\TOOLS\CAPTURE\LIBRARY\DISCRETE.OLB
```

실습예제 4-6

3장에서 작성한 CAP3-10.OPJ 회로를 이용하여 BOM과 교차 참조 리포트를 작성하라.

05 계층구조 설계

계층구조 설계(Hierarchical Design)는 한 회로도 내에 다른 회로도를 대표하는 심벌을 포함하고 있는 계층을 구성하는 것이다. 계층구조 설계에는 계층구조 블록(Hierarchical Block), 계층구조 포트(Hierarchical Port), 계층구조 핀(Hierarchical Pin) 등을 사용하여 상위 회로도와 하위 회로도를 상호 연결하여 사용하고, 같은 레벨의 회로도면 사이에는 오프-페이지 커넥터(Off-Page Connector)로 연결한다.

5.1 계층구조 블록의 입력과 수정

계층구조 블록은 자신과 연결되어 있는 하위의 회로도를 대표하여 수직 방향으로만 연결된다. 계층구조 블록 안에 있는 계층구조 핀을 생성하면 계층구조 하위 회로도면에 계층구조 포트가 생성되고 이 포트를 통하여 계층구조 블록의 핀과 연결된다. 또한 다른 계층구조 블록 내의 계층구조 핀과 와이어나 버스를 통하여 연결된다.

계층구조 블록 형태로 작성된 부품은 계층구조 블록과 같은 기능을 수행하고 첨부된 회로도에 연결된 핀은 계층구조 블록 내에 있는 계층구조 핀과 같은 기능을 수행하지만 첨부된 회로도를 갖는 부품은 다시 사용할 수 있는 것이 계층구조 블록과 다른 점이다.

5.1.1 계층구조 블록의 입력

재사용하거나 공통으로 사용하는 회로도를 라이브러리화 하여 공유하거나 재사용하는 경우에 하위-레벨 회로도를 대표하는 계층구조 블록을 사용하여 계층구조로 설계할 수 있다. 계층구조 블록을 지정할 때, 계층구조 블록을 대표하는 하위-레벨 회로도의 이름을 지정해야 하며 계층구조 블록을 작성한 후, 계층구조 블록 내에는 계층구조 핀을 입력하여 하위-레벨 회로도의 계층구조 포트와 연결하여야 한다.

Capture에서 계층구조를 만들기 위해 회로도 폴더를 첨부할 수 있다. 부품에 회로도 폴더를 첨부하려면 회로도 폴더의 이름을 지정하거나 회로도 폴더를 포함하는 프로젝트를 지정하여야 한다. 부품에 회로도 폴더를 첨부하면, 회로도 작성 후 부품과 함께 같은 라이브러리 내의 하위 회로도 폴더로 이동하거나 복사하여 다른 설계에도 사용할 수 있게 된다. 부품에 회로도 폴더를 첨부하였으나 회로도가 아직 작성되지 않았을 경우, 그 부품의 하위 계층구조로 이동할 때 회로도 폴더가 작성된다. 하위 계층구조로 이동하기 위해서는 부품 인스턴스가 Nonprimitive로 설정되어야 한다.

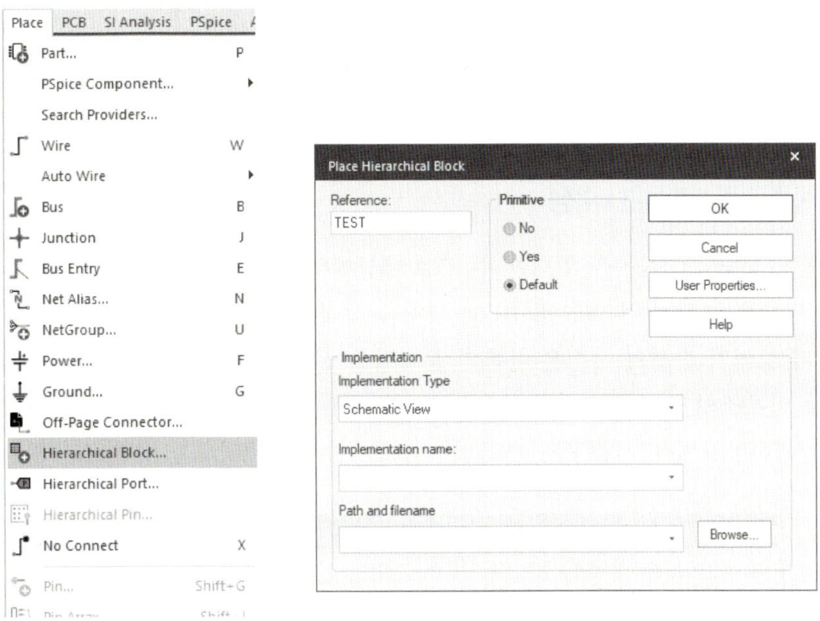

① 회로도면 편집기 윈도의 Place 메뉴에서 Hierarchical Block(ALT-P, H)을 선택하거나 툴 파렛트에서 을 클릭하면 Place Hierarchical Block 대화상자가 표시된다. Place Hierarchical Block 대화상자에서 Reference 상자에 계층구조 블록의 이름을 입력하고, 설계하는 계층구조가 Primitive인지의 여부, 구현 형태와 이름 그리고 경로와 파일 이름을 지정한다.

② Place Hierarchical Block 대화상자의 User Properties... 버튼을 클릭하면 User Properties 대화상자가 나타나고, 대화상자에서 계층구조의 속성들을 수정할 수 있다.

③ 계층구조 블록에 대한 옵션을 선택한 후 OK 버튼을 클릭하여 Place Hierarchical Block

대화상자를 닫고, 회로도면 편집기 윈도에서 계층구조 블록을 그린다. 계층구조 블록은 마우스의 왼쪽 단추를 누르고 마우스를 당기면서 사각형이 적당한 크기가 되도록 하여 마우스 단추를 놓는다.

④ 계층구조 블록을 그린 후, 빈 공간의 임의의 위치에 마우스를 클릭하면 계층구조 블록의 선택이 해제된다.

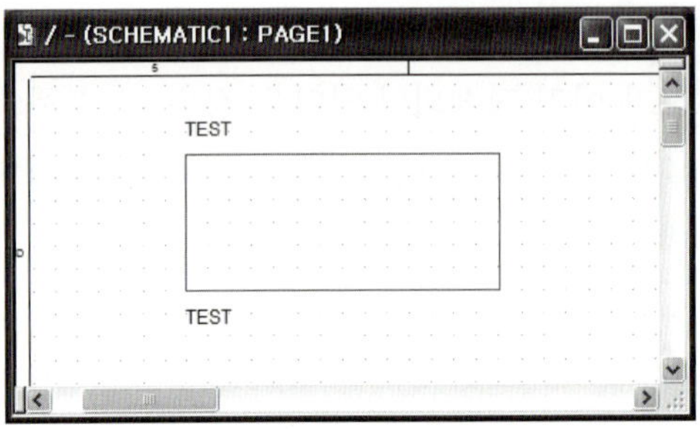

5.1.2 계층구조 블록의 수정

회로도면에 계층구조 블록을 입력한 후, Edit 메뉴에서 Properties 명령을 선택하거나 마우스의 오른쪽 단추를 눌러 팝업 메뉴에서 Edit 명령을 선택하여 수정할 수 있다. 계층구조 블록과 관련된 문자 보이기 속성의 수정은 블록의 문자판을 선택하고 Edit 메뉴의 Properties 명령을 선택하거나 마우스의 오른쪽 단추를 눌러 팝업 메뉴에서 Edit Properties를 선택하여 Display Properties 대화상자에서 계층구조 블록의 이름을 변경할 수 있다.

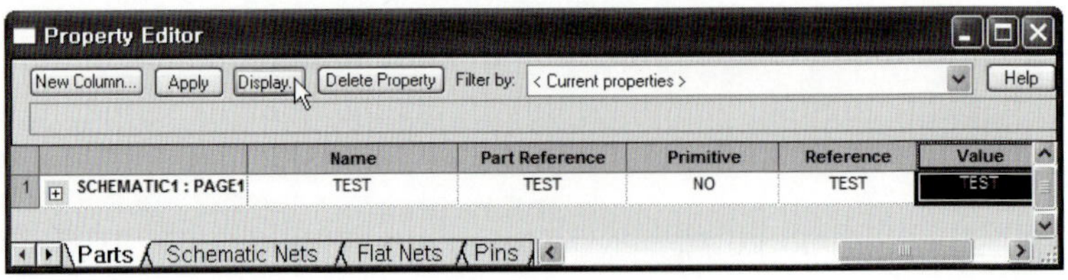

5.1.3 설계 연습

실습예제 5-1

다음 회로와 같이 계층구조 블록으로 구성된 회로도를 작성하라.

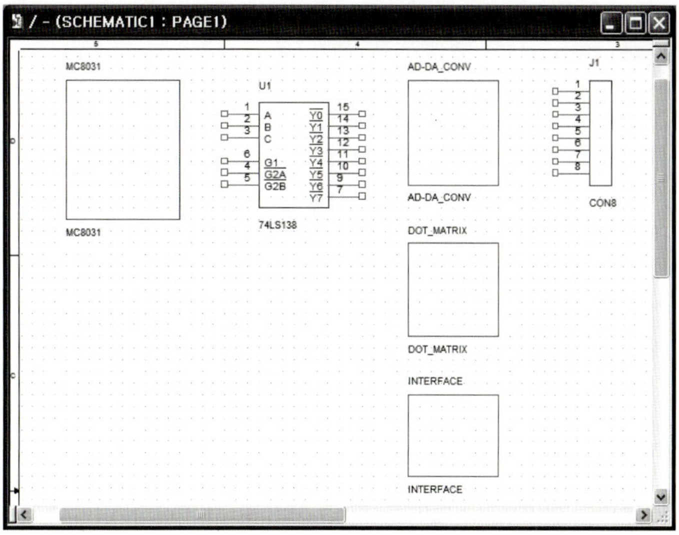

① Capture를 시작하여 새로운 설계를 시작하고 회로도면 편집기 윈도로 옮긴다.

② Place 메뉴에서 Hierarchical Block(ALT-P, H)을 선택하거나 툴 파렛트에서 을 클릭하면 Place Hierarchical Block 대화상자가 나타난다.

③ 대화상자의 Reference 문자상자에 MC8031을 입력한다. 계층구조의 하위 구조가 존재하지 않기 때문에 Implementation Type을 Schematic view로 선택하고 Implementation Name을 MC8031로 지정한다. 부품에 회로도 폴더를 첨부하였으나 회로도가 아직 작성되지 않았을 경우, 그 부품의 하위 계층구조로 이동할 때 회로도 폴더가 작성된다. 하위 계층구조로 이동하기 위해서는 부품 인스턴스가 Nonprimitive로 설정되어야 한다.

④ 회로도면 편집기 윈도에서 계층구조 블록을 그린다. 계층구조 블록은 마우스의 왼쪽 단추를 누르고 마우스를 당기면서 사각형이 적당한 크기가 되도록 하여 마우스 단추를 놓는다.

⑤ ②와 ③을 반복하여 각각 AD-DA_CONV, DOT_MATRIX, INTERFACE라는 이름의 계층구조 블록을 그린다.

⑥ CON8 연결단자와 74LS138을 Place Part 명령을 사용하여 입력하고, 설계를 CAP5-1.DSN으로 저장한다.

실습예제 5-2

다음 회로와 같이 계층구조 블록으로 구성된 회로도를 작성하라.

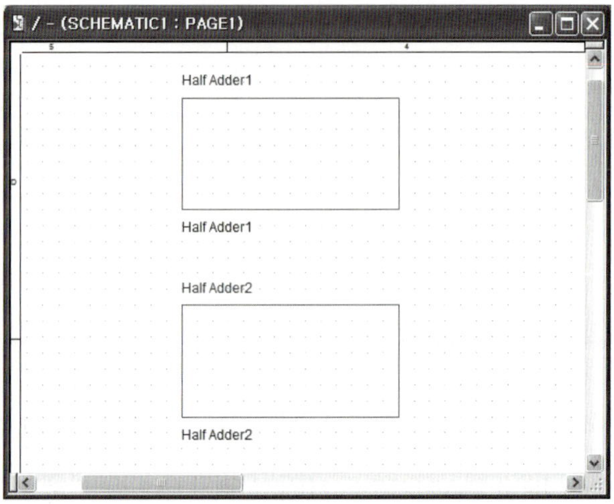

5.2 계층구조 포트와 계층구조 핀의 입력 및 수정

5.2.1 계층구조 포트의 입력

계층구조 포트(Hierarchical Port)는 하위 회로도 내부에 위치하며 상위 회로도의 계층구조 블록 내의 계층구조 핀(Hierarchical Pin)과 연결한다. 계층구조 포트는 같은 이름의 다른 계층구조 포트와 연결할 수 있으며, 또 같은 회로도 내에 다른 회로도면에 있는 같은 이름 또는 별명(Alias)을 갖는 오프-페이지 커넥터(Off-Page Connector)에 연결한다. 회로도면의 어떤 위치라도 계층구조 포트를 입력할 수 있다.

① 회로도면 편집기 윈도의 Place 메뉴에서 Hierarchical Port(ALT-P, P)를 선택하거나 툴파렛트에서 을 클릭하면 Place Hierarchical Port 대화상자가 표시된다.

② Place Hierarchical Port 대화상자에 있는 Symbol 상자에서 계층구조 포트의 이름을 지정한다. 지정된 이름은 그래픽 미리보기 상자에 표시되고, 계층구조 포트의 이름을 정확하게 알 수 없는 경우에는 와일드카드 문자를 입력하여 심벌의 목록에서 찾는다.

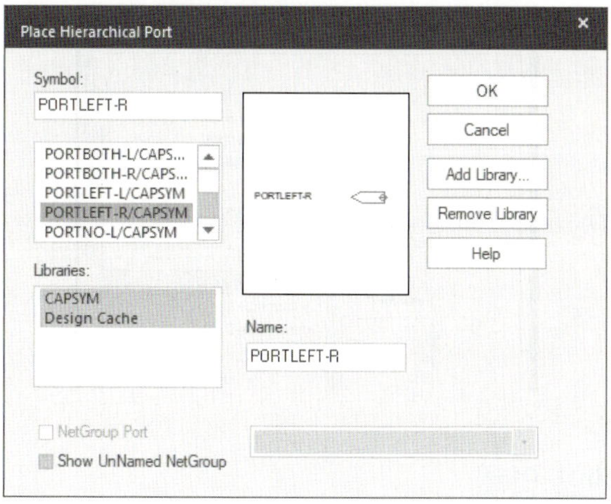

③ 계층구조 포트에 대한 옵션을 선택한 후 OK 버튼을 클릭하여 Place Hierarchical Port 대화상자를 닫고, 계층구조 포트의 커서를 회로도면의 원하는 위치로 옮겨 마우스의 왼쪽 단추를 누르면 계속해서 계층구조 포트가 입력된다. 계층구조 포트가 입력될 때 Edit 메뉴에서 Properties 명령을 택하거나 마우스의 오른쪽 단추를 눌러 팝업 메뉴에서 Edit Properties 명령을 선택하여 Property Editor에서 계층구조 포트의 이름과 연결 신호의 종류를 변경할 수 있다. 신호의 종류에는 부품의 핀에서 사용하는 3-state, Bidirectional, Input, Open Collector, Open Emitter, Output, Passive, Power 등이 있다. 또한 계층구조 포트의 문자를 더블 클릭하여 Display Properties 대화상자에서 포트의 이름을 변경할 수 있다. 계층구조 포트의 입력은 Esc키나 선택 버튼을 눌러 끝낼 수 있다.

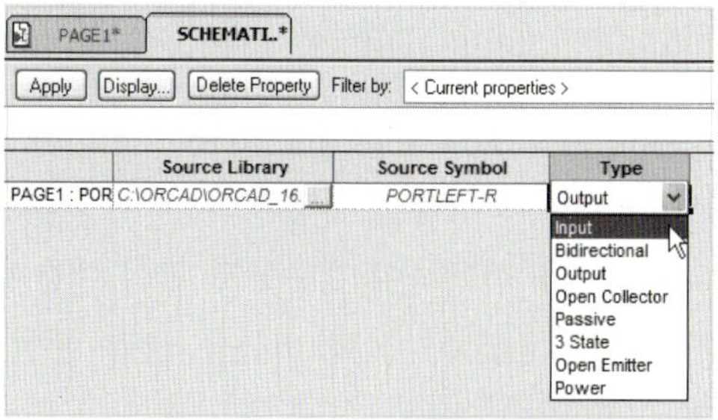

④ 하위 회로도에서 계층구조 포트를 입력하려면 먼저 상위 회로도의 계층구조 블록에서 Attach Implementation을 통해 첨부된 회로도 폴더를 설정하여 계층구조를 만든 다음 상위 회로도의 계층구조 블록을 선택하여 마우스의 오른쪽 단추를 눌러 팝업 메뉴에서 Descend Hierarchy를 선택하여 하위 회로도로 이동하여야 한다.

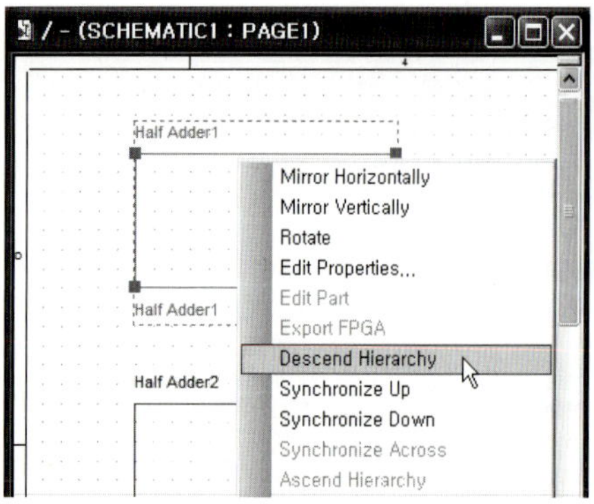

5.2.2 계층구조 핀의 입력

계층구조 핀(Hierarchical Pin)은 상위 회로도의 계층구조 블록 내에 위치하며, 하위 회로도에 있는 계층구조 포트에 대응하는 이름을 붙여야 한다. 계층구조 핀은 계층구조 블록의 외곽선 안에 위치하며 계층구조 포트와 연결되어 계층구조 블록에 회로도가 첨부되어 있는 것과 같다.

① 계층구조 핀의 입력을 원하는 계층구조 블록을 선택하고 회로도면 편집기 윈도의 Place 메뉴에서 Hierarchical Pin(ALT-P, R)을 선택하거나 툴 파렛트에서 을 클릭하면 Place Hierarchical Pin 대화상자가 나타난다.

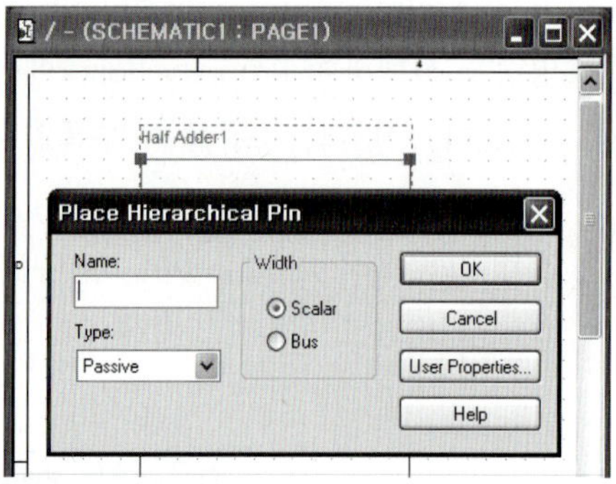

② 계층구조 핀의 이름은 계층구조 포트가 연결할 이름과 동일하여야 하며, 계층구조 핀이 입력될 때 Edit 메뉴에서 Properties 명령을 선택하거나 마우스의 오른쪽 단추를 눌러 팝업 메뉴에서 Edit Properties 명령을 선택하여 계층구조 핀의 이름과 핀의 종류를 변경할 수 있다. 계층구조 포트의 입력은 Esc키나 선택 버튼을 눌러 끝낼 수 있다.

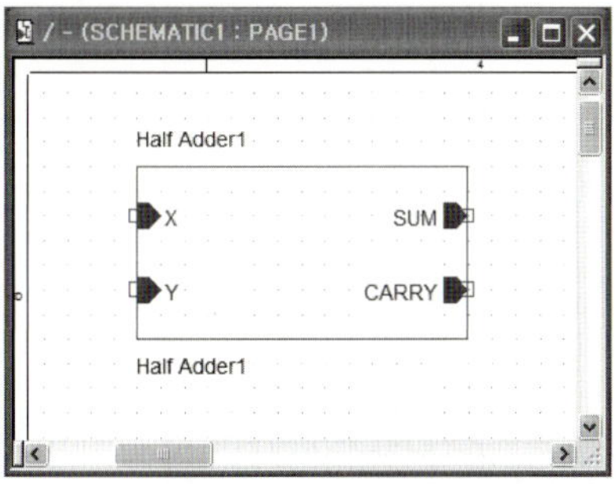

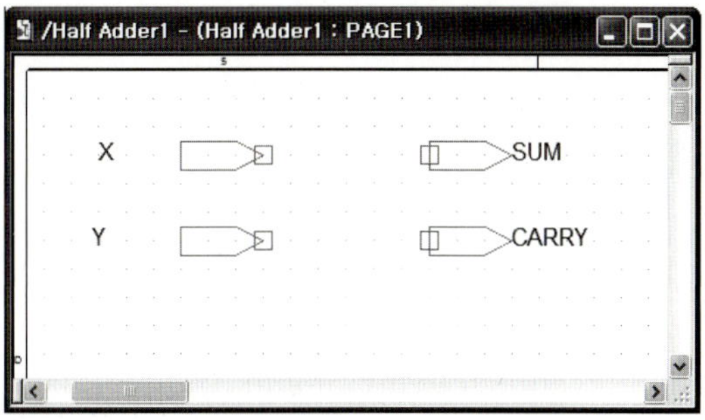

③ 계층구조 포트를 생성하지 않고 계층구조 핀을 입력하면 하위 회로도에 계층구조 핀에 대응하는 계층구조 포트가 자동으로 생성된다. 계층구조 블록과 계층구조 포트가 생성된 후 계층구조 핀을 다시 입력하면 하위 회로도에 계층구조 포트는 생성되지 않는다. 새로운 계층구조 핀에 대한 계층구조 포트를 생성하기 위해서는 기존의 회로도면을 삭제한 후, 다시 회로도면을 생성시켜야 한다. 계층 구조 핀의 입력 때, 핀의 형태를 결정하면 계층구조 포트의 종류가 결정된다.

5.2.3 계층구조 포트 및 계층구조 핀의 수정

계층구조 포트 및 핀을 입력한 후, Edit 메뉴에서 Properties 명령을 선택하거나 마우스의 오른쪽 단추를 눌러 팝업 메뉴에서 Edit Properties 명령을 선택하여 수정할 수 있다. 또한 계층구조 블록을 더블 클릭하여 수정할 수도 있다.

계층구조 포트의 수정은 앞에서 설명한 것과 같이 Edit Hierarchical Port 대화상자에서 진행하며 계층구조 핀의 수정은 Property Editor 대화상자에 있는 옵션을 선택하여 수정한다. 계층구조 포트 및 핀에 관련된 문자의 보이기 속성 수정은 블록의 문자판을 선택하고 Edit 메뉴의 Properties 명령을 선택하여 Edit Hierarchical Port 및 Property Editor 대화상자에서 포트 및 핀의 이름을 변경할 수 있다. 또한 문자에 마우스를 두 번 클릭하여 Display Properties 대화상자에서 수정할 수 있다.

5.2.4 설계 연습

실습예제 5-3

다음 회로와 같이 계층구조 블록에 계층구조 포트와 핀을 입력하라.

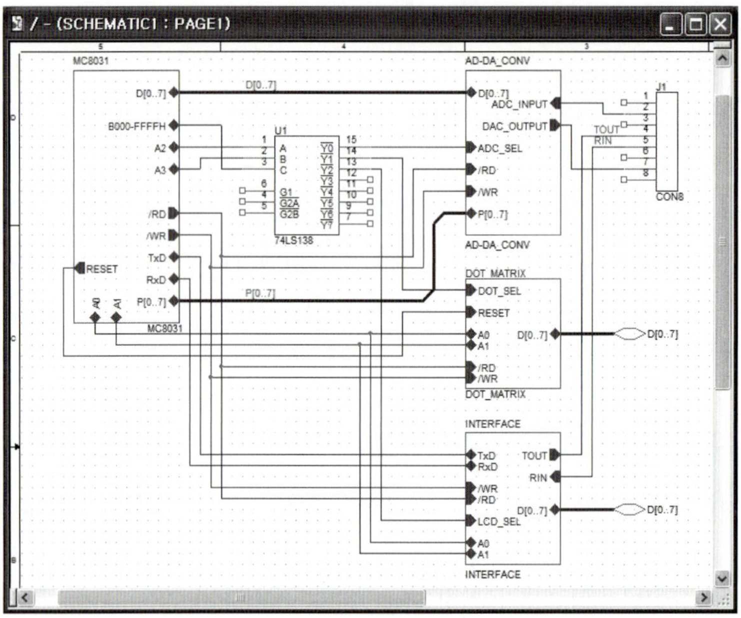

① Capture를 시작하여 CAP5-1.DSN을 열고 회로도면 편집기 윈도로 옮긴다.

② 계층구조 핀의 입력을 원하는 MC8031 계층구조 블록을 선택하고 Place 메뉴에서 Hierarchical Pin(ALT-P, P)을 선택하거나 툴 파렛트에서 을 클릭하면 Place Hierarchical Pin 대화상자가 나타난다. 대화상자의 Name 문자상자에 버스 입력인 D[0..7]을 입력하고 Width를 Bus로 선택하고 Type을 Bidirectional로 선택한다.

OK 버튼을 클릭하면 선택된 블록에 계층구조 핀의 커서가 나타나고 커서는 블록의 외곽선을 따라 움직인다. 원하는 위치에 마우스의 왼쪽 단추를 클릭하여 계층구조 핀을 입력하고 계속하여 원하는 위치로 옮겨 다음의 계층구조 핀을 입력한다.

③ 수정을 원하는 계층구조 핀을 선택하고 더블 클릭하거나 Edit 메뉴에서 Properties 또는 마우스 오른쪽 단추를 클릭하여 팝업 메뉴에서 Edit Properties를 선택한 후, Edit Hierarchical Pin 대화상자에서 핀의 이름을 P[0..7]이라 수정한다. Edit Hierarchical Pin 대화상자에서 Width는 수정할 수 없다.

④ 순서 ②에서와 같이 대화상자에서 Name 문자상자에 B000-FFFFH를 입력하며 Width를 Scalar로 선택하고 Type에 Bidirectional로 선택한다. OK 버튼을 클릭하여 선택된 블록에 계층구조 핀을 입력하고 계속하여 9개의 계층구조 핀을 더 입력한다.

⑤ 순서 ③에서와 같이 각각의 핀을 선택하여 A2(Bidirectional), A3(Bidirectional), /RD(Output), /WR(Output), TxD(Bidirectional), RxD(Bidirectional), A0(Bidirectional), A1(Bidirectional), RESET(Output)의 핀 이름과 Type을 수정한다.

⑥ AD-DA_CONV 계층구조 블록을 선택하고 순서 ②, ③, ④, ⑤에서와 같이 D[0..7] (Bidirectional), ADC_SEL(Input), /RD(Input), /WR(Input), P[0..7](Bidirectional), ADC _INPUT(input), DAC_OUTPUT(Output)의 계층구조 핀을 입력한다.

⑦ DOT_MATRIX 계층구조 블록을 선택하고 순서 ②, ③, ④, ⑤에서와 같이 RESET(Input), DOT_SEL(Input), D[0..7](Bidirectional), A0(Bidirectional), A1(Bidirectional), /RD(Input), /WR(Input)의 계층구조 핀을 입력한다.

⑧ INTERFACE 계층구조 블록을 선택하고 순서 ②, ③, ④, ⑤에서와 같이 TxD(Bidirectional), RxD(Bidirectional), D[0..7](Bidirectional), /WR(Input), /RD(Input), LCD_SEL(Input), A0(Bidirectional), A1(Bidirectional), TOUT(Output), RIN(Input)의 계층구조핀을 입력한다.

⑨ 계층구조 핀을 입력하면 계층구조 포트는 하위 회로도에 자동적으로 생성된다. 하위 회로도의 생성은 먼저 MC8031 계층구조 블록을 선택하고 마우스 오른쪽 단추를 눌러 팝업 메뉴에서 Descend Hierarchy를 선택하면 New Page in Schematic: 'MC8031'의 대화상자가 나타나고 Name의 문자상자에 이름을 입력하면 새로운 하위 회로도면이 나타나면서 계층구조 포트가 계층 구조 핀의 Type에 따라 생성된다.

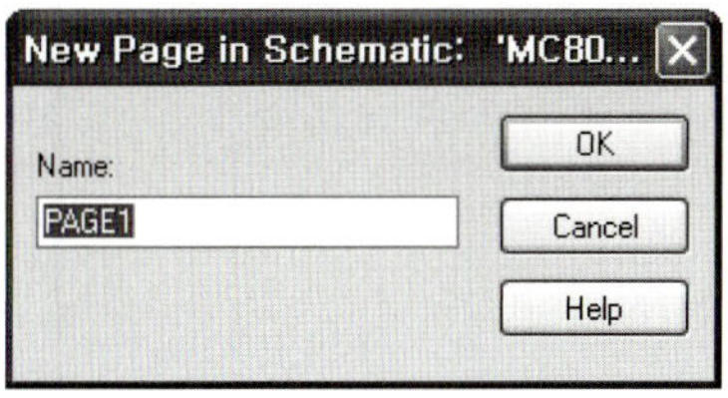

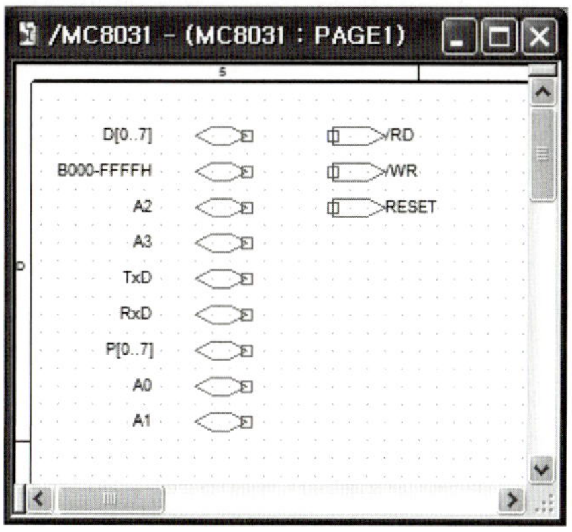

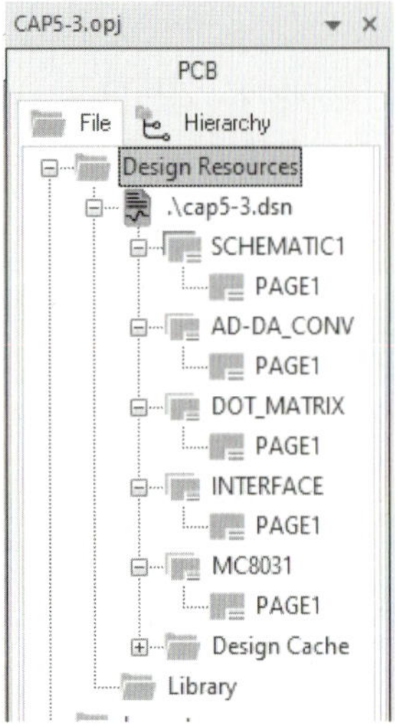

⑩ AD-DA_CONV, DOT_MATRIX, INTERFACE 계층구조 블록을 선택하여 하위-레벨 회로도를 생성시킨다. 프로젝트 관리자 윈도에서 계층구조의 최상위에 있으면서 직접적이나 간접적으로 설계의 모든 회로도를 참조하는 회로도를 루트회로(Root Schematic)라 하고 프로젝트 관리자 윈도우에서 회로도면의 아이콘 내에 백슬래시(\)로 표현된다.

⑪ Place 메뉴에서 Hierarchical Port(ALT-P, P)를 선택하거나 툴 파렛트에서 아이콘을 클릭하면 Place Hierarchical Port 대화상자가 표시된다. 대화상자에서 연결해야 할 신호의 종류에 따라 계층구조 포트의 형태를 선택한다. 대화상자에서 PORTBOTH -L를 선택하고 OK 버튼을 클릭하여 대화상자를 닫는다. 계층구조 포트 커서를 DOT_MATRIX 계층구조 블록의 계층구조 핀 D[0..7] 앞에 입력한다. 계속하여 INTERFACE 계층구조 블록의 계층구조 핀 D[0..7] 앞으로 옮겨 마우스의 왼쪽 단추를 눌러 계층 구조 포트를 입력한다.

⑫ 와이어 도구와 버스 도구를 이용하여 회로도와 같이 연결하고 별명(Alias) 도구를 이용하여 와이어와 버스에 이름을 붙인다. 설계를 CAP5-3.DSN으로 저장한다.

실습예제 5-4

다음 회로와 같이 계층구조로 구성된 회로도를 작성하라.

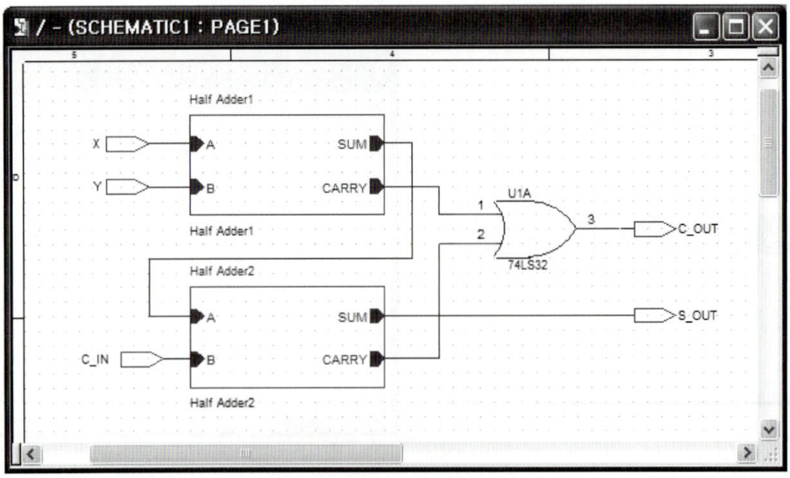

5.3 오프-페이지 커넥터 입력 및 수정

오프-페이지 커넥터(Off-Page Connector)는 같은 회로도 폴더에 있는 다른 회로도면에 있는 계층구조 포트와 신호를 연결한다.

5.3.1 오프-페이지 커넥터의 입력

오프-페이지 커넥터를 입력하려면 Place 메뉴에서 Off-Page Connector 명령을 선택하거나 툴 파렛트에서 오프-페이지 커넥터 도구를 선택한다.

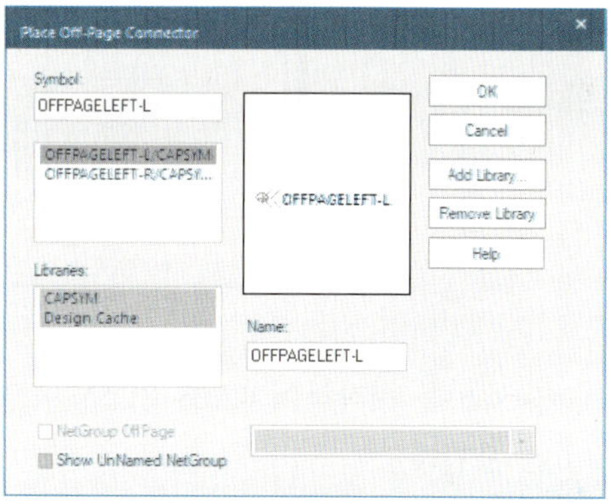

① 회로도면 편집기 윈도의 Place 메뉴에서 Off-Page Connector(단축키는 ALT-P, F)를 선택하거나 툴 파렛트에서 을 클릭하면 Place Off-Page Connector 대화상자가 나타난다.

② 오프-페이지 커넥터의 이름은 다른 오프-페이지 커넥터 또는 계층구조 포트가 연결할 이름과 동일하여야 한다. 오프-페이지 커넥터가 입력될 때 Edit 메뉴에서 Properties 명령을 택하거나 마우스의 오른쪽 단추를 눌러 팝업 메뉴에서 Edit Properties 명령을 선택하거나 또는 오프-페이지 커넥터를 더블 클릭하여 Edit Off-Page Connector 대화상자에서 오프-페이지 커넥터의 이름을 변경할 수 있다.

5.3.2 오프-페이지 커넥터의 수정

오프-페이지 커넥터를 입력한 후, Edit 메뉴에서 Properties 명령을 선택하거나 마우스의 오른쪽 단추를 눌러 팝업 메뉴에서 Edit Properties 명령을 선택하여 수정할 수 있다. 또한 오프-페이지 커넥터를 더블 클릭하여 Edit Off-Page Connector 대화상자에서 오프-페이지 커넥터의 이름을 변경할 수 있다.

5.3.3 설계 연습

실습예제 5-5

다음 회로와 같이 MC8031 하위 회로도에 새로운 회로도면을 만들고 PAGE2의 회로도면에 오프-페이지 커넥터(Off-Page Connector)로 입력하라.

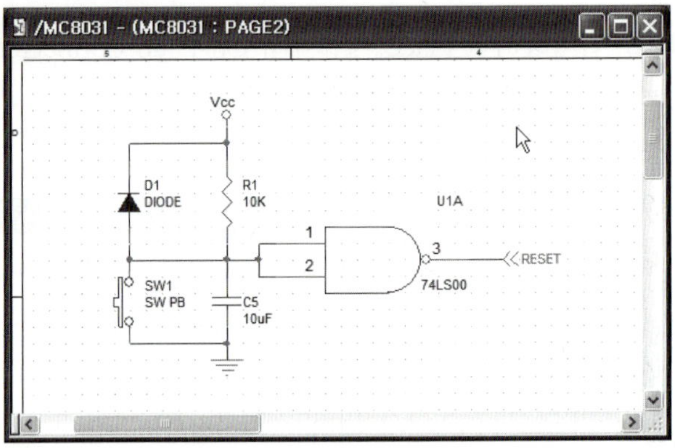

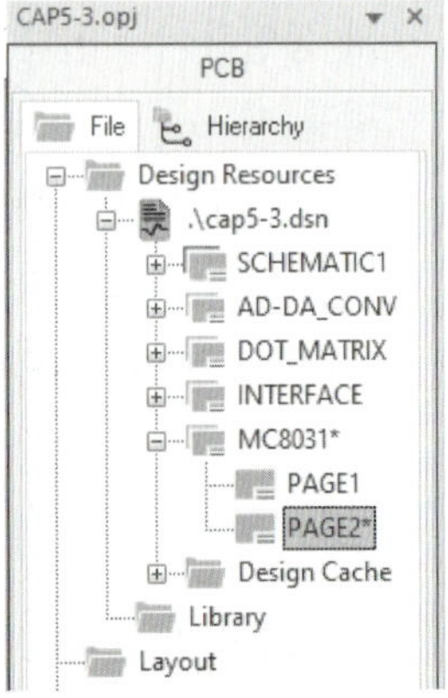

① Capture를 시작하여 CAP5-3.DSN을 열고 회로도면 편집기 윈도로 옮긴다.

② MC8031 계층구조 블록을 선택하고 Design 메뉴에서 New Schematic Page(단축키는 ALT-D, P)를 입력하면 New Page in Schematic: 'MC8031' 대화상자가 나타나고 Name의 문자상자에 PAGE2가 기본으로 입력되어 있다. 하위 회로도면의 이름을 변경하고자 할 때에는 새로운 이름을 입력하여 변경한다. OK 버튼을 클릭하면 프로젝트 관리자 윈도에 MC8031 회로도에 PAGE1과 PAGE2의 회로도면이 나타난다.

③ 3장에서 입력한 8031 컨트롤러의 RESET 회로를 MC8031 회로도의 PAGE2 회로 도면에 입력한다.

④ Place 메뉴에서 Off-Page Connector(단축키는 ALT-P, F)를 선택하거나 툴 파렛트에서 을 클릭하면 Place Off-Page Connector 대화상자가 나타난다.

⑤ 연결할 형태의 오프-페이지 커넥터를 선택한다. 오프-페이지 커넥터는 OFFPAGELEFT-L과 OFFPAGELEFT-R의 두 종류가 있으며, 왼쪽에 연결 부위에는 OFFPAGELEFT-L을 선택하고 오른쪽에 연결 부위에는 OFFPAGELEFT-R을 선택한다. OFFPAGELEFT-L을 선택하고 OK

버튼을 클릭하여 Place Off-Page Connector 대화상자를 닫고, 오프-페이지 커넥터의 커서를 회로도면의 원하는 위치로 옮겨 마우스의 왼쪽 단추를 누르고 입력한다. 오프-페이지 커넥터의 입력은 Esc 키나 선택 버튼을 눌러 끝낼 수 있다.

⑥ 오프-페이지 커넥터의 이름은 다른 오프-페이지 커넥터 또는 계층구조 포트가 연결될 이름과 동일하여야 한다. 오프-페이지 커넥터를 선택하고 Edit 메뉴에서 Properties 명령을 선택하거나 마우스의 오른쪽 단추를 눌러 팝업 메뉴에서 Edit Properties 명령을 선택 또는 오프-페이지 커넥터를 더블 클릭하여 Edit Off-Page Connector 대화상자에서 오프-페이지 커넥터의 이름을 RESET로 변경한다. 설계를 CAP5-5.DSN으로 저장한다.

실습예제 5-6

실습 예제 5-4에서 그린 Full Adder 회로도에서 두 개의 Half Adder를 PAGE1과 PAGE2에 각각 저장하고 두 회로를 오프-페이지 커넥터로 연결하라.

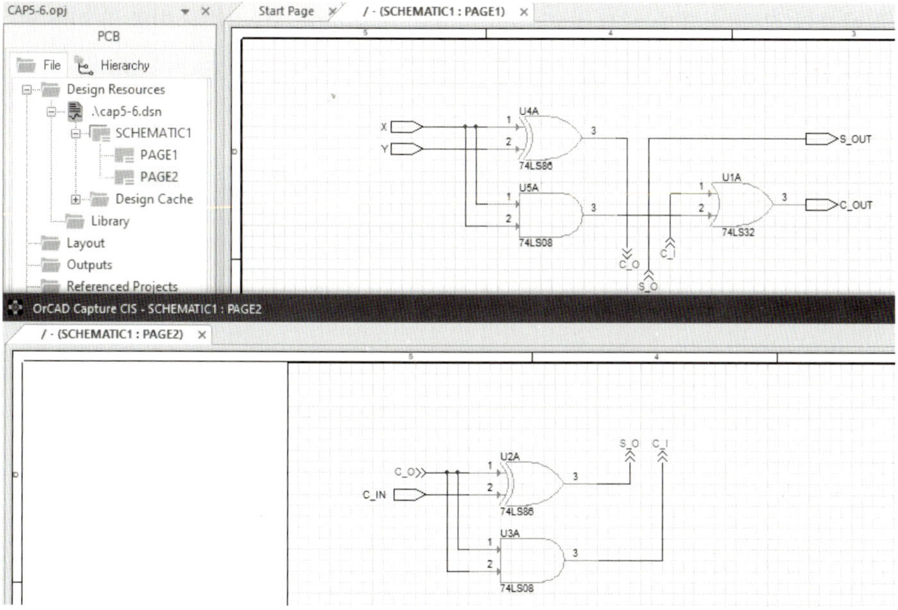

06
새로운 부품 작성

Capture는 회로도면을 설계하기 위한 표준도구이며, 부품을 검색하거나 효과적인 부품관리 등을 위해 Capture CIS 도구가 제공되고 있다. 따라서 부품 데이터베이스(ICA)를 이용하여 100만개 이상의 부품 검색과 새로운 부품의 사용이 신속하고 정확하며, 기존에 사용된 부품은 간단히 속성만을 변경하여 새로운 부품을 만들거나 편집하는 것도 가능하다.

6.1 라이브러리와 부품

6.1.1 라이브러리(Libraries)

라이브러리는 반복 사용할 수 있는 설계 데이터를 포함하고 있는 파일이다. 라이브러리에는 회로도면에 인스턴스(Instance)를 입력할 수 있는 부품이 포함되어 있고 설계에서 반복 사용할 수 있는 다양한 심벌과 제목 블록들이 포함되어 있다.

사용자는 기존의 라이브러리를 수정 또는 추가할 경우 항목의 조합들을 저장하여 사용자 정의 라이브러리를 작성할 수 있다. 예를 들면 라이브러리에 모든 PLD 부품을 저장하여 PLD 관련 사용자 라이브러리를 만들 수 있다. 설계 캐시(Design Cache)가 설계에 사용된 모든 부품과 심벌을 가지고 있기 때문에 특정 설계를 위한 새로운 라이브러리를 만들 필요는 없다.

Capture에서 라이브러리 작업을 할 경우 프로젝트 관리자 윈도의 File 메뉴에서 Open을 선택한 후 Library를 선택하여 Open Library 대화 상자에서 Library 디렉토리로 이동한 후 수정에 필요한 라이브러리를 연다.

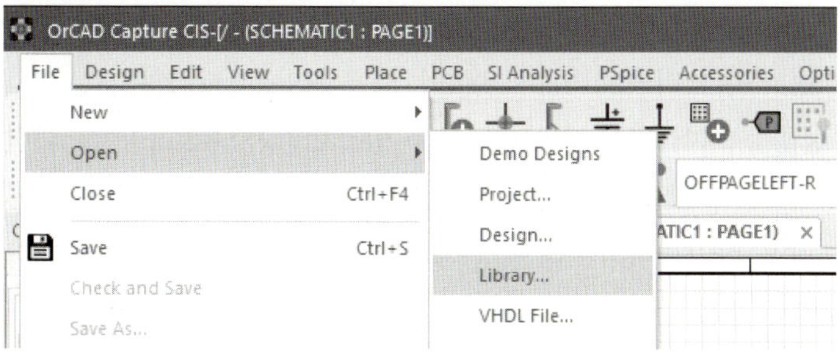

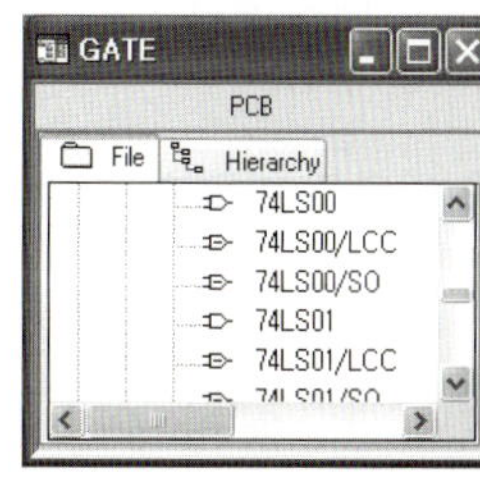

프로젝트 관리자 윈도에는 선택된 라이브러리에 포함되어 있는 부품과 심벌이 나열되며, 수정하려는 부품을 더블 클릭하면 부품 편집기가 실행되면서 수정할 부품의 심벌이 나타난다. 부품을 다른 라이브러리로 이동시키려면 이동할 라이브러리(Source Library)와 대상 라이브러리 (Target Library)를 각각 다른 프로젝트 관리자의 윈도에서 열어 이동 할 라이브러리에서 부품을 선택한 후 대상 라이브러리로 부품을 끌어 놓는다. 부품을 다른 라이브러리로 복사하려면 동일한 절차를 수행하되 부품을 끌어다 놓을 때, Ctrl 키를 누르고 있어야 한다. 또한 Edit 메뉴에서 Cut, Copy, Paste 명령을 사용하여 라이브러리 사이에 부품을 옮기거나 복사할 수 있다.

6.1.2 부품(Parts)

부품은 설계의 기본 블록이며, 하나 또는 여러 개의 물리적 소자를 나타내거나 외부 프로그램이 사용할 기능, 시뮬레이션 모델 또는 문자 설명을 나타내기도 한다. 부품의 특성은 PCB Footprint, HDL 문장 또는 첨부되는 회로도 폴더에 의해 설명된다. 부품은 게이트, 칩, 커넥터 등과 같은 물리적 객체에 대응되어 하나 또는 여러 개의 부품으로 구성된 패키지로 나타낸다. 한 개 이상의 부품이 포함되어 있는 패키지를 다중 부품 패키지(Multiple-part packages)라 하며, Capture에서는 두 가지를 모두 부품(Part)으로 취급한다. 새로운 부품을 작성하거나 부품 편집기로 부품을 수정할 때 패키지 정보를 지정해야 한다.

각 부품은 그래픽, 핀 그리고 부품을 설명하는 속성들을 가진다. 설계상의 요구에 따라 패키지에 있는 부품을 입력하며, Capture는 Back Annotation, 네트리스트 작성, BOM 등과 그 처리를 위해 물리적 부품(패키지)의 속성을 유지한다. 패키지 내에 있는 부품은 이러한 정보를 이어 받는다. 한 패키지 내에 있는 모든 부품은 각기 다른 핀 배정, 그래픽, 사용자 속성을 가질 수 있다. 패키지 내에 있는 모든 부품이 핀에 대한 것을 제외하고 모두 동일할 경우, 이 패키지는 동질(Homogeneous) 패키지이다. 그리고 패키지 내의 부품이 다른 그래픽, 핀의 번호와 속성을 갖는다면, 이 패키지는 이질(Heterogeneous) 패키지가 된다.

회로도면에 부품을 입력할 때, 실질적으로 부품의 인스턴스(Instance)를 작성하는 것이다. 부품의 인스턴스는 라이브러리에 있는 부품의 스냅샷(Snapshot)과 같은 것으로 라이브러리 부품의 모든 속성들을 이어 받는 것이다. 부품 인스턴스가 회로도면에 입력되면 다른 부품 인스턴스에 영향을 주지 않고 그 부품 인스턴스의 속성을 수정할 수 있다. 이렇게 변경한 속성의 인스턴스 값은 라이브러리 부품에 존재하는 동일한 속성의 값을 대치하게 된다. 입력된 부품의 인스턴스는 어커런스(Occurrence)를 가질 수 있다. 부품 어커런스에 속성을 추가하거나 수정할 수 있으며, 이러한 속성의 어커런스 값은 부품 인스턴스에 존재하는 동일한 속성의 값을 대치한다.

6.1.3 부품 인스턴스(Part Instance)와 어컨런스(Occurrence)

부품 인스턴스는 회로도면에 입력된 부품을 말하며, 입력된 부품의 인스턴스는 어커런스(Occurrence)를 가질 수 있다. 부품의 어커런스는 회로도면에 재사용을 위해 속성을 잠재적으로 유지하는 부품과 같은 것이다. 예를 들어 HalfAdder 회로도에 입력된 74LS04 부품을 재사용한다면, 두 개의 다른 Annotation이 요구된다. 한 개는 계층의 A 측면에 있고 다른 한 개는 계층의 B 측면에 존재한다. 이들 Annotation 모두 회로도면에 입력된 한 개의 부품 인스턴스를 위한 어컨런스 속성이 된다.

라이브러리에 있는 부품을 수정할 경우 변경된 내용은 Update Cache 명령 또는 Replace Cache 명령을 사용하기 전에는 부품 인스턴스에 영향을 미치지 않는다. 또한 회로도면 편집기에서 부품을 선택하고 Edit 메뉴에서 Part 명령의 선택에 의해 부품의 인스턴스를 수정할 수 있다. 부품 인스턴스의 수정이 끝나면 변경된 내용을 설계에 포함되어 있는 모든 인스턴스 또는 한 개의 인스턴스에 적용시킬 수 있다.

6.1.4 설계 캐시(Design Cache)

설계에 첫 번째 부품의 인스턴스를 입력하면 그 부품의 복사본이 설계 캐시에 만들어진다. 설계 캐시에는 설계에 사용된 모든 부품에 대한 복사본을 한 개씩 저장한다. 일반적으로 모든 부품의 인스턴스는 설계 캐시에 있는 부품의 복사본을 참고로 한다. 캐시에 있는 부품은 라이브러리에 있는 부품과 연결되어 있어 설계 캐시에 있는 모든 부품을 갱신하여 라이브러리에 있는 부품과 일치시킬 수 있다. 모든 부품의 인스턴스를 갱신하면 설계 캐시에 있는 기존의 부품 대신에 새로운 부품으로 변경되고 원래의 라이브러리와는 연결을 끊게 된다. 부품의 인스턴스는 Update Cache 명령에 의해 영향을 받지 않으며, 원래의 라이브러리와 연결을 다시 시킬 때는 프로젝트 관리자 윈도의 Design 메뉴에서 Replace Cache 명령을 선택하여야 한다.

설계 캐시에 있는 부품 인스턴스를 다른 라이브러리 부품으로 교체하는 방법은 다음과 같다.

① 교체를 원하는 부품 인스턴스가 포함된 프로젝트를 열고, 설계 캐시를 연다.
② 설계 캐시에서 교체하고자 하는 부품 인스턴스를 선택하고 프로젝트 관리자 윈도의 Design 메뉴에 Replace Cache 명령(ALT-D, C)을 선택하면 Replace Cache 대화상자가 나타난다.
③ Replace Cache 대화상자에서 부품 이름과 라이브러리를 지정하고 교체 부품의 속성을 그대로 유지할 것인지 아니면 교체할 것인지를 선택한다. 만약 다른 라이브러리를 선택할 때에는 Browse 버튼을 눌러 라이브러리의 경로와 이름을 설정한다. OK 버튼을 클릭하여 부품 인스턴스를 교체한다.

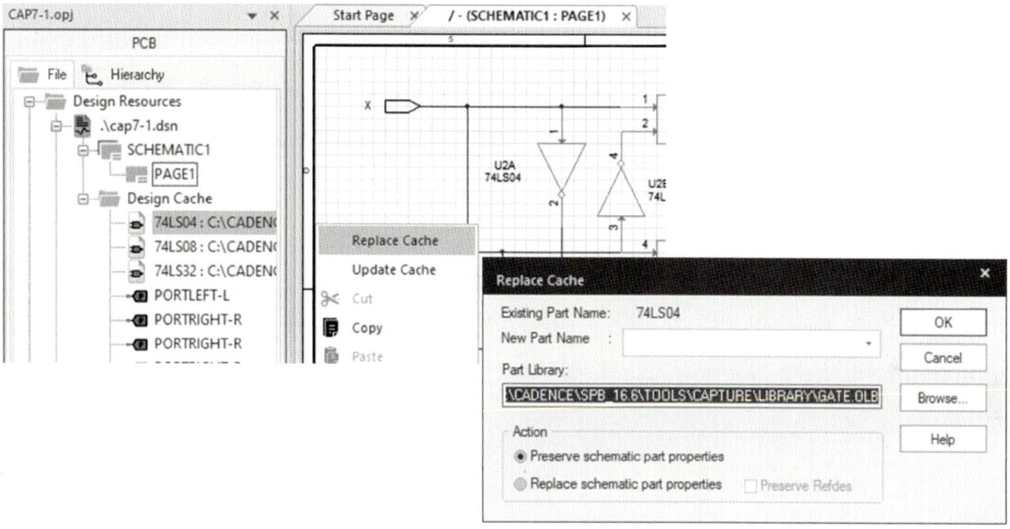

설계 캐시에 있는 선택된 부품을 해당 라이브러리 부품과 일치하도록 갱신하는 방법은 다음과 같다. 캐시에 있는 부품을 갱신할 때, 부품에 포함되어 있는 사용자 정의 속성(User-defined Properties)은 그대로 유지된다.

① 교체를 원하는 부품이 포함된 설계를 열고, 설계 캐시를 연다.
② 설계 캐시에서 교체하고자 하는 부품 인스턴스를 선택하고 프로젝트 관리자 윈도의 Design 메뉴에서 Update Cache 명령(ALT-D, U)을 선택하면 Update Cache 경고 윈도가 나타난다.
③ YES 버튼을 클릭하여 부품 갱신한다.

6.1.5 Primitive 부품과 Nonprimitive 부품

Primitive 부품은 계층구조를 포함하지 않고 있지만, Nonprimitive 부품은 첨부되는 회로도 폴더와 같은 계층구조가 포함되어 있다. Capture는 모든 부품 인스턴스에 대해 Primitive라는 속성으로 이러한 특성을 정의한다. 부품이 Primitive라 설정되면 Capture의 모든 툴은 이를 Primitive 부품이라 취급하며, 첨부된 회로도가 있더라도 그 회로도에 들어갈 수 없게 된다. 하나의 라이브러리에 있는 동질 패키지(Homogeneous Package)에 있는 부품에 첨부되는 회로도 폴더는 패키지 내의 각 부품에 첨부된다.

설계 과정에서 부품의 Primitive 속성을 언제든지 변경할 수 있으며, Primitive 속성을 사용하기 위한 기본은 다음과 같다.

- 시뮬레이션을 위한 네트리스트를 작성하기 전에 부품을 Nonprimitive로 지정하여 Create Netlist 명령에 의해 트랜지스터 레벨까지 충분하게 작성할 수 있도록 한다.
- PCB Editor를 위한 네트리스틀 작성하기 전에 부품을 Primitive로 지정하여 Create Netlist 명령에 의해 게이트 레벨까지 작성할 수 있도록 한다.

프로젝트 관리자 윈도에서 Option 메뉴의 Design Properties 명령을 이용하여 Default로 Primitive 또는 Nonprimitive로 설정할 수 있다. 이러한 설정은 Hierarchy 탭에서 Parts group 박스의 Primitive 또는 Nonprimitive를 선택하면 된다.

6.2 새로운 부품의 작성 및 수정

사용자는 자신의 사용자 부품을 작성하고 라이브러리에 저장할 수 있다. 사용자 부품은 단일 부품 또는 여러 개의 부품이 포함되어 있는 패키지로 구성된다. 사용자 부품에는 핀, 그래픽, 문자, IEEE 심벌이 포함되고, 그래픽은 반드시 부품의 본체 안에 있어야 하지만 문자와 IEEE 심벌은 부품 본체의 내부 또는 외부에 있을 수 있다. 핀은 부품의 크기와 형태를 결정하여 부품의 본체 경계선에 위치하여 부품과 연결한다.

6.2.1 새로운 부품의 작성

부품을 작성하기 이전에 부품의 이름과 같은 특정 정보를 가지고 있어야 하며, 부품이 다중 부품 패키지일 경우 패키지에 포함되어 있는 부품의 수와 부품이 동질(Homogeneous)인지

이질(Heterogeneous)인지를 알아야 한다. 이러한 정보를 준비한 후 그래픽과 핀을 입력한다.

① 프로젝트 관리자 윈도의 File 메뉴에서 New 또는 Open을 선택하고 Library를 선택한다.

② Design 메뉴에서 New Part(단축키는 ALT-D, T)를 선택하며 New Part Properties 대화상자가 나타난다.

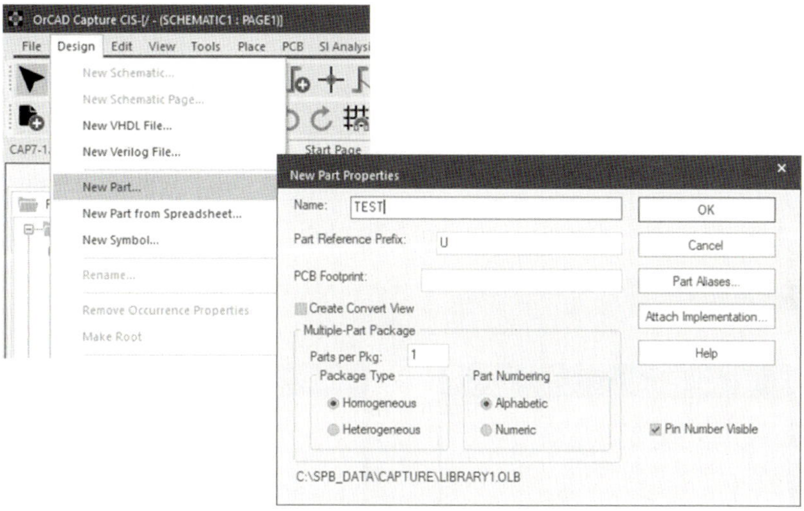

③ New Part Properties 대화상자에서 새로운 부품의 이름, 부품 참조에 사용할 앞 문자, PCB Footprint, 다중 부품 패키지 여부 등을 설정한다. 또한 드모르간 등가 규칙에 따라 변화해서 볼 수 있도록 Create Convert View를 선택할 수 있다. 만약 부품의 별명을 설정하려면, Part Aliases... 버튼을 눌러 Part Aliases 대화 상자에서 입력할 수 있다. 또한 계층구조를 만들려면, Attach Implementation... 버튼을 클릭하여 Attach Implementation 대화상자에서 설정할 수 있다.

④ New Part Properties 대화상자에서 필요한 옵션을 선택한 후 OK 단추를 클릭하면 부품 편집기 윈도가 열리고 대시 라인으로 된 부품 본체가 화면 중앙에 나타난다. 대시 라인은 부품 본체의 외곽선이며 핀은 대시 라인으로 표시된 부품의 외곽에 입력된다. 부품의 이름은 부품 본체의 아래쪽에 표시되고 부품의 참조는 부품의 위에 표시된다. 부품 편집기 윈도의 타이틀 바에는 라이브러리의 이름이 나타나고, 그 옆에 부품의 이름이 나타난다.

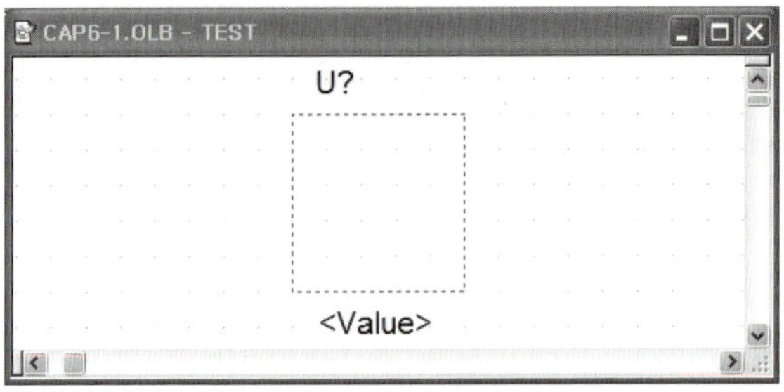

⑤ 다중 부품 패키지를 작성하는 경우에는 패키지 내의 첫 번째 부품이 나타나며, 동질(Homogeneous) 부품을 작성하는 경우에, 이 부품에 대해 편집되는 모든 내용이 패키지에 포함되어 있는 모든 부품에 적용된다. 이질(Heterogeneous) 부품을 작성하는 경우, 이 부품에 편집되는 내용은 편집되는 부품에만 적용되며, 패키지에 있는 다른 부품을 편집하기 위해서는 View 메뉴에서 Next Part 또는 Previous Part 명령을 선택하여야 한다.

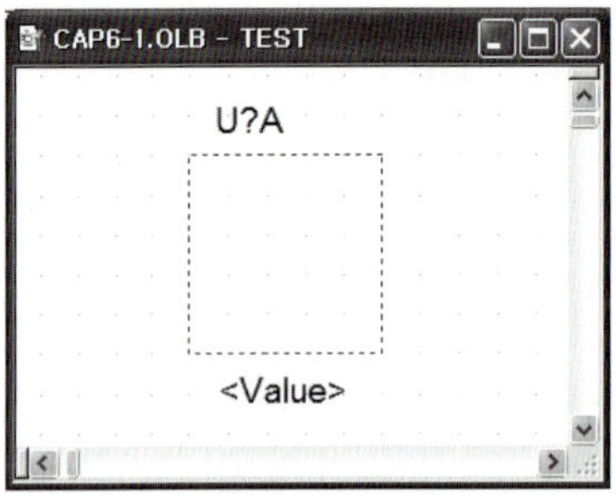

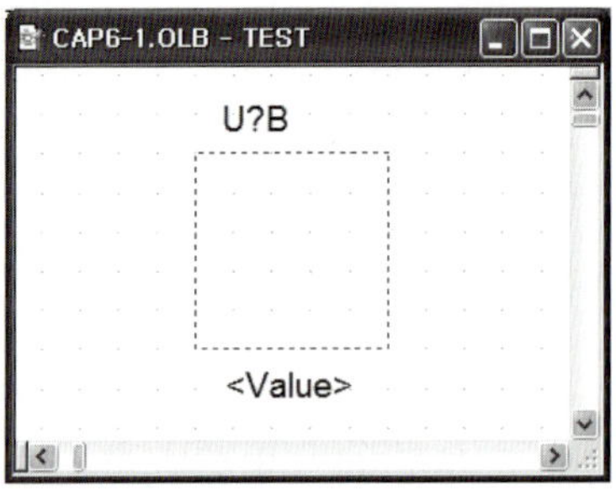

패키지에 있는 모든 부품을 보기 위해서는 View 메뉴의 Package 명령을 선택해야 하며 패키지 보기에서 부품을 더블 클릭하여 그 부품을 편집할 수 있다. 모든 패키지 정보를 보기 위해서는 View 메뉴의 Package 명령을 선택하고 Edit 메뉴에서 Properties 명령을 선택해야 한다. Properties 명령을 선택하면 패키지 속성 스프레드 시트(Package Properties Spreadsheet)가 나타난다. 이 스프레드시트에는 핀의 수, 핀의 그룹이 교체할 수 있는지의 여부, 핀 번호, 핀 이름, 핀 형태, 핀이 표시될 것인지 또는 아닌지를 표시하는 정보 등이 포함되어 있다.

⑥ 부품 본체 외곽선의 크기와 모양을 변경하기 위해 외곽선을 선택하고 선택 핸들을 끌어 당겨 크기와 모양을 정한다.

⑦ 부품의 외곽선을 적당한 크기로 정한 후, 부품 편집기의 툴 파렛트에 있는 그리기 도구를 이용하거나 Place 메뉴에서 적당한 명령을 선택하여 부품을 그리고 그 부품에 문자를 입력한다. IEEE 심벌과 문자를 제외한 모든 그래픽은 부품 본체 외곽선 내에 있어야 한다.

⑧ 핀 도구 또는 핀 배열 도구를 이용하여 핀을 입력한다.

⑨ 부품을 작성한 후, File 메뉴의 Save 명령(ALT-F, S)에 의해 저장한다. 저장하지 않은 새로운 라이브러리에 대한 부품의 저장은 Save As 대화상자가 표시되어 라이브러리 파일의 이름을 지정할 기회를 갖는다. 기존의 라이브러리에 부품을 저장하는 경우에는 그 라이브러리에 저장된다.

6.2.2 부품에 회로도 폴더 첨부하기

Capture에서 계층구조를 만들기 위해 회로도 폴더를 첨부할 수 있다. 회로도 폴더를 첨부할 수 있는 곳은 라이브러리 부품, 부품 인스턴스, 부품 어커런스, 계층구조 블록 등이다. 부품에 회로도 폴더를 첨부하려면 회로도 폴더의 이름을 지정하거나 회로도 폴더를 포함하는 프로젝트를 지정하여야 한다. 그렇지 않으면 Capture는 회로도가 현재의 프로젝트에 포함되어 있는 것이라 간주한다.

부품에 회로도 폴더를 첨부하면, 회로도 작성 후 부품과 함께 같은 라이브러리 내의 하층 회로도 폴더로 이동하거나 복사하여 다른 설계에도 사용할 수 있게 된다. 부품에 회로도 폴더를 첨부하였으나 회로도가 아직 작성되지 않았을 경우, 그 부품의 하위 계층구조로 이동할 때 회로도 폴더가 작성된다. 하위 계층구조로 이동하기 위해서는 부품 인스턴스가 Nonprimitive로 설정되어야 한다.

① 부품에 회로도를 첨부하기 위해서는 설계가 Library 작성으로 우선 설정되어야 한다. 프로젝트 관리자 윈도의 Design 메뉴에서 New Part(단축키는 ALT-D, T)를 선택하여 New Part Properties 대화상자를 열게 하거나 이미 열려 있는 부품 편집기 윈도에서 Option 메뉴의 Package Properties(단축키는 ALT-O, R)를 선택하여 Edit Part Properties 대화상자를 열게 한다.

② Edit Part Properties 대화상자에서 Attach Implementation 버튼을 클릭하면 Attach Implementation 대화상자가 나타난다.

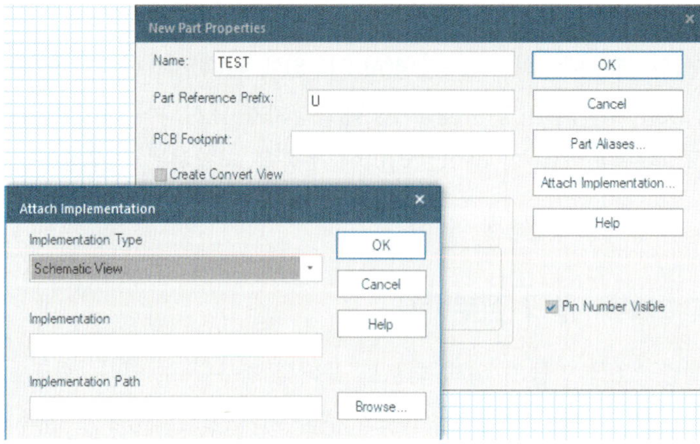

③ Implementation 형태를 설정하고 하위 회로도 폴더의 이름을 입력한다. 하위 회로도가 현재 사용하고 있는 라이브러리나 설계가 아닌 경우 Library 문자상자에 회로도 폴더가 위치한 곳의 경로를 설정하여야 한다.

④ OK 버튼을 클릭하여 Attach Implementation 대화상자를 끝내고, 또 OK 버튼을 클릭하여 각 대화상자를 끝낸다.

6.2.3 부품에 그래픽, 문자, IEEE 심벌 입력하기

부품을 정의한 다음 부품 형상에 대응하는 외곽선을 그리고 부품의 세부적인 그래픽을 추가한다. 부품에 그래픽을 추가하려면 Place 메뉴에 있는 Line, Rectangle, Ellipse, Arc, Polyline, Picture 명령 등을 사용하거나 툴 파렛트에서 적당한 툴을 클릭하여 그릴 수 있다. 또한 Place 메뉴에 있는 Text 명령이나 툴 파렛트에 있는 문자 툴을 사용하여 부품에 문자를 추가할 수 있다.

그래픽은 부품의 본체 내에만 그릴 수 있고, 그래픽이 부품의 본체보다 클 때에는 그래픽에 맞도록 부품의 본체가 확장된다. 부품 편집기에서는 회로도면 편집기와 마찬가지로 View 메뉴의 Zoom 명령을 사용하거나 마우스의 오른쪽 단추를 클릭하여 나타난 팝업 메뉴를 사용하여 화면을 크게 하거나 작게 할 수 있다. 부품에는 IEEE 심벌을 포함하고 있는데, 그래픽과는 달리 IEEE 심벌은 부품의 본체 내에 들어가지 않아도 된다. IEEE 심벌을 입력하는 방법은 다음과 같다.

① 부품 편집기 윈도의 Place 메뉴에서 IEEE 심벌(ALT-P, E)을 선택하거나 부품 편집기의 툴 파렛트에서  를 선택하면 Place IEEE Symbol 대화상자가 나타난다.

② Symbol list에서 있는 27여 가지의 심벌 중, 원하는 심벌을 선택한다. 심벌은 미리보기 상자에 표시된다. 입력하고자 하는 심벌을 선택한 후 OK 버튼을 클릭하게 되면 Place IEEE Symbol 대화상자가 닫히면서 부품 편집기 윈도에 IEEE 심벌 커서가 나타난다. 마우스의 오른쪽 단추를 누르면 팝업 메뉴가 나타나고 심벌을 입력하기 전에 팝업 메뉴의 명령을 통해 심벌의 모양을 변경할 수 있다.

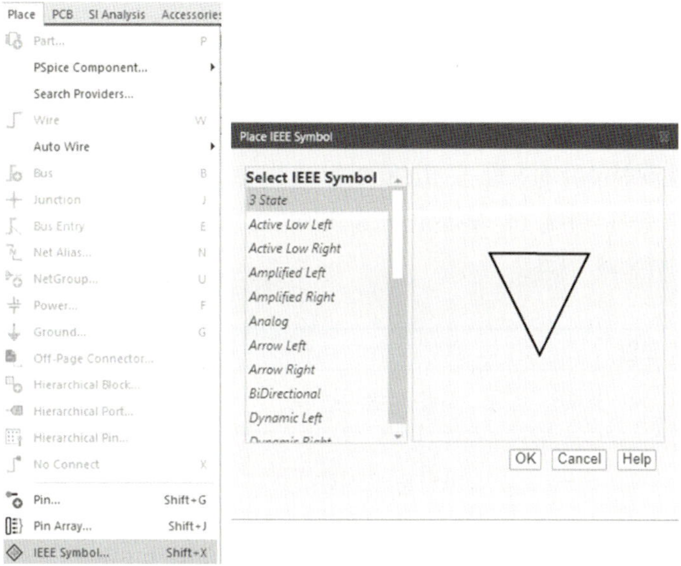

③ 심벌을 입력하고자 하는 위치로 이동시킨 다음, 마우스의 왼쪽 단추를 클릭하여 심벌을 입력한다. 마우스의 왼쪽 단추를 계속 클릭하여 IEEE 심벌을 계속 입력할 수 있다. IEEE 심벌을 입력한 후, 그 기호를 선택하고 선택 핸들을 끌어 당겨 크기를 변경시킬 수 있다.

④ 심벌을 입력한 후, 선택도구를 선택하거나 Esc 키를 눌러 IEEE 심벌 입력을 끝낼 수 있다.

6.2.4 부품에 핀 붙이기

부품에 핀을 붙이는 방법은 여러 가지가 있다. 우선 부품 편집기 윈도의 Place 메뉴에서 Pin 명령을 사용하거나 툴 파렛트의 핀 도구를 사용하여 개별 핀을 입력할 수 있다. 또한 Place 메뉴에서 Pin Array 명령을 사용하거나 툴 파렛트의 Pin Array 도구를 사용하여 한 번에 여러 개의 핀을 입력할 수 있다.

핀들은 반드시 부품 본체의 외곽에 연결되어야 하며 부품 본체의 가장자리가 외곽선과 일치하면 핀은 직접 부품의 본체에 연결된다. 그러나 부품 본체가 외곽선의 안쪽에 있을 경우에는 부품 본체와 핀 사이에 라인을 연결하여 핀이 부품 본체에 연결되어 있는 것처럼 하여야 한다.

1) 개별 핀 입력

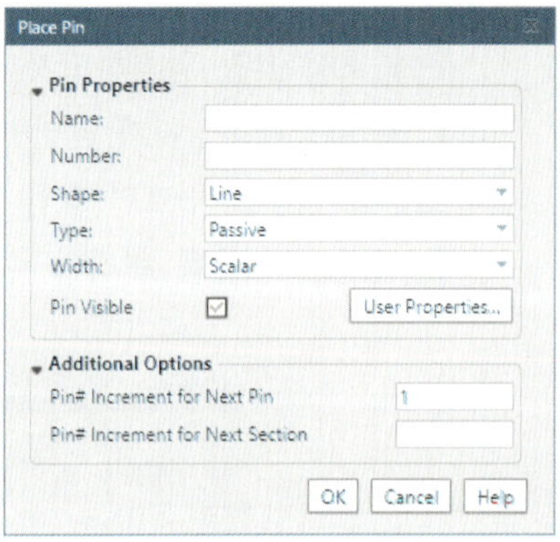

① 부품 편집기 윈도의 Place 메뉴에서 Pin(ALT-P, P)을 선택하거나 툴 파렛트에서 을 클릭하면 Place Pin 대화상자가 표시된다.

② Place Pin 대화상자에서 핀의 이름과 번호를 입력하고 핀의 모양과 종류를 선택한다. 또한 핀을 회로도면에서 볼 수 있을지의 여부도 선택할 수 있다. 핀이 와이어에 연결될 것인지 버스에 연결될 것인지도 선택한다. 핀이 버스 형식으로 표현될 때에는 1..5, 1:5, 1-5 등으로 번호를 구분하여 사용할 수 있다. 핀을 네가티브 신호와 같이 이름 위에 줄이 쳐지도록 하려면 각 문자 뒤에 백 슬래시(₩)를 넣어 표시한다. 선택할 수 있는 핀의 모양과 핀의 종류는 다음과 같다.

핀의 모양	설　명
Clock	클럭을 표시한다.
Dot	반전을 표시한다.
Zero Lenth	길이가 0 그리드 단위인 일반 핀을 표시한다.
Short	길이가 1 그리드 단위의 일반 핀을 표시한다.
Line	길이가 3 그리드 단위의 일반 핀을 표시한다.

핀의 종류	설　명
3-State	3-state 핀에는 Low, High, High impedance의 3가지 상태가 있다. High impedance 상태에서 3-state 핀은 오픈 회로처럼 보인다.
Bidirectional	양 방향성 핀은 입력과 출력의 모두 사용할 수 있는 핀이다.
Input	입력 핀은 신호를 인가하는 핀이다.
Open collector	오픈 컬렉터 게이트는 컬렉터에 풀업 저항을 삭제한 것이다. 오픈 컬렉터 게이트의 여러 개의 컬렉터와 하나의 풀업 저항을 연결하여 와이어-OR을 만들 수 있다.
Open emitter	오픈 에미터 게이트는 에미터에 풀 다운 저항을 삭제한 것이다. 적당한 저항을 연결해야 한다. ECL 논리회로는 오픈 에미터 게이트를 사용하며 오픈 컬렉터 게이터와 유사하다.
Output	출력 핀은 신호를 출력하는 핀이다.

Passive	수동 핀은 일반적으로 수동 소자에 연결되어 있다. 수동 소자에는 에너지원이 없다.
Power	전원 핀은 전원 전압이나 접지가 연결된다.

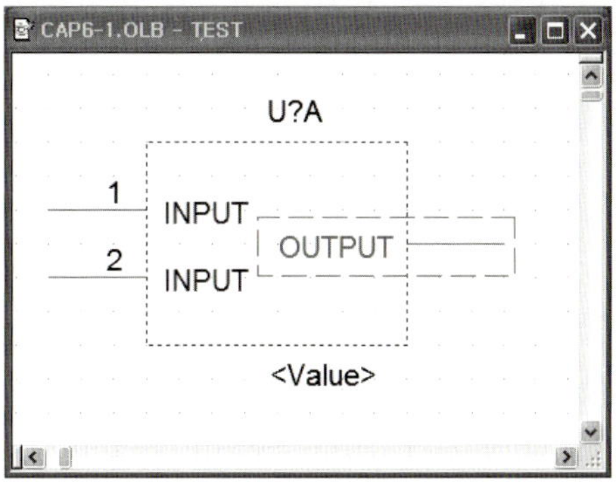

③ Place Pin 대화상자에서 필요한 옵션을 입력하고 OK 버튼을 클릭하여 Place Pin 대화상자를 닫는다. 이때 핀 이름과 핀 번호를 입력하여야 하며, 핀 이름이 입력되지 않으면 Capture가 자동적으로 지정한다.

④ 커서를 이용하여 부품 본체의 외곽선을 따라 핀을 원하는 위치로 끌어 놓는다.

⑤ 마우스의 왼쪽 단추를 눌러 핀을 입력한다. 핀을 입력하고자 하는 위치에 옮겨 마우스의 왼쪽 버튼을 눌러 계속하여 핀을 입력한다.

⑥ 핀의 입력이 끝나면, 선택 버튼을 누르거나 Esc 키를 눌러 핀 입력 작업을 끝낸다.

2) 동시에 여러 개 핀 입력

① 부품 편집기 윈도의 Place 메뉴에서 Pin Array(ALT-P, I)를 선택하거나 툴 파렛트에서 을 클릭하면 Place Pin Array 대화상자가 표시된다.

② Place Pin Array 대화상자에서 첫 번째 핀의 이름과 번호를 입력하고 핀의 모양과 종류를 선택한다. 이름이 숫자로 끝나면 뒤따르는 핀의 이름은 Increment 상자에 지정한 값만큼 증가한다. 핀의 수와 핀 간의 간격 등을 입력한다.

③ Starting Name 문자상자에 첫 번째 핀의 이름을 지정하고 Starting Number 문자상자에 첫 번째 핀의 번호를 입력한다. 기타 옵션을 선택하고 OK 버튼을 클릭하면 대화상자가 닫힌다.

④ 커서를 이용하여 부품 본체의 외곽선을 따라 핀 배열을 원하는 위치로 끌어 놓는다.

⑤ 마우스의 왼쪽 단추를 눌러 핀 배열을 입력한다. 핀을 입력하고자 하는 위치에 옮겨 마우스의 왼쪽 버튼을 계속 눌러 여러 개의 핀을 입력한다. 핀이 입력될 때마다 핀의 번호와 이름은 Increment 대화상자에 설정된 값에 따라 증가한다. 핀 배열이 부품의 본체보다 길면 부품 본체의 외곽선이 확장되어 나머지 핀들이 수용될 수 있다.

⑥ 핀 배열의 입력이 끝나면, 선택 버튼을 누르거나 Esc키를 눌러 핀 배열 입력 작업을 끝낸다. 핀 배열을 입력한 후 개별 핀을 선택하여 Edit 메뉴에서 Properties 명령을 선택하면 Pin Properties 대화상자가 열리고, 대화상자에서 User Properties를 클릭하여 User Properties 대화상자에서 핀의 속성을 수정할 수 있다.

6.2.5 전원 핀과 접지 핀

동질(Homogeneous) 부품과 이질(Heterogeneous) 부품 모두 공유 핀을 사용할 수 있는데, 공유 핀은 대부분 전원 핀(전원 또는 접지)으로 사용된다. 일반적으로 전원 핀은 표시되지 않는 글로벌(Global) 핀이며 설계 전체에 걸쳐 이름이 동일한 전원 객체, 전원 네트, 보이지 않은 전원 핀에 연결되어 있다. 부품에서 전원 핀을 화면에 표시하게 작성하면 전원 핀은 Global 특성이 변하는 것이 아니지만, 와이어 또는 다른 전기적 객체들을 전원 핀에 연결하는 것은 글로벌 네트에서부터 격리시켜야 한다.

이질 부품에서의 전원 핀은 패키지 내의 모든 부품에 나타나 있지 않다. 전원 핀을 나타낼 경우 패키지 내의 한 부품에는 반드시 연결되어야 하며, 네트리스트에 전원의 연결이 나타나게 하기 위해서는 그 부품이 반드시 설계에 입력되어 있어야 한다. 동질 부품에서의 전원 핀은 패키지 내의 모든 부품에 표시되므로 핀의 이름은 자동적으로 기입된다. 그러나 핀의 번호는 사용자가 반드시 지정해야 한다. 핀을 공유하려면 패키지 내의 모든 부품에서 핀 이름과 핀 번호가 동일해야 한다.

6.2.6 보이지 않는 전원 핀의 표시

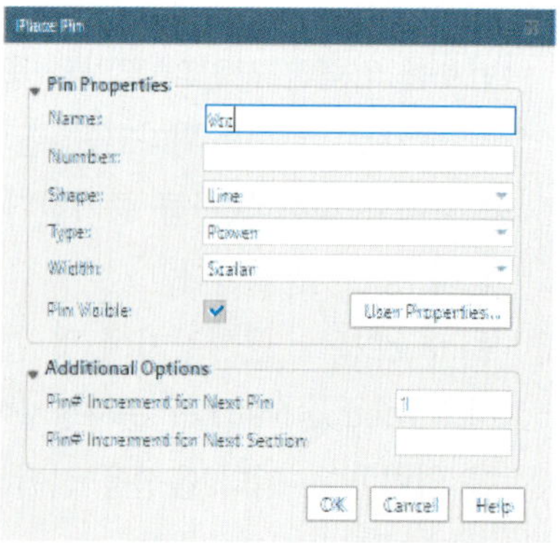

전원 핀을 설계 전체 또는 부품 개별 부품 인스턴스에 표시되도록 할 수 있다. 보이지 않는 전원 핀을 표시하도록 하는 것으로 글로벌(Global) 특성이 변경되지 않는다. 전원 핀을 표시하도록 하는 방법은 전원 핀들을 연결할 수 있는지 여부를 결정하는 것이다. 보이지 않는 전원 핀도 부품 편집기에서는 언제나 표시된다. 현 회로도면에 전원 핀이 보이게 하는 방법은 다음과 같다.

① 부품 편집기 윈도에서 전원 핀을 선택하고 Edit 메뉴에서 Properties를 선택하면 Pin Properties 대화상자가 나타난다.
② Pin Visible 옵션을 선택하고 OK 버튼을 클릭한다.

설계 전체를 통해 전원 핀이 보이게 하는 방법은 다음과 같다.

① 프로젝트 관리자 윈도의 Option 메뉴에서 Design Properties 명령을 선택하고 Design Properties 대화상자가 나타나면 Miscellaneous 탭을 선택한다.
② Display Invisible Power Pin 옵션을 선택하고 OK 버튼을 클릭한다.

6.2.7 설계 연습

실습예제 6-1

다음 회로에 나타난 부품을 작성하라.

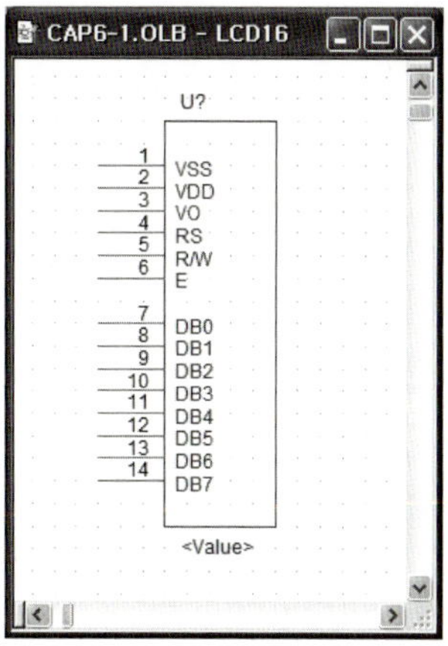

① Capture를 시작하여 프로젝트 관리자 윈도의 File 메뉴에서 New(단축키는 ALT-F, N)를 선택하고 Library를 선택한다. Design 메뉴에서 New Part(단축키는 ALT-D, T)를 선택하면 New Part Properties 대화상자가 나타난다.
② 대화상자에서 Name에는 LCD16을 입력하고 다중 부품 패키지에는 1과 동질(Homogeneous)부품을 체크한다. OK 버튼을 클릭하면 대화상자가 닫히고 부품 편집기 윈도가 나타난다.
③ 부품 편집기 윈도에 대시 라인으로 된 부품 본체가 화면 중앙에 나타난다. 부품 본체 외곽선의 크기와 모양을 변경하기 위해 외곽선을 선택하고 선택 핸들을 끌어 당겨 크기와 모양을 정한다.
④ Place 메뉴에서 Rectangle(단축키는 ALT-P, R)를 선택하거나 툴 파렛트에서 을 클릭하여 사각형을 본체의 외곽선에 맞도록 그린다.

⑤ Place 메뉴에서 Pin(ALT-P, P)을 선택하거나 툴 파렛트에서 을 클릭하면 Place Pin 대화상자가 표시된다. 대화상자의 Name 문자 상자에 VSS, Number에 1을 입력하고 Shape는 Line, Type은 Power, Width는 Scalar로 선택한다. 전원 핀은 보이지 않기 때문에 Pin Visible에 체크한다. OK 버튼을 누르면 대화상자는 닫히고 부품 편집기 윈도에 핀 커서가 본체의 외곽선 위에 나타난다.

⑥ 다음에 VDD의 이름으로 Number에 2, Shape는 Line, Type은 Power, Width는 Scalar를 입력한다.

⑦ 계속하여 VO를 입력하고 Number는 3, Type은 Output를 입력한다. 다음 RS의 이름으로 Number는 4, Shape는 Line, Type은 Passive, Width는 Scalar를 입력한다.

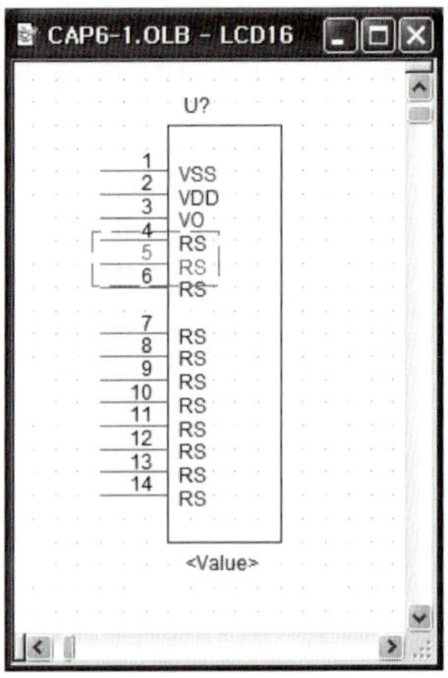

⑧ 커서를 움직이면 본체의 외곽선을 따라 움직이고 적당한 위치를 선택하여 마우스의 왼쪽 단추를 클릭하여 핀을 입력한다. 계속하여 위치를 옮겨 마우스의 왼쪽 단추를 클릭하여 핀의 입력을 계속한다.

⑨ 11개 핀을 계속하여 입력한 후, 5번 핀을 선택하고 Edit 메뉴에서 Properties를 선택하거나 마우스의 오른쪽 단추를 클릭하여 팝업 메뉴에서 Edit Properties를 선택한다. 또는 핀을 더블 클릭하면 Pin Properties 대화상자가 나타난다.

⑩ 대화상자에서 Name 문자상자에 R/W로 변경한다. 6번~14번 핀을 각각 선택하고 Name 문자상자에 E, DB0, DB1, DB2, DB3, DB4, DB5, DB6, DB7을 각각 변경한다.

⑪ 부품을 완성한 후, CAP6-1.OLB로 저장한다.

실습예제 6-2

다음 회로에 나타난 부품을 작성하라. 핀 이름은 핀 번호와 같이 입력하고 핀의 형태는 Short이다(CAP6-1.OLB에 DOT8 부품으로 저장한다).

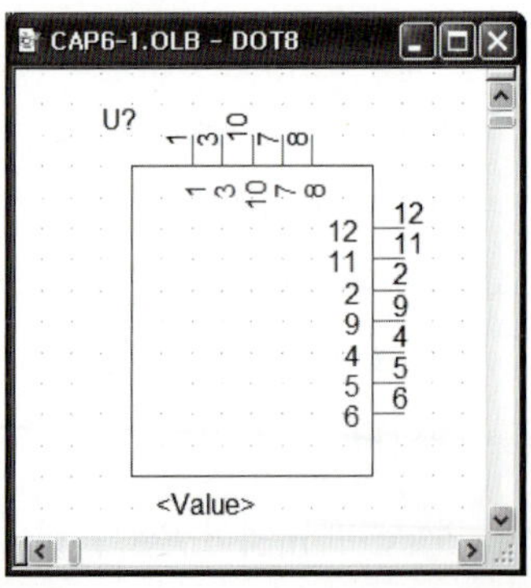

실습예제 6-3

4개의 NAND 게이트를 한 패키지로 작성하라.

① Capture를 시작하여 프로젝트 관리자 윈도의 File 메뉴에서 New(단축키는 ALT-F, N)를 선택하고 Library를 선택한다. Design 메뉴에서 New Part(단축키는 ALT-D, T)를 선택하면 New Part Properties 대화상자가 나타난다.

② 대화상자에서 Name에는 NGATE를 입력하고 다중 부품 패키지에는 4와 동질(Homogeneous)부품을 체크한다. PCB Footprint에 DIP14_3을 입력하고 OK 버튼을 클릭하면 대화상자가 닫히고 부품 편집기 윈도가 나타난다.

③ Place 메뉴에서 Rectangle, Arc, Circle을 선택하여 NAND 게이트를 그린다.

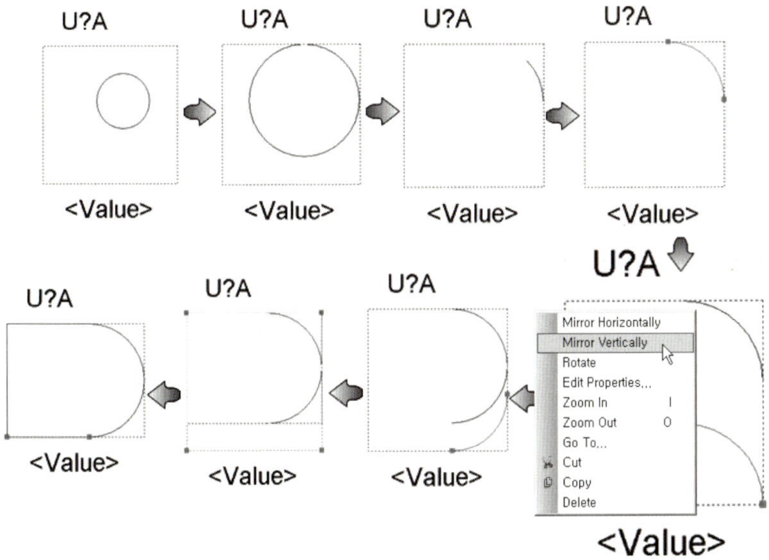

④ Place 메뉴에서 Pin(ALT-P, P)을 선택하거나 툴 파렛트에서 을 클릭하면 Place Pin 대화상자가 표시된다. 대화상자의 Name 문자상자에 INA, Number에 1을 입력하고 Shape는 Line, Type은 Passive, Width는 Scalar로 선택하고 OK 버튼을 눌러 본체의 외곽선 왼쪽에 입력한다.

⑤ 순서 ④와 같이 INB를 2번 핀에 OUT를 3번 핀에 입력하고 핀의 형태를 Dot로 한다.

⑥ 전원과 접지 핀을 입력한다. 접지 핀의 이름은 GND, 핀 번호는 7, 핀의 모양은 Zero Length, 핀의 형태는 POWER를 선택하고 NAND 게이트의 본체 외곽선에 입력한다.

⑦ 순서 ⑥과 같이 전원 핀의 이름은 VCC, 핀 번호는 14, 핀의 모양은 Zero Length, 핀의 형태는 POWER를 입력한다.

⑧ View 메뉴에서 Next Part(단축키는 Ctrl-N)를 눌러 U?B의 부품이 나타나면 각 핀을 선택하여 표와 같이 핀의 번호를 변경한다. 이전의 부품은 View 메뉴에서 Previous Part(단축키는 Ctrl-B)를 눌러 앞으로 이동한다.

	U?B	U?C	U?D
INA	4	9	12
INB	5	10	13
OUT	6	8	11

⑨ 부품을 완성한 후, CAP6-3.OLB로 저장한다. View 메뉴에서 패키지를 선택하면 전체 패키지를 볼 수 있다.

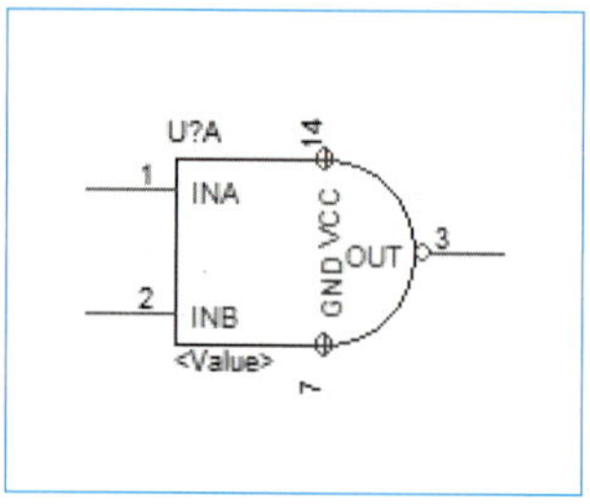

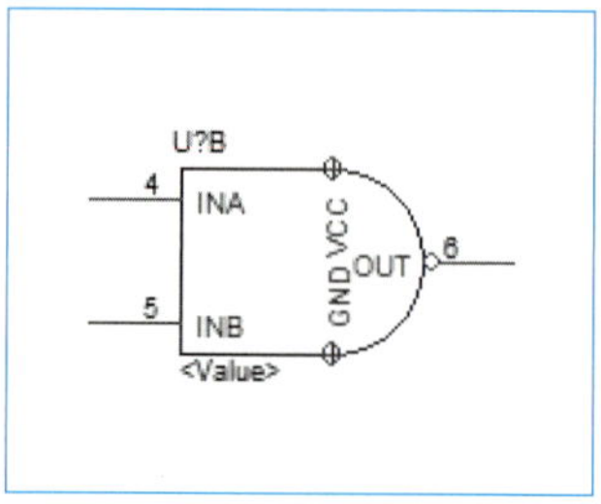

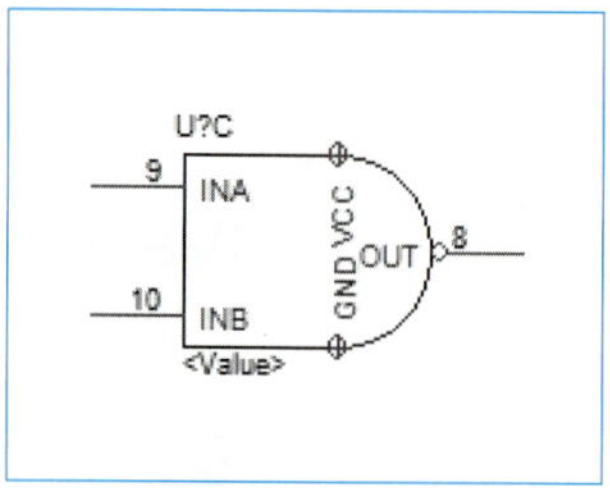

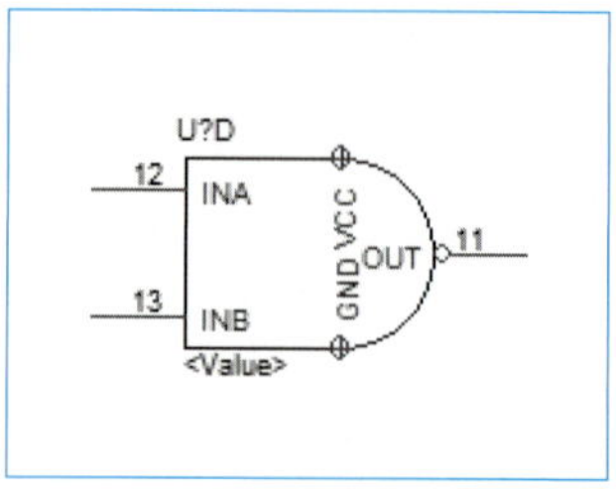

실습예제 6-4

6개의 INV 게이트를 한 패키지로 작성하라.

6.3 부품의 보기 및 수정

라이브러리 내에 있는 기존의 부품을 수정하거나 회로도면에 입력된 부품을 수정할 수 있다.

6.3.1 라이브러리에 있는 부품의 수정

라이브러리에 있는 부품을 수정한 후 프로젝트 관리자의 Update Cache 또는 Replace Cache 명령에 의해 기존의 설계에 새로운 부품으로 갱신할 수 있다. 프로젝트 관리자에서 기존의 부품을 복사하여 새로운 부품으로 만들어 수정할 수 있다. 또한 부품 편집기에서 패키지 보기(Package View)로 변환하여 부품의 별명(Alias)을 만들 수 있다. 이 작업은 Option 메뉴에서 Package Properties 명령을 선택하고 Edit Package Properties 대화상자 나타나면 Part Aliases... 버튼을 클릭하여 Part Alias 문자상자에서 수정할 수 있다.

① 프로젝트 관리자 윈도의 File 메뉴에서 Open을 선택하고 Library(ALT-F, O, L)를 선택하여 표준 Open 대화상자가 나타나면, 수정하고자 하는 부품이 포함되어 있는 라이브러리를 선택한다.

② 라이브러리가 열리면서 포함된 모든 부품이 윈도에 나타나며, 수정을 원하는 부품을 선택하여 더블 클릭하면 부품 편집기 윈도에 선택된 부품이 나타난다.

③ 부품을 수정한 후, File 메뉴에서 Save(단축키는 ALT-F, S)를 선택하여 라이브러리에 저장한다.

6.3.2 회로도면에 있는 부품의 수정

회로도면에 있는 부품을 수정한 후 수정한 내용은 설계에 포함된 같은 부품의 모든 인스턴스에 적용하거나 또는 수정한 부품에만 적용시킬 수 있다. 회로도면에서 인스턴스를 수정하면 그 부품은 더 이상 원래의 라이브러리와 연결되지 않으며 수정된 부품은 새로운 부품(원래 부품 이름에 -n이 붙어 있다)으로 취급되어 설계 캐시에 나타난다. 이것은 수정된 부품에 대해 캐시 갱신을 수행할 수 없음을 뜻하는데, 그것은 원래의 라이브러리와 연결되지 않기 때문이다.

① 회로도면 편집기에서 부품 인스턴스를 선택하고 Edit 메뉴에서 Part(ALT-E, P)를 선택하면 부품 편집기 윈도에 선택된 부품이 나타난다.

② 부품을 수정한다. 크기를 변경하고 그래픽, 심벌을 추가하거나 핀을 추가 또는 삭제할 수 있다.

③ 부품의 수정이 끝나면 부품 편집기를 종료하여야 하는데, 부품 편집기를 종료하면 Save Part Instance 대화상자가 나타나고 옵션을 선택하여야 한다.

6.3.3 패키지 보기 및 수정

여러 개의 부품이 포함된 패키지에 대하여 View 메뉴의 Package 명령에 의해 패키지에 포함되어 있는 모든 부품을 동시에 볼 수 있다. 모든 부품 중에서 수정해야 할 부품을 선택할 수 있으며, 패키지가 동질(Homogeneous)이고 패키지 내의 모든 부품의 그래픽이 동일하다면 핀 이름과 핀 번호만 수정할 수 있다. 패키지가 이질(Heterogeneous)이면 패키지 내의 각 부품의 그래픽이 다르게 수정할 수 있다.

① 부품 편집기 윈도의 View 메뉴에서 Package(단축키는 ALT-V, K)를 선택하면 부품 편집기 윈도가 패키지 보기 윈도로 대치되고 선택된 패키지가 나타난다.

② 패키지에 있는 부품을 보기 위해서는 화살표를 이용하거나 TAB 키를 이용하여 패키지 내의 부품에서 다른 부품으로 이동한다. 이질(Heterogeneous) 패키지일 경우 수정하고자 하는 부품을 더블 클릭하면 패키지 보기 윈도는 닫히고 부품 편집기 윈도에 선택된 부품이 나타난다. 이질 패키지를 수정할 경우 View 메뉴에서 Next Part(ALT-V, X) 또는 Previous Part(ALT-V, V) 명령을 선택하여 한 부품에서 다른 부품으로 신속하게 옮길 수 있다. 동질(Homogeneous) 패키지일 경우 패키지 상의 부품을 더블 클릭하면 패키지 보기 윈도가 닫히고 부품 편집기 윈도에 선택된 부품이 나타난다.

③ 패키지 내의 부품을 수정하기 위해서는 Edit Part에서 좌측 하단의 Section을 정하고 우측 Property Sheet에서 수정을 한다.

④ 핀의 위치, 핀 순서, 핀 그룹, 번 번호, 핀 이름, 핀 종류, 공유 핀을 위해 핀의 무시 유무 등을 수정한다.

⑤ 완료가 되면 저장하고 패키지 수정을 끝낸다.

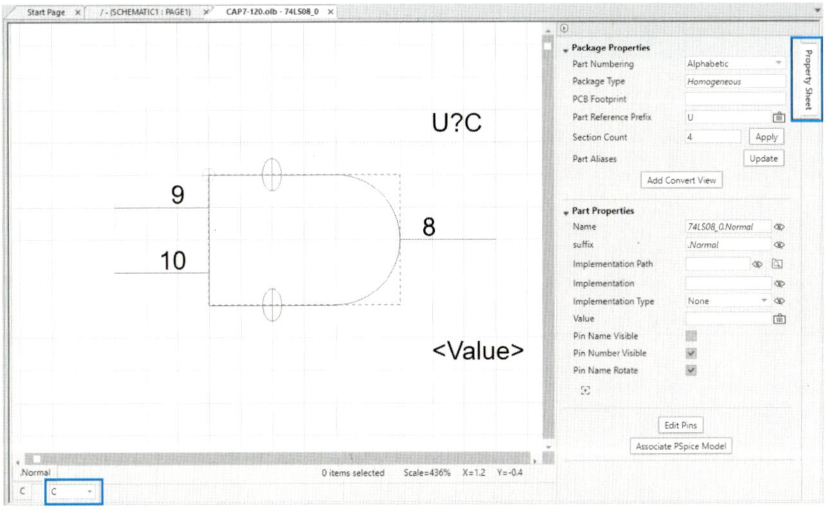

6.3.4 부품의 Convert 보기

부품의 Convert 보기는 부품의 다른 한 보기로서 부품의 드모르간 등가 변환(DeMorgan equivalent)에 사용한다. 부품에 Convert 보기가 있을 경우 부품 편집기에서는 일반적 보기와 Convert 보기 사이를 쉽게 전환할 수 있다.

부품의 Convert 보기는 다음과 같이 한다.

① 부품 편집기 윈도의 View 메뉴에서 Convert(단축키는 ALT-V, C)를 선택한다.

② View 메뉴에서 Normal(단축키는 ALT-V, N)을 선택하여 부품의 일반적 보기로 돌아간다. Convert 보기가 없는 부품의 수정에는 Convert 명령을 사용할 수 없다. 다음 그림과 같이 NAND 게이트를 Convert로 보는 경우 반전 입력을 갖는 OR 게이트로 변환된다.

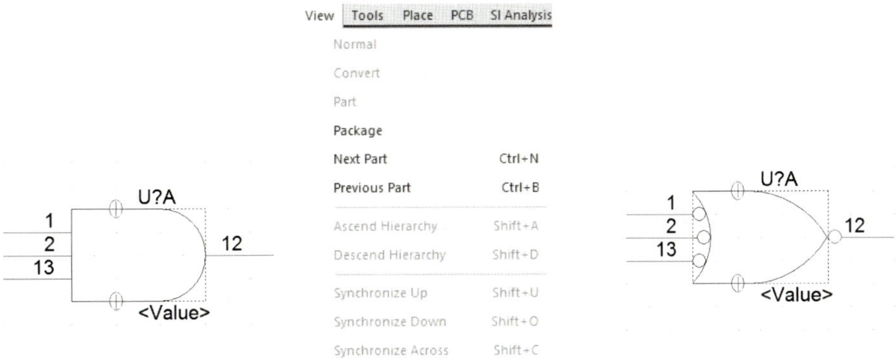

07 인터페이스

OrCAD Capture에서는 Export Design 명령과 Import Design 명령을 이용하여 여러 가지 형태의 설계를 주고받을 수 있다. 또한 Export Properties 명령과 Import Properties 명령을 이용하여 스프레드 시트, 데이터베이스 프로그램 또는 문서 편집기 등으로 속성 파일을 주고받을 수 있다. 또 회로도에서 PLD 소스코드를 추출하여 OrCAD PLD 컴파일러가 사용할 수 있도록 하며, 네트리스트 작성을 통해 OrCAD PCB Editor 등 OrCAD 툴 뿐만 아니라 다른 EDA 툴과도 인터페이스 할 수 있다.

7.1 설계 주고받기

Capture에서는 Export Design 명령을 사용하여 EDIF 또는 DXF 형태로 설계 또는 라이브러리를 줄 수 있으며 Import Design 명령을 이용하여 EDIF 또는 사용자 형태로 설계 또는 라이브러리를 받을 수 있다.

7.1.1 설계 보내기

설계 또는 라이브러리를 보낼 수 있다. 설계를 보내는 방법은 다음과 같다.

① 프로젝트 관리자에서 보내고자 하는 부품이 포함되어 있는 설계나 라이브러리를 연다.
② 프로젝트 관리자의 File 메뉴에서 Export Design을 선택하면 Export Design 대화상자가

나타난다.

③ 대화상자에서 EDIF 탭과 DXF을 선택하고 옵션을 적절히 선택한다. 확인 버튼을 클릭하여 Export Design 대화상자를 닫고 설계 또는 라이브러리를 저장한다.

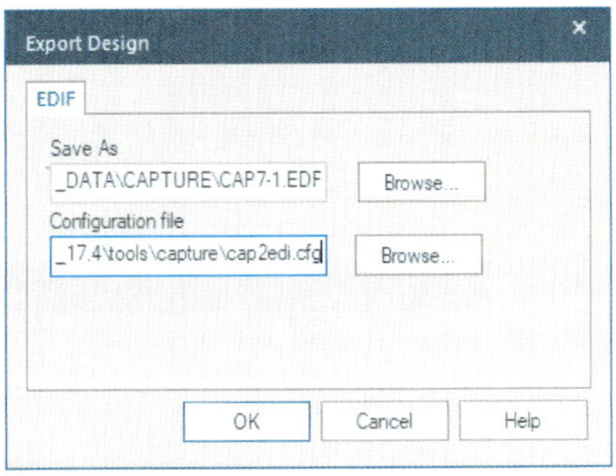

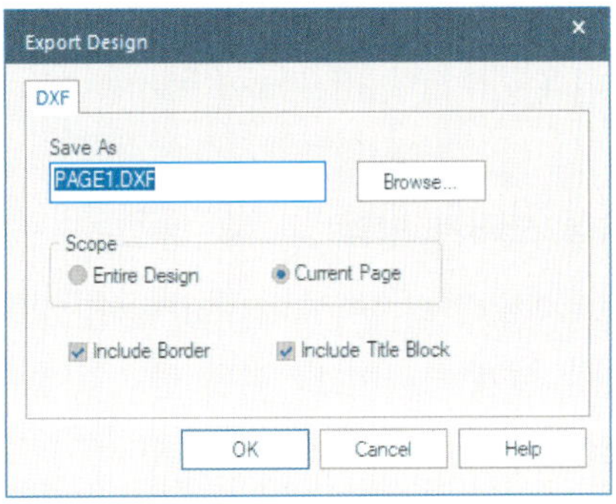

7.1.2 설계 받기

다른 툴로 작업한 설계 또는 라이브러리를 받을 수 있다. 설계를 받는 방법은 다음과 같다.

① 프로젝트 관리자의 File 메뉴에서 Import Design을 선택하며 Import Design 대화상자가 나타난다.

② 대화상자에서 PSpice 탭, EDIF 탭, PDIF 탭을 선택하고 옵션을 적절히 선택한다. 확인 버튼을 클릭하여 Import Design 대화상자를 닫으면 설계 또는 라이브러리가 현재의 프로젝트로 받아진다.

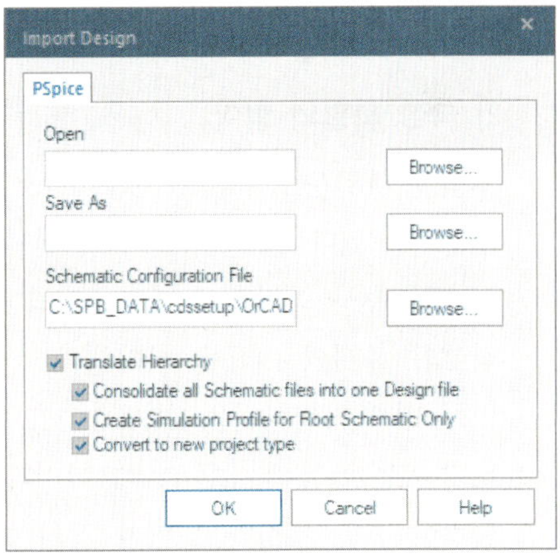

7.2 속성 주고받기

Capture에는 속성들을 주고받을 수 있는데, 핀이나 부품의 속성을 편집하기 위하여 Export Properties 명령을 사용하여 데이터를 보내기한 후, 데이터베이스나 스프레드시트 프로그램, 텍스트 에디터 같은 응용프로그램에서 이를 수정, 편집한 후 다시 Import Properties 명령을 이용하여 Capture로 편집된 속성을 받는다.

7.2.1 파일로 속성 보내기

설계 또는 라이브러리에서 Export Properties 명령을 이용하여 속성을 보낼 수 있다. 속성 보내기 도구를 사용할 때, 속성 파일에 별명(Alias)으로 불리는 부품이 포함되어 있지 않아야 한다. 이 경우에 속성 파일을 다시 받으면 별명으로 불리는 부품이 다른 부품들과 일치되도록 변경된다.

1) 속성 보내기 방법

① 프로젝트 관리자에서 보내고자 하는 부품이 포함되어 있는 설계나 라이브러리를 열고 속성이 포함되어 있는 설계도나 설계도면을 선택하거나, 보내려는 부품의 속성이 포함된 라이브러리에서 부품을 선택한다.

② 프로젝트 관리자의 Tools 메뉴에서 Export Properties를 선택하면 Export Properties 대화상자가 나타난다.

③ 대화상자의 옵션을 적절히 선택하고 OK 버튼을 클릭하여 Export Properties 대화상자를 닫고 속성을 보낸다.

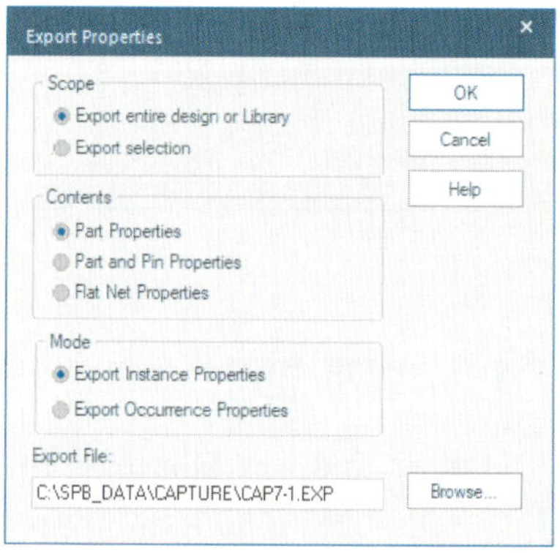

2) 속성 파일의 형식

속성 파일은 Keywords, Identifiers, Properties로 구성되어 있으며, 모두 겹따옴표와 탭 키로 구분되어 있다. 속성 파일의 첫 번째 라인의 첫 항은 LIBRARY나 DESIGN 키워드가 위치하여 설계의 속성 파일인지 라이브러리의 속성 파일인지를 구별한다. 다음 항은 설계가 위치한 경로와 설계의 이름을 나타낸다.

두 번째 라인부터는 HEADER, ID, Part Reference 등의 정보를 나타낸다. 부품과 핀을 모두 보낼 때는 심볼에 대한 PART 라인과 핀에 대한 PIN 라인이 함께 보내지고, 부품을 보낼 때는 심벌이 핀을 포함하고 있지 않기 때문에 PIN 라인은 없다.

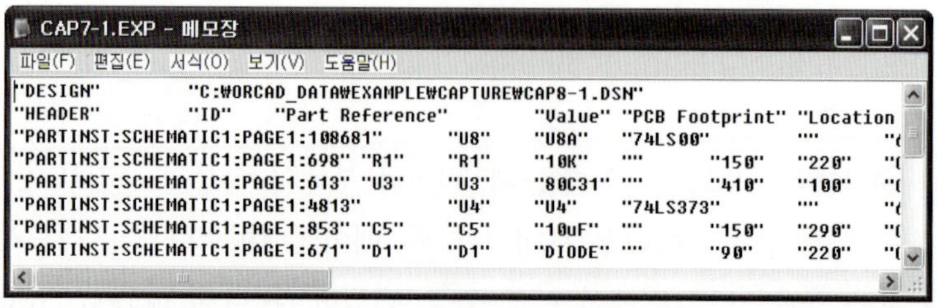
CAP7-1.EXP - 메모장
파일(F) 편집(E) 서식(O) 보기(V) 도움말(H)

```
"DESIGN"        "C:₩ORCAD_DATA₩EXAMPLE₩CAPTURE₩CAP8-1.DSN"
"HEADER"        "ID"    "Part Reference"        "Value" "PCB Footprint" "Location
"PARTINST:SCHEMATIC1:PAGE1:108681"      "U8"    "U8A"   "74LS00"        ""      "
"PARTINST:SCHEMATIC1:PAGE1:698" "R1"    "R1"    "10K"   ""      "150"   "220"   "
"PARTINST:SCHEMATIC1:PAGE1:613" "U3"    "U3"    "80C31" ""      "410"   "100"   "
"PARTINST:SCHEMATIC1:PAGE1:4813"        "U4"    "U4"    "74LS373"       ""      "
"PARTINST:SCHEMATIC1:PAGE1:853" "C5"    "C5"    "10uF"  ""      "150"   "290"   "
"PARTINST:SCHEMATIC1:PAGE1:671" "D1"    "D1"    "DIODE" ""      "90"    "220"   "
```

7.2.2 속성 파일 수정

속성 파일은 스프레드 시트나 데이터베이스 혹은 문서 편집기에서 수정할 수 있다(단, 문서 편집기는 탭(TAB) 문자를 공백(SPACE) 문자로 바꾸지 않아야 한다). 속성 파일의 편집에는 다음과 같이 몇 가지 제한이 있다.

- 속성 파일에서 첫 번째 줄은 수정하거나 삭제하지 않아야 한다.
- 속성 파일에서 모든 줄의 첫 번째, 두 번째 항은 수정하거나 삭제하지 않아야 한다.
- 속성 파일에서 줄 사이의 순서나 번호를 변경하지 않아야 한다.
- HEADER의 줄에서 일부 항목을 삭제할 경우 해당 항목의 항도 모두 삭제해야 한다.

속성 파일에서 각 라인을 추가, 삭제 또는 재배열하게 되면 속성 파일은 다시 가져올 수 없다. 또한 설계나 라이브러리 속성 파일에서 PART 라인을 이동할 경우, 해당 PART에 관련된 모든 PIN도 같이 이동해야 한다. 그렇지 않으면 읽어올 수 없으며, 읽어오더라도 원하지 않은 변형을 일으킬 수 있다. 대부분의 경우에 속성 파일의 라인을 삭제, 추가, 재배열하는 것은 바람직하지 않다. 위의 제한을 명심해야 하며, 속성 파일에서 수정할 수 있는 것은 다음과 같다.

- HEADER의 라인과 그 아래 라인에서 항목을 추가시킬 수 있다. 항목의 추가로 부품과 핀에 속성이 추가되며, 부품의 속성이름은 HEADER의 이름으로 정해진다. 또 그 속성은 HEADER의 아래에 위치한 항목에 추가된 문자열로 정해진다. 추가된 HEADER 아래의 항목에 아무 내용이 없을 경우 Capture는 "값이 없는 속성"을 추가하고 속성 값은 속성의 이름으로 대신한다.
- HEADER의 라인과 그 아래의 라인에 항목을 삭제시킬 수 있다. 열 전체를 삭제하는 것은 부품이나 핀의 속성에 영향을 미치지 않는다. 변경하지 않을 속성 항목은 미리 삭제하는 것도 좋은 방법이다. 단 HEADER의 항목을 삭제할 경우 그 아래의 모든 항목을 같이 삭제해야 한다.
- 각 항목의 값을 변화시키면 해당하는 모든 부품과 핀의 속성 값이 변경된다.

속성을 읽어올 때의 보기 상태는 속성 보내기 할 때의 보기 상태와 같아야 한다. 또한 속성을 보내기 전에 부품 참조를 갱신하는 것이 좋다. 속성 파일은 스프레드시트나 데이터베이스 등 여러 응용프로그램에서 수정할 수 있으며, 속성 파일의 각 항목을 구분하는 겹따옴표는 삭제하여도 좋다. 단 항목을 구분하는 탭 문자는 절대로 삭제되거나 수정되어서는 안된다.

7.2.3 속성 파일 받기

설계 또는 라이브러리에서 Import Properties 명령을 이용하여 속성을 받을 수 있다. 속성 보내기를 한 후에 다시 속성 파일을 받기 전까지 설계나 라이브러리를 변경해서는 안된다.

① 프로젝트 관리자에서 속성을 받을 부품이 포함되어 있는 설계나 라이브러리를 연다.
② 프로젝트 관리자의 Tools 메뉴에서 Import Properties를 선택하면 Import Properties 대화상자가 나타난다.
③ 대화상자에서 속성 파일을 선택하고 OK 버튼을 누른다.

7.3 OrCAD 프로그램과 인터페이스

7.3.1 OrCAD PCB Editor와 인터페이스

OrCAD Capture와 PCB Editor는 매우 밀접하게 연결되어 있어 PCB 설계에 편리한 방법을 제공하고 있다. OrCAD PCB Editor는 Capture나 다른 회로 설계 툴과 능동적으로 통신할 수 있는 능력을 가지고 있다. PCB Editor에서 보드를 수정할 때, OrCAD의 Back-annotation (.SWP) 기능을 이용하여 수정된 정보를 다시 Capture로 보낼 수 있다.

Capture에서 네트리스트가 갱신될 때, PCB의 보드 파일(Board File)이 이미 존재하면 보드 정보를 입력받아 갱신된 부분만 업데이트하여 새로운 PCB 파일을 출력할 수 있다.

Capture와 PCB Editor 사이에는 Cross Probing 기능이 있다. Cross Probing을 이용하면 Capture의 회로도면에서 부품이나 네트를 선택했을 때, 이것들과 대응되는 객체가 PCB Editor의 보드에서 하이라이트 된다. 이것과 똑같이 PCB Editor에서 선택했을 경우도 Capture의 회로도면 위에 하이라이트 되어 나타난다. Capture에서 PCB Editor로 설계를 이동시키려면 다음의 세 단계를 밟아야 한다.

- Capture에서 설계를 작성한다. 단 PCB Editor에서 지원하는 Footprint를 사용해야 한다.
- PCB Editor 형식의 네트리스트를 작성한다.
- PCB Editor 보드 파일(Board File)을 작성한다. 이 때 Capture의 부품이나 네트의 정보를 이동시킬 수 있다.

1) PCB Editor에서 Capture 설계를 이용하기 위한 준비 작업

① Capture를 이용하여 회로도를 작성한다. Capture와 PCB Editor 사이에는 자동으로 내부 통신을 할 수 있도록 Annotate, 설계 규칙 검증하기, 네트리스트 만들기의 단계를 거쳐야 한다.

② 회로도에서 보드로 부품과 네트의 정보를 이동시키기 위해, 부품 속성, 네트 속성, 핀 속성 값을 결정한다.

③ 회로도의 부품에 PCB Footprint를 지정한다. OrCAD PCB Editor Footprint 라이브러리나 OrCAD PCB Editor에서 지원되는 사용자정의 라이브러리에 있는 Footprint를 사용한다.

④ 만약 라이브러리에 있는 Footprint를 사용한다면 회로도에 있는 부품의 핀 번호와 PCB Editor Footprint에 있는 패드의 번호가 일치해야 한다. 일치하지 않으면 Capture의 부품 라이브러리나 PCB Editor의 Footprint 라이브러리를 수정해야 한다. 그리고 Capture의 회로도에 있는 부품은 핀 번호와 핀 이름을 모두 가지고 있어야 한다.

⑤ Capture의 DRC 툴을 이용하여 설계 규칙의 위반여부를 검증한다.

2) Capture의 회로 데이터를 PCB Editor로 Forward Annotating하기

Capture의 네트리스트 파일을 PCB Editor로 보내기 위한 Forward Annotating을 수행하기 위해서는 다음과 같은 작업이 필요하다.

① Footprint를 생성할 때는 데이터시트에 기반해서 만들어야 하며, 데이터시트가 없는 부품의 경우에는 치수를 정확하게 측정해야 한다. Footprint란 PCB에서 사용하는 심벌로 실제부품의 외형정보와 핀(Pin)정보를 가진 데이터를 말한다.

② OrCAD PCB Editor에서 기본적으로 제공된 심벌을 사용하고, 심벌이 없는 경우에는 새로 생성을 한다.

③ 작성된 도면에서 모든 부품의 PCB Footprint 속성 란에 위에서 찾은 Footprint 이름을 적어 넣는다.

④ 메뉴의 PCB탭에서 New Layout을 선택하고, PCB Layout Folder에 경로를 지정하고, allegro 폴더에 네트리스트 생성과 동시에 바로 PCB Editor를 엽니다.

⑤ 오류가 없으면 pstxnet.dat, pstxprt.dat, pstchip.dat 파일 3개를 생성하고, OrCAD PCB Editor가 열리면서 네트리스트와 Footprint 정보가 넘어간다.

3) PCB Editor에서 Capture로 보드 정보를 Back Annotating하기

PCB Editor에서 변경된 보드 파일(.BRD)의 수정 상황을 OrCAD Backannotation 기능을 이용하여 Capture에 알릴 수 있다.

① Capture에서 해당되는 설계 도면을 열고, 프로젝트 관리자 윈도에서 Tools 메뉴의 Back Annodate 명령을 선택한다.
② PCB Editor 탭을 산택하고 Generate Feedback Files 항목을 체크한다. Setup 대화상자에서 Configuration File을 확인히고, 갱신될 네트리스트 파일 경로 정보도 확인한다. allegro 하위 폴더에는 (PST*.DAT) 파일이 저장된다.
③ PCB Editor Board File(.BRD)이 수정되면 생성되는 OrCAD Backannotation File (.SWP)의 경로를 확인한 후, Update Schematic을 체크한다. 확인 버튼을 누르면 Backannotation이 진행되고, 3개의 네트리스트 파일(PSTXPRT.DAT, PSTXNET.DAT, PSTCHIP.DAT)이 생성되며 PCB Editor의 보드 정보가 Capture의 설계에 반영된다.

4) Cross Probing 사용하기

Cross Probing을 이용하면 Capture의 회로도면에서 부품이나 네트를 선택했을 때, 이것들과 일치되는 PCB Editor 보드 상의 객체가 하이라이트 된다. 마찬가지로 PCB Editor에서 객체를 선택했을 경우도 Capture의 회로도면 위에 일치되는 부품이나 네트가 하이라이트 되어 나타난다.

Capture와 PCB Editor 사이에 Intertool Communication(ITC)이 가능하도록 Cross probing을 수행하려면 PCB Editor와 Capture에 같은 설계를 열어야 하며, Capture에서 반드시 ITC가 가능하도록 설정해야 한다. PCB Editor에서는 ITC가 항상 사용가능하기 때문에 ITC가 가능하도록 설정할 필요가 없다.

① Capture의 Option 메뉴에서 Preference를 선택한다.
Preference 대화상자에서 Miscellaneous 탭을 선택한다.
② Enable Intertool Communication(ITC)을 선택하고 확인 버튼을 누른다.

가) Capture에서 PCB Editor로 Cross probing하기

Capture에서 PCB Editor로 Cross probing 하기 위해 ITC가 가능하도록 설정한 후, Capture의 회로도에서 객체(부품이나 네트)를 선택하면 PCB Editor에서 일치하는 객체가 하이라이트 된다. 만약 하나의 패키지에 여러 개의 부품이나 게이트가 들어 있을 경우 PCB Editor에서 일치하는 모듈이 하이라이트 된다. 만약 Capture에서 와이어나 네트를 선택한 경우 PCB Editor

에서 일치하는 네트의 전체가 하이라이트 된다. 만약 Capture에서 블록 선택을 이용할 경우 PCB Editor에서 어떤 부품이 하이라이트 될지 장담할 수 없다.

Capture에서의 선택	PCB Editor에서의 하이라이트
부품	일치하는 모듈
게이트	일치하는 모듈
와이어	전체 네트
네트	네트를 위한 모든 라우트
부품의 핀	일치하는 모듈

① Capture의 설계와 일치하는 PCB Editor의 설계를 열고 Capture와 PCB Editor를 동시에 볼 수 있는 위치로 두 윈도를 배열한다.

② Capture에의 Option 메뉴에서 Preference를 선택한다.

③ Preference 대화상자가 나타나면 Miscellaneous 탭을 선택하고 Intertool Communication 옵션을 선택한다.

④ 확인 버튼을 누르면 대화상자가 닫힌다. Capture에서 객체를 선택하면 PCB Editor에서 일치하는 객체가 하이라이트 된다.

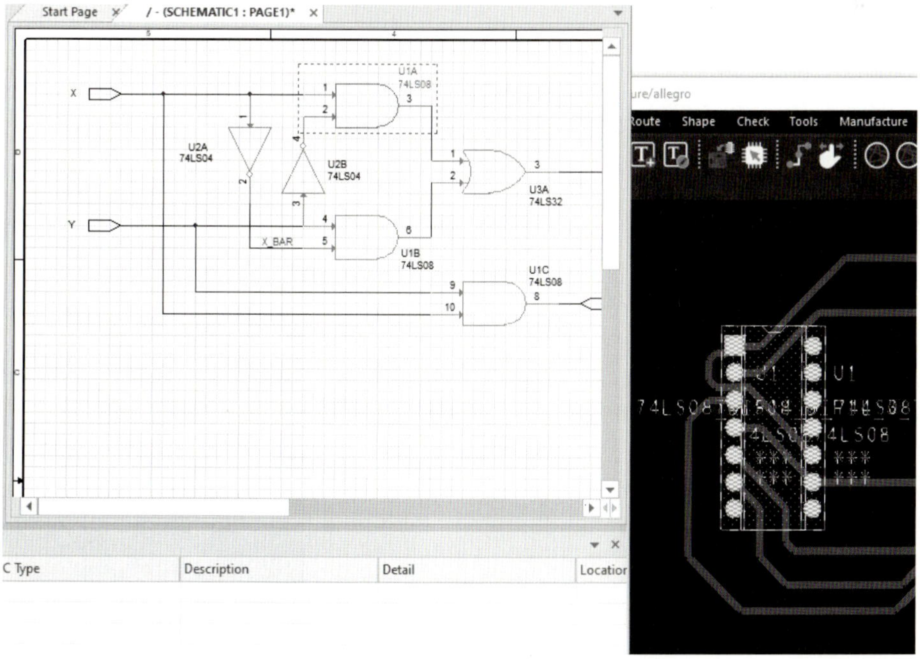

나) PCB Editor에서 Capture로 Cross probing하기

PCB Editor의 보드에서 객체를 선택하면 Capture에서 일치하는 객체가 하이라이트 되도록 하는 Cross probing이 가능하다. 만약 하나의 패키지에 여러 개의 부품이나 게이트가 들어 있는 부품의 경우, Capture에서 일치하는 부품 전체가 하이라이트 된다. 만약 PCB Editor에서 트랙이나 네트를 선택할 경우 Capture에서 일치하는 네트가 하이라이트 된다.

PCB Editor에서 선택	Capture에서의 하이라이트
모듈	패키지 안의 모든 부품
트랙	일치하는 와이어 연결
네트	일치하는 네트
모듈의 패드	일치하는 부품

① Capture의 설계와 일치하는 PCB Editor의 설계를 열고 Capture와 PCB Editor를 동시에 볼 수 있는 위치로 두 윈도를 배열한다.
② PCB Editor의 Display 메뉴에서 Highlight 명령을 선택한다.
③ PCB Editor에서 객체를 선택하면 Capture에서 일치하는 객체가 하이라이트 된다. 하이라이트를 취소하려면 Display 메뉴에서 Dehighlight 명령을 선택한 후 PCB Editor에서 하이라이트 되어 있는 객체를 선택한다.

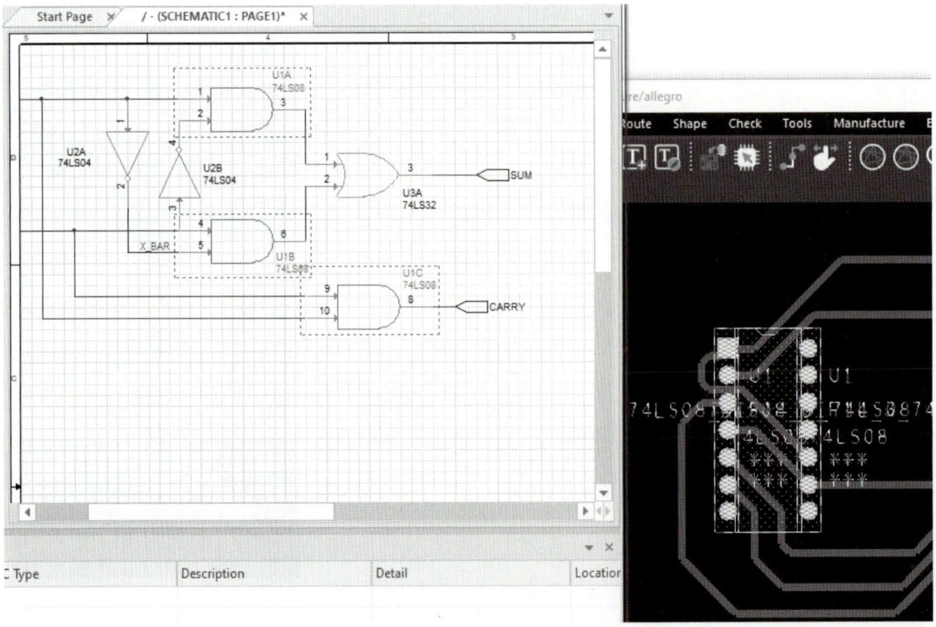

5) 설계 연습

실습예제 7-1

다음 회로의 네트리스트를 작성하고 OrCAD PCB Editor와 Cross Probing을 하여라.

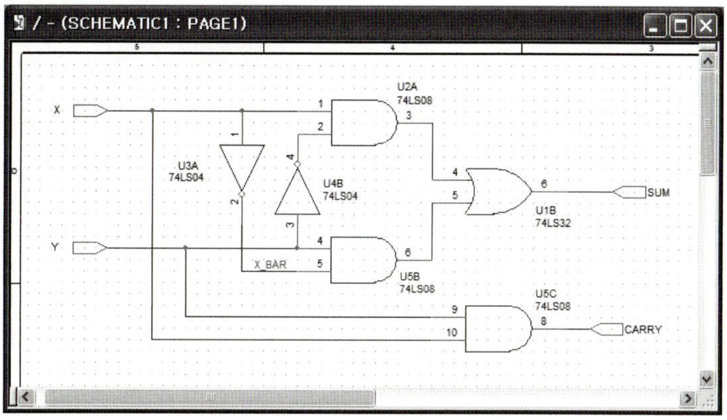

① Capture를 시작하여 CAP7-1.DSN을 열고 Option 메뉴에서 Preference를 선택한다. Preference 대화상자에서 Miscellaneous 탭을 선택한다.

② 대화상자에서 Enable Intertool Communication(ITC)를 선택하고 OK 버튼을 누른다.

③ PCB Editor 프로그램에서 Capture 설계와 일치하는 설계(allegro 폴더 밑의 cap7-1.brd)를 열고 Capture와 PCB Editor를 동시에 볼 수 있도록 두 개의 윈도를 배열한다.

④ Capture에서 부품을 선택하면 일치하는 모듈이 PCB Editor에서 하이라이트 된다.

⑤ PCB Editor의 Display 메뉴에서 Highlight 명령을 선택한다.

⑥ PCB Editor에서 부품을 선택하면 일치하는 모듈이 Capture에서 하이라이트 된다. 하이라이트를 취소하려면 Display 메뉴에서 Dehighlight 명령을 선택한 후 PCB Editor에서 하이라이트 되어 있는 객체를 선택한다.

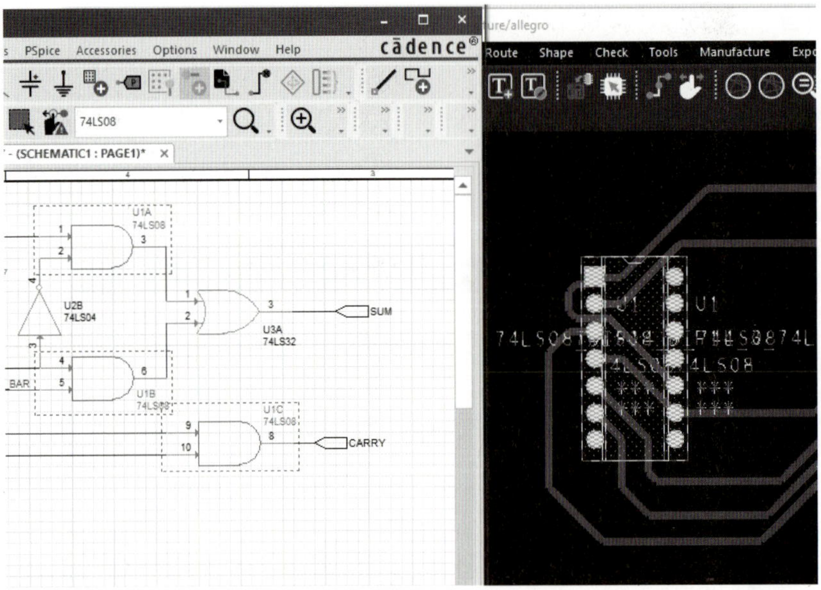
PSpice Accessories Options Window Help
cādence
74LS08
- (SCHEMATIC1 : PAGE1)*
U1A
74LS08
U2B
74LS04
U3A
74LS32
SUM
U1B
U1C
74LS08
CARRY
BAR
ure/allegro
Route Shape Check Tools Manufacture
U1
74LS08
4LS08

08 설계 실습

본 장에서는 지금까지 학습한 내용을 종합적으로 정리하여 8031 컨트롤러 회로를 마무리한다. 8031 컨트롤러 회로는 8031 마이크로 컨트롤러가 포함되어 있는 8031 기본회로와 A/D 및 D/A 변환기, RS-232 및 LCD Display 인터페이스, Dot Matrix 등으로 구성되어 있다. 8031 컨트롤러 회로를 평면구조와 계층구조를 사용하여 작성하며, 앞에서 설명한 내용을 종합적으로 정리한다.

8.1 8031 컨트롤러 회로를 평면구조로 그리기

회로도를 작성할 때에는 평면구조로 회로도면을 작성하는 방법이 가장 많이 사용된다. 회로도면을 페이지 내에 작성할 수 있으면 평면구조로 작성한다.

여기서는 OrCAD Capture를 이용하여 Intel 8031 마이크로 컨트롤러의 회로를 설계하는 예를 보인다. 8031의 회로에 대한 설명은 가급적 하지 않고 Capture를 이용하여 회로작성에만 중점을 두고 설명한다.

8.1.1 8031 기본회로 작성

① OrCAD Capture를 실행시키고 프로젝트 관리자에서 새로운 프로젝트를 열거나 기존의 프로젝트를 연다. 프로젝트 관리자에서 환경을 설정하고 File 메뉴 → New → Project의 선택이나 File 메뉴 → Open → Project 순으로 선택하여 프로젝트를 연다. 기존의 프로젝트 중 3장에서 작성한 8031 기본회로를 선택하여 계속해서 작성해도 무방하다.

② 회로도면 편집기를 선택한다. 프로젝트 관리자 윈도에서 Design 메뉴 → New Schematic Page를 선택하거나 또는 프로젝트 관리자 윈도에 나타난 SCHEMATIC1 루트 회로도 밑에 있는 PAGE1을 더블 클릭한다.

③ 설계에 필요한 라이브러리를 등록시킨다. Place 메뉴 → Part를 선택하고 Place Part 대화상자에서 Add Library → 라이브러리 디렉토리 → 라이브러리의 순서로 선택한다.

- GATE, MICROCONTROLLER, MUXDECODER, BUSDRIVERTRANCEIVE, PROM, SRAM, DISCRETE 등의 라이브러리를 열어야 한다.

④ 라이브러리에서 8031의 기본블록 설계에 필요한 부품을 가져와 배치한다.

- 80C31/MICROCONTROLLER
- 27256/PROM
- KM62256A/SRAM
- 74LS138/MUXDECODER, 74LS373/BUSDRIVETRANSCEIVE, 74LS00/GATE
- SW DIP-2/DISCRETE, SW PUSHBUTTON/DISCRETE, CRYSTAL/DISCRETE, CAP NP/DISCRETE, DIODE/DISCRETE, R/DISCRETE

⑤ 와이어와 버스 또는 버스 엔트리를 이용하여 회로를 구성한다. Place 메뉴 → Wire, Bus 또는 Bus Entry를 선택한다.

⑥ 필요한 전원과 접지를 가져와 적당한 위치에 놓고 이를 필요한 곳에 연결시킨다. Place 메뉴 → Power(Ground)를 선택하고 Place Power(Place Ground) 대화상자에서 전원(접지) 심벌을 선택하고 전원(접지) 심벌을 이름을 수정한다.

- 전원 심벌: VCC_CIRCLE → VCC
- 데이터 버스: GND_POWER → GND

⑦ 버스와 와이어에 별명(Alias)를 붙여준다. Place 메뉴 → Net Alias를 선택하고 Place Net Alias 대화상자에서 별명을 입력한다.

- 어드레스 버스: A[0..12]
- 데이터 버스: D[0..7]

⑧ 저항, 캐패시터, 크리스탈 등 부품의 값을 입력한다. Edit 메뉴 → Properties를 선택하거나 팝업 메뉴 → Edit Properties를 선택하여 Edit Properties 대화상자에서 수정하거나 또는 심벌의 문자를 더블 클릭 Display Properties 대화상자에서 수정한다.

- 저항: 10K
- 캐패시터: 10uF, 0.1uF, 20pF
- 크리스탈: 11.0592MHz
- P-B 스위치 : SW

⑨ 사용하지 않는 핀에 연결 없음 심벌을 표시한다. Place 메뉴 → No Connect를 선택한다.

⑩ 2개의 74LS138출력에 사용자가 어드레스 디코딩의 상태를 이해하기 쉽도록 TEXT 명령을 이용해서 주석을 달아준다.

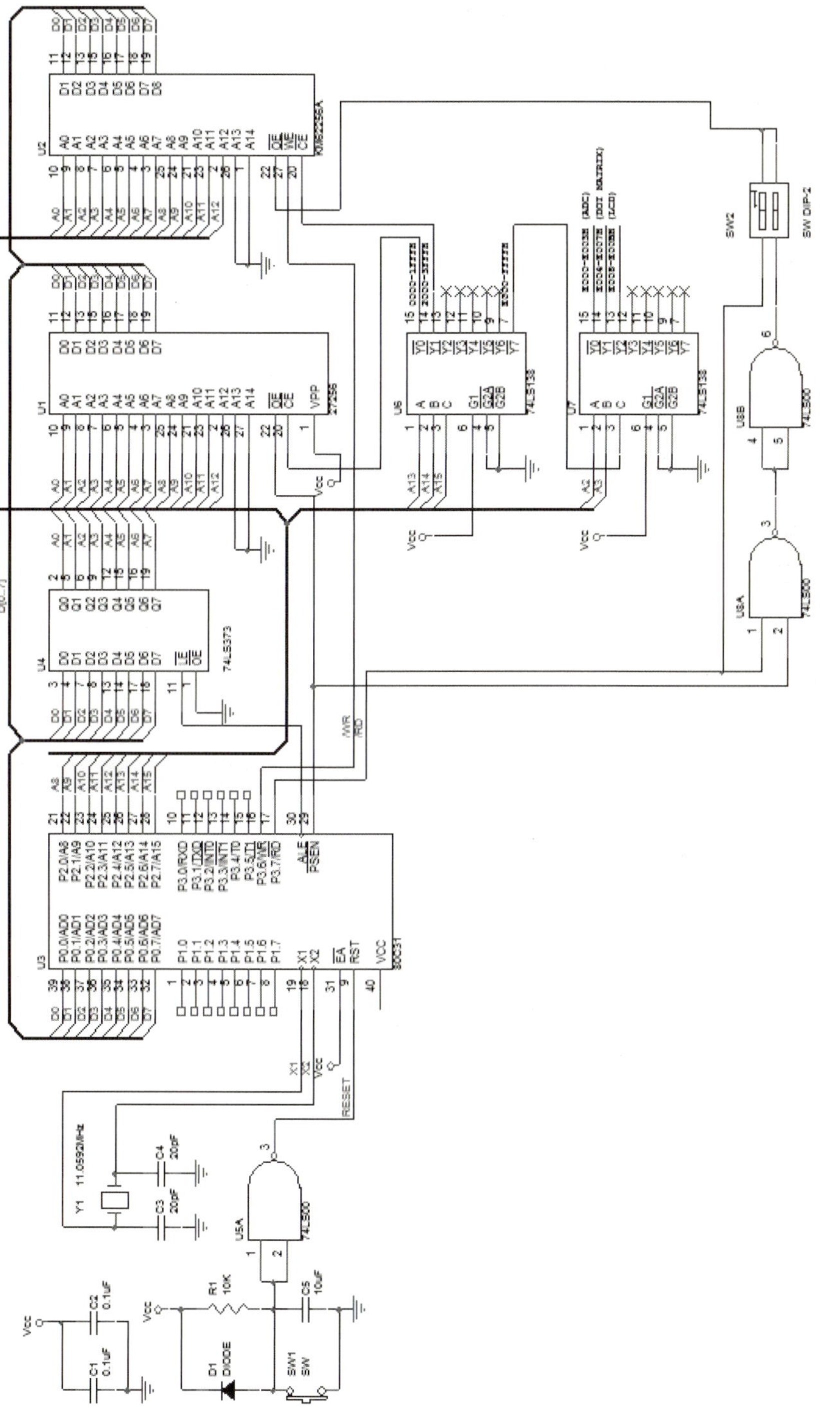
80C31
74LS373
27256
KM62256A
74LS138
74LS00
SW DIP-2
Y1 11.0592MHz
RESET

- 어드레스 디코딩1 Y0: 0000 - 1FFFH
- 어드레스 디코딩1 Y1: 2000 - 2FFFH
- 어드레스 디코딩1 Y7: E000 - EFFFH
- 어드레스 디코딩2 Y0: E000 - E003H (ADC)
- 어드레스 디코딩2 Y1: E004 - E007H (DOT MATRIX)
- 어드레스 디코딩2 Y2: E008 - E00BH (LCD)

⑪ 지금까지의 설계작업을 CAP8-1.OPJ라는 이름의 프로젝트로 저장한다.

8.1.2 응용 추가회로 작성

① A/D 및 D/A 변환기를 회로에 추가하기 위해 다음과 같은 부품을 읽어오거나 새로운 라이브러리를 만든다.

- ADC0804/ATOD
- DAC0800/CAP8-2
- 74LS244/BUSDRIVETRANSCEIVE
- R/DISCRETE CAP NP/DISCRETE
- LM741/AMPLIFIER

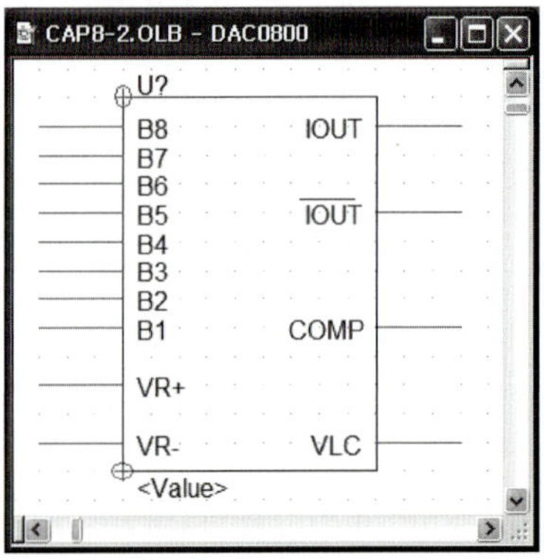

② 먼저 D/A 변환기를 만들기 위해 부품 편집기를 연다. New Part Property 대화상자가 나타나고 대화상자의 Name에 DAC0800을 입력하고 OK 버튼을 클릭한다.

③ 부품 편집기 윈도가 나타난다. 부품 본체 외곽선의 크기를 DAC0800이 들어갈 수 있도록 적당한 크기로 정한 후, 툴 파렛트의 그리기 도구를 이용하여 먼저 부품 본체를 그린다. 핀 도구를 이용하여 다음과 같이 핀을 입력한다.

- B1(핀 5) - B8(핀 12) : Input
- VR+(핀 14), VR-(핀 15), VLC (핀 1), COMP (핀 16) : Input
- IOUT(핀 4), $\overline{IOUT}$ (핀 2) : Output

  여기서 $\overline{IOUT}$는 I\O\U\T\를 입력하여야 한다.

④ 부품을 CAP8-2.olb에 저장하고 다시 CAP8-2.opj 프로젝트에서 설계 작업을 시작한다.

⑤ 부품 편집기에서 작성한 DAC0800 부품을 CAP8-2 라이브러리에서 가져와 입력한다.

⑥ D/A 변환기 회로를 그리고 부품값을 입력한다. D/A 변환 칩인 DAC0800의 입력 단자(5번 핀에서 12핀까지)는 80C31의 PORT1(1번 핀에서 8번 핀까지)에 연결한다.

- R2, R3, R4, R5: 5K
- CAP NP: 30pF

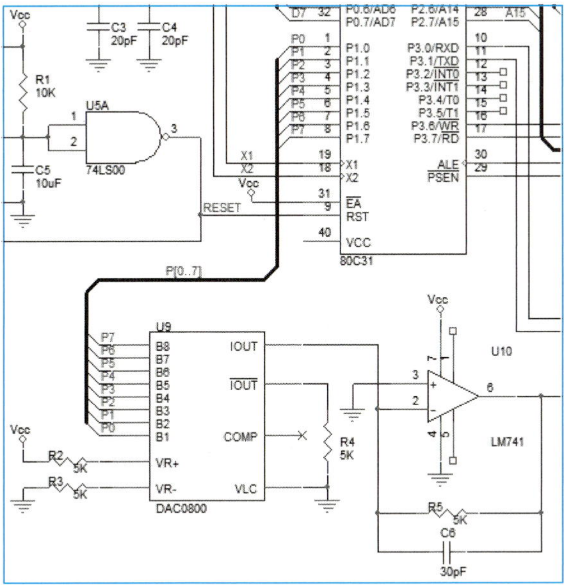

⑦ A/D 변환기 회로를 그리고 부품 값을 입력한다. A/D 변환 칩인 ADC0804는 데이터 버스 D[0..7]에 연결한다.

- R6: 10K
- CAP NP: 150pF

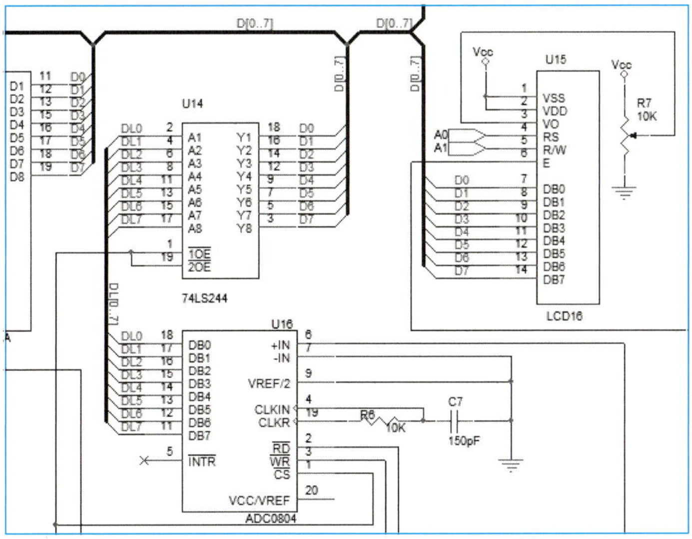

⑧ 회로의 크기가 커지게 되어 용지의 크기에 제한을 받게 될 경우 용지의 크기를 확대시켜야 한다. Option 메뉴 → Schematic Page Properties... → Page Size 탭을 선택하고 용지의 크기를 확장한다.

⑨ Dot Matrix 회로를 회로에 추가시키기 위해 다음과 같은 부품을 추가시킨다. DOT8은 6장의 연습 예제 2번에서 작성된 부품을 사용한다.

- 74159/MUXDECODER
- 8255/MISC
- DOT8/CAP6-1

⑩ Dot Matrix Display 회로를 그리고 부품값을 입력한다. 8255 RESET핀과 $\overline{CS}$핀은 8031의 RESET(9번 핀)과 74LS138의 Y1 핀(14번 핀, 2개의 74LS138 칩 중 아래 것에 연결한다. 8355 칩은 Dot Matrix Display 회로를 위해 사용되는데 6개의 DOT 8 회로 동작을 위해 14비트의 데이터 출력이 요구된다. 따라서 8비트의 데이터를 8031 컨트롤러에서 받아 14비트로 바꾸어 Dot Matrix를 동작시킨다. 이를 위해 Dot Matrix에 전달되는 신호는 데이터 버스 D[0..7]을 이용한다. 74159 MUX는 6개의 Dot Matrix를 차례로 동작시키기 위해 사용된다. 74159 Mux와 8255 칩과 DOT8와의 연결은 DO[0..14] 버스의 15비트, DP[0..13] 버스의 14비트 버스를 각각 사용한다.

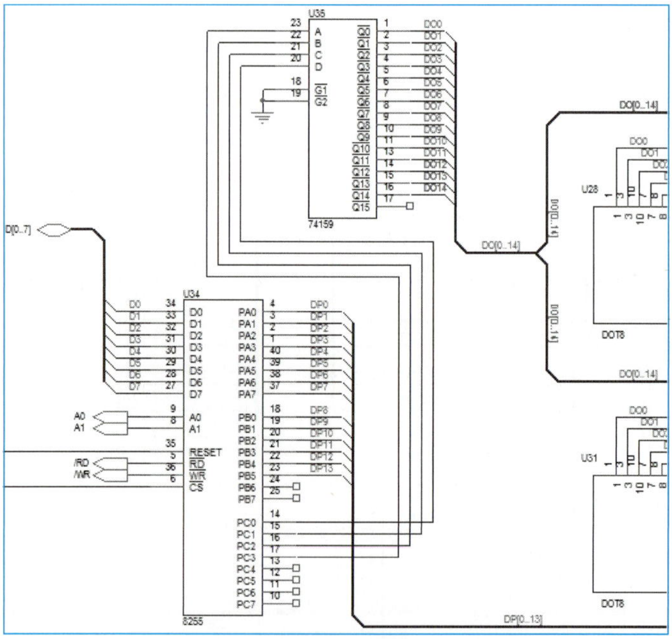

⑪ 사용자와 인터페이스 할 수 있는 LCD 디스플레이 회로와 Serial 통신을 위한 MAX232 회로를 추가한다. LCD16은 6장의 연습 예제에서 작성된 부품을 사용한다.

- 74LS00/GATE
- MAX232/LINEDRIVERRECEIVE, LCD16/CAP6-1
- CAP/DISCRETE, RESISTOR VAR/DISCRETE

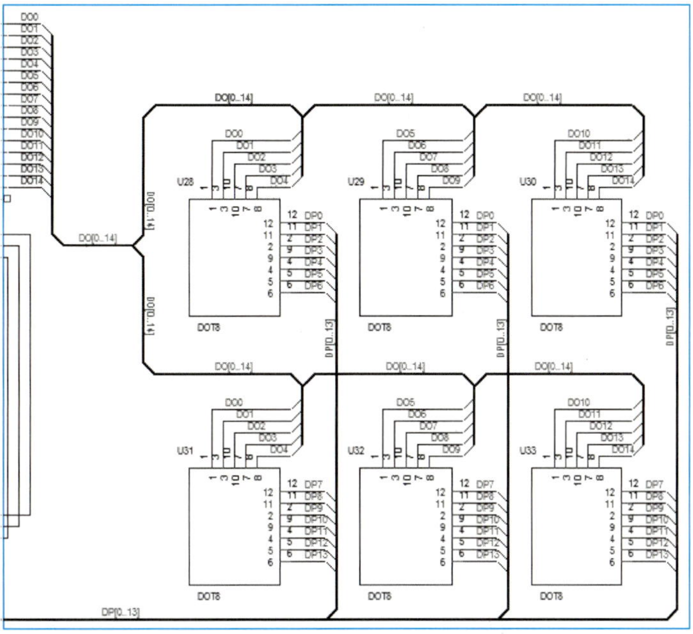

⑫ LCD 디스플레이 회로에서 74LS00의 1번 핀은 8031의 WR 핀(16번 핀)에, 2번 핀은 8031의 RD 핀(17번 핀)에, 9, 10번 핀은 74LS138의 Y2(13번 핀, 2개의 74LS138중에서 아래 것)에 각각 연결한다. 74LS00의 8번 핀은 LCD 디스플레이 회로를 Enable 시키고 컨트롤러에서 D[0..7]에 데이터를 보내 Display 한다.

⑬ Serial 통신회로에서 MAX232C의 T1IN 핀은 8031의 TxD핀(11번 핀)에, R1OUT 핀은 8031의 RxD핀(10번 핀)에 연결한다. 또한 R1IN과 T1OUT는 외부단자에 연결된다.

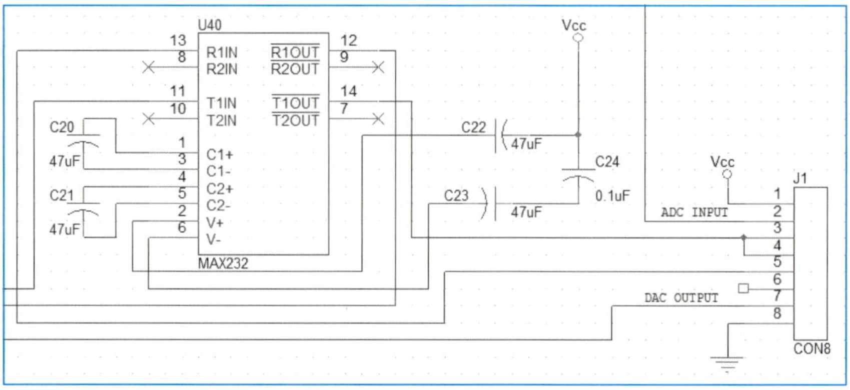

⑭ 커넥터의 2번 핀은 ADC0804의 6번 핀에, 4번 핀은 MAX232C의 14번 핀에, 5번 핀은 MAX232C의 13번 핀에, 7번 핀은 741의 6번 핀에 연결한다.

- CON8/CONNECTOR

⑮ 이제 8031 컨트롤러 회로에서 IC전원에 전원 안정화를 위한 캐패시터를 달기 위해 IC의 개수만큼 캐패시터를 전원과 접지사이에 연결한다. 회로를 완성한 후 CAP9-2.OPJ로 저장한다.

- CAP/DISCRETE

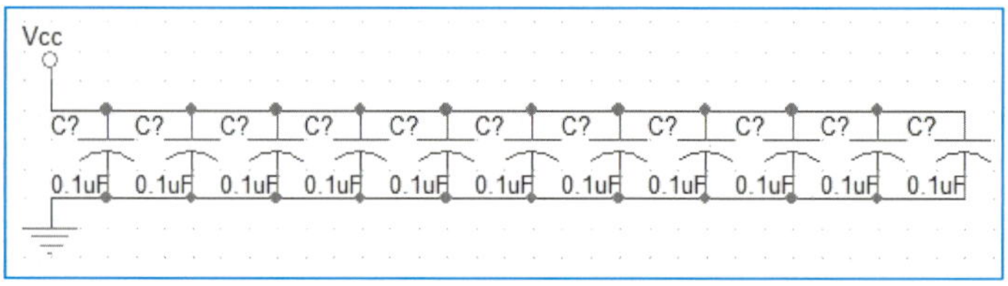

8.1.3 네트리스트 작성

① 프로젝트 관리자 윈도로 이동하여 작성한 회로를 저장하고 부품참조를 갱신한다. Tools 메뉴 → Annotate를 선택하고 필요한 옵션을 선택한 후 실행한다.

② 설계 규칙 검증을 실행한다. Tools 메뉴 → Design Rules Check...를 선택하고 필요한 옵션을 선택한 후 실행한다. 여기서 에러(Error)나 경고(Warning)가 발생한 경우 설계로 되돌아가 모든 오류를 수정해야 한다. 수정하지 않으면 네트리스트를 작성할 수 없다. 네트리스트 작성은 Capture를 단독으로 사용할 때에는 필요 없지만 PCB를 제작하거나 시뮬레이션을 할 때 반드시 거쳐야 하는 과정이므로 네트리스트 만들기까지 통과하는 것이 올바른 설계를 위해 바람직하다.

③ 8031 컨트롤러 회로를 PCB로 만들기 위해 네트리스스를 만들어야 한다. Tools 메뉴 Create Netlist...를 선택하고 필요한 옵션을 선택한 후 실행한다.

④ 아래에 회로설계가 모두 끝난 회로도면을 보여주고 있다.

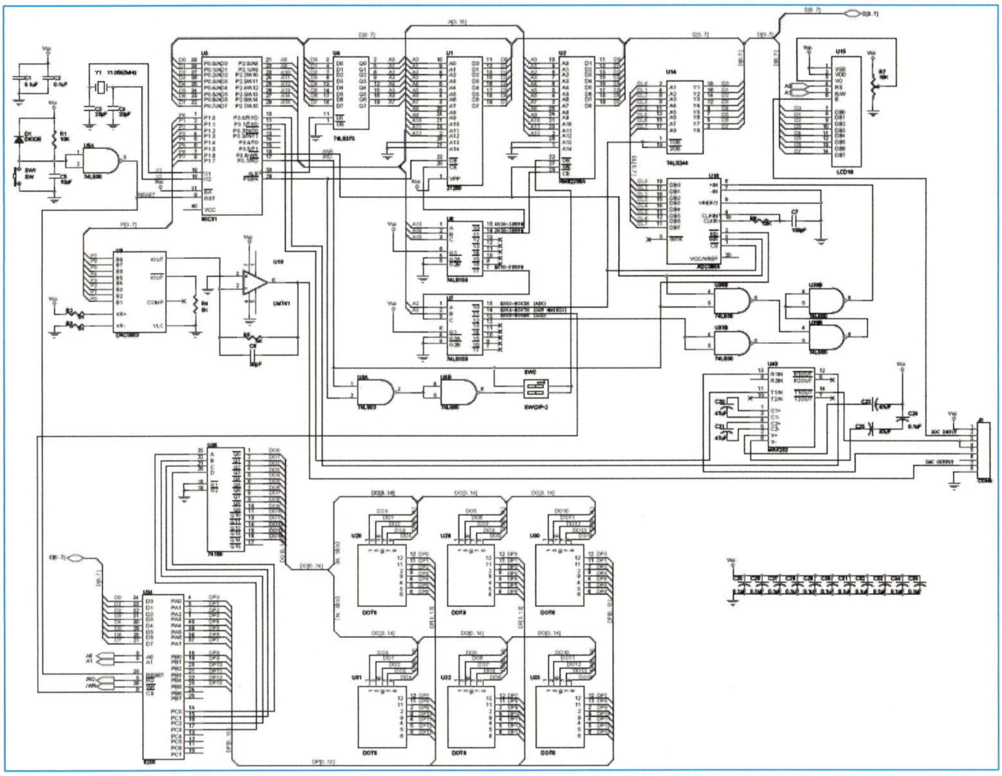

8.2 8031 컨트롤러 회로를 계층구조로 그리기

8.1의 예처럼 회로가 한 페이지의 회로도면에 작성할 수 없을 경우 계층구조를 이용하여 계층구조 블록별로 나누어 설계한다.

8.2.1 기본 블록 작성

① Capture를 시작하여 프로젝트 관리자(Design Manager) 윈도에서 새로운 설계를 연다.

② 계층구조를 작성한다. 기본적인 작성방법은 5장의 연습 예제 3번을 따르고 캐패시터 블록

은 먼저의 회로도에서 Copy하여 사용하여도 좋다. 계층구조 블록은 8031 컨트롤러와 Reset 회로가 포함된 MC8031 블록, A/D 및 D/A변환기가 포함된 AD-DA_CONV 블록, Dot Matrix 표시기가 포함된 DOT_MATRIX 블록, Serial 통신과 LCD 인터페이스가 포함된 INTERFACE 블록 등으로 나누어 그린다(CAP9-3.dsn).

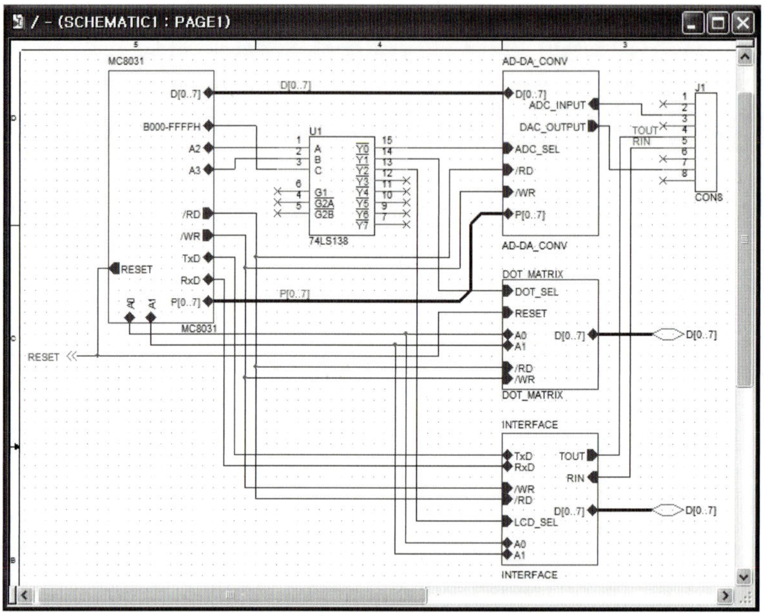

③ 각각의 계층구조 내부를 설계하여야 한다. 먼저 MC8031을 선택한 후, Descend Hierarchy를 실행하여 MC8031의 내부계층으로 들어간다.

④ 내부의 회로를 작성한다. Reset 회로는 대부분의 회로에서 비슷하게 사용되므로 나중에 재사용하기 위해 오프-페이지 커넥터를 이용하여 다른 페이지로 나누어 그린다. 설계를 작성할 때, 처음부터 새로 그려도 상관없지만 앞서 그린 회로를 Copy해서 옮길 수도 있다.

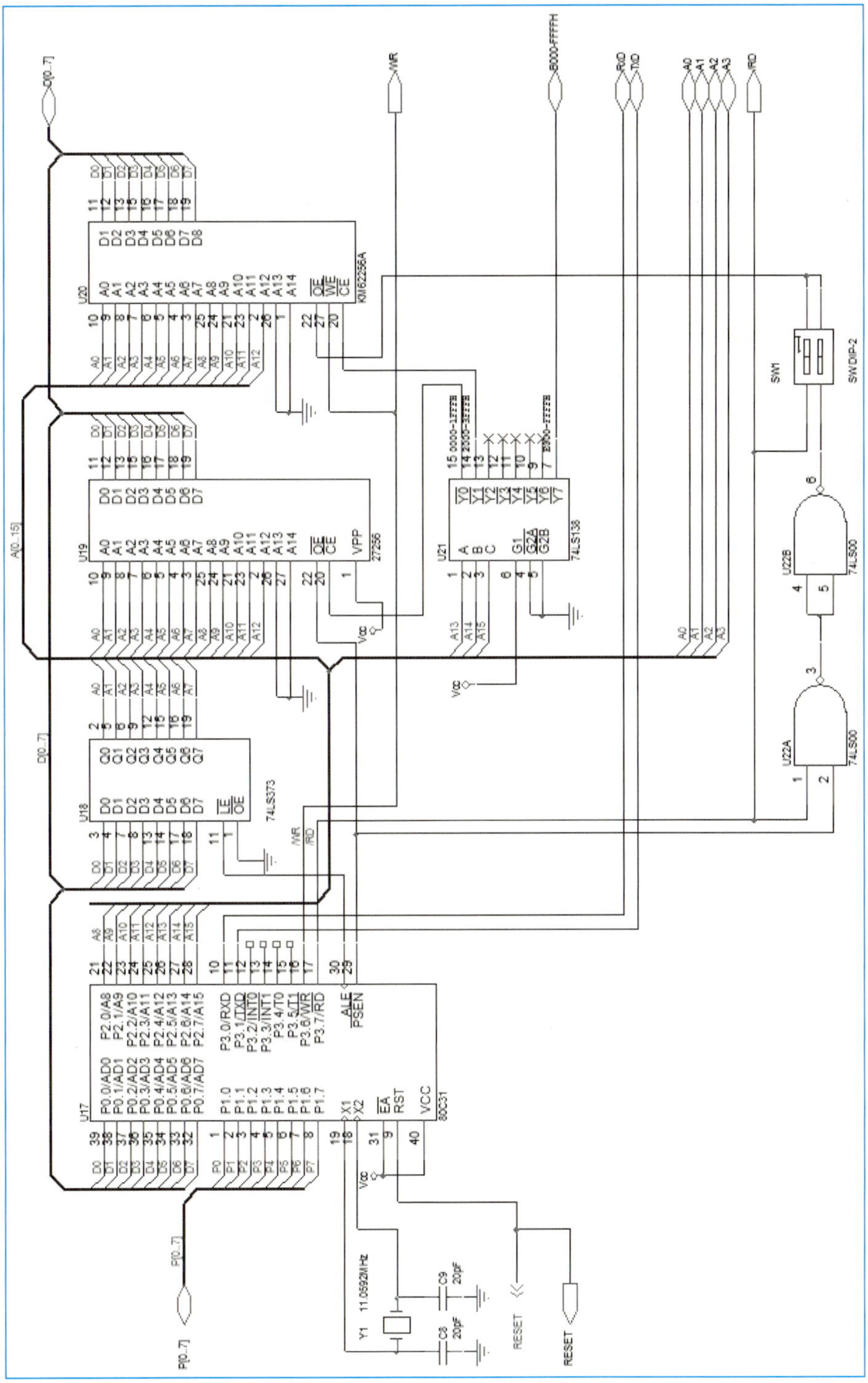
U17
80C31
U18
74LS373
U19
27256
U20
KM62256A
U21
74LS138
U22A
74LS00
U22B
74LS00
SW1
SWDIP-2
Y1 11.0592MHz
C8 20pF
C9 20pF
RESET

⑤ AD-DA_CONV 계층 구조 블록을 선택하고 Descend Hierarchy를 실행하여 A/D 및 D/A 변환회로의 내부계층으로 들어간다.

⑥ A/D 변환기 칩 ADC0804/ATOD와 D/A 변환기 칩 DAC0800/CAP6-1을 입력하고 A/D 변환기의 출력은 데이터 버스 D[0..7]에 연결하고 D/A 변환기 입력은 80C31의 PORT1(1번 핀에서 8번 핀까지)의 버스 P[0..7]에 연결한다. D/A 변환기 출력은 OP Amp를 통해 출력된다.

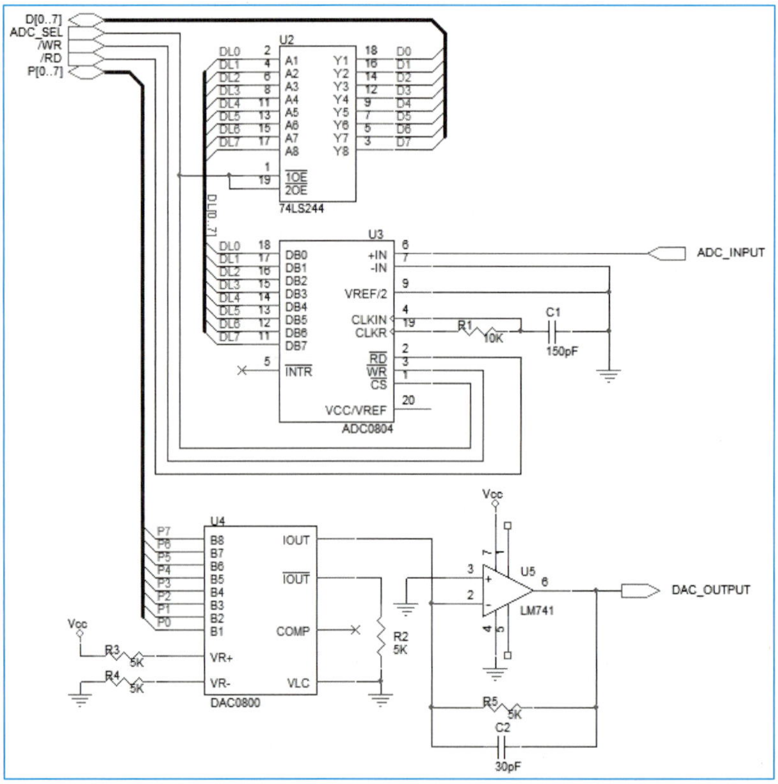

⑦ Dot Matrix 계층구조 블록을 선택하여 Descend Hierarchy를 실행하여 Dot Matrix 내부로 들어간다.

⑧ Dot Matrix Display 회로를 추가하기 위해 DOT8은 6장의 연습 예제 2번에서 작성된 부품을 사용하고 8255/INTEL을 입력한다. 8255 RESET핀과 CS 핀은 8031의 RESET(9번 핀)과 74LS138의 Y1 핀(14번 핀, 2개의 74LS138 칩 중 아래 것)에 연결한다. 또한 Dot Matrix에 전달되는 신호는 데이터 버스 D[0..7]을 이용한다.

⑨ INTERFACE 계층구조 블록을 선택하고 Descend Hierarchy를 실행하여 MAX232C Serial 통신부분과 LCD 디스플레이 내부회로로 들어간다.

⑩ 사용자와 인터페이스 할 수 있는 LCD 디스플레이 회로와 Serial 통신을 위한 MAX232 회로를 추가하기 위해 LCD16은 6장의 연습 예제에서 작성된 부품을 사용한다. LCD 디스플레이 회로에서 74LS00의 1번 핀은 8031의 WR 핀(16번 핀)에, 2번 핀은 8031의 RD 핀(17번 핀)에, 9, 10번핀은 74LS138의 Y2(13번 핀, 2개의 74LS138 중에서 아래 것)에 각각 연결한다.

⑪ Serial 통신회로에서 MAX232의 TIN 핀은 8031의 TxD핀(11번 핀)에, ROUT 핀은 8031의 RxD 핀(10번 핀)에 연결한다.

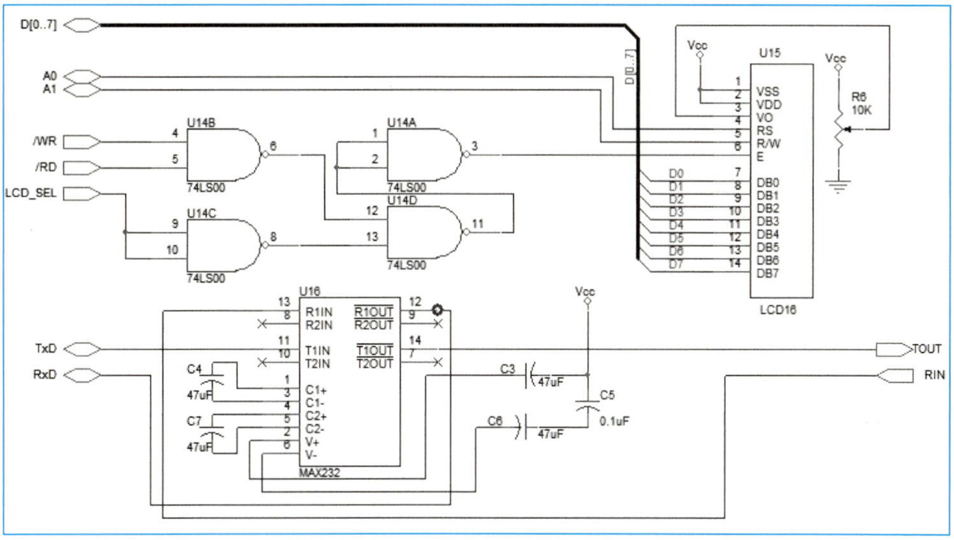

⑫ 8.1.3의 네트리스트 작성과 같은 순서를 반복하여 실행한다. 단, Annotate를 실행할 때 〈 Reset Part References to "?" 〉옵션을 선택하여 기존의 부품 참조를 제거한 후 다시 Annotate를 실행하는 것이 좋다.

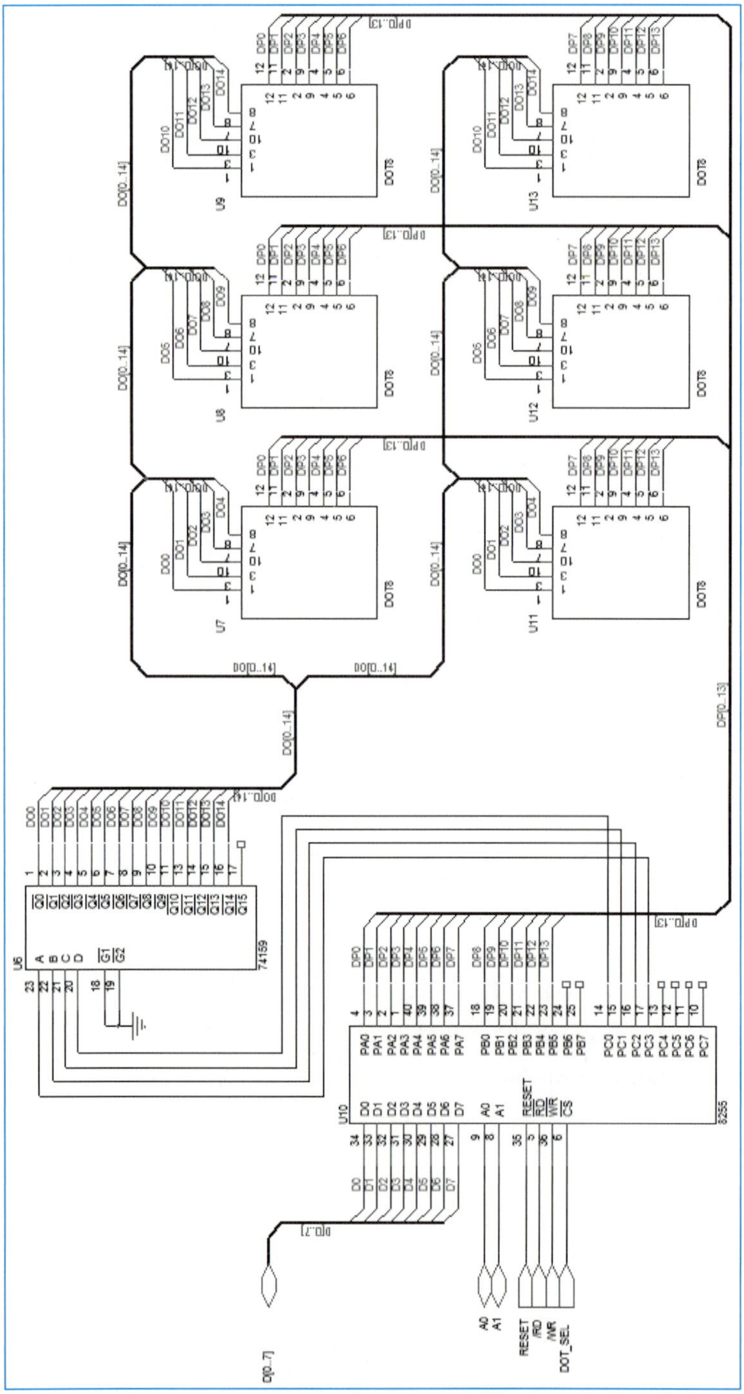

P/A/R/T 02

OrCAD PCB Editor

1. 인쇄회로기판의 기초지식
2. OrCAD PCB Editor 기능 및 설계
3. 설계 환경 설정
4. Board Design
5. 부품의 배치
6. 수동 및 자동 배선방법
7. Copper Areas
8. 후처리 과정(Post Processing)
9. Symbol Library 제작

01 인쇄회로기판의 기초지식

1.1 PCB의 개요

PCB란 Printed Circuit Board의 약어로 인쇄회로기판을 말한다. 여러 종류의 많은 부품을 페놀수지 혹은 에폭시 수지 등으로 된 재질의 평평한 배선들을 절연평판의 표면에 밀집 단축하여 고정시킨 회로기판이다. 회로의 구현을 위해 부품을 고정시키고 부품간에 연결되는 배선에 의해 안정된 회로를 구현하는데 사용된다.

PCB는 페놀수지 절연판 또는 에폭시수지 절연판 등의 한 쪽면에 구리 등의 박판을 부착시킨 다음 회로의 배선 패턴에 따라 선상의 회로만 남기고 부식시켜 회로를 구성하고, 부품들을 부착, 탑재시키기 위한 구멍과 각 배선층간을 도통하는 Via라는 Hole을 뚫어 만든다.

PCB의 역사를 보면, 1920년에 최초 라디오용 페놀기판과 같은 것에 의해 만들어졌으며, 1950년에 이르러 에폭시 수지가 이용되었다. 1960년경에는 기판의 구멍에 도금처리를 하여 윗면과 아래 면의 연결을 효율적으로 할 수 있는 스루홀 기술이 개발되었다. 또한 1980년에는 핀간에 3개의 배선을 할 수 있는 기술이, 최근에는 표면실장기술, 다층 PCB 제조기술, 빌드업 공법 생산기술 등이 널리 이용되고 있다.

초기에는 PCB 제작시 종이 테이프나 잉크를 사용하여 실제 PCB 크기의 2배나 4배 등의 큰 트레이싱지에 배선 패턴을 형성하였고, 1/2, 1/4 축소로 실제 크기의 필름을 뽑아 낸 후 PCB 제작 업체에 의뢰하였으나, 기술이 발달됨에 따라 펜플로터를 사용하여 PCB 데이터를 출력하였다. 현재에는 광학기술의 발달로 Photo plotter 형식의 Gerber 데이터를 PCB 아트워크 프로그램에서 손쉽게 생성시킬 수 있게 되었다.

1.2 PCB의 종류

PCB를 종류별로 구분하는 방법으로는 형상에 의한 분류, 제조방법에 의한 분류, 용도별 분류, 재질별 분류, 회로구성상의 분류 등 여러 가지가 사용되고 있는데, 보통 형상에 의한 분류 및 제조방법에 의한 분류법이 많이 사용된다. 형상에 의한 분류는 회로의 층수에 의한 분류와 유사한 것으로 다음과 같이 나눌 수 있다.

- 단면 PCB (Single Side PCB)
- 양면 PCB (Double Side PCB)
- 다층면 PCB (Multilayer PCB : MLB)
- 플렉시블 PCB (Flexible PCB)

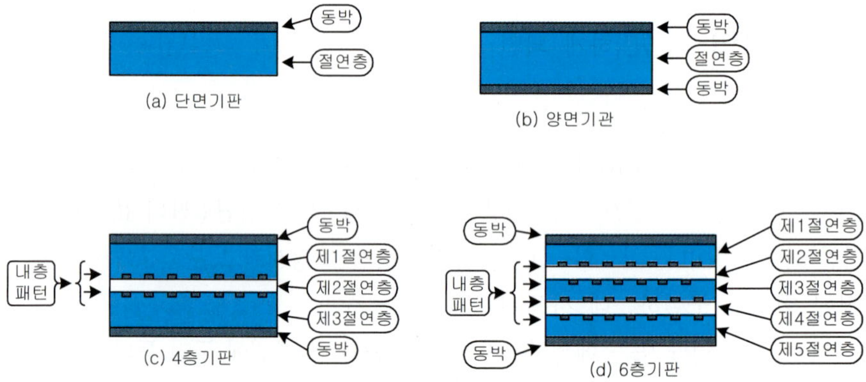

PCB의 종류별 구조

단면 PCB는 주로 페놀원판을 기판으로 사용하여 라디오, 전화기, 간단한 계측기 등 회로구성이 비교적 복잡하지 않은 제품에 채용된다. 양면 PCB는 주로 에폭시 수지로 만든 원판을 사용하여 컬러 TV, VTR, 팩시밀리 등 비교적 회로가 복잡한 제품에 사용된다. 이밖에 다층 PCB는 컴퓨터주기판, 전자교환기, 고성능 통신기기 등에 사용된다. 또한 자동화기기, 캠코더, 프린터 구동부 등 회로기판이 유연하게 움직여야 경우, 부품 삽입이나 구성시 굴곡이 필요한 경우에는 유연한 기판(Flexible PCB)이 이용된다. 각 PCB의 재질, 층별로 사용되는 응용기기는 아래 그림과 같이 다양분야에 이용되고 있다. 제조방법에 의해서 PCB를 분류할 경우 그 종류는 다음과 같다.

- 스루홀 PCB(PCB With Plated Through Holes)
- 비스루홀 PCB (PCB With Plain Holes)

■ 다층면 PCB
■ 플렉시블 PCB

PCB의 배선밀도를 높이기 위해서는 배선패턴의 폭은 물론 홀의 크기를 줄이는 것도 중요하다. 특히 표면실장기술(Surface Mount Technology, SMT)이 널리 쓰이면서 홀이 부품의 삽입용 외에도 층간의 배선기능을 하는 비어홀의 역할도 맡게 되기 때문에 홀의 크기를 줄이는 것이 필요하다.

따라서 최근의 PCB 제조기술의 축의 하나가 홀 가공기술을 중심으로 하고 있다. 비어홀은 PCB에서 부품이 장착되는 부품면에 위치하지 않고 내층에서 블라인드 비어(Blind Via) 혹은 베리드 비어(Buried Via)로 가공되어 부품의 실장밀도를 높이는 방향으로 발전하고 있다.

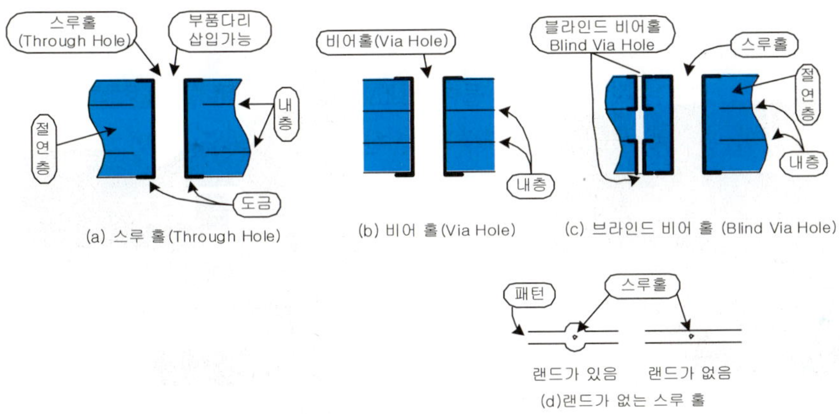

각종 홀(Hole)의 종류

PCB의 재질에 따라 분류를 하면 대략 다음과 같으며, 최근에는 친환경적인 여러 가지 새로운 재질의 기판도 개발되고 있다.

■ 페놀기판 PCB
■ 에폭시기판 PCB
■ 콤퍼지트기판 PCB
■ 플렉서블기판 PCB
■ 세라믹기판 PCB
■ 금속기판 PCB

페놀기판은 단층기판에 많이 사용하는 것으로 페놀수지를 합성하여 이를 적층하여 만든 기판이다. 기판의 홀은 프레스를 이용하기 때문에 저가격의 일반용으로 사용된다. 에폭시기판은 유리섬유에 에폭시 수지를 합성하고 적층하여 만든 기판이다. 기판의 홀은 드릴로 제작하며, 가격도 높은 편이다.

다층기판으로 사용되며 산업용으로 널리 쓰인다. 콤퍼지트는 유리섬유에 셀룰로이스를 합성하여 만든 기판으로서 양면기판에 적합하다. 플레서블기판은 폴리에스테르나 폴리마이드 필름에 동박을 접착한 기판이다. 카메라, 핸드폰 등과 같이 휘어지는 부분에 사용한다. 세라믹기판은 세라믹에 도체 페이스트를 인쇄하여 만든 기판으로, 절연성이 우수하여 치수변화가 거의 없는 특수용도에 사용된다. 끝으로 금속기판은 알루미늄판에 알루마이트를 처리한 후 동박을 접착하여 구성하는 방법으로 만든다.

다음 사진은 이들 다양한 형태의 PCB를 보여주고 있다.

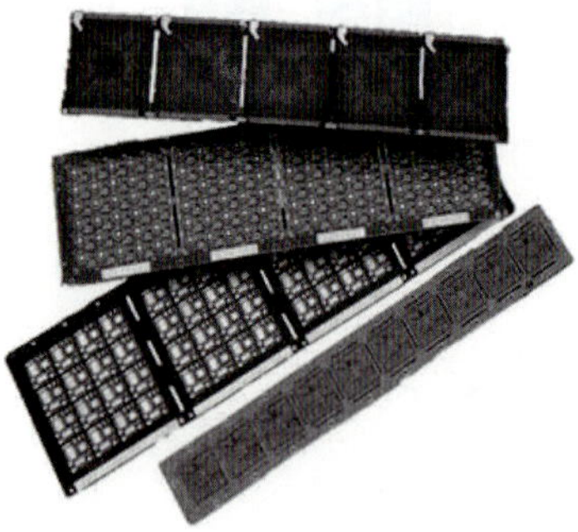

표면실장형 PCB

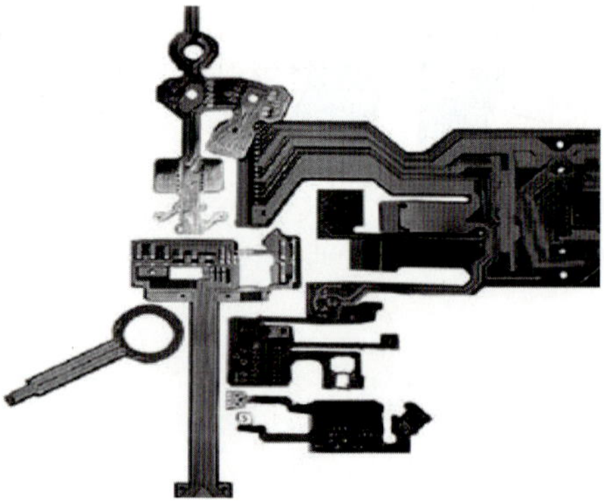

플렉서블 PCB

고밀도 통신용 PCB

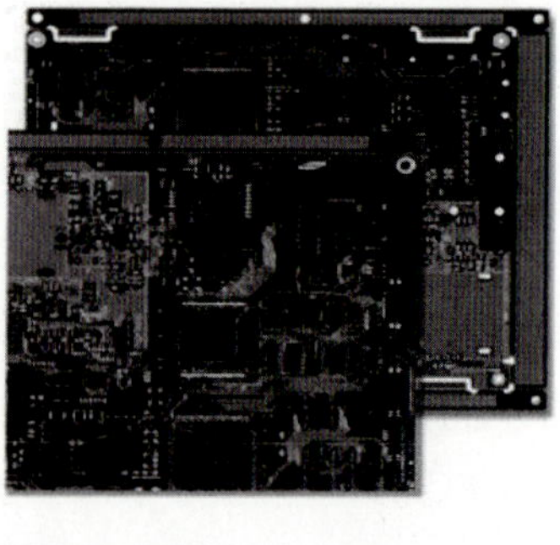

컴퓨터 주기판용 다층 PCB

품 명		용도예
유리 폴리이미드 다층 배선재로	10층 이상	∘ 대형 컴퓨터 ∘ 전자교환기 ∘ 군사기기 ∘ 고급 통신기기 ∘ 고급 계측기기
유리 에폭시 다층 배선재료 신호회로층 다층 동판	6-8층	∘중.소형 컴퓨터 ∘전자교환기 ∘반도체 시험장치 ∘PC ∘NC기기
유리 에폭시 다층 배선재료	3-4층	∘컴퓨터 주변 단말기 ∘ PC ∘워드프로세서 ∘팩시밀리 ∘FA기기 ∘ME기기 ∘NC기기 ∘계측기기 ∘반도체 시험장치 ∘전자교환기 ∘통신기기 ∘반도체 메모리 보드 ∘IC카드 ∘PGA
실드층 다층동판 유리 에폭시 동적층판 종이 에폭시 동 적층판	2층	∘컴퓨터 주변 단말기 ∘PC ∘워드프로세서 ∘팩시밀리 ∘FA기기 ∘NC기기 ∘계측기기 ∘통신기기 ∘VTR ∘비디오 카메라 ∘컬러 TV ∘자동차용 전자기기 ∘ME기기 ∘컴팩트디스크 ∘복사기 ∘전자시계 ∘전자체온계 ∘키보드 ∘마이컴 전화 ∘프린터 ∘LED 디스플레이 ∘IC카드 ∘PCA PGA PPG ∘컴팩트 디스크
종이 에폭시 동 적층판 종이 페놀 동 적층판	1층	∘계측기기 ∘전자테스터 ∘VTR ∘컬러TV ∘스테레오 ∘라디오 ∘DAT ∘CDP ∘온방기기 ∘전자렌지 컨트롤러 ∘키보드 ∘튜너 ∘HAM기기 ∘전화 ∘자동판매기 ∘프린터 ∘복사기(PPC) ∘CRT ∘청소기

PCB의 수요구조

1.3 PCB 제조방법

다음은 4층 PCB의 일반적인 제조방법을 살펴보면 아래와 같다.

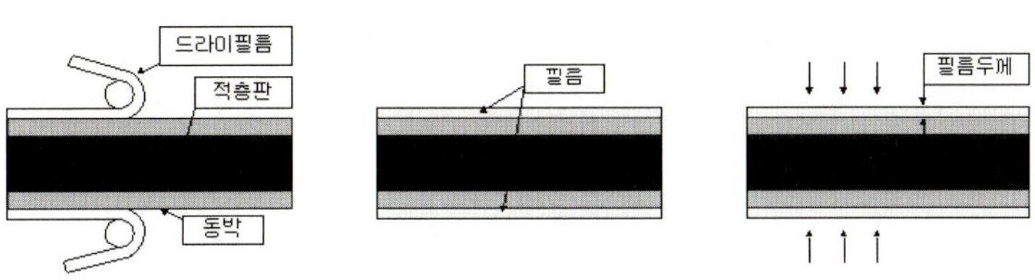

(1) 드라이필름(D/F) (2) 포토마스킹 (3) 노광

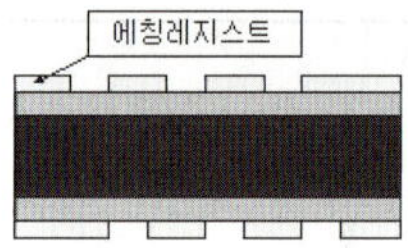

(4) 현상

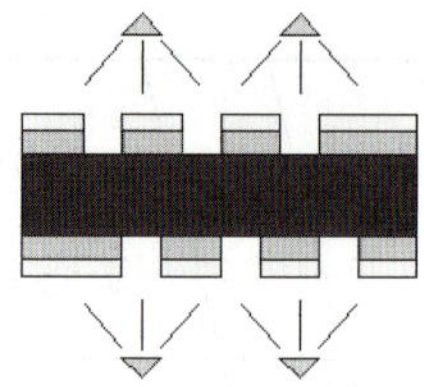

(5) 에칭(부식)

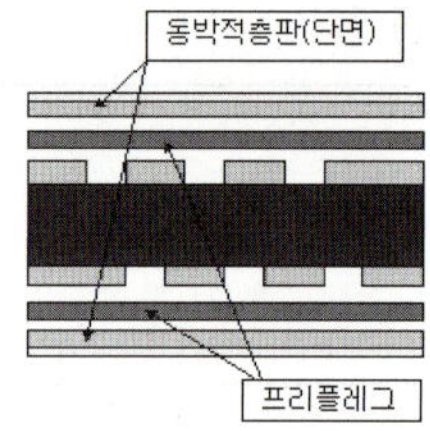

(6) 프리플레그

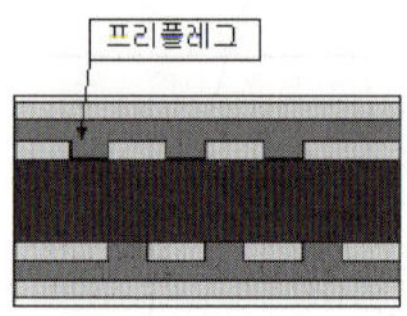

(7) 적층

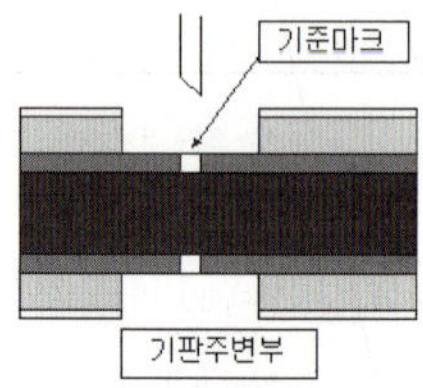

(8) 매스라미네이션

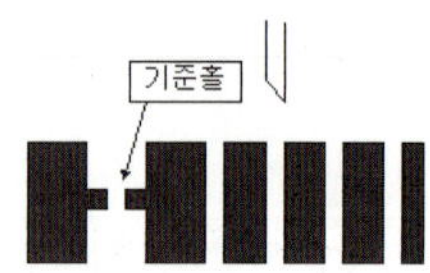

(9) 드릴링

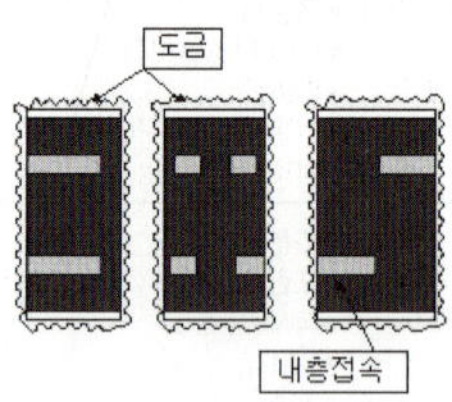

(10) 도금

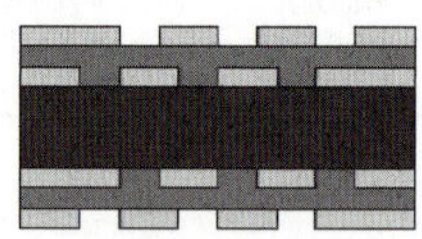

(11) 외층패턴형성

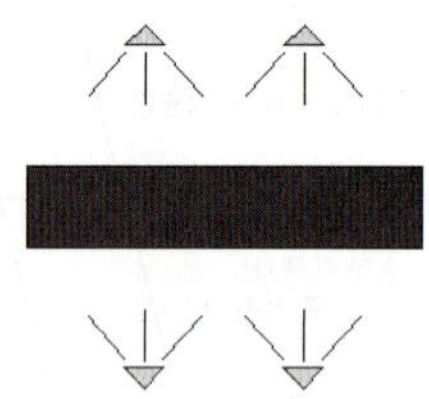

(12) 솔더레지스트잉크

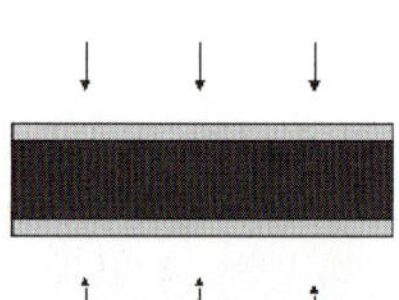

(13) 솔더필름노광

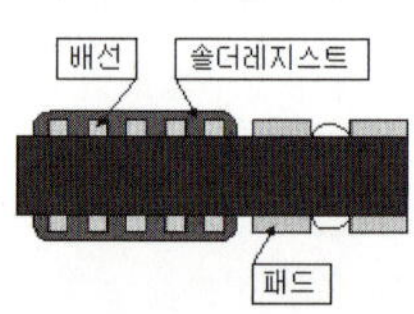

(14) 레지스트제거

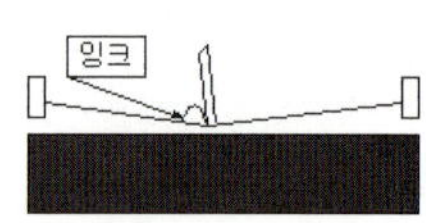

(15) 실크스크린인쇄

① 동판적층판에 에칭레지스트를 접착시킨다.

- 동박적층판(Copper Clad Laminated) : 종이 혹은 유리를 주재료로 하여 수지로 만들어 단면 혹은 양면에 동박을 가열프레스로 압착시켜 만든다. 두께는 여러 종류가 있고, 다층기판에 사용하는 경우는 보다 얇은 것을 사용한다.
- 에칭레지스트(Etching Resist) : 부식액으로터 동박을 보호하기 위한 피막을 말한다. 패턴 형성을 위한 감광 레지스트는 액상타입과 드라이필름(Dry Film, D/F) 타입이 있다. 필름의 한쪽에 감광성 레지스트를 코팅하여 놓은 것으로, 이를 동박적층판에 부착하여 화상형성공

정을 수행한다. 화상형성공정에 의하여 필름은 선택적으로 노광되고 현상되어 아트워크 필름에 배선패턴이 전사된다.

② 내층용 포토마스크(필름)를 기판 위에 밀착시켜 놓는다.

이 때 주름과 먼지를 방지하고 위치를 맞추는 것이 중요하다.

- **포토마스크**(Photo Mask) : 아트워크된 PCB 제조용 필름으로 동판적층 원판상에 밀착시킨 후 자외선에 노광시킨다. 포토마스크를 기판에 밀착시키는 과정은 기판 품질에 큰 영향을 미친다.

③ 노광(Exposure)

점광원보다 평행광원이 좋다. 필름의 두께는 얇은 것이 좋다. 이 과정은 드라이필름이나 액상감광제를 코팅한 기판에 아트워크 필름을 밀착시킨 후 자외선을 쪼여 감광제가 빛에 반응하도록 하는 공정이다. 이렇게 하면 배선패턴 부위로는 자외선이 통과하지 못하고, 그 외의 부분으로는 자외선이 투과된다.

④ 현상(Development)

현상처리를 통해 패턴부분의 레지스트가 남는다. 즉, 자외선에 노출된 D/F나 액상 감광제는 중합반응에 의해 경화되는데, 이 경화된 부분은 남기고 그 외의 부분은 용해시켜 제거하는 과정이다.

⑤ 에칭(Etching)

에칭은 에칭액을 분무하여 에칭레지스트(즉, 패턴이 되는 부분)를 제외한 나머지 영역의 동박을 제거하여, 동박의 배선패턴을 형성하는 것으로 부식이라고도 한다. 이같은 부식이 지나치면 패턴이 용해되어 단선 등의 불량이 발생되고, 부식이 미흡하게 되면 패턴간의 불필요한 동박이 남게 되어 패턴의 쇼트가 발생된다.

⑥ 프리 플레그(Pre Preg)

다층 PCB 제작시 층간 접착제로 사용되는 것으로 유리섬유 등의 바탕재료에 열경화성 수지를 침투시켜 반 경화상태로 만든 시트이다. 다른 말로 Bonding Sheet라고도 한다.

⑦ 적층(Lay-up)

배선패턴이 만들어진 내층재, 프리플레그 및 외층이 동박을 설계사양에 따라 겹쳐서 쌓는 작업을 말한다. 보통 50 kg/㎠ 전후의 압력과 180℃로 가열시켜 접착을 한다. 정합방법에는 매스라미네이션(Mass Lamination)과 핀라미네이션(Pin Lamination)이 있다. 매스라미네이션은 내층재가 1장인 4층의 MLB를 제조할 때 사용되는 방법으로 외층과의 정교한 정합이 요구되지 않는 경우 사용한다. 반면에 핀라미네이션은 2~4개의 가이드홀을 뚫고 적층용 프레스에 마련된 기준핀에 각 층의 재료들을 적층함으로써 정밀도를 높인다.

⑧ 기준홀을 정하여 적층, 패턴형성 및 홀 가공시 사용한다.

⑨ 기판에 홀을 가공한다.

홀을 가공한 후에는 가공중에 생긴 오염과 이물질을 제거하는 디스미어(Desmear)와 디버링(Deburring)을 행한다. 디스미어란 드릴의 고속회전시 생기는 열에 의해 수지가 녹아내린 홀내벽을 씻어 내주는 과정이고, 디버링은 드릴링시 발생하는 동박의 거칠어짐이나 홀 내벽의 먼지 등을 제거하는 과정이다.

⑩ 도금을 하여 스루우 홀이 전기적으로 통하게 한다.

⑪ 과정 ①~⑤를 반복하여 외층 패턴을 형성한다.

⑫~⑭ 솔더레지스트를 인쇄한다.

납땜작업시 특정 영역에 땜납이 되지 않도록 절연잉크로 코팅하는 것으로 스크린 인쇄에 의한 방법과 감광 레지스트를 이용한 사진인쇄방법이 사용된다. SMT와 같이 정밀도가 높은 경우에는 사진 인쇄법이 사용된다.

⑮ 실크스크린을 인쇄한다.

부품번호나 부품위치, 부품종류, 정격, 업체명 및 제품코드 등과 같이 PCB 상에 표시될 기호나 글자를 불변성 잉크로 인쇄한다.

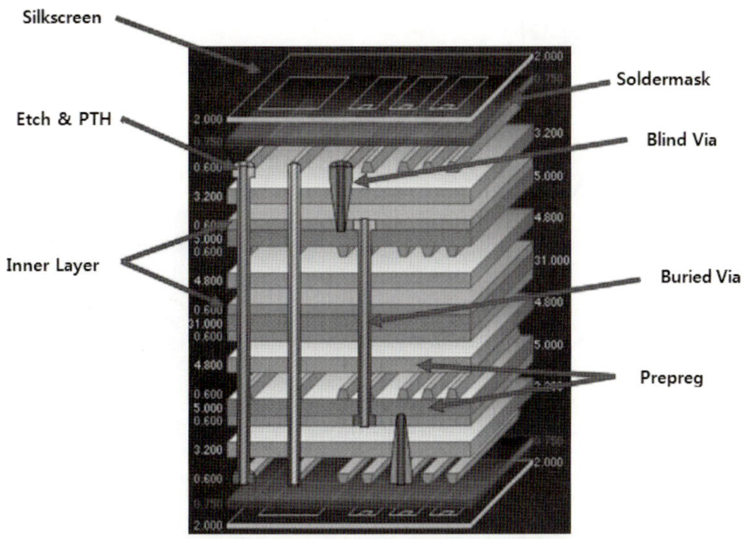

다층 PCB의 Side View

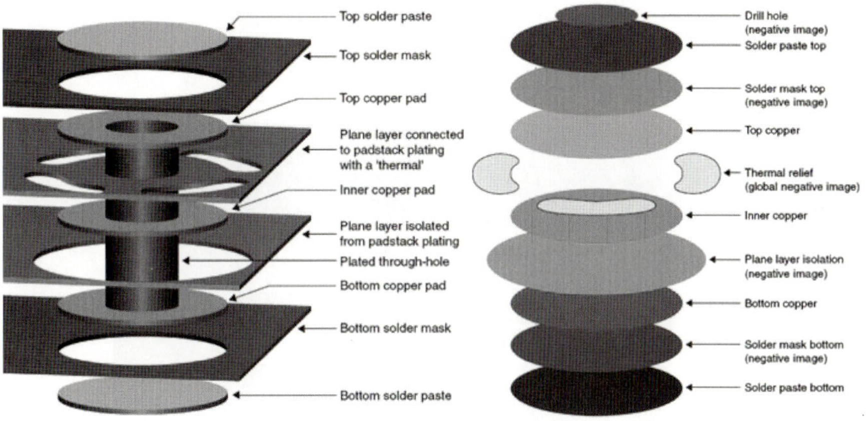

PCB Padstack의 구조

1.4 PCB 관련 용어

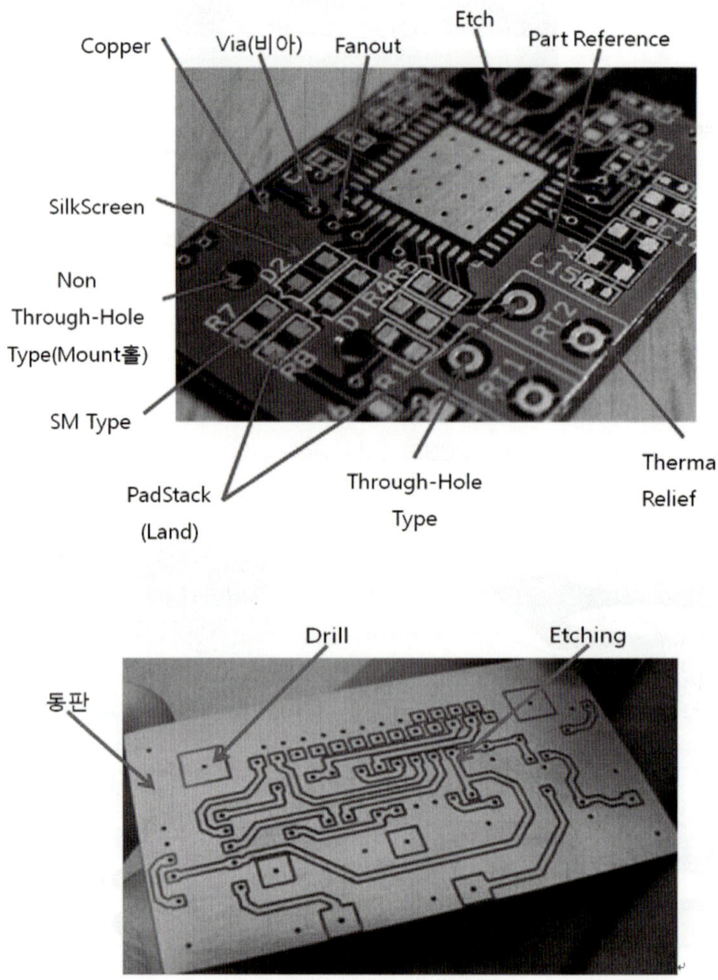

PCB의 각 부분 명칭

Aperture	Photo plotter의 wheel을 통한 사진촬영용 필름위에 영상으로 처리할 수 있는 특징의 형태. Targets, Datum points 및 다양한 형태와 크기의 도체회로폭 그리고 land area 등을 형성할 수 있다.
Artwork 필름	PCB 제작 시 사용되며 PCB의 정확한 척도의 패턴으로 제작된 필름
BGA (Ball Grid Array)	반도체 실장기술상에서 프린트배선기판의 뒷면에 구형의 납땜을 어레이로 줄지어 배열해 리드를 대신하는 표면 실장형 패키지의 한 가지이다.
Buildup	기존 mechanical drill의 가공한계인 직경 300㎛보다 미세한 150㎛ 이하의 미세홀을 가공 가능, 1㎠당 20개 이상의 미세홀과 1㎜이하의 피치를 갖는 각종 소형 첨단 전자부품을 PCB에 실장 가능하게 한 공법.
Burrs	PCB의 기계가공인 드릴 작업에서 홀 주위의 동박이 연성에 의해 깨끗하게 절단되지 않고 늘어나 띠 모양으로 돌출된 형태.
CCL (Copper Clad Laminate) 동 적층판	PCB를 만들기 위한 원재료로서 종이 혹은 유리 등의 절연물을 resin에 함침한 시트를 여러 겹 쌓고 가열 가압 처리하여 얻어진 절연판 위에 전기 전도도가 뛰어난 금속박 copper를 한쪽 면 또는 양쪽 면에 접착하여 만든 것.
Deburring (Burr 소거)	Drill 공정중 발생한 거친표면(burr)이나 날카로운 기판의 모서리, 이물질 등을 제거하는 공정.
Etching (부식)	기자재상에 접착되어 있는 전도성 물질의 불필요한 부분을 화학적 또는 화학 처리 및 전리 작용에 의해 제거함으로써 원하는 인쇄 회로를 형성시키는 작업 또는 그 공정.
Exposure (노광)	화학적 변화 즉, 감광성 유제층의 특정 대상 부위에 빛 에너지를 주는 것으로 예를 들면, Photoresist의 중합반응을 일으키게 하려고 UV 빛에 노출시키는 행위.
External Layer (외층)	다층 기판의 최외부 표면층.
IVH (Intertitial Via Hole)	다층 PCB에 있어서 외층에만 형성된 blind Via hole과 내층에만 형성되는 inner via hole의 총칭. MLB PCB 표면을 관통하지 않고 접속에 필요한 층만을 via를 형성한 것.

Laminate(적층)	접착제에 의해 두 개 이상의 재료들을 접합하는 공정처리, PCB제조에 사용되는 기자재로서 통상 동박과 종이 또는 유리섬유를 Resin(수지)과 함께 적층 성형한 것.
Lay-up (적층 성형)	적층 압착 작업을 하기 위한 준비로서 다층 기판용 사용 자재인 내층원판과 Prepreg 등을 층별로 쌓고 중심에 맞추는 기술.
Marking (Symbol mark)	PCB 부품번호, 위치 또는 상호간의 접속관계를 표기하기 위한 문자나 부호로 생산성 및 애프터서비스의 향상을 기하기 위한 것이다.
MCM (Multichip Module)	고밀도 배선 기판 위에 복수의 베어칩을 실장하여 패킹된 구조로서 외형 구조는 마치 하나의 LSI와 같은 형태를 갖는 것을 말한다. 각기 다른 기능을 갖는 여러 개의 반도체 베어칩(bare chip)을 하나의 배선기판위에 표면실장한 것을 말한다.
Pad	랜드에 대한 비공식 용어. 또는 완성된 PCB상에서 랜드가 될 부분을 필름상에서 부르는 용어.
PCB	인쇄 회로기판(Printed Circuit Board) 전자제품의 모체로서 전자부품의 고정 및 회로 연결기능을 하는 핵심 부품이다. PCB가 전자제품에 적용되므로 해서 전자기기의 경량화, 소형화가 가능하여지며 신뢰성 향상, 대량생산과 품질의 안정, 제조원가 절감 등의 효과를 가져왔다. PWB (Printed Wiring Board)라고도 함.
PGA (Pin Grid Array)	Package 바닥면에 수직 리드선을 갖는 패키지로 다수핀에 적합하지만 대형화되기 쉽다.
Photomask	제조용 필름으로 처리한 표면으로 적층 원판상에 먼저 Photoresist(사진용방지막)를 코팅한 후 자외선에 노광시킨다.
Photo Resist (사진 방지막)	PCB상 회로보호 부위에 도포 되며 특정한 화학약품에 대해서는 내약품 특성이 뛰어난 감광성 도포 자재로서 이 방지막에 의해 보호되지 않는 부위는 부식되어 떨어져 나간다.
PLCC (Plastic Leaded Chip Carrier : 표면실장형 패키지)	플래스틱 패키지의 네 측면으로부터 J자형의 리드 핀이 나와 있는 표면실장형 패키지의 일종이다.
Prepreg	반경화상태(B-stage)의 수지에 함침된 시트재료로서 다층 기판의 각층을 함께 결합시키기 위해 사용된다.

QFP(Quad Flat Package)	4방향으로 리드가 나온 편평한 표면 실장용 패키지.
SIMM (Single In Line Module)	메모리 반도체 조립에 사용되는 모듈.
SMD (Surface Mounted Device)	표면 실장형 부품을 말한다. 주요 종류로는 SOP(small Outline Package) / FPP(Flat Plastic Package) / QFP(Quad Flat Package) / LCC(Leadless Chip Carrier) / PLCC(Plastic Leaded Chip Carrier) / SOJ(J-Bend SOIC)
Smear(그을음)	구멍 가공 작업시 홀 내벽의 에폭시가 타서 일어나는 현상으로 주로 다층기판의 경우 도통홀의 전기적 접속 신뢰도를 나쁘게 한다.
Solder Land	동박중 필요한 부분만 납땜이 되도록 Solder resist를 제거해 형성된 부분.
Solder Resist (혹은 Solder Mask)	Solder land와 반대의 뜻을 가지며, 패턴에서 납땜을 요구하는 부분만 남기고 절연체로서 인쇄하여 납땜시 근접 패턴간에 브리지(Bridge)를 방지하고 패턴의 산화를 막기 위한 절연 잉크 피막을 일컫는다.
동박면 (Bottom View, Solder Side)	동박 또는 회로(X축 pattern)가 있는 면으로서 납땜되는 면.
부품면 (TOP View, Component Side)	동박 또는 회로 (Y축 pattern)가 있는 면으로서 부품이 삽입되는 면.
홀 (Hole)	부품의 단자 및 전기접속용 리드(Lead)를 통하기 위한 구멍으로써, 그 종류로는 부품홀(Component hole), 비어홀(Via hole), 고정홀(기구홀) 등이 있다. ■ 스루 홀(Through hole): 부품 면과 동박면(다층기판에서는 내층)을 전기적으로 연결시키기 위한 구멍으로, 홀안쪽은 도금이 되어있고, 부품을 장착하는데도 이용이 된다. ■ 비어 홀(Via hole): 부품 면과 동박면 또는 다층기판의 층간도통을 위한 스루홀로써, 이 경우는 홀직경이 작을수록 바람직하다. ■ 브라인드 비어(Blind via): 1층과 2층, 또는 3층과 4층 사이를 도통시켜주는 홀과 같이 홀의 한쪽 혹은 그 양쪽이 층 내부에 묻혀있는 경우이다. ■ 랜드 없는 스루홀(Landless through hole): 일반적으로 스루홀 주위에는 랜드(Land)를 만들어 두는데, 랜드없는 스루홀은 랜드없이 패턴위에 스루홀을 만드는 경우로 PCB 면적을 효율적으로 사용하기 위한 경우이다.
랜드(Land)	전기회로 부분중 부품단자를 접속 또는 삽입시키려고 홀 주위에 마련한 도체.

패턴(Pattern)	부품 및 회로의 상호접속 때문에 절연판 위에 형성된 동박선 또는 동박.
V-Cut	PCB에 부품을 장착한 후 불필요한 부분을 잘라내기 위해 만든 V자형 홈

02

OrCAD PCB Editor 기능 및 설계

SPB_17.4(OrCAD 17.4) 버전에서는 PCB설계를 위한 OrCAD PCB Designer라는 Design Suite가 포함되며 여기에는 PCB Editor, Capture, SPECCTRA PSpice A/D가 포함되어 있다. PCB Design Suite는 개인 개발자나 소규모 개발자를 위한 것으로 Allegro 플랫폼(Allegro 200 혹은 600시리즈)까지 지원이 가능하도록 개발되었다. 본 장에서 다루게 될 주요 내용은 다음과 같다.

- PCB Editor 의 단계별 처리내용의 습득
- PCB Editor 설계 도구를 활용하기 위한 사용자 인터페이스의 사용
- PCB Editor 시작하기

2.1 PCB Editor 기본구성

OrCAD PCB Editor를 선택하여 기동하면, 다음 그림과 같은 설계창이 열린다. OrCAD PCB Editor에서는 보드설계 파일을 열 수도 있고, 편집을 위해 Footprint를 참조할 수 있다.

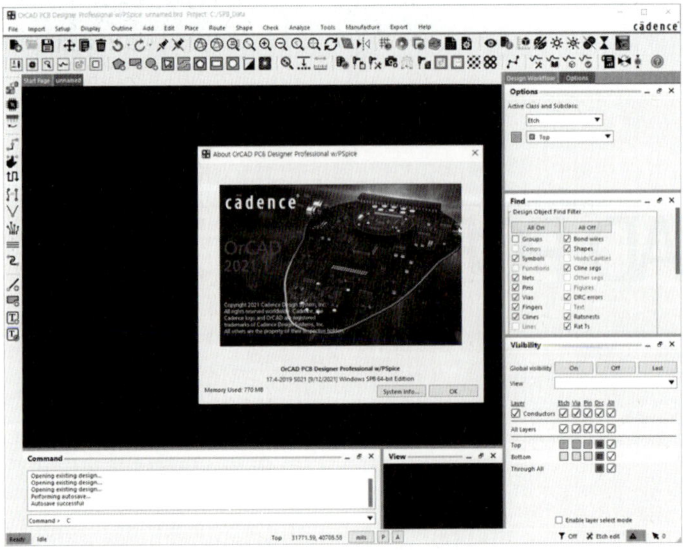

2.1.1 PCB Editor 설계 창 구성

시작메뉴에서 Cadence Release 17.4-2019를 선택한 후, Allegro Products (OrCAD Products)에서 PCB Editor 17.4 선택하여 프로그램을 실행시킨다.

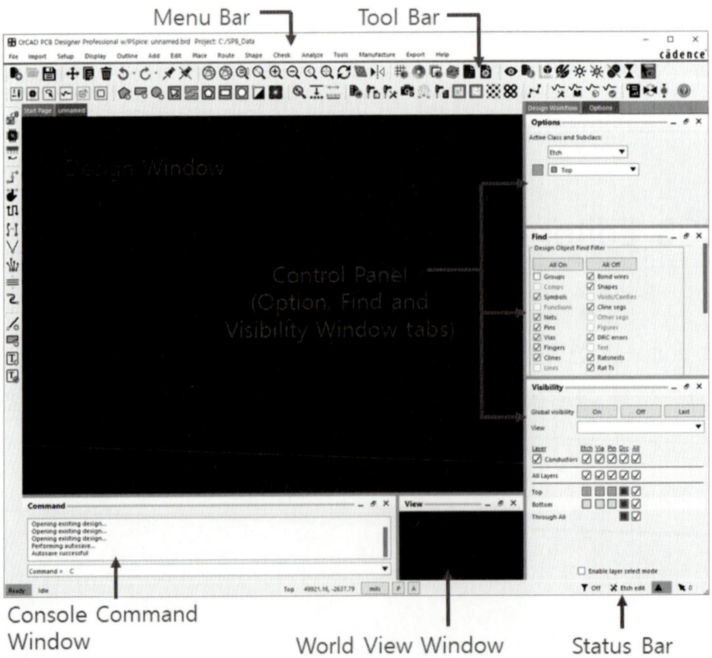

1) Menu Bar

메뉴 바는 타이틀 바 아래 위치하며, Allegro(OrCAD) PCB Editor의 경우 크게 두 가지 모드로 구성되어 있다. (Board 설계 모드 및 Package symbol 모드)

2) Design Window

아이콘 도구모음 아래 위치하며, 그래픽 디스플레이 영역으로 PCB 설계 작업이 이루어지는 창이다.

3) Console Command Window

Design Window 창 하단에 위치하며, Command 창은 설계 시 작업 과정 및 결과 메시지를 표시하거나 설계 중 명령어를 입력하여 사용할 수 있다.

4) Status bar

Command 창 아래 위치하여 설계 작업 시 현재 마우스 x, y의 좌표 및 실행 명령 등을 볼 수 있는 상태표시줄이다.

5) Control Panel

Design 창 오른쪽에 위치하며, Options/ Find/ Visibility로 구성되어 있다.

Control Panel의 제어는 마우스 포인터를 이용하여 제어판의 크기를 조정할 수 있어 많은 작업 공간을 제공하여 설계를 도우며, 아래 그림과 같이 사용가능하다.

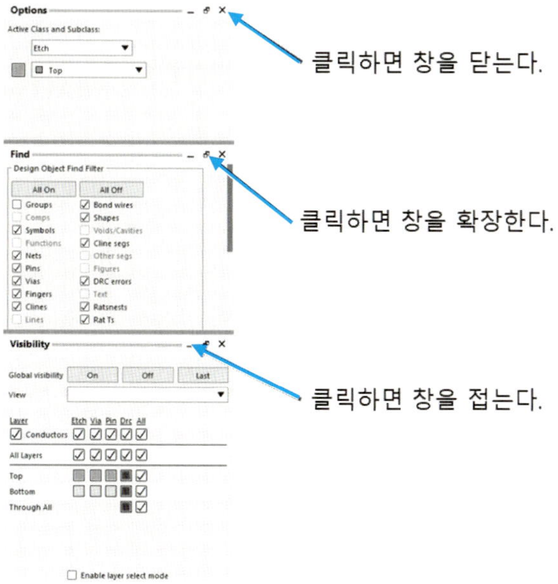

2.1.2 PCB Editor 설계도구(Toolbar)

1) File Toolbars

① New - 새 작업을 한다.
② Open - 기존 작업을 연다.
③ Save - 현재 작업을 저장한다.

2) Edit Toolbars

① Move - 개체를 이동시킨다.
② Copy - 개체를 복사한다.
③ Delete - 선택된 개체를 지운다.
④ Undo - 현재 작업을 취소하다.
⑤ Redo - Undo된 작업을 다시 실행하다.
⑥ Fix - 개체에 고정속성을 준다.
⑦ Unfix - 고정속성이 설정된 개체의 Fix 속성을 해제시킨다.

3) View Toolbars

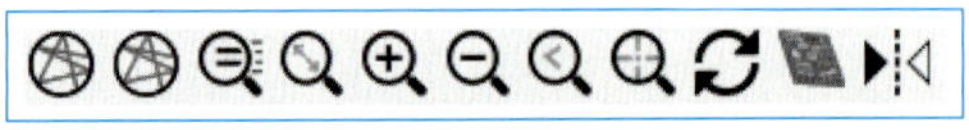

① Unrats All - 모든 Ratsnest를 숨겨준다.
② Rats All - 모든 Ratsnest를 보여준다.
③ Zoom Points - 확대할 영역을 지정한다.
④ Zoom Fit - 보드전체 크기를 작업창에 보여준다.
⑤ Zoom In - 화면을 확대한다.
⑥ Zoom Out - 화면을 축소한다.
⑦ Zoom Previous - 이전 크기로 설정한다.
⑧ Zoom Selection - Drag하여 그린 부분만큼 확대를 한다.
⑨ Redraw - 화면을 다시 그린다.
⑩ 3D_Viewer - 설계 보드의 3D View
⑪ Flipdesign - 설계 보드의 Bottom면을 보여준다.

4) Setup Toolbars

① Grid Toggle - Grid를 on/off 한다.
② Color192 - Color 설정을 한다.
③ Shadow Toggle - Shadow 모드를 on/off 한다.
④ Xsection - Layer를 설정 편집한다(Internal 등 설정)
⑤ Cmgr - Constraints Manager 창을 연다
⑥ Prmed - Design Parameter Editor 창을 연다.

5) Display Toolbars

① Show Element - 선택된 개체의 속성을 볼 수 있다.
② Cns Show - 선택된 개체의 Constraints 속성을 볼 수 있다.
③ Show Measure - 지정한 지점의 길이 측정을 할 수 있다.
④ Assign Color - 선택한 개체에 색을 지정할 수 있다.
⑤ Highlight - Hightlight 속성을 부여할 수 있다.
⑥ Dehilight - Highlight 속성을 없앨 수 있다.
⑦ Waive Drc - DRC Marker를 제거한다.
⑧ Datatips Toggle - Datatips를 on/off 한다.

6) Misc Toolbars

① Reports - Reports를 출력하여 볼 수 있다.
② Drc Update - DRC를 업데이트한다.
③ DRC Window - DRC 속성을 볼 수 있다.
④ Help – 도움말

7) AppMode Toolbars

① GeneralEdit - 일반 편집모드 실행
② PlacementEdit - Placement 편집모드 실행
③ EtchEdit - Etch 편집모드 실행

④ Signalintegrity - SI Design 모드 실행
⑤ RFEdit_Appm – RF PCB Design 모드 실행
⑥ ShapeEdit – Shape 편집모드 실행

8) Shape Toolbars

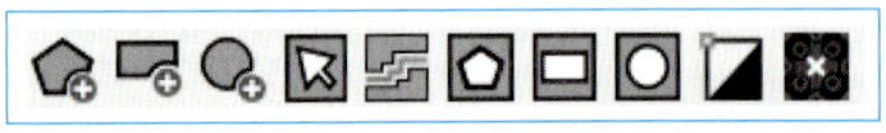

① Shape Add - Shape를 생성한다.
② Shape Add Rect - 사각형모양의 Shape를 생성한다.
③ Shape Add Circle - 원모양의 Shape를 생성한다.
④ Shape Select - Shape를 선택한다.
⑤ Shape Void Element - Positive Shape에서 Pin, Via에 Void를 생성한다.
⑥ Shape Void Polygon - 다각형모양의 Void를 만들 수 있다.
⑦ Shape Void Rectangle - 사각형모양의 Void를 만들 수 있다.
⑧ Shape Void Circle - 원모양의 Void를 만들 수 있다.
⑨ Shape Edite Boundary - 기존 Shape의 경계를 수정할 수 있다.
⑩ Island_Delete - 불필요한 Shape 찌꺼기를 제거한다.

9) Dimension Toolbars

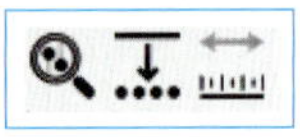

① Create Detail - 선택한 영역을 설정비율에 따라 생성해 준다.
② Linefont - 선택한 Line의 속성(Dot, Solid, Pantom, Center등)을 설정한다.
③ Dimension Edit - Dimension을 수정 할 수 있다.

10) Manufacture Toolbars

① ODB_Out - Allegro Board 파일을 ODB 파일로 Export 할 수 있다.
② Ncdrill Legend - Drill file 차트를 생성
③ Ncdrill Param - Drill file 생성을 위한 Parameter 설정
④ Artwork - Gerber file을 생성
⑤ Silkscreen Param - Silkscreen 생성을 위한 Parameter 설정
⑥ Ncdrill Customization - NC Drill의 설정
⑦ Testprep Manual – Testpoints 수동 생성

⑧ Thieving - Thieving에 대한 설정
⑨ Degassing – Degassing Shape 생성

11) Place Toolbars

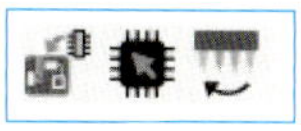

① Place Manual - 부품을 수동 선택하여 배치할 수 있다.
② Place Manual-H - 부품배치 상자를 숨긴다.
③ Swap pin - Pin을 서로 Swap 할 수 있다.

12) Route Toolbar

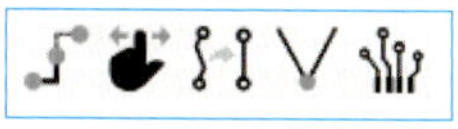

① Add Connect - 핀 간 Routing하여 연결한다.
② Slide - 기존 라우팅 된 Etch를 슬라이드 시켜 수정한다.
③ Custom Smooth - 곡선이나 꺾인 Etch를 직선으로 바꾼다.
④ Vertex - 기존 Etch에 꼭지점을 추가해 수정 한다.
⑤ Create Fanout - SMD용 소자의 핀에 대해 Fanout을 생성한다.

13) Add Toolbars

① Add Line - Non-Etch Line을 추가한다.
② Add Rect - Non-Etch Rectangle(사각형)을 추가한다.
③ Add Text - Text를 입력한다.
④ Text Edit - Text를 수정한다.

2.1.3 PCB Editor 설계파일 형식

파일 형태	확 장 자
Board File	*.brd
Padstack	*.pad
(Symbol Drawing) Package symbol Mechanical symbol Flash symbol Format symbol Custom pad shapes	(*.dra) *.dra / *.psm *.dra / *.bsm *.dra / *.fsm *.dra / *.osm *.dra / *.ssm

2.2 PCB Editor 설계과정 요약

OrCAD PCB Editor는 PCB 설계에 관한 모든 과정을 지원해 준다. 일반적으로 PCB는 다음과 같은 다섯 단계의 설계과정으로 진행된다.

① Board File 작성(Import Netlist)
② Board Outline 작성
③ 부품 Placement 및 Routing
④ Copper area(동판 영역 설정)
⑤ Gerber data 생성

다음 그림은 Capture, Allegro PCB Editor 작업과정을 나타낸 흐름도이다. Capture 단계에서는 준비된 라이브러리를 이용하여 부품배치, 결선 및 Annotation을 하고 회로도 작성을 하여 Netlist를 생성한다. Allegro PCB Editor에서 이 Netlist를 이용하고, 부품 배치와 배선 명령에 의해 보드 파일이 생성된다. 마지막으로 피드백 파일을 만들고 Allegro PCB Editor의 Netlist 파일과 swap파일을 생성한 후 전체 설계내용을 갱신하는 과정으로 이루어져 있다.

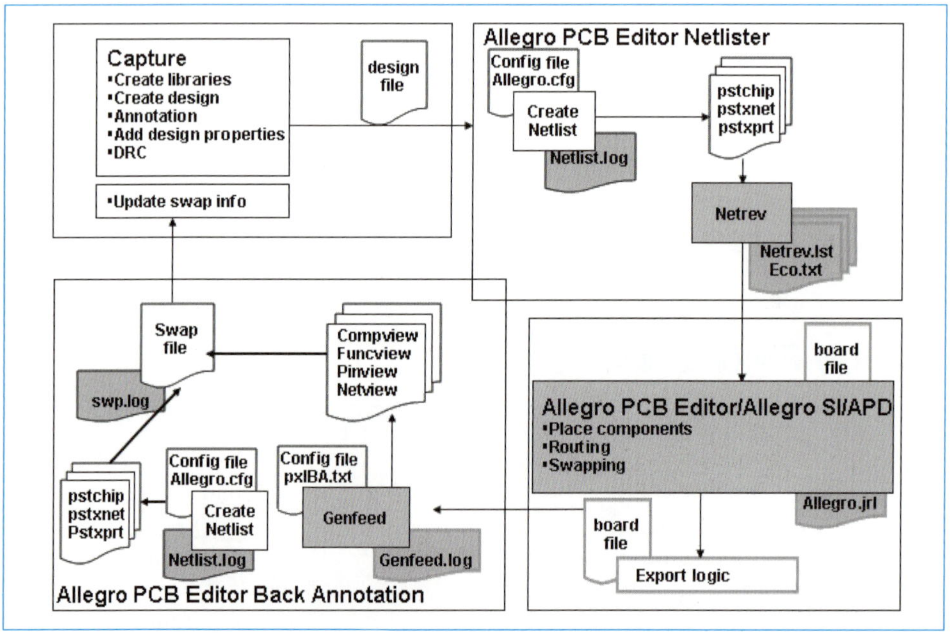

지금까지는 PCB Editor 프로그램의 구성과 메뉴기능에 대하여 개괄적으로 알아보았다. PCB Editor의 구체적인 설계 과정을 생략하고 간단한 실전 흐름만을 통하여 설계에 대한 전반적인 이해를 높이도록 하겠다. 실전에 사용된 도면은 설치 시 제공되는 예제파일을 사용하는 것으로 하였다. 본 절에서는 처음부터 마지막 Gerber File이 만들어 지기까지의 과정을 개괄적으로 파악하는데 주안점을 두겠다.

2.2.1 Board File 생성

OrCAD Capture와 같은 회로도 작성도구를 사용하여 회로도를 작성하고, OrCAD Capture에서 PCB 메뉴의 New Layout을 실행하거나 또는 PCB Editor에서 Netlist를 Import하여 실행할 수 있다.

1) Board File 생성(New Layout)

Board 설계 작업을 위해 OrCAD Capture의 메뉴 PCB - New Layout 기능을 사용하여 보드 파일(*.brd)을 생성할 수 있다.

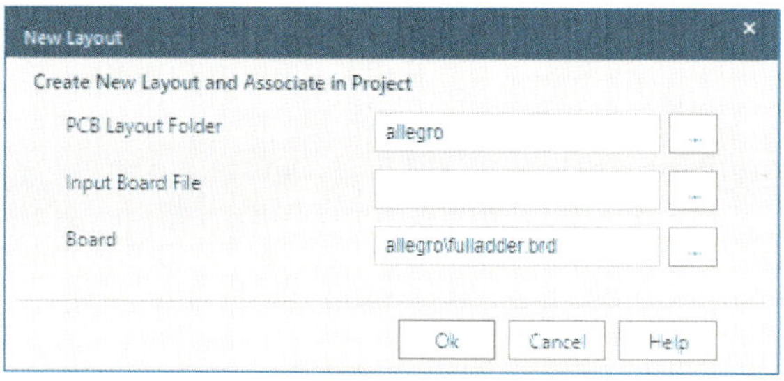

- PCB Layout Folder : 보드파일을 저장할 폴더 경로 및 폴더명을 입력한다.
- Input Board File : 보드 Template 파일을 연결
- Board : 보드파일 생성 경로 및 보드파일명을 입력한다.

2) Board File 생성(Import Netlist_Logic)

OrCAD Capture에서 생성한 Netlist 파일을 PCB Editor에서 Import하여 PCB 설계작업을 한다.

다음 그림과 같이 PCB Editor에서 메뉴 Import - Netlist를 선택한 후 생성한 Netlist 파일을 경로를 설정한 후 Import 할 수 있다.

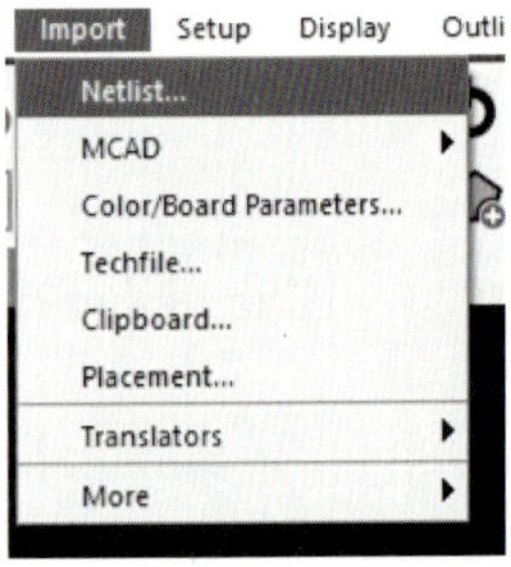

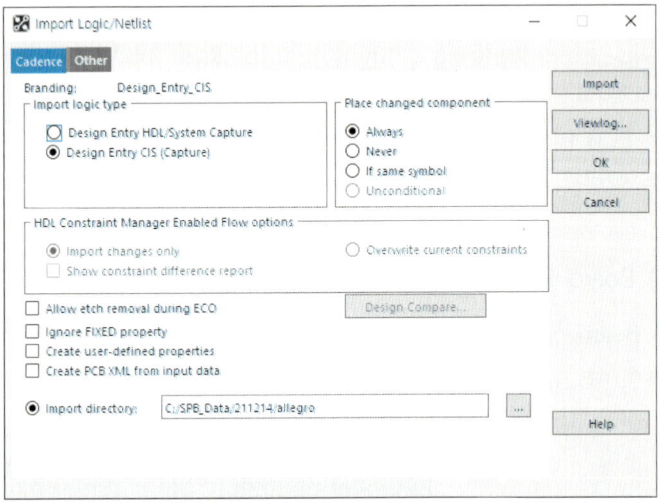

- Import logic type : 도면 작성 프로그램을 선택
- Place changed component
  : 작성 도면의 부품이 변경될 경우 부품 배치 유지/제거 선택
  - Always : 이전 부품 배치위치 유지
  - Never : 이전 부품 배치위치 초기화
  - If same symbol : 이전 부품 배치위치와 같을 경우에만 배치위치 유지
- Import directory : 생성한 Netlist 파일위치 경로 설정

Import directory 부분에 생성한 Netlist의 폴더를 지정해준 후 [Import]를 클릭한다.

3) 기존 Board File 불러오기

OrCAD PCB Designer 기본 창에서 불러오기(Open)를 하여 기본적으로 제공되고 있는 Sample file를 이용하여 파일을 불러오도록 한다.

다음과 같이 경로의 파일을 선택한다.

C:₩Cadence₩SPB_17.4₩Share₩pcb₩examples₩board_design₩cds_routed.brd

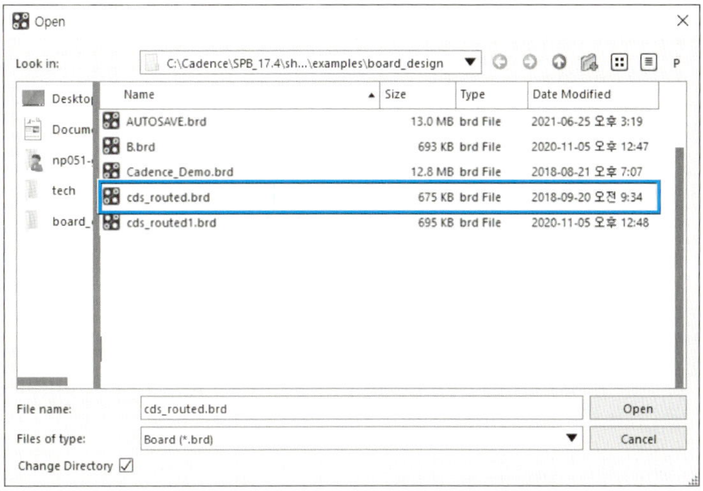

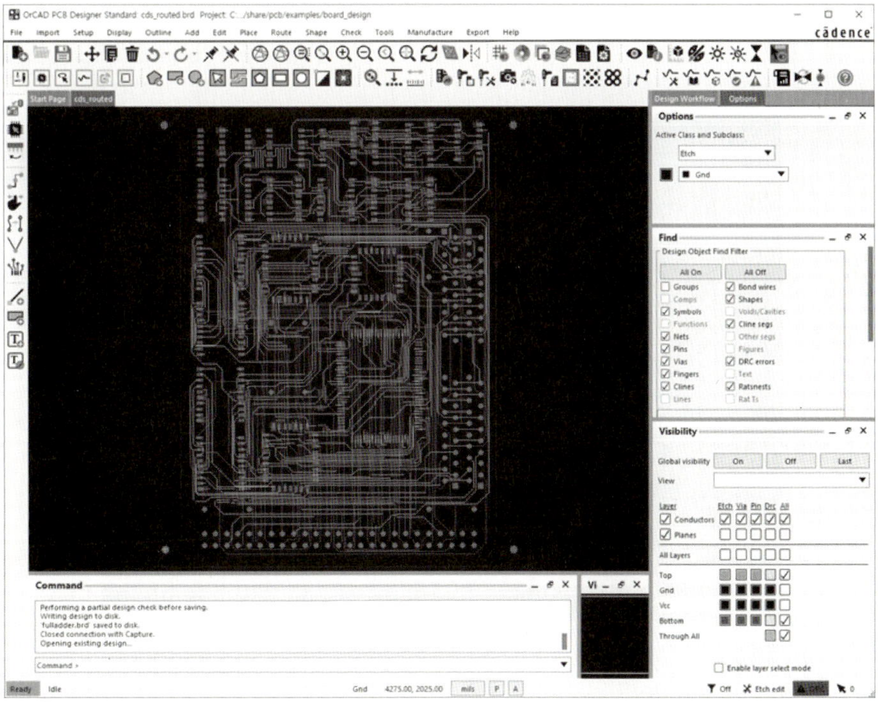

위와 같이 설계된 파일을 열어 PCB 설계 작업을 할 수 있다.

2.2.2 Board Outline 작성

여기서는 새로운 보드 작성내용을 기준으로 보드외곽선을 작성해보자.

우선 메뉴 Outline - Design을 선택하면 Outline을 생성할 수 있는 팝업창이 생긴다. 이 팝업창에서 Board Outline을 Create, Edit, Move, Delete 할 수 있다. 새로운 Board Outline을 생성할 경우 아래 그림과 같이 Create를 선택한 다음 Command창에 좌표 값을 넣거나 원하는 곳에 마우스를 drag하여 그릴 수 있다.

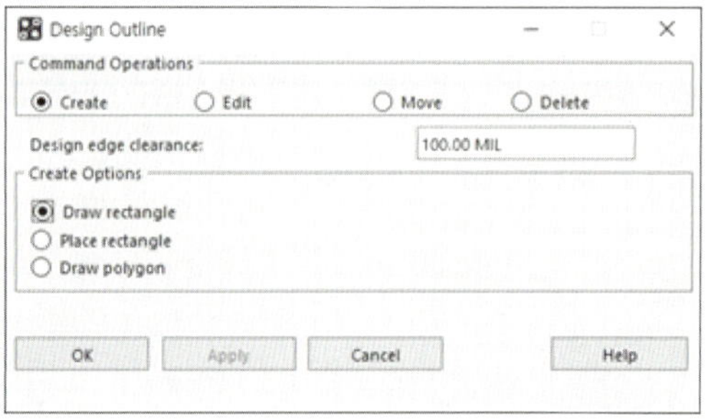

기본적으로 작업하려는 Board의 Outline을 작성할 수 있으며, Outline이 생성되면서 Route keepin(배선 영역)과 Package keepin(부품 영역)이 함께 생성된다. 또는 Mechanical symbol로 만들어진 Outline을 불러와 사용할 수도 있다.

2.2.3 Component Placement(부품배치) 및 Routing(배선)

1) Component Placement(부품배치)

PCB Editor의 배치 도구를 사용하여 최적의 상태로 부품배치가 가능하다. 부품배치는 Manually를 통해 수동배치를 할 수 있으며, Quickplace로도 배치할 수 있다.

그리고 Autoplace로 자동배치가 가능하다. 또한 보드위에 연관이 있는 부품들을 그룹으로 묶을 수 있으며, 일부 그룹으로 편성된 부품들은 배치도구를 사용하여 보드의 특정한 영역에 배치할 수 있다.

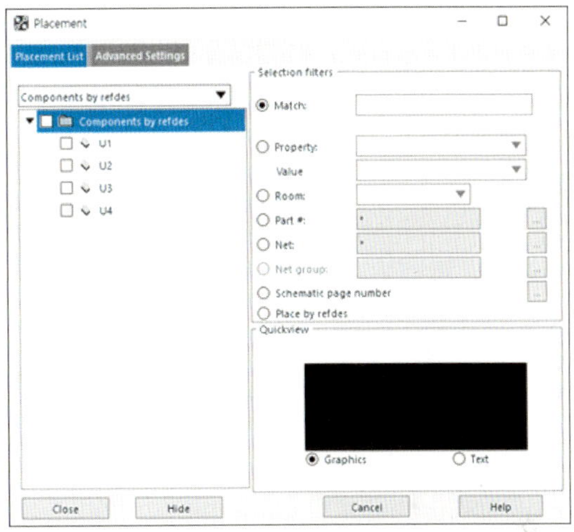

부품을 배치하는 과정은 Place 메뉴의 Component Manually를 선택 또는 Toolbar 을 클릭하면 부품을 배치할 수 있는 팝업 창이 오른쪽 그림과 같이 열린다.

그림처럼 회로도에서 사용한 Reference가 모두 나타나고, 이를 클릭할 때마다 오른쪽 하단 미리보기 창에 Footprint 모양을 볼 수 있다.

PCB의 배선은 수동으로 하거나 자동배선 명령어를 사용할 수 있다. 수동배선을 하는 경우 각각의 트랙을 수작업으로 배선하게 되는데, 이때 배선의 최적화를 위해서 다양한 수동배선 명령을 사용할 수 있다.

자동배선을 하는 경우에 각 배선 과정에서 보드의 일부 영역을 선택한다거나 연결될 네트의 그룹 혹은 단일부품 등을 선정하여 자동배선을 진행할 수 있다.

2) Routing(배선)

배선 작업은 부품의 배치를 완료한 다음 처리하는 과정으로 기본적으로 양면 Board로 하고, Top Layer를 수평으로 하였다면 Bottom Layer는 수직으로 배선한다.

배선 방법은 Route - Connect를 선택하거나 Toolbar에서 클릭하여 배선한다.

다음 그림은 필자가 Route - PCB Router- Route Automatic을 선택한 후 팝업 메뉴에서 Options을 선택한 후 Route를 클릭하여 자동 배선을 실행한 결과이다.

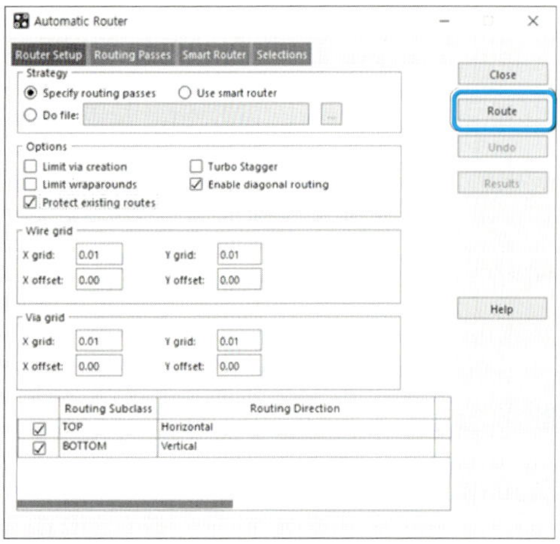

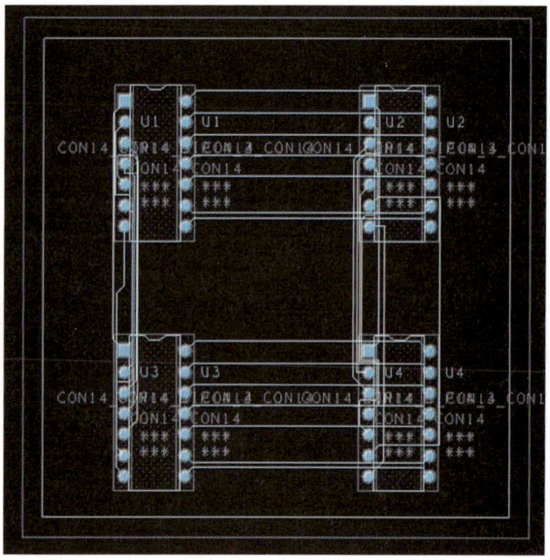

2.2.4 동판영역 설정(Copper Pour)

모든 배치 배선이 끝난 후 Board에 동판 영역을 설정해 준다. 기본적으로 GND 속성으로 Shape를 사용하여 지정한 모양으로 영역을 지정해 준다.

다음 그림은 메뉴에서 Shape - Polygon을 선택 후 Control Panel Option창에 속성을 설정한 후 영역을 지정한 화면을 만들어 보았다.

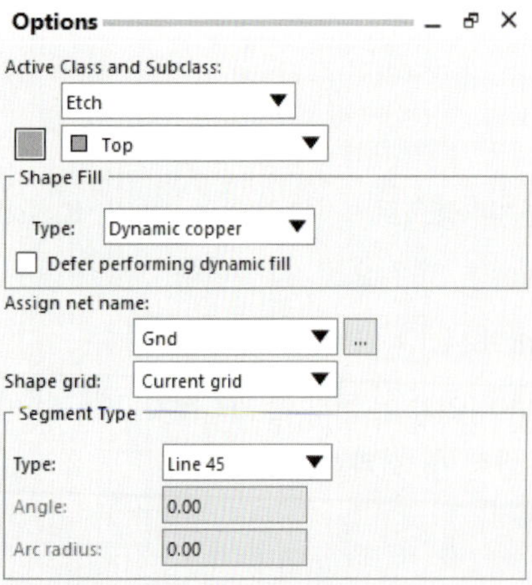

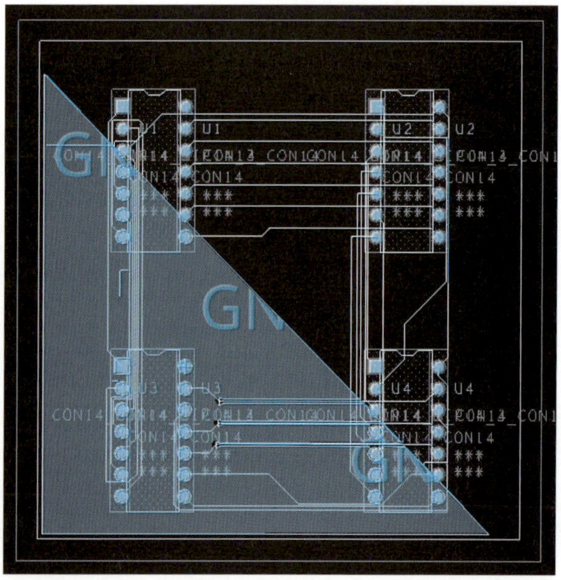

2.2.5 Gerber File 생성하기

먼저 Export 메뉴에서 NC항목을 선택하여 NC data를 생성한 후 Artwork Film을 생성한다. Artwork Film은 Export 메뉴에서 Gerber 항목을 선택하거나 Toolbar에서 클릭하면 아래와 같은 팝업창이 열린다.

그림과 같이 TOP과 BOTTOM은 기본으로 설정되어 있으며, 추가적으로 출력할 Film을 생성한 다음 Create Artwork 클릭하여 Film을 생성한다.

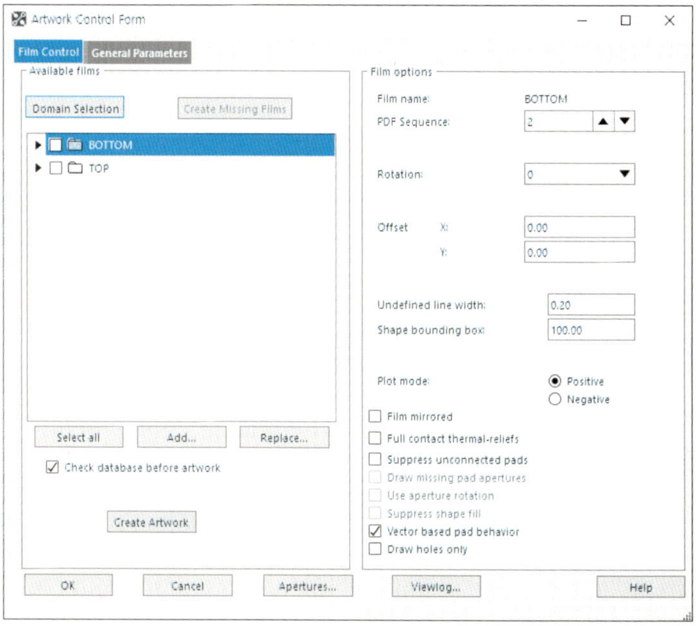

Gerber file의 확장자는 *.art로 Board file을 작업한 폴더에 만들어진 것을 확인할 수 있다.

위의 내용은 PCB Editor 설계 과정을 간단히 요약한 내용으로 Chapter3부터 PCB Editor 설계 과정 및 설계 환경 설정에 대해 알아보도록 한다.

03 설계환경 설정

본 장에서는 보드설계작업을 하기 전 작업환경 설정에 필요한 내용을 학습하도록 한다. 실제로 보드를 설계하는 경우에는 설계 작업창 내부로 부품과 연결선 등을 불러온 다음 단위, Grid, Layer 연관성 설정 및 보드의 레이아웃 등을 정하기 위한 환경설정 작업을 하게 된다.

- PCB Editor Parameter 설정
- Constraints 및 Color 설정
- 그 외 유용한 환경설정

3.1 설계환경 설정

3.1.1 Design Parameters Editor

Design Parameters에서는 설계화면설정 및 기본 설계 환경에 대해 설정한다.

기본 환경설정을 위해 메뉴 Setup - Design Parameters를 선택하거나, 또는 마우스 오른쪽 버튼의 메뉴 Quick Utilities - Design Parameters를 선택한다.

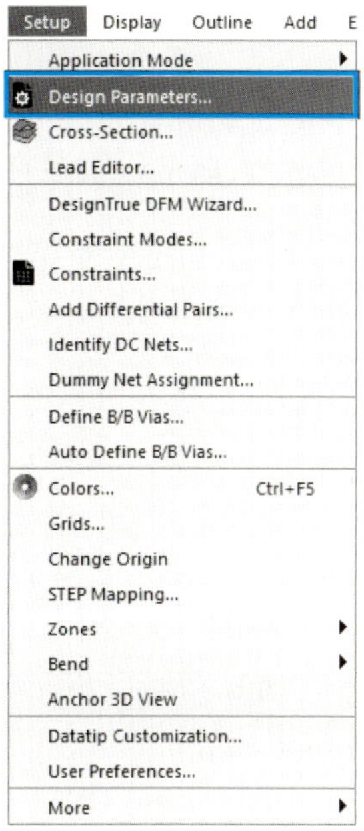

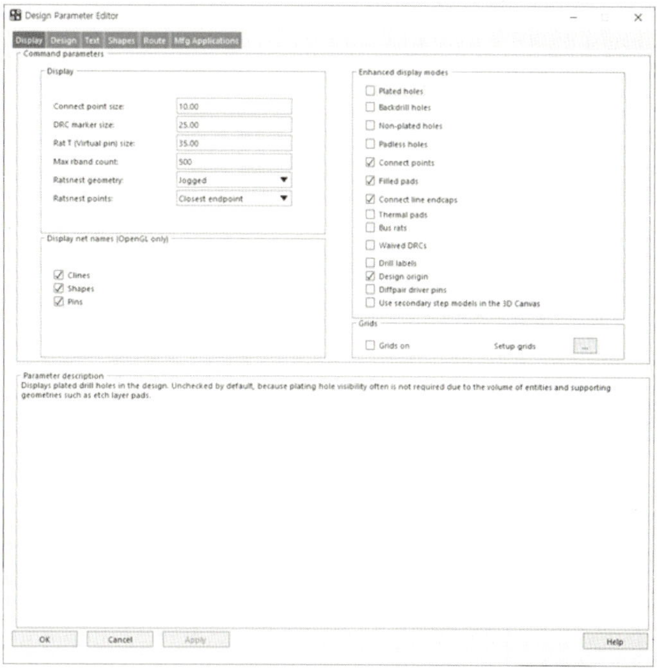

상단의 Tab 순서대로 설정부분에 대해 알아보도록 한다.

1) Display Tab 설정

Display Tab에서는 화면에 표시되어지는 정보들의 크기 및 핀에 관계되는 정보를 설정한다.

Grid는 이 Tab에서 설정을 미리 해두어도 되나 설계시마다 필요한 값으로 설정해야하므로 이 부분에서 바꾸지 않아도 Setup 메뉴의 Grid를 선택하거나 마우스 오른쪽버튼의 Quick Utilities - Grid에서도 변경이 가능하다.

하단의 Parameter description 부분은 마우스가 가까이 가는 항목의 설명을 볼 수 있다.

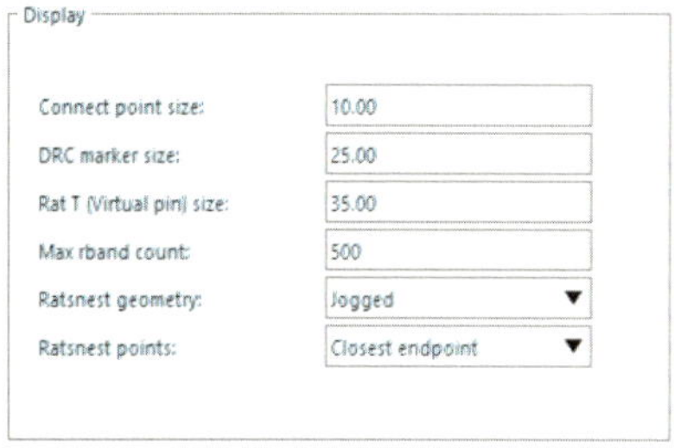

- Connect point size : Cpoint 크기를 설정(설계자 단위 설정에 따라)
- DRC maker size : DRC 크기 설정
- Rat T(Virtual pin) size : Net schedule에서 가상선의 T분기점 설정
- Ratsnest geometry : Ratsnest Display 설정 방법

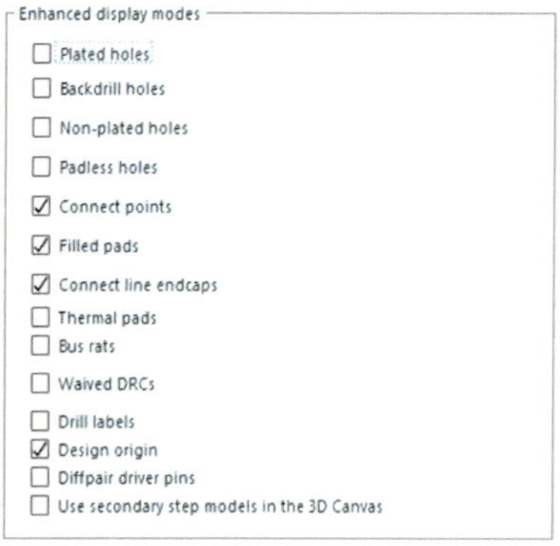

- Plated holes : 도금되는 Hole을 표시
- Non-plated holes : 도금되지 않는 Hole을 표시
- Filled pads : Pad를 색상으로 채워서 표시
- Thermal pads : Negative Plane의 Thermal Relief를 설계화면에 표시
- Bus rats : BUS 속성의 Net을 Bus 형태로 표시
- Waived DRCs : Waived DRC 에러 표시
- Display Origin : 원점을 화면에 표시

Grid 설정은 Display Tab에서 아래 그림과 같이 Setup Grids를 클릭한 후 설정 가능하며, 또는 설계시마다 메뉴 Setup - Grids를 선택하여 설정할 수 있다.

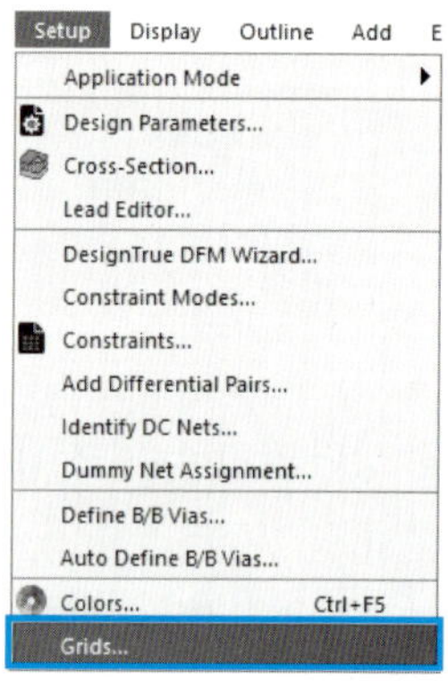

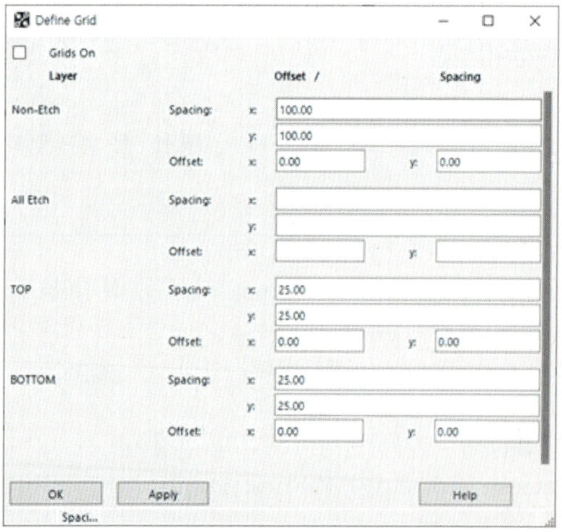

- Non-Etch : 비전기적 속성 부분의 작업 Grid
- All Etch : 전기적 속성 부분의 작업 Grid로 모든 Layer에 동시 적용된다.
- Offset 부분을 입력하여 Grid 위치를 원점 기준이 아닌 다른 위치로 이동 후 사용가능하다.

2) Design Tab 설정

Design Tab에서는 PCB설계 작업의 단위, 설계 보드사이즈, 설계 범위설정 및 원점 이동 등을 설정한다.

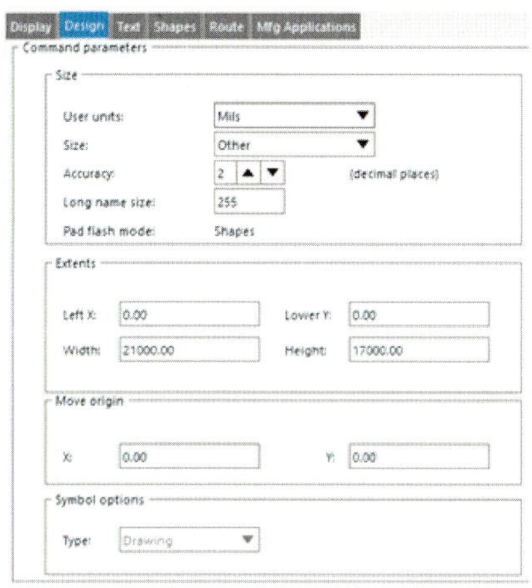

- User Units : 설계 Board 단위 설정
- Size : 설계 Board 크기설정(용지설정)
- Accuracy : 소수점 이하 자릿수설정
- Extents : 설계 범위 확장
- Move origin : 원점을 이동
- Drawing Type : 설계 작업 유형

3) Text Tab 설정

Text Tab은 PCB 설계 작업 시 문자 정렬 및 크기 등을 설정한다.

Setup Text Sizes를 클릭하여 각각의 Text Block에 대한 값들을 볼 수 있으며 수정 또는 추가 설정을 할 수 있다.

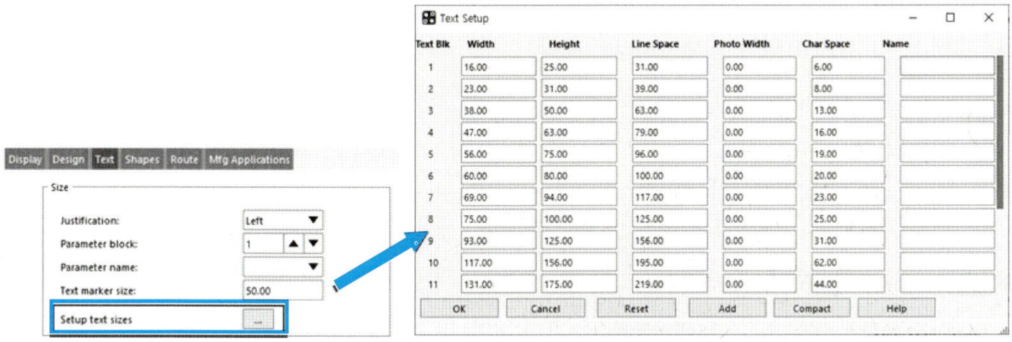

Text Blk	Width	Height	Line Space	Photo Width	Char Space	Name
1	16.00	25.00	31.00	0.00	6.00	
2	23.00	31.00	39.00	0.00	8.00	
3	38.00	50.00	63.00	0.00	13.00	
4	47.00	63.00	79.00	0.00	16.00	
5	56.00	75.00	96.00	0.00	19.00	
6	60.00	80.00	100.00	0.00	20.00	
7	69.00	94.00	117.00	0.00	23.00	
8	75.00	100.00	125.00	0.00	25.00	
9	93.00	125.00	156.00	0.00	31.00	
10	117.00	156.00	195.00	0.00	62.00	
11	131.00	175.00	219.00	0.00	44.00	

Text Block은 1에서 16단계까지 기본적으로 구성되어 있으며, 특정 Block의 문자의 폭(Width), 글자 높이(Height), 줄간격(Line Space) 등을 설정할 수 있다.

4) Shape Tab 설정

Shape Tab은 Shape(Copper) 속성 및 Shape Void 속성 및 Shape Type에 대한 설정을 할 수 있다.

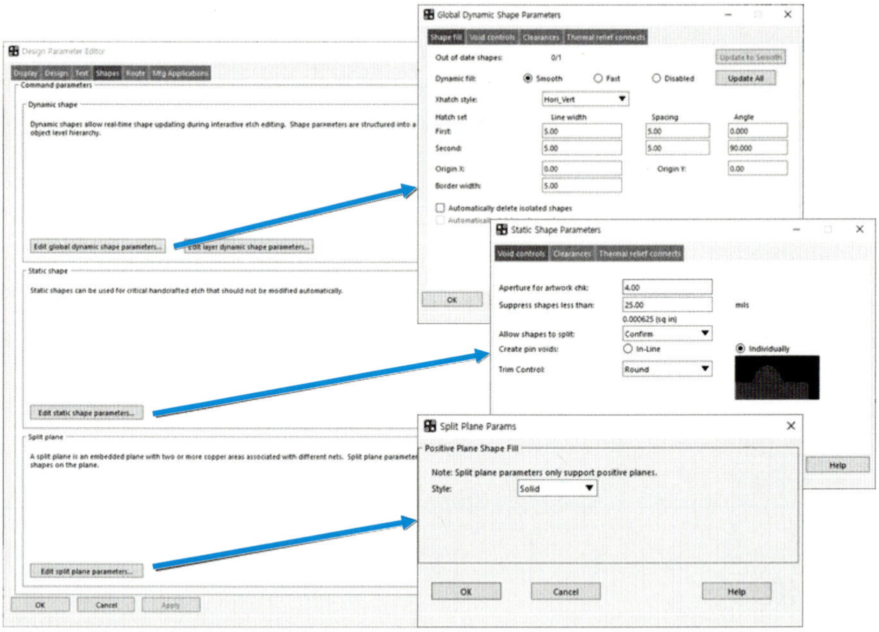

◆ Edit global dynamic shape parameters

: Dynamic Shape에 대한 Clearance 및 Thermal relief 등에 대한 설정을 한다.

◆ Edit layer dynamic shape parameters

: Dynamic Shape에 대한 Clearance 및 Thermal relief 등에 대한 설정을 Layer 별로 설정한다.

◆ Edit static shape parameters

: Static Shape에 대한 Clearance 및 Thermal relief 등에 대한 설정을 한다.

◆ Edit split parameters

: Split plane의 Fill style에 대해 설정을 한다.

5) Route 설정

Route Tab에서는 배선 및 배선 수정 등에 대해 설정한다. 각 폴더를 선택하여 관련된 속성들을 설정할 수 있다.

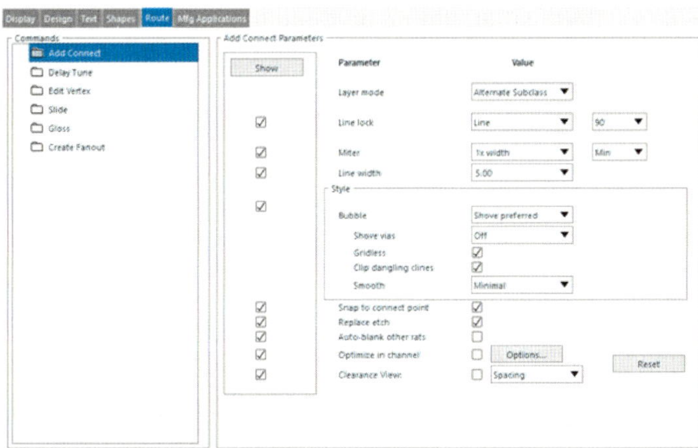

◆ Add Connect
: Show의 Check box에 따라 Control Panel에 표시되어지며, 배선 시 관련된 속성을 설정한다.

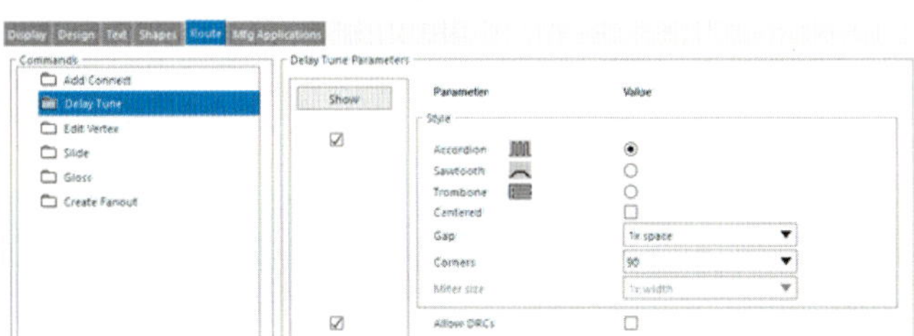

◆ Delay Tune
: 배선 Delay Tune의 관련 배선 형성 및 Gap 등을 설정한다.

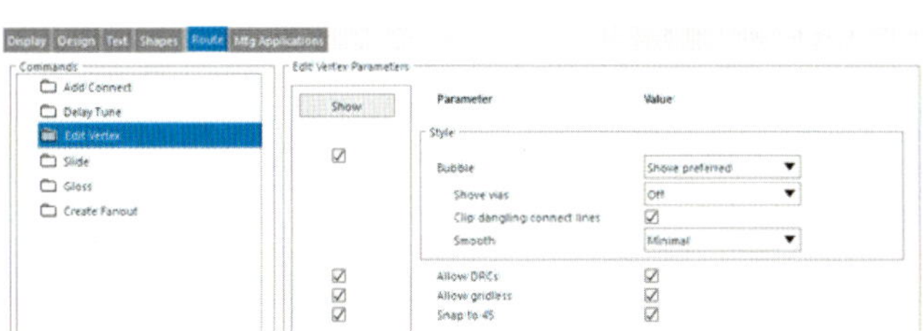

◆ Edit Vertex
: 배선 충돌 시 처리 방법 및 비아 이동 허용 등 배선 시 관련 속성을 설정한다.

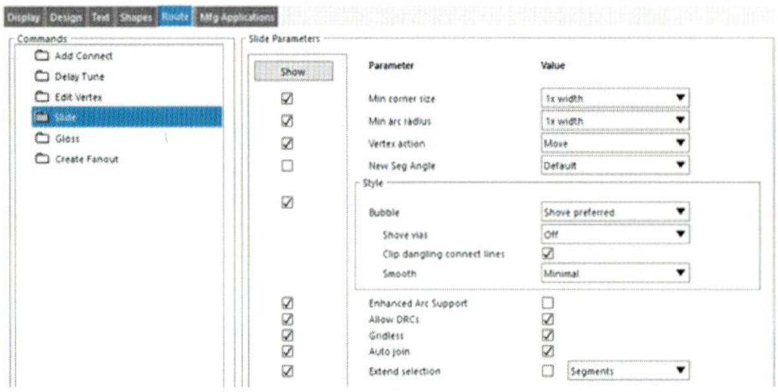

◆ Slide

: 배선 후 배선 이동 (수정)에 관련된 속성을 설정한다.

이와 같이 Route Tab에서 배선작업 환경설정을 할 수 있으며, 이 Tab에서 굳이 설정하지 않아도 설계시마다 필요한 값으로 설정하여 설계할 수 있다.

6) Mfg Applications 설정

Mfg(Manufacturing) Applications Tab에서는 Testpoint 생성 및 Thieving 생성과 치수 기입 등에 필요한 속성들을 설정한다.

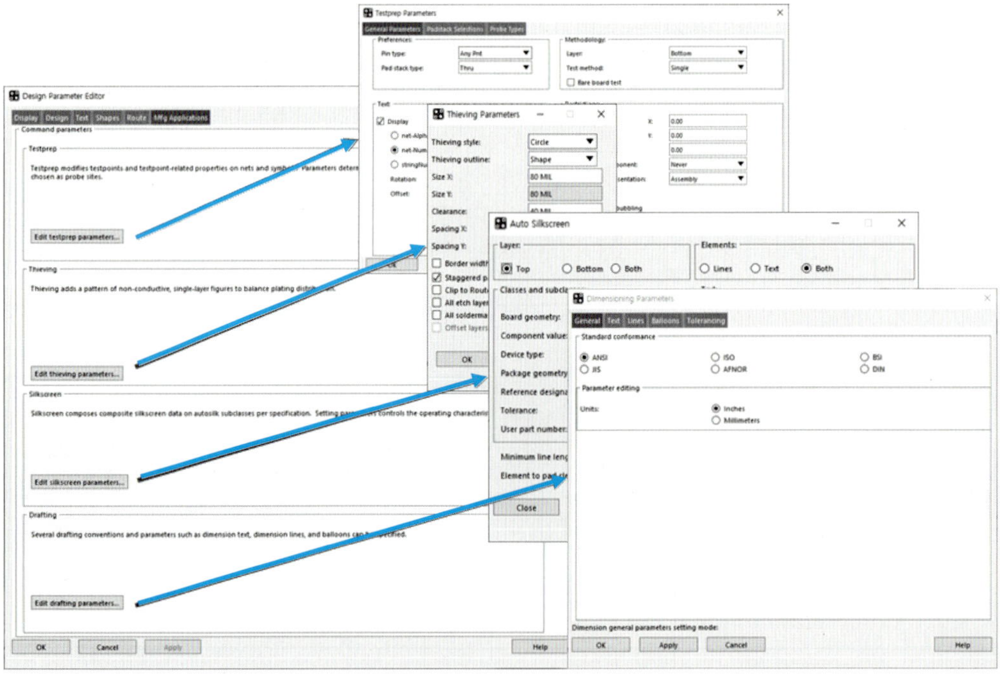

3.1.2 Cross-section 설정

PCB 설계과정에서 Layer 설정에 관한 기능이며, 메뉴 Setup - Cross-section을 선택하거나 (Xsection) 아이콘을 클릭한다. Layout Cross Section창이 열리며 기본적으로 양면으로 구성되어 있다.

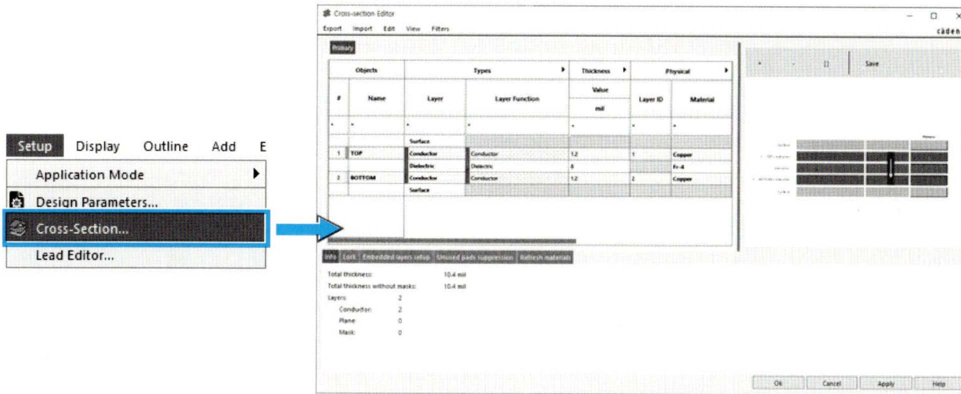

Layer를 추가할 경우 다음과 같이 Subclass Name의 Top을 선택 후 마우스 오른쪽 버튼 팝업메뉴 중 Add Layer Pair Below나 Add Layer Below를 선택하여 Layer를 추가할 수 있다.

PCB 4층 설계 시 Layer 4개를 추가한 후 내층을 각각 GND 및 VCC로 입력 후 Type을 PLANE으로 설정하여 Multi Layer를 설계할 수 있다.

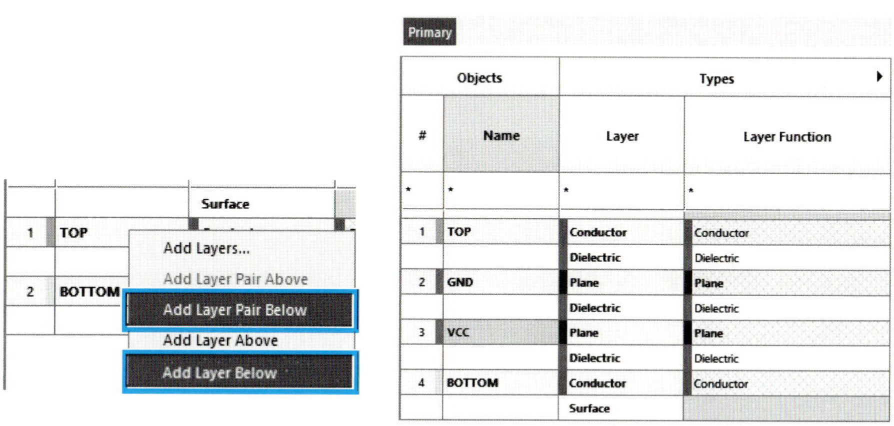

3.1.3 Color / Visibility(Color 192) 설정

기본적으로 모든 Color가 on되어 모든 부품의 정보가 설계 창에 Display 된다.

설계 화면이 복잡하고 서로 중복이 되어 작업에 불편하므로 설계 상황에 맞는 Layer Color를 visible 상태로 설정할 수 있다.

Setup 메뉴에서 Colors를 선택하거나 Toolbar (color192) 아이콘을 선택하여 다음 그림과 같은 Color Dialog 창을 연다.

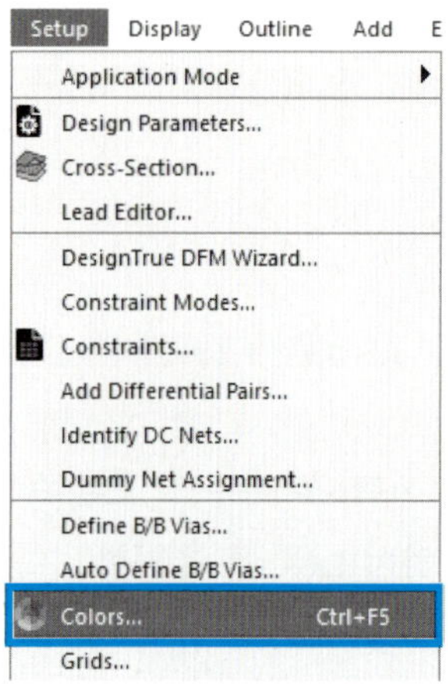

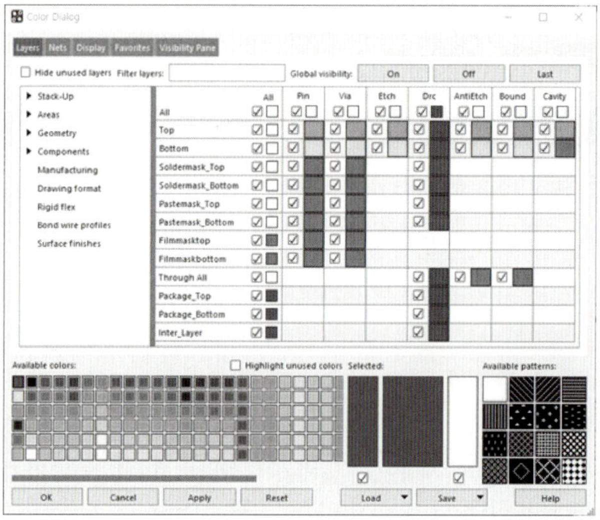

Color Dialog 창에서 원하는 Subclasses를 check 하여 설계화면에 Display 할 수 있으며, 하단의 Color Palette창에서 원하는 생상을 선택한 후 변경하고자 하는 Subclasses의 Color box를 클릭하면 색을 변경할 수 있다.

만약 특정 Net에 색을 부여하고자 하는 경우 다음 그림과 같이 Nets를 선택한 후 각각의 Net에 색을 설정할 수 있다.

예를 들어 Vcc에 빨간색으로 설정할 경우 Color Palette에서 색을 선택 후 Vcc의 Color Box를 선택하여 색을 부여할 수 있다.

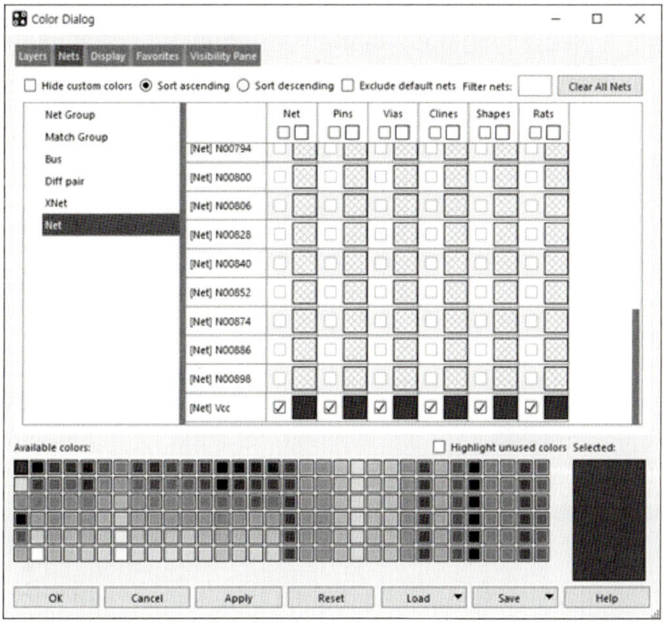

3.1.4 Constraints 설정

Constrains 설정은 보드설계의 Design Rules Check에 대한 설정이다. 기본적으로 배선두께, Via 설정 및 아이템별 이격거리에 대한 Design Rules 설정하며, 보드 설계 중 Constains Rules에 위배되는 부분에 DRC 마크가 표시된다.

DRC 마크의 오류 내용은 Show Element 기능이나 또는 Tool 메뉴의 Report 기능에서 확인할 수 있다.

다음 그림과 같이 Setup 메뉴 Constrains를 선택하거나 Toolbar에서 (Cmgr)선택한다.

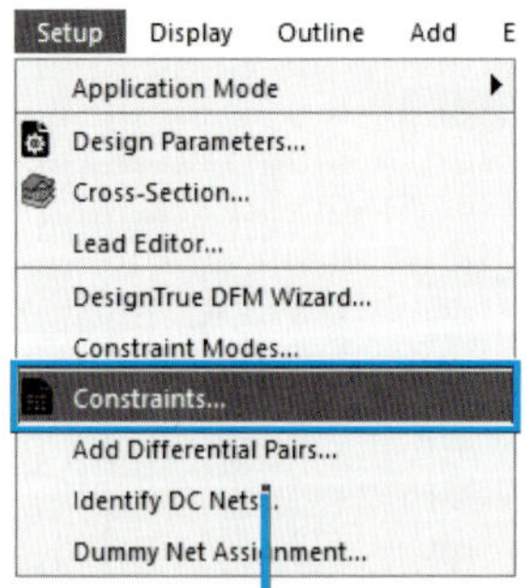

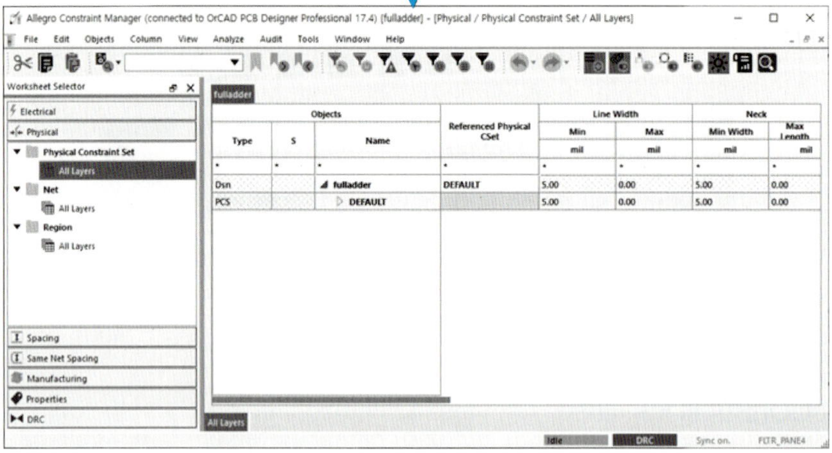

◆ Electrical : 전기적 속성을 가진 배선의 임피던스, 배선 길이 등을 설정한다.

◆ Physical : 전기적 속성을 가진 배선 폭 및 Via 등을 설정한다.

◆ Spacing : Line, Pin, Via 및 동박 등의 아이템별 간격 rule을 설정한다.

◆ Same Net Spacing : 같은 속성을 가진 아이템들의 간격 rule을 설정한다.

◆ Manufacturing : PCB 제조에 관한 속성을 가진 아이템들의 간격을 설정한다.

Constraints Setup은 3부의 예제를 통해 자세히 실습하도록 한다.

3.2 사용자 환경 설정

3.2.1 User Preference 설정

User Preference는 작업을 유용하게 해주는 사용자 환경설정이다.
이 환경설정은 Setup 메뉴에서 User Preferences를 선택하여 설정할 수 있다.

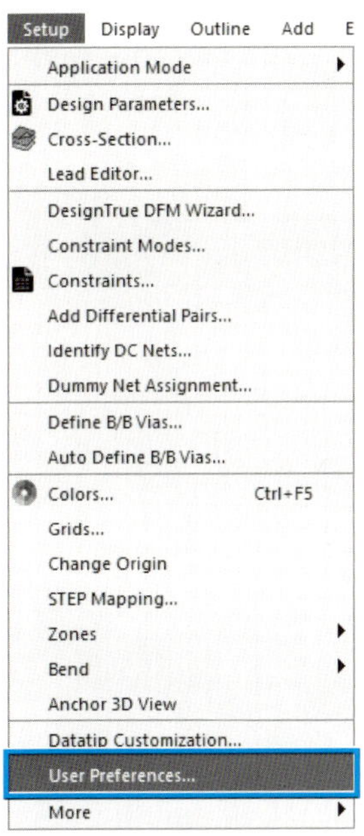

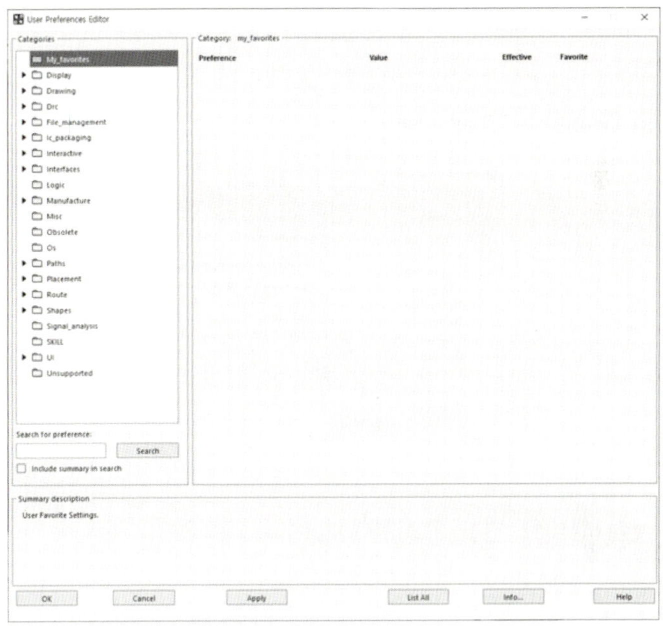

필자가 몇 가지만 예를 들어 다음 그림과 같이 설정을 해보겠다.

① Display - Cursor

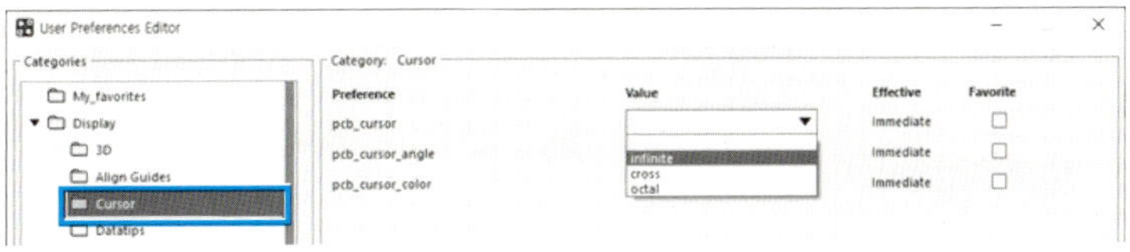

Cursor 모양을 십자 포인트나 풀 스크린으로 설정한다.

② Display - Opengl

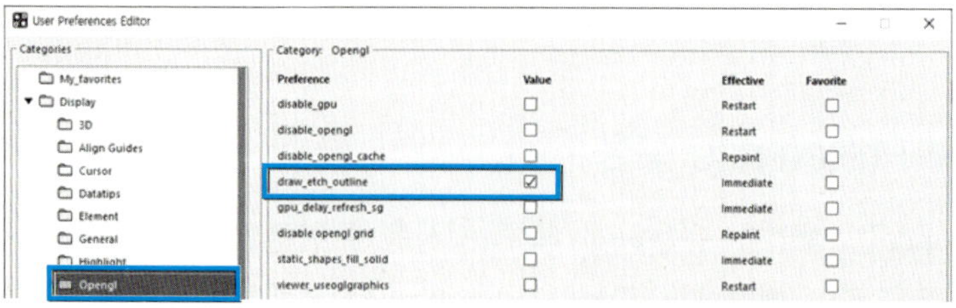

Etch의 Outline 선을 표시한다.

③ Display - Shape fill

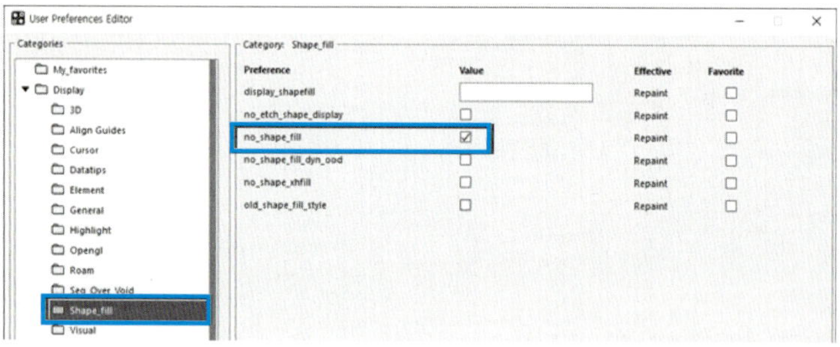

점 형태로 면을 표시한다.

④ Display - Visual

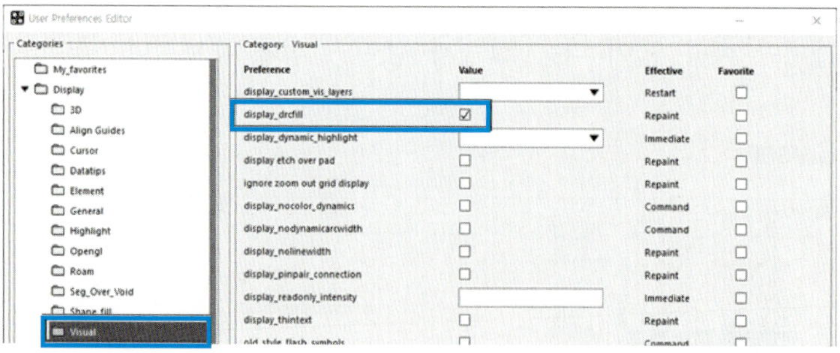

DRC Marker 내부를 채워서 표시한다.

⑤ Drawing

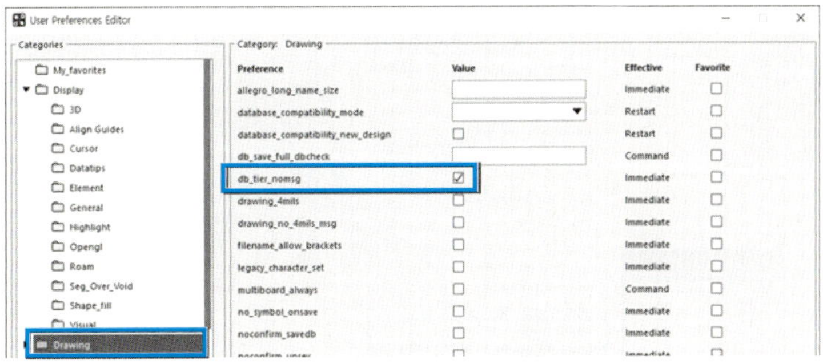

DB Warning 메시지 경고창이 나타나지 않도록 설정한다.

⑥ File_management - Autosave

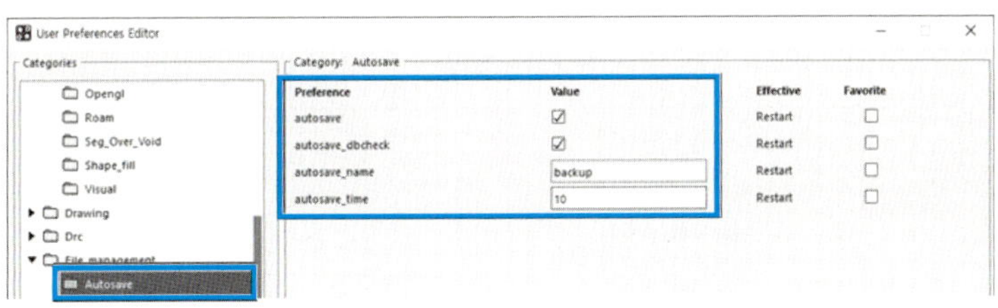

Backup이란 이름으로 10분 간격으로 자동 저장할 수 있다.

⑦ Paths - Library

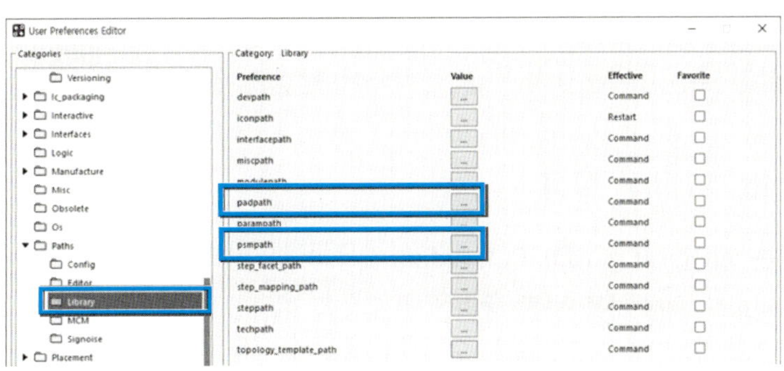

Pad(*.psd)와 Package Symbol(*.pad, *.fam, *.ssm, *.osm, *.bsm)의 경로를 추가한다. [...] 를 클릭하여 새로운 경로를 추가 또는 삭제할 수 있다.

⑧ Route - Connect

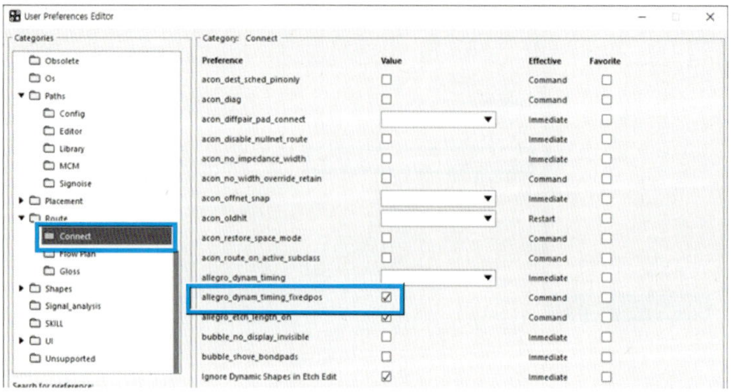

Routing 작업시 현재 길이를 표시해준다.

⑨ Ui - Input

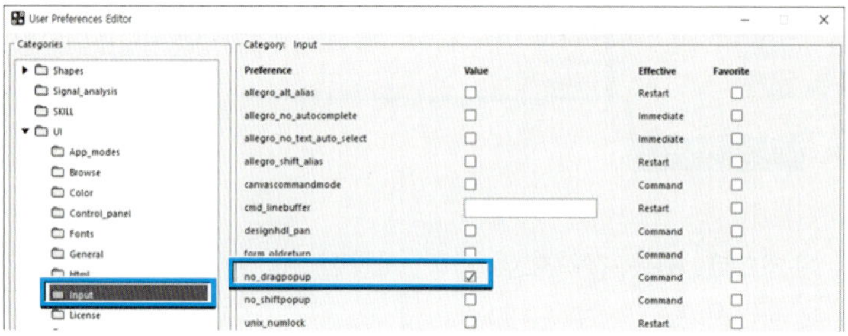

키보드의 Ctrl 키를 누르지 않고 마우스 오른쪽 버튼으로 Stroke 기능을 사용할 수 있다. 이와 같이 설정 후 Apply 버튼을 클릭하여 설정을 완료한다.

3.2.2 Stroke Editor 설정

Stroke 기능은 Allegro(OrCAD) PCB Editor에서 아주 편리한 기능 중 하나이다.

초기상태는 키보드 Ctrl 키를 누른 상태에서 오른쪽 버튼을 클릭하여 지정된 명령이 실행되며. 만약 Ctrl 키를 누르지 않은 상태에서 실행 가능 하도록 하기 위해서는 앞서 배운 User Preference 설정 부분에서 no_dragpopup를 Check한 후 사용한다.

메뉴 Setup - User Preference

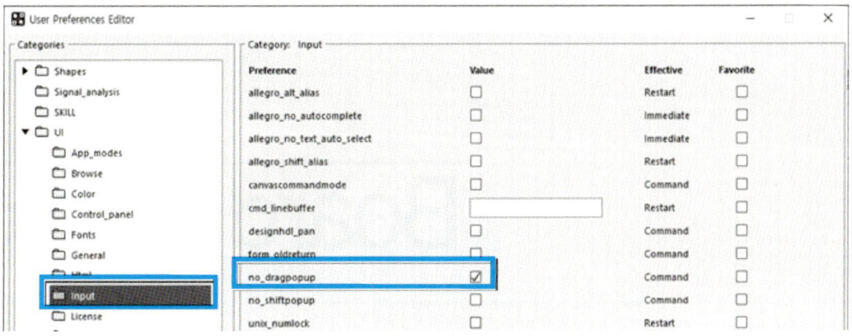

Tool메뉴에서 more - Stroke Editor를 실행한다.

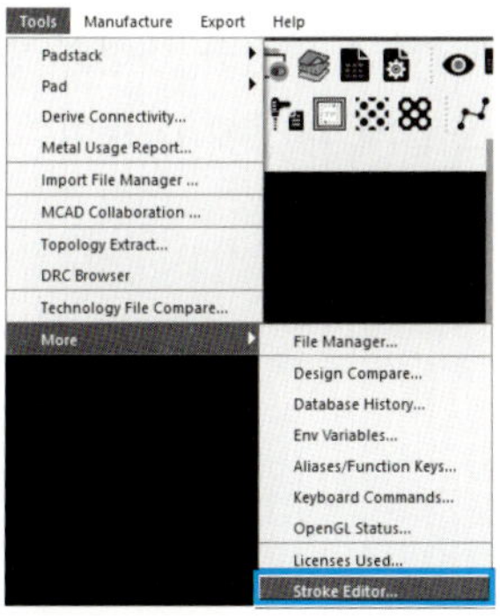

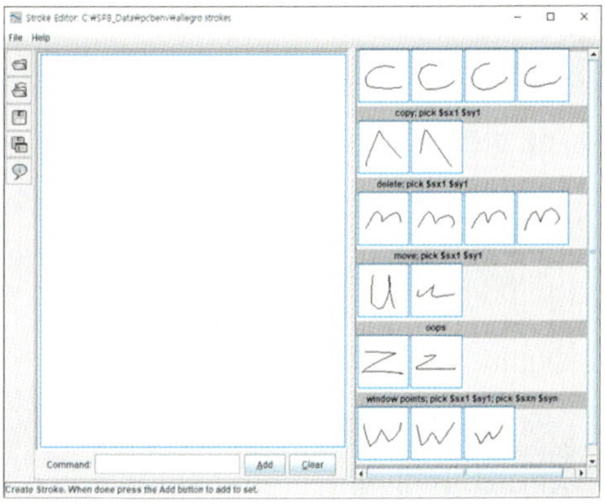

기본적으로 제공되는 Stroke는 move(이동), copy(복사), delete(삭제), windows world(전체 화면), windows point(확대), oops(실행취소)가 있다.

Stroke 추가방법은 빈 화면에 Stroke를 그린 후 하단의 command창에 명령을 넣은 후 Add 클릭하여 설정할 수 있다.

[추천 Stroke]

〈color 192〉

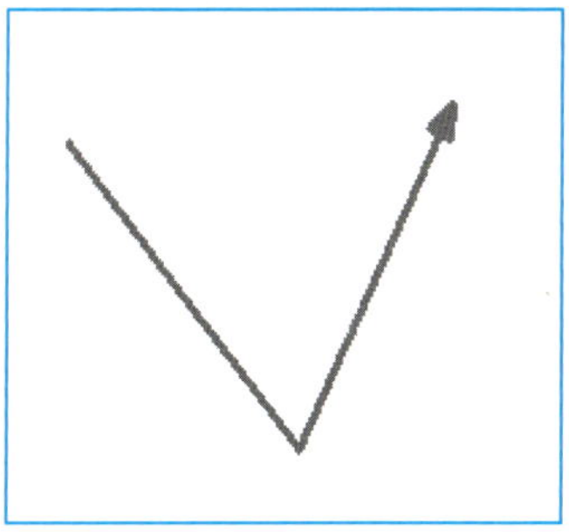

〈define grid〉

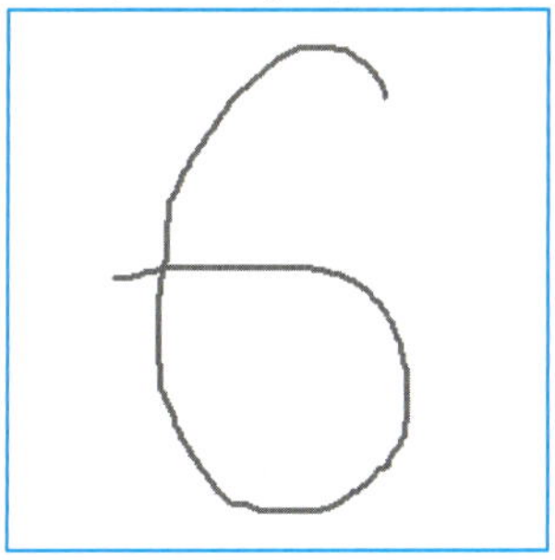

04 Board Design

본 장에서는 Board Outline과 Mechanical symbol을 제작하는 과정을 대하여 알아보고 이런 과정을 통하여 만들어진 Template를 이용한 새로운 보드설계 과정에 대하여 학습해 보도록 하자.

본 장의 내용을 통하여 학습하게 될 내용은 다음과 같다.

- Board Outline 작성 방법
- Board Mechanical Symbol의 작성 방법
- 새로운 Board 설계 방법
- Board Linear Dimensions 추가 방법

4.1 Board Mechanical Symbol 작성

다음과 같이 실습 예제를 통해 Board Mechanical symbol을 제작한 후 다른 Project 작업 시 사용하여 Design 시간을 단축할 수 있어 설계를 용이하게 해준다.

4.1.1 New Board Mechanical Symbol

실습예제 4-1

시작메뉴에서 OrCAD PCB Editor를 실행한 후 아래 순서와 같이 진행한다.

① 메뉴 File - New를 선택하여 아래와 같이 New Drawing 창을 실행한다.

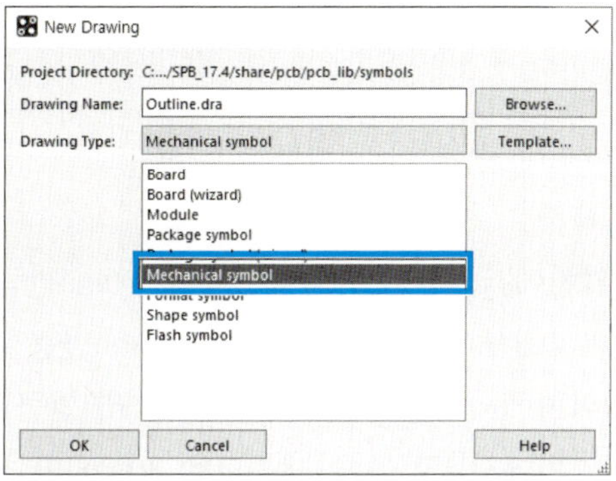

위 그림과 같이 Drawing Type을 Mechanical symbol로 설정한 후 Drawing Name은 Outline을 입력한다.

Project Directory(저장 경로)는 [Browse...] 버튼을 선택하여 기본 Library 경로로 설정한 후 OK 버튼을 클릭한다.

② 새로운 보드파일 생성 시 나타나는 Create a New Design 창에서 다음 그림과 같이 설계 단위, 설계창 Size, Origin 등을 설정한다.

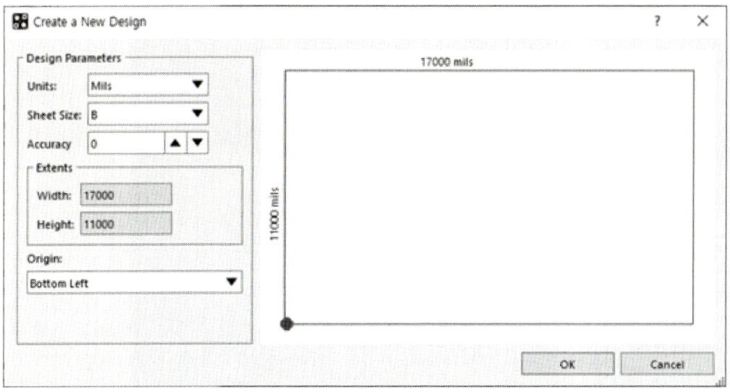

- ◆ Units : Mlis
- ◆ Size : B
- ◆ Accuracy : 0
- ◆ Orgin : Bottom Left

③ 기본 환경 설정 후 Board Outline 작성을 위해 메뉴 Shape - Polygon을 선택하거나 아이콘을 클릭한다.
설계 창 오른쪽 Control Panel의 Option에서 Active Class와 Subclass를 다음 그림과 같이 Board Geometry / Design_Outline으로 설정한다.

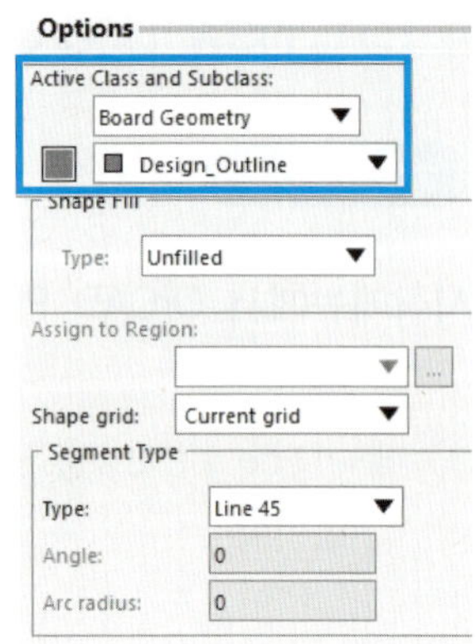

④ Options 설정 후 Command 창에 아래 좌표를 차례대로 입력하여 Outline을 작성한다.

x 300 0 Enter↵ (절대좌표로 먼저 시작한다.)
ix 1700 Enter↵ (현재위치에서 x방향 오른쪽으로 1700mil만큼 그려준다)
iy 2000 Enter↵ (현재위치에서 y방향 위쪽으로 2000mil만큼 그려준다)
ix -1700 Enter↵ (현재위치에서 x방향 왼쪽으로 1700mil만큼 그려준다)
iy -300 Enter↵ (현재위치에서 y방향 아래쪽으로 300mil만큼 그려준다)
ix -300 Enter↵
iy -1400 Enter↵
ix 300 Enter↵
iy -300 Enter↵

위 그림과 같이 좌표를 입력 후 마우스 오른쪽 버튼 팝업 메뉴에서 Done(F6)을 선택하여 Outline 작성을 완료한다.

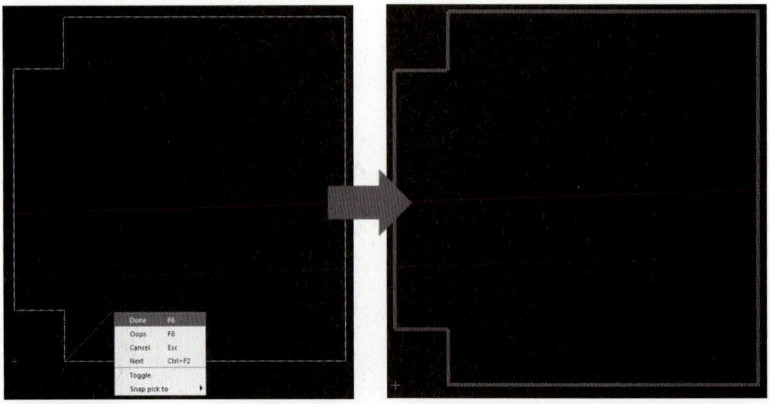

⑤ 기구 홀 배치하기

메뉴 Layout - Pins을 선택하거나 Toolbar의 아이콘을 클릭한다. 설계 창 오른쪽 Control Panel의 Option에서 Padstack 클릭하여 기구 홀 hole120(약 3mm)을 불러온다.

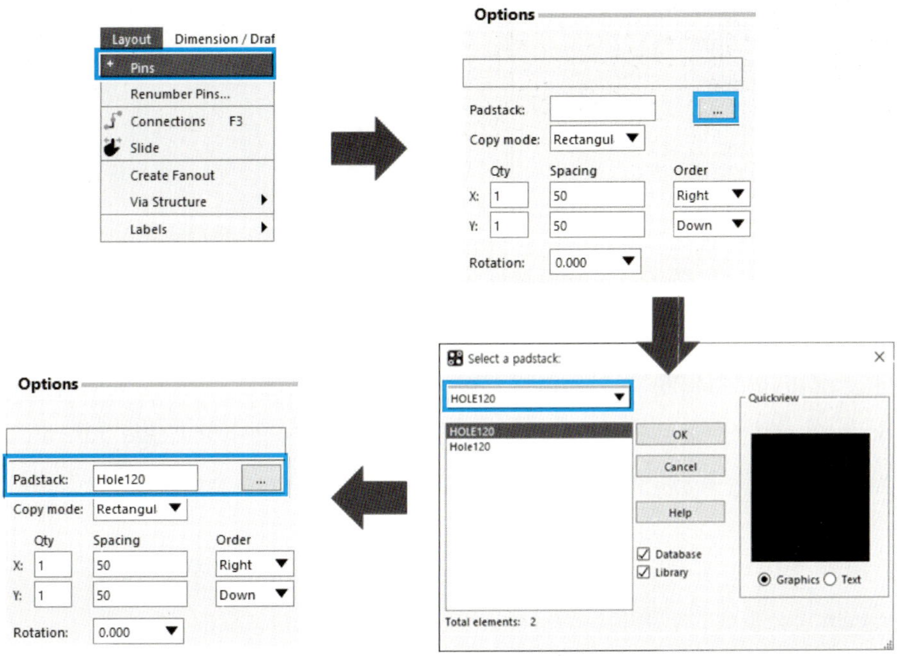

위의 그림과 같이 Options에서 Hole120 Padstack을 불러오면 마우스 커서에 기구 홀이 붙어있는 것을 볼 수 있으며, 원하는 위치에 직접 배치를 하거나 또는 Command창에 좌표를 입력하여 기구 홀을 배치할 수 있다.

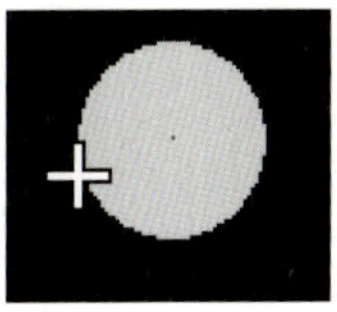

4-1 실습예제에서는 Command창에 좌표를 넣어 Hole120을 배치하도록 한다.

다음 좌표들을 차례대로 Command 창에 입력한다.

x 200 500 Enter↵ / x 1800 200 Enter↵ / x 1800 1800 Enter↵ / x 200 1500 Enter↵ 입력한 뒤 마우스 오른쪽 버튼 팝업 메뉴의 Done(F6)를 클릭하여 기구홀 배치를 완료한다.

```
Using 'HOLE120.pad'.
Command > x 200 500
last pick:  200.00  500.00
Using 'HOLE120.pad'.
Command > x 1800 200
last pick:  1800.00  200.00
Using 'HOLE120.pad'.
Command > x 1800 1800
last pick:  1800.00  1800.00
Using 'HOLE120.pad'.
Command > x 200 1500
last pick:  200.00  1500.00
Using 'HOLE120.pad'.
Exiting from Add Pin.
```

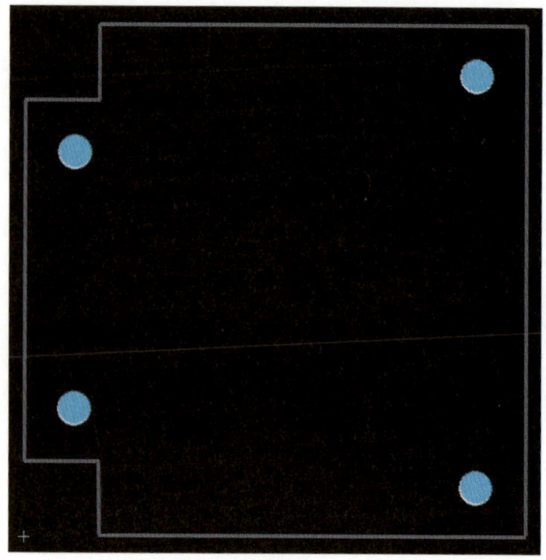

⑥ Package Keepin/ Route Keepin Areas 설정하기

Package와 Route Keepin 영역을 정의하여 부품 배치와 Signal routing 작업에 이용할 수 있는 Board의 제한영역 내에서 작업을 가능하게 한다. 여기서 Package Keepin Area는 Placement 시 배치가 허용되어지는 영역을 말하며 All Placement layer에 대해서만 정의되어진다.

부품 허용 영역 작성 전 메뉴 Setup -Grid를 선택하여 Grid를 설정한다.

(Non-etch : x 100 / y 100)

Grid 설정 후 메뉴 Setup - Areas - Package Keepin을 선택한다.

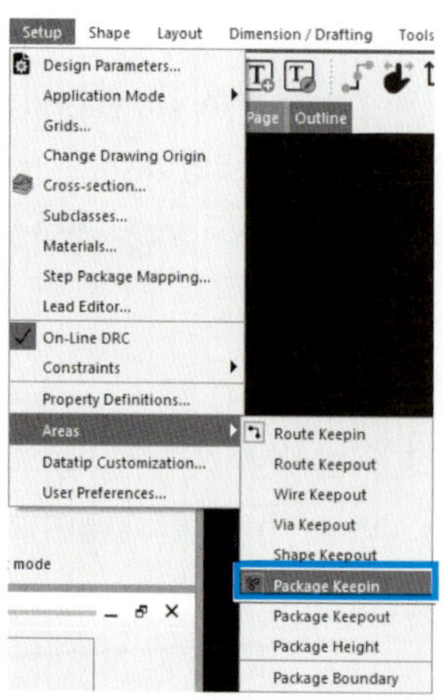

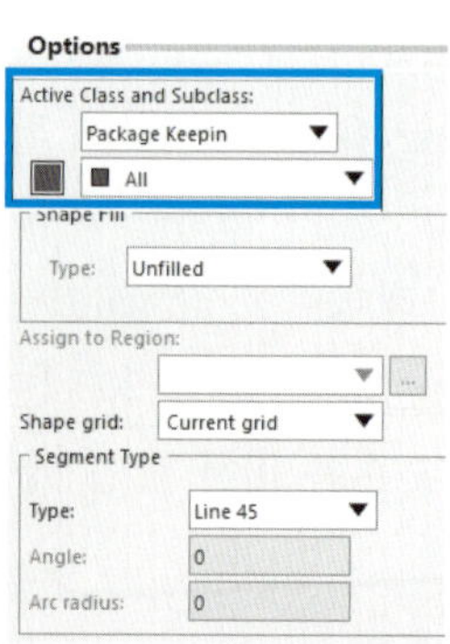

Control Panel의 Options은 자동으로 Active Class and Subclass 부분이 Package Keepin / All로 설정된다.

다음 그림과 같이 설정된 Grid를 따라 Outline에서 100mil 안쪽으로 그려준다.

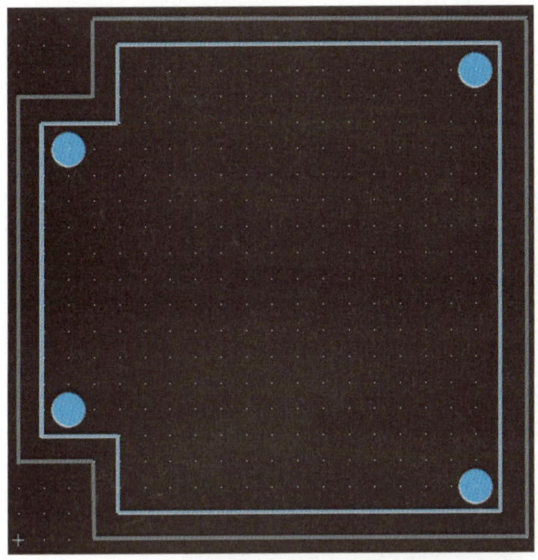

Board Outline은 직접 그려야 하지만 Package Keepin 과 Route Keepin 영역의 경우 위의 그림처럼 직접 그려도 무방하며, 또는 Edit 메뉴의 Z-Copy Shape 기능을 이용하여 작성할 수 있다. Z-Copy Shape 기능은 Grid 값을 변경하지 않아도 원하는 Size 및 Outline과 같은 모양으로 영역을 지정할 수 있어 편리하다.

이와 같은 방법으로 Route Keepin 영역은 Z-Copy Shape 기능을 이용하여 작성하도록 한다.

Route Keepin 영역은 Routing 시 배선 및 동박이 허용되는 영역을 말하며, 이 영역은 All etch layer에 대해서만 정의된다.

메뉴 Edit - Z-Copy Shape를 선택한 다음 Control Panel의 Option Tab에서 다음 그림과 같이 설정한다.

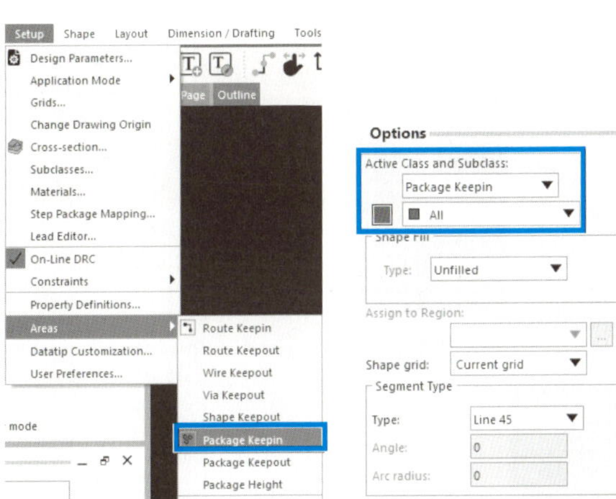

Copy to Class/Subclass : ROUTE KEEPIN / ALL을 설정 후 Size에서 Contract(축소)를 선택한 다음 Offset 값을 50으로 입력한다.

다음 그림과 같이 Options 설정 후 기준이 될 line(Outline)을 클릭하여 Board Outline 안쪽으로 50mils 축소 복사되어진 Route Keepin 영역을 확인할 수 있다.

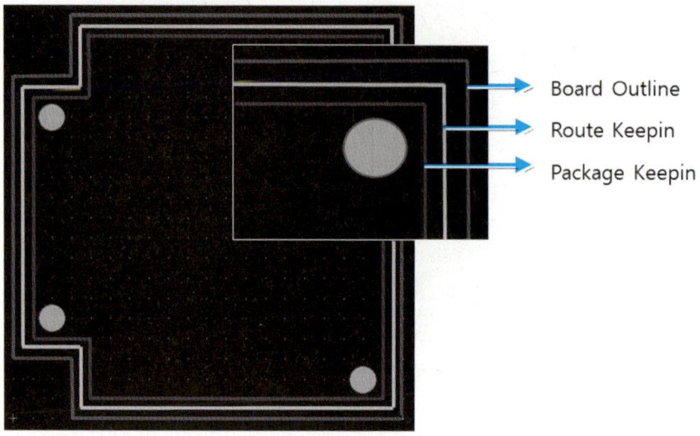

⑦ 다음은 기구 홀 Hole120 부분에 Route Keeout영역을 설정하도록 한다.

기구 홀의 경우 흔히 볼트로 고정되는 경우가 많기 때문에 배선 시 기구 홀 주의를 가깝게 지나가기도 한다. 볼트를 조립하는 과정에서 패턴에 닿아 오작동을 방지하기 위해 기구 홀 부분에 배선하지 않도록 배선 금지 영역을 설정한다.

Grid 설정은 Non etch부분을 x : 100 / y : 100으로 설정한다.

메뉴 Setup - Area - Route Keepout을 선택하고 Control Panel의 Option 부분에서 Active Class and Subclass부분이 Route Keepout / All로 자동 설정되었는지 확인한다.

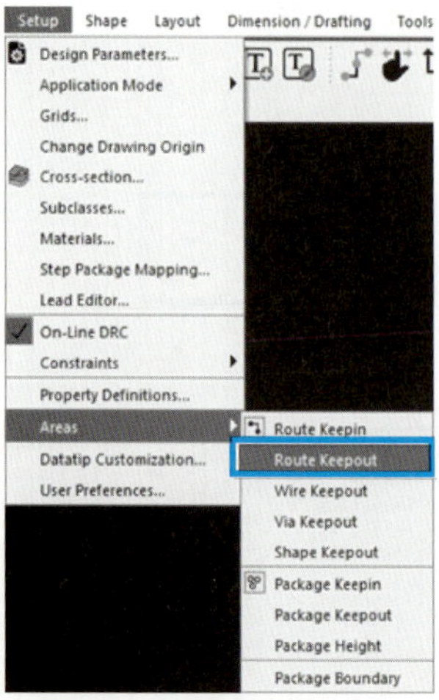

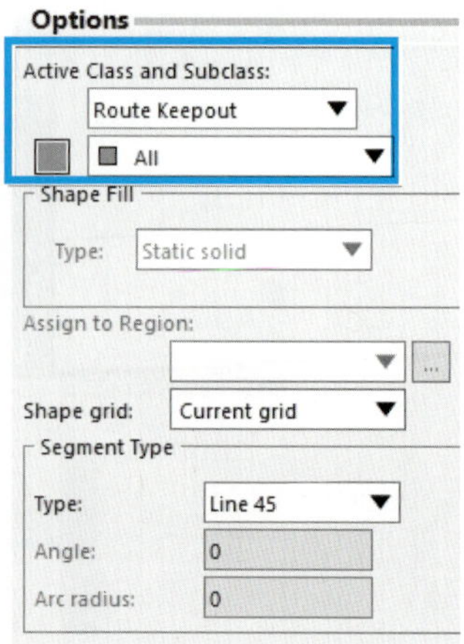

아래 그림과 같이 Hole120 주위를 설정된 Grid 값에 따라 Rectangle(사각형)을 그려준다.

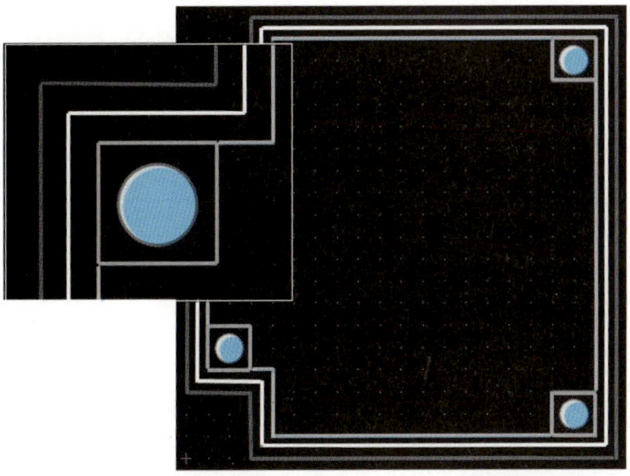

나머지 네모서리의 기구 홀 부분도 배선 금지 영역을 작성 후 Done(F6)키를 클릭하여 완료한다.

⑧ Dimensions 작성 전 Board Outline의 모서리 부분의 모따기 작업을 한다. Design_Outline은 Shape 속성이기 때문에 모따기 작업 시 메뉴 Setup – Application Mode – Shape Edit를 선택한 후 Control Panel의 Option에서 Coners에서 Chamfer를 선택하고 Trim을 설정한다.

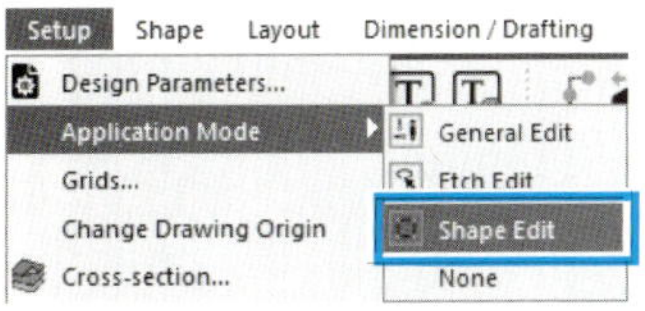

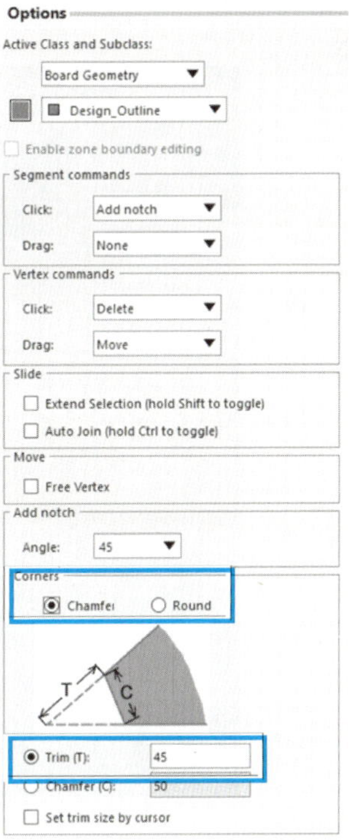

■ Corners

- Chamfer : Outline을 경사진 모서리로 작업 시 설정
    · Trim / Chamfer : Chamfer 작업 시 길이 설정
- Round : Outline을 둥근 모서리로 작업 시 설정
    · Trim / Radius : Round 작업 시 길이 설정

Outline의 Segment의 교차지점을 클릭 하거나 마우스 오른쪽 버튼 팝업메뉴의 Trim Corner를 선택하면 Outline 모서리가 깎여지게 된다.

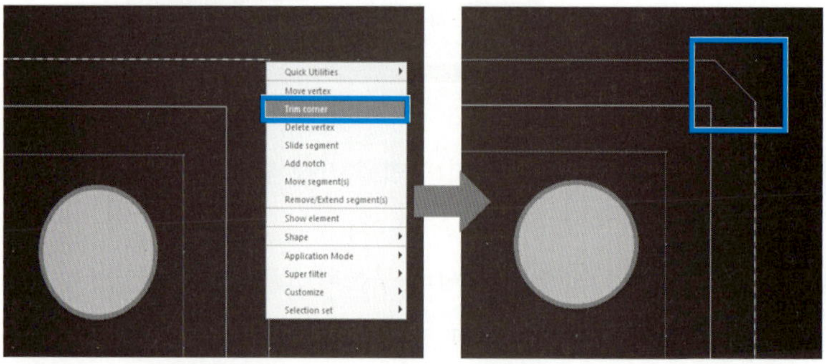

필자는 위의 방법으로 아래와 같이 실행하였다.

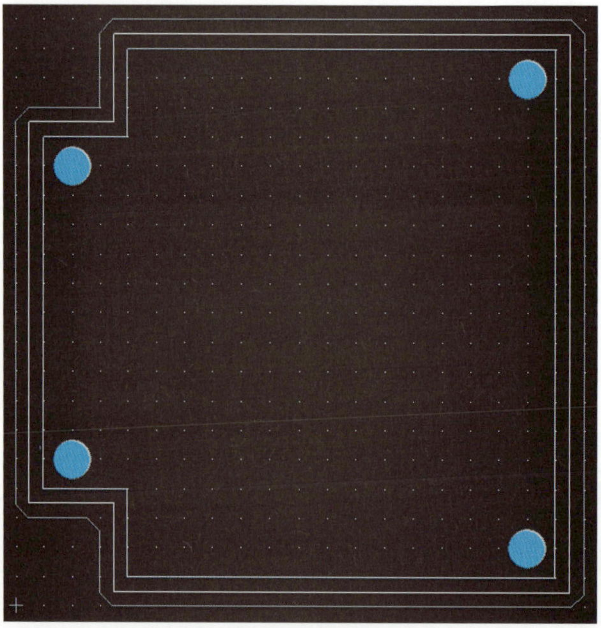

만약 둥근 모양의 Corner로 할 경우 같은 메뉴 Setup – Application Mode – Shape Edit을 선택하여 Control Panel Option에서 'Round' 값을 설정하여 같은 방법으로 작성할 수 있다.

* 모따기 작업의 경우 Line으로 작업 시 Dimension/Drafting – Chamfer/Fillet 기능을 사용하고, Shape로 작업 시 Setup – Application Mode – Shape Edit 기능을 사용한다.

위와 같이 Board Outline 모서리 작업을 완료한 후 Dimension 작성하도록 한다.

설계 디자인의 Dimension을 위하여 사용가능한 여러 가지 Option 항목들이 있다.

Main Menu의 Dimension Option에는 관련된 모든 Dimension 명령을 포함하고 있으며, Parameters Option은 사용자가 필요로 하는 Dimension의 세부적인 설정을 할 수 있다.

모든 Dimension들은 Board Geometry class에 Dimension Subclass로 설정된다.

치수 기입 전 Linear Dimensioning을 위해 설정을 하도록 한다.

메뉴 Dimension / Drafting - Dimension Environment 선택 후 마우스 우클릭하여 Parameters를 선택한다.

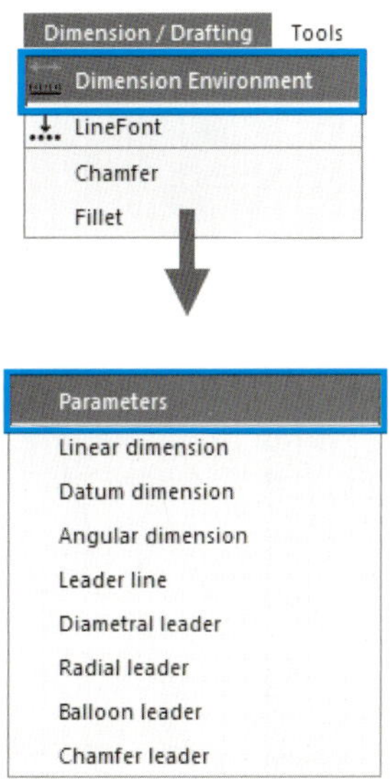

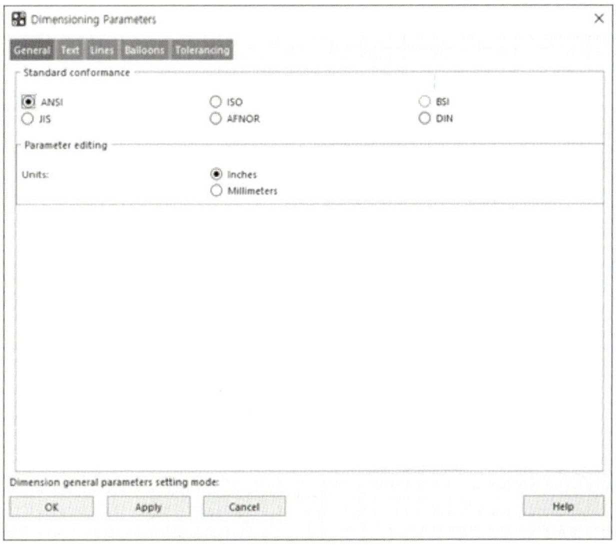

Text Tab에서 기본적으로 치수 기입의 Text block을 설정하고 Dimension의 Units를 설정한다. 만약 하나의 치수를 함께 표시할 경우 ☐ Use Dual Dimensions 을 클릭한 후 다른 Unit을 설정하여 두 종류의 치수를 기입할 수 있다.

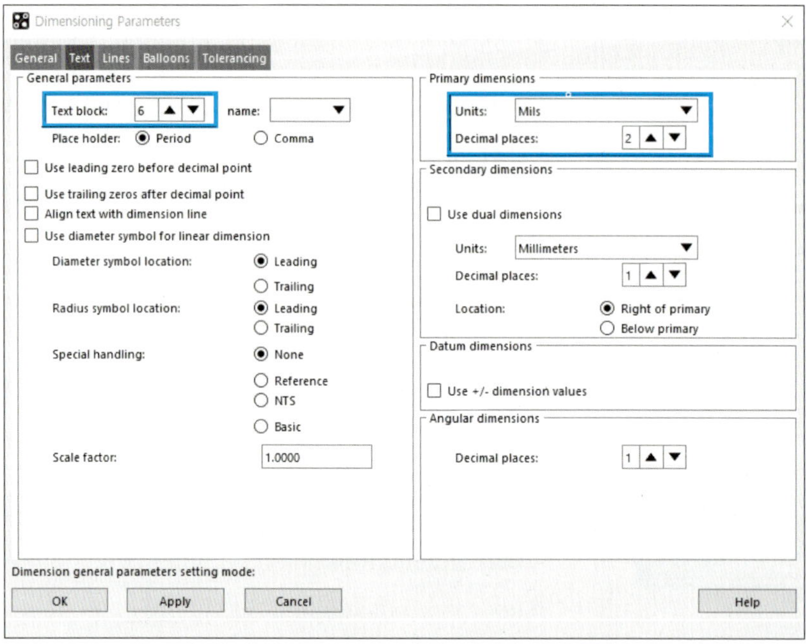

Parameter 설정 후 메뉴 마우스 우클릭하여 Linear Dimension을 선택한다.

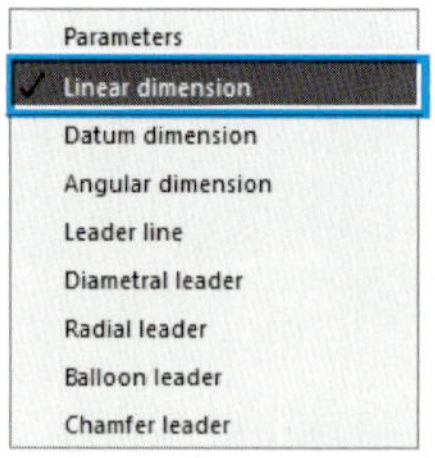

Chamfer를 하지 않은 Line의 경우 Segment를 클릭하면 바로 치수가 나타나며, Chamfer가 있는 경우는 각각의 Segment를 클릭하여 치수를 기입한다.

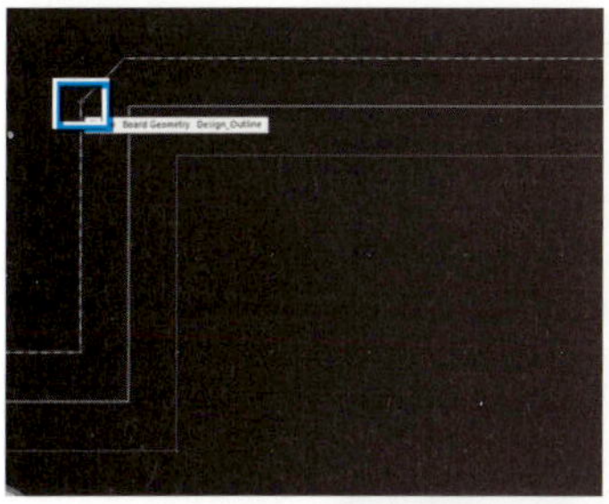

① 첫 번째 Segment 클릭

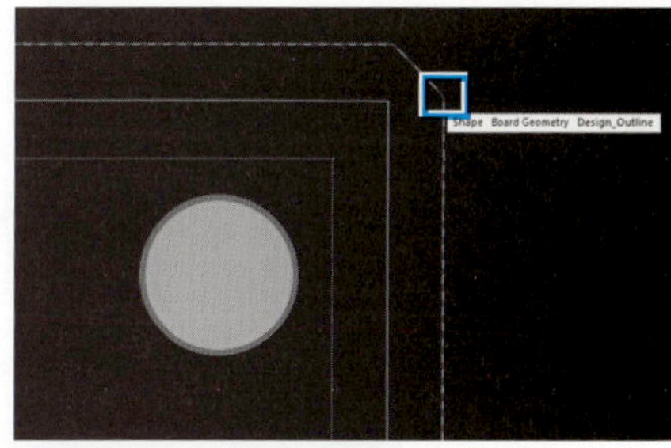

② 두 번째 Segment 클릭

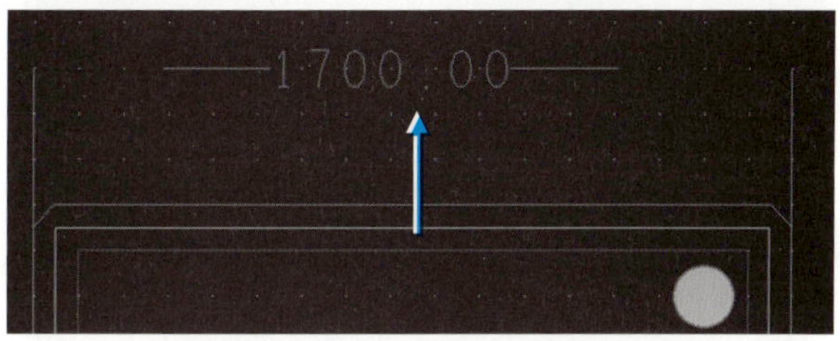

③ 측정하려는 방향을 지정하여 클릭

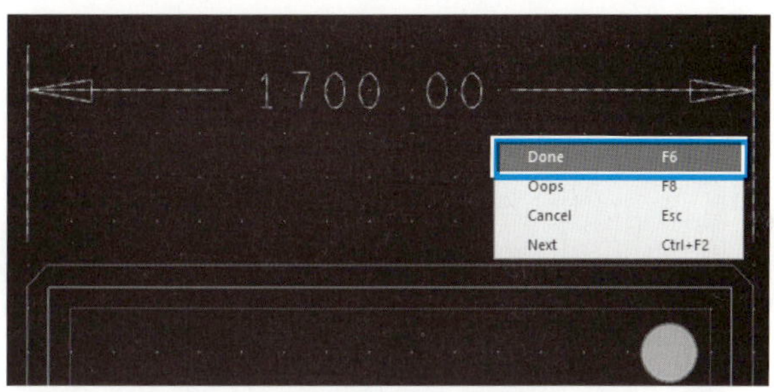

④ Dimension을 원하는 위치에 클릭

⑤ Dimension 배치 완료

위와 같은 방법으로 다음 그림과 같이 치수 기입을 완료한다.

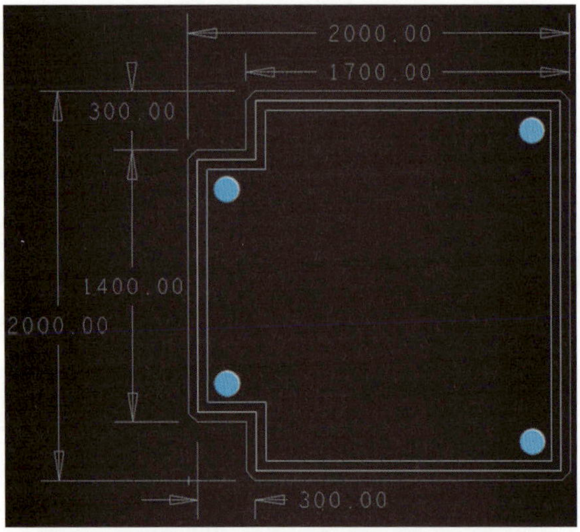

위와 같이 측정이 끝난 후 Chamfer Dimension에 대한 치구 기입을 한다.
마우스 우클릭하여 Chamfer Leader를 선택한다.

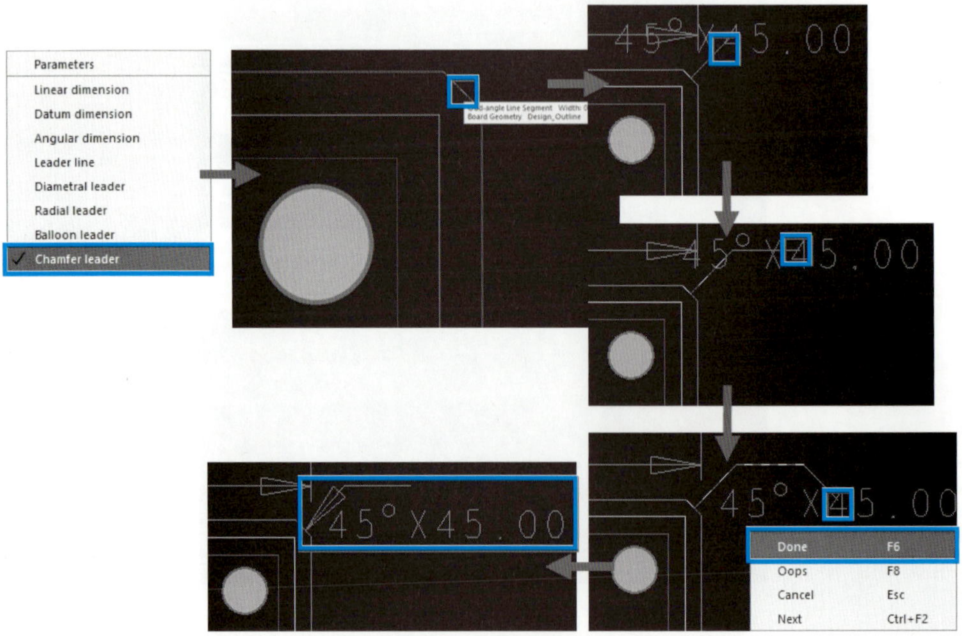

위 그림과 방법으로 Chamfer를 클릭 후 Dimension Text가 Cursor에 접속되어 붙게 된다.
Text를 적당한 위치에 작성한 뒤 마우스 오른쪽버튼의 Done(F6)을 선택한다.

모든 Dimension 작성 후 메뉴 File - Save를 선택하여 Board Mechanical symbol 생성을 완료한다. 이렇게 만들어진 Mechanical symbol은 Board 설계 시 유용하게 사용할 수 있어 설계시간을 단축시킬 수 있는 장점이 있다.

4.2 새로운 Board 설계

본 절에서는 새로운 Board 설계 과정 및 Board층의 편집과정에 대하여 학습하고, 앞서 배운 몇 가지 단계를 거처 Board를 완성해 보도록 하겠다.

설계를 위한 템플리트 정의 및 설계환경 설정방법은 앞서 배운 내용을 참고한다.

4.2.1 새로운 Board 작성

실습예제 4-2

① 사용자는 앞서 배운 Capture를 이용하여 설계도를 작성하고 Netlist까지 얻은 상태라고 가정하겠다. 이 경우 Netlist 파일은 다음과 같은 정보를 포함하게 된다.

- Footprint 이름
- 전기적인 Package
- 부품 및 net 명칭
- Net 당 부품 Pin수 및 속성

② OrCAD PCB Editor를 실행한다. 메뉴 File - New - Project를 선택한 후 다음과 같이 새로운 보드를 시작한다.

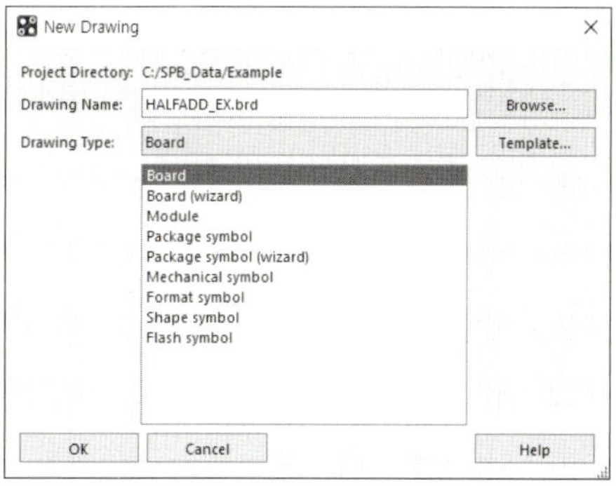

- Project Directory : 저장경로설정
- Drawing Name : HALFADD_EX
- Drawing Type : Board

③ Create a New Design 창에서 설계할 보드 단위 및 원점(Origin Point)등 설정한다.

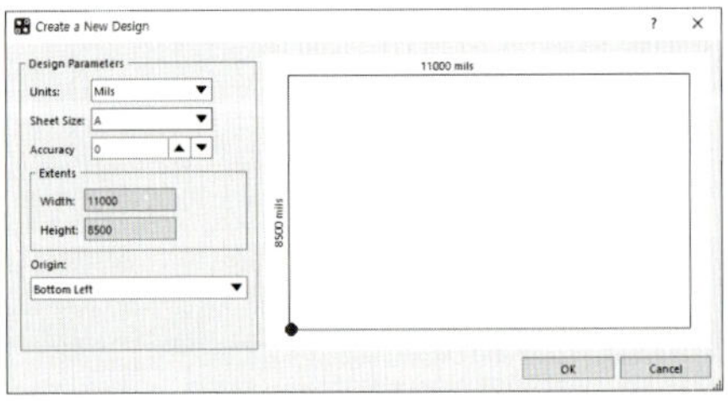

- User Units : Mils
- Size : A
- Accuracy : 0
- Origin : Bottom Left

④ 메뉴 Import – Netlist를 선택하여 Schematic에서 작업된 Logic 정보를 가져온다.

*Import directory 는 아래 경로를 사용하도록 한다.

C:₩Cadence₩SPB_17.4₩tools₩capture₩samples₩PCB-Layout₩FullAdder₩allegro

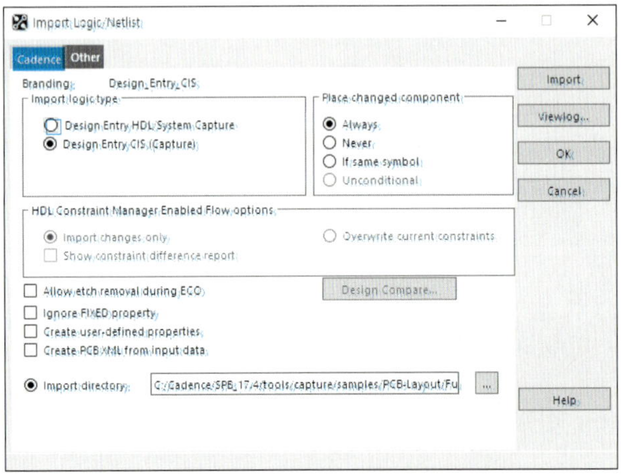

⑤ 메뉴 Setup - Design Parameters를 선택하여 설계할 보드의 단위 및 원점(Origin Point) 등을 설정한다.

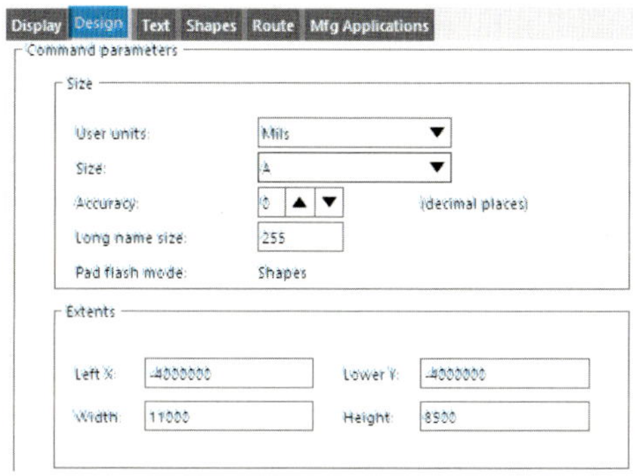

- User Units : Mils
- Size : A
- Accuracy : 0
- Extents
  Left X : -2000 / Lower Y : -3000

4.2.2 Board Outline 작성

Board Outline은 설계 Board의 기구적인 모양뿐만 아니라 부품 배치 및 배선이 가능한 영역을 의미한다.

다음 실습 예제를 통하여 보드 외곽선 작성 방법에 대하여 알아보도록 한다.

실습예제 4-3

① 실습예제 4-2에서 생성한 Board(Harfadd_ex)를 이용하여 Board Outline 작성 방법을 알아보도록 한다.

② Outline 작성을 위해 메뉴 Setup - Outline - Board Outline을 선택하여 Board Outline 창을 연다.

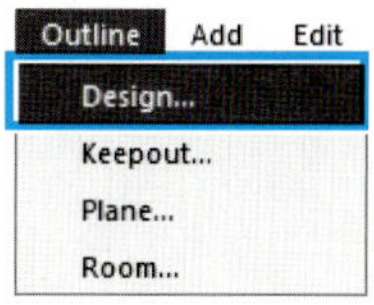

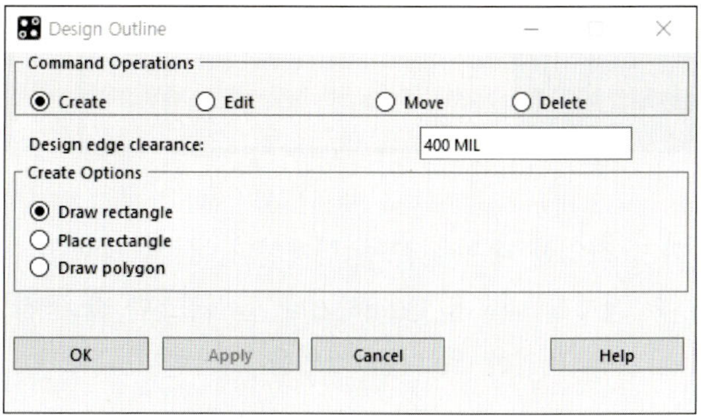

- Command Operations : Board Outline을 생성, 편집, 이동, 삭제에 대한 명령
- Design Edge Clearance : Package 및 Route Keepin 영역설정
- Draw Rectangle : Board Outline을 사각형 모양으로 자유롭게 생성
- Placed Rectangle : 지정한 치수(높이, 폭)에 따라 사각형 모양으로 생성
- Draw Polygon : Board Outline을 다각형 모양으로 자유롭게 생성

③ 다음 그림과 같이 Place Rectangle을 선택 후 생성하려는 보드의 폭과 높이를 입력한다.

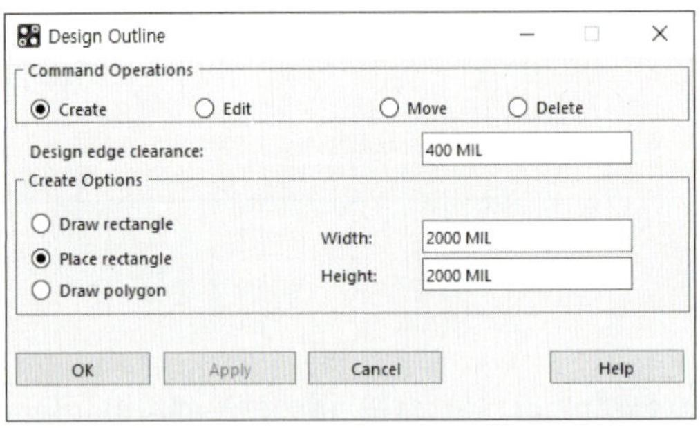

- Place Rectangle
  Wdt : 2000Mil
  Hgt : 2000Mil

④ 설정한 Board Outline창을 띄운 상태에서 다음 그림과 같이 설계 창 하단 Command에 원점 좌표 x 0 0 Enter↵를 입력한다. (x는 소문자로 입력)
Board Outline 창의 OK 버튼을 클릭하여 Outline 생성을 완료할 수 있으며, Board Edge Clearance에 입력된 값에 따라 Package Keepin 및 Route Keepin 영역이 함께 작성된다.

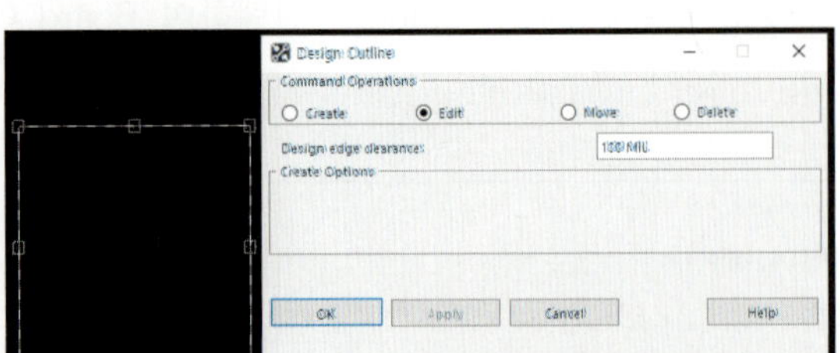

⑤ 지금까지 작업한 내용을 모두 삭제한다. 삭제 방법은 Edit - Delete 또는 🗑 아이콘을 클릭 후 삭제할 내용을 Drag하거나 클릭한 후 빈 공간을 한 번 더 클릭한다.

⑥ 삭제된 것을 확인한 뒤 다음 작업을 시작한다.

다음 방법은 예제파일 4-1의 Mechanical symbol 작성방법을 참고하도록 한다.
메뉴 Shape - Polygon을 선택한다. 설계창 오른쪽 Control Panel의 Option에서 Active Class / Subclass 부분을 Board Geometry / Design_Outline으로 되어있는지 확인한다.

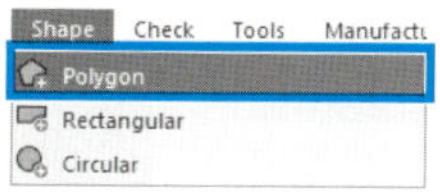

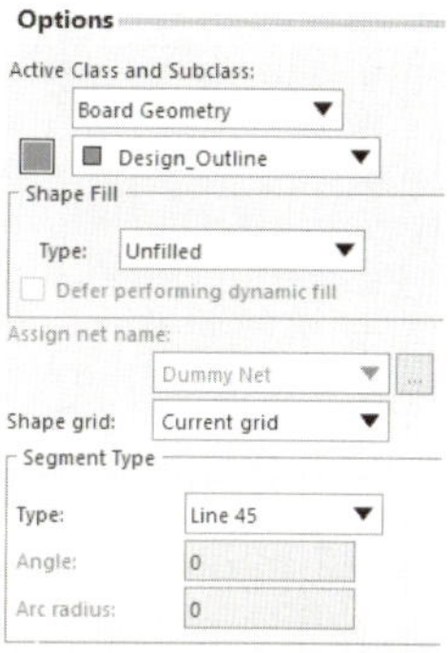

⑦ 설계 창 하단의 Command에 다음 좌표를 차례로 입력한다.
x 0 0 Enter↵ / ix 2000 Enter↵ / iy 2000 Enter↵ / ix -2000 Enter↵ / iy -2000 Enter↵
입력 후 마우스 오른쪽 버튼 팝업메뉴의 Done(F6)을 눌러 작업을 완료한다.

⑧ Board Outline 모서리에 Chamfer 또는 Fillet 기능을 실습하도록 한다.
먼저 Chamfer 기능은 예제파일 4-1을 참고하여 메뉴 Setup - Application Mode - Shape Edit를 선택한다.
Control Panel의 Option에서 Coners의 Chamfer 옵션 선택, Trim을 45로 설정 후 Outline 모서리를 클릭 또는 마우스 오른쪽 팝업메뉴창에서 Trim coner를 클릭한다.
둥근 모서리 작업의 경우 메뉴는 동일하고, Control Panel의 Option에서 Coners의 Round 옵션 선택, Trim 45로 설정 후 Outline 모서리 작업을 한다.

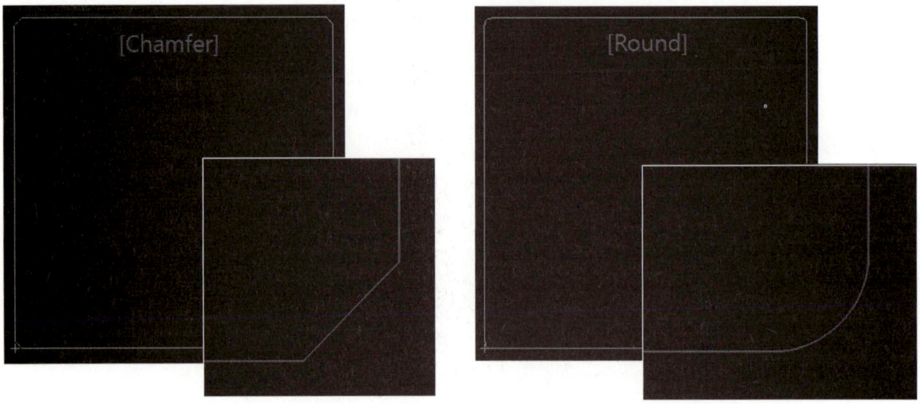

⑨ 다음 실습예제 Packge 및 Route Keepin 영역을 작성하기 (Save) 아이콘을 클릭한다.

4.2.3 Package 및 Route Keepin Areas 작성

Board Outline 작성 후 부품 및 배선허용 영역을 작성하도록 한다. 일반적으로 영역설정에 대한 기능은 메뉴 Setup - Areas에서 실행되며, 이번 실습예제의 경우 앞서 Round 또는 Chamfer 기능을 실습한 Board Outline이므로 같은 모양의 영역을 설정하기 위해 Z-Copy 기능을 사용하여 실습한다.

실습예제 4-4

① 먼저 배선허용 영역인 Route Keepin Areas 작성한다. 메뉴 Outline - Z-Copy를 선택한다. Control Panel의 Options에서 Copy to Class/Subclass부분을 Route Keepin/ALL로 설정한다. 작성하려는 배선허용 영역을 Outline보다 축소 복사하기 위해 Size를 Contract로 선택 후 Offset 부분에 50을 입력한다.

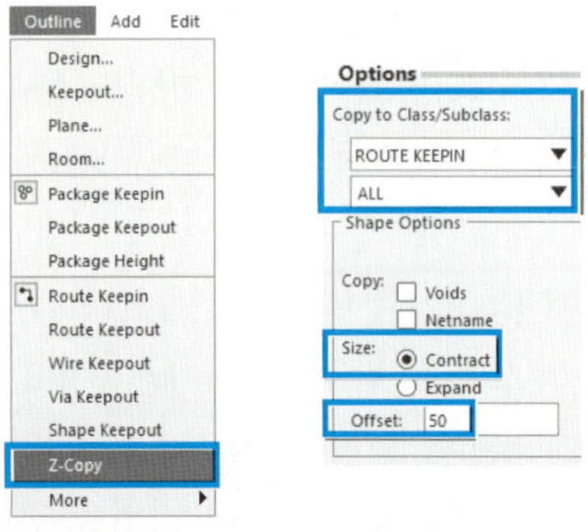

② Options 설정 후 Outline을 클릭하여 다음과 같이 Outline 기준으로 50mils 축소 복사된 Route Keepin 영역을 작성한다.

③ 같은 방법으로 Package Keepin 영역도 작성한다. 다음 그림과 같이 Control Panel의 Options에서 Copy to Class/Subclass부분을 Package Keepin/ALL로 설정한다. Outline보다 축소 복사하기 위해 Size를 Contract로 선택 후 Offset 부분에 100을 입력한다. Outline을 클릭하여 다음과 같이 Outline 기준으로 100mil 축소 복사된 Package Keepin 영역을 작성한다.

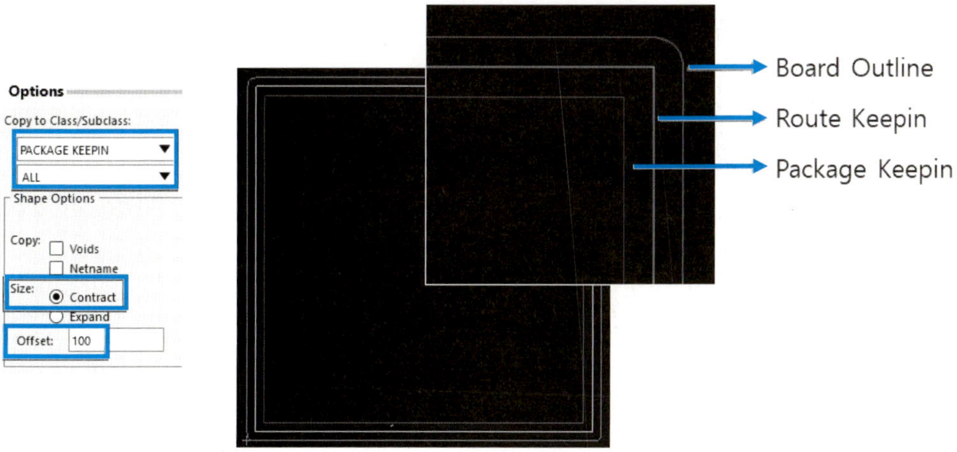

⑩ 다음 실습예제를 위해 작성한 Board를 (Save) 아이콘을 클릭하여 저장한다.

05
부품의 배치

본 장에서는 보드 상에 효과적으로 부품을 배치하기 위한 기술적인 방법에 대하여 소개한다. 본 장을 마친 이후에는 반드시 다음과 같은 활용기술을 효과적으로 사용할 수 있도록 많은 연습이 필요하다.

- 대화형 부품의 배치방법
- 부품의 그룹을 배치하기 위한 매트릭스의 작성방법.
- 부품의 그룹 및 클러스터 배치방법.
- 수동배치 명령어에서 부품의 편집방법.
- 자동배치 도구의 실행 및 편집.

5.1 부품의 배치환경

사용자 보드에 대한 환경을 설정해 준 다음에 다음 부품을 수동으로 배치해 보자. PCB Editor에서는 자동배치 도구를 사용하는 것도 가능하다.

5.1.1 사전배치 검사(Pre-placement Checklist)

·배치작업을 하기 전에 다음과 같은 내용을 확인하기 바란다.

- 배치 외곽선 및 삽입 외곽선 검사.
- 배치를 위한 그리드 간격 검사.
- 네트의 매개변수와 중요한 네트의 색상코드 검사.
- 사전 배치된 부품이 보드상에 고정(fixed, fix)되어 있는지 검사.

5.1.2 부품의 배치에 대한 제한

Component Place Grid

그리드 배치에 대한 설정은 부품을 배치하는 경우에 사용하는 여유 공간에 영향을 미친다. 따라서 부품을 배치하기 전에 System Grid 대화상자에서 Place Grid에 대한 설정 내용을 확인하기 바란다. Place Grid는 배선에도 영향을 주어 배치용 그리드를 100MIL, 즉 100인치로 설정하는 경우 25, 20, 12$\frac{1}{2}$, 10, 8$\frac{1}{3}$, 5MIL의 배선 그리드를 사용하는 것이 가능하다.

배치 그리드가 50MIL, 25MIL로 설정되어있는 경우, 사용가능한 배선 그리드는 25, 12$\frac{1}{2}$, 10, 8$\frac{1}{3}$, 6$\frac{1}{4}$MIL이다.

Group

접속되어 있는 기능에 근거하여 회로도, 또는 부품 상태도면에 부품을 그룹화 하는 것이 가능하다. 이러한 그룹화는 대화형 방식 또는 자동배치 명령으로 배치하는 것이 가능하다. 또는 보드에 배치를 지정하거나 금지 영역을 정의하고 특정 그룹의 부품을 배치하거나 제외하는 것도 가능하다.

Component heights (Keep-ins and Keep-outs)

Footprint에 부품의 높이를 결정하는 경우, 높이에 따른 배치를 지정하거나 금지영역을 설정해 주는 경우 기계적인 제약조건이 허용하는 범위를 따른다.

Component Group (Keep-ins and Keep-outs)

부품을 특정 그룹에 할당하는 경우 보드 상에 지정영역과 금지영역을 설정하고 이러한 부품 그룹을 특정 위치에 배치하는 것도 가능하다.

Key Component

사용된 부품들은 특정 부품그룹 내에서 주요부품으로 분류될 수 있으며 이러한 부품은 Board상에 이미 존재하는 경우도 있다. 자동 배치를 하는 경우에는 주요부품이 우선적으로 배치되며 이렇게 배치된 부품은 부품그룹내의 다른 부품을 끌어내어 부품 상호간의 최단거리를 유지하도록 배치된다.

5.2 Placement Commands

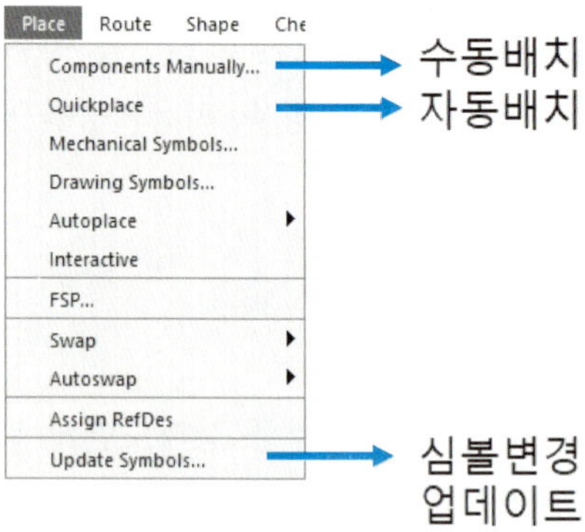

- Manual 배치 명령들은 개별 또는 Group에 의하여 Component들을 선택하도록 사용되고, 대화식으로 부품들의 위치를 결정한다.
- Quickplace 명령은 Board Outline 밖으로 자동으로 Placement하거나 Room 내부에 부품들을 배치할 때 사용하는 기능이다.
- Autoswap은 Package 내부 및 서로 다른 Package들 사이에서 Gate 및 Pin들을 교환하여 사용하는 기능이다.
- Update Symbol은 사용자의 디자인을 갱신하기 위하여 새로운 Library data로 Update한다.

5.3 Manual Placement (수동배치)

메뉴 Place – Components Manually를 선택하거나 Toolbar 아이콘을 선택하여 Placement 창을 연다. Manually 배치 명령은 사용자로 하여금 Component 또는 Component들의 Group으로 지정할 수 있다.

- Components by RefDes - 한 개 또는 그이상의 Reference designator를 선택하여 배치할 수 있으며, Capture에서 Netlist 생성 시 작성된 부품들로 구성되어 있다.
- Package Symbols - Refdes(Reference designator)를 가지고 있지 않은 Database 또는 Library 상의 Package Symbol들을 나타낸다.
- Mechanical Symbols - 비전기적인 요소들로 구성되어 있으며, 보드의 기구 홀 작성에 필요한 symbol 등이 있다.
- Format Symbol - Design에 Format Symbol들을 나타낸다.

여기서 Components by RefDes을 제외한 다른 메뉴들의 내용을 보기 위해선 Advanced Settings Tap에서 Library Check Box에 선택이 되어 있어야 한다.

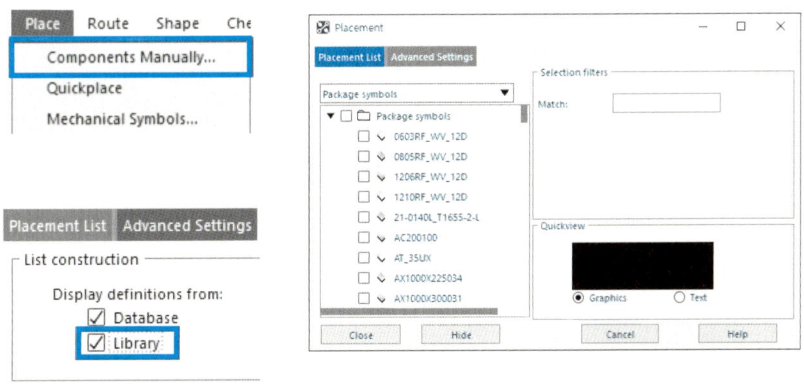

실습예제 4-4에서 저장해놓은 Board에서 수동부품배치 실습을 하도록 한다.

실습예제 5-1

① 메뉴 Place - Components Manually를 선택하거나 아이콘을 클릭하여 Placement 창을 연다. 다음 그림과 같이 앞서 생성한 Halfadd_ex의 부품들을 Components by refdes에서 확인한 후 Check box를 선택하여 부품을 확인할 수 있다.

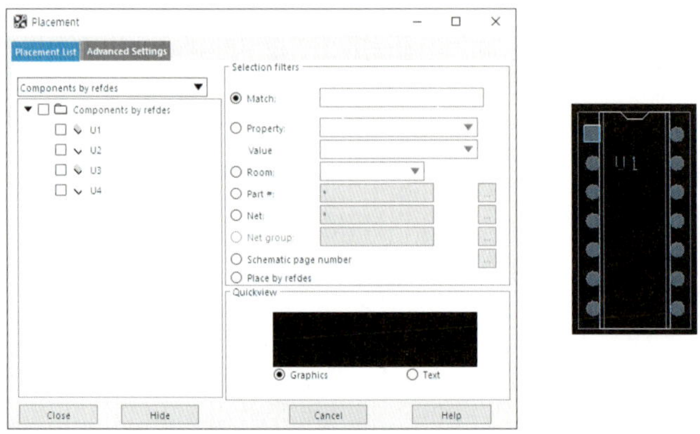

② 부품을 선택 후 Placement 창이 띄어진 상태에서 작성된 Board Outline 안에 부품을 배치할 수 있으며, 배치 시 부품 회전은 마우스 오른쪽 버튼 팝업메뉴의 Rotate를 선택하여 회전할 수 있다. Control Panel의 Options에서 Rotation Angle을 변경할 수 있다.

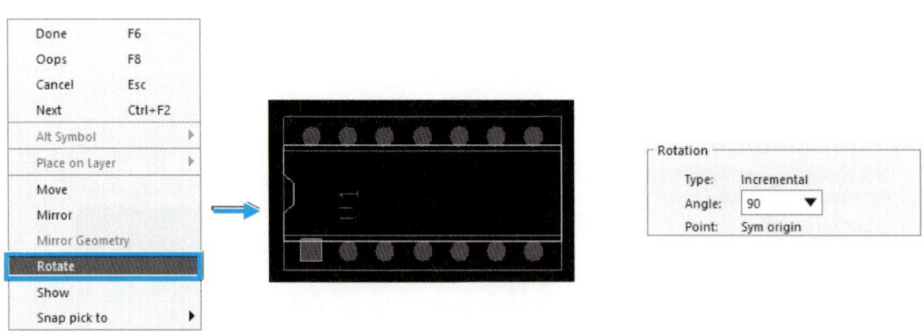

※ 부품배치 중 Placement 창은 항상 화면에 띄어져 있으며, 만약 배치 시 작업 영역 공간을 많이 차지하는 경우 Placement 창 하단 Hide 버튼을 클릭하여 창을 숨긴 후 배치할 수 있다. 다음 부품 배치를 위해 창을 띄울 경우 마우스 오른쪽 버튼 팝업메뉴 중 Show를 선택하여 다시 Placement 창을 볼 수 있다.

5.4 Quickplace (자동배치)

Quickplace 명령은 배치되지 않은 부품들을 Board Outline 밖으로 빠르게 배치하는데 사용되며, Room에 할당된 부품들은 해당 Room 안에 배치된다.

이 명령은 Drawing extents 밖에 있는 부품은 어떠한 것도 배치하지 않으며, 이미 배치되어진 부품은 Quickplace 명령에 영향을 받지 않는다.

메뉴 Place - Quickplace를 선택한다.(이 명령은 Outline이 작성되어야 한다)

- Place by property/value - Component 속성과 Value에 의하여 부품을 배치
- Place by room - Single Room 또는 모든 Room들에 부품을 동시에 배치
- Place by part number - Part Number에 의해 Group화시켜 Board Outline 주위에 Component를 배치
- Place by net name - 공통의 Net 이름을 가진 component를 배치 (다중 전압을 가진 Split Place Board의 부품을 배치 시 유용하게 사용됨)
- Place by schematic page number - DE HDL(Only) 회로도를 사용하는 경우에만 Page에 의한 Component을 배치
- Place all components - 아직 배치되지 않은 모든 부품들을 배치
- Place by associated component – 연관된 부품들끼리 배치
- Place by refdes - 배치 시 사용자는 IC, IO, Discrete의 Filter들을 사용하여 각각 또는 3가지를 조합하여 지정할 수 있다.

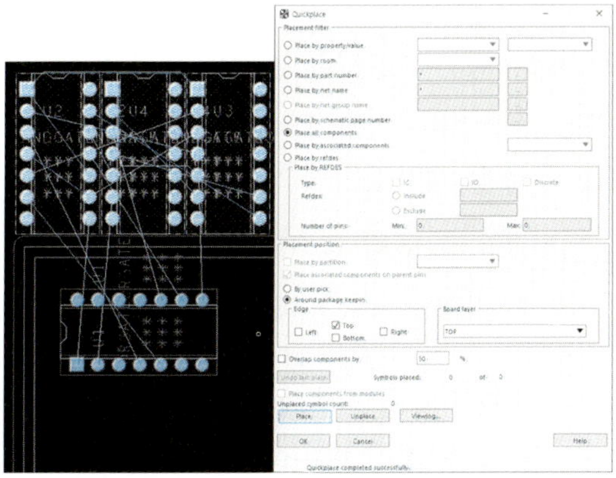

왼쪽 그림과 같이 배치 조건을 설정한 후 Place 버튼을 클릭하여 Board Outline 밖으로 배치 안된 부품들의 빠른 배치가 된다.

Undo last place를 클릭하면 Filter의 설정에 의해 마지막으로 배치되었던 부품들을 제거해주며, Unplace를 클릭하면 Quickplace 명령으로 배치되었던 부품들을 동시에 제거한다.

5.5 그 외 배치 방법

5.5.1 Manual 배치를 위한 Capture 사용

이 배치방법은 Capture 및 Capture CIS 프로그램의 회로도를 이용하여 배치를 쉽게 할 수 있다.

회로도가 그려져 있는 Capture 프로그램과 PCB Editor를 함께 실행시킨 후 배치 작업을 하게 된다. 이 기능을 사용하기 위해서 Check 되어야 할 부분은 OrCAD Capture 프로그램을 실행시켜 Options - Preferences를 선택하여 Miscellaneous Tab 부분에서 Enable Intertool Communication의 Check box 부분이 선택되어 있어야 한다.

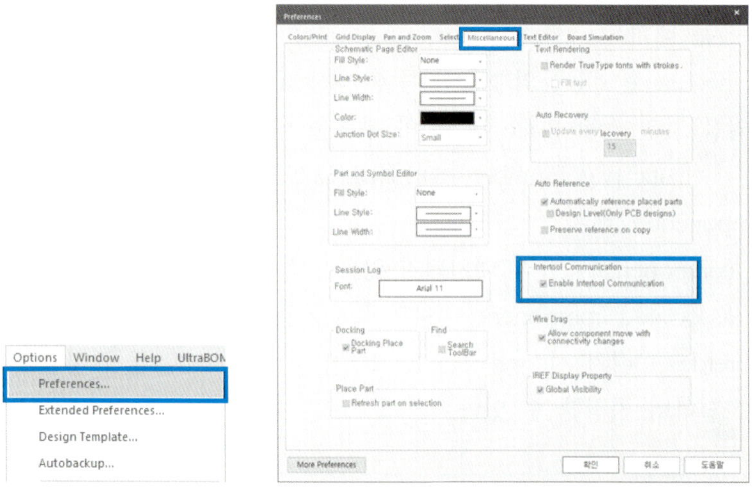

Option이 설정된 후 PCB Editor 프로그램에서 메뉴 Place - Manually를 선택하여 Placement 창을 연다. Components by redes를 선택하여 해당 부품들을 확인한 다음 Capture 프로그램의 회로도를 함께 띄운 상태에서 배치하고자 하는 부품을 회로도에서 선택한다.

회로도에서 선택된 부품이 Placement 창에서 Check 되는 것을 볼 수 있으며 Mouse Cursor에 선택된 부품이 붙어 있는 것을 확인할 수 있다.

위와 같은 방법으로 각각 부품을 선택하여 배치하여도 되며, 같은 종류의 부품일 경우 회로도에서 한꺼번에 선택하여 PCB Editor Placement창에 한꺼번에 선택이 되어 배치를 할 수 있다.

이 기능의 경우 PCB Editor 상에서 Place 명령뿐만 아니라 Edit 메뉴의 Move, Copy, Mirror, Delete등의 기능에서 사용할 수 있으며, 만약 회로도의 Object를 선택하기 전에 PCB Editor 상의 어떠한 명령도 실행하지 않았을 경우엔 Highlight 명령이 실행된다.

06 수동 및 자동 배선방법

본 장에서는 Board상의 부품을 배치 후 배선들을 대화식으로 정의하는 방법을 알아보도록 하겠다. 본 장을 마치게 되면 사용자는 다음과 같은 내용을 습득하게 된다.

- 배선 시 Grid Display 및 설정 방법
- Connect line 과 Via 추가 및 삭제 방법
- Router를 이용하여 Net 연결
- Slide와 Replace 기능을 이용한 Routing 개선 방법

6.1 배선 전 Display 환경 설정

Board 상에 부품을 적절히 배치 후에는 부품 간에 전기적으로 결선이 되도록 배선처리를 할 필요가 있다. 배선을 하기 전 쉽고 편하게 작업할 수 있도록 기본적인 Display 환경설정에 대해 알아보도록 한다.

6.1.1 Color192 설정 및 Assign Color 설정

Routing 전 Display된 구성요소들의 Color Display 설정을 할 수 있다.

이 설정은 배선 작업 시 배치되어진 부품의 Color Display를 변경하여 배선 작업을 용이하게 해준다.

메뉴 Setup - Colors를 선택하여 Color Dialog 창을 연다. 오른쪽 상단의 Global visibility 부분의 Off를 선택하여 모든 Subclasses 해제한 후 Display 하려는 Subclasses를 선택한다.

하단의 Color Palette 부분을 선택하여 Subclasses의 Color box를 클릭하여 원하는 색으로 할당할 수 있다.

모든 설정 완료 후 OK 버튼을 클릭하여 설계 화면에 선택한 Subclass Display한다.

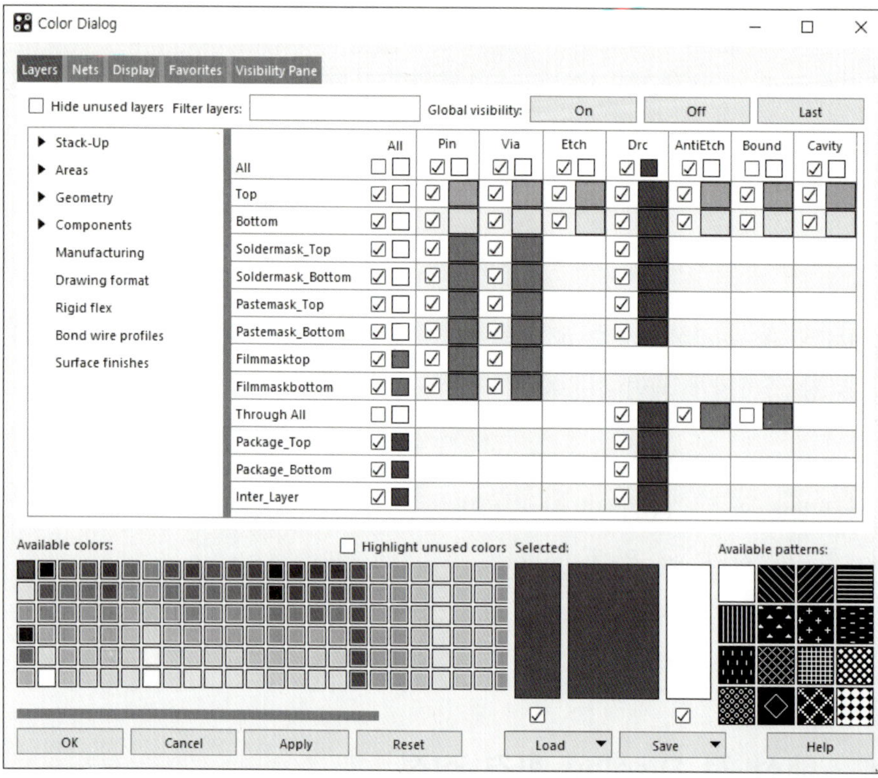

6.2 수동배선 설정

6.2.1 Connect Option Form

배치가 끝난 Board의 배선을 하기 전 Ratsnest(가상 Line)이 Display 되어있는지 확인을 한다. 만약 가상 선이 보이지 않는 경우 메뉴 Display - Show Rats - All을 선택하거나 Toolbar의  클릭한다.

Etch를 추가할 때 Control Panel의 Options Tap의 Active Layer를 확인한 후 Alternate Layer

를 확인하는 것도 매우 중요하다.

만약 배선 작업시 이를 확인하지 않고 Routing 할 경우 원하는 Subclasses에 나타나지 않을 수 있다.

배선 작업 시 Control Panel의 Options에서 설계하고자 하는 Board의 환경에 맞게 적절히 설정하여 배선을 용이하게 한다.

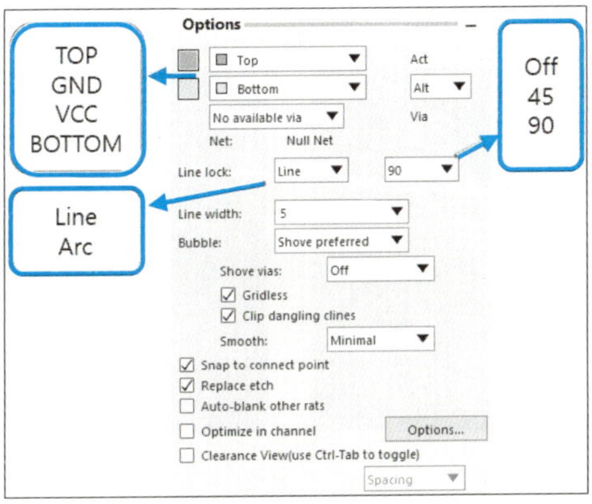

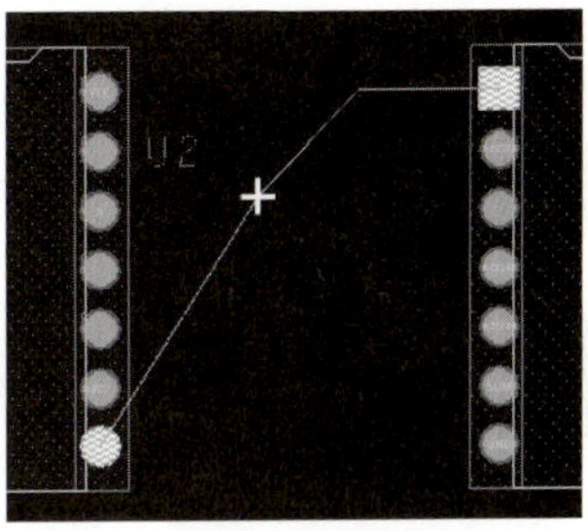

- Act와 Alt : Active와 Alternate Subclass 필드들은 현재 어느 Layer에 작업을 할 것인지 결정한다. 만약 Swap을 선택하거나 Via를 추가하면 Active와 Alternate Layer는 서로 바뀌게 된다.
- Line Lock - Line 또는 Arc 및 Angle들을 설정한다.
- Miter - Line Lock 설정이 45일 경우 배선이 꺾이는 크기를 설정한다.
- Line Width : 설계 배선 폭 설정(Constraint Physical Rule 기본 적용)

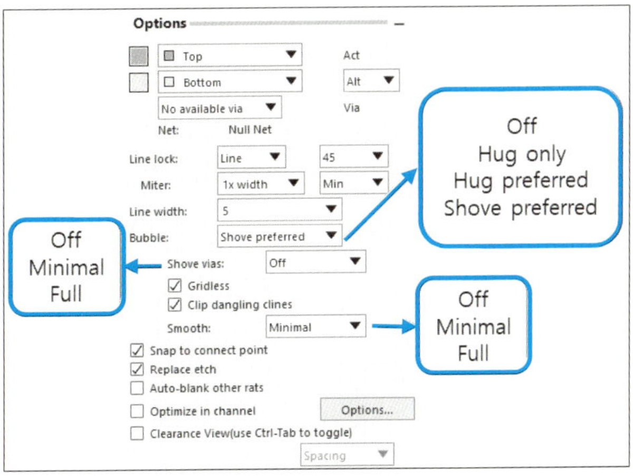

- Bubble

- Off : Route 시 커서를 선택한 x와 y의 지점을 무조건적으로 하여 배선하는 것을 말하며, 이 옵션은 DRC error를 무시하며 Routing하므로 주의해야 한다.
- Hug only 및 Hug Preferred : 기존의 Etch 객체들 주의를 감싸며 Routing 된다.
- Shove Preferred : Spacing을 위반하지 않는 범위에서 다른 Cline을 밀어내며 Routing 한다.

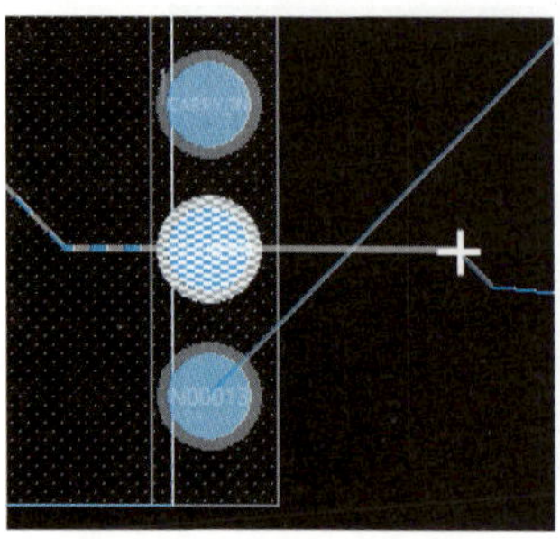

[Off]

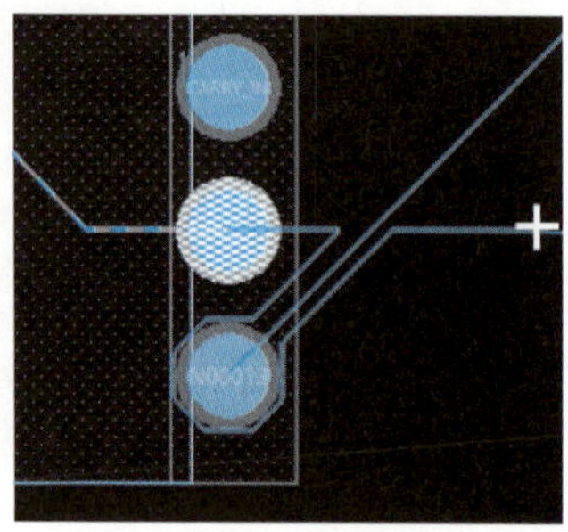

[Hug]

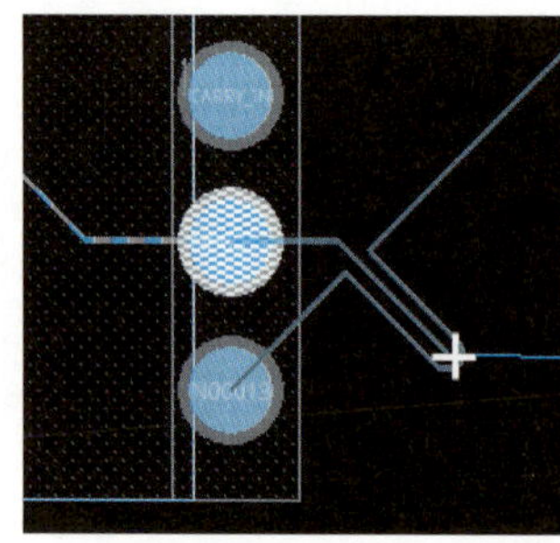

[Shove]

- Gridess

- 추가되어진 Etch에 Routing Grid 로 Snap을 줄 것인지 아닌지를 결정한다.

- Smooth

- Off : 이 기능은 사용 금지를 말하며, 현재 Route에 의해 영향을 받는 기존의 Etch는 결국 바람직하지 않은 Angle이나 Bubble로 끝날 수 있다.
- Minimal : 짧은 Segment만이 약간 무시되어 작업된다.
- Full : Custom Smooth 명령과 같이 더 많은 Segment들이 무시되어 작업된다.

- Snap to connect point : 배선 중 Grid가 맞지 않아도 Pin에 배선이 연결되도록 설정한다.
- Replace Etch : 기존 배선을 삭제하지 않고 기존의 Trace 경로를 변경한다.

6.2.2 수동배선 및 수정, 삭제

① 배선을 하기 위해 메뉴 Route - Connect 또는 Toolbar 아이콘을 클릭한다.
② Control Panel의 Options 창에서 Active Layer 및 설계 설정을 한다.
③ 부품의 Pin을 클릭하여 가상선을 따라 연결된 Pin까지 Routing 한다.

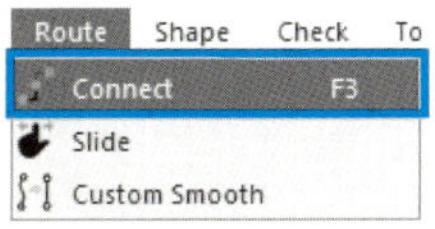

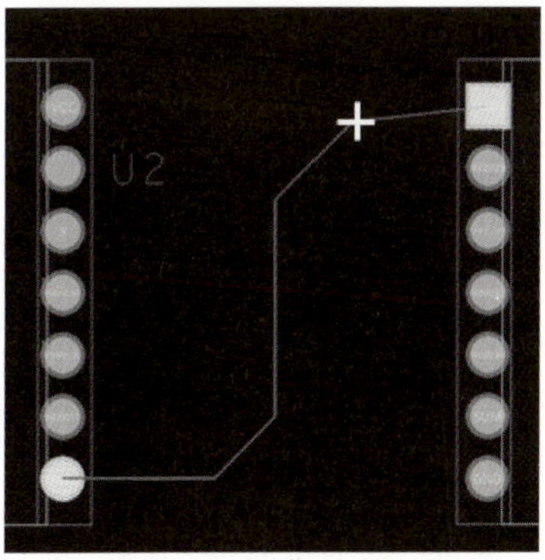

만약 설계자가 배선 작업 중 Connection이 잘못되었을 경우 마우스 오른쪽 버튼 팝업메뉴의 Oops(F8)를 선택하여 실행중인 명령어를 취소하기 않은 상태의 직전 작업으로 되돌릴 수 있다.

배선이 끝난 Cline의 삭제를 위해 메뉴 Edit - Delete 또는 아이콘을 클릭한다. 설계 창 오른쪽 Control Panel의 Find Filter에서 모든 아이템을 OFF 후 Cline만 선택한 후 삭제하려는 Cline(Connection Line)을 클릭한다. 선택된 Cline이 활성화 되면 설계 창 빈 공간에서 마우스 왼쪽버튼을 한 번 더 클릭하여 Cline을 삭제할 수 있다.

만약 Find Filter의 모든 아이템들이 On되어 있는 상태에서 삭제 명령어를 실행할 경우, 설계자가 원하지 않는 부분까지 삭제될 우려가 있기 때문에 Find Filter의 모든 아이템을 OFF로 설정 후 삭제하고자 하는 아이템만 선택하여 실행한다.

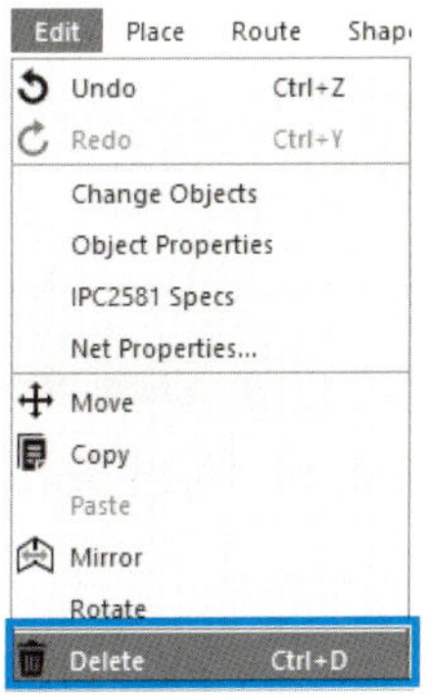

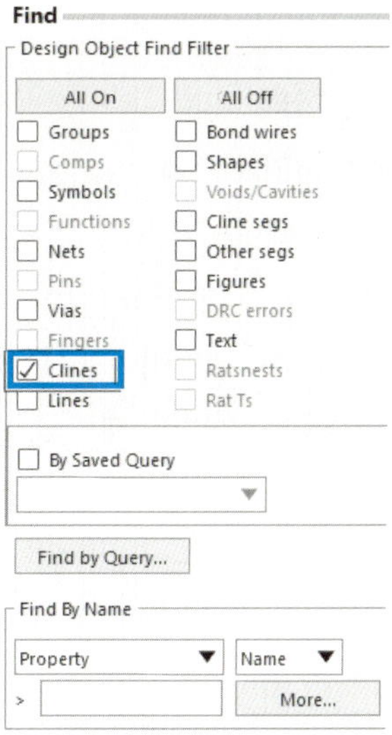

6.2.3 Via 삽입

Add Connect 작업 시 Pin이 Board의 Bottom에 있거나 배선을 Active Layer에서 Alternate Layer로 작업할 경우 Via를 추가할 수 있다.

Via의 추가는 Add Connect 명령어 실행 중 Via의 추가를 원하는 지점에서 마우스 오른쪽 버튼 팝업메뉴의 Add Via를 선택하거나 마우스 왼쪽 버튼을 더블클릭하여도 Via가 생성된다.

Via가 생성되면 Control Panel의 Option부분이 Active와 Alternate Layer가 바뀐 상태를 확인할 수 있다.

Routing 작업 중 Via를 생성하게 되면 Via에 Ratsnest(가상 Line)가 이어지게 되며, 다시 가상 Line을 따라 추가 Routing을 하면 된다.

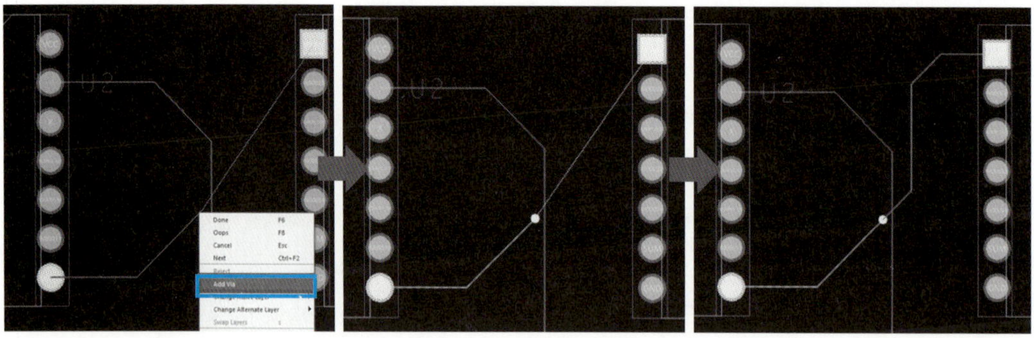

6.3 Create Fanout

표면 실장 기술(SMD: Surface Mount Device)을 사용하는 경우, Via를 배치하는 전원이나 접지 층과 배선 층을 접속해 줄 필요가 있는데 이러한 처리를 Via의 Fanout이라고 부른다.

즉 SMD의 패드에서 비아의 트랙을 밀어내어 다른 층에 배선이 가능하도록 하는 것으로 이 경우 전원과 접지를 밀어내고 비아는 단열판(Thermal Relief)에 붙어있는 전원 및 배선 층에 접속한다. 이 때 비아를 가능한 패드의 가까운 곳에 배치하면 배선을 단순화할 수 있다. 다음과 같은 경우 Fanout이 특히 효과적이다.

- 전원/접지층을 지원하는 다층구조의 보드
- 표면층에 배선되지 않는 아주 정밀한 보드
- 조밀한 간격을 갖는 부품을 사용하여 표면의 배선이 방해를 받는 보드
- 가능한 한 내부층에 배선이 된 보드

Fanout의 매개변수를 설정하는 경우, 팬 아웃 종료 후에 자동배선을 하면서 지정하는 경우도 있고, 일단 종료한 후 다시 배선을 하는 경우도 있다.

보드 전체의 팬 아웃을 처리하고, 초정밀 다층 SMD 보드를 자동 배선하는 경우에는 결선율이 향상될 가능성이 있다. 이것은 전원, 접지를 배선하는 것과는 다르며 전체 패드의 팬 아웃을 실행할 필요는 없다. 왜냐하면 배선기에서 팬 아웃을 작성하지 않는 경우에도 배선이 되는 경우가 있기 때문이다.

SMD 보드에서는 통상적으로 팬 아웃을 실행하고 배선할 것을 권장한다. 초정밀 SMD보드에서는 팬 아웃에서 작성되는 Via의 수에 따라 효율을 높이기 위한 채널이 방해를 받는 경우가 있기 때문이다. 그러나 핀 간격이 조밀한 부품을 배치하는 경우, 부품의 팬 아웃 핀을 막지 않고 비아를 분산 처리하는 것이 가능하다. 핀 간격이 조밀한 소자의 배선을 종료하였으면, 배선에 관련된 작전파일(Strategy File)를 선택한 후 배선을 계속한다.

메뉴 Route - Create Fanout을 선택하거나 Toolbar 선택한다.

다른 명령들과 마찬가지로 Control Panel 의 Option Tab에서 설정을 한 다음 SMD IC를 Dragging 하면 설정된 적용된다.

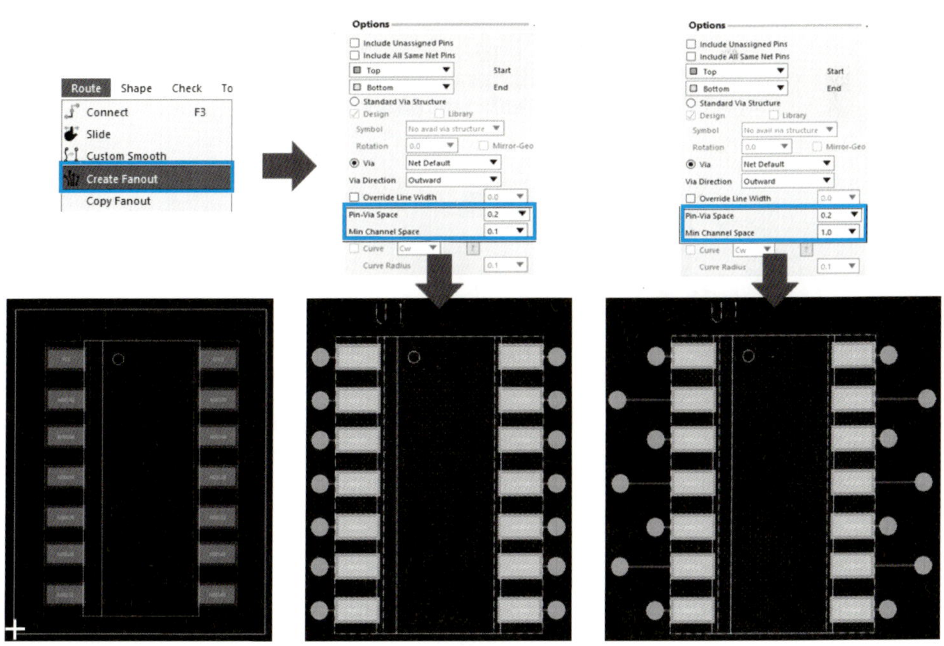

Via는 Net Default(constraints에 설정된 Via 사용)를 선택하거나 사용자가 미리 생성해 놓은 Via를 사용하여 된다. Via를 어느 방향으로 설정할 것인지 Via Direction에서 설정해준다.

Pin-Via Space 및 Min Channel Space를 설정해준 뒤 SMD 부품을 Dragging한다. 만약 Via를 지그재그로 생성할 경우엔 Min Channel Space 부분의 값을 크게 해준다.

6.4 자동배선

PCB Router에서의 기본적인 배선의 방향은 Horizontal(수평)배선을 TOP Layer, Vertical(수직)배선은 BOTTOM Layer로 Routing 한다.

만약 전체 Board의 배선을 할 경우엔 기존에 생성했던 Etch를 모두 지운 다음 자동 배선을 실행한다.

메뉴 Route – PCB Router - Route Automatic을 선택하면, 아래의 그림과 같이 Option들을 설정할 수 있는 창이 열리며, 추가적으로 Routing Passes, Smart Router, Selections Tab들도 Setting 할 수 있다.

설정이 끝난 후 Route 버튼을 클릭하여 Routing을 실행한다.

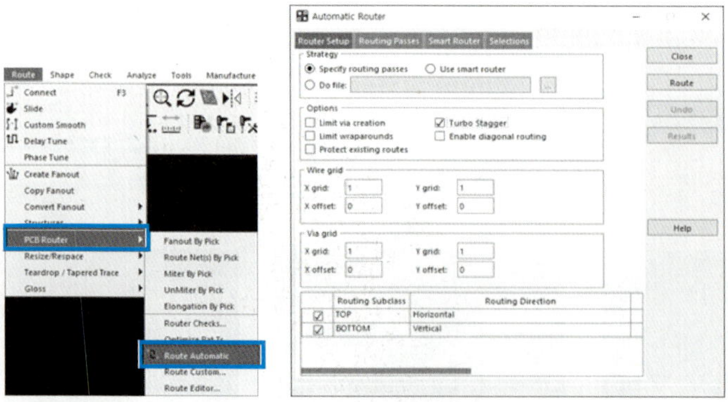

- Strategy : 작업 방법 설정
- Limit via creation : Route시 비아 생성 제한
- Turbo Stagger : Pin 또는 Via 주변의 배선을 허용
- Limit wraparounds : Route시 Pin을 둘러싸는 형태의 배선 제한
- Enable diagonal routing : 45도 배선을 허용
- Protect existing routes : 기존의 배선을 보호

07 Copper Areas

본 장에서는 단열판과 동판배치 방법에 대하여 학습하기로 하자. 본 장을 마치고 나면 다음과 같은 내용을 습득하게 될 것이다.

- 전원 및 접지 층에 네트를 할당하고 단열판 패턴을 정의하는 방법
- 동판배치(Copper pour) 영역, 동판(Copper)의 종류
- Island 삭제 방법

7.1 동판배치(Copper Pour)

Board 상에 동판 영역을 설정하는 방법과 동판배치(Copper pour) 영역의 의미로 사용되는 동판(Copper)의 종류에 대하여 알아보자. 또한 동판배치를 효과적이고 사용자의 요구에 따라 효과적으로 처리하기 위하나 환경설정 방법에 대하여도 알아보도록 한다.

7.1.1 Shape - Global Dynamic Parameter

메뉴 Shape - Global Dynamic Parameter를 선택하여 기본 Shape에 관련된 기본 설정을 할 수 있다.

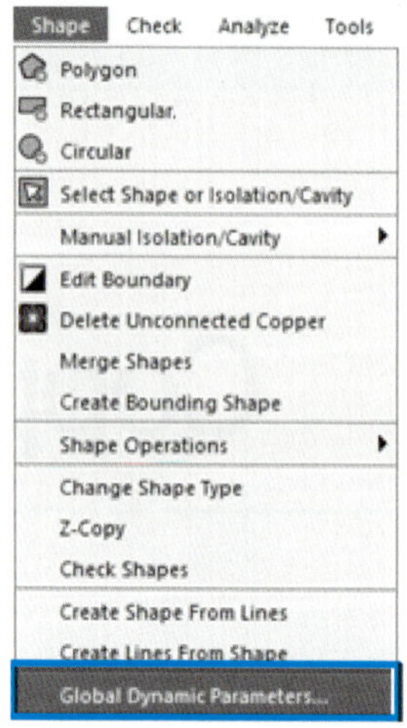

〈Shape fill〉

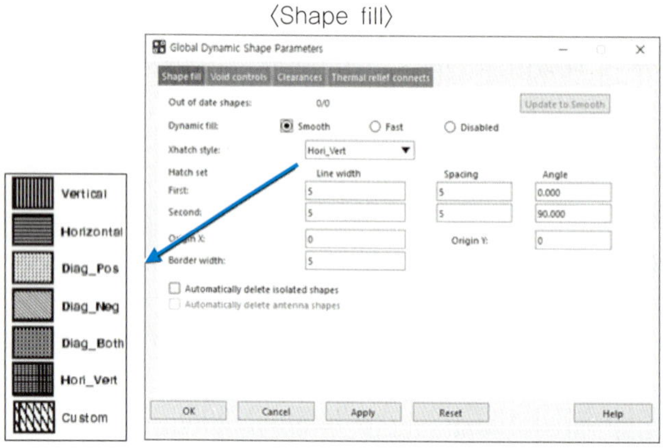

Hatch/solid 등의 Shape Fill style을 설정한다.

- Updata to Smooth : 현재 Dynamic fill mode를 Smooth로 변경

〈Void controls〉

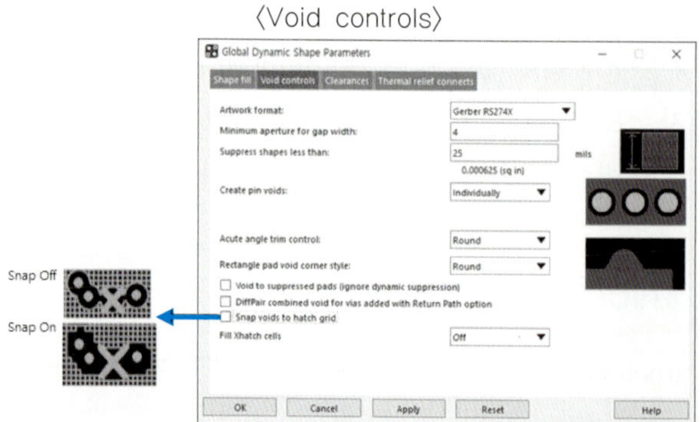

Shape 최적화 출력 형상을 설정한다.

- Artwork format : Gerber 출력 형식 설정
- Minimum aperture for gap width : shape fill을 위한 최소 aperture 크기 설정
- Suppress shape less than : 설정된 값보다 작은 Shape을 제거

〈Clearances〉

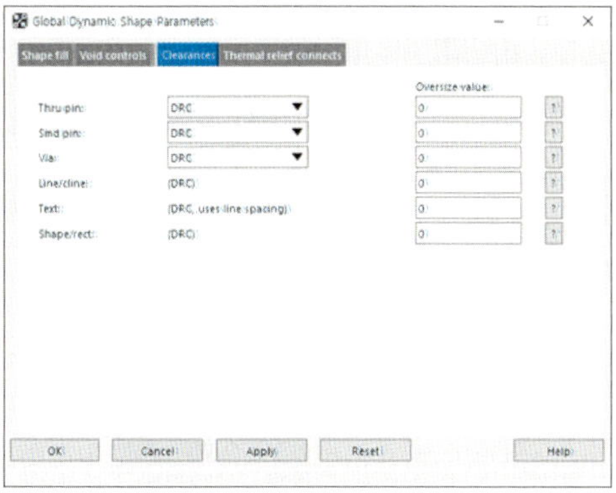

Constraint Rule 또는 Padstack의 Thermal/anti Rule에 따른 Clearance 설정

〈Thermal relief connects〉

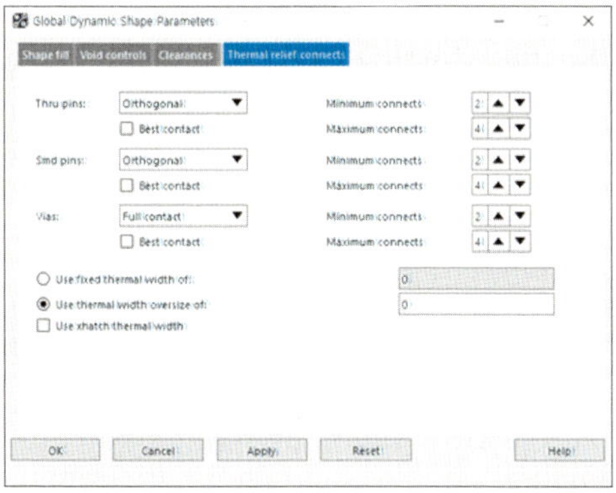

Thermal relief(단열판) 형상에 대한 모양 및 방향, 두께, connects 개수에 관한 설정

7.1.2 Copper Area Options

Shape 메뉴 중 작성하려는 모양에 따라 Polygon, Rectangular, circular 등을 선택 후 Control Panel의 Options에서 기본 설정 후 Copper 영역을 설정한다.

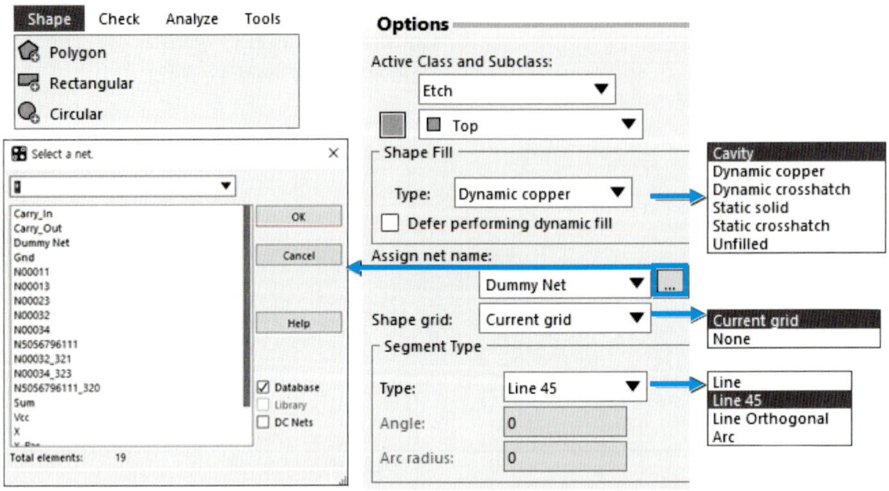

- Shape Fill Type의 경우 다음과 같은 5가지의 채우기 패턴을 지원한다.

■ Dynamic copper : Shape의 Boundary 또는 Element들의 각각의 편집에 대하여 Autovoiding 처리가 된다.

■ Dynamic crosshatch : Dynamic copper와 같이 Shape 내부가 가득 채워진 형태가 아닌 그물 모양의 음영으로 채워지게 된다. Shape의 Boundary 또는 Element들의 각각의 편집에 대하여 Autovoiding 처리가 된다.

■ Static solid : Copper 영역과 Void들은 Element들 또는 Boundary를 각각을 편집하여도 동적으로 채워지거나 갱신되지 않는다. 주로 전원공급원으로 사용된다.

■ Static crosshatch : Static Solid와 같이 Shape 내부가 가득 채워진 형태가 아닌 그물모양의 음영으로 채워지게 된다. 주로 전원공급원으로 사용된다.

■ Unfilled : Board Outline, Board상에 Constraints 영역 정의에 사용된다.

- Assign net name : Shape에 Net name을 할당한다.

Net name을 직접 입력하거나 [...]를 클릭하여 Board상의 모든 Net들을 List에서 선택하여 Net name을 할당한다.

- Shape grid

■ Current Grid : 현재 Subclass의 grid를 사용한다.

■ None : Off Grid로 Shape들을 작성/편집할 수 있다.

- Segment Type

Shape - Polygon 명령을 사용하여 Shape 작업 시에 활성화 된다.

■ Line : 임의 각도의 Line

■ Line 45 : 45도의 Corner

■ Line Orthogonal : 90도의 Corner

■ Arc : 3pt Arc로 원호를 그리며, Option Tap의 Angle과 Arc Radius 값을 설정하여 Arc를 그릴 수 있다.

7.1.2 Copper Area 작성 예

여기서는 Add Shape 중 Shape - Rectangular를 선택하여 Copper Areas를 설정해 본다.

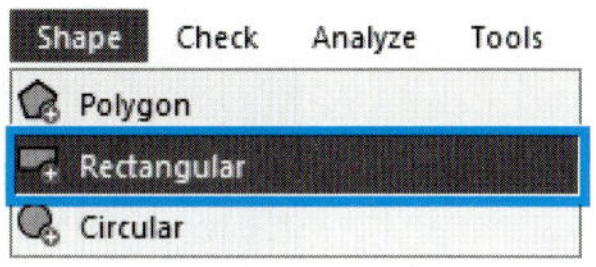

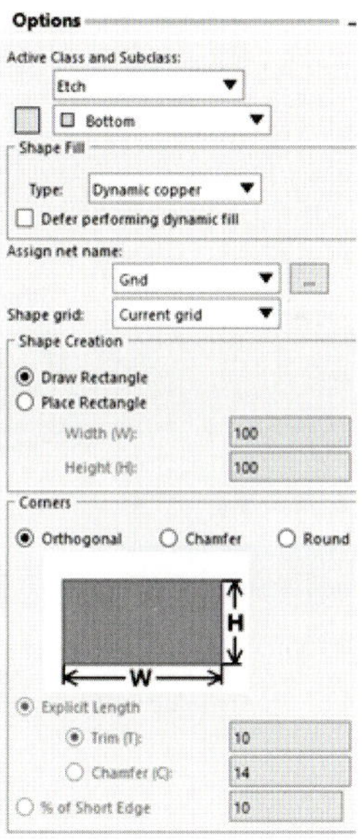

Control Panel의 Options에서 Active Class / Subclass는 Etch / Bottom으로 설정한다. Shape Fill은 Dynamic Copper, Assign net name은 Gnd로 설정한다.

기본적인 설정이 끝난 후 Copper 영역을 작성할 곳을 Drag하거나 Command 창에 좌표를 입력하여 Copper Area가 작성할 수 있다.

만약 Board 외곽선과 Copper Area의 일정한 간격을 주어 설정하고 싶다면 Route keepin 영역을 그려주게 되면 쉽게 작성할 수 있다.

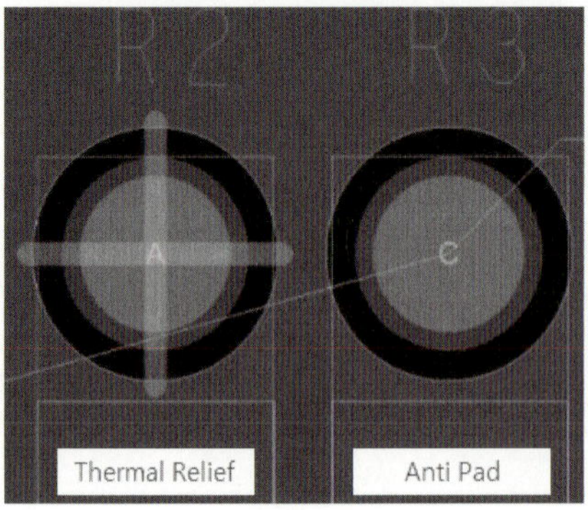

7.1.3 Island 삭제하기

Board 상에 Copper Areas 작성 후 고립된(Isolated) 영역들을 Board에서 제거한다. Copper Areas 작업 후 아래 그림과 같이 따로 떨어져 있는 찌꺼기들을 제거하기 위해 메뉴 Shape - Delete Unconnected Copper를 선택한다.

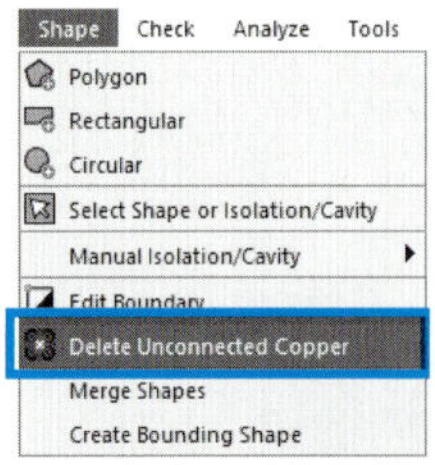

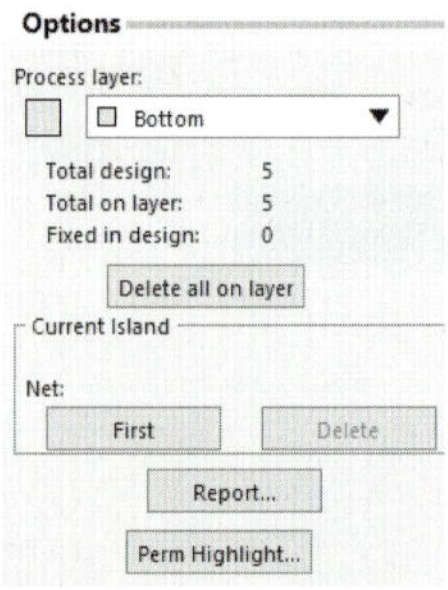

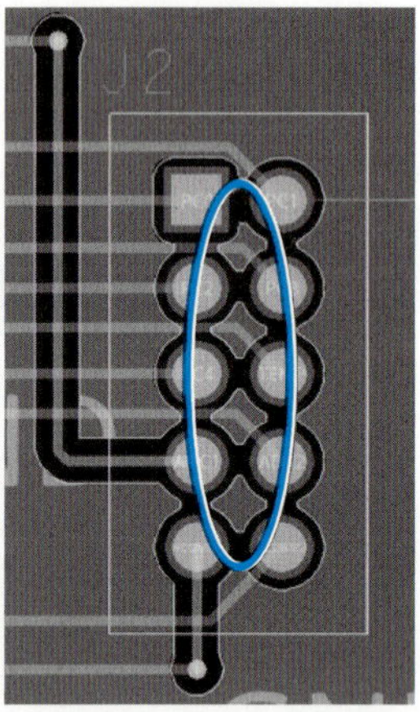

위의 그림처럼 연결되지 않은 Copper 찌꺼기들이 선택되어지는 것을 볼 수 있다.

Options Tap에서 Delete all on layer 클릭하여 모든 Island를 제거하여도 되며, First 클릭하여 하나씩 확인하며 제거할 수 있다.

이러한 과정을 통해 다른 Layer에도 Copper Area를 작성한 후 Island를 제거할 수 있다.

08

후처리 과정 (Post Processing)

본 장에서는 처리결과를 확인할 수 있는 출력파일을 만들어 내어 인쇄회로 기판 생산에서 사용할 수 있는 후처리 과정에 대하여 학습하도록 하겠다. 이 과정에서는 윈도우의 인쇄관리자가 직접 접근이 가능한 Gerber 파일이나 파트 리스트 및 드릴출력 파일을 만들어낸다. 본 장을 마치게 되면 다음과 같은 내용을 습득하게 될 것이다.

- Gerber 설정 상태의 미리 보기와 Gerber 파일 출력
- 보드에 대한 데이터베이스로부터 각종 필요한 정보 출력
- 부품 리스트 등에 대한 보고서 작성

8.1 Artwork Parameters

8.1.1 Artwork Control setting

메뉴의 Export - Gerber을 선택하거나 Toolbar 을 클릭하면 Artwork Control 창이 나타난다.

창이 열리면서 알림창이 발생하는데 Gerber format 이 맞지 않아 설정을 확인하라는 설명이므로 확인 버튼을 클릭한 후 Format을 맞춰준다.

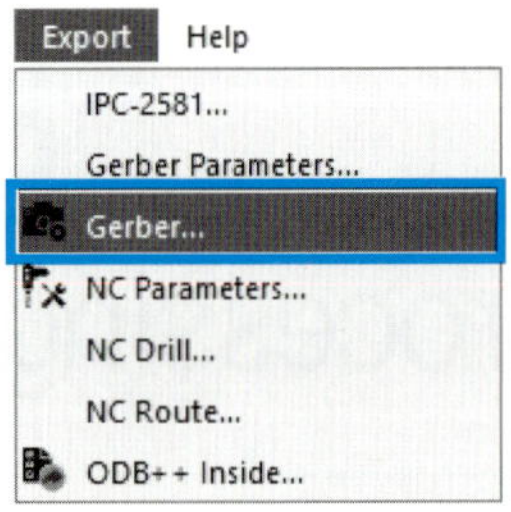

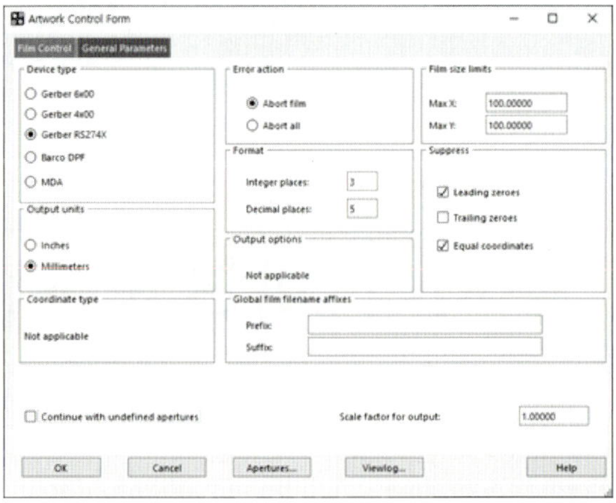

- Device type

PCB Editor에서 지원되는 5가지의 Photo plotter Model Type을 설정할 수 있고, 선택된 Device Type에 따라 Parameter Form의 기본 설정이 달라진다.

- Error action

Artwork File 생성 중 정의되지 않은 Aperture 등의 error가 발견되었을 때 Artwork의 동작을 설정한다.

- Film size limits

Photo plotter로 사용하는 Film 치수를 설정하며, Parameter로 설정된 값보다 큰 치수의 Plotter의 Film이 사용된다.

- Output units

Inches, Millimeters로 출력 단위를 설정한다.

- Format

출력 좌표 필드에서 정수의 자리수와 소수점의 자리수를 설정한다.

- Output options

보조 options Parameter들을 정의한다.
(Gerber RS274X, MDA 또는 Barco DPF devide 들은 적용할 수 없다.)

- Suppress

PCB Editor에서 Gerber data file 내에서 Leading zeroes, Trailing zeroes, Equal coordinates에 대해 설정한다. Leading 과 Trailing zeroes 둘 다 Suppress 할 수 없으며, Equal coordinates을 선택하면 Gerber data file의 양을 줄일 수 있다.

- Coordinate type

Photoplot의 좌표들이 Design의 원점으로부터 좌표의 Type을 설정한다.

- Continue with undefined apertures

Padstack에서 Flash Aperture를 위한 정의를 찾을 수 없을 때 Check 하게 되며, 이 항목은 Gerber RS274X, MDA, Barco DPF의 Raster format들 전용으로 사용된다.

- Scale Factor for Output

Artwork File의 모든 Entrie들은 수직 및 수평 방향으로 Scale을 변하게 한다.

Film Control Tab을 클릭하게 되면 Artwork File들에 포함될 Class와 Subclass들을 정의할 수 있는 창이 구성되며, Film Control Record들은 PCB Editor Design file 내부에 저장된다.
기본적으로 Cross-Section에서 정의한 Layer는 기본적으로 생성되어 있다.

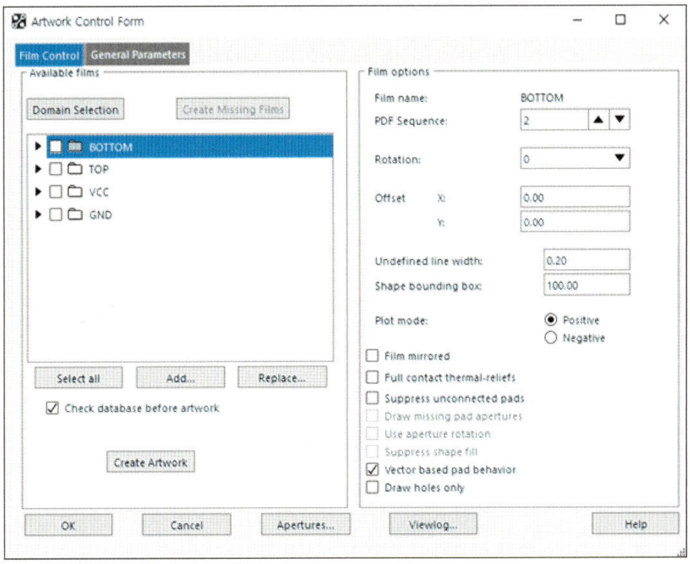

- Film name - Available films을 선택할 경우 해당 이름을 표시한다.
- Rotation - Plot 되어진 Film image 회전을 설정한다.
- Offset X/Y - Photoplot의 좌표의 위치를 Shift 한다.
- Undefined line width - Zero width를 가지고 있는 임의의 Line에 대하여 Photoplot 될 때 width를 설정해 준다.
- Shape bounding box - Negative Film에 적용되며, 넓은 Border를 설정하기 위해 Negative Shape 주위에 Outline을 추가한다.
- Plot mode - Photoplot의 Positive / Negative를 설정한다.

Artwork Control Form에서 Artwork File을 생성할 준비를 끝낸 후 특정 Artwork File을 생성할 경우 각각의 Check Box를 선택할 수 있으며, 모든 Artwork File을 생성할 경우 Select all 버튼을 클릭하여 모두 선택할 수 있다.

선택이 완료되면 Create Artwork 버튼을 클릭하여 Film을 생성한다.

생성된 Artwork File들은 *.art의 확장자로 저장이 되며, Photoplot.log 파일에는 각각의 Artwork File의 log들이 기록된다.

8.1.2 Gerber 생성하기

Export - Gerber를 선택한다. Artwork Control Form이 열리면, General Parameters 폴더 Tab에서 Plot type, Film size, Format 등을 설정하고, Film Control Record들을 설정하기 위해 Film Control Tab을 선택한다.

Available Films에 기본적인 설정되어 있는 Films을 볼 수 있을 것이다.

새로운 Film Control Record의 생성은 Artwork Control Form을 닫지 않은 상태에서 Setup - Colors를 선택한다.

Color Dialog의 모든 Visibility 설정을 Off를 선택하여 해제한 후 생성하고자 하는 Film의 Subclass를 선택한 후 OK를 클릭하여 화면에 Display 한다.

필자는 Soldermask_top을 생성해 보겠다.

Color Dialog에서 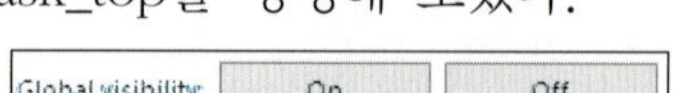

한 후 Stack-Up 폴더에서 Soldermask_Top을 Check하여 Display 한다.

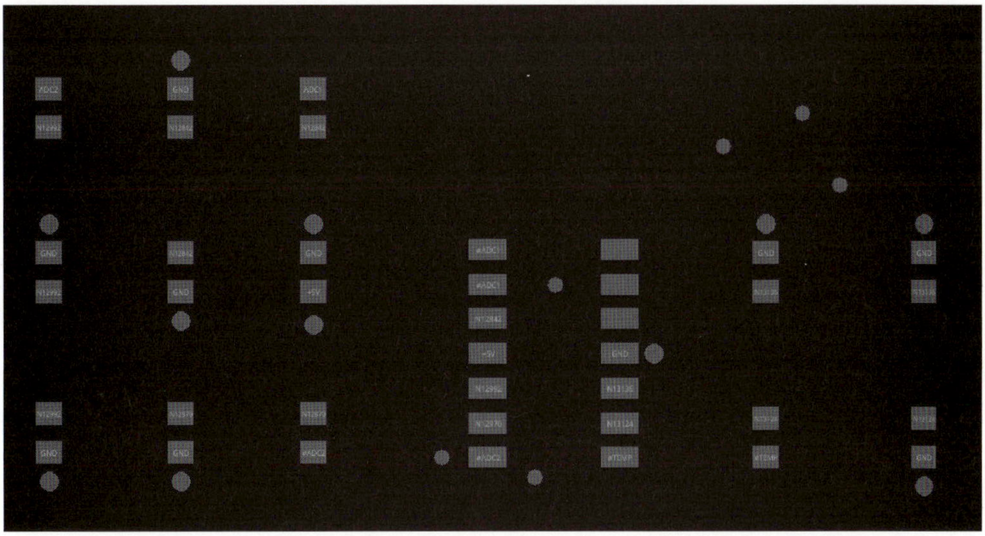

Artwork Control Film창을 원래 크기로 복원하여 다음 그림과 같이 폴더부분에서 Right mouse button 의 메뉴에서 Add를 클릭하여 생성할 Film name을 입력한다.

이런 방법으로 출력하고자 하는 Film을 생성한 후 Select all을 클릭한 다음 Create Artwork 버튼을 클릭하면 하단에 Plot generated란 메시지가 뜨면 Artwork Films 추출이 된다.

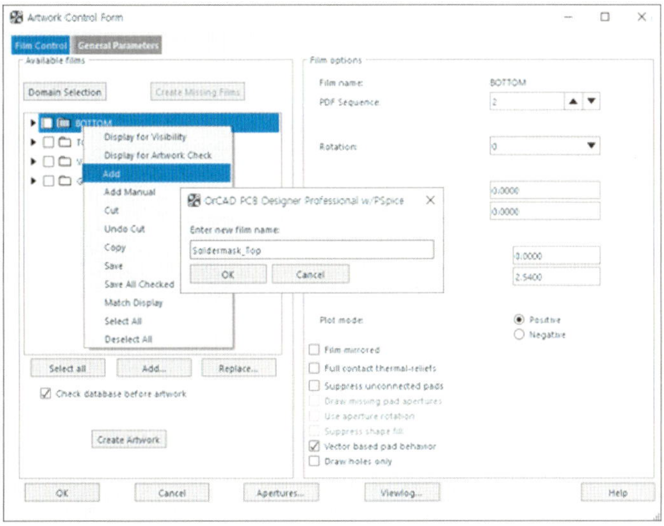

8.2 NC Data 추출하기

8.2.1 Drill Symbols 및 Legend 작성

PCB Editor는 Drill Legend 명령으로 자동으로 Drill Legend와 Drill Drawing 정보를 생성한다.

Manufacture – Customize Drill Table을 선택하면 Drill Symbol을 생성할 수 있는 창이 나타난다.

창 하단 중앙에 위치한 [Auto generate symbols] 클릭하게 되면 설계한 Board의 Drill Symbol이 자동으로 생성되며, OK를 눌러 창을 닫는다.

Manufacture – Create Drill Table을 선택한다.

Drill Legend 창에서 기본적인 내용을 Set한 뒤 OK 버튼을 클릭한다. 커서에 생성된 Drill Legend가 붙어 있게 되며, 적당한 위치에 배치하면 된다.

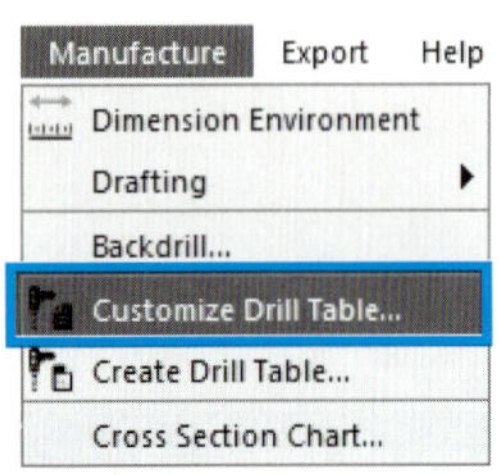

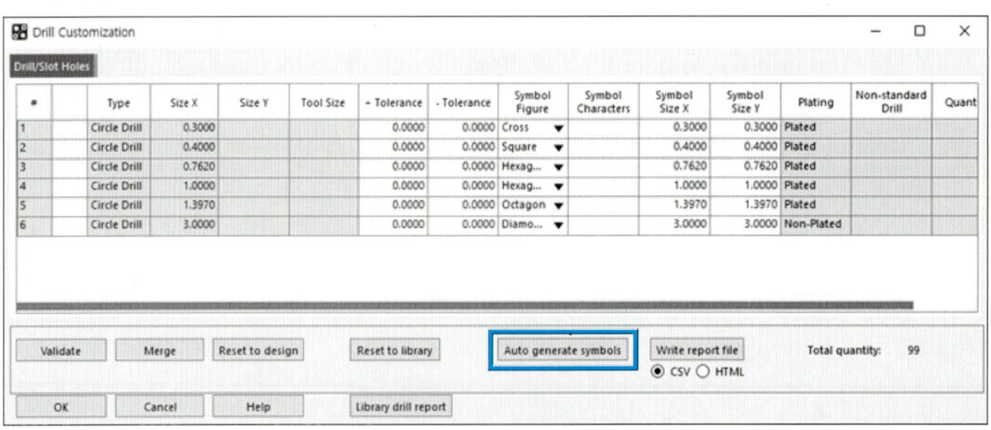

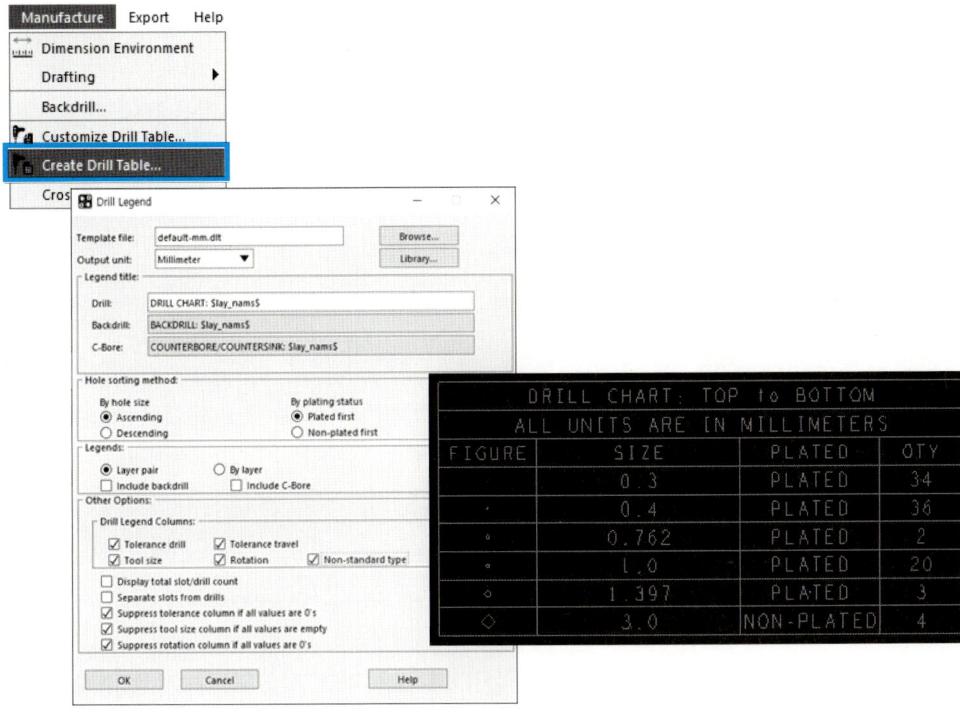

8.2.2 NC Drill

Drill file을 생성하기 위해 먼저 Export - NC Parameters를 선택한다.

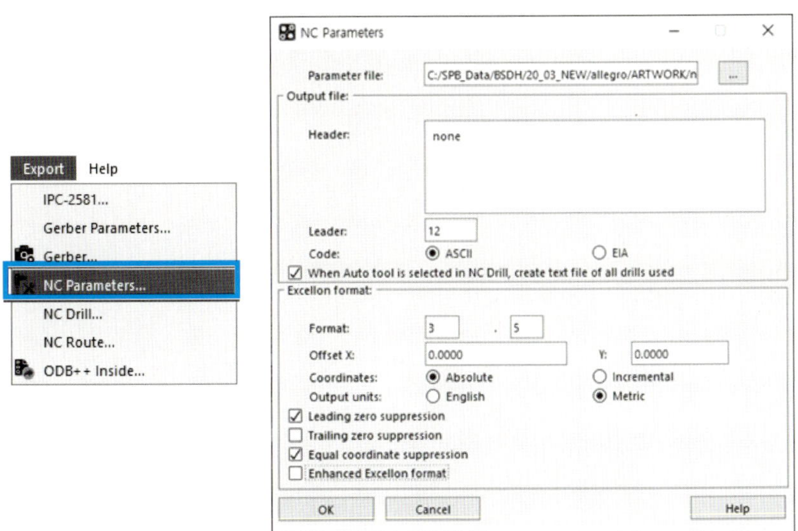

이 설정부분에서 Output file부분은 기존 내용으로 하여도 무방하며, Excellon format 부분에서 Format 부분에 NC Drill File의 좌표 Data의 Format을 설정해주고, 생성하고자 하는 NC Drill에 대해 원하는 부분을 설정 및 Check한 뒤 Close를 클릭하여 창을 닫는다.

설정이 끝난 다음 Manufacture - NC - NC Drill을 선택한다.

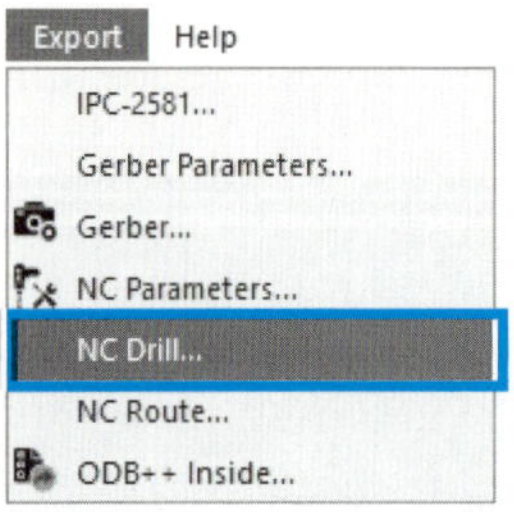

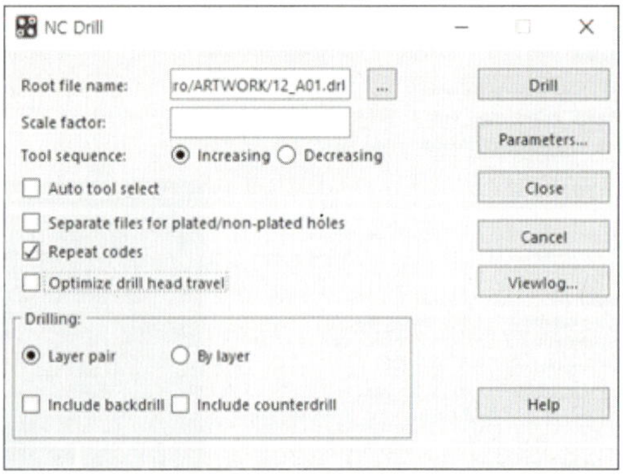

Root file name은 기본설정을 변경하기 위한 Option을 가지고 있고, 두 개의 Drill Layer가 주어진다.

Scale factor는 모든 Drill 위치들에 대해 Scale 출력파일의 값을 설정한다.

Check box의 Options 부분에 사용자가 설정하고자 하는 곳을 Check 한 후 Drill 버튼을 클릭하여 NC Drill Date를 추출한다.

지정한 작업 폴더를 확인하면 *.drl 확장자를 확인할 수 있다.

앞서 설명했던 NC Parameters 부분을 NC Drill 창에서도 설정할 수 있다.

09

Symbol Library 제작

본 장에서는 PCB Editor에서 설계에 있어 기본적으로 필요한 Padstack 및 Symbol Library를 작성과정을 통하여 다음과 같은 사항을 익힐 수 있다.

- Symbol Library의 의미
- 기본 Library의 활용 방법
- Padstack 제작 방법
- Package symbol 제작 방법

9.1 Symbol Library의 의미

9.1.1 Symbol Library의 종류

PCB Editor에는 부품을 위한 Package Symbol, 보드 등 기구적인 모양을 위한 Mechanical Symbol, 도면용 Format Symbol 외에 Shape Symbol, Flash Symbol 등 여러 가지가 사용된다. 그중에서도 PCB Editor(Allegro PCB)에서 실제 형상을 표현한 흔히 Footprint라고도 부리는 Package Symbol 라이브러리(파일확장자 *.psm)가 꼭 필요하다. Package Symbol은 부품이 놓이게 될 위치, 크기 및 모양 등을 정의해 둔 것이라 할 수 있다.

PCB 설계를 위해서는 PCB Editor에서 지원하고 있는 라이브러리를 사용하되, 제공되지 않는 것은 사용자가 직접 만들어 사용하여야 한다. PCB Editor에서 제공하는 Package Symbol

의 일부는 부록을 참고하길 바란다.

심벌을 생성하는 순서는 아래와 같이 이루어진다.

1) 핀 생성 (확장자 *.pad)
2) 핀 배치 및 외형치수, 기타 정보(확장자 *.dra)
3) 저장을 하면 이 두 가지가 합해진 심벌이 자동 생성된다(확장자 *.psm)

PCB Editor에서 사용되는 라이브러리 들은 다음과 분류한다.

File Type	Extension	File Type	Extension
Padstacks	*.pad	Format symbols	*.dra, *.osm
Custom pad shapes	*.dra, *.ssm	Flash symbols	*.dra, *.fsm
Package symbols	*.dra, *.psm	Devices	*.txt
Mechanical symbols	*.dra, *.bsm		

*.dra(drawing file)은 그래픽 파일로서 오직 편집의 목적으로 사용되어지며, 각종 라이브러리를 새로이 생성할 때마다 *.dra 파일을 저장하면서 동시에 symbol file도 함께 생성되어 저장해야 한다.

각각의 symbol pin은 padstack의 조합으로 이루어져 있으며, padstack은 각 레이어로 구성된다.

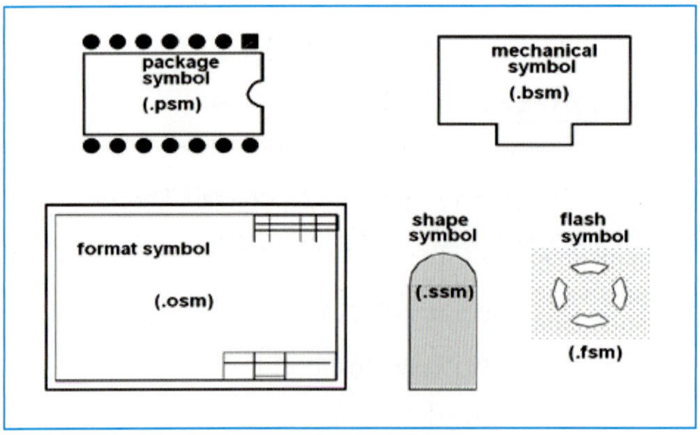

Symbol Library의 종류

9.1.2 Package Symbol Library 설계흐름

Package Symbol Library는 PCB Editor를 이용하여 작성하거나 수정하여 사용할 수 있다.

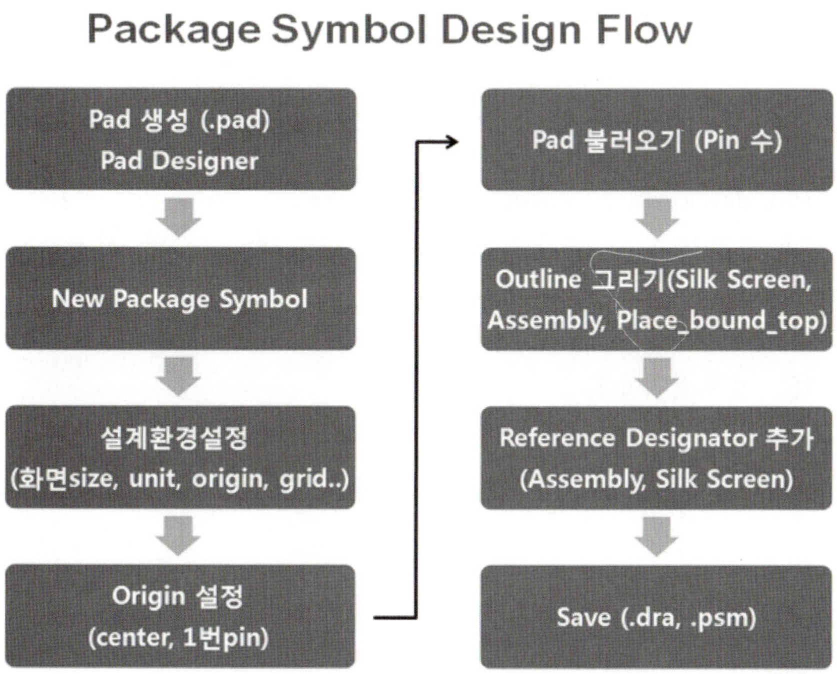

Package symbol Library 설계흐름

Package Symbol 라이브러리는 아래와 같이 Padstack, 부품의 Outline이나 Boundary를 정의하여 설계하게 된다.

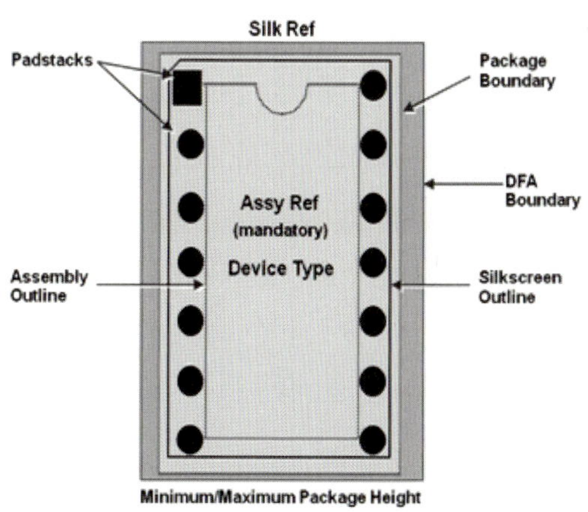

Package Symbol Library 구성

9.2 PCB Editor Library

PCB Editor가 기본적으로 제공하는 Library는 아래 경로와 같다.

C:₩Cadence₩SPB_17.4₩share₩pcb₩pcb_lib₩symbols

기본 Library directory에는 Symbols directory와 Devices directory로 구성되어있다.

Symbols directory는 Allegro에서 기본적으로 제공하는 Library 폴더로서 Padstack file 및 여러 종류의 Symbol file로 구성되어있다.

Devices directory는 Component의 Type, Pin Count 및 Logic 정보를 담고 있는 Text file이 저장되어 있는 기본 폴더이다.

다음 그림은 PCB Editor가 기본적으로 제공하는 Library에서 불러온 Package symbol이다. PCB Editor 프로그램을 실행 후 메뉴 File - Open에서 8 Pin SMD Type의 Footprint인 'soic8'를 불러온다.

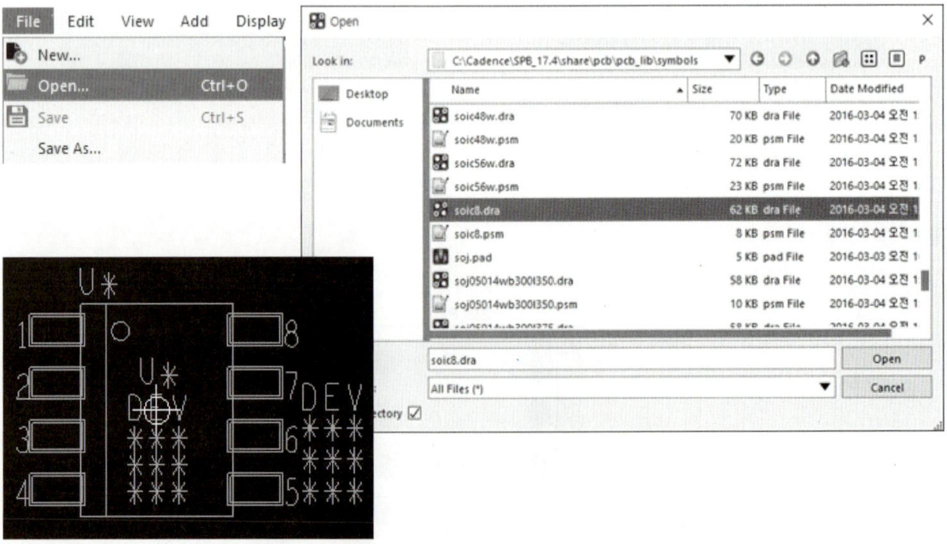

이와 같이 원하는 Package symbol을 불러온 뒤 수정하여 다른 Package symbol로 사용이 가능하다.

9.3 Padstack의 정의

Padstack은 각 Layer에 Pad size와 Shape 및 Drill size 와 Drill 표시 기호와 같은 정보를 포함하고 있다.

PCB Editor에서 Symbol에 있는 각각의 Pin들은 관련된 Padstack 이름을 가지고 있어야 하며, Symbol 생성 시 Package Symbol에 Pin을 추가하게 된다.

각각의 Pin 추가시 PCB Editor상에서 Library Padstack을 찾아 정의된 Padstack을 Symbol에 추가하여 화면에 표시한다.

이러한 이유로 Package symbol 제작 전에 Library Padstack을 먼저 생성해야 한다. 또는 기본으로 제공되는 Padstack을 이용하여 Symbol 제작이 가능하다.

9.3.1 Padstack Designer의 Parameter

먼저 만들고자 하는 Package Symbol의 제조회사에 대한 Datasheet를 조사하고 Design에 필요한 사항을 점검한다.

새로운 Padstack을 생성하기 위해 필요한 Pad에 대한 모든 준비가 끝나면, Padstack 생성에 필요한 data을 이용하여 Padstack을 만들고 저장하기 위해 다음 그림과 같이 Padstack Editor를 선택하여 Pad Editor를 실행한다.

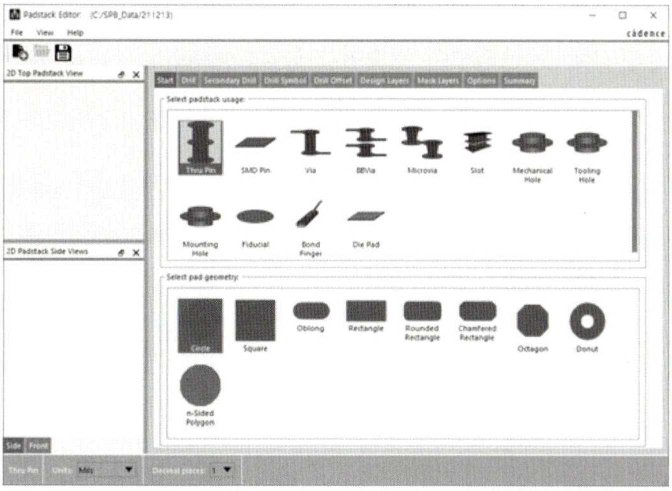

- Start

Start 탭에서는 Padstack Type과 geometry에 대한 설정을 한다. 생성하고자 하는 항목을 선택 할 수 있으며, 선택한 항목에 따라 다른 설정 탭이 활성화 또는 비활성화 된다. 만약 생성하고자 하는 Geometry가 목록에 없는 경우, OrCAD PCB Editor 상에서 Geometry에 해당하는 Shape를 생성하여 Design Layers 탭에서 별도로 지정 가능하다.

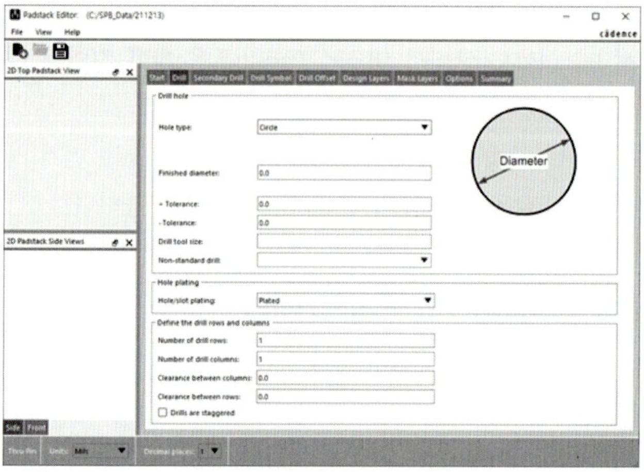

- Drill

Drill 탭에서는 Hole의 Type과 Diameter 등을 설정한다. 만약 Standard drill이 아닌 경우, Non-standard drill에서 Laser, Plasma, Punch 등의 설정이 가능하며, 이후 NC Drill data를 생성 시에 각 공정의 Data를 분리하여 추출이 가능하다. Define the drill rows and columns 항목에서는 2개 이상의 Drill을 설정할 수 있다.

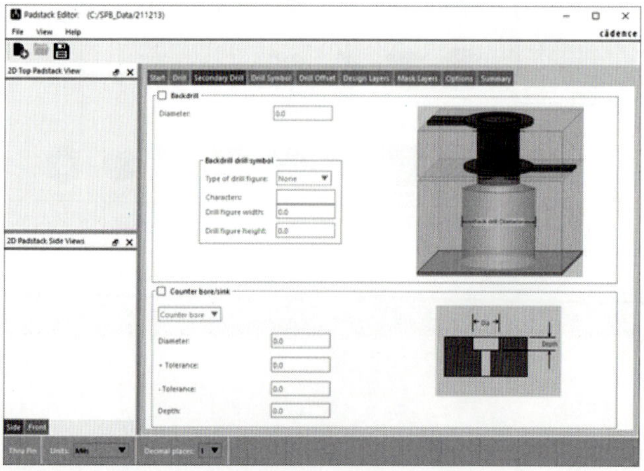

• Secondary Drill

Secondary Drill 탭에서는 Backdrill 및 Counter bore/sink 설정을 한다. (Backdrill은 Allegro PCB Designer License가 요구됨) Counter bore의 경우에는 Diameter, ±Tolerance, Depth(깊이)를 설정하고, Counter sink의 경우에는 Diameter, ±Tolerance, Angle을 설정한다.

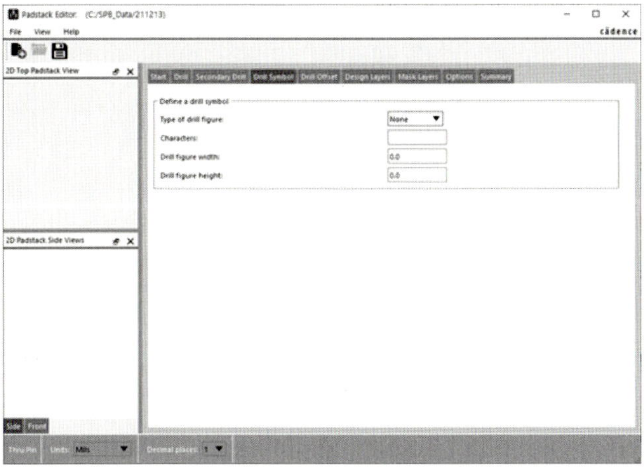

• Drill Symbol

Drill Symbol 탭에서는 NC Legend에 적용할 Drill symbol에 대한 설정을 한다. Type of drill figure, Characters, Drill figure width/height를 설정한다.

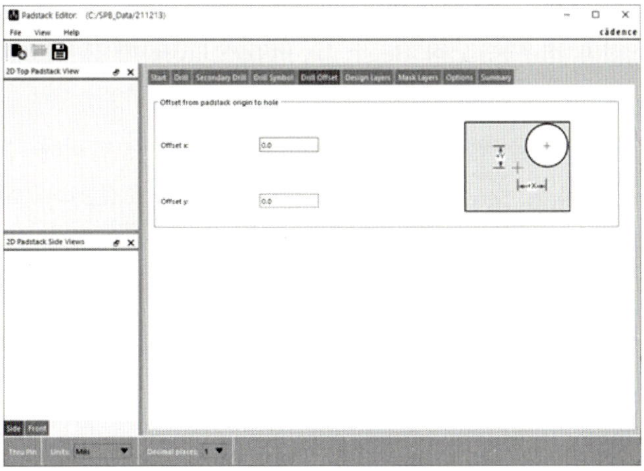

- Drill Offset

Drill Offset 탭에서는 Padstack의 Origin을 기준으로의 Drill Offset을 설정 할 수 있다. X 방향 또는 Y 방향을 설정한다.

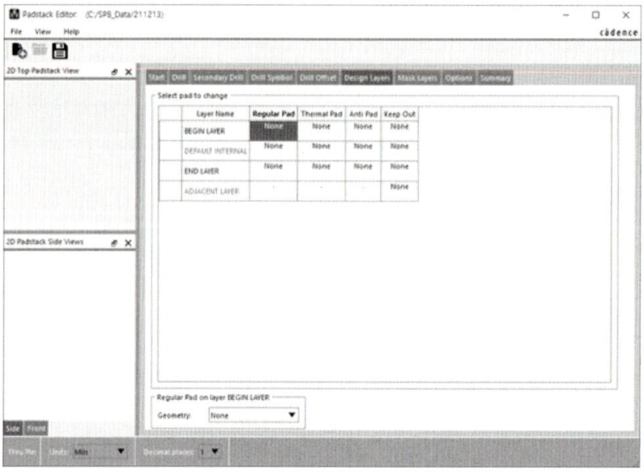

- Design Layers

Design Layer Tab을 선택하여 Padstack에 대해 Layer를 정의하고 편집할 수 있다.

Top layer는 Begin layer로 정의하고, Bottom layer는 End layer로 정의한다. Default Internal layer는 Board의 모든 Internal layer에 사용될 Pad를 정의한다.

Through hole Padstack의 경우 Begin, End layer 및 Default Internal layer의 Regular Pad, Thermal Relief, Anti Pad를 정의해 주어야 한다.

Surface-mount pad의 경우는 오직 Begin layer(Top layer)에서만 Regular Pad를 정의해 주면 된다.

또한 PCB 상의 Padstack을 위해 Soldermask Pad의 Size도 입력해 주어야 한다.

Through hole Padstack은 Soldermask top, bottom 모두 필요하며, Single 또는 Surface -mount Padstack은 Soldermask top만이 필요하다.

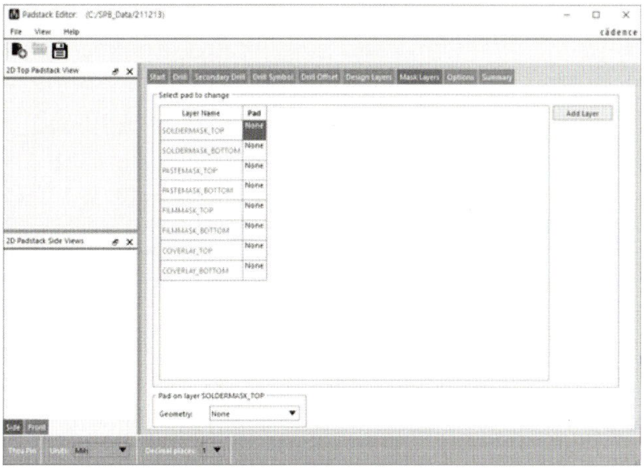

- Mask Layers

Mask Layers 탭에서는 Soldermask, Pastemask, Filmmask 등의 Mask Layers를 설정한다. Pad on layer 항목에서 Geometry, Diameter 등의 설정을 한다. 만약 추가 Mask Layer가 필요한 경우, Add Layer를 선택하여 추가한다.

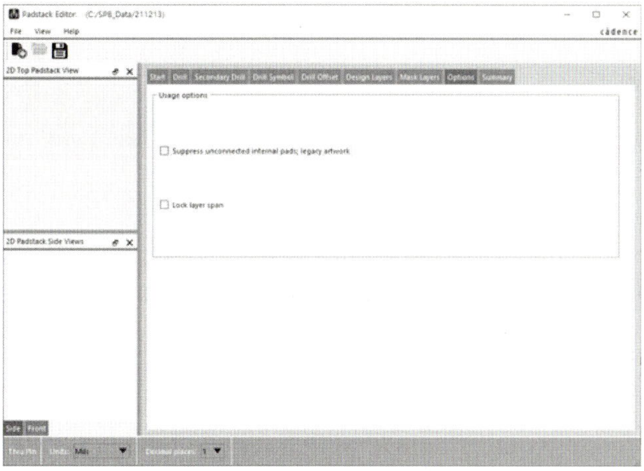

- Options

Options 탭에서는 Suppress unconnected internal pad 설정 및 Lock layer span 설정을 한다.

- Suppress unconnected internal : Connection이 이루어지지 않은 Regular pad 부분을 제거
- Lock Layer Span : BBvia 및 uVia 배치 후, Layer가 추가되었을 때 형성되는 Layer를 유지/확장

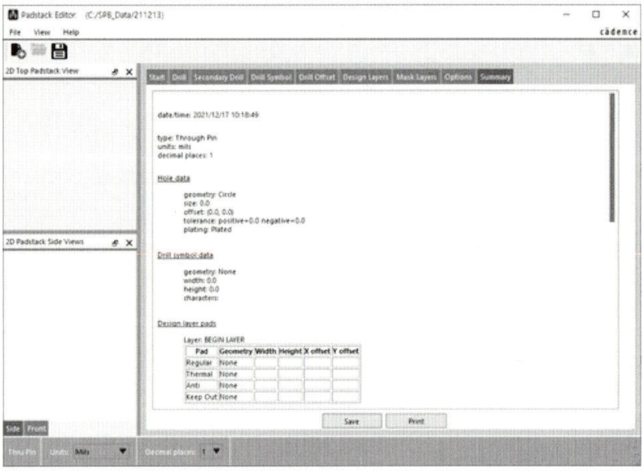

- Summary

Summary 탭에서는 생성한 Pad의 Summary를 확인할 수 있으며, *.html 형식으로 저장 및 Print 출력이 가능하다.

9.3.2 Through-Hole Pin 생성

Through hole Pin에 대한 Padstack을 생성하기 위해 [Padstack Editor 17.4] 을 실행한다.

필자는 위에서 설명한 것과 같이 Through hole Type인 Pad65cir35d라는 이름으로 Padstack을 생성해 보도록 하겠다.

Pad65cir35d는 65mil의 Circular형상의 Pad와 35mil의 Plated hole을 가지는 Pad를 의미한다.

Pad Editor에서 단위는 Mils, Decimal places부분은 0으로 설정한다. 만약 더 정확하게 치수를 입력하기 원한다면 소수점 아래의 자리 수를 입력한다.

Start 탭에서 Padstack은 Thru pin, pad geometry는 Circle을 선택한다.

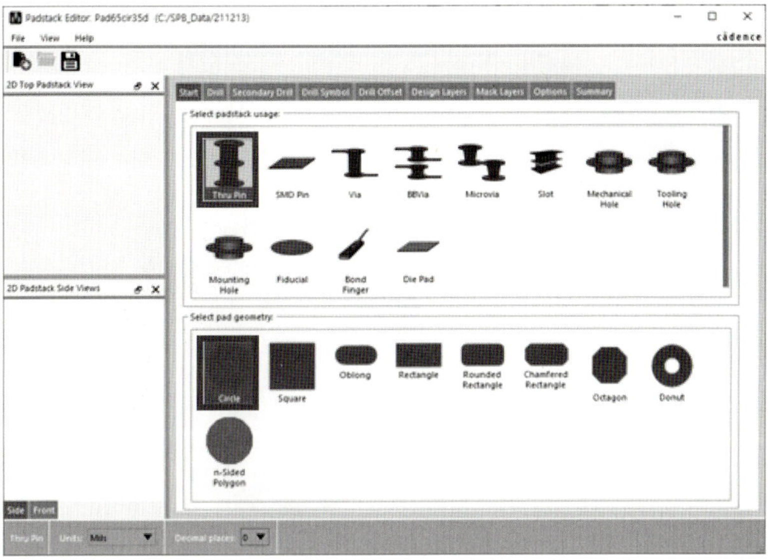

Drill 탭에서 Hole type은 Circle, Finished diameter는 35, Hole plating은 plated를 입력한다.

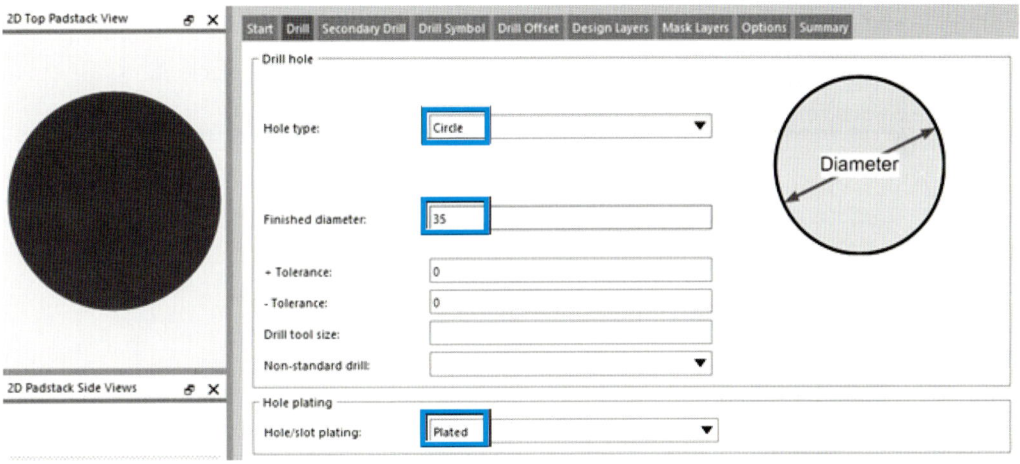

Drill Symbol 탭을 선택하고 Type of drill figure는 Circle, Characters는 A, Drill figure diameter는 35로 설정한다.

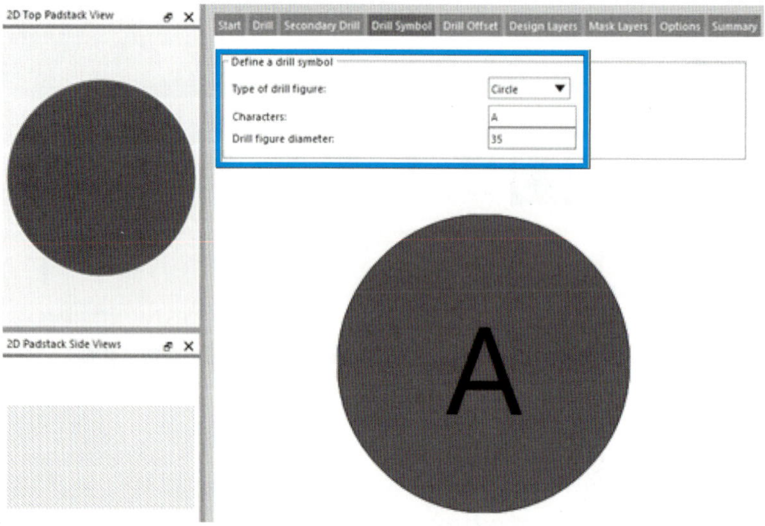

위와 같이 입력 후 Design Layers 탭을 선택한다.

먼저 Begin layer의 Regular pad, Thermal Pad, Anti Pad를 아래와 같이 입력하도록 한다.

Regular Pad	Thermal Relief	Anti Pad
Geometry : Circle	Geometry : Circle	Geometry : Circle
Diameter : 65	Diameter : 93	Diameter : 93

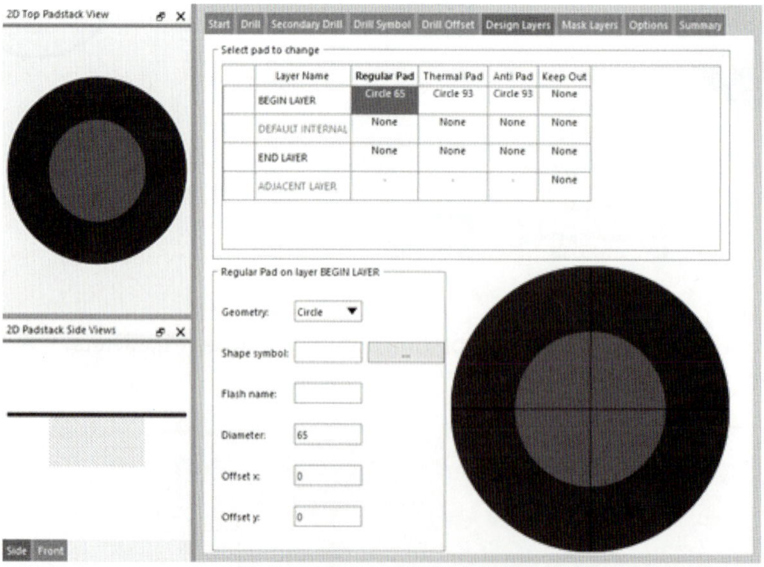

Begin layer에 대한 입력이 끝난 후 Default Internal 및 End layer를 입력하도록 하겠다. 먼저 Default Internal을 아래와 같이 입력한다.

Regular Pad	Thermal Relief	Anti Pad
Geometry : Circle	Geometry : Circle	Geometry : Circle
Diameter : 55	Diameter : 75	Diameter : 75

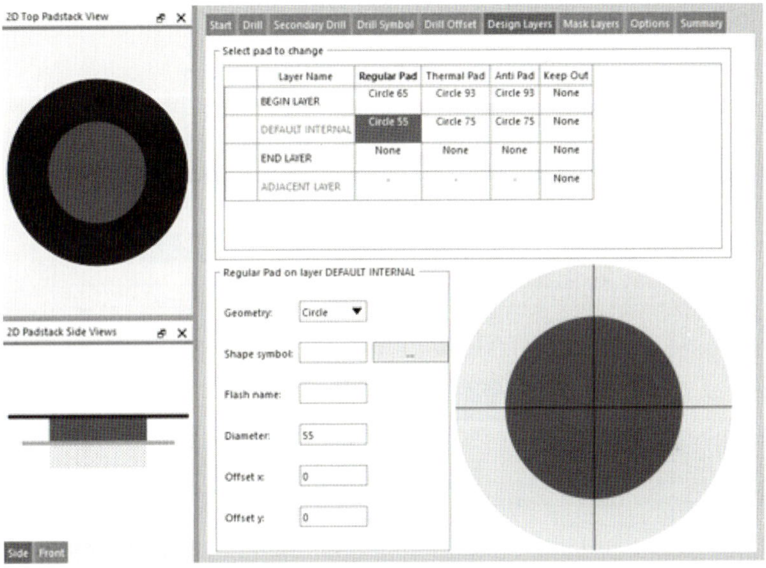

다음은 End layer를 입력한다. 이 부분은 Begin layer와 같은 값이 입력이 되기 때문에 Right mouse button의 메뉴를 이용하여 입력하도록 하겠다.

Begin Layer에서 Regular Pad, Thermal Pad, Anti Pad를 선택 후 Right mouse button을 클릭하여 Copy를 선택하고 End Layer에서 Right mouse button을 클릭하여 Paste를 선택하여 Copy한다.

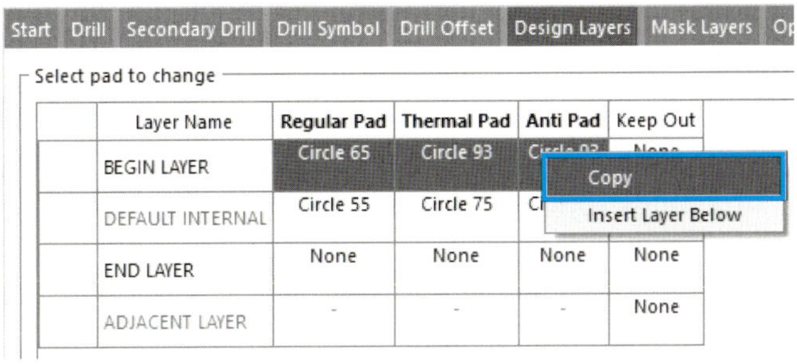

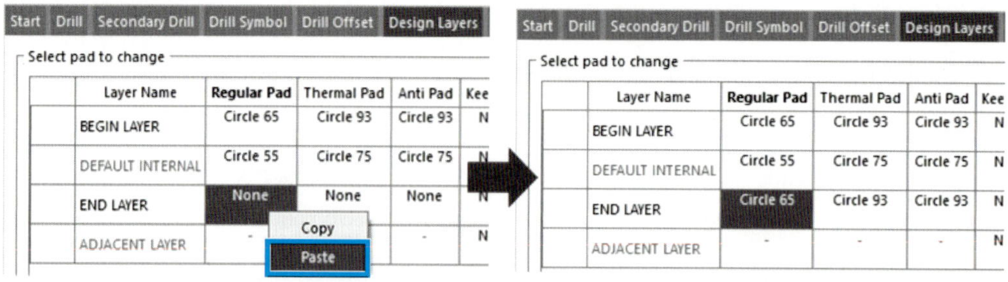

마지막으로 Mask Layers 탭에서 Soldermask_Top, Soldermask_Bottom을 설정한다.

Pad
Geometry : Circle
Diameter : 80

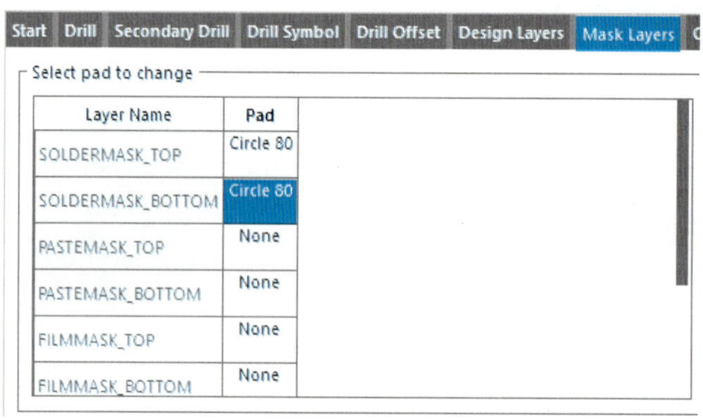

메뉴 File - Save as를 선택하여 Pad65cir35d란 이름으로 저장할 경로를 선택하여 저장하도록 한다. 기본적으로 제공되는 Library에 저장하여도 되며, 지정된 폴더에 저장하여도 무방하다.

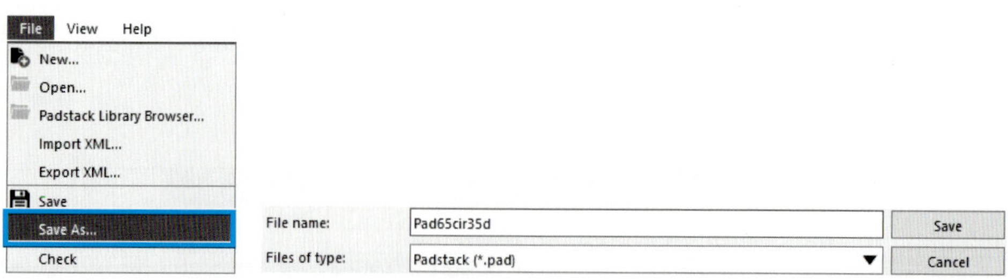

9.3.3 Surface-mounted Device Padstack 생성

SMD Padstack을 생성하기 위해 Padstack Editor 17.4 을 실행한다.

필자는 SMD Type인 smd70rec20이라는 이름으로 Padstack을 생성해 보도록 하겠다.

smd70rec20 Pad는 70mil by 20mil의 직사각형 pad로서 Drill hole은 없다.

Start 탭에서 padstack은 SMD Pin, pad geometry는 Rectangle, 단위를 Mils, Decimal places를 0으로 설정한 후 Design Layers 탭을 선택한다.

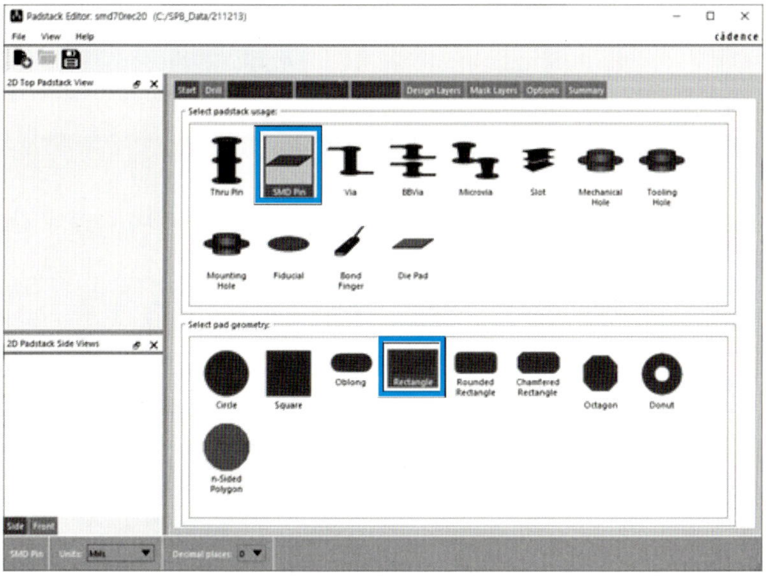

SMD Padstack의 경우 표면실장으로 End Layer(bottom layer)가 없으므로 Begin layer만 아래와 같이 입력한다.

Regular Pad
Geometry : Rectangle
Width : 70
Height : 20

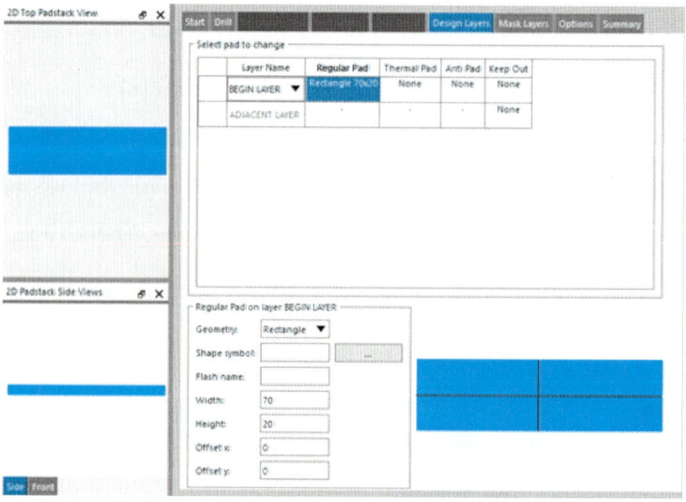

다음은 Mask Layers 탭으로 이동하여 Soldermask_Top을 선택하여 아래와 같이 입력한다.

Pad
Geometry : Rectangle
Width : 75
Height : 25

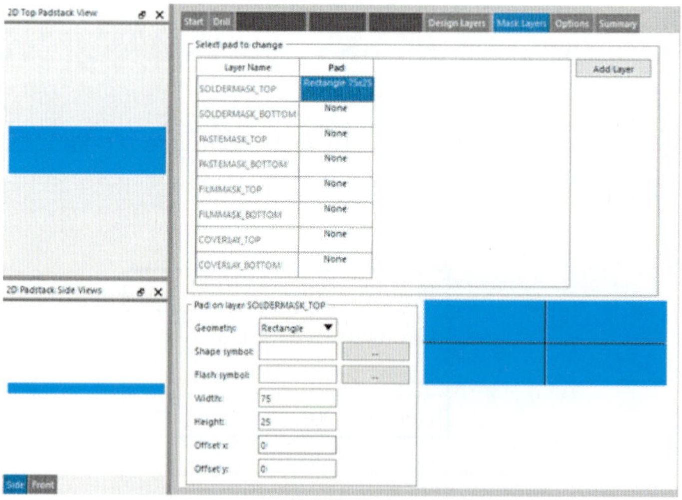

메뉴 File - Save as를 선택하여 smd70rec20이란 이름으로 저장할 경로를 선택하여 저장하도록 한다. 기본적으로 제공되는 Library에 저장하여도 되며, 지정된 폴더에 저장하여도 된다.

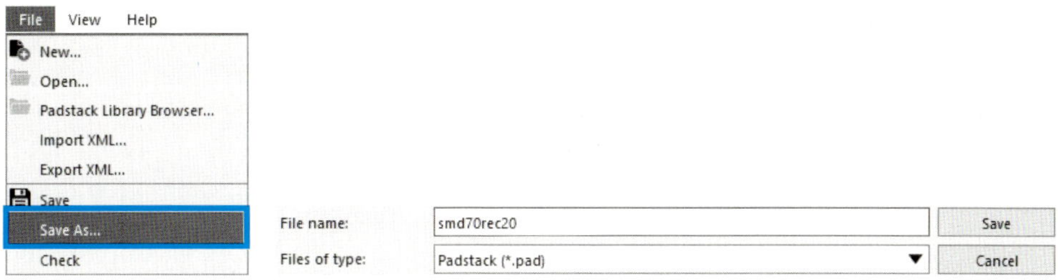

9.4 Package Symbol 제작

9.4.1 HC49(Crystal) 만들기

Package Symbol Wizard를 이용하여 HC49 Footprint를 만들어 보겠다. 필자는 아래와 같이 해당 부품의 Datasheet에서 필요한 정보를 아래와 같이 수집하였다.

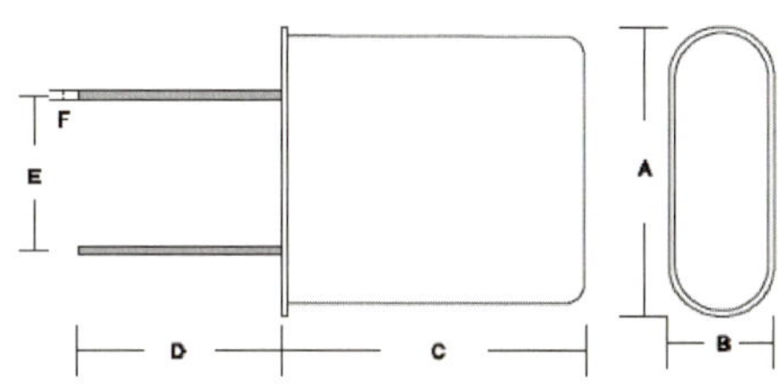

A	B	C	D	E	F
11.20	4.65	13.46	12.70	4.90	0.43

기본적으로 datasheet의 치수들은 mm 및 Inch로 되어있으므로 mils 단위로 환산하여 사용하도록 한다. 아래 표는 대략적으로 환산한 값이다.

A	B	C	D	E	F
441	183	530	500	193	17

Package Symbol Wizard로 HC49를 생성하기 위해 PCB Editor를 실행한다. 메뉴 File - New를 선택하여 아래 그림과 같이 Name을 HC49로 입력하고, Type은 Package Symbol (wizard)를 선택한 뒤 경로는 PCB Editor에서 제공하는 기본경로에 저장하기로 한다. 저장 경로는 달라질 수 있다.

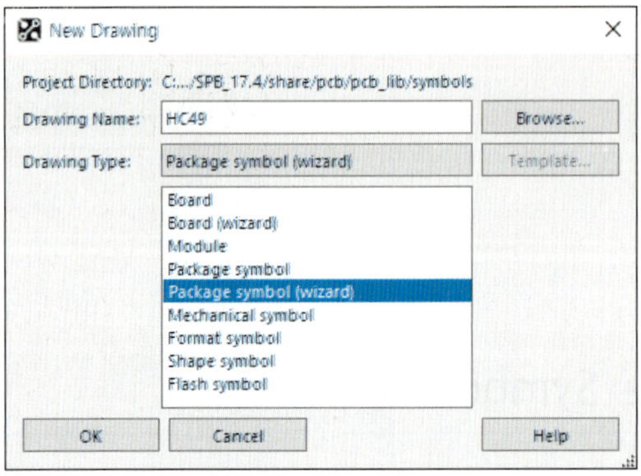

OK를 클릭하면 Package Symbol Wizard가 시작된다. Package Type은 TH DISCRETE를 선택한 다음 Next를 클릭한다.

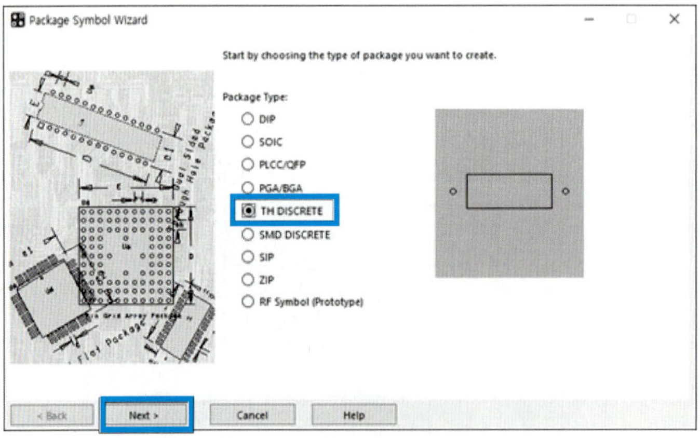

Template창이 열리면 기본적으로 제공되는 Template를 선택한 후 Default Cadence supplied template의 환경을 Load 할 수 있게 Load Template를 클릭한다.

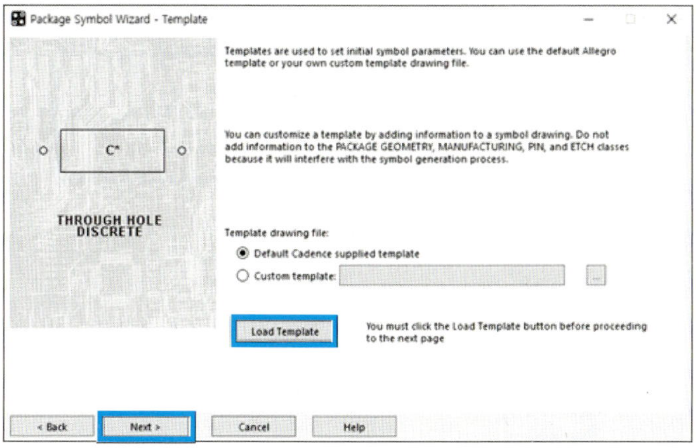

Next를 클릭하게 되면 Drawing parameters 및 Reference designator label 등을 지정하는 창이 display된다. Cadence default template는 Mils의 Unit와 0의 Accuracy값을 가진다. Reference Designator prefix는 U*를 입력한다.

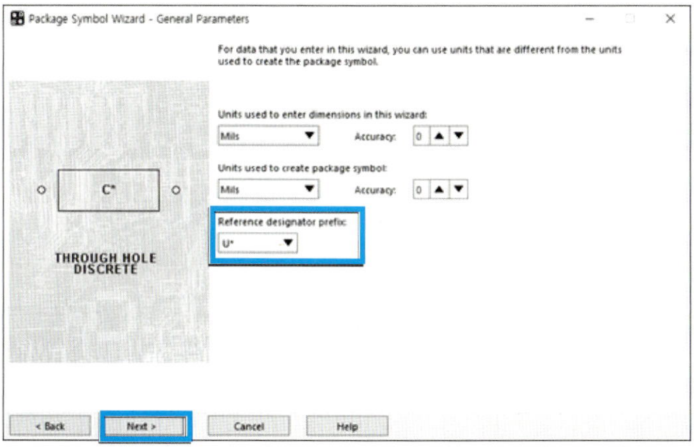

Next를 클릭하면 TH Discrete Parameters 창이 Display이 된다.

위에서 수집한 Dimension을 확인하여 설정 창에 [e1] 193 [E] 441 [D] 183을 입력한다.

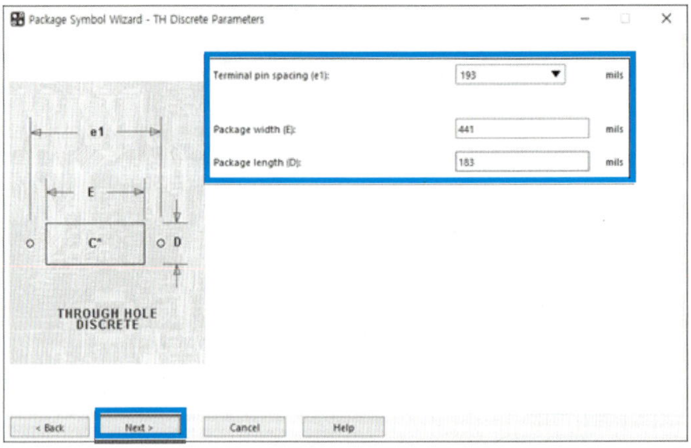

모든 치수를 입력 후 Next를 클릭하여 Padstack을 지정하는 창을 Display 한다. 이 창은 Pin으로 사용하기 위한 Padstack을 설정하며, Default padstack과 1번 pin으로 사용할 Padstack을 설정할 수 있다.

[...]를 클릭하여 pad45cir22d을 선택하여 불러온다.

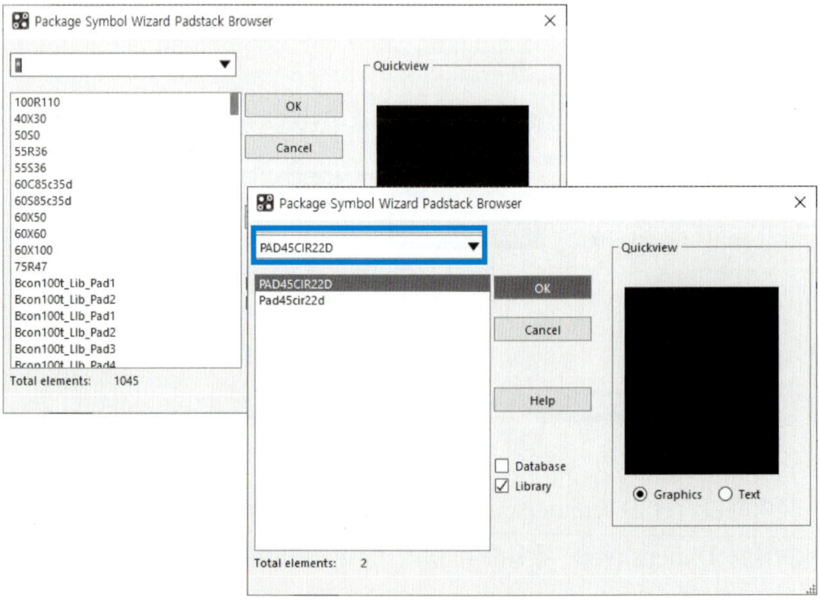

OK를 클릭하면 Default padstack 및 1번 pin의 Padstack이 동시에 지정된다.

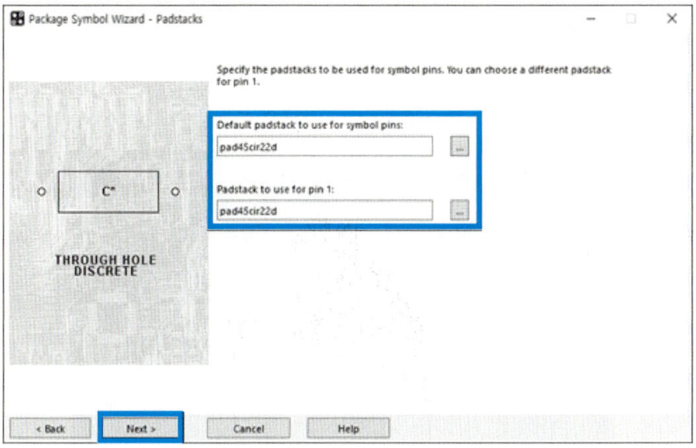

만약 IC처럼 1번 pin을 다르게 지정해야 하는 경우엔 Padstack to use for pin 1의 Padstack을 다시 불러와 설정할 수 있다.

HC49의 경우 1번 Pin을 따로 지정할 필요가 없으므로 동일한 Padstack을 사용한다. Next를 클릭하면 Symbol Compilation 창이 Display 되며, 이 창은 Symbol의 Origin(0,0)의 위치 및 .psm file로 컴파일 할 것인지 설정한다.

필자는 Symbol Origin을 Center에 주고 Symbol을 수정할 수 있도록 완성되지 않은 상태로 선택하여 Next를 클릭한다.

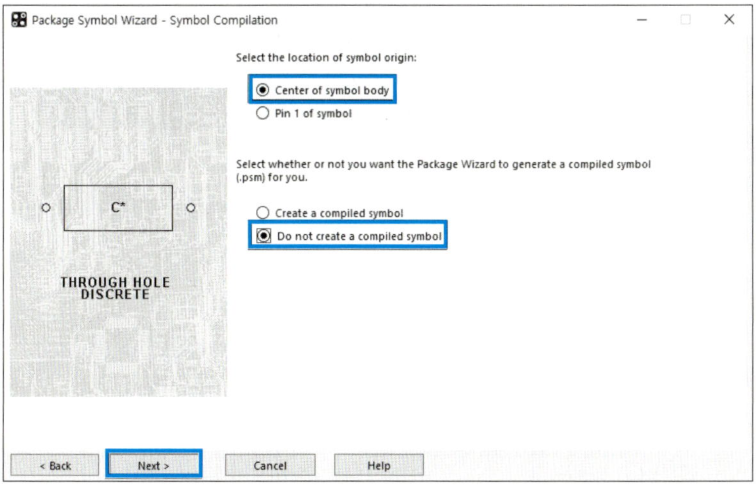

만약 여기까지 Symbol을 완성할 경우엔 Create a compiled symbol을 클릭하여 wizard를 끝내도록 한다.(*.psm, *.dra file 모두 생성된다.)

Next를 클릭하면 *.dra file만 생성되어질 것이다. Finish를 클릭하여 Symbol을 수정하도록 하겠다. 화면에 자동 생성된 Symbol이 아래와 같이 Display 된다.

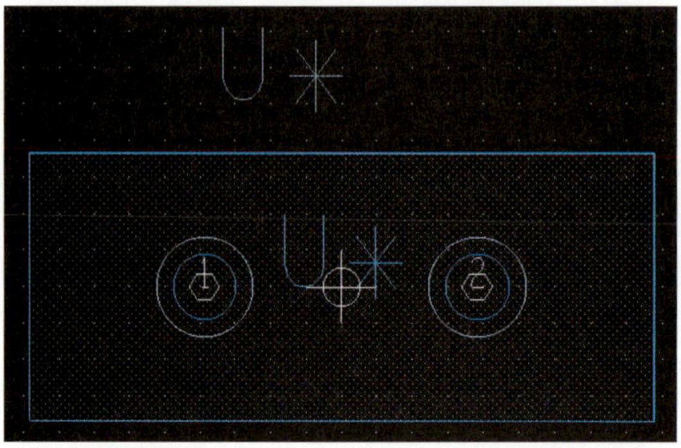

만약 Silkscreen의 외형을 둥글게 작성할 경우 메뉴 Dimension - fillet을 선택한다. Control Panel의 Option에서 Radius 값을 80으로 설정한 후 모서리 부분을 Drag하거나 마우스로 클릭하여 Fillet을 실행한다.

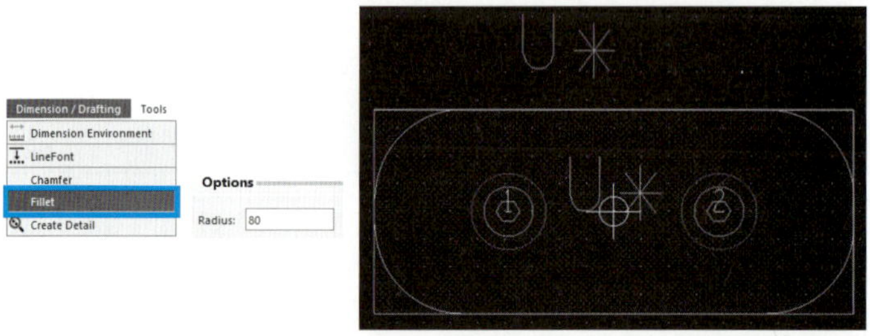

모든 수정 완료 후 메뉴 File - Save를 선택하여 Symbol을 저장하면 Command 창에 HC49.dra와 hc49.psm이 생성되었다는 메시지를 확인할 수 있다.

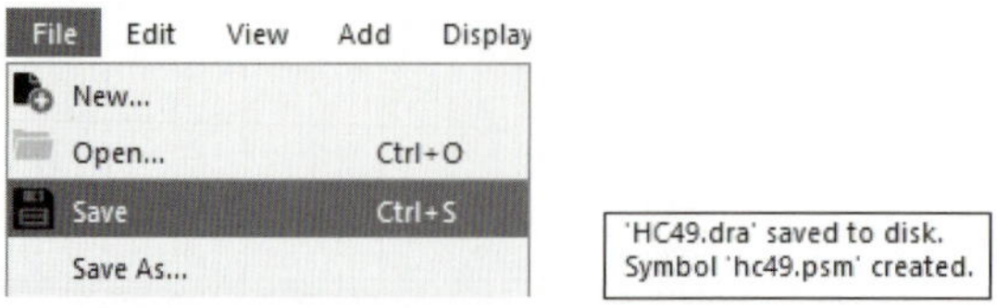

P/A/R/T 03

따라하기 실습예제

1. Capture/PCB Editor를 이용한 설계순서
2. 단안정 멀티바이브레이터
3. 8진 UP/DOWN 카운터
4. 정류회로
5. 프리셋카운터
6. A/D 혼성회로

01
PCB 설계순서

PCB 보드를 설계할 때는 종류와 상관없이 일정한 단계의 설계과정에 따르게 되는데, OrCAD Capture와 PCB Editor를 중심으로 살펴보면 아래와 같다.

1.1 OrCAD Capture의 기본적인 설계순서

1. 설계준비와 New Project 생성 (*.opj, *.dsn)

- 데이터 시트 수집
- 부품패키지와 Footprint 목록수집
- 부품의 Capture Library를 조사
- File → New → Project 파일명 및 경로설정

2. 환경설정

- Options → Schematic Page Properties
- 단위(inch, millimeter) 및 도면의 크기 설정
- Place → Title Block 타이틀블록 변경이나 재배치
- 그리드 참조번호 설정

3. Library 추가 및 생성 (*.olb)

- Place Part → Add Library 라이브러리 추가
- File → New → Library 수행하여 부품 생성
- 부품편집기를 이용하여 패키지당 부품수, 부품외형, 참조번호, 부품이름, 핀이름, 핀번호, 핀타입을 지정하여 새로운 부품 생성

4. 배치 및 배선

- Place → Part 이용하여 부품배치, 복사, 회전 등 명령어 활용하여 배치
- Place → wire, bus, entry bus 및 junction 명령이나 아이콘을 사용하여 배선

5. 부품속성 입력

- 부품선택 → Edit Properties 이용 부품값 입력
- Place → Net Alias 이용하여 Net의 이름 추가
- Ground와 Power 배치 (GND와 GND_POWER는 동일한 심벌이나 Net의 이름이 다름)

6. PCB Footprint 입력 및 제작

- 각 부품의 Footprint 이름을 입력
- 부품선택 → Edit Properties 또는 프로젝트 관리자에서 .dsn 선택 → Edit Object Properties 이용
- Footprint 제작은 PCB Editor의 Package Symbol 명령과 Padstack Editor를 이용하여 제작/지정
- 제작한 Footprint는 PCB Editor의 Symbol Library (Cadence₩SPB_17.4₩share ₩pcb₩ pcblib₩symbols)에 넣거나, Footprint의 경로를 PCB Editor의 psmpath와 padpath에 설정해야 함(Setup → User Preferences Editor → paths → library)

7. 부품참조갱신(Annotate)

- Project Manager에서 Annotate 수행
- 모든 참조번호를 "?"로 초기화 한 후 실행
- Action → Incremental Reference Update 선택

8. 설계규칙검사(Design Rules Check, *.drc)

- Project Manager에서 DRC 수행하여 회로도의 전기적 성질과 물리적 성질 검사
- 에러가 발생된 경우 수정한 후 반복수행

9. 레포트작성 (*.bom, *.xrf)

- Projet Manager에서 BOM(Bill of Materials) 실행하여, 회로도의 부품 목록표를 작성
- Projet Manager에서 Cross Reference 실행하여, 회로도의 각 부품에 대한 정보목록 작성

10. 네트리스트 및 Board 파일 생성(*.dat, *.brd)

- Projet Manager에서 New Layout 실행하여 Netlist 및 Board 파일 생성
- Footprint 미입력, 부품의 핀수와 Footprint 핀수, 핀이름, 없는 Footprint 지정 등의 경우 에러 발생
- 에러발생시 Session Log나 작업폴더에 생성되는 netrev.lst 파일을 참조하여, 에러수정 후 네트리스트 다시 생성

1.2 OrCAD PCB Editor의 기본적인 설계순서

1. 환경설정

- Setup → Design Parameters, 설계단위, 화면크기, 소수점자리, 왼쪽하단의 기준좌표의 이동
- Setup → Grids, Etch와 Non-etch, 각 Layer 그리드 설정
- Setup → Cross Section Editor, PCB 층수 설정(기본설정은 2층)

2. PCB 보드 외곽선 설정

- Outline → Design Outline, 좌표입력
- Board Edge Clearance를 설정하여, Package/Route Keepin 영역설정
- Options → Board Geometry/Outline 설정 후, Add → Line을 이용하여도 외곽선 설정 가능
- Place-Component Manually 기구홀 배치

3. Constraints 설정

- Setup → Constraints 전체 또는 Net별 설정
- Physical Set에서 배선의 폭, Via 지정
- Spacing Set에서 배선간의 간격 설정

4. 부품배치

- Place → Component Manually 부품 선택 후 Hide
- 우클릭(RMB) 사용하여 Rotate, Move, Delete 등 수행하여 방향성부품(컨덴서, 다이오드 등) 등을 점검하여 배치
- 부품의 배치간격 규칙 위배 여부를 고려하여 배치

5. Color 설정

- Setup-Colors 실행. Global Visibility Off, 다음을 설정
- Stack-Up에서 Top, Bottom, Ground, Power의 All 선택
- Board Geometry에서 Outline, Design Outline, Dimension을 설정
- Package Geometry에서 Silkscreen_Top 설정
- Area에서 부품배치영역(PKG KI), 배선영역(RTE KI)을 설정

6. 배선

- Route → Connect 실행하여, critical net을 수동으로 배선
- DRC 실행하여 에러 발생여부 검사, 배선폭 및 층 변경하며 배선
- Route → PCB Router → Route Automatic을 이용 자동배선
- Check → Design Status 부품배치 및 배선 상태검사

7. 설계작업마무리

- 동판배치 Shape → Rectangular와 Options 탭 → Etch/Top(Bottom) → Dynamic Copper → Assign net name을 GND net로 지정
- Edit → Change Objects 선택, Options 탭 → Class/Subclass를 Refdes/ Silkscreen_Top 및 Text block크기 설정 후 모든 Reference 크기 동일하게 설정
- Edit → Move 선택, Find 탭 → Text 선택하여 Reference 정리
- Manufacture → Dimension Environment 선택하여 Dimension 설정

8. 후처리과정(Post Processing, *.art, *.drl)

- Manufacture → Customize Drill Table → Auto Generate symbols, Manufacture → Create Drill Table 실행하여 배치
- Export → Gerber → General Parameters 설정, Film Control → Create Artwork 실행하여 Gerber 파일 생성(Top, Bottom, Ground, Power, Soldermask_Bottom, Soldermask_Top, Drilldraw - 4층 PCB인 경우)
- Export → NC Drill → Drill 실행하여 NC 데이터 생성
- Export → Reports 레포트파일 생성

02 단안정 멀티바이브레이터

2.1 회로도

본 장에서는 단안정 멀티바이브레이터(Monostable multivibrator) 회로작성 및 PCB 설계 실습을 수행한다.

2.1.1 개요

트리거 신호가 가해지면 불안정 상태로 갔다가, 일정한 시간이 경과한 후에는 다시 안정 상태로 되돌아오는 회로를 단안정 멀티바이브레이터라고 한다.

2.1.2 회로도

단안정 멀티바이브레이터 회로도와 부품목록은 다음과 같다.

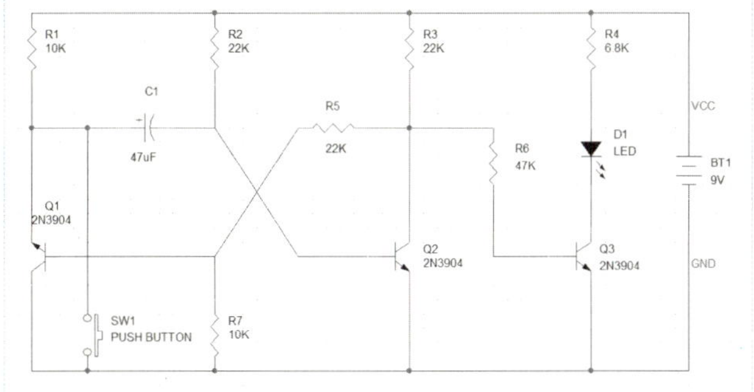

2.1.3 부품목록

번 호	Capture 부품이름	부품 값	수량	라이브러리 명
1	BATTERY	9V	1	Discrete.olb
2	CAP POL	47uF	1	
3	LED	RED	1	
4	NPN BCE	2N3904	3	Transistor.olb
5	R	10K	2	Discrete.olb
		22K	2	
		4.7K	1	
		6.8K	1	
		47K	1	
6	SW PUSHBUTTON	SW PUSHBUTTON	1	

2.2 회로도 그리기

2.2.1 회로도 설정

① Capture 윈도우의 File 메뉴 - New - Project를 선택한다.

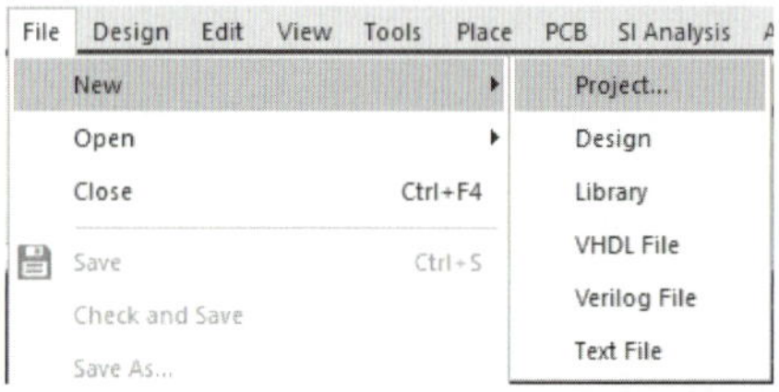

② New Project Name 문자상자에 새로운 프로젝트 이름(monostable)을 입력한다.

③ Location 문자 상자에 저장할 경로와 파일명을 입력한 후 OK 버튼을 실행한다.

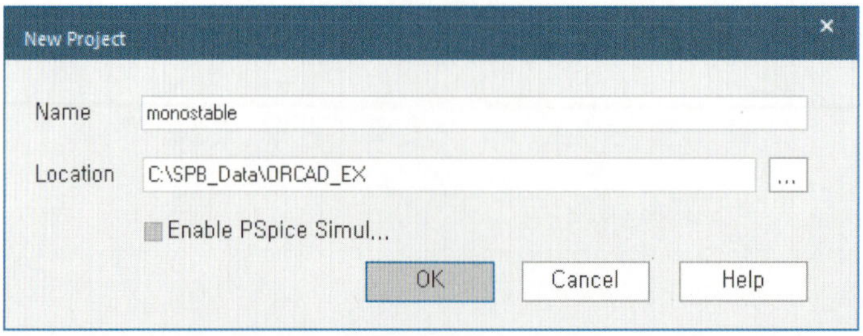

④ 회로도 파일은 SCHEMATIC1이란 회로도와 그 회로도에 포함된 PAGE1이란 회로도면이 생성되어 도면작성을 시작할 수 있다. 프로젝트 파일(monostable.opj) 및 회로도 파일(monstable.dsn)이 지정한 경로에 생성된다.

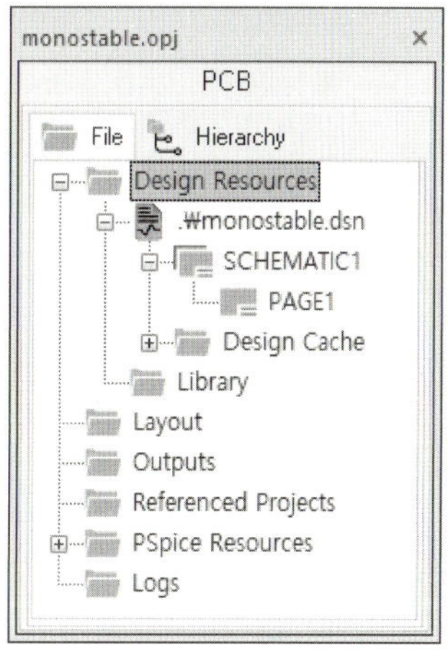

2.2.2 부품 배치

① Place 메뉴에서 Part를 선택하거나 툴 파렛트에서 Place Part ( )를 클릭하여 대화상자를 연다.

② Add Library 버튼을 클릭하여, Discrete.olb와 Transistor.olb 라이브러리를 각각 선택하여 읽어 들인다.
(기본경로: C:₩Cadence₩SPB_17.4₩tools₩capture₩library)

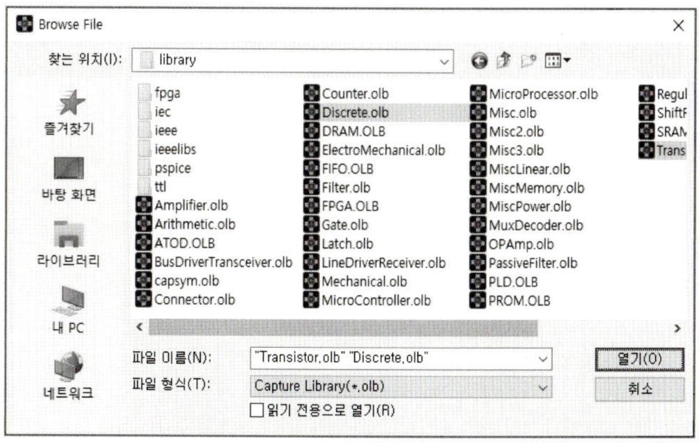

③ Place Part 대화상자에 R을 입력하면 Part List에 입력한 이름의 내용들이 표시되고, 표시된 부품들 중 R/DISCRETE 부품을 클릭하여 그래픽 미리 보기 상자에 R의 형태를 확인할 수 있다. 배치할 부품이 맞으면 Part List에서 부품 이름을 더블 클릭하거나 키보드의 엔터 버튼을 눌러 도면에 배치한다. 같은 방법으로 배터리(Battery), 캐패시터(Cap pol), 다이오드(Diode), 트랜지스터(NPN EBC) 및 스위치(SW pushbutton SPDT) 등을 배치한다.

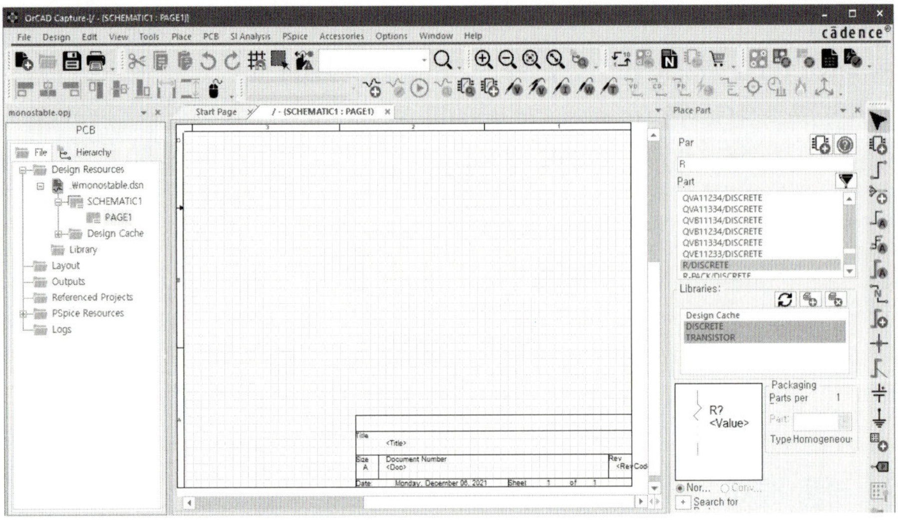

④ 부품 배치 시 마우스 오른쪽 버튼의 팝업메뉴에서 Mirror Horizontally(수평 변경/H), Mirror Vertically(수직변경/V), Mirror Both(수평, 수직변경), Rotate(회전/R) 기능을 수행하여 배치할 수 있다.

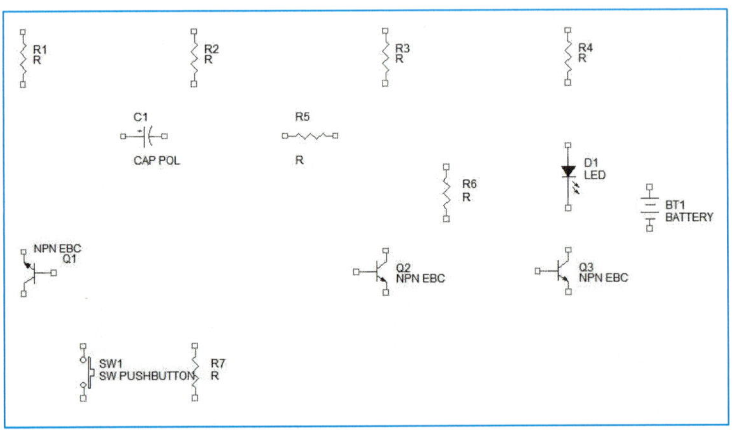

2.2.3 부품 배선

① 회로도면 편집기의 Place 메뉴에서 Wire 명령을 선택하거나 툴 파렛트에서 아이콘을 클릭하여 선을 그릴 수 있다.

② 마우스의 왼쪽 버튼을 클릭하여 배선을 시작하고, 더블 클릭하여 그리고 있는 결선을 끝낸다. Shift 키를 누르고 와이어를 그리면 임의의 각도로 그릴 수 있다.

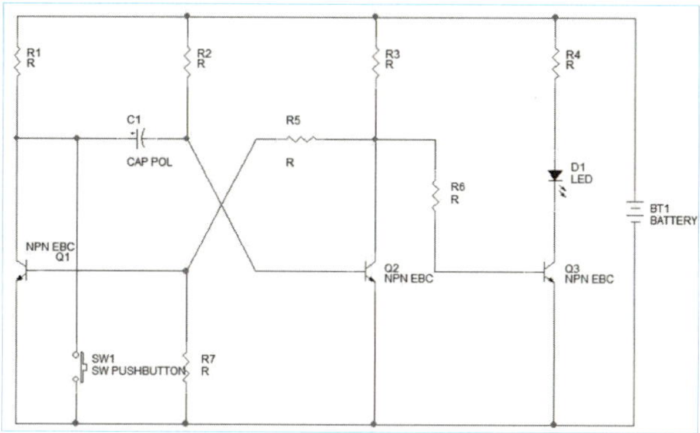

2.3 유틸리티

2.3.1 부품 속성편집

① 부품의 부품 값을 선택한 후 마우스 오른쪽 버튼을 클릭한 후 Edit Properties를 실행하여 각 부품 값들을 입력한다.

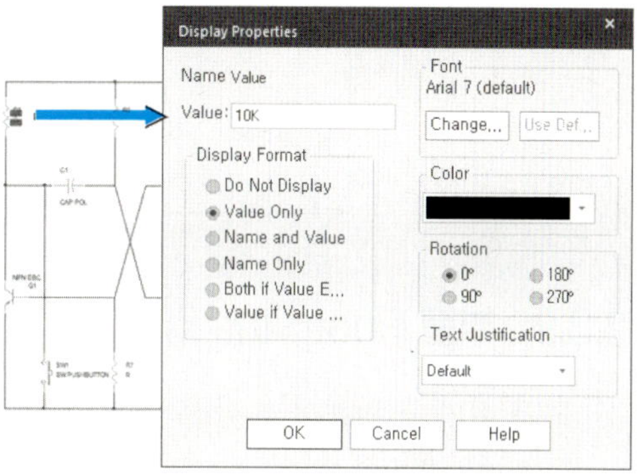

② 또는 전체 부품을 선택한 후 Edit Properties를 실행하여 Value 부분에서 각각의 값들을 입력할 수 있다. 같은 값을 입력할 경우 아래 그림과 같이 Sheet를 클릭 후 아래로 복사할 수 있다.

		Power Pins Visible	Primitive	ROOM	Source Library	Source Package	Source Part	Value
1	SCHEMATIC1 : PAGE1		DEFAULT		C:\CADENCE\SPB_17.4	BATTERY	BATTERY.Normal	9V
2	SCHEMATIC1 : PAGE1		DEFAULT		C:\CADENCE\SPB_17.4	CAP POL	CAP POL.Normal	47uF
3	SCHEMATIC1 : PAGE1		DEFAULT		C:\CADENCE\SPB_17.4	LED	LED.Normal	LED
4	SCHEMATIC1 : PAGE1		DEFAULT		C:\CADENCE\SPB_17.4	NPN EBC	NPN EBC.Normal	2N3904
5	SCHEMATIC1 : PAGE1		DEFAULT		C:\CADENCE\SPB_17.4	NPN EBC	NPN EBC.Normal	2N3904
6	SCHEMATIC1 : PAGE1		DEFAULT		C:\CADENCE\SPB_17.4	NPN EBC	NPN EBC.Normal	2N3904
7	SCHEMATIC1 : PAGE1		DEFAULT		C:\CADENCE\SPB_17.4	R	R.Normal	10K
8	SCHEMATIC1 : PAGE1		DEFAULT		C:\CADENCE\SPB_17.4	R	R.Normal	22K
9	SCHEMATIC1 : PAGE1		DEFAULT		C:\CADENCE\SPB_17.4	R	R.Normal	4.7K
10	SCHEMATIC1 : PAGE1		DEFAULT		C:\CADENCE\SPB_17.4	R	R.Normal	6.8K
11	SCHEMATIC1 : PAGE1		DEFAULT		C:\CADENCE\SPB_17.4	R	R.Normal	22K
12	SCHEMATIC1 : PAGE1		DEFAULT		C:\CADENCE\SPB_17.4	R	R.Normal	47K
13	SCHEMATIC1 : PAGE1		DEFAULT		C:\CADENCE\SPB_17.4	R	R.Normal	10K
14	SCHEMATIC1 : PAGE1		DEFAULT		C:\CADENCE\SPB_17.4	SW PUSHBUTTON	SW PUSHBUTTON.Normal	PUSHBUTTON

③ 회로의 Net Alias를 작성하기 위해 Place 메뉴에서 Net Alias(N)를 선택하거나 툴파렛트의 아이콘을 클릭하여 Place Net Alias창을 연다. Alias를 VCC를 입력한 후 OK버튼을 선택한다.

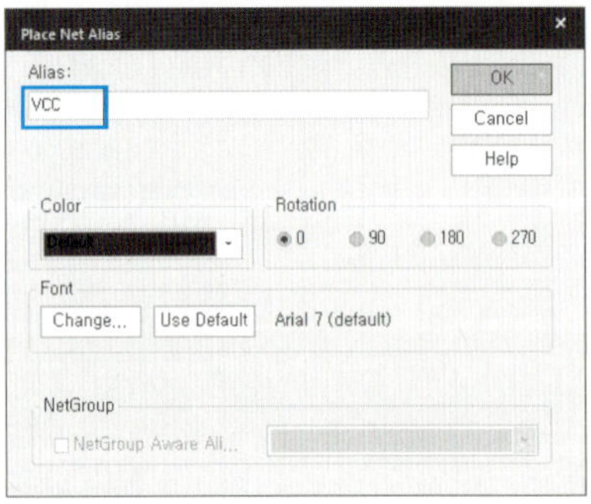

④ 커서에 붙어있는 VCC를 해당 Net에 작성한다. GND 작성도 같은 방법으로 실행한다.

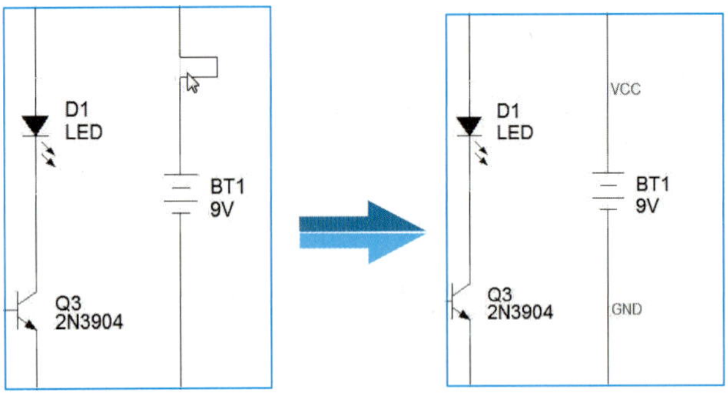

2.3.2 부품 Footprint 입력

① PCB 설계를 위해서는 각 부품의 PCB Footprint를 입력해야 한다. 각 부품의 Footprint를 지정하는 방법은 부품을 더블클릭 하거나, 부품을 클릭한 후 마우스 우클릭(MRB) - Edit Properties를 선택하여 아래와 같이 입력한다. Footprint 입력은 대, 소문자 구분 없이 입력한다.

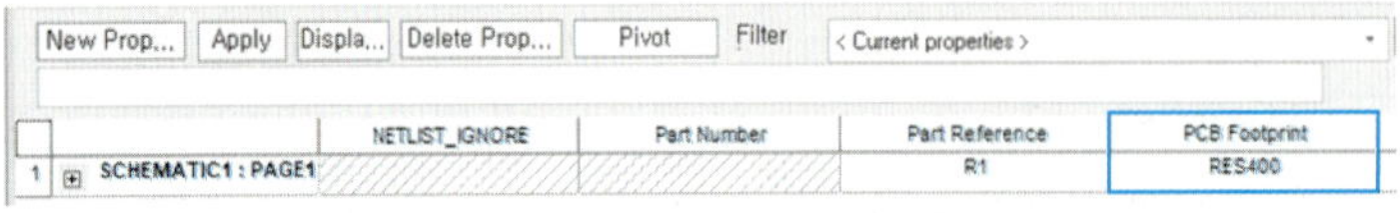

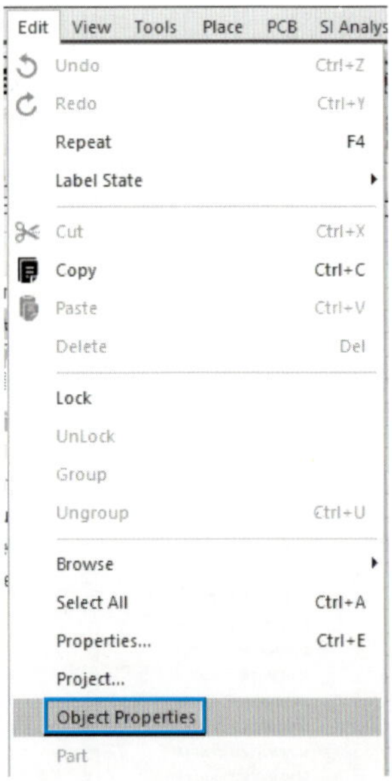

② 작성된 도면에서 모든 부품의 스프레드시트에서 PCB Footprint를 입력하거나 수정할 수도 있다. 우측의 그림과 같이 프로젝트 관리자( )에서 Edit - Object Properties를 수행하여 각 부품의 Footprint 값을 입력하거나 수정한다.

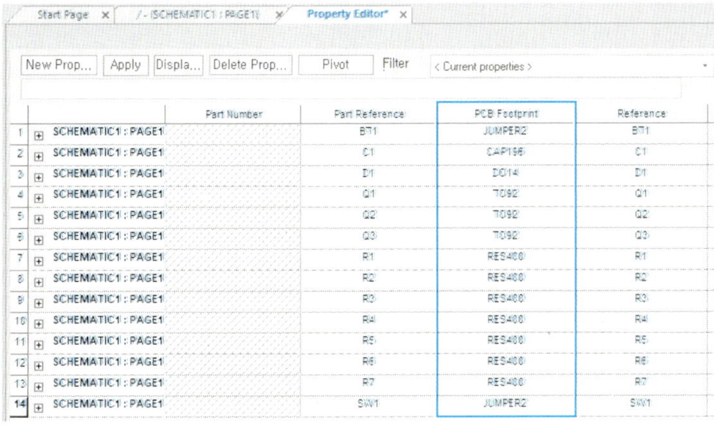

③ PCB Footprint 입력 시 같은 이름을 갖는 부품은 아래 그림과 같이 Footprint 입력 후 마우스로 우측 아래 모서리를 선택하여 아래로 Drag하여 복사할 수 있다.

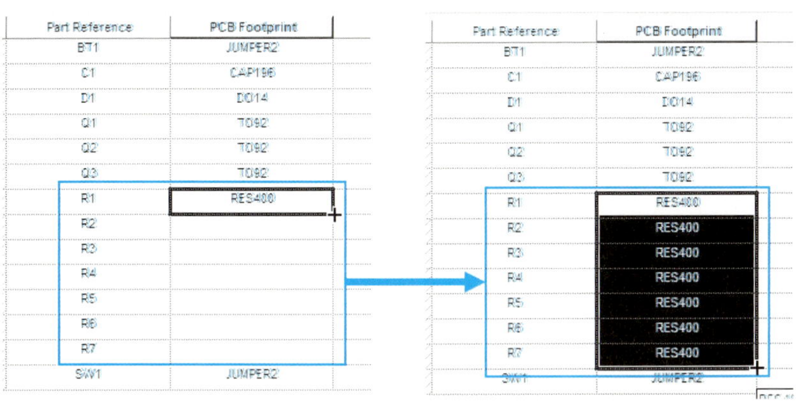

④ 회로에 사용되는 Capture의 부품이름, 부품값 및 PCB Footprint 값을 아래와 같이 지정한다. 이때 참조번호(R, U, C)는 유틸리티(Annotate)에 의해 일괄적으로 처리할 수 있기 때문에 개별적으로 부여하지 않아도 된다. PCB Editor가 제공하는 Library는 다음 경로에 있다.

C:₩Cadence₩SPB_17.4₩share₩pcb₩pcb_lib₩symbols

번호	Capture 부품이름	부품값	PCB Editor Footprint
1	BATTERY	9V	JUMPER2
2	CAP POL	47uF	CAP196
3	LED	RED	CAP196 또는DO14 주)
4	NPN BCE	2N3904	TO92
5	R	10K, 22K, 4.7K, 6.8K, 47K	RES400
6	SW PUSHBUTTON	PUSHBUTTON	JUMPER2

주) Diode의 Footprint인 DO14는 anode가 2번, cathode가 1번이어서, Capture 부품라이브러리(anode 1번, cathode 2번)와 다르다. 따라서 Capture에서 Edit part 명령을 이용하여 Footprint 핀 번호(anode 2번, cathode 1번)를 일치시켜 주거나, Footprint의 핀번호를 Capture의 부품 라이브러리에 맞게 변경하여도 된다.

⑤ 부품이름 및 부품 값을 모두 지정한 회로도는 아래와 같다. 각 부품을 선택한 후 더블 클릭하여 해당 부품의 다른 정보들을 확인하여 본다.

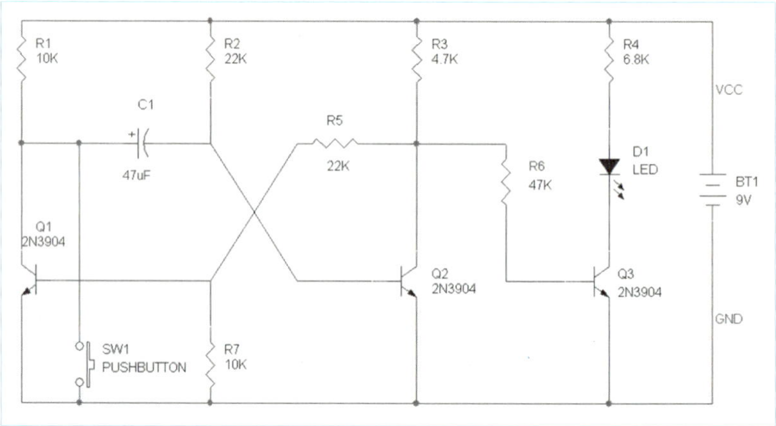

2.3.3 부품참조갱신(Annotate)

① 프로젝트 관리자( )의 Tools 메뉴에서 Annotate를 선택하거나 툴 파렛트에서 를 마우스의 누른다. Action 대화상자에서 "Reset part references to ?"를 선택한 후 확인 버튼을 실행한다.

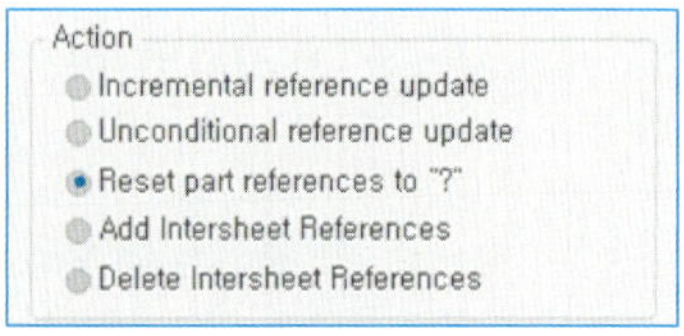

② Annotate를 선택하거나 툴 파렛트에서 를 마우스 클릭하여, 참조범위를 전체 설계로 설정하고, "Incremental reference update"를 선택한 후 확인을 눌러주면, 부품 참조 번호가 증가하는 방향으로 갱신된다.

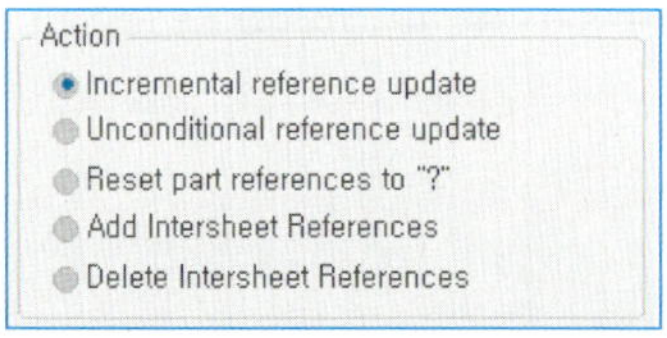

2.3.4 설계규칙검사(Design Rule Check)

① 프로젝트 관리자( )의 윈도에서 갱신하고자 하는 회로도면을 선택한다.

② 프로젝트 관리자 창의 PCB 메뉴에서 Design Rule Check를 선택하거나 툴 파렛트에서 DRC 아이콘( )을 마우스로 클릭해도 같은 대화상자가가 나타난다.

③ Electrical Rules 항목을 선택하여 아래 그림과 같이 검사하고자 하는 전기적인 규칙 항목에 체크하고, 확인을 눌러 실행한다.

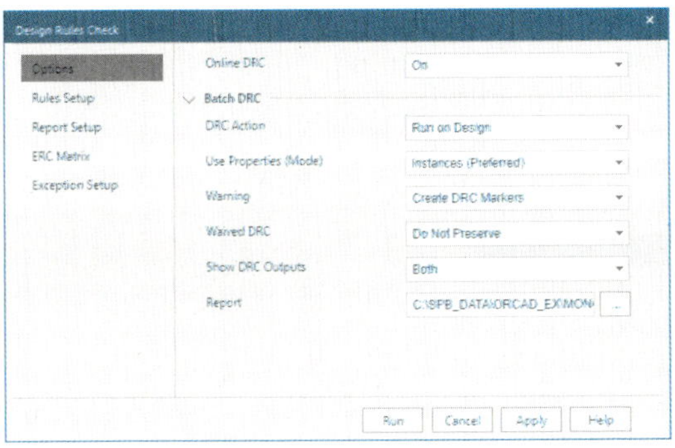

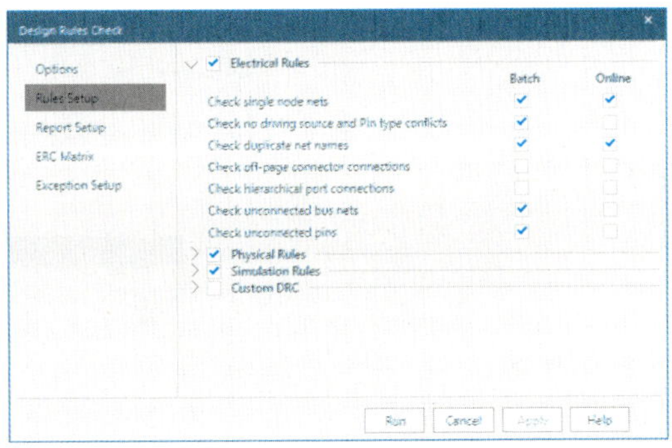

④ 레포트파일(monostable.drc)을 열어서 Design Rule Check 수행 결과를 확인한다. 다음과 같은 내용인 경우에는 에러나 경고가 없다는 것을 나타낸다.

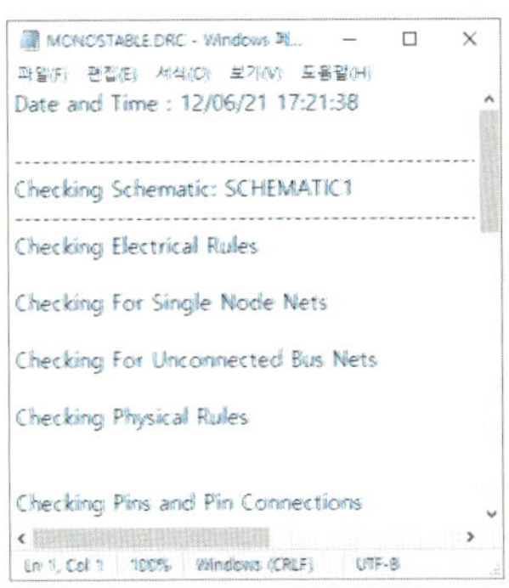

⑤ 작성된 회로를 다음과 같이 변경한다. 즉, 동일한 참조명칭, 참조명칭이 없는 것, 연결되지 않은 네트 등 3가지 종류의 에러를 만들어 저장한 후, Design Rules Check를 수행하여 회로도 및 에러 메시지를 확인해 보도록 한다.

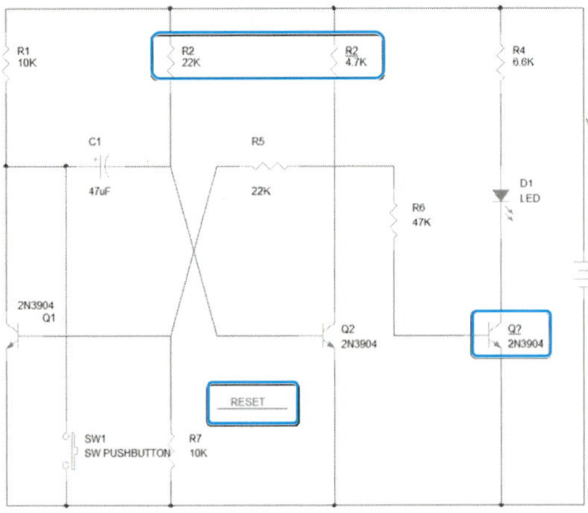

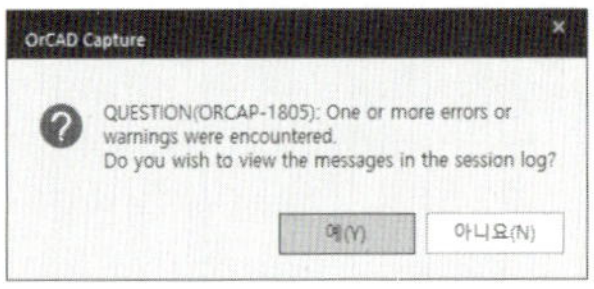

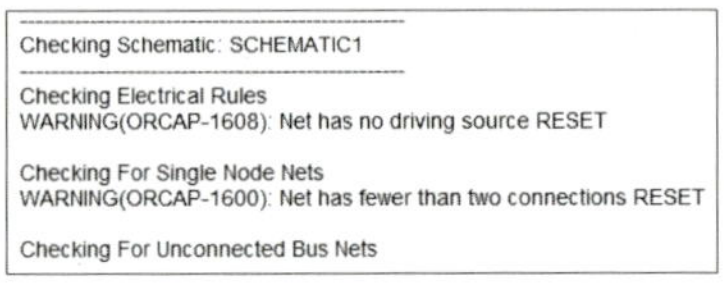

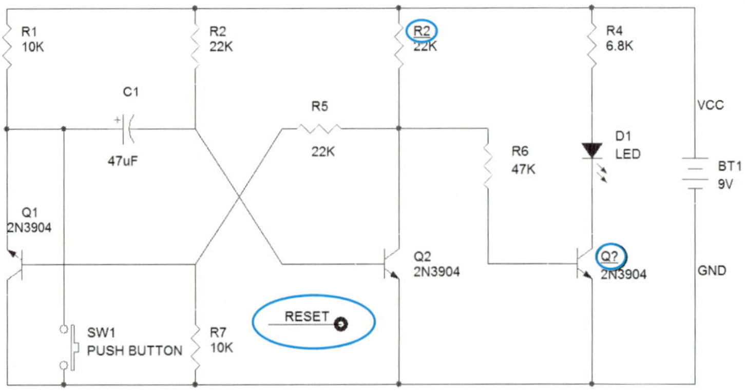

⑥ 회로도에서 원형고리로 표시된 DRC Marker 클릭하여, View DRC Marker의 경고 또는 에러의 원인을 확인해 본다. 에러원인을 수정한 후 다시 DRC 명령을 실행하며, 경고나 에러표시가 나타나지 않을 때까지 계속하여 반복한다. Design Rule Check을 새로 실행할

경우에는 기존에 만들어진 DRC Marker를 아래와 같이 제거한 후 확인한다. 사용자가 별도로 변경한 참조번호는 참조번호에 밑줄로 표기된다. 이것은 부품을 선택 후 우클릭(MRB)한 후 User Assigned Reference를 set/unset으로 설정을 변경할 수 있다.

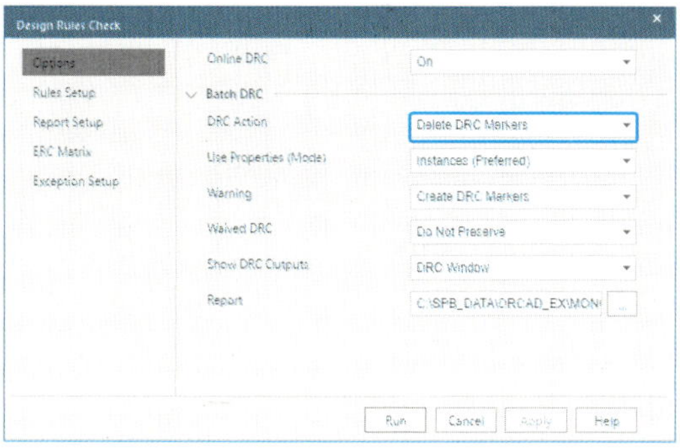

2.3.5 레포트(Report) 작성

1) BOM(Bill of Material) 작성

① 프로젝트 관리자( )의 Tools 메뉴에서 Bill of Materials를 선택하거나 툴 파렛트에서 BOM 아이콘( )을 클릭하면 Bill of Materials 대화상자가 나타난다.

② Bill of Materials에 있는 대화상자에 필요한 옵션들을 아래와 같이 선택하고 실행한다. 부품목록에 PCB Footprint를 추가하기 위해서는 Header란에 tPCB Footprint를, string란에 /t{PCB Footprint}를 추가하고 실행한다.

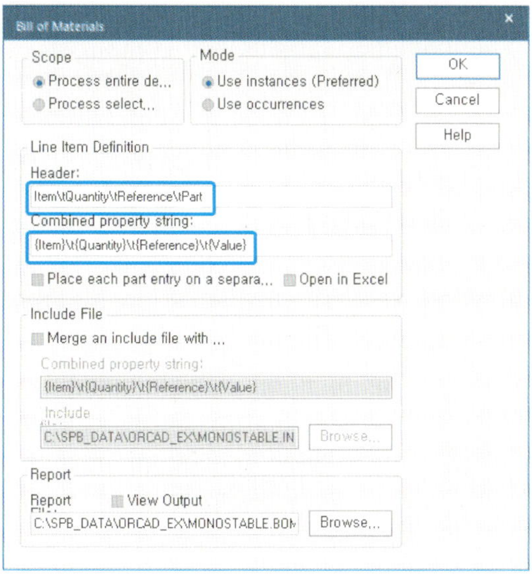

③ 생성된 BOM 파일(monostable.bom)을 열어서, 도면에 사용된 부품의 속성, 항목, 수량, 참조번호 및 부품의 값, PCB Footprint 등을 확인해 본다.

```
Bill Of Materials                                          Page1

Item    Quantity    Reference   Part    PCB Footprint
______________________________________________________

1   1   BT1  9V   JUMPER2
2   1   C1   47uF     CAP196
3   1   D1   LED  DO14
4   3   Q1,Q2,Q3     2N3904   TO92
5   2   R1,R7     10K  RES400
6   2   R2,R5     22K  RES400
7   1   R3   4.7K      RES400
8   1   R4   6.8K      RES400
9   1   R6   47K  RES400
10  1   SW1  PUSH BUTTON  JUMPER2
```

2) Cross reference 작성

① 프로젝트 관리자( )의 Tools 메뉴에서 Cross Reference를 선택하거나 툴파렛트에서 ( )를 마우스로 클릭하면, Cross Reference 대화상자가 나타난다.

② 대화상자에 필요한 옵션들을 아래와 같이 선택한 후 확인버튼을 눌러 실행한다.

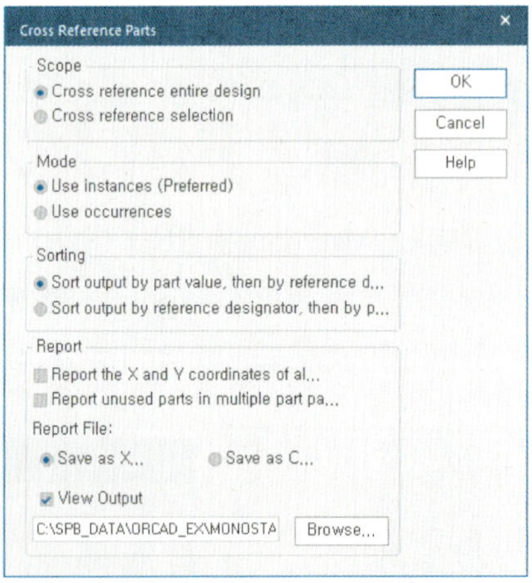

③ 생성된 Cross Reference 파일(monostable.xrf)을 열어서, 모든 부품의 부품 참조번호, 부품 값 및 각 부품의 좌표 값 등을 확인해 본다.

```
Design Name:  C:₩SPB_DATA₩ORCAD_EX₩MONOSTABLE.DSN

Cross Reference                                    Page1

Item   Part   Reference      SchematicName   Sheet   Library X        Y
---------------------------------------------------------------------------

1     2N3904  Q1    SCHEMATIC1/PAGE1    1    C:₩ORCAD₩ORCAD_10.0₩TOOLS₩CAPTURE₩LIBRARY₩TRANSISTOR.OLB         1.30    2.60
2     2N3904  Q2    SCHEMATIC1/PAGE1    1    C:₩ORCAD₩ORCAD_10.0₩TOOLS₩CAPTURE₩LIBRARY₩TRANSISTOR.OLB         3.80    2.60
3     2N3904  Q3    SCHEMATIC1/PAGE1    1    C:₩ORCAD₩ORCAD_10.0₩TOOLS₩CAPTURE₩LIBRARY₩TRANSISTOR.OLB         5.10    2.60
4     4.7K    R3    SCHEMATIC1/PAGE1    1    C:₩ORCAD₩ORCAD_10.0₩TOOLS₩CAPTURE₩LIBRARY₩DISCRETE.OLB   3.90   1.10
5     6.8K    R4    SCHEMATIC1/PAGE1    1    C:₩ORCAD₩ORCAD_10.0₩TOOLS₩CAPTURE₩LIBRARY₩DISCRETE.OLB   5.20   1.10
6     9V      BT1   SCHEMATIC1/PAGE1    1    C:₩ORCAD₩ORCAD_10.0₩TOOLS₩CAPTURE₩LIBRARY₩DISCRETE.OLB   5.90   2.00
7     10K     R1    SCHEMATIC1/PAGE1    1    C:₩ORCAD₩ORCAD_10.0₩TOOLS₩CAPTURE₩LIBRARY₩DISCRETE.OLB   1.20   1.10
8     10K     R7    SCHEMATIC1/PAGE1    1    C:₩ORCAD₩ORCAD_10.0₩TOOLS₩CAPTURE₩LIBRARY₩DISCRETE.OLB   2.50   3.10
9     22K     R2    SCHEMATIC1/PAGE1    1    C:₩ORCAD₩ORCAD_10.0₩TOOLS₩CAPTURE₩LIBRARY₩DISCRETE.OLB   2.50   1.10
10    22K     R5    SCHEMATIC1/PAGE1    1    C:₩ORCAD₩ORCAD_10.0₩TOOLS₩CAPTURE₩LIBRARY₩DISCRETE.OLB   3.30   1.70
11    47K     R6    SCHEMATIC1/PAGE1    1    C:₩ORCAD₩ORCAD_10.0₩TOOLS₩CAPTURE₩LIBRARY₩DISCRETE.OLB   4.50   1.90
12    47uF    C1    SCHEMATIC1/PAGE1    1    C:₩ORCAD₩ORCAD_10.0₩TOOLS₩CAPTURE₩LIBRARY₩DISCRETE.OLB   2.00   1.70
13    LED     D1    SCHEMATIC1/PAGE1    1    C:₩ORCAD₩ORCAD_10.0₩TOOLS₩CAPTURE₩LIBRARY₩DISCRETE.OLB   5.20   1.80
14    PUSH BUTTON   SW1    SCHEMATIC1/PAGE1    1    C:₩ORCAD₩ORCAD_10.0₩TOOLS₩CAPTURE₩LIBRARY₩DISCRETE.OLB   1.60    3.10
```

2.3.6 네트리스트(Netlist) 작성 및 PCB Editor 실행

① 프로젝트 관리자( )의 PCB 메뉴에서 New Layout을 선택하여 New Layout 대화상자를 활성화 한다.

② 이 대화상자에서 PCB Layout Folder, Input Board File, Board 항목을 설정한다.

PCB Layout Folder : Netlist 파일의 경로 설정
Input Board File : 환경이 설정된 보드 파일이나 수정할 보드 파일을 입력
Board : 작업할 경로와 보드 파일을 설정

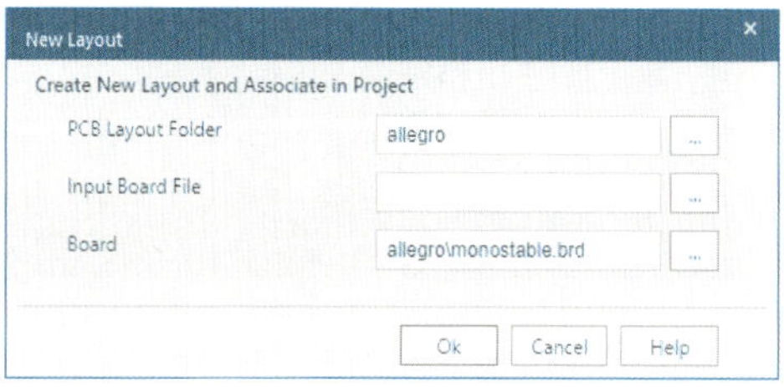

③ 각 항목을 설정 후 OK를 선택하여 설계된 회로도와 PCB Footprint, 설정된 속성값을 바탕으로 아래와 같은 Netlist 및 PCB Board 파일이 생성된다.

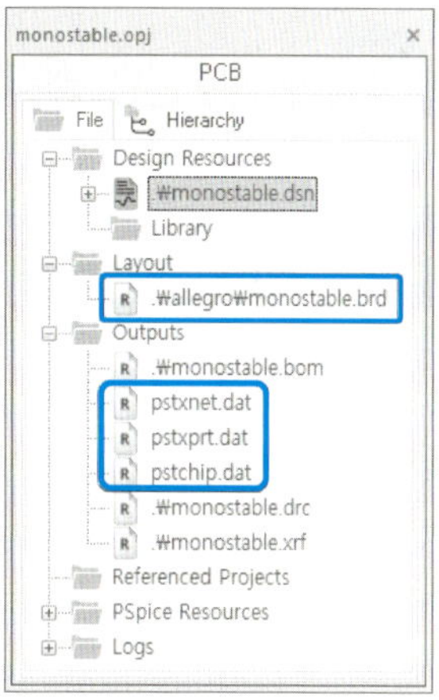

pstxprt.dat : 부품관련 정보
pstxnet.dat : 부품간 Net 연결 등 관련 정보
pstchip.dat : 부품 Footprint 등 관련정보

④ Netlist가 정상적으로 에러없이 생성되면, 아래와 같이 PCB Editor가 실행되고, Netlist와 Footprint 정보가 PCB Editor로 전달된다. 또한 PCB 설계가 저장되는 *.brd(board) 확장자를 가진 monostable.brd라는 보드파일이 생성된다. Capture의 모든 프로젝트를 저장한다.

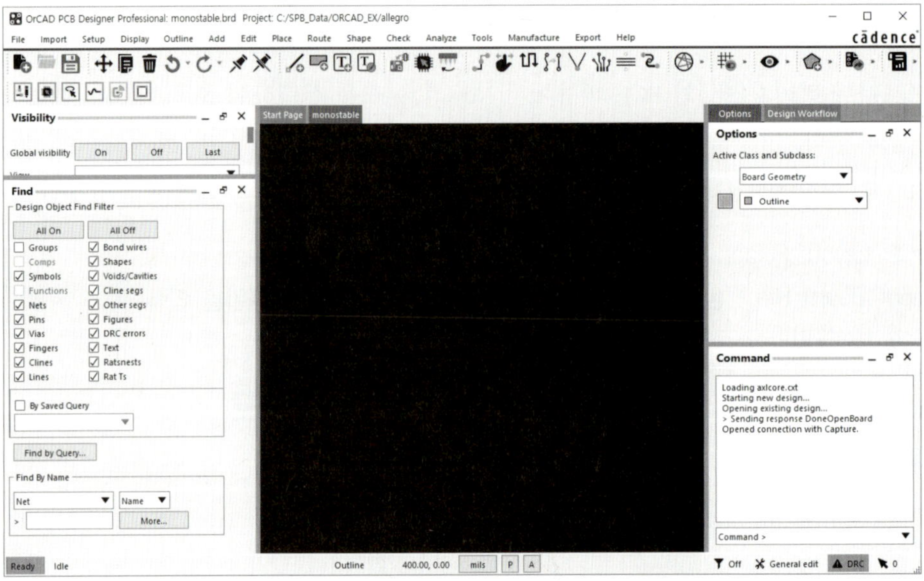

2.4 PCB 설계보드 설정

2.4.1 기본환경설정

① PCB Editor의 메뉴 Setup - Design Parameters를 선택한다.

② Display 탭에서는 화면에 표시되는 정보들의 크기 및 핀 정보들을 설정하는데, 여기서는 기본 값으로 설정하여 사용한다. Grid는 on으로 설정한다.

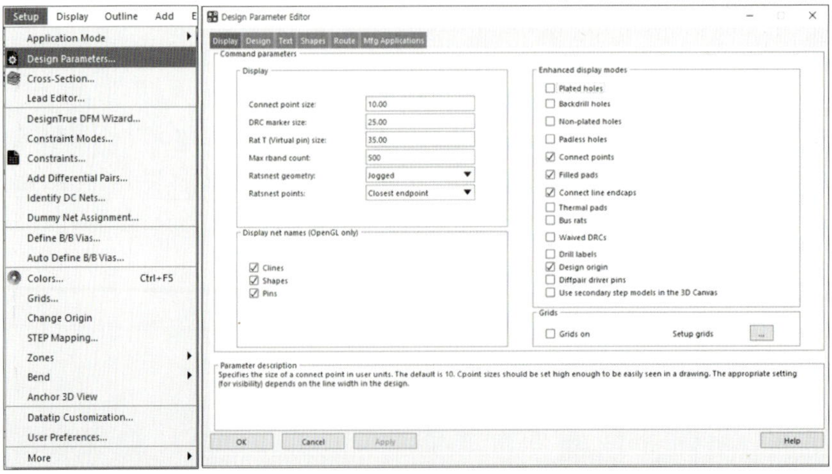

③ Setup - Design Parameters - Design 탭을 도면의 크기를 결정한다. 단위는 Mils, 도면 크기는 A, 소수점 이하 2자리까지 표현하도록 accuracy는 2로 지정한다. 화면의 왼쪽하단 모서리 점의 좌표를 (-2000, -2000)으로 설정되도록 Left X:-2000, Lower Y : -2000으로 Width와 Height를 아래 그림과 같이 설정한다.

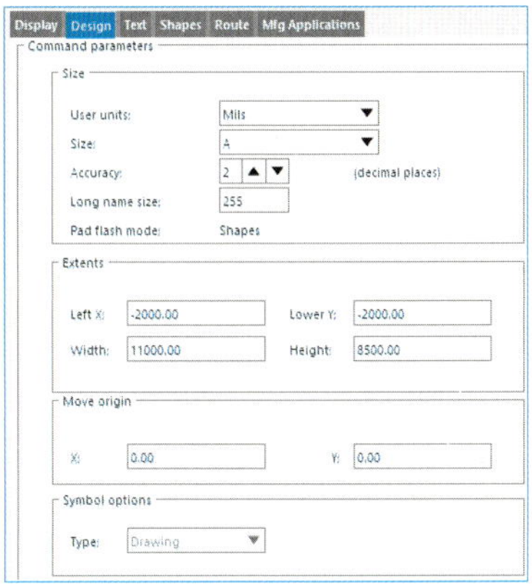

④ Setup - Grids에서 설계할 보드의 Grid를 아래와 같이 기본 값으로 설정한다.

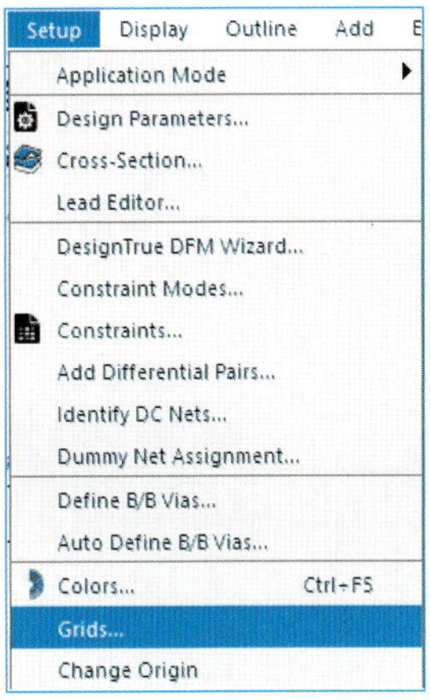

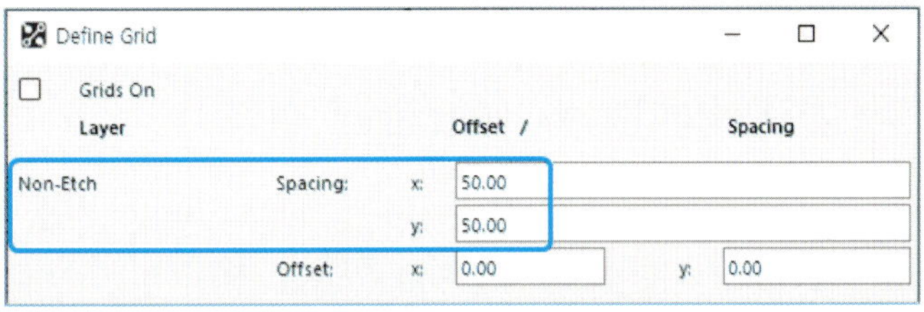

Non-Etch : 50mil로 설정. 전기적인 속성이 없는 모든 도면작업에 사용되는 그리드.
모든 Layer에 공통적으로 등간격의 Gird 사용

All Etch : 전기적인 속성이 있는 도면 작업을 위한 Grid. 자동배치/배선, 대화식 배선 시 사용되는 Grid. 모든 Layer에 동시 적용

Top/Bottom : 해당 Layer에 각각 Grid 사용가능

⑤ 메뉴바에서 Setup - Cross-section 탭을 누르거나 Xsection 아이콘( )을 선택하여 설계할 PCB의 Layer(층)을 설정한다. 기본값은 2층으로 설정되어 있고, 여기서는 기본값을 이용한다.

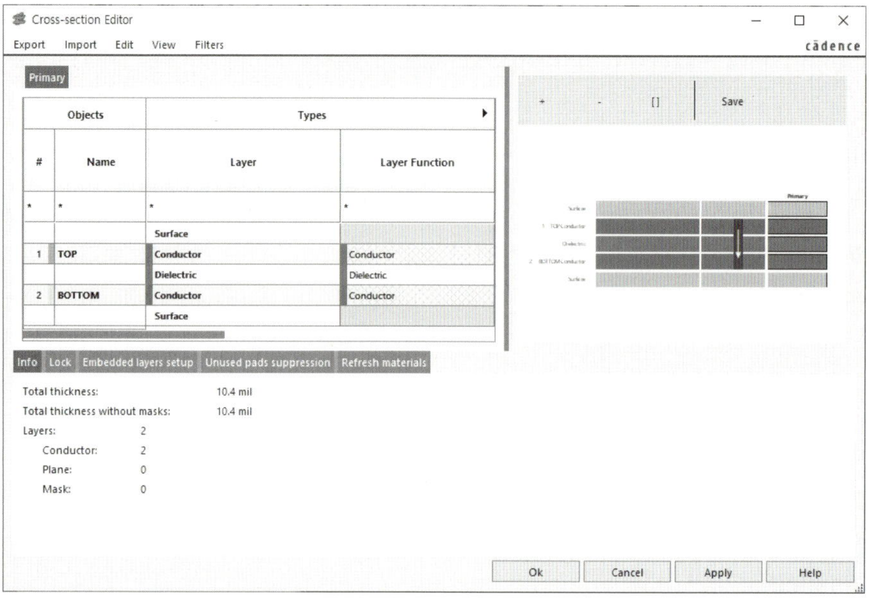

2.4.2 보드외곽선(Board Outline) 설정

① 메뉴바 Outline - Design을 선택하여 설계할 PCB의 크기를 설정한다. 설계할 PCB 크기를 5000(mil)×3000(mil)로 설정한다. Create 항목으로 설정하고, Clearance를 100mil로 수정하고, Draw Rectangle을 선택한다.

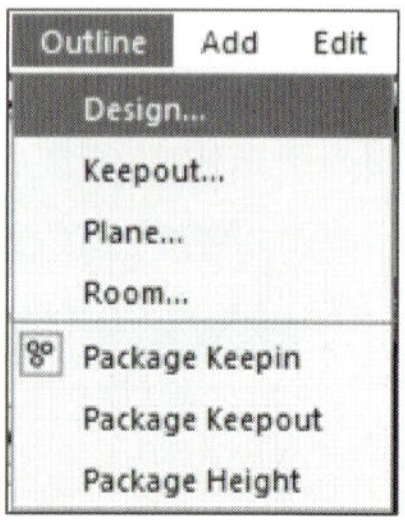

② 외곽선을 그리는 방법은 Board Outline 창이 띄워진 상태에서 Command 창에 x∨0,∨0 입력 후 Enter↵, x∨5000,∨3000을 입력하고 Enter↵를 치면 된다. 혹은 화면하단의 좌표를 보면서 직접 그리는 방법을 사용하여도 된다.

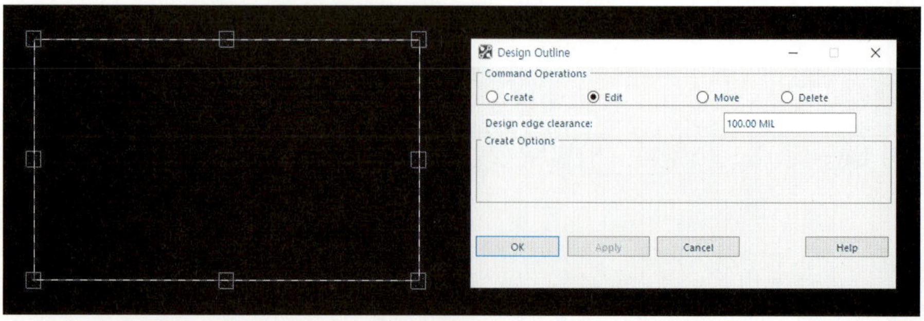

③ 좌표입력 x∨0,∨0 Enter↵에 의해 사각형의 한 점을 지정하고, x∨5000, ∨3000 Enter↵에 의해 대각선의 한 점을 지정하게 된다. 이 두 점을 대각선으로 지나는 크기가 보드크기가 된다. x 다음에 빈칸(∨로 표기함)을 띄우지 않거나 Board Outline 창을 닫은 상태에서는 Command가 정상적으로 수행되지 않는다. 설정이 끝나면 OK를 선택하여 Board Outline 명령을 종료한다.

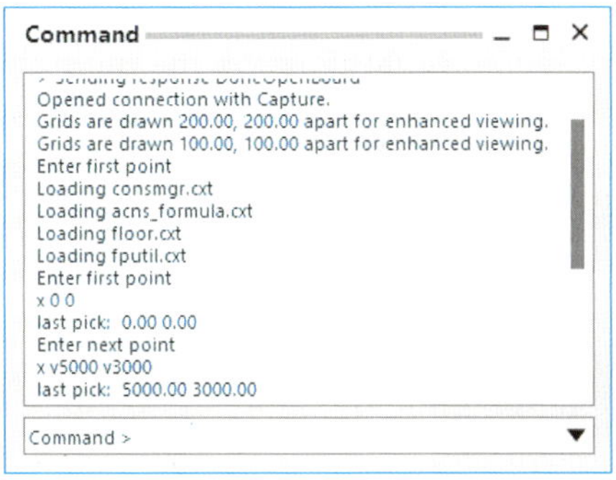

④ 아래의 그림에서 바깥선이 5000(mil)×3000(mil) 크기의 PCB 외곽선이 되고, 100mil 안쪽으로 Package Keepin(부품 배치가 허용되는 영역) 영역 및 Route Keepin(배선이 이용되는 영역) 영역이 겹쳐져 만들어진다.

⑤ 기구홀을 삽입하기 위해 메뉴바에서 Place – Component Manually 탭을 선택하거나 Place Manually 아이콘( )을 선택한 후, Advanced Setting 탭으로 이동한 후 Library 박스를 체크한다. Placement List 탭에서 Mechanical Symbol의 MTG125를 체크하고, Command에 배치할 좌표, 예를 들어, Command〉 x∨ 200,∨200 Enter↵를 입력하여 배치한다. 이와 같은 방법으로 MTG125를 각각 선택하여 나머지 세 모서리에 배치할 수 있다.

x∨4800,∨200 Enter↵ / x∨4800,∨2800 Enter↵ / x∨200,∨2800 Enter↵

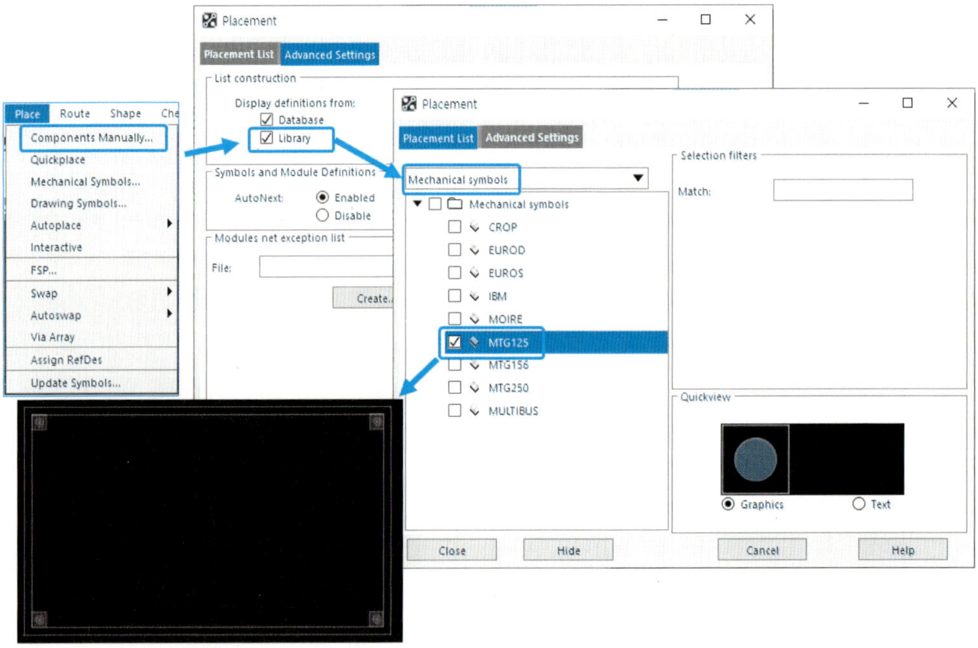

2.4.3 Constraints 설정

① 부품 혹은 패턴간의 이격(Spacing), 배선 폭(Physical) 등의 설정을 위해서, Setup – Constraints... 를 선택하거나 Toolbar의 Constraints 아이콘( )을 선택하여 실행한다.

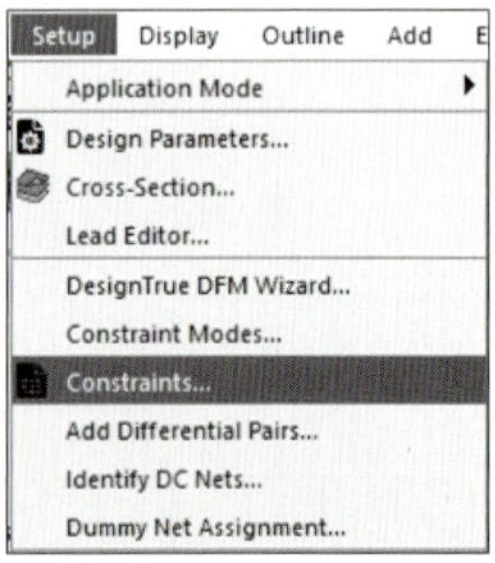

② 열린 화면 좌측의 Worksheet Selector - Physical - Physical Constraint Set에서 All Layer를 선택한 후, Line Width의 Default 값을 기본 값 5mil을 12mil로 수정한다. 이 밖에 변경하고자 값들을 수정하고, 수정하지 않으면 기본 값으로 설정된다.

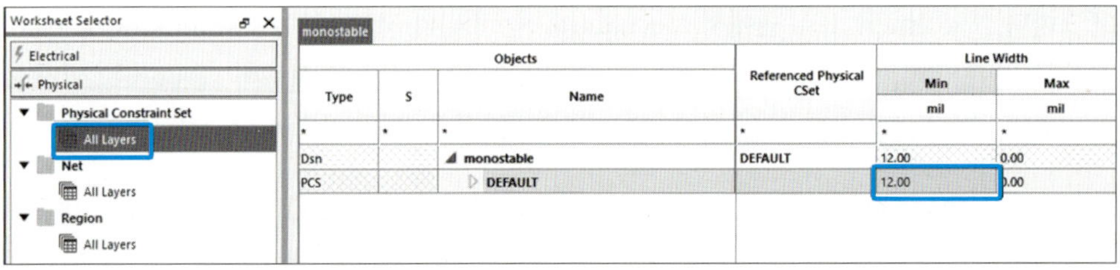

③ 전체 배선폭을 지정한 후, VCC, GND 같은 전원라인이나 중요한 net 등과 같이 패턴의 폭을 아래와 같이 별도로 net별로 지정할 수 있다.

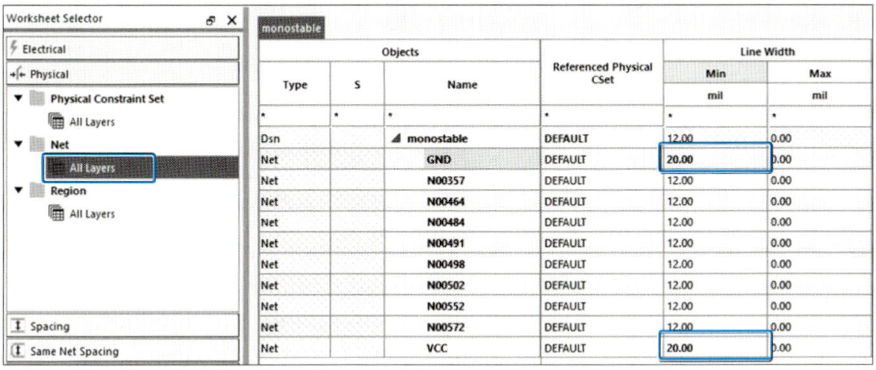

④ PCB의 각층 내에서 부품이나 주요 아이템 간의 간격을 정해주는 Spacing Constraint는 화면 왼쪽 창에 있는 Spacing을 선택하여 수행한다. 여기서는 아래와 같이 값을 설정하여 간격을 변경한 후 Constraint Manager 창을 닫는다.

- Line To: 10mil, Thru pin To: 10mil, Thru Via To: 10mil, Shape To: 20mil

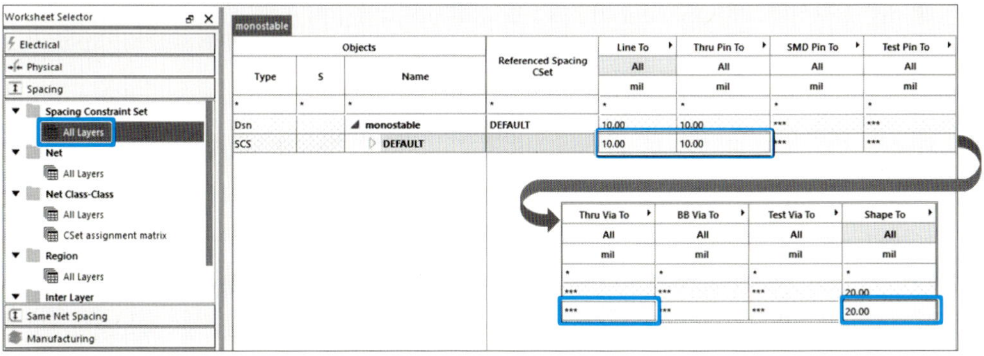

⑤ 같은 Net 간의 간격을 정해주는 Same Net Spacing Constraint를 설정하기 위해 화면 왼쪽 창에 있는 Same Net Spacing을 선택하여 수행한다. 여기서의 설정 값은 Spacing Constraint 값과 동일하게 값을 설정하여 간격을 변경한 후 Constraint Manager 창을 닫는다.

- Line To: 10mil, Thru pin To: 10mil, Thru Via To: 10mil, Shape To: 20mil

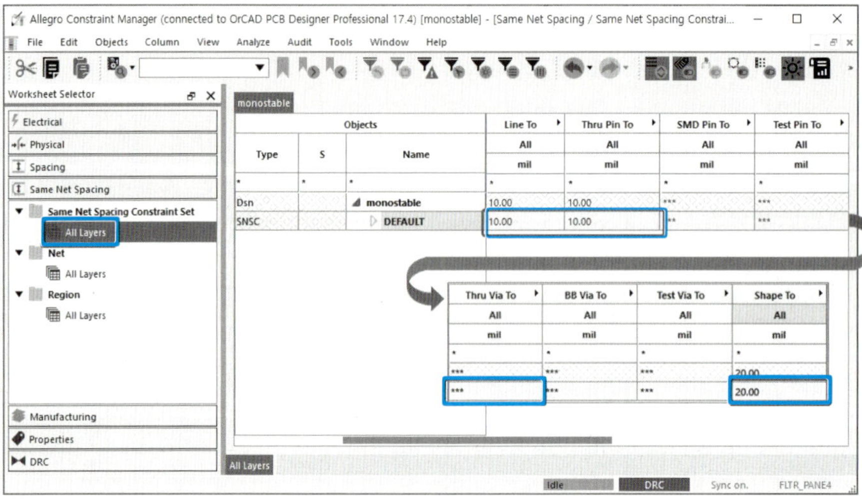

2.5 부품배치(Part Placement)

① Place 메뉴 - Component Manually를 선택하거나 Place Manual 아이콘( )을 선택한다. Components by refdes를 선택, 배치하고자 하는 부품을 지정 후, Hide를 누르면 창이 닫히게 되며, 나타난 부품을 보드 내에 적당히 배치시킨다. 이때 모든 부품을 선택하면 배치할 때마다 다음 부품이 나타나 순차적 배치가 가능하며, 마우스 오른쪽 버튼을 눌러 Rotate 명령을 이용하여 부품을 회전 후 배치할 수 있다. 새로 작성된 Footprint가 배치되지 않는 경우에는 Setup-User Preferences-Paths-Library에서 psmpath와 padpath를 확인하여 경로를 수정하거나 추가로 지정해준다.

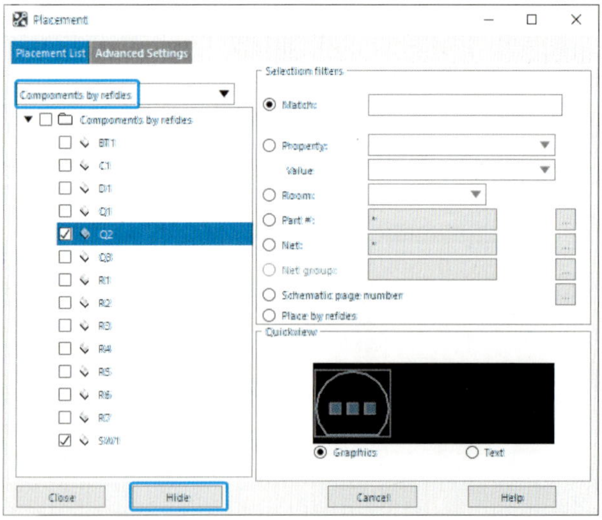

② Display 메뉴 - Blank Rats - All 또는 Unrats All 아이콘( )을 선택하여, 모든 Ratsnest를 보이지 않게 하여 왼쪽 아래 화면과 같이 설정한다. 다시 모든 Ratsnest를 화면에 나타나도록 하기 위해서는 Rats all 아이콘( )을 선택하면 된다.

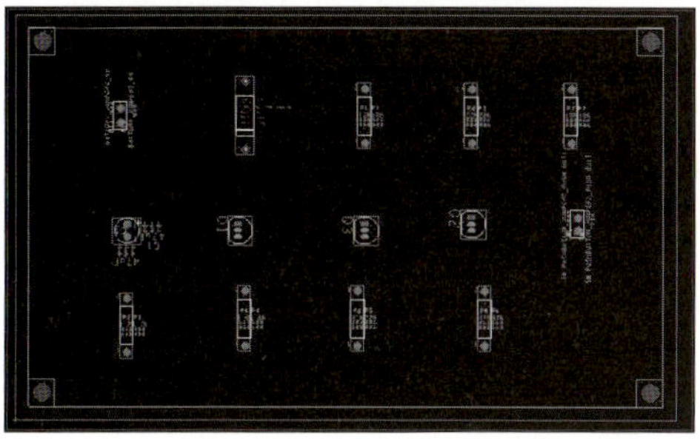

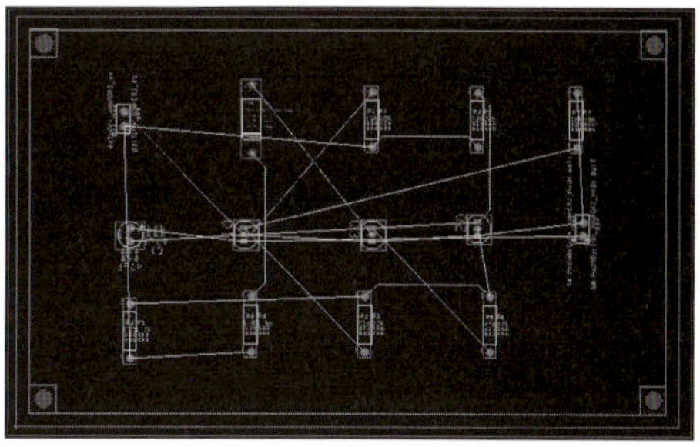

③ 부품(Package Symbol)의 이동, 복사 등을 이용할 경우 해당 명령어와 우측 Find Panel에서 필요한 항목을 선택하고, 선택된 항목에 대해서만 명령어가 수행되도록 설정한다.

2.6 Color Setting

① 메뉴 바에서 Setup – Colors 또는 Color192 아이콘( )을 선택하여, 필요한 Layer의 Color Display를 설정한다. Color Dialog 화면이 열리면 아래 그림과 같이 Global Visibility를 Off시킨다.

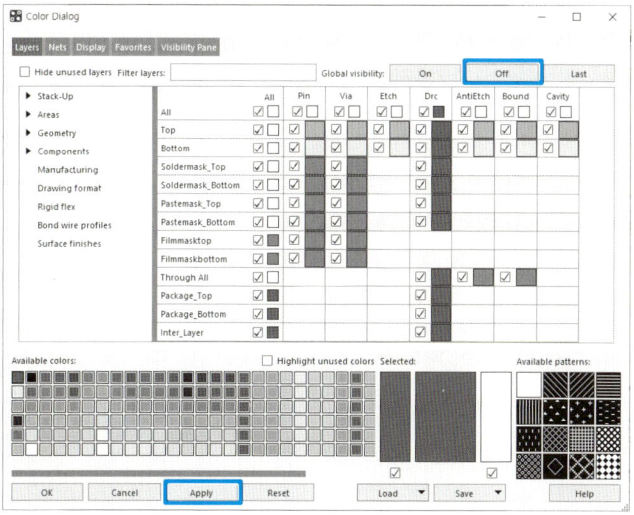

② Stack-Up을 Top과 Bottom의 All을 선택한다.

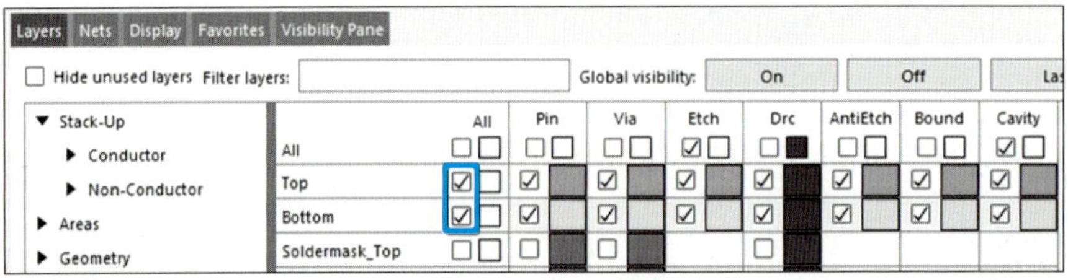

③ Area는 부품배치영역(PKG KI)과 배선영역(RTE KI)만을 나타나도록 설정한다.

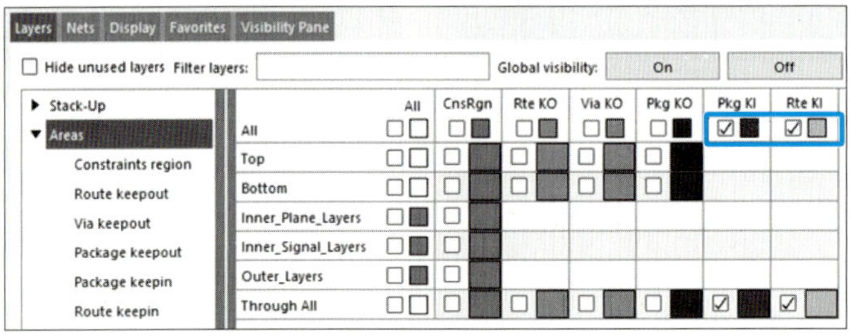

④ Board Geometry는 Design_Outline과 Dimension 만을 보이도록 설정한다.

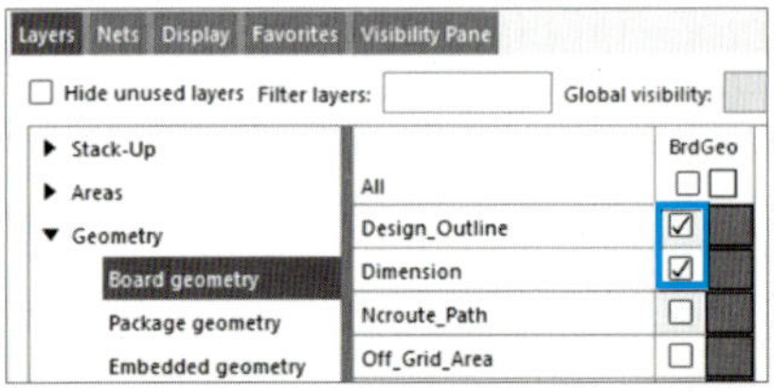

⑤ Package Geometry는 부품의 그림에 관계된 컬러 설정으로 Silkscreen_Top 또는 Assembly_Top 중 하나만 보이게 설정한다.
여기서는 Silkscreen_Top만 설정한다.

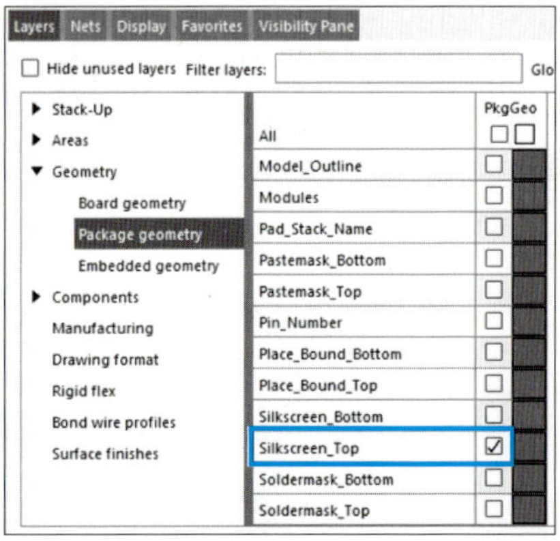

⑥ Components는 부품에 표시되는 정보로서 여기서는 Silkscreen_Top의 Refdes의 부품참조 번호가 나타나도록 설정 후 OK를 눌러서 Color 설정을 종료한다.

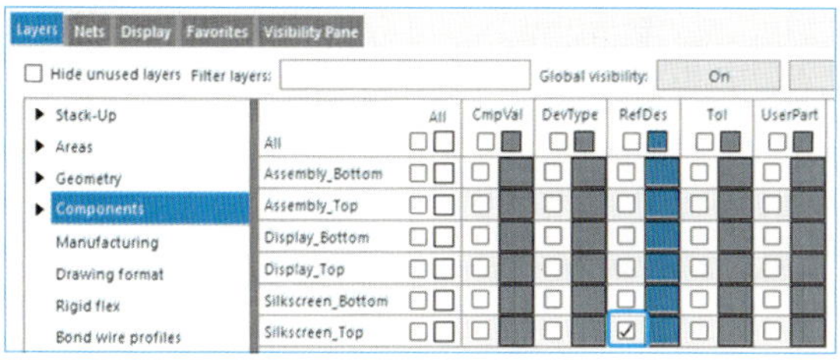

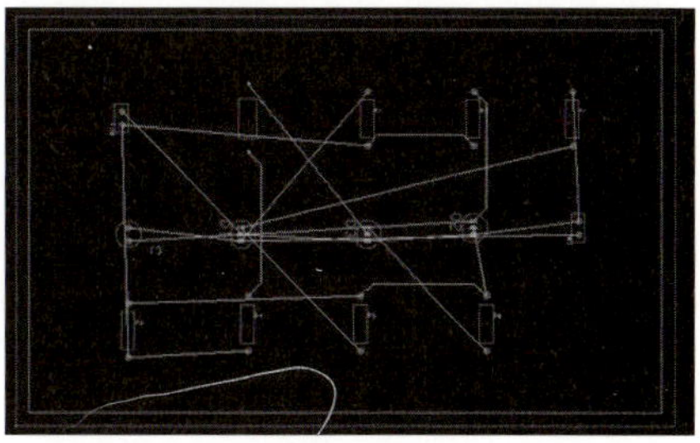

2.7 배선(Routing)

2.7.1 수동배선(Manual Routing)

① 메뉴바에서 Display - Show rats - All 또는 Rats All( )을 선택한다. 배선하고자 하는 Ratsnest 혹은 연결하고자 하는 두 핀을 마우스로 클릭한 후 단축아이콘( ) 또는 F3키를 이용하여 배선을 한다.

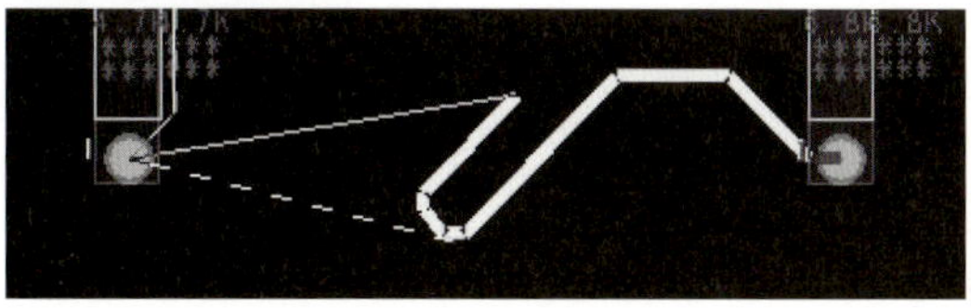

② Control Panel의 Visibility, Find 및 Options의 설정을 확인하여, 각 층의 색상을 확인한다. 또한 Find 창에 Pins가 선택되지 않았다면 배선이 수행되지 않으므로 선택해준다.

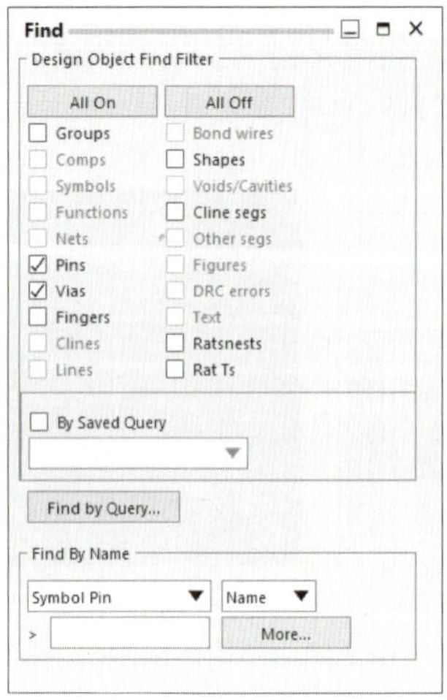

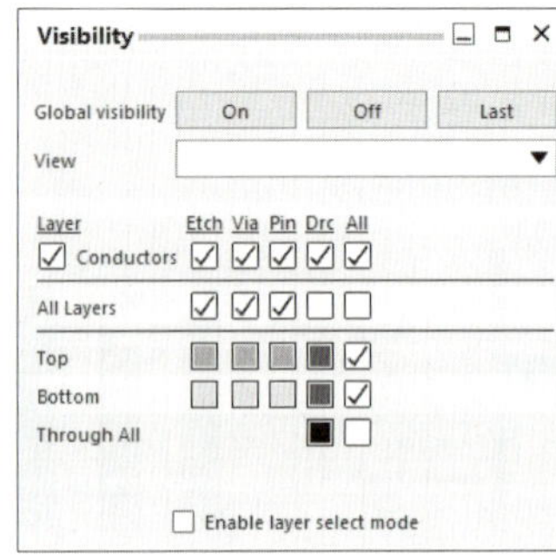

③ 배선 도중 층(layer) 변경, 비어삽입 등은 MRB를 이용하고, 아래와 같이 Options을 선택하여 배선폭의 변경 등을 수행한다. 배선 네트의 취소 혹은 삭제 등도 해당 네트를 선택하여 마우스 오른쪽 버튼을 눌러 수행한다.

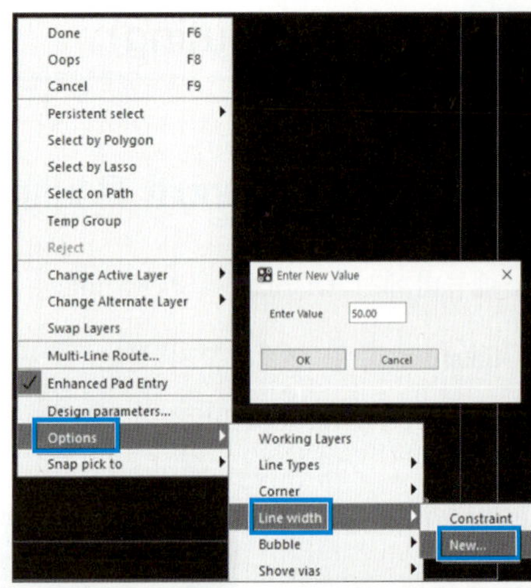

④ 같은 층에서의 배선이 서로 교차되는 경우에 실시간 DRC 체크로 인해 배선이 지나가지 못하도록 한다. 이 경우에는 마우스를 더블클릭을 하면 작업 layer가 변경되면서 해당 위치에 Via가 생성된다.

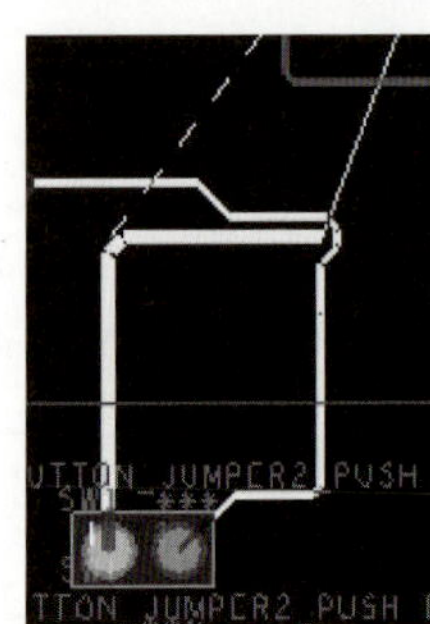

⑤ 배선된 Etch(패턴 혹은 동판영역 등)을 삭제할 경우에는 메뉴바 Edit-Delete를 이용하거나 아이콘( )을 선택한 후 삭제하고자 하는 아이템을 더블클릭한다. 단, 삭제하고자 하는 아이템만을 Control 패널의 Find 탭에서 설정한 후 실행한다. 예를 들어, 배선된 패턴을 삭제하고자 할 경우에는 아래와 같이 설정 후 해당 패턴을 더블 클릭한 후 마우스 오른쪽 버튼을 눌러 Done을 선택한다.

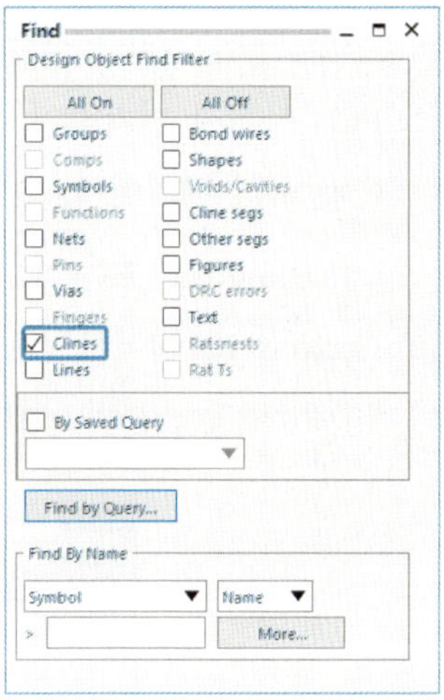

⑥ 배선된 Etch를 슬라이드(밀어내는) Slide 명령( ), 곡선이나 꺾인 Etch를 직선으로 바꾸어주는 Custom Smooth( ), 기존 Etch에 꼭지점을 추가해 주는 Vertex 명령( )을 이용하여 패턴을 수정한다.

2.7.2 자동배선(Auto Routing)

① 아래와 같이 Route - PCB Router - Route Automatic을 선택하여 자동배선을 할 수 있다. 실제 산업현장에서는 좁은 공간에 많은 배선을 해야 하고, 여러 가지 전기적인 특성을 고려하여 PCB 설계를 해야 하기 때문에 대부분 수동배선을 사용하고 있다. 자동배선 명령은 실제 수동배선을 하기 전 각 부품 간의 연결 상태를 고려한 부품의 배치 전략 수립이나 수동배선 중 부분적으로 이용할 수 있다.

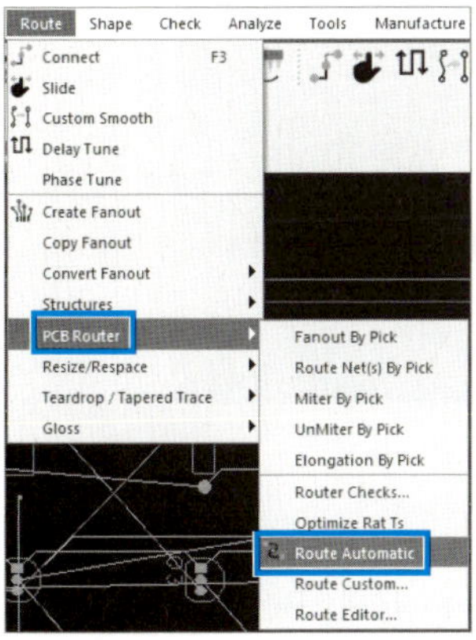

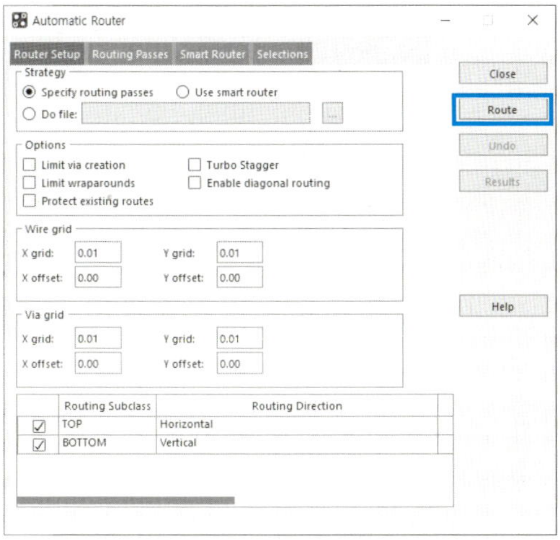

2.7.3 동판(Copper)배치

① PCB 설계시 전기적인 특성을 높이고, 잡음이나 신호개선을 위한 중요한 기능이 동판인 Copper의 배치이며, 일반적으로 GND Net와 연결한다. Copper Area 설정은 메뉴 Shape - Rectangular 또는 Shape Add Rect 아이콘( )을 선택한다.

② Options Panel에서 Active Class and Subclass를 Etch/Top으로 설정한다. Shape Fill은 Dynamic copper로 선택, Assign net name은 GND Net으로 지정한다.

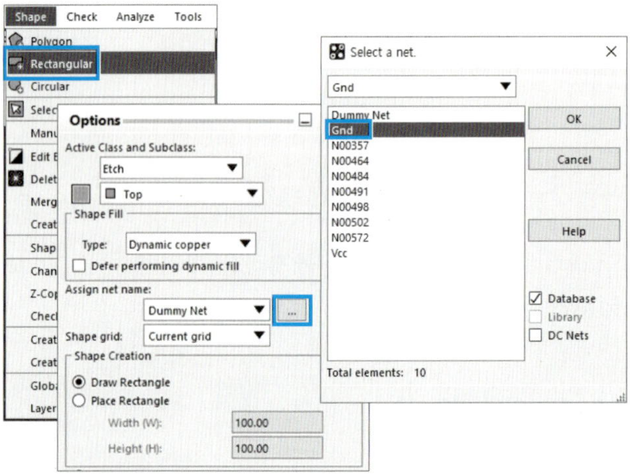

③ 설정 후 Copper 영역을 작성하기 위해 Board 전체를 드래그 한다. 아래와 같이 앞서 설정된 Route Keepin 영역 안쪽으로 GND 속성의 Copper 영역이 작성된다.

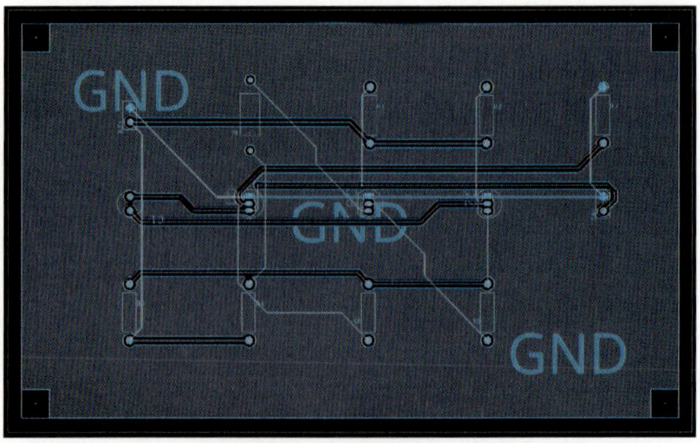

④ 같은 방법으로 Bottom 층에 Copper 영역을 작성한다.
Options Panel 부분에서 Active Class and Subclass를 Etch/Bottom으로 설정한다.

Shape Fill은 Dynamic copper로 선택하고, Assign net name은 GND Net으로 지정한다. 설정 완료 후 Board 전체를 드래그하여 Bottom층의 GND Copper 영역을 작성할 수 있다.

2.7.4 설계보드상태(Status) 확인

① Copper 영역 작성 후 현재 설계한 PCB의 부품 배치 및 배선된 상태를 검사하기 위해 메뉴 Check - Design Status를 선택한다.

② 아래 그림과 같이 Symbols and nets 부분이 Color Box 부분이 녹색일 경우는 정상으로 배치 및 배선이 완료된 것이며, 노란색 및 빨강일 경우 부품의 배치 및 배선이 안된 곳이 있는 경우이므로, Color Box를 클릭하여 좌표를 확인할 수 있다. Shapes 및 DRCs 부분도 같은 방법으로 확인할 수 있다.

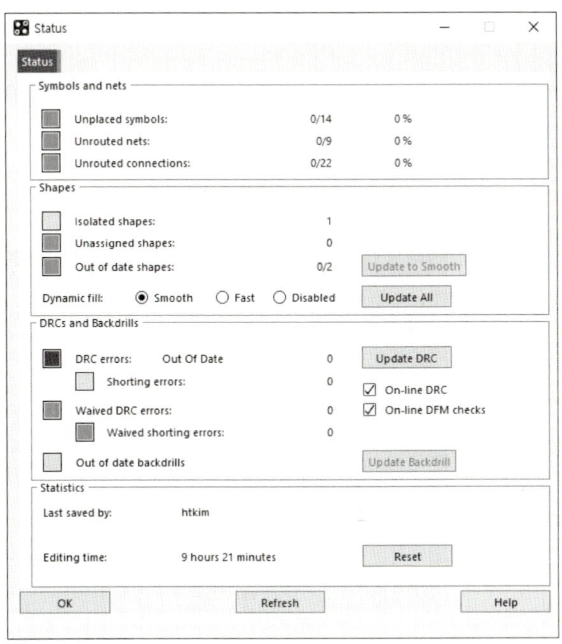

2.8 설계 마무리 작업

2.8.1 Reference 정리

① 크기가 서로 다른 Reference를 동일한 크기로 설정하기 위해 먼저 Control Panel의 Visibility에서 Etch의 Color Box를 Check하여 배선 및 Copper 영역을 off한다.

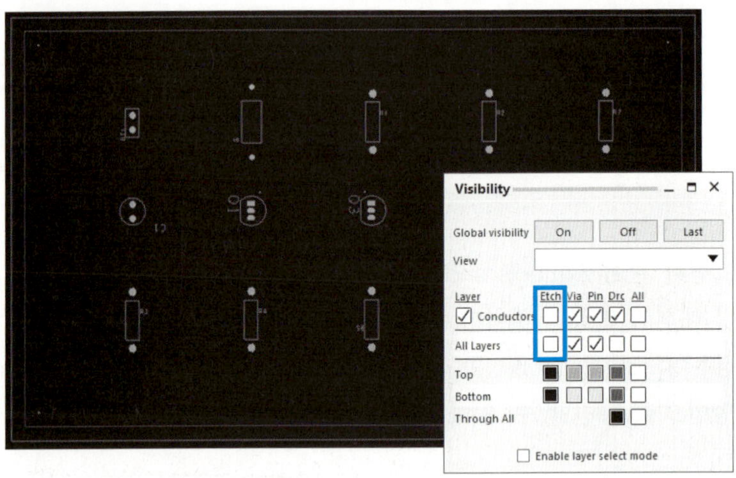

② 메뉴 Edit – Change Objects를 선택한다. Options Panel에서 Class는 Refdes로 New subclass는 Silkscreen_Top으로 설정한 후 Text block을 4으로 설정 후 보드 전체를 드래그하여 Reference 크기를 동일하게 변경한다.

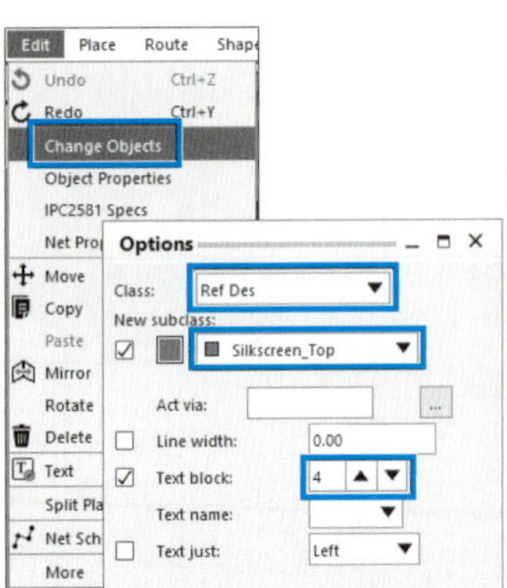

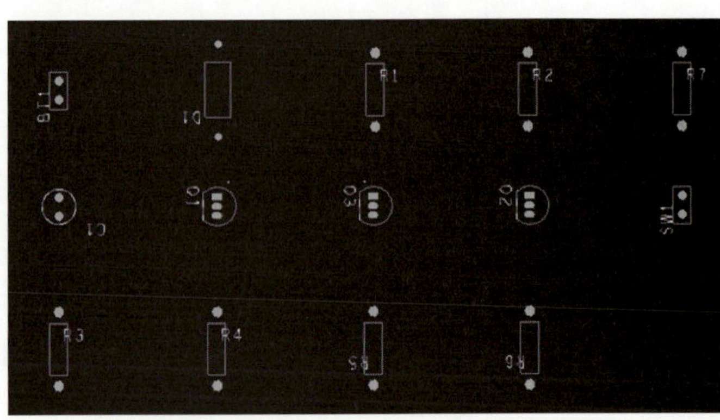

③ Reference 크기를 동일하게 변경 후 Reference 방향을 동일하게 정리하기 위해 메뉴 Edit - Move를 선택한다. Control Panel의 Find에서 모든 아이템을 All off한 후 Text만 Check한다.

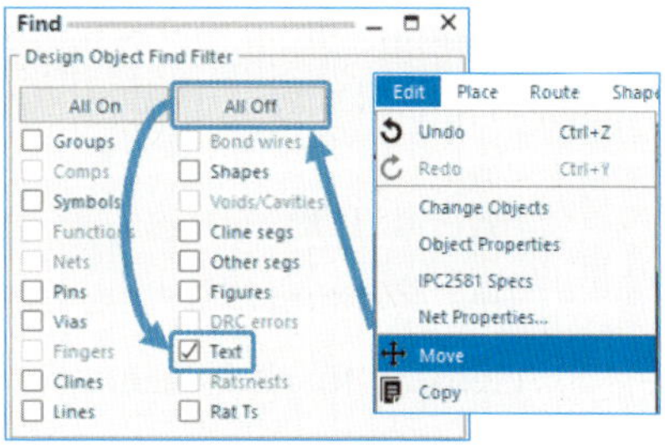

④ 아래 그림과 같이 Reference를 선택한 후 마우스 오른쪽 버튼을 클릭하여 Rotate 명령을 실행하여 Reference를 적절히 배치한다.

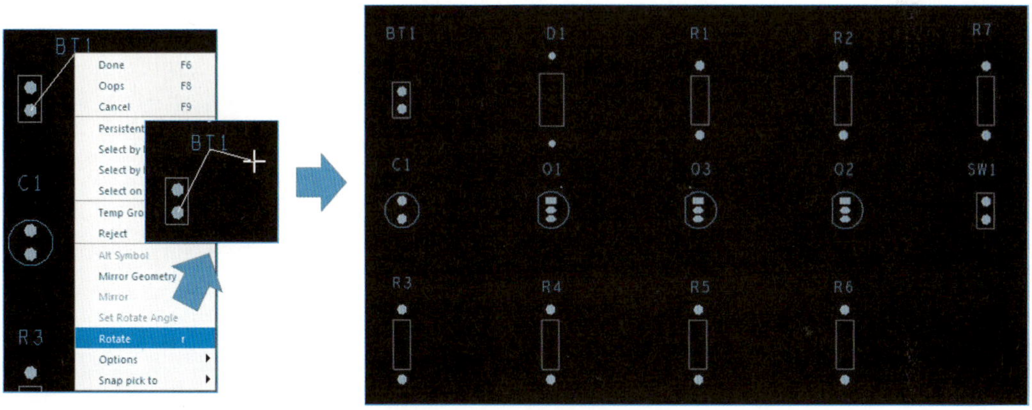

2.8.2 Silkscreen 생성

① Package Geometry와 Reference와 같은 부품 정보를 Silkscreen으로 생성하기 위해 Setup 메뉴에서 Colors를 선택 후 Manufacturing 카테고리의 Autosilk_Top에 체크한다.

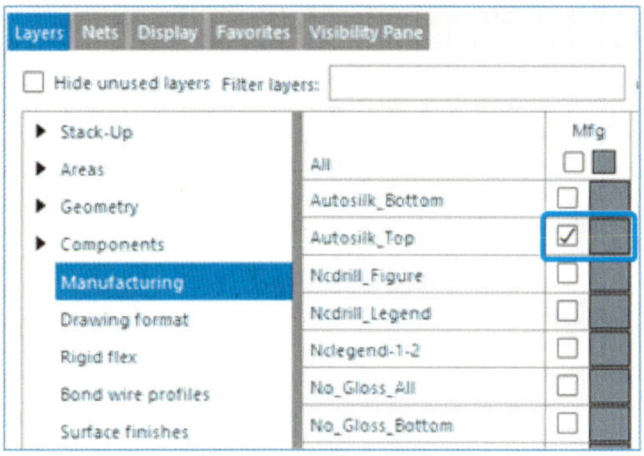

② Manufacture 메뉴 - Silkscreen을 선택, Auto Silkscreen창에서 아래와 같이 설정 후 Silkscreen 버튼을 선택하여 Silkscreen을 생성한다.

Layer : TOP

Text Rotation : 0

Element to pad clearance : 체크

Clear solder mask pad : 체크

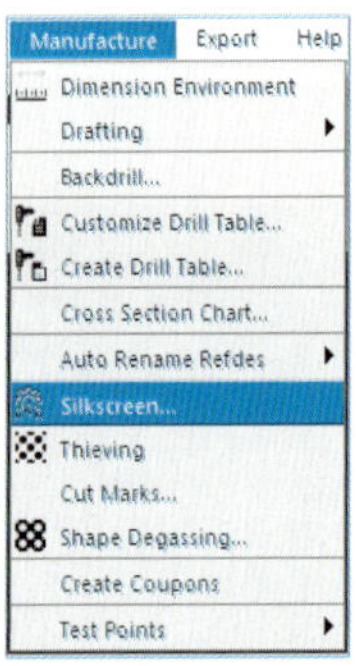

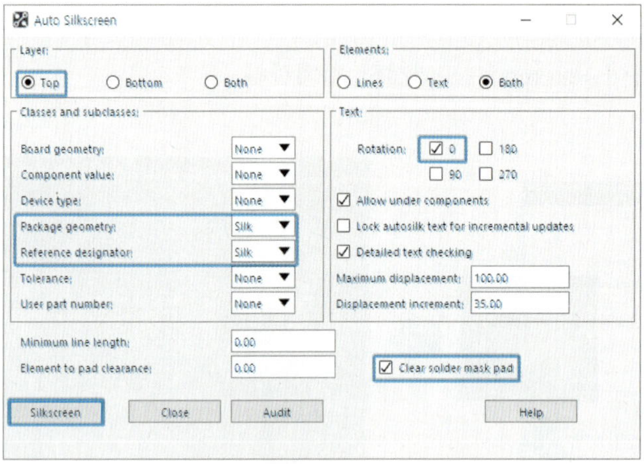

2.8.3 Dimensions 작성

① 설계 보드의 치수를 작성하기 위해 메뉴 Manufacture – Dimension Environment - Parameters를 선택, 마우스 오른쪽 버튼(MRB)을 누른다.

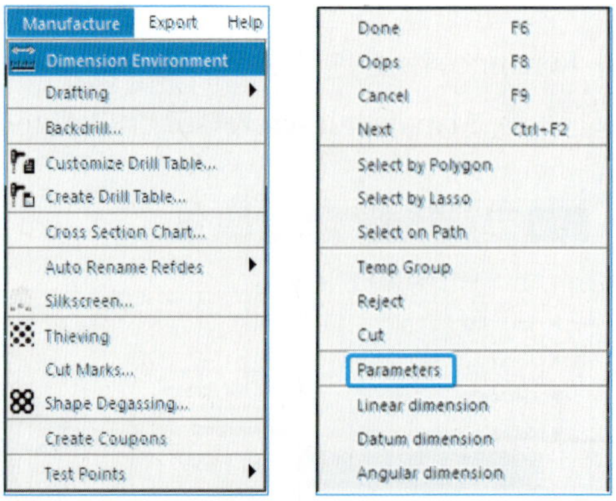

② 아래 그림과 같이 Dimensioning Parameters의 Text Tab에서 Text block을 9 / Primary dimensions의 Units를 Mils로 설정한다. 만약 다른 단위의 치수를 함께 표시하고자 할 경우 Secondary dimensions에 단위를 함께 설정한다.

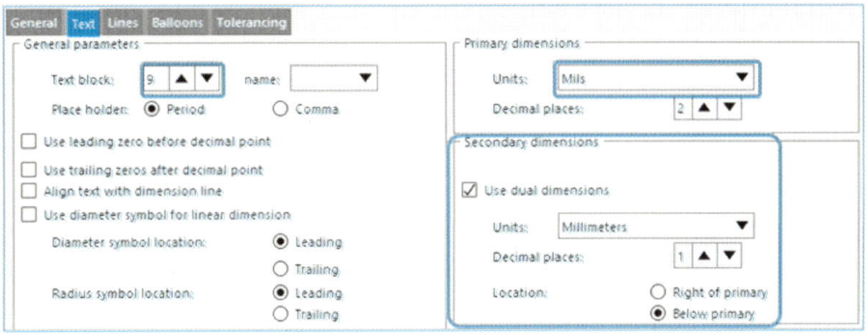

③ 기본적인 Dimension Parameter 설정 후 보드 치수를 기입하기 위해 메뉴 Manufacture을 선택한 후, 마우스 우클릭(MRB) Linear Dimension을 선택한다.
아래 그림과 같이 치수 기입할 선을 클릭하면 측정된 값이 마우스 커서에 붙어 있는 것을 확인할 수 있다. 치수 확인 후 적당한 위치에 기입한다.

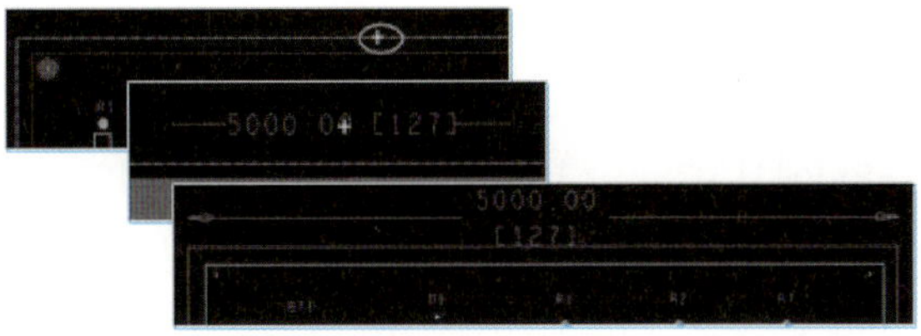

④ 이와 같은 방법으로 아래 그림과 같이 치수를 측정하여 기입한다.

2.9 후처리 과정(Post Processing)

2.9.1 드릴 범례(Drill Legend)

① 다음과 같이 Manufacture - Customize Drill Table을 선택한 후, Drill Symbol을 자동으로 생성하기 위해 Auto Generate Symbols 버튼을 선택한다.

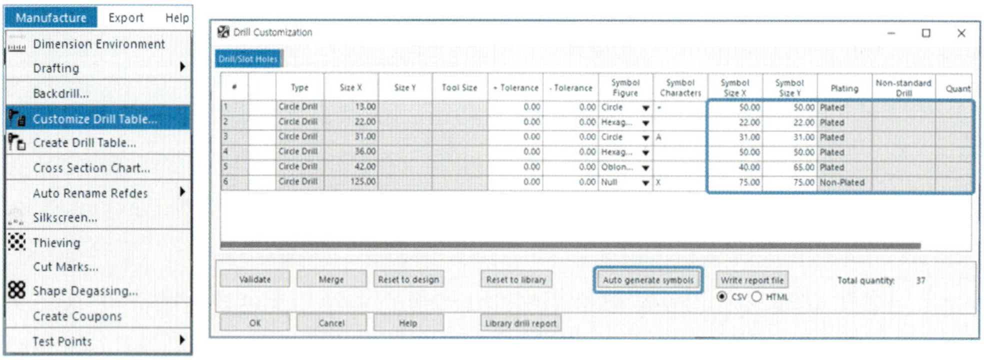

② Manufacture 메뉴 - Create Drill Table을 선택하거나 툴바에서 Drill Legend 아이콘( )을 선택한다. Drill Legend에서 Output Unit 단위가 Mils로 되어있는지 확인 후 OK를 선택, 화면 빈 공간 적당한 위치에 배치한다. 이때 배치가 안될 경우에는 Design Parameters에서 작업화면을 확장하거나 원점을 이동하여 배치한다.

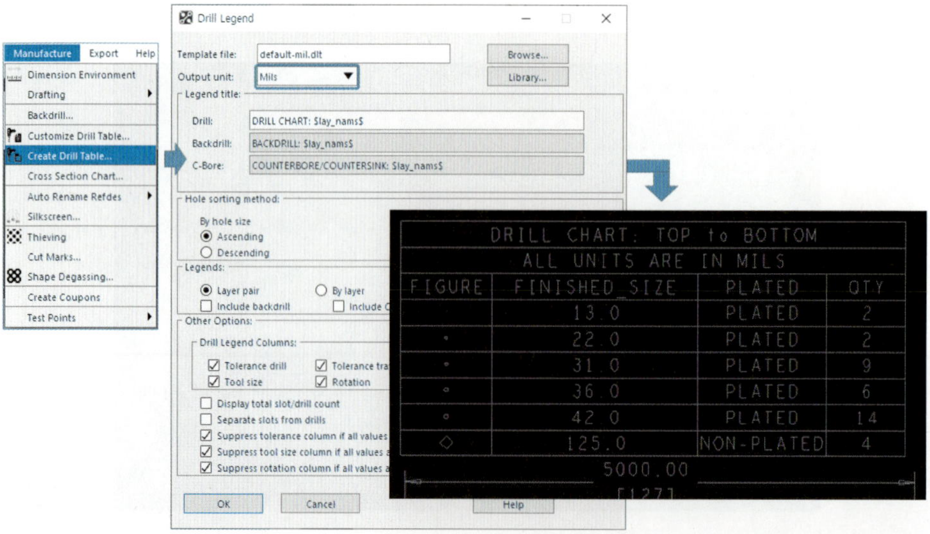

2.9.2 거버(Gerber)파일 생성

PCB 제조를 위해서는 거버(Gerber)파일을 생성해야 하는데, 2층 양면기판인 경우에 생성해 주어야 할 파일은 다음과 같다.

(1) Top층 (Top.art) (2) Bottom층 (Bottom.art)
(3) Soldermask_Top (Soldermask_Top.art)
(4) Soldermask_Bottom (Soldermask_Bottom.art)
(5) Silkscreen_Top (Silkscreen.art) (6) Drilldraw (Drilldraw.art)
(7) NC-Drill (monostable-1-2.drl)

여기서, SMD 부품을 사용한 경우에는 Pastemask 관련 정보가 추가로 필요하다.

1) Top층 및 Bottom층의 거버파일 생성

① Export 메뉴 - Gerber를 선택하거나 툴바에서 Artwork 아이콘( )을 실행하며, 아래와 같이 Device Type, Format, Output unit 항목을 설정한다.

Device Type : RS274X

Format :

- Integer places : 3
- Decimal places : 5

Output units : Inches

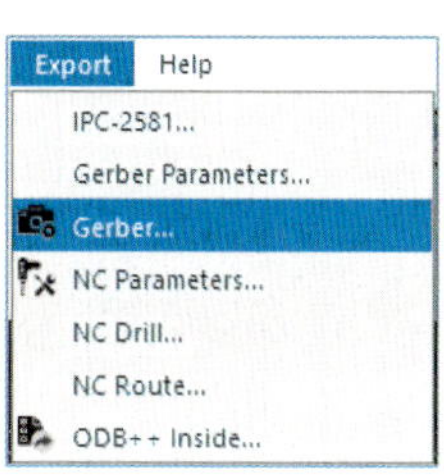

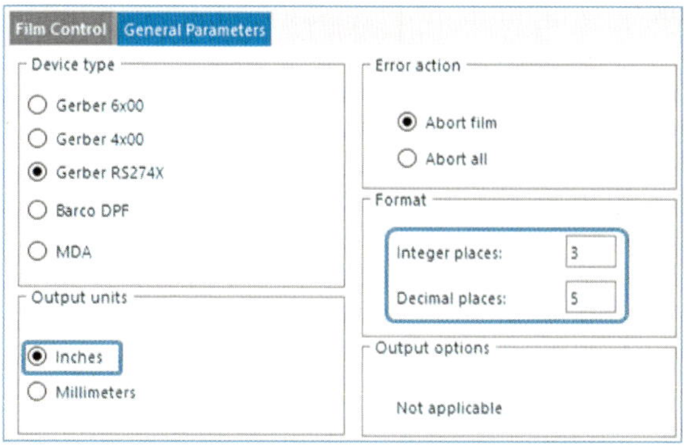

② Film control 창을 선택한 후, Bottom과 Top을 선택한다. Create Artwork 버튼을 눌러 Top 층, Bottom 층의 거버파일을 생성할 수 있다.

2) Soldermask_Top 생성

① Gerber Film으로 원하는 영역만을 출력하기 위해 Setup 메뉴 - Colors를 선택하여 Color 설정 창으로 진입 후 Global Visibility를 Off 시킨다.

② Stack-Up 카테고리 - Non-Conductor를 선택, Soldermask_Top 항목에서 Pin과 Via를 체크하여 작업 화면에 Soldermask_Top 영역만 나타나게 한다.

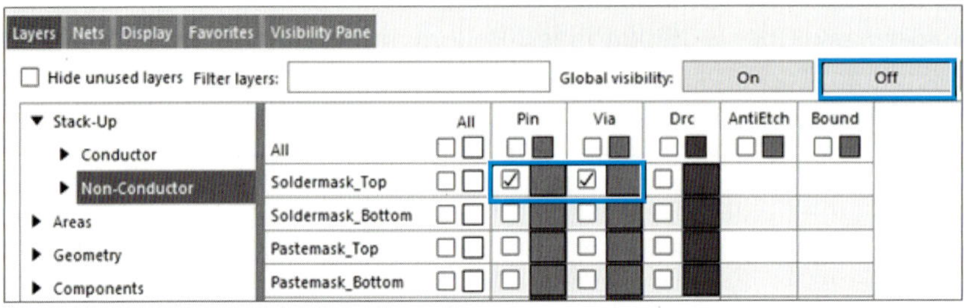

③ Gerber 창으로 돌아온 후 Available films의 Top을 선택, 마우스 오른쪽 버튼(MRB) - Add를 선택하여 Film 이름으로 Soldermask_Top을 작성하여 생성한다.

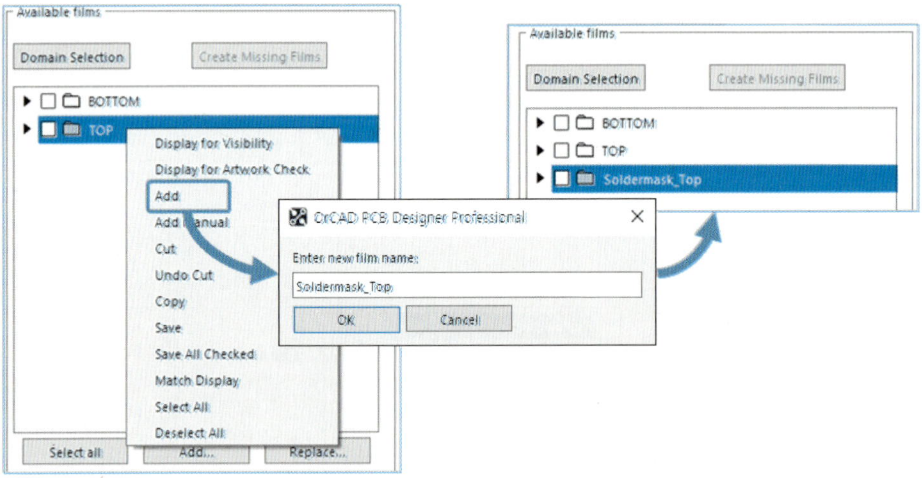

3) Soldermask_Bottom 생성

① Color 설정 창으로 돌아와 Global Visibility를 Off 시킨다.

② Stack-Up 카테고리 - Non-Conductor를 선택, Soldermask_Bottom 항목에서 Pin과 Via를 체크하여 작업 화면에 Soldermask_Bottom 영역만 나타나게 한다.

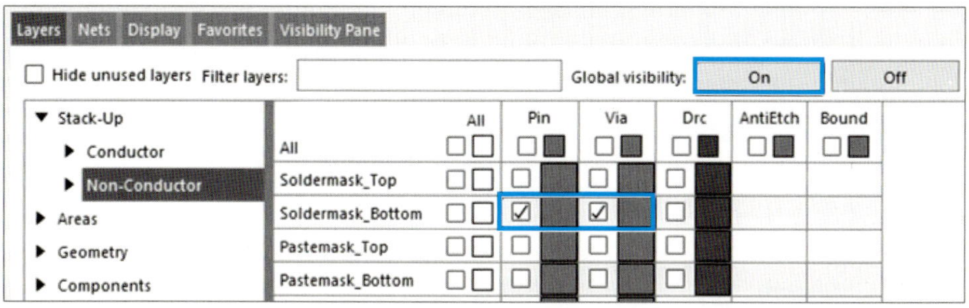

③ Gerber 창 - Available films의 Soldermask_Top을 선택, 마우스 오른쪽 버튼(MRB) - Add를 선택하여 Film 이름으로 Soldermask_Bottom을 작성하여 생성한다.

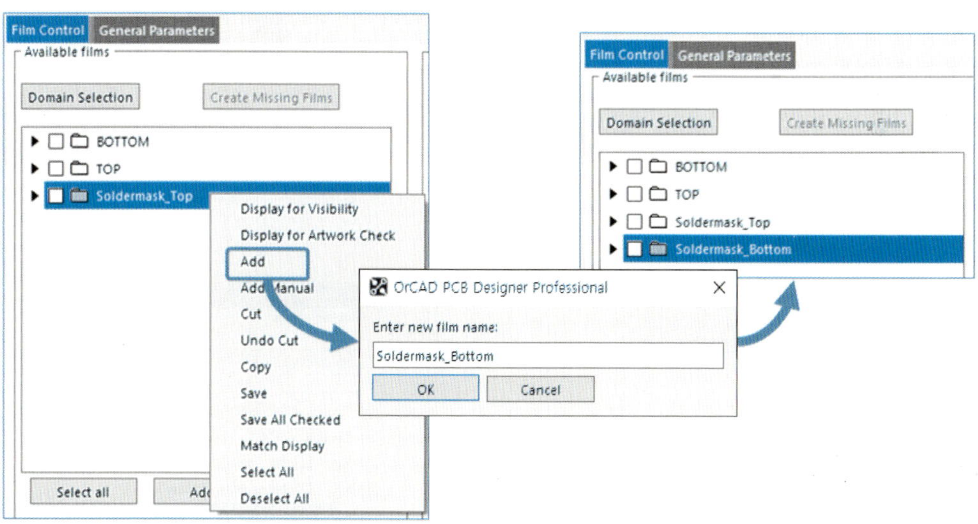

4) Silkscreen_Top 생성

① Color 설정 창으로 돌아와 Global Visibility를 Off 시킨다.

② Geometry 카테고리, Component 카테고리의 항목을 아래와 같이 체크하여 작업 화면에 Silkscreen_Top 영역만 나타나게 한다.

- Package Geometry 카테고리 – Silkscreen_Top
- Component 카테고리 – Silkscreen_Top 항목의 RefDes

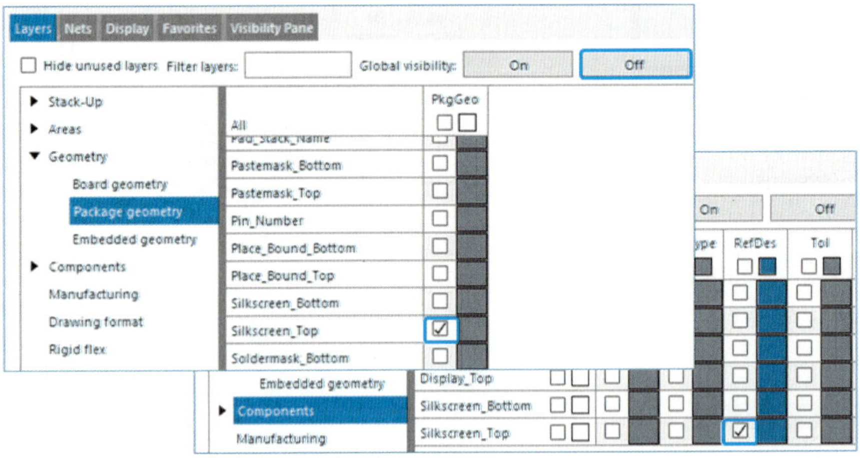

③ Gerber 창 - Available films의 Soldermask_Bottom을 선택, 마우스 오른쪽 버튼(MRB) - Add를 선택하여 Film 이름으로 Silkscreen_Top을 작성하여 생성한다.

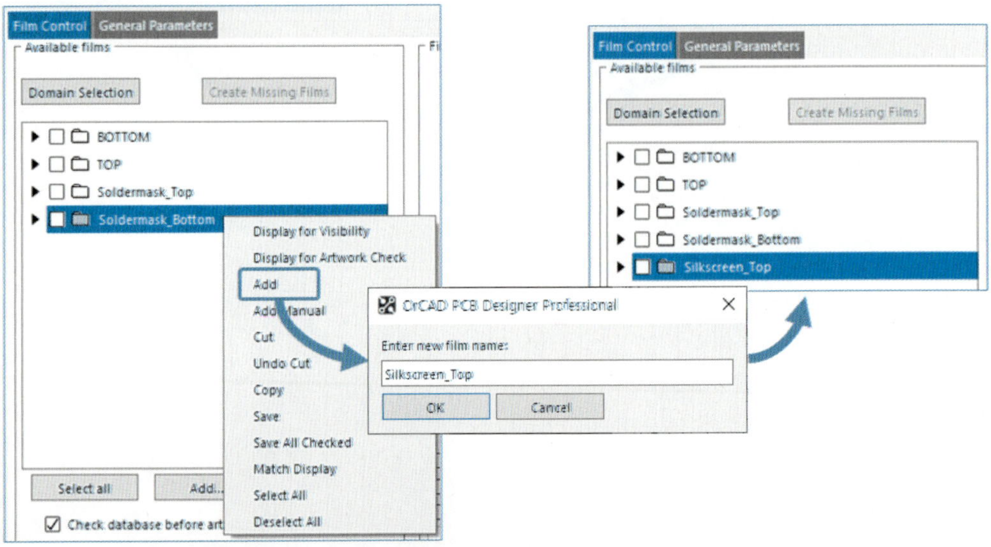

5) Drilldraw 생성

① Color 설정 창으로 돌아와 Global Visibility를 Off 시킨다.

② Geometry 카테고리, Manufacturing 카테고리의 항목을 아래와 같이 체크하여 작업 화면에 Drill 관련된 정보만 나타나게 한다.

- Board Geometry 카테고리 – Design_Outline, Dimension
- Manufacturing 카테고리 – Ncdrill_Legend, Nclegend-1-2

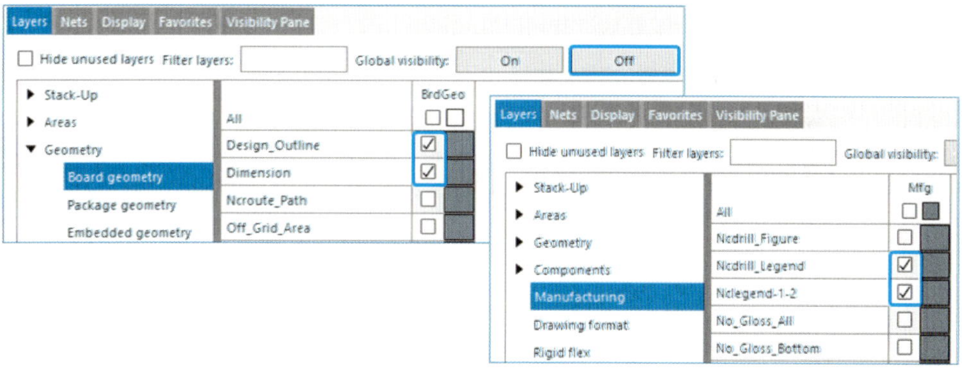

③ Gerber 창 - Available films의 Silkscreen_Top을 선택, 마우스 오른쪽 버튼(MRB) - Add를 선택하여 Film 이름으로 Drilldraw를 작성하여 생성한다.

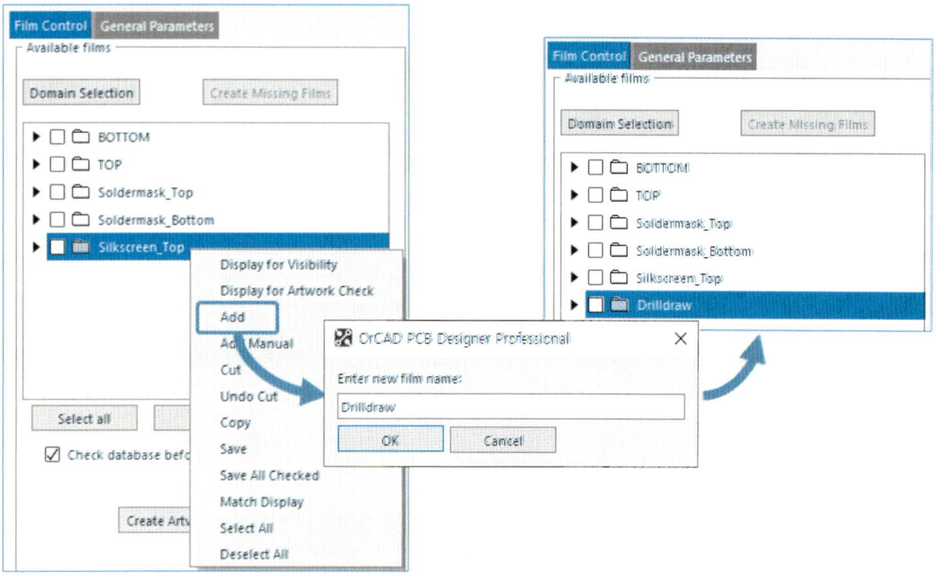

6) Undefined line width 설정

① Board에 기재되어 있는 Board명 혹은 Design_Outline과 같은 Object들은 두께가 0으로 되어있기 때문에 그대로 출력하게 된다면 보이지 않게 되므로, Gerber로 출력할 경우 0인 두께를 바꿔주어야 한다. 그러기 위해서는 Available films에 있는 가장 위의 폴더를 선택 후 오른쪽에 있는 Film options의 Undefined line width 기입란에 10을 기입한다.

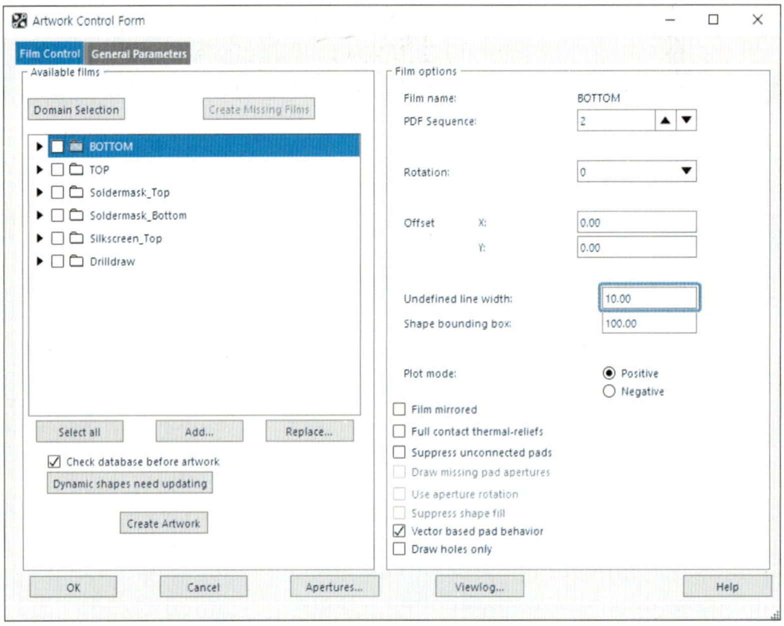

② Available films의 각 항목들을 하나하나 선택하면서 가장 아래 폴더까지 ①번 과정을 반복한다.

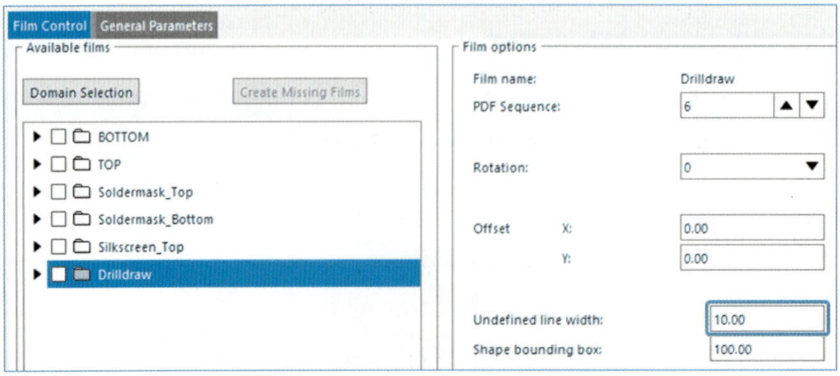

7) NC Drill 생성

① Export-NC Parameter를 선택하거나 NC Parameter 아이콘( )을 선택한다. 열린 창에서 Format을 3.5로 정하고, 기타 값들도 아래와 같이 필요하면 변경하여 설정한다.

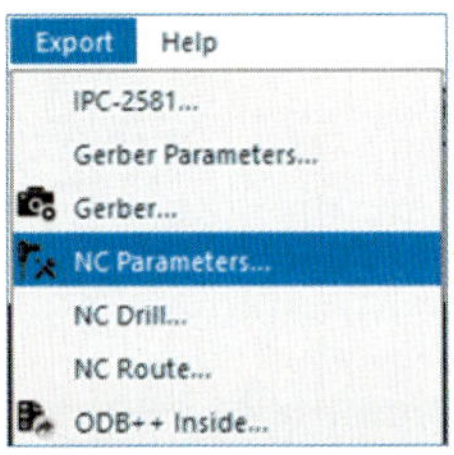

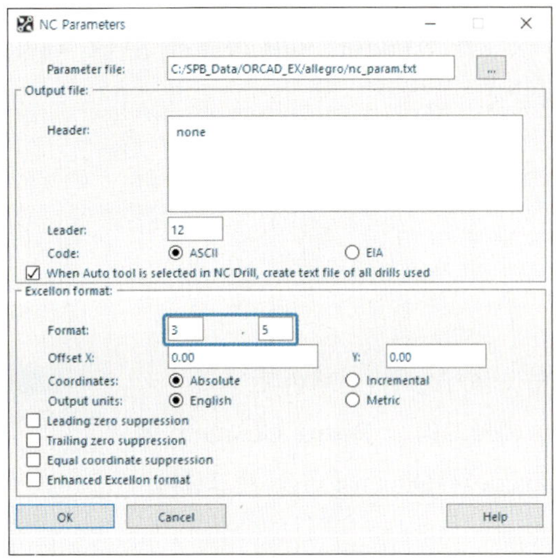

② NC Parameter의 설정이 끝나면, Export-NC Drill을 선택하면 monostable.drl라는 파일에 NC data가 생성된다.

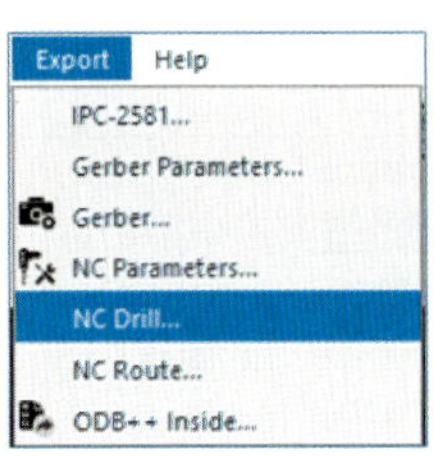

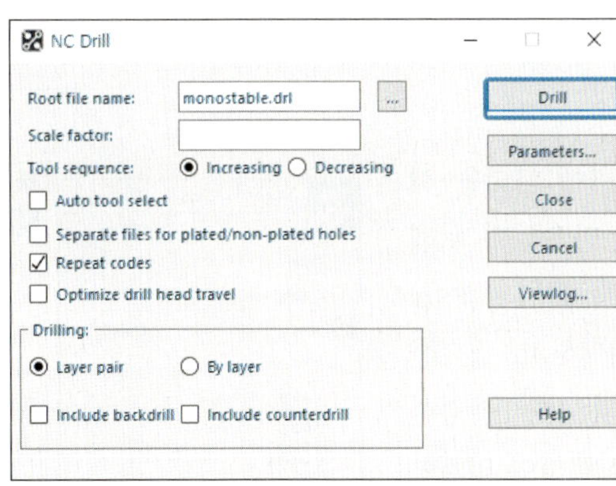

③ 해당 작업 경로에 가서 작성된 거버파일과 드릴파일을 확인한다.

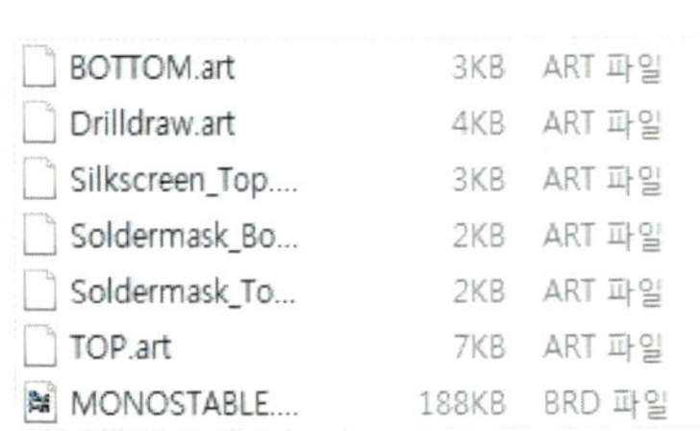

2.9.3 거버(Gerber)파일 출력(1) - Display를 이용한 방법

① 작성된 거버 데이터를 화면 혹은 프린터로 인쇄하기 위해서는 다음과 같이 한다. Export 메뉴 - Gerber를 선택한 후 우클릭(MRB), 열린 화면에서 Display for Artwork Check를 선택한다. 이때 화면에 선택된 레이어가 나타난다.

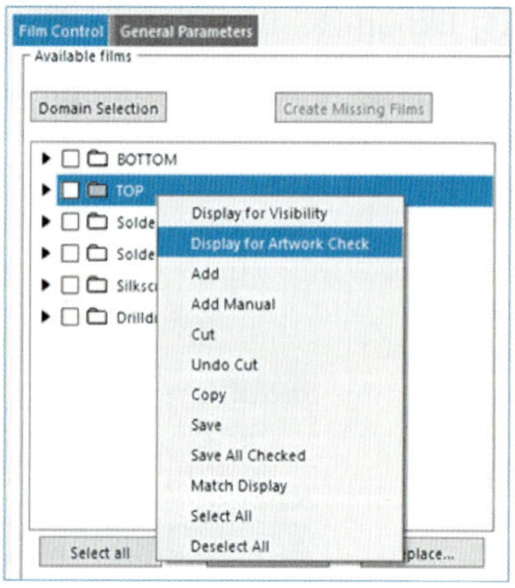

② Setup 메뉴 – Colors를 선택한다.

③ Geometry 카테고리 – Board Geometry에서 Design_Outline과 Dimension을 체크한다.

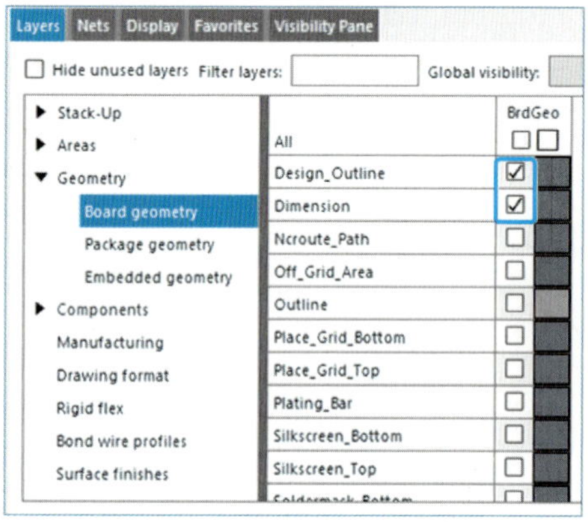

④ 위에서 화면에 나타난 해당 정보를 인쇄하기 위해서는 File 메뉴 - Print setup을 선택하고, 필요한 값을 아래와 같이 설정한 후 OK를 선택하여 인쇄한다. File-Print Preview를 통해 화면상에서 출력 내용을 미리 확인한다.

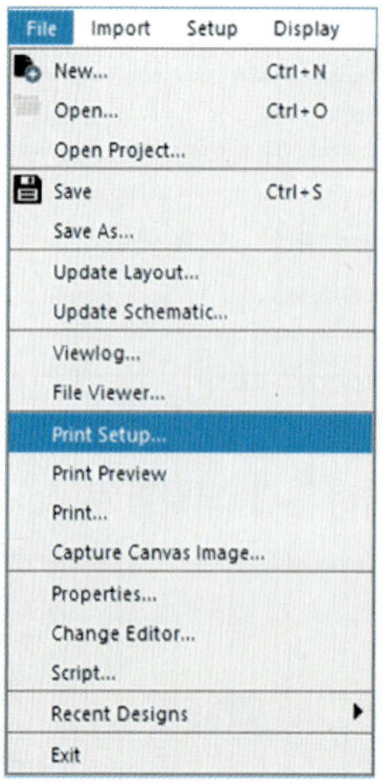

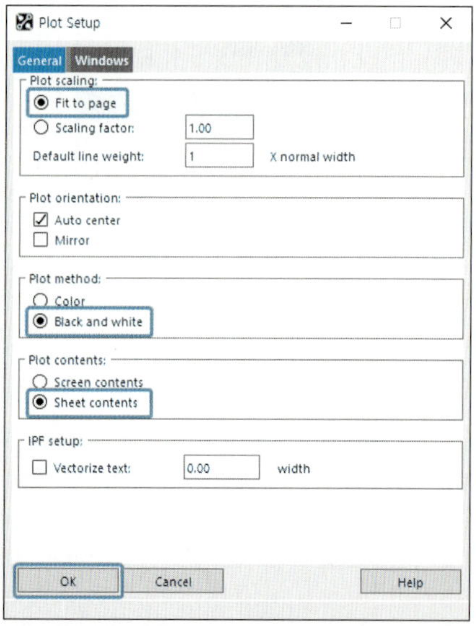

④ File-Print Preview를 통해 설계된 PCB의 각층을 다음과 같이 확인한다.
단, 편의상 Top층과 Bottom층에 있는 Copper는 제거하고 Preview를 한 것이다.

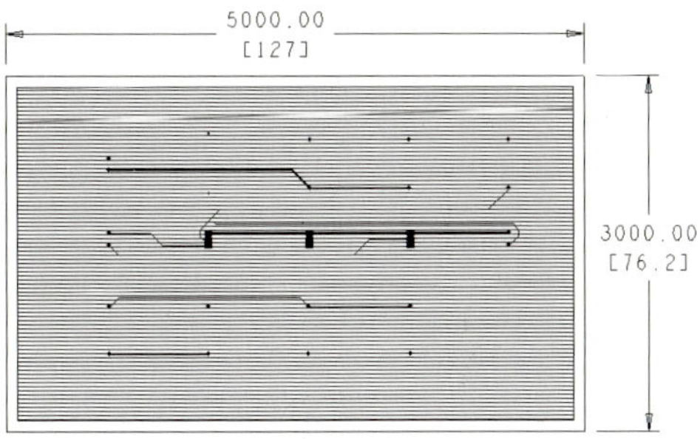

Top 층 패턴도 (Top Layer)

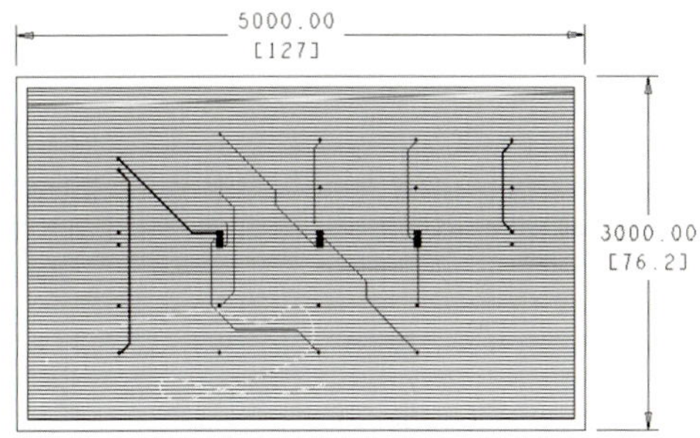

Bottom 층 패턴도 (Bottom Layer)

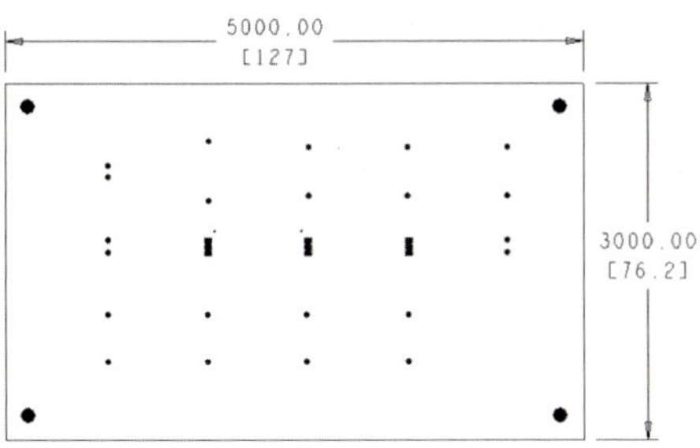

Soldermask_Top

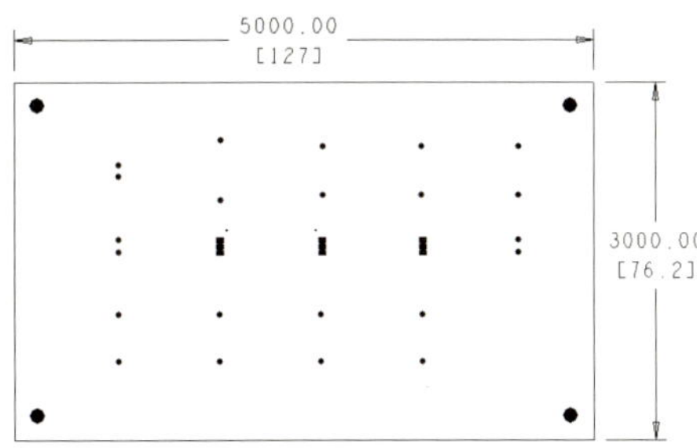

Soldermask_Bottom

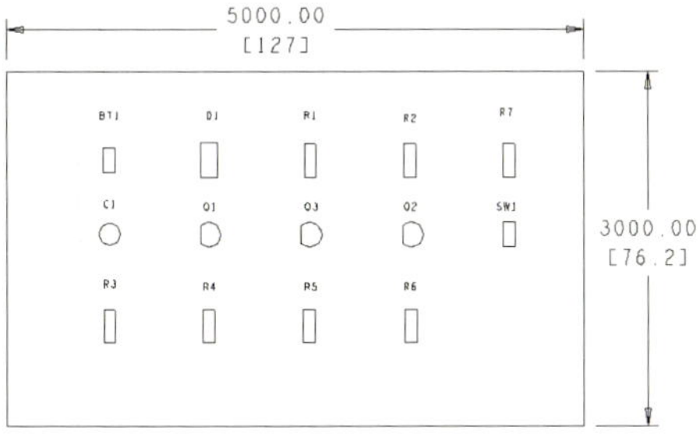

실크스크린 Top (Silkscreen Top)

DRILL CHART: TOP to BOTTOM			
ALL UNITS ARE IN MILS			
FIGURE	FINISHED_SIZE	PLATED	QTY
·	13.0	PLATED	2
◦	22.0	PLATED	2
◦	31.0	PLATED	9
◦	36.0	PLATED	6
◦	42.0	PLATED	14
◇	125.0	NON-PLATED	4

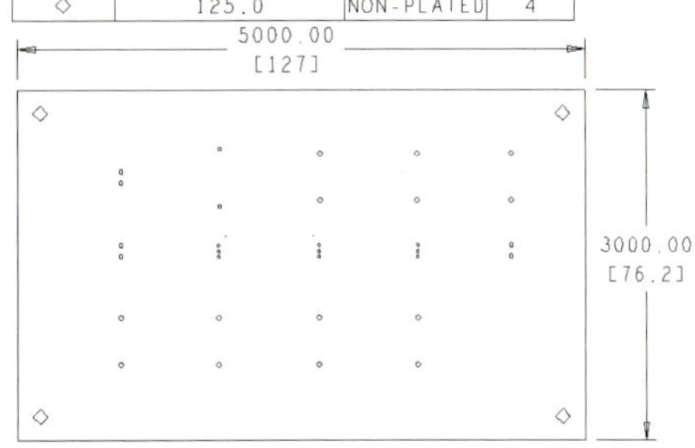

드릴도 (Drilldraw)와 범례 (Drill Legend)

2.9.4 거버(Gerber)파일 출력(2) - Gerber 파일 load에 의한 방법

거버파일의 프린터 출력은 앞에서 살펴본 화면 Export - Gerber - Film Control-Display를 통한 방법 외에, 다음과 같이 거버파일을 읽어들이는 방법을 통해서도 가능하다. 출력할 거버파일은 확장자가 art로 끝나는 파일이다.

① 생성된 거버파일이 저장된 경로와 파일명을 확인한다.

② 메뉴 Setup-Subclasses를 선택한 후, DRAWING FORMAT를 선택한다.

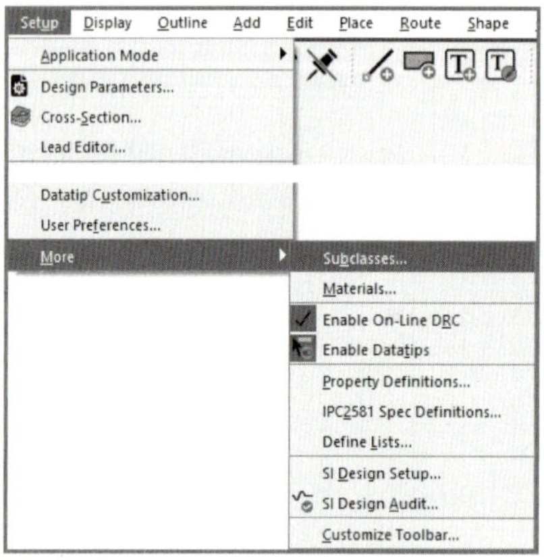

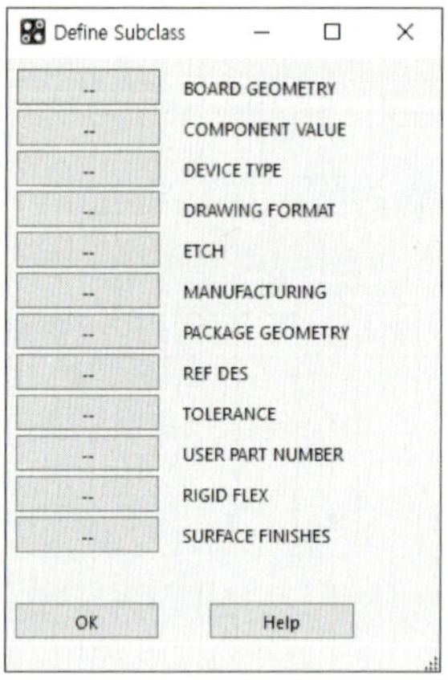

③ New Subclass 항목에 출력하고자 하는 항목들을 입력한다. 한 항목씩 입력 후 [Enter↵]를 누른다. 입력 후에는 창을 닫는다. OK를 눌러 Define Subclasses 창을 닫는다.

Top [Enter↵]
Bottom [Enter↵]
Soldermask_Top [Enter↵]
Soldermask_Bottom [Enter↵]
Silkscreen_Top [Enter↵]
Drilldraw [Enter↵]

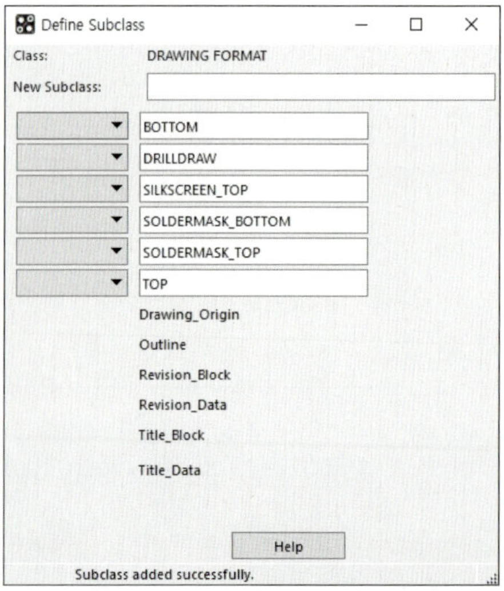

④ Color 설정하기
모든 레이어의 Color를 보이지 않게 설정한다. Drawing Format 항목의 방금 추가한 레이어만 보이게 설정한다.

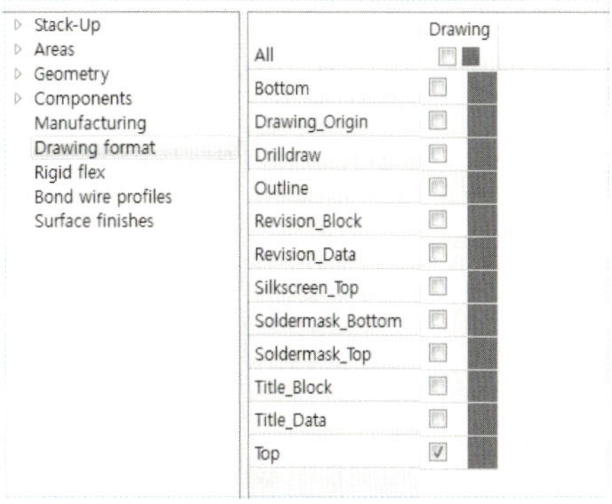

⑤ 거버불러오기
메뉴 Import-Artwork을 선택한다.

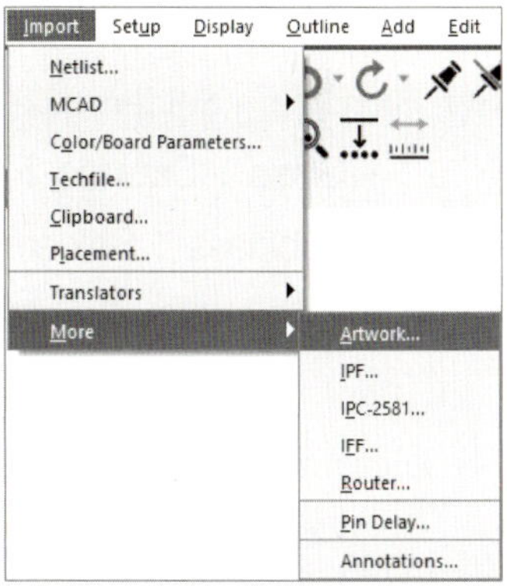

(i) Load Cadence Artwork창이 열리면 Filename의 Browse 아이콘을 눌러 Top.art가 저장된 경로와 파일명을 지정한다. Load file을 선택하여 Top층의 거버파일을 읽어 들인다. OK를 선택하여 창을 닫는다.

Class : Drawing Format
Subclass : Top

Load file를 누르면 마우스에 Top.art 거버파일이 따라 다니고 화면 중앙쯤에 놓는다. 화면에 배치하고 나면 다시 Load Cadence Artwork창이 열린다.

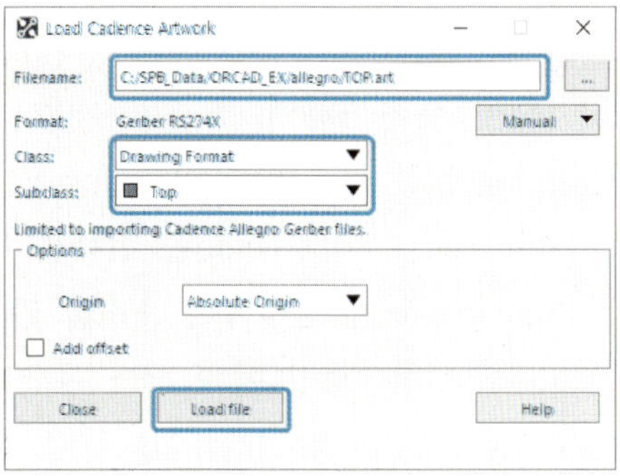

(ii) Filename : Bottom.art

Class : Drawing Format

Subclass : Bottom

설정 후 Load file을 눌러 겹쳐지게 배치한다.

(iii) Filename : Silkscreen_Top.art

Class : Drawing Format

Subclass : Silkscreen_Top

설정 후 Load file을 눌러 겹쳐지게 배치한다.

(iv) Filename : Soldermask_Top.art

Class : Drawing Format

Subclass : Soldermask_Top

설정 후 Load file을 눌러 겹쳐지게 배치한다.

(v) Filename : Soldermask_Bottom.art

Class : Drawing Format

Subclass : Soldermask_Bottom

설정 후 Load file을 눌러 겹쳐지게 배치한다.

(vi) Filename : Drilldraw.art

Class : Drawing Format

Subclass : Drilldraw

설정 후 Load file을 눌러 겹쳐지게 배치한다.

OK를 눌러 Load Cadence Artwork창을 닫는다.

⑥ 프린터로 출력하기

Color 설정 창을 열어 Drawing Format / Top만 보이게 설정한다.

메뉴 File - Print Setup을 선택한다. 설계한 데이터를 그대로 확인한다.

Auto center를 선택하여 출력물 가운데 위치하도록 한다.

Mirror : 반대로 보이게 하는 옵션으로 Bottom, Soldermask_Bottom에 적용한다.

Color 또는 흑백모드를 선택한다. OK를 눌러 설정을 마친다.

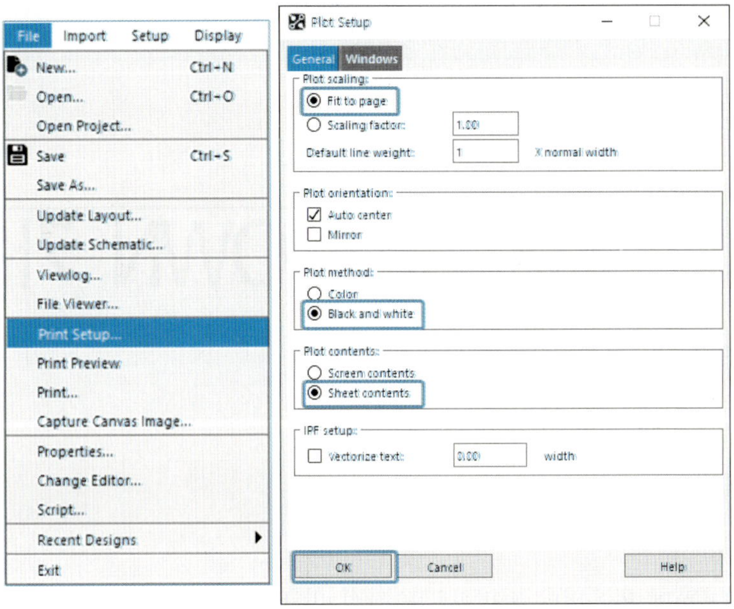

메뉴 File - Print를 선택한다. Setup을 눌러 프린터, 용지 및 방향을 선택한다. OK를 누르면 출력이 된다. 위의 과정을 반복하여 출력한다. 모든 데이터를 저장한다.

2.10 검토사항

① 단안정 멀티바이브레이터 회로의 동작에 관하여 설명하여라.

② Capture의 설계환경 및 설정에 관하여 설명하여라.

③ PCB Editor의 설계환경 및 설정에 관하여 설명하여라.

④ Capture를 이용한 회로도 설계에서 PCB Editor를 이용한 PCB 설계까지의 설계작업순서 흐름을 나열하고, 각 단계별로 간단히 설명하여라.

⑤ 설계규칙검사(DRC)에 대하여 상세히 설명하여라.

03 8진 UP/DOWN 카운터

8진 UP/DOWN 카운터의 평면회로도 작성 및 PCB 설계 실습을 수행한다.

3.1 회로도

3.1.1 개요

8진 UP/DOWN 카운터는 입력되는 클럭 수를 세어 0에서 7까지 UP 혹은 DOWN동작을 수행하는 회로이다. 회로는 크게 클럭을 만드는 발진회로, 입력되는 클럭을 세는 카운터 회로 및 숫자를 나타내는 표시부로 구성된다. 여기서는 이들 세 개의 회로가 서로 평면적으로 연결되어 있는 평면도면을 작성하고, PCB를 설계한다.

3.1.2 회로도

8진 UP/DOWN 카운터 회로는 다음과 같다.

〈 PULSEGEN 〉

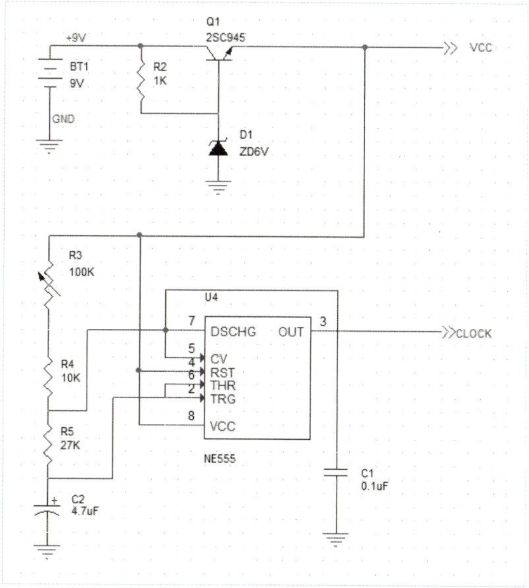

〈DISPLAY〉

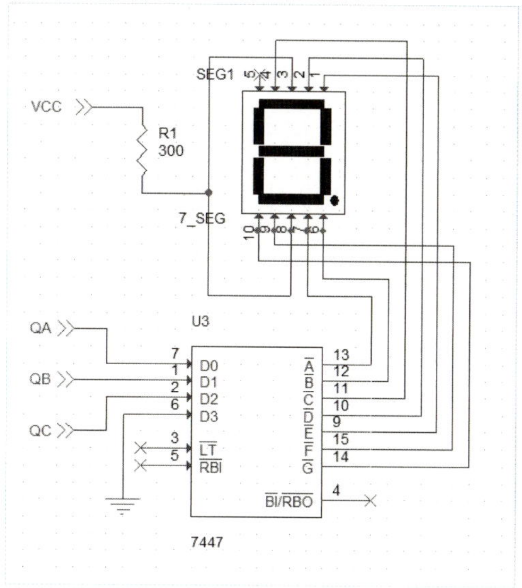

〈COUNTER〉

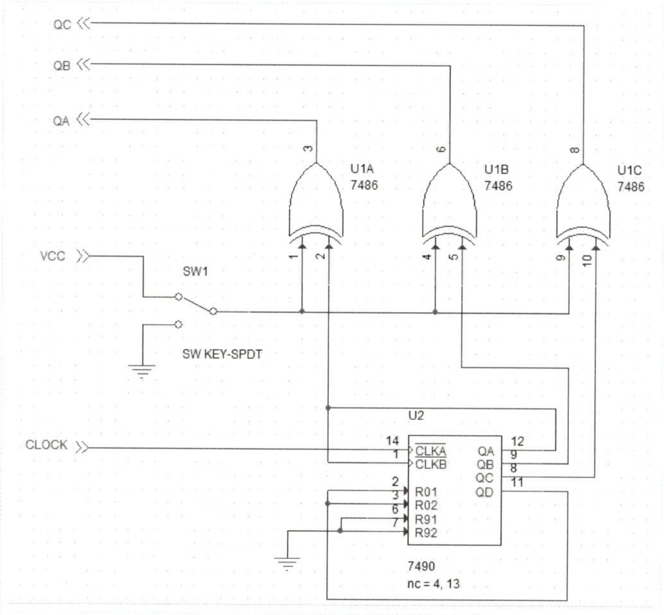

3.2 회로도 그리기

3.2.1 회로도 설정

① Capture 윈도우의 File 메뉴 - New( ) - Project를 선택한다.

② New Project Name 문자 상자에 새로운 프로젝트 이름(updown)을 입력하고, 프로젝트 형태를 Schematic으로 설정한다.

③ Location 문자 상자에 저장할 경로와 파일명을 입력한 후 OK 버튼을 실행한다.

④ 회로도 파일은 SCHEMATIC1이란 회로도와 그 회로도에 포함된 PAGE1이란 회로도면이 생성되어 도면 작성을 시작할 수 있다. 지정한 경로에 프로젝트 파일(updown.opj) 및 회로도 파일(updown.dsn)이 생성된다.

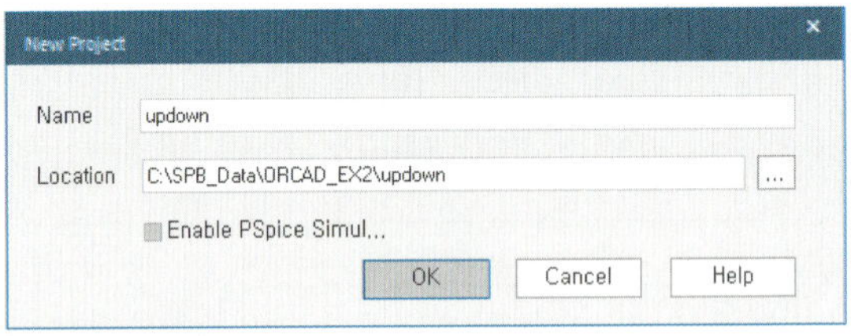

⑤ 그림과 같이 Schematic의 Page1의 이름을 COUNTER로 입력하기 위해 Page1 클릭 후 마우스 오른쪽 버튼 팝업메뉴에서 Rename을 선택한다. Rename Page 창이 뜨면 Name 부분에 COUNTER 입력 후 OK버튼을 클릭한다.

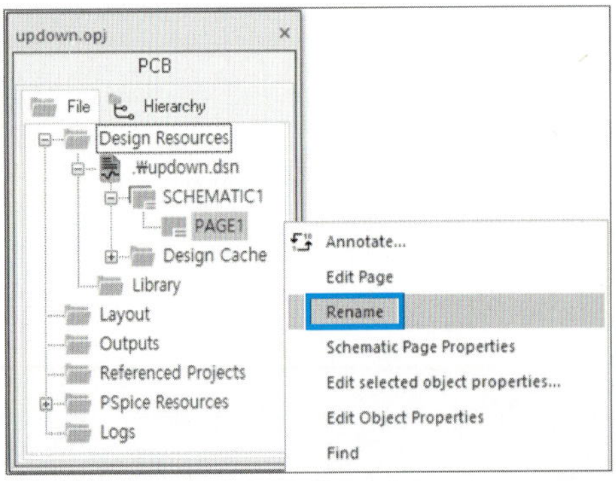

⑥ COUNTER입력 후 나머지 DISPLAY, PULSEGEN의 Page를 추가하기 위해 Schematic 클릭 후 마우스 오른쪽 버튼 팝업 메뉴에서 New Page를 선택한다. New Page Schematic 창이 뜨면 Name 부분에 DISPLAY를 입력 후 OK버튼을 클릭한다.

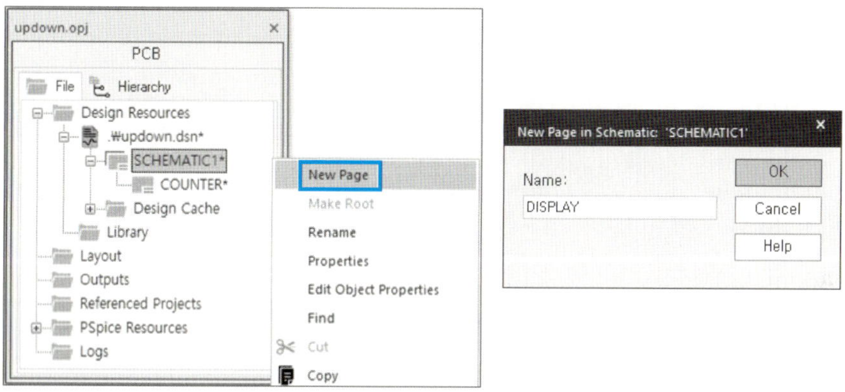

⑦ 위와 같은 방법으로 PULSEGEN Page도 추가한다.

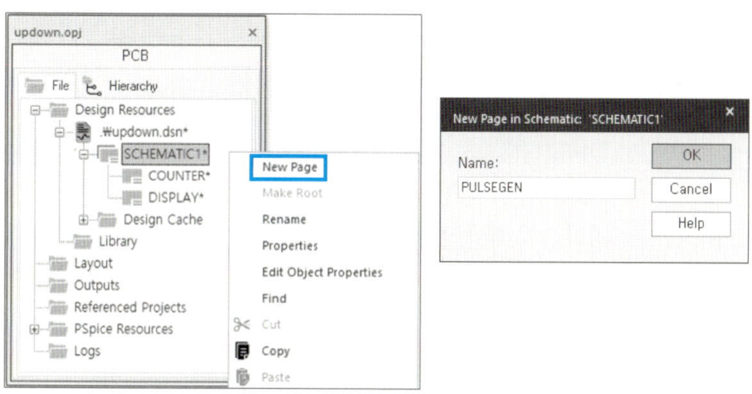

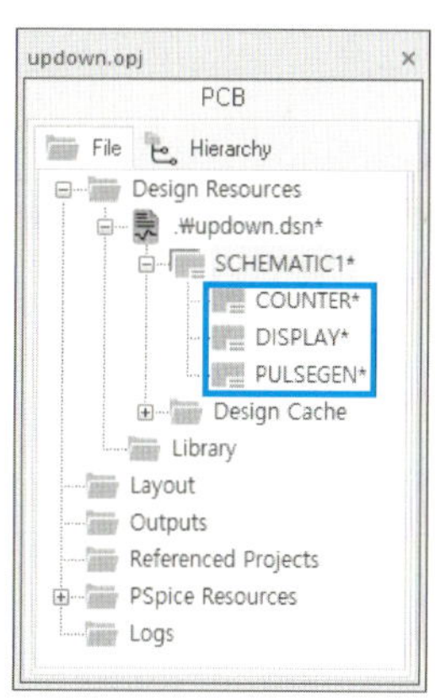

3.2.2 부품 배치

1) 7-Segment 부품작성

① 프로젝트 관리자 창의 메뉴 바에서 File - New - Library을 선택한다. 프로젝트 관리자 창에 Library1.olb가 생성된 것을 볼 수 있다.

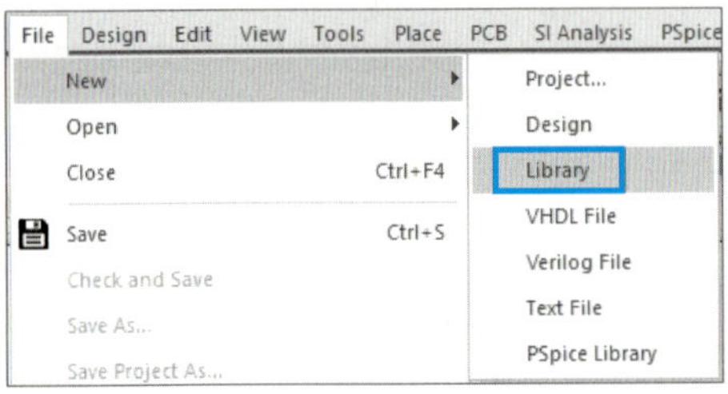

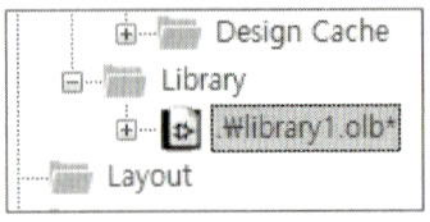

② 새로 생성된 Library1.olb를 클릭 후 마우스 오른쪽 버튼 팝업메뉴에서 New Part(단축키는 ALT-D, T)를 선택한다.

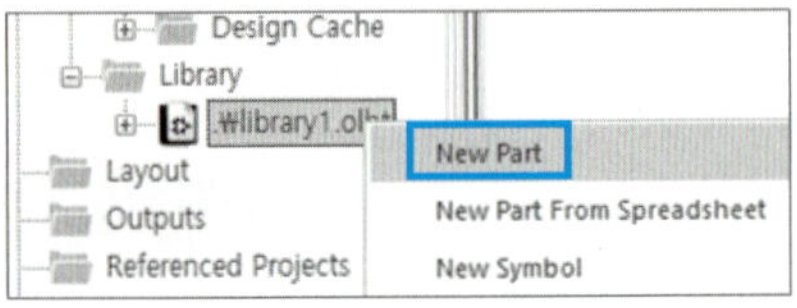

③ New Part Properties 대화상자에서 아래와 그림과 같이 부품이름 7-SEG, 참조이름 SEG 및 패키지 당 1개의 부품으로 설정한다.

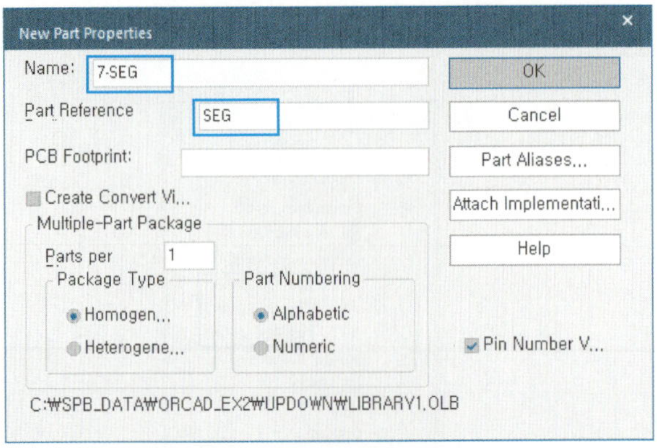

④ 다음과 같이 부품 편집기 화면(LIBRARY1)이 열린다. 점선의 사각형 안쪽 영역은 7-SEG의 그림 정보와 Pin Name이 들어갈 부분이며 사각형 바깥 영역은 Pin이 배치된다.

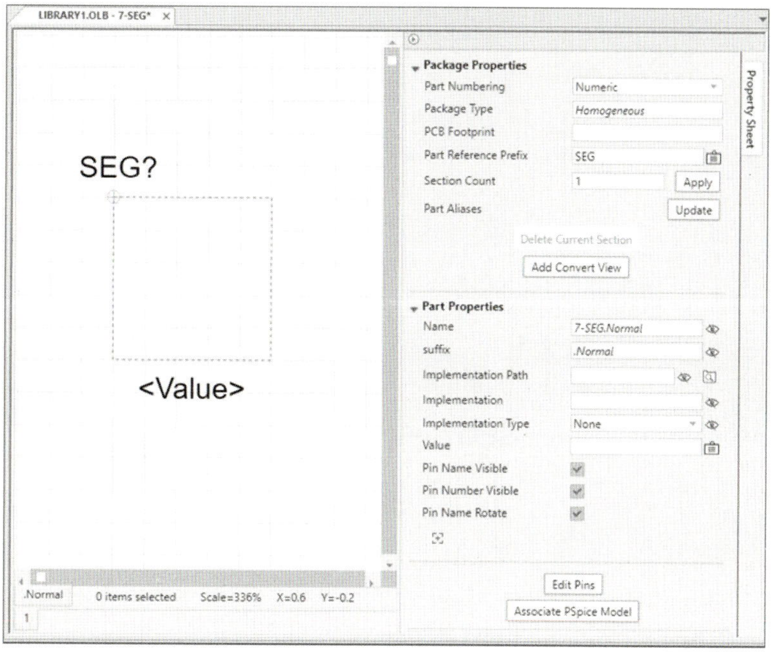

⑤ 먼저 Pin을 배치하기 위해 메뉴 바의 Place - Pin을 선택하거나 오른쪽 Tool Palette의 (Place Pin) 아이콘을 클릭한다. (아래 표를 참고하여 Pin을 배치한다.)

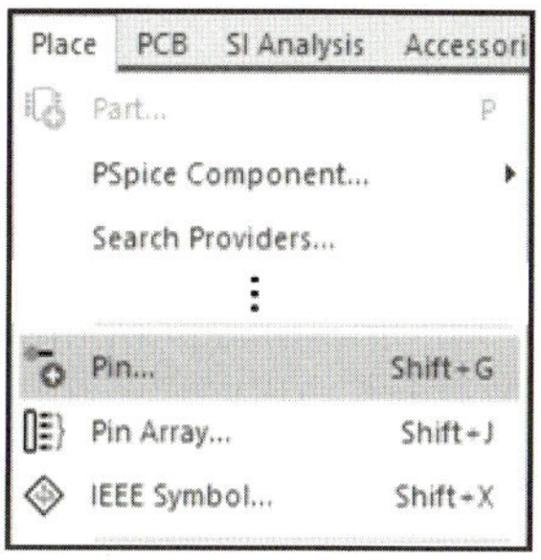

Name	Number	Shape	Type	Name	Number	Shape	Type
A	7			F	9		
B	6			G	10		
C	4	Short	Passive	DP	5	Short	Passive
D	2			COM1	3		
E	1			COM2	8		

〈Pin 배치 예〉

표를 참고하여 Name : E / Number : 1 / Shape : Short / Type : Passive로 설정한 후 OK버튼을 클릭한다. 커서의 붙어 있는 Pin을 점선 사각 바깥 영역으로 배치한다.

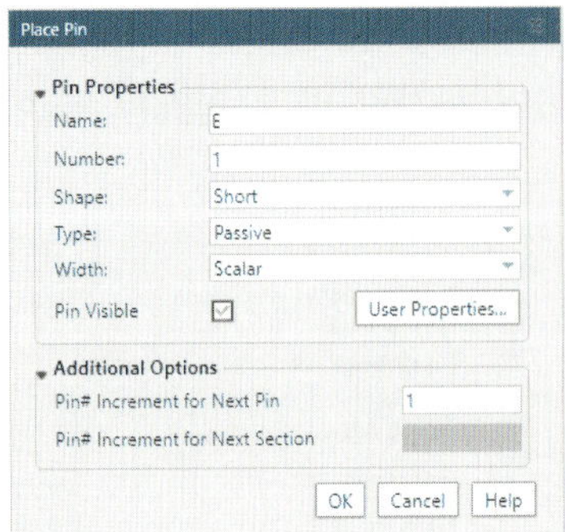

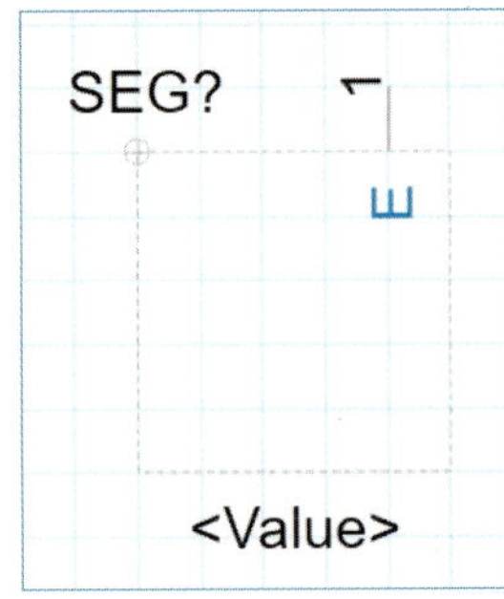

위와 같은 방법으로 나머지 Pin들도 그림과 같이 배치할 수 있으며, Pin 배치시 사각점선 부분의 크기를 변경하여 배치한다.

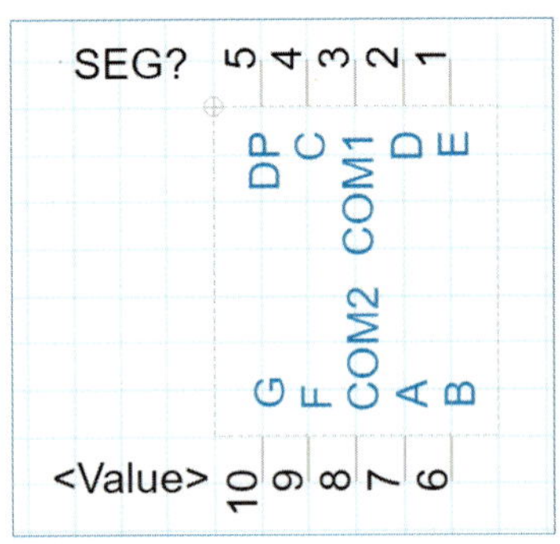

⑥ Pin 배치 후 점선 사각 안쪽 영역에 부품 그림정보를 작성하기 위해 Pin번호를 보이지 않게 설정하도록 한다. 오른쪽 Property Sheet Panel의 Pin Name Visible 항목을 체크 해제하여 Pin Name을 출력하지 않도록 한다.

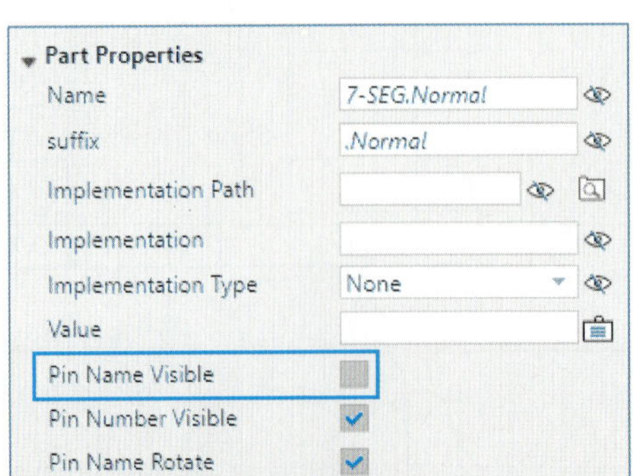

⑦ 부품 그림 정보를 작성하기 위해 메뉴 Place - Line을 선택하거나 Tool Palette 아이콘을 클릭한다. 다음 그림과 같이 적당한 길이로 Line을 작성한다.

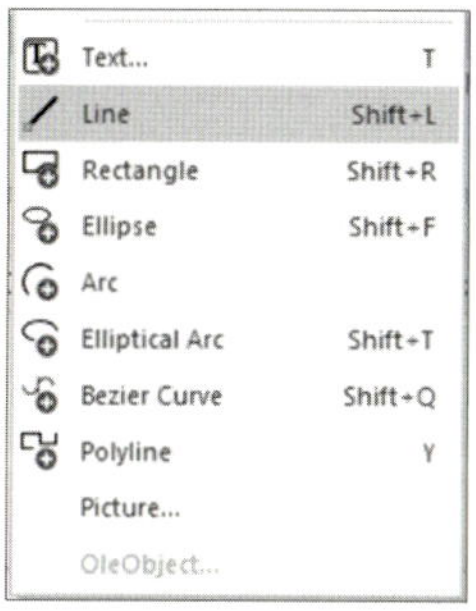

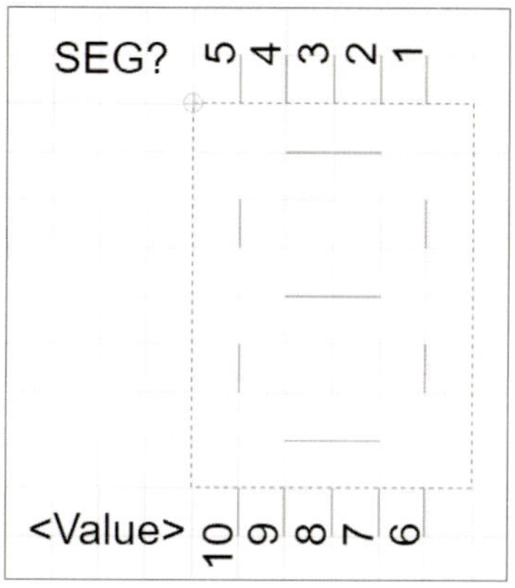

⑧ 작성 Line을 두께를 변경하기 위해 작성한 라인을 클릭 후 마우스 오른쪽 버튼 팝업메뉴에서 Edit Properties를 선택하거나 또는 Line을 더블클릭한다.

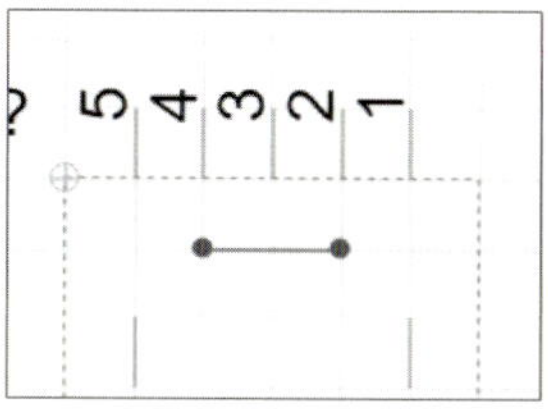

⑨ Line Width에서 제일 두꺼운 Line을 선택 후 OK버튼을 클릭하여 다음 그림과 같이 부품 그림 정보를 작성할 수 있다.

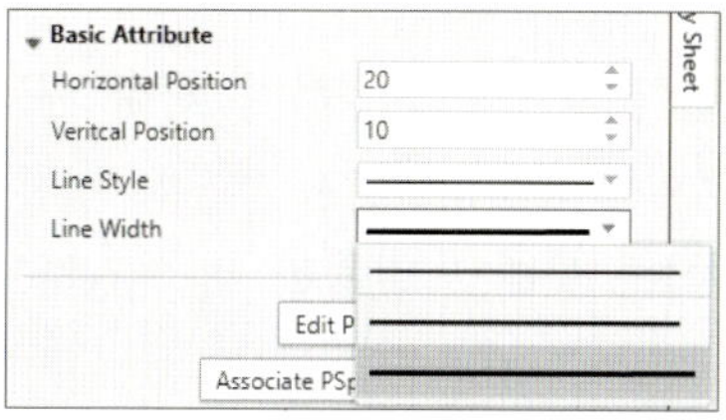

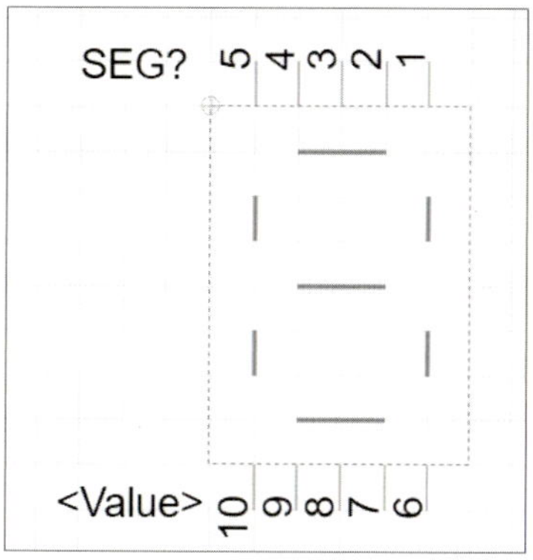

⑩ 다음은 Dot Point 작성을 위해 메뉴 Place - Ellipse를 선택하거나 Tool Palette 아이콘을 클릭한다. DP의 경우 그리드의 Snap을 해제한 후 작성하기 위해 창 왼쪽 상단 (Snap to grid) 아이콘을 클릭하여 아이콘을 형태로 변경한다. 다음 그림과 같이 적당한 위치에 Dot Point를 작성할 수 있다.

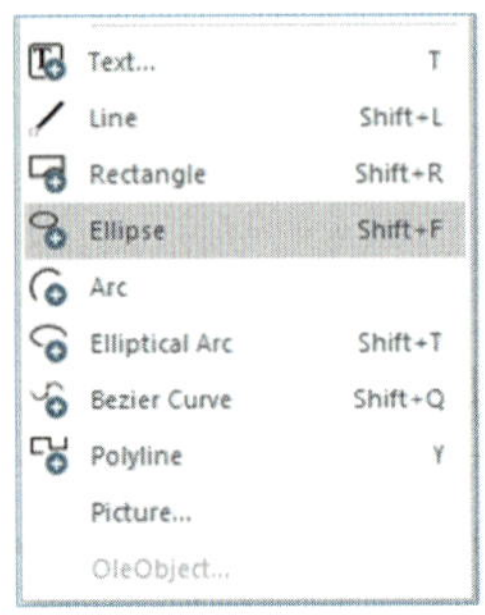

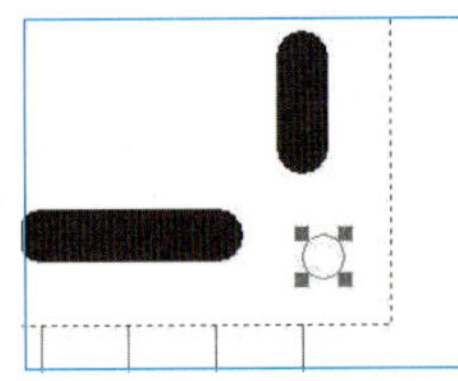

⑪ Dot Point도 안을 채워주기 위해 원을 더블클릭한다. 다음 그림과 같이 Fill Style에서 Solid를 선택한 후 OK버튼을 클릭한다.

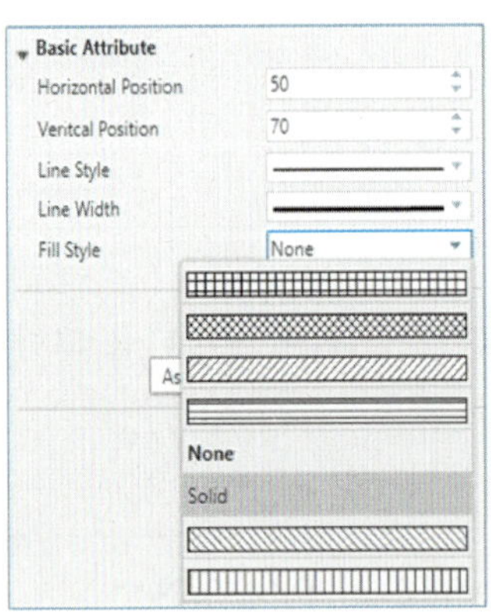

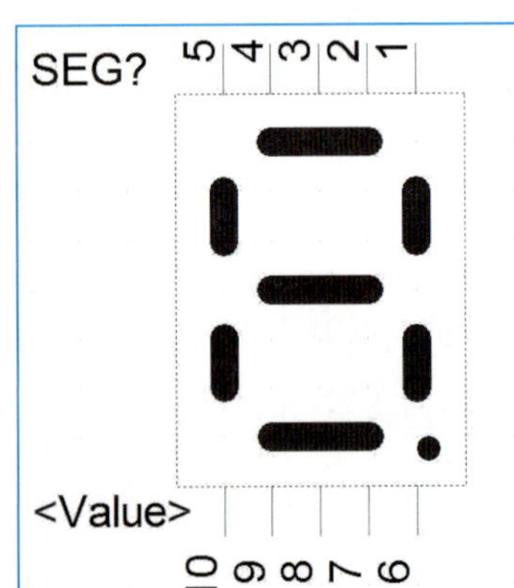

⑫ 부품 그림정보 작성 완료 후 점선 사각 부분을 실선으로 작성하기 위해 메뉴 Place - Rectangle을 선택하거나 Tool Palette 아이콘을 클릭한다. 점선 부분을 실선으로 작성 전 앞서 변경한 Snap to grid 아이콘을 원래 아이콘 상태로 변경한 뒤 작성하도록 한다. (→)

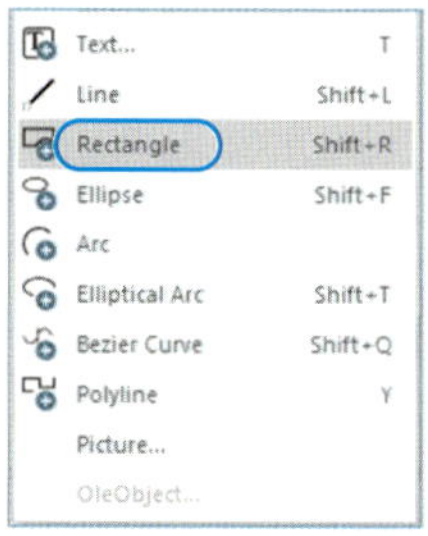

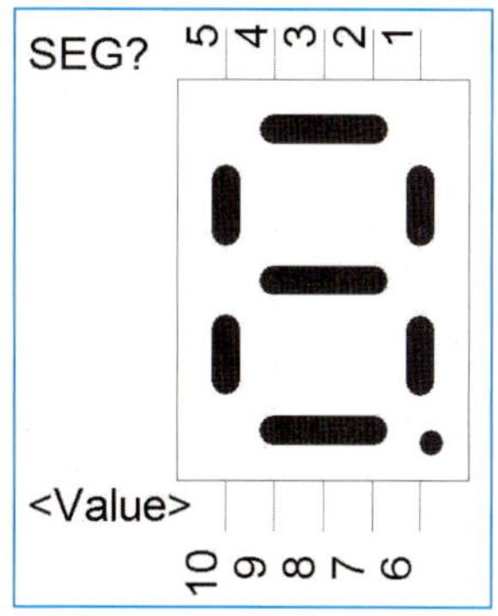

⑬ 위와 같이 부품 작성완료 후 현재 작업 Tab에서 마우스 오른쪽 버튼 팝업메뉴의 Save를 선택하여 해당 부품을 저장한다. 부품저장 경로는 Capture 기본 경로에 저장하거나 또는 현재 작업 중인 폴더에 저장하여도 무관하다.

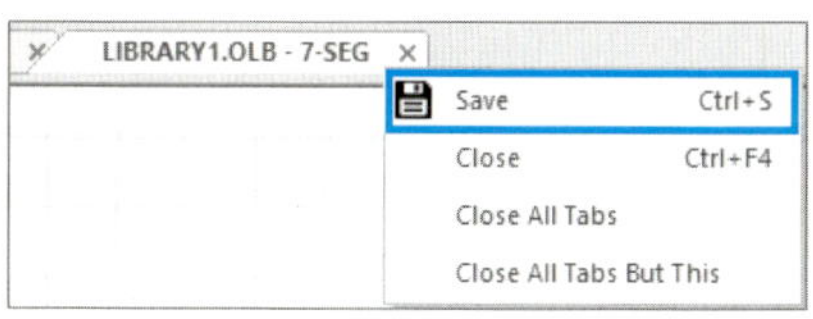

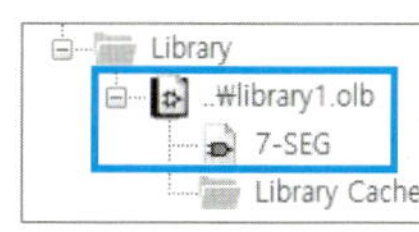

2) 부품배치

① Place 메뉴에서 Part를 선택하거나 Tool Palette에서 아이콘을 클릭하여 Place Part대화상자를 연다.

② Add Library( )버튼을 클릭하여, 기본 Library 경로의 모든 파일을 읽어온다. 그리고 앞서 생성한 7-SEG 부품의 Library1.olb파일도 함께 불러온다. (기본 Library 경로 : C:₩Cadence₩SPB_17.4₩tools₩capture₩library)

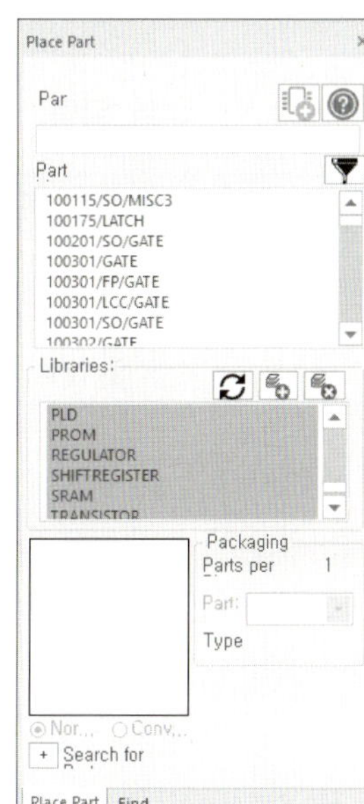

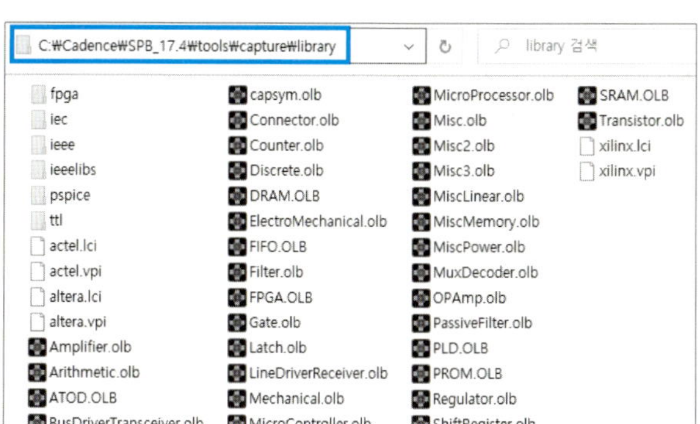

③ Place Part 대화상자에 아래의 부품 목록들을 참고하여 각 도면에 부품들을 배치한다.

〈PULSEGEN 부품 목록〉

번호	Capture 부품 이름	부품 값	수량	라이브러리 명
1	NE555	NE555	1	MiscLinear.olb
2	NPN ECB	2SC945	1	Transistor.olb
3	DIODE ZENER	ZD6V	1	Discrete.olb
4	RESISTOR VAR 2	100K	1	
5	RESISTOR(또는 R)	1K, 10K, 27K	3	
6	BATTERY	9V	1	
7	CAP NP	0.1uF	1	
8	CAP POL	4.7uF	1	

〈COUNTER 부품 목록〉

번호	Capture 부품 이름	부품 값	수량	라이브러리 명
1	7486	7486	1	Gate.olb
2	7490	7490	1	Counter.olb
3	SW KEY-SPDT	SW	1	Discrete.olb

〈DISPLAY 부품 목록〉

번호	Capture 부품 이름	부품 값	수량	라이브러리 명
1	7447	7447	1	MuxDecoder.olb
2	7-SEG	7-SEG	1	Library1.olb(생성)
3	RESISTOR(또는 R)	300	1	Discrete.olb

〈배치 예〉

1. PULSEGEN

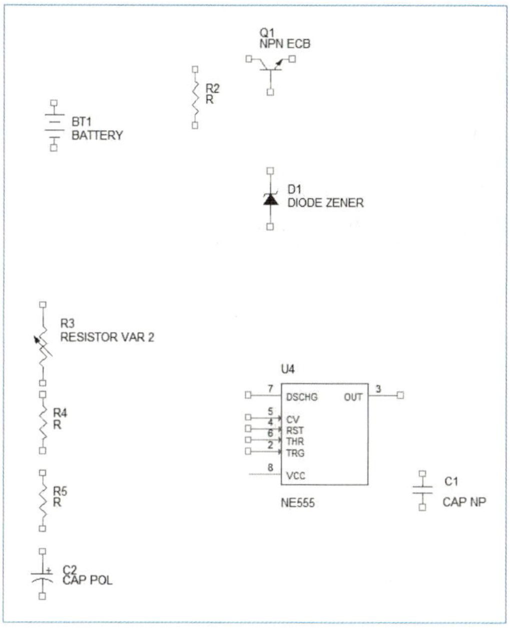

2. COUNTER

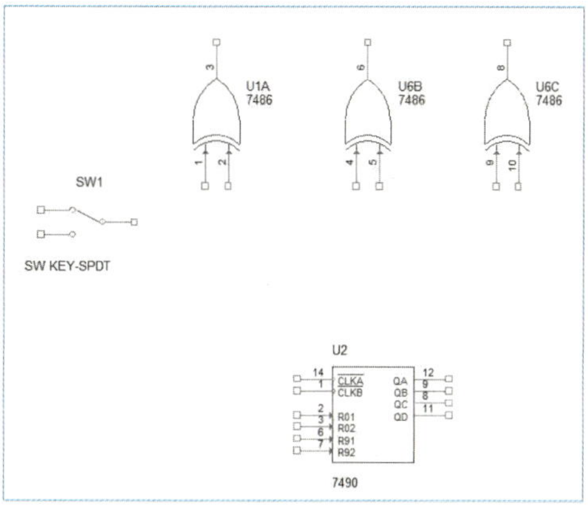

3. DISPLAY

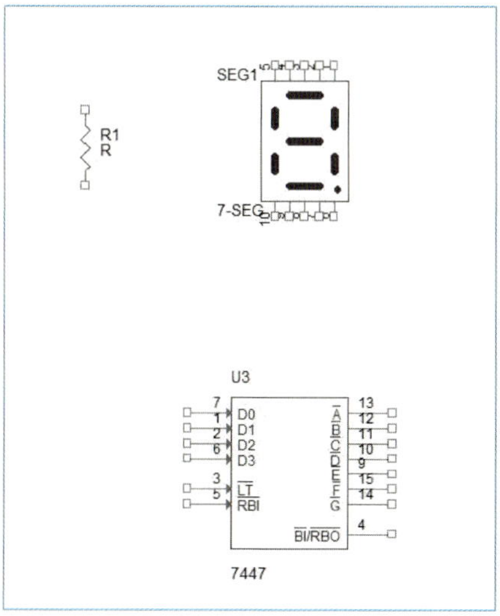

3.2.3 부품 배선 및 Off-Page Connector 연결

① Place 메뉴에서 Wire(단축키 W) 명령을 선택하거나 Tool Palette의 아이콘을 클릭하여 선을 그린다.

② 부품배선 후 각 도면을 연결하기 위한 Off-Page Connector를 연결한다. 메뉴 Place - Off Page Connector를 선택하거나, Tool Palette 아이콘을 클릭한다.

〈Off-Page Connector 연결 예〉

Place Off-Page Connector창에서 OFFPAGELEFT-R을 선택 후 OK버튼을 클릭한다. 다음 그림과 같이 NE555 3번 Pin 배선이 연결된 곳을 클릭하여 연결할 수 있다.

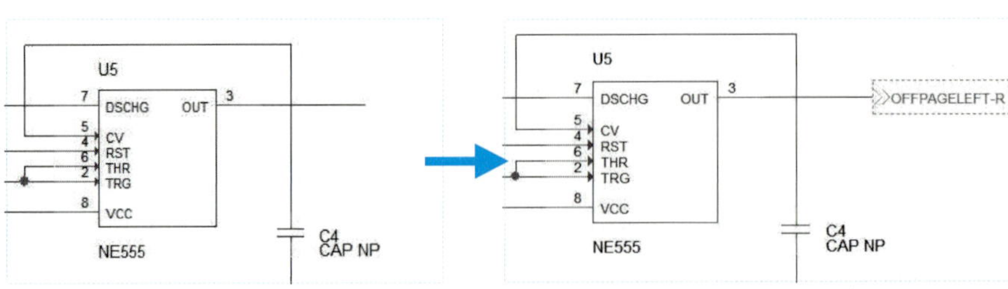

같은 방법으로 각 도면에 회로를 참고하여 Off-Page Connector를 연결 후 각 도면에 맞게 이름을 동일하게 변경한다.

3.2.4 Power 및 Ground 연결

① 회로 도면에 VCC를 배치하기 위해 메뉴 Place - Power(단축키 F)를 선택하거나 Tool Palette 아이콘을 클릭한다. Place Power창에서 VCC를 선택한 후 다음 그림과 같이 배치할 수 있다.

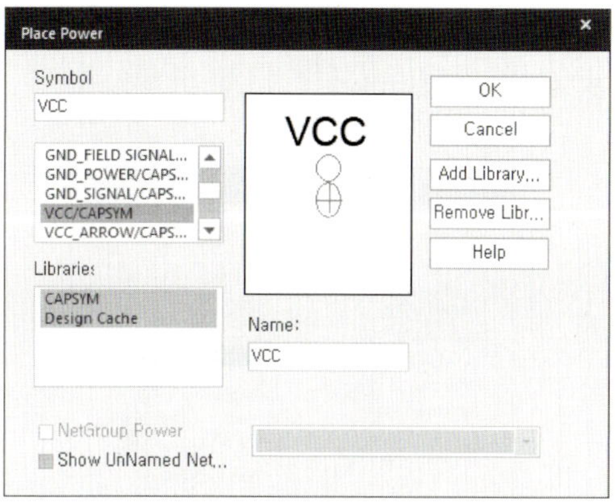

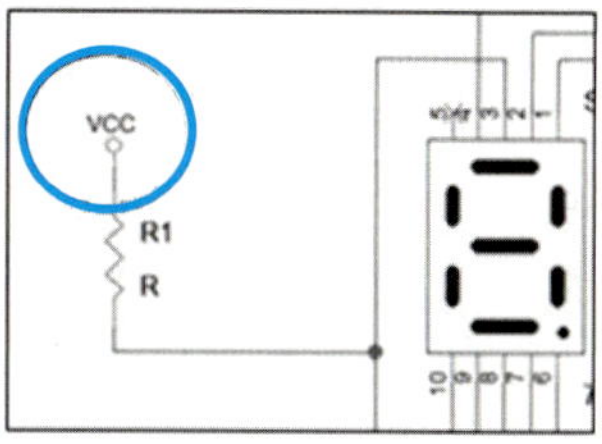

② 이와 같은 방법으로 GND를 배치하기 위해 Place - Ground(단축키 G)를 선택하거나 Tool Palette 아이콘을 클릭한다. Place Ground 창에서 GND를 선택한 후 다음 그림과 같이 배치할 수 있다.

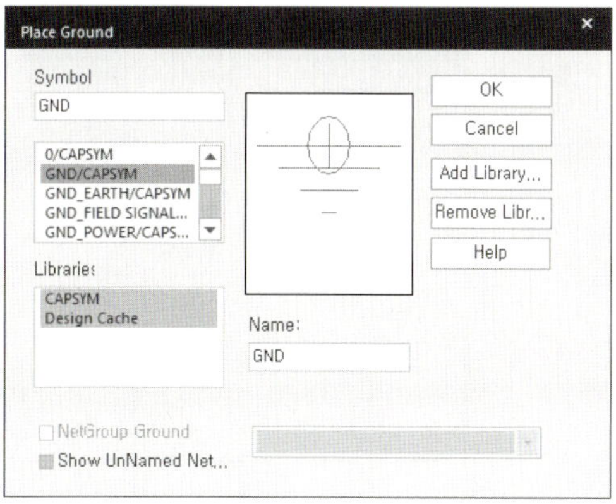

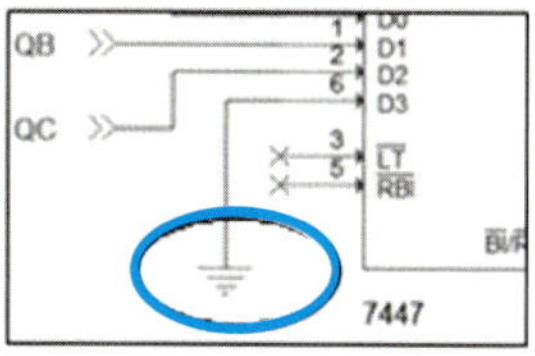

3.3 유틸리티

3.3.1 부품 속성편집

1) 부품 Value 및 Part Reference 편집

① 부품의 부품 값을 선택한 후 마우스 오른쪽 버튼을 클릭한 후 Edit Properties를 실행하거나 또는 부품 값을 더블클릭하여 각 부품 값들을 입력한다.

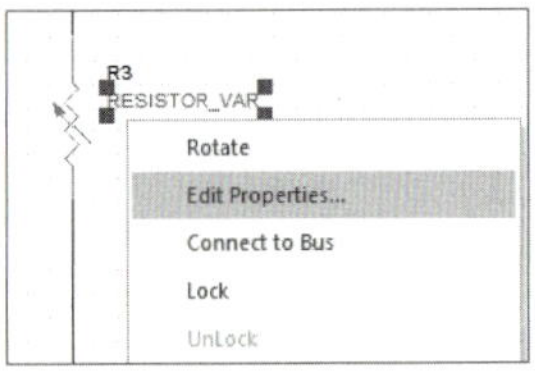

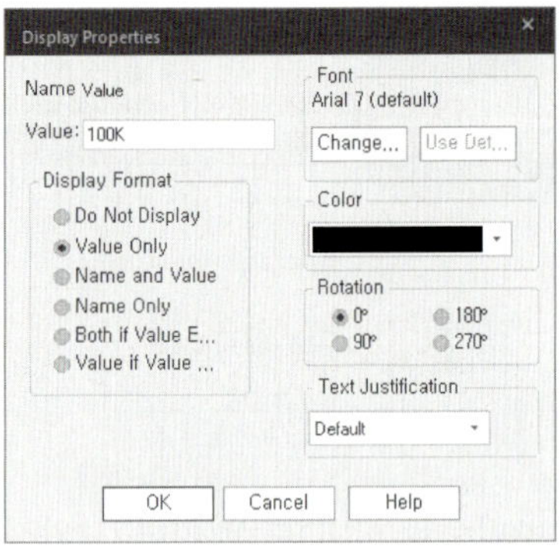

② Part Reference의 경우 추후 Annotate 기능을 사용하여 수정할 수 있으나, 개별적으로 편집을 해야 하는 경우 부품 Value 편집과 동일한 방법으로 수정할 수 있다.

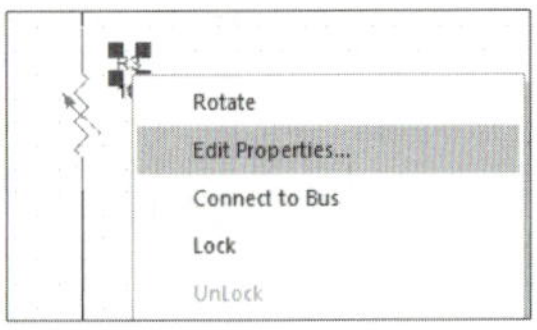

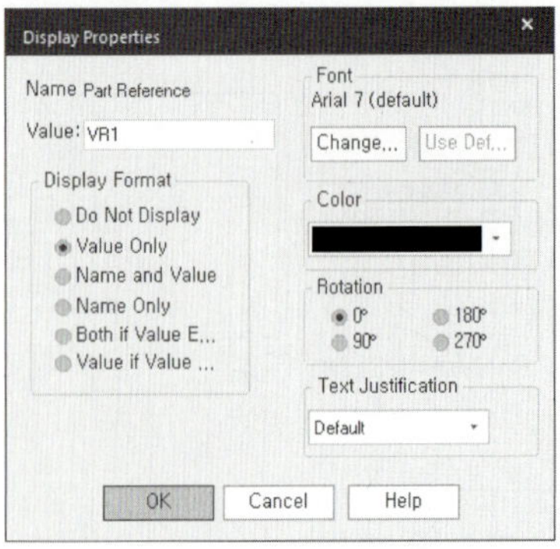

위와 같은 방법으로 부품 Value 및 Part Reference를 수정할 수 있으며, 수정시 부품 Value 및 Part Reference를 반대로 입력하지 않도록 주의한다.

〈수정 예〉

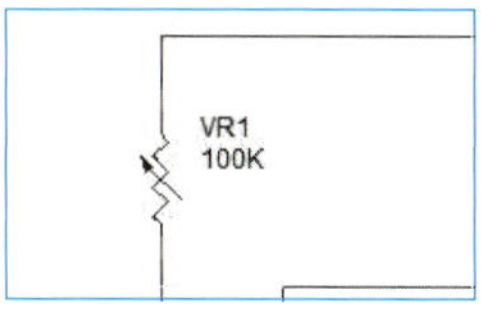

3.3.2 Footprint 제작

1) Package Symbol Wizard를 이용한 Footprint 제작

① PCB를 설계하기 위해서는 회로의 모든 부품에 일치하는 Footprint를 지정해주어야 한다. 여기서는 본 예제에서 만든 부품인 7 Segment Display의 Footprint를 제작한다. 제작할 7 Segment의 Data sheet에 의해 제작할 Footprint 실제치수를 아래와 같이 정한다.

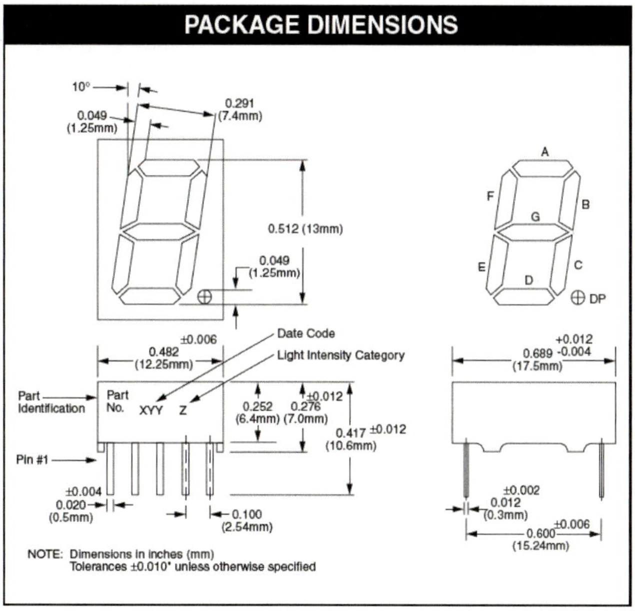

(i) Pin 직경 : 0.5mm(20mil), 기본 0.9mm(35mil)의 padstack 사용

Padstack : Pad65sq35d (1번 핀), Pad65cir35d(2~10번 핀)

(ii) Pin 간격 : 2.54mm(100 mil), Pin 1에서 Pin 5까지 간격 : 15.24mm(600mil)

(iii) 부품의 크기 : 12.25×17.5 (mm)[482×689(mil)]이므로, 제작할 Footprint의 크기는 실제 부품보다 약간 큰 500×700(mil)로 한다.

② PCB Editor 프로그램을 실행한다. 메뉴 바에서 File - New를 선택하여 Drawing Name에 작성할 Footprint명인 7SEG로 입력하고, Drawing Type에 Package symbol Wizard를 선택한 후 Project Directory는 기본경로(C:\Cadence\SPB_17.4 \share\pcb\pcb_lib\symbols)로 설정한 다음 OK 버튼을 클릭한다.

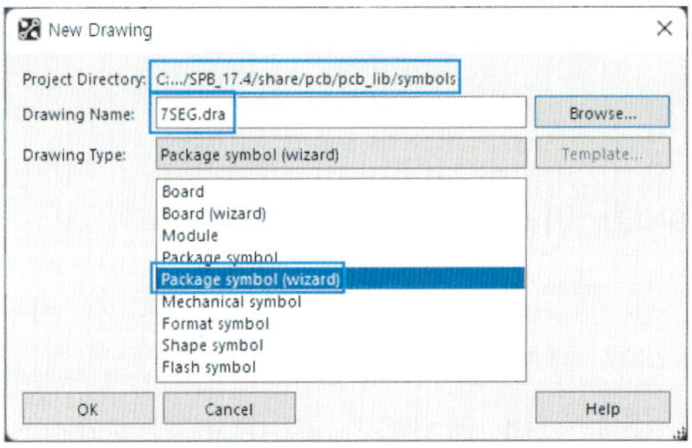

③ 다음과 같이 Package Symbol Wizard가 시작된다. Packge Type에서 Dip으로 설정한 후 Next 버튼을 클릭한다. Default Cadence supplied template 환경을 Load할 수 있게 Load Template를 클릭한 후 Next 버튼을 선택한다.

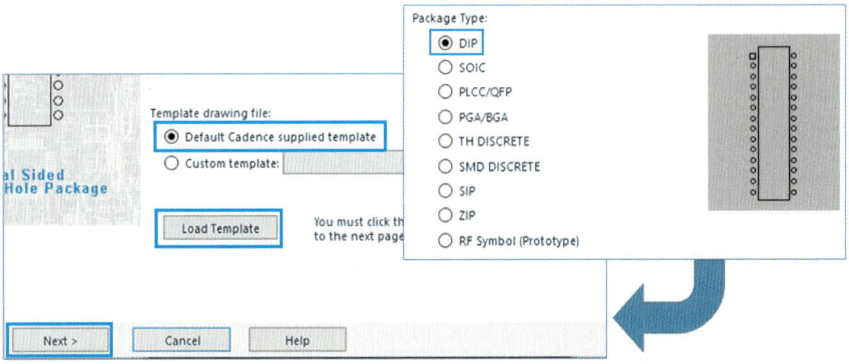

④ 다음 그림과 같이 단위 : Mils / Accuracy : 0 / Reference : 7SEG* 로 설정한 후 Next를 클릭한다. 치수기입창이 뜨면 [N] 10 / [e] 100 / [e1] 600 / [E] 700 / [D] 500을 입력 후 Next 버튼을 클릭한다.

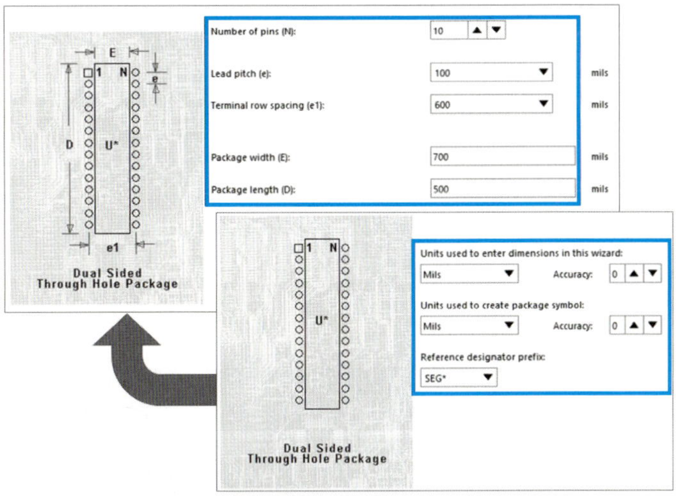

⑤ 기본 Padstack을 설정하기 위해 다음 그림과 같이 Pad65cir35d를 선택한다. 만약 1번 Pin을 다른 Padstack으로 설정할 경우 같은 방법으로 Pad65sq35d Padstack을 불러와서 설정할 수 있으며, 이와 같이 Padstack을 설정 후 Next 버튼을 클릭한다.

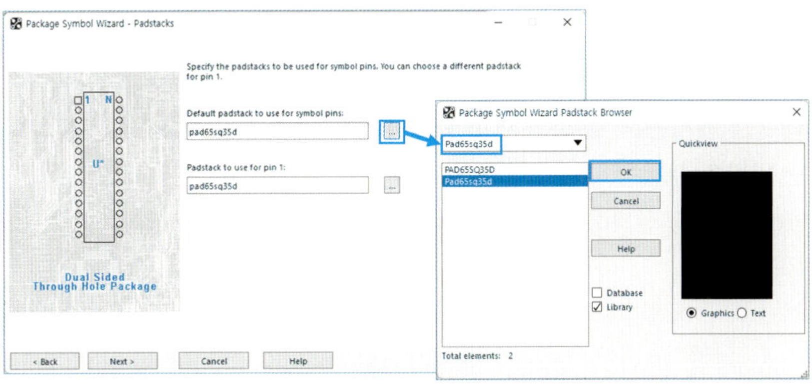

⑥ Padstack 설정 후 Symbol Origin(0, 0) 위치를 Pin1번으로 선택하고 Create a compiled symbol을 선택 후 Next 버튼을 클릭한다. 다음과 같이 7SEG.dra 및 7SEG.psm 파일이 생성된 것을 확인한 후, Finish 버튼을 클릭하여 완성된 Symbol을 확인한다.

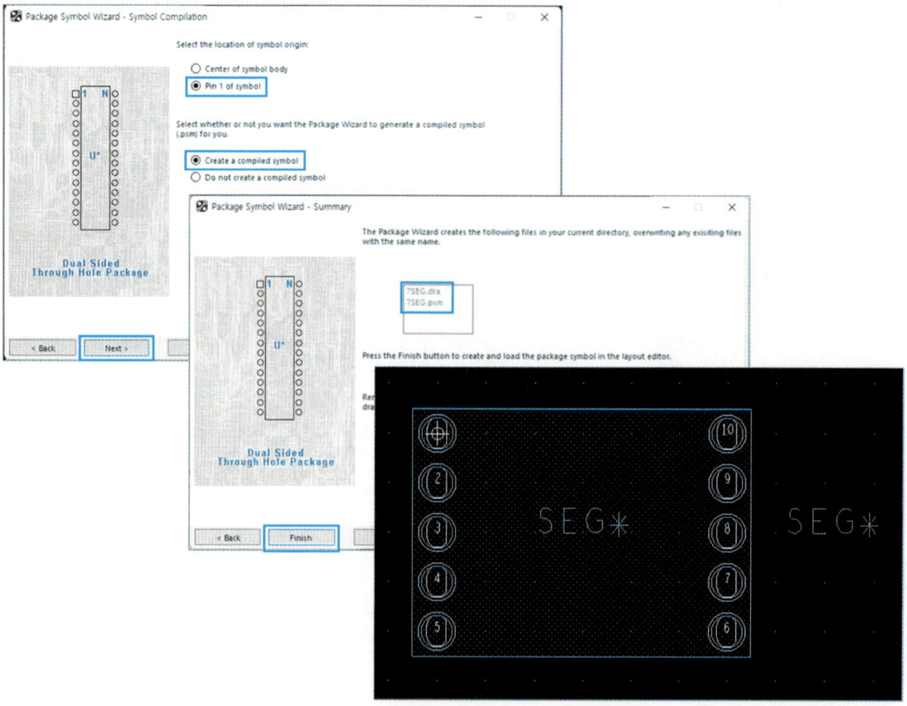

3.3.3 부품 Footprint 입력

① PCB 설계를 위해서는 각 부품의 PCB Footprint를 입력해야 한다. 각 부품의 Footprint를 지정하는 방법은 부품을 더블클릭하거나, 부품을 클릭한 후 마우스 오른쪽 버튼을 클릭 - Edit Properties를 선택하여 아래와 같이 입력한다. Footprint 입력은 대, 소문자 구분 없이 입력한다.

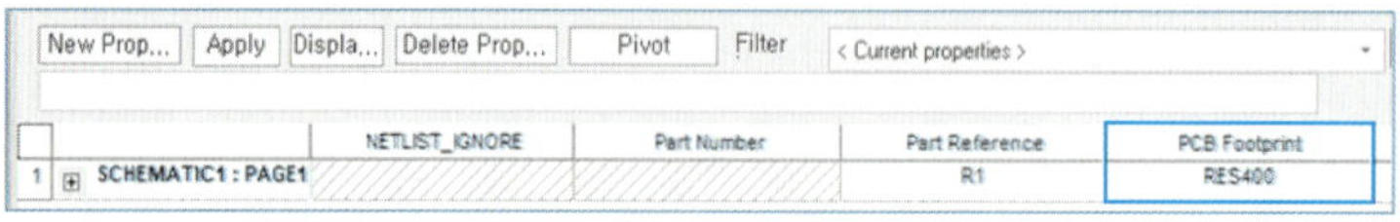

② 작성된 도면에서 모든 부품의 스프레드시트에서 PCB Footprint를 입력하거나 수정할 수 있으며, 아래 그림과 같이 프로젝트 관리자( )에서 Edit - Object Properties를 수행하거나 updown.dsn을 선택, 우클릭하여 Edit Object Properties를 선택하여 부품의 Footprint 값을 입력하거나 수정할 수 있다.

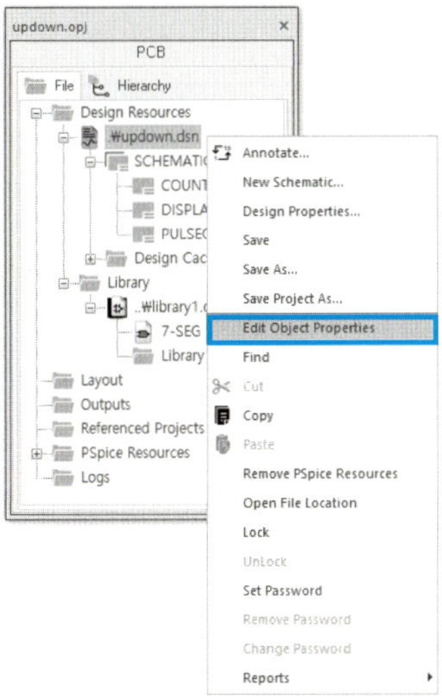

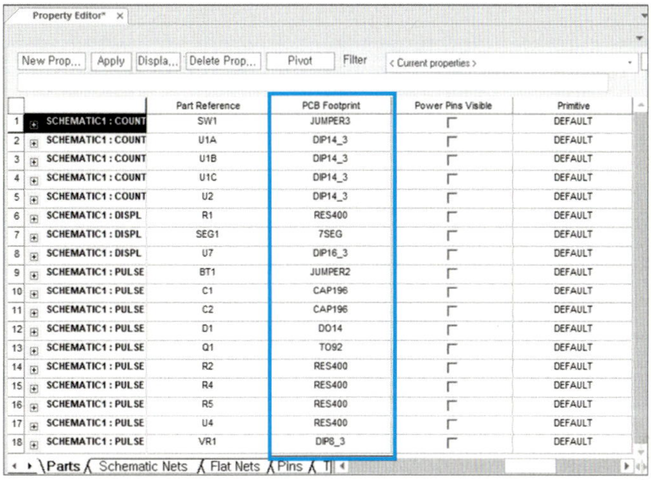

③ 회로에 사용되는 Capture의 부품이름, 부품 값 및 PCB Footprint 값을 아래와 같이 지정한다. 이때 참조번호(R, U, C)는 유틸리티(Annotate)에 의해 일괄적으로 처리할 수 있기 때문에 개별적으로 부여하지 않아도 된다.

〈PULSEGEN Footprint 목록〉

번호	Capture 부품 이름	부품 값	수량	PCB Footprint
1	NE555	NE555	1	**DIP8_3**
2	NPN ECB	2SC945	1	TO92
3	DIODE ZENER	ZD6V	1	DO41
4	RESISTOR VAR 2	100K	1	RES400
5	RESISTOR(또는 R)	1K, 10K, 27K	3	RES400
6	BATTERY	9V	1	JUMPER2
7	CAP NP	0.1uF	1	CAP300
8	CAP POL	4.7uF	1	CAP196

〈DISPLAY Footprint 목록〉

번호	Capture 부품 이름	부품 값	수량	PCB Footprint
1	7447	7447	1	**DIP16_3**
2	7-SEG	7-SEG	1	7SEG(생성)
3	RESISTOR(또는 R)	300	1	RES400

〈COUNTER Footprint 목록〉

번호	Capture 부품 이름	부품 값	수량	PCB Footprint
1	7486	7486	1	DIP14_3
2	7490	7490	1	
3	SW KEY-SPDT	SW	1	JUMPER3

3.3.4 부품참조갱신(Annotate)

① Updown 프로젝트 관리자( )의 Tools 메뉴에서 Annotate를 선택하거나 아이콘을 클릭한다. 먼저 Action 대화상자에서 "Reset part references to ?"를 선택한 후 확인 버튼을 실행하여 모든 Reference의 참조 번호를 ?로 초기화 한다.

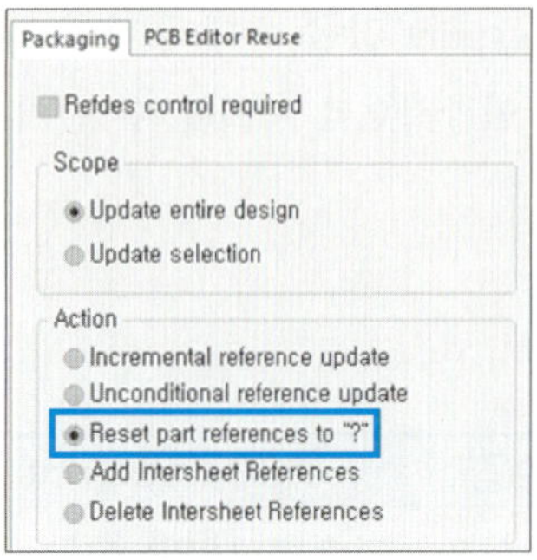

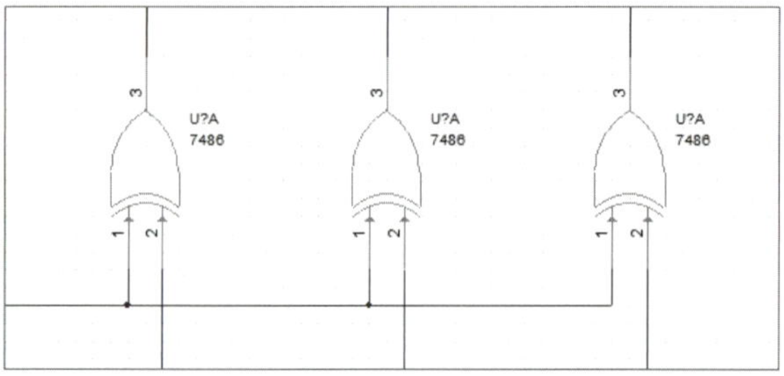

② 초기화된 참조번호를 다시 부여하기 위해 Tools 메뉴에서 Annotate를 선택하거나 아이콘을 클릭한다. 참조범위를 전체로 설정하고, "Incremental reference update"를 클릭하여 부품 참조 번호를 증가하며 갱신한다.

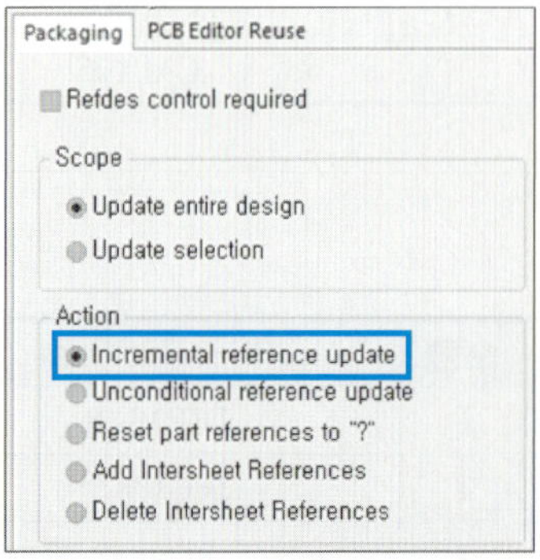

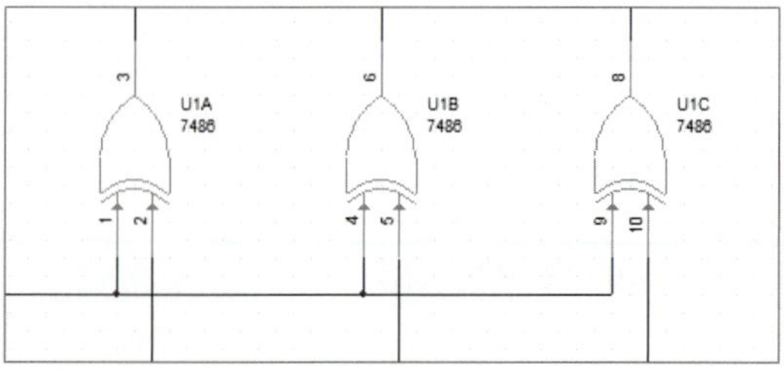

3.3.5 설계규칙검사(Design Rule Check)

① 프로젝트 관리자( )의 PCB 메뉴에서 Design Rule Check를 선택하거나 아이콘을 클릭한다.

② 다음 그림과 같이 Scope에서 모든 도면을 Check하기 위해 Check entire design을 선택한다. Action에서는 Create DRC markers for warnings의 Check box를 선택하여 Error 및 Warnings이 발생할 경우 위치를 표시할 수 있도록 설정한다.

Electrical Rules 및 Physical Rules을 설정한 후 확인 버튼을 클릭하여 설계 규칙 검사를 수행한다.

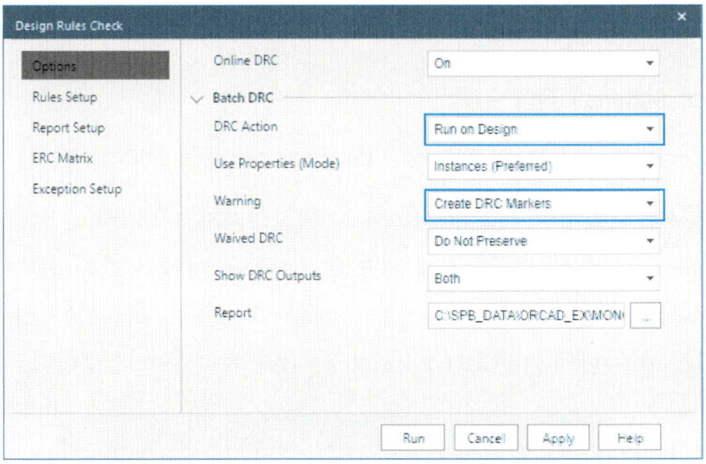

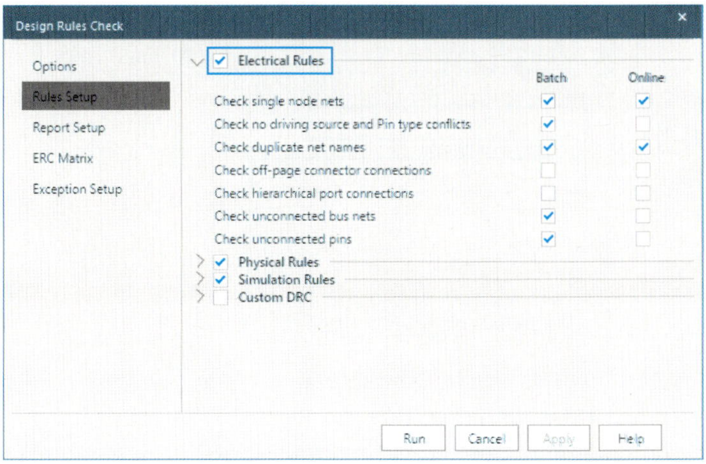

③ Design Rule Check 수행 결과는 메뉴 Window – DRCs 창 혹은 Session Log 창에서 확인할 수 있다.

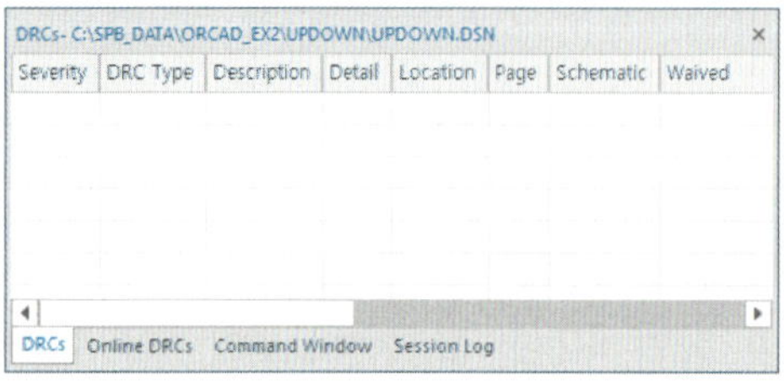

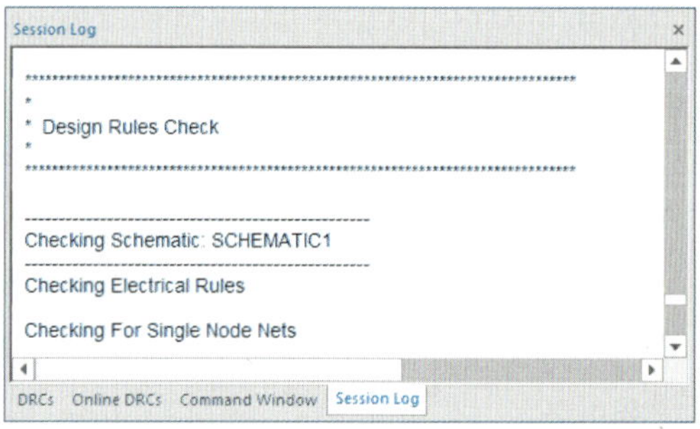

3.3.6 레포트(Report) 작성

1) BOM(Bill of Material) 작성

① 프로젝트 관리자( )의 Tools 메뉴에서 Bill of Materials를 선택하거나 툴 파렛트에서 BOM 아이콘( )을 클릭하면 Bill of Materials 대화상자가 나타난다.

② Bill of Materials에 있는 대화상자에 필요한 옵션들을 아래와 같이 선택한 후 확인버튼을 눌러 실행한다. 부품목록에 PCB Footprint를 추가하기 위해서는 Header란에 /tPCB Footprint를, string란에 /t{PCB Footprint}를 각각 추가하여 실행한다.

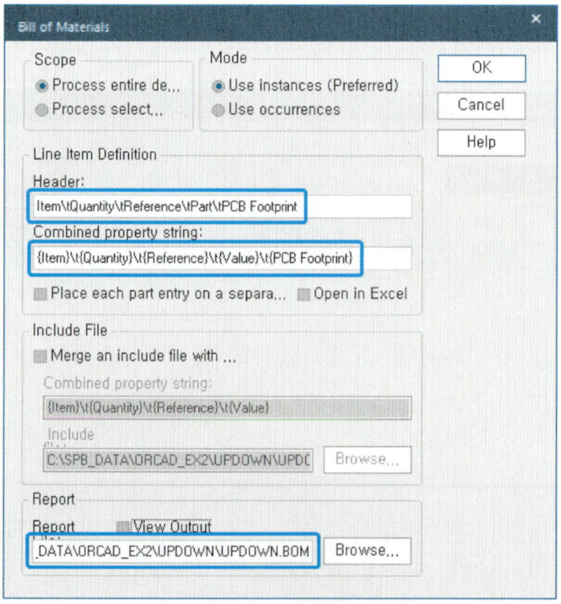

③ 생성된 BOM 파일(updown.bom)을 열어서, 도면에 사용된 부품의 속성, 항목, 수량, 참조번호 및 부품의 값, PCB Footprint 등을 확인해 본다.

```
Bill Of Materials       February 20,2017       20:42:50   Page1

Item     Quantity    Reference    Part     PCB Footprint
_______________________________________________________

1    1    BT1 9V   JUMPER2
2    1    C1  0.1uF    CAP196
3    1    C2  4.7uF    CAP196
4    1    D1  ZD6V     DO14
5    1    Q1  2SC945   TO92
6    1    R1  300 RES400
7    1    R2  1K  RES400
8    1    R3  100K     RES400
9    1    R4  10K RES400
10   1    R5  27K RES400
11   1    SEG1     7_SEG    7SEG
12   1    SW1 SW KEY-SPDT JUMPER3
13   1    U1  7486     DIP14_3
14   1    U2  7490     DIP14_3
15   1    U3  7447     DIP16_3
16   1    U4  NE555    DIP8_3
```

2) Cross reference 작성

① 프로젝트 관리자( )의 Tools 메뉴에서 Cross Reference를 선택하거나 툴 파렛트에서 ( )를 클릭하면, Cross Reference 대화상자가 나타난다.

② 대화상자에 필요한 옵션들을 아래처럼 선택한 후 확인버튼을 눌러 실행한다.

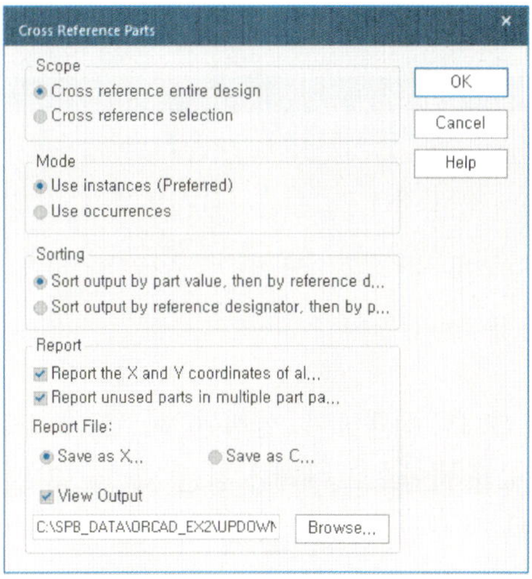

③ 생성된 Cross Reference 파일(updown.xrf)을 열어서, 모든 부품의 부품 참조번호, 부품값 및 각 부품의 좌표 값 등을 확인해 본다.

```
Revised: Monday, February 20, 2017
         Revision:

esign Name:  C:₩SPB_DATA₩ORCAD_EX2₩UPDOWN.DSN

ross Reference          February 20,2017      20:48:43  Page1

tem    Part     Reference         SchematicName    Sheet   Library X         Y
-------------------------------------------------------------------------------

       0.1uF    C1       SCHEMATIC1/PULSEGEN    3      C:₩PROGRAM1₩ORCAD10₩TOOLS₩CAPTURE₩LIBRARY₩DISCRETE.OLB   4.10    4.40
       1K       R2       SCHEMATIC1/PULSEGEN    3      C:₩PROGRAM1₩ORCAD10₩TOOLS₩CAPTURE₩LIBRARY₩DISCRETE.OLB   2.60    1.40
       2SC945   Q1       SCHEMATIC1/PULSEGEN    3      C:₩PROGRAM1₩ORCAD10₩TOOLS₩CAPTURE₩LIBRARY₩TRANSISTOR.OLB         3.20    1.30
       4.7uF    C2       SCHEMATIC1/PULSEGEN    3      C:₩PROGRAM1₩ORCAD10₩TOOLS₩CAPTURE₩LIBRARY₩DISCRETE.OLB   1.90    4.60
       7_SEG    SEG1     SCHEMATIC1/DISPLAY     2      C:₩ORCAD_EX3₩LIBRARY1.OLB        3.40     1.20
       9V       BT1      SCHEMATIC1/PULSEGEN    3      C:₩PROGRAM1₩ORCAD10₩TOOLS₩CAPTURE₩LIBRARY₩DISCRETE.OLB   1.90    1.40
       10K      R4       SCHEMATIC1/PULSEGEN    3      C:₩PROGRAM1₩ORCAD10₩TOOLS₩CAPTURE₩LIBRARY₩DISCRETE.OLB   1.90    3.60
       27K      R5       SCHEMATIC1/PULSEGEN    3      C:₩PROGRAM1₩ORCAD10₩TOOLS₩CAPTURE₩LIBRARY₩DISCRETE.OLB   1.90    4.10
       100K     R3       SCHEMATIC1/PULSEGEN    3      C:₩PROGRAM1₩ORCAD10₩TOOLS₩CAPTURE₩LIBRARY₩DISCRETE.OLB   1.90    2.80
0      300      R1       SCHEMATIC1/DISPLAY     2      C:₩PROGRAM1₩ORCAD10₩TOOLS₩CAPTURE₩LIBRARY₩DISCRETE.OLB   2.70    1.40
1      7447     U3       SCHEMATIC1/DISPLAY     2      C:₩PROGRAM1₩ORCAD10₩TOOLS₩CAPTURE₩LIBRARY₩MUXDECODER.OLB         3.10    2.70
2      7486     U1A      SCHEMATIC1/COUNTER     1      C:₩PROGRAM1₩ORCAD10₩TOOLS₩CAPTURE₩LIBRARY₩GATE.OLB       4.00    1.80
3      7486     U1B      SCHEMATIC1/COUNTER     1      C:₩PROGRAM1₩ORCAD10₩TOOLS₩CAPTURE₩LIBRARY₩GATE.OLB       5.00    1.80
4      7486     U1C      SCHEMATIC1/COUNTER     1      C:₩PROGRAM1₩ORCAD10₩TOOLS₩CAPTURE₩LIBRARY₩GATE.OLB       6.00    1.80
5      7490     U2       SCHEMATIC1/COUNTER     1      C:₩ORCAD₩ORCAD_16.2₩TOOLS₩CAPTURE₩LIBRARY₩COUNTER.OLB    4.90    3.80
6      NE555    U4       SCHEMATIC1/PULSEGEN    3      C:₩PROGRAM1₩ORCAD10₩TOOLS₩CAPTURE₩LIBRARY₩MISCLINEAR.OLB         3.20    3.30
7      SW KEY-SPDT       SW1      SCHEMATIC1/COUNTER   1       C:₩ORCAD_EX3₩UPDOWN.DSN  3.20     2.70
8      ZD6V     D1       SCHEMATIC1/PULSEGEN    3      C:₩PROGRAM1₩ORCAD10₩TOOLS₩CAPTURE₩LIBRARY₩DISCRETE.OLB   3.20    1.90
```

3.3.7 네트리스트(Netlist) 작성 및 PCB Editor 실행

1) Board 파일 작성

① 프로젝트 관리자( )의 PCB 메뉴에서 New Layout을 선택하여 New Layout 대화상자를 활성화 한다.

② 이 대화상자에서 PCB Layout Folder, Input Board File, Board 항목을 설정한다.

PCB Layout Folder : Netlist 파일의 경로 설정
Input Board File : 환경이 설정된 보드 파일이나 수정할 보드 파일을 입력
Board : 작업할 경로와 보드 파일을 설정

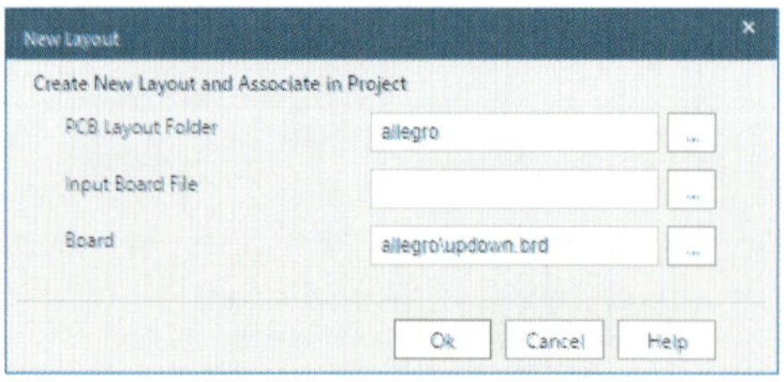

③ 각 항목을 설정 후 OK를 선택하여 설계된 회로도와 PCB Footprint, 설정된 속성값을 바탕으로 아래와 같은 Netlist 및 PCB Board 파일이 생성된다.

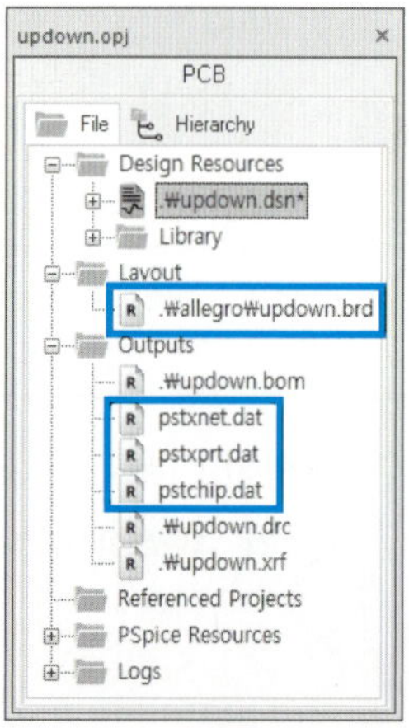

pstxprt.dat : 부품관련 정보
pstxnet.dat : 부품간 Net 연결 등 관련 정보
pstchip.dat : 부품 Footprint 등 관련정보

④ Netlist가 정상적으로 에러없이 생성되면, 아래와 같이 PCB Editor가 실행되고, Netlist와 Footprint 정보가 PCB Editor로 전달된다. 또한 PCB 설계가 저장되는 *.brd(board) 확장자를 가진 updown.brd라는 보드파일이 생성된다. Capture의 모든 프로젝트를 저장한다.

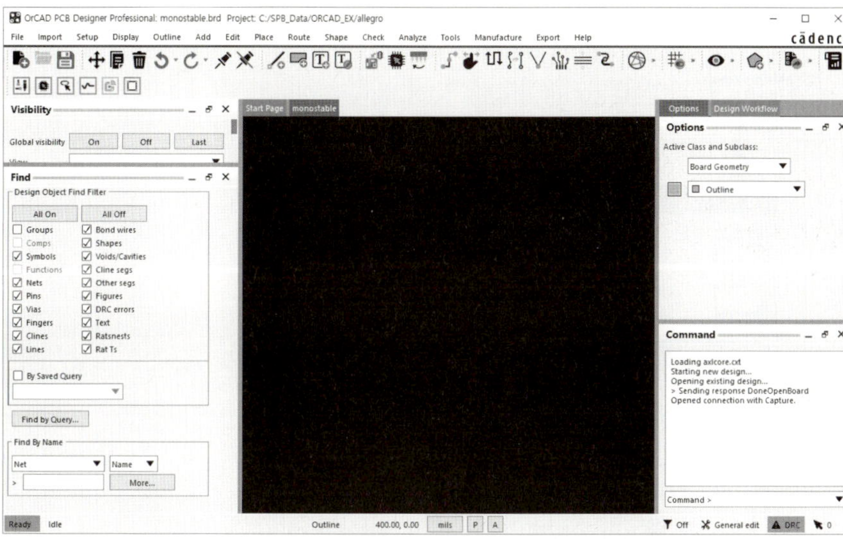

2) Netlist 생성시 발생하는 Pin Count Error 처리

① Netlist 생성시 Capture에서 사용한 부품의 실제 Pin 수와 PCB Editor의 Package Symbol (즉, Footprint)의 Pin수, Pin이름 등이 불일치하면, 다음과 같은 error 메시지가 발생하게 된다. Error가 발생되면 수정한 후 Netlist 명령을 다시 반복하여 작업한다. Warning 메시지는 설계에 큰 영향을 미치지 않으므로 그대로 작업하여도 된다.

② 본 예제에서 14pin counter 7490에 Package Symbol로 14핀인 DIP14_3을 지정하였다. 그러나 Capture에서 마우스를 클릭하여 7490의 속성을 살펴보면, 4번 Pin과 13번 Pin이 누락된 것을 확인할 수 있다. 즉, 이 2개의 핀이 불일치로 Error가 발생된 것이다. (단, 5번, 10번 핀은 각각 Vcc, Gnd핀임)

```
------ Oversights/Warnings/Errors ------

#1  WARNING(SPMHNI-192): Device/Symbol check warning detected. [help]
ERROR(SPMHNI-196): Symbol 'DIP14_3' for device '7490_DIP14_3_7490' has extra pin '4'.
ERROR(SPMHNI-196): Symbol 'DIP14_3' for device '7490_DIP14_3_7490' has extra pin '13'.
```

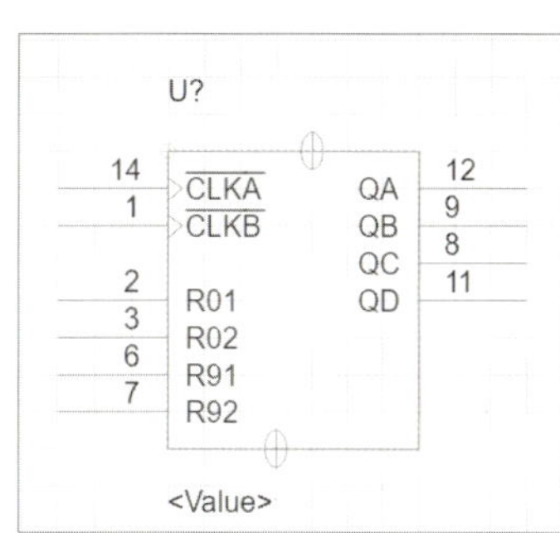

③ Capture의 회로도에서 7490을 더블클릭하여 속성창을 연다. New Property을 선택하여 아래와 같이 NC Column을 만들어 Pin 번호 4, 13을 써 넣고, Apply를 누른다. 아래와 같이 7490 부품의 미사용 4번과 13번이 부품의 속성에 나타난 것을 확인할 수 있다.

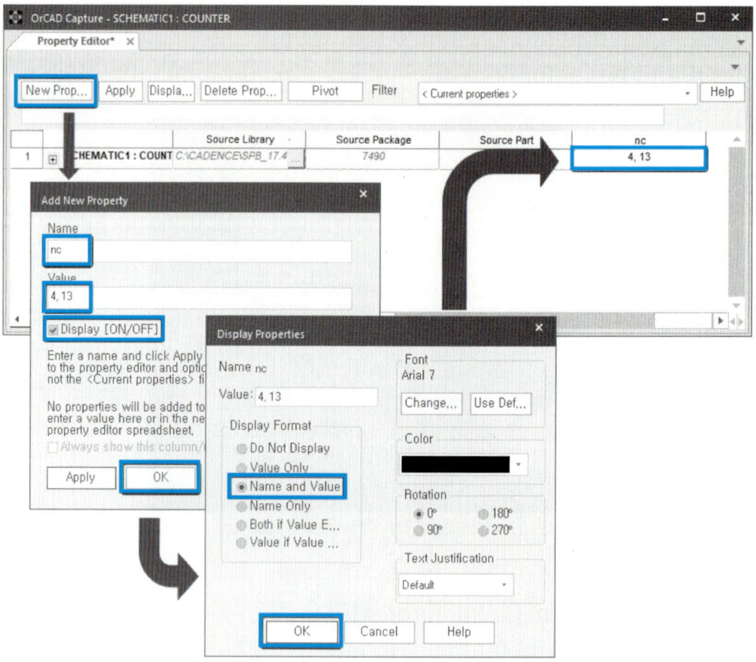

④ Schematic - Edit Object Properties을 수행하여, 7490 확인한다.

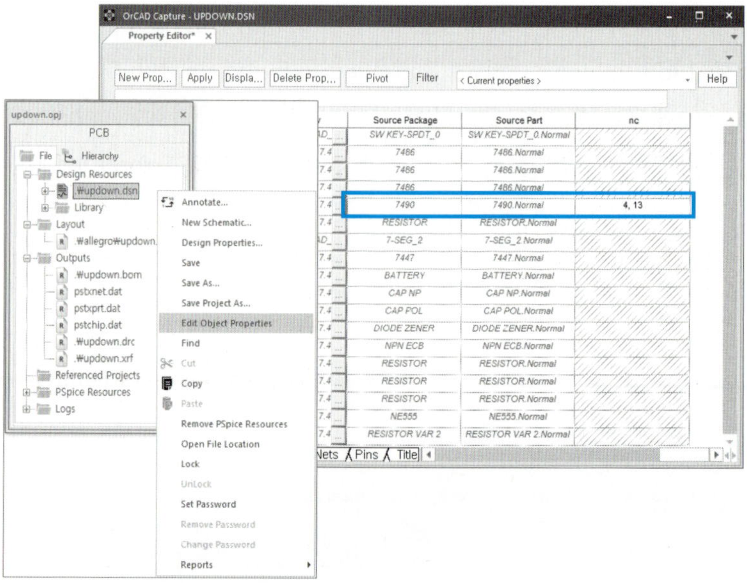

④ 핀에러를 수정하는 다른 방법은 7490 부품을 편집해서, 4핀, 13핀을 추가하여, 변경된 부품을 이용하여 회로도를 작성하면 핀 불일치 문제를 해결할 수도 있다. Netlist 명령을 다시 수행하여 PCB 설계작업을 계속한다.

3.3.8 Design Sync

① 프로젝트 관리자( )의 PCB 메뉴에서 Update Layout을 선택하면 Update Layout 대화상자가 나타난다. 이 Update Layout 메뉴에서 회로도 데이터와 PCB 데이터를 비교하고 동기화하는 작업을 수행한다.

② Update Layout 대화상자가 나타면서, 회로도와 PCB Board간 어떠한 차이가 있는지 비교한 결과를 출력하며, 확인하여 Sync 선택할 경우 변경된 부분이 Board 데이터에 업데이트 되게 된다.

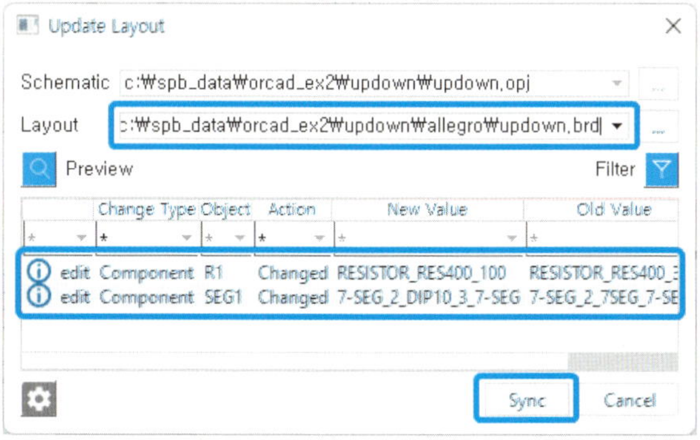

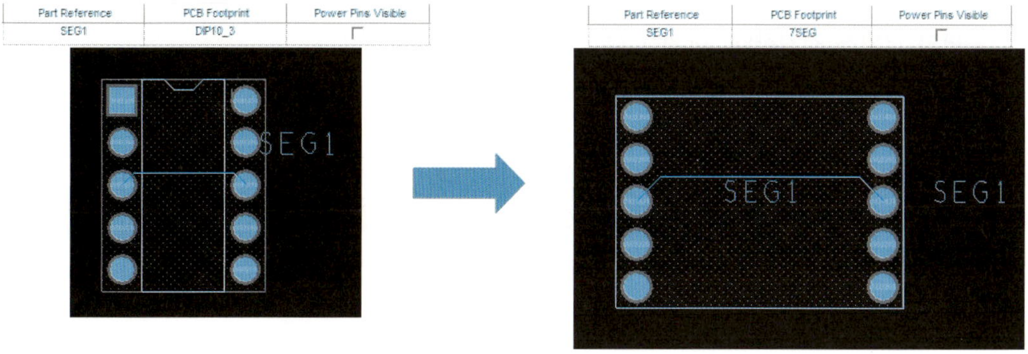

3.4 PCB 설계보드 설정

3.4.1 기본환경설정

① PCB Editor의 메뉴 Setup - Design Parameters를 선택한다.

② Display 탭에서는 화면에 표시되는 정보들의 크기 및 핀 정보들을 설정하는데, 여기서는 기본 값으로 설정한다. 사용하기로 한다. Grid는 on으로 설정한다.

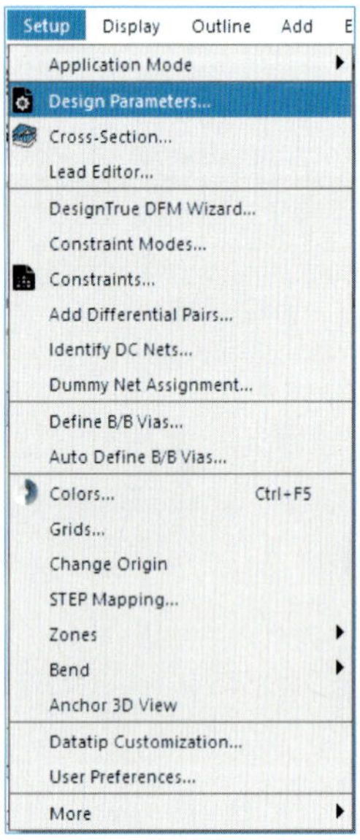

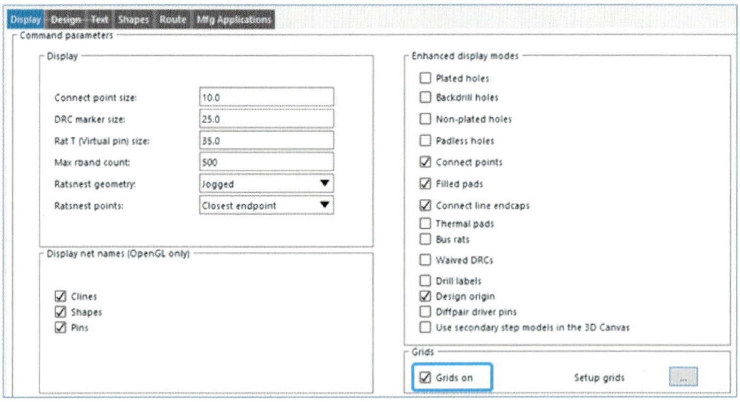

③ Setup - Design Parameters - Design 탭을 도면의 크기를 결정한다. 단위는 Mils, 도면 크기는 A, 소수점 이하 2자리까지 표현하도록 accuracy는 2로 지정한다. 화면의 왼쪽하단 모서리 점의 좌표를 (-2000, -2000)으로 설정되도록 Left X : -2000, Lower Y : -2000으로 Width와 Height를 다음 그림과 같이 설정한다.

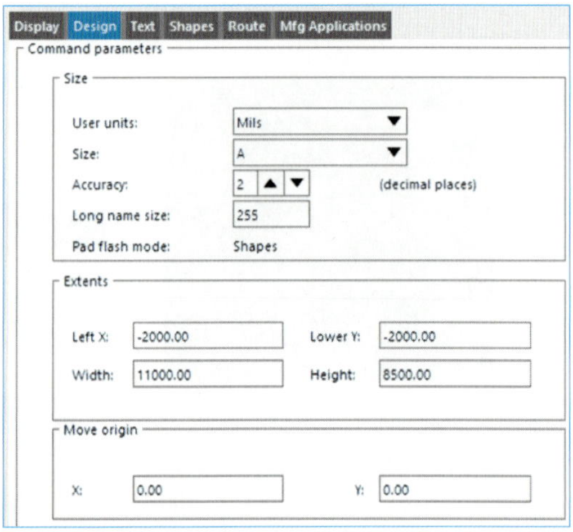

④ Setup - Grids에서 설계할 보드의 Grid를 아래와 같이 기본 값으로 설정한다.

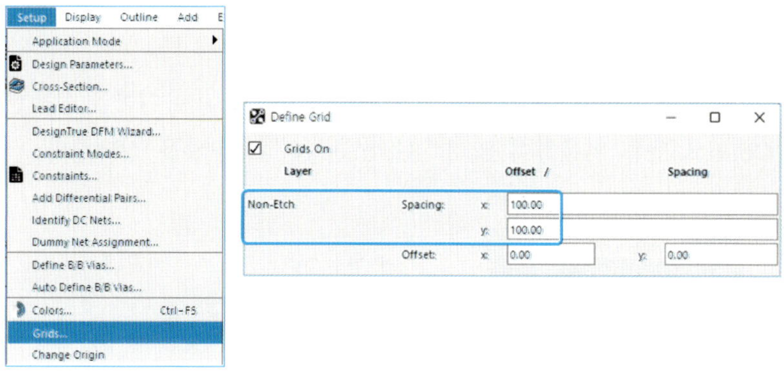

Non-Etch : 100mil로 설정. 전기적인 속성이 없는 모든 도면작업에 사용되는 그리드. 모든 Layer에 공통적으로 등간격의 Gird 사용

All Etch : 100mil로 설정. 전기적인 속성이 있는 도면 작업을 위한 Grid. 자동배치/배선, 대화식 배선 시 사용되는 Grid. 모든 Layer에 동시 적용

Top/Bottom : 해당 Layer에 각각 Grid 사용

⑤ 메뉴바에서 Setup - Cross-section 탭을 누르거나 Xsection 아이콘( )을 선택하여 설계할 PCB의 Layer(층)을 설정한다. 여기서는 기본 값으로 설정되어 있는 2층을 이용한다.

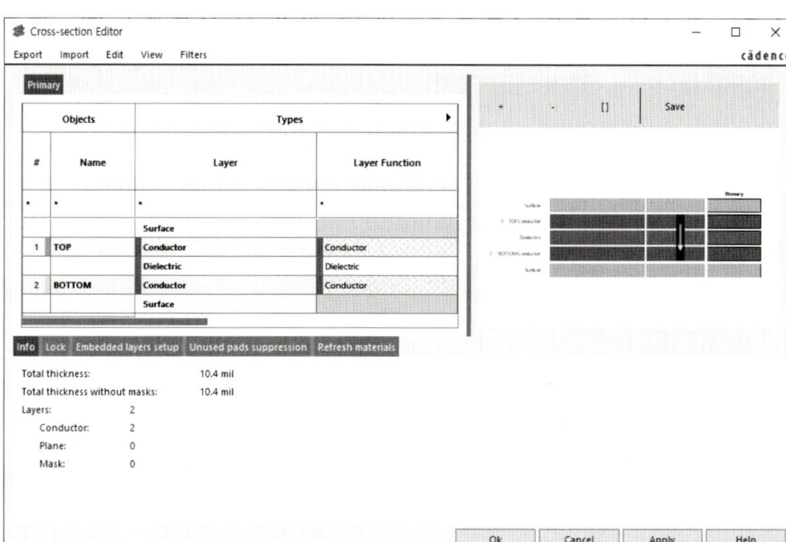

3.4.2 보드외곽선(Board Outline) 설정

본 예제에서는 다음의 보드를 사용하기로 한다.

① 메뉴 바에서 Shape – Polygon( )을 선택하거나 Add Line 아이콘을 선택한다. Control Panel의 Options 탭을 이용하여 Board Geometry와 Outline을 선택한다.

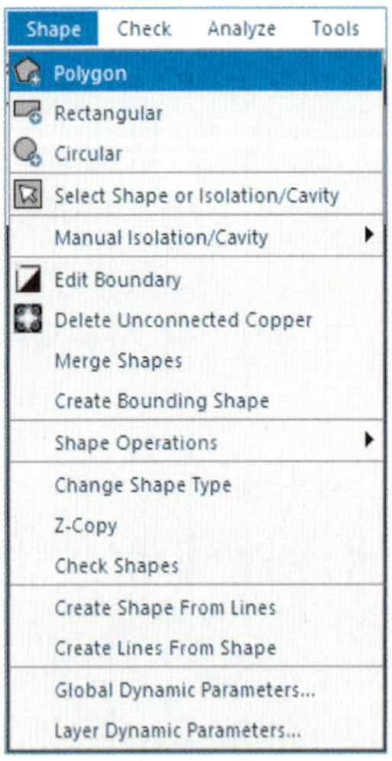

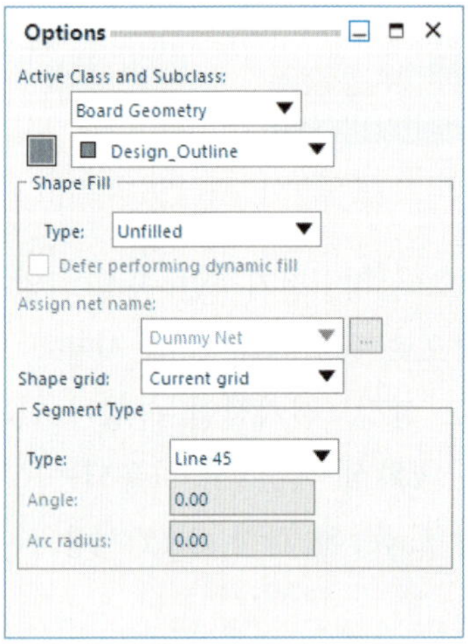

② 아래와 같은 Board outline을 작성하기 위해 화면 하단의 Command 창에 다음과 같이 입력한 후 F6 또는 우클릭(RMB, Right Mouse Button)을 눌러 Done을 선택한다.

x –1000, 0 Enter↵ (절대좌표 입력)
ix 850 Enter↵ (현재위치에서 +x방향으로 850mil 만큼 그린다)
iy –200 Enter↵ (현재위치에서 –y방향으로 200mil 만큼 그린다.)
ix 4100 Enter↵ (+x 방향으로 4100mil)
iy 4500 Enter↵ (+y 방향으로 4500mil)
ix –4100 Enter↵ (-x 방향으로 4100mil)
iy –200 Enter↵ (-y 방향으로 200mil)
ix –850 Enter↵ (-x 방향으로 850mil)
iy –4100 Enter↵ (-y 방향으로 4100mil)
ix 10

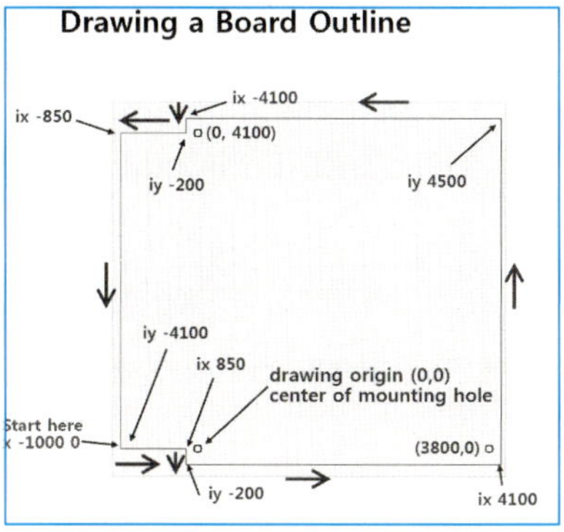

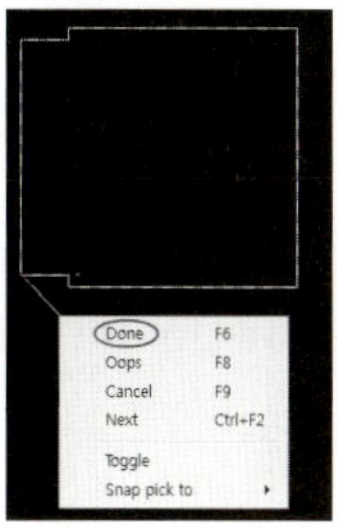

③ 부품배치 가능영역인 Package Keepin 영역을 지정하기 위해, 메뉴바에서 Shape - Zcopy를 선택한다. Options 탭을 이용하여 Package Keepin을 선택한 후, Offset 값을 70으로 설정한다. 마우스를 이용하여 Board Outline한 점을 선택하면 Package Keepin 경계선이 만들어진다.

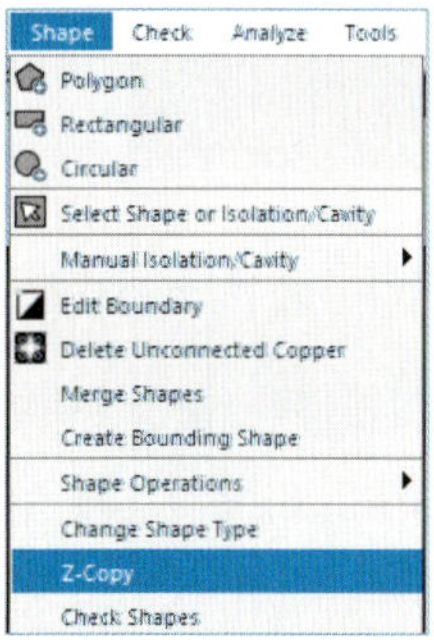

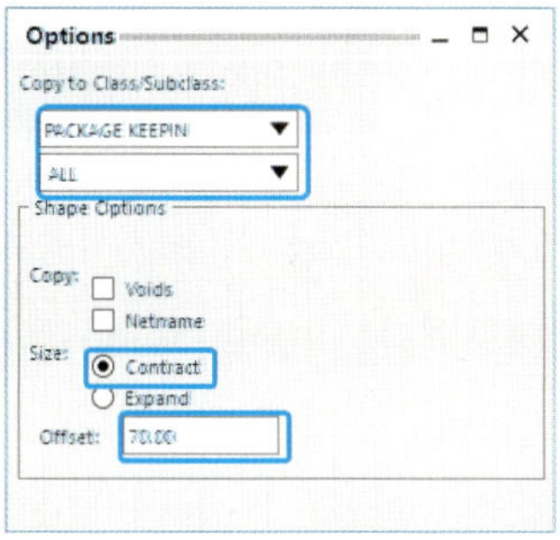

④ 같은 방법으로 Route Keepin을 설정한다. 메뉴 바에서 Outline - Zcopy를 선택한다. Options 탭을 이용하여 Route Keepin을 선택한 후, Offset 값을 50으로 설정한다. 마우스를 이용하여 Board Outline의 한 point를 선택하면 Route Keepin 영역이 아래와 같이 설정된다. RMB의 Done을 선택한다.

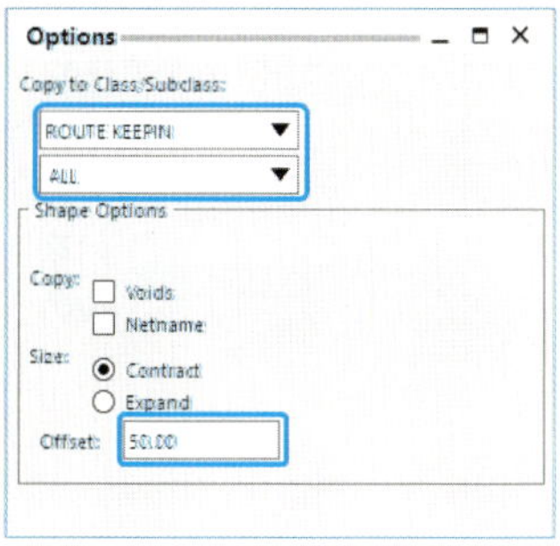

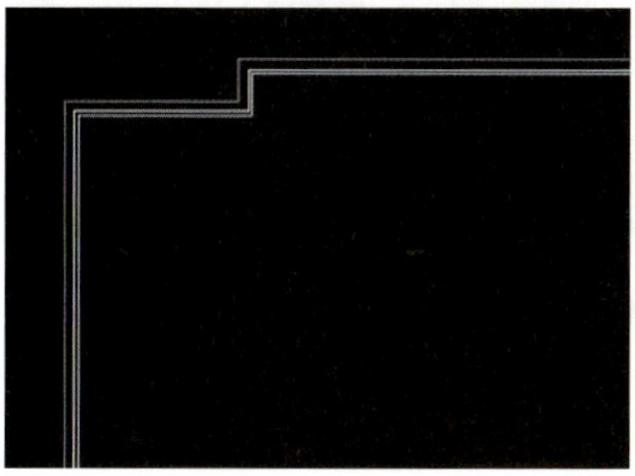

⑤ 이 밖에 특정부품을 배치할 수 있도록 설정하는 Place Room, 특정 Package, Route, Wire, Via 등을 금지하도록 하는 Keepout 영역도 같은 방법으로 설정할 수 있다.

⑥ Dimension을 작성하기 위해 메뉴에서 Manufacture - Dimension Environment 선택하거나 Dimension Linear을 선택한다. 길이를 표시하고자 하는 두 지점을 클릭한 후 표기하고자 지점으로 마우스를 이동하여 더블 클릭한다. Dimension을 지울 때 Manufacture - Dimension Environment 선택하여 우클릭(RMB) 후에 Delete Dimension을 선택하고 지울 Dimension을 클릭하면 삭제된다.

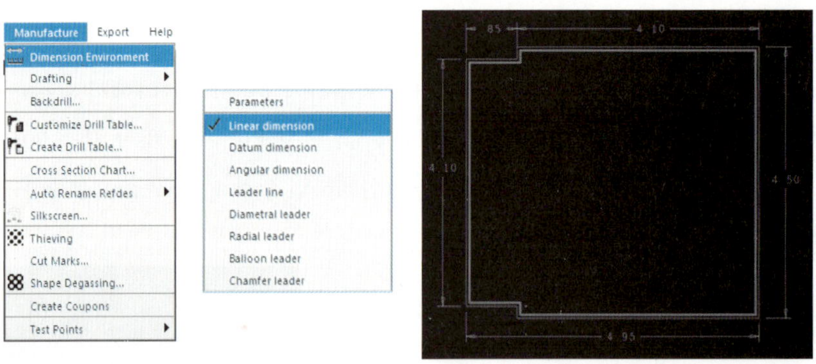

⑦ 기구홀을 삽입하기 위해 Place - Mechanical Symbol을 사용하거나, 메뉴 바에서 Place - Components Manually 탭을 선택하거나, Place Manual 아이콘( )을 선택한 후 Advanced Setting 탭으로 이동한 후 Library 박스를 체크한다. 다시 Placement List 탭으로 이동한 후 Mechanical Symbol의 MTG125를 체크하고, Hide를 선택하여 직접 PCB의 원하는 위치에 기구홀을 배치한다. 기구 홀을 선택한 후 Command 창에 각각 다음의 좌표를 입력시켜 배치한다.

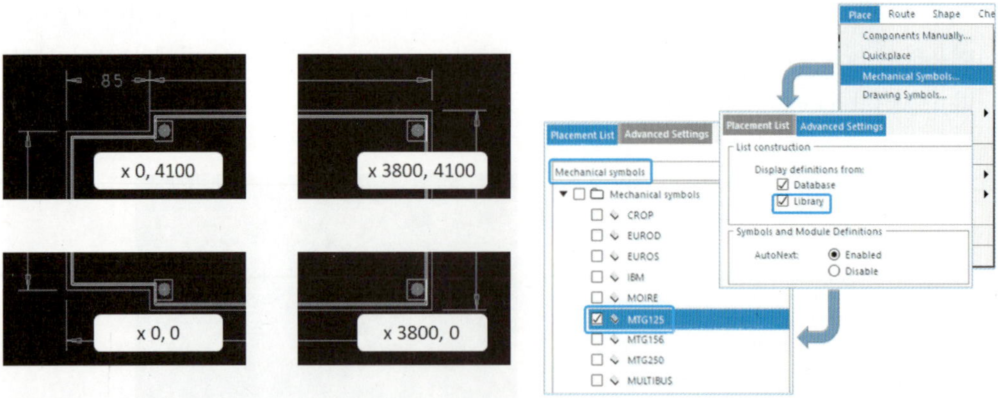

3.4.3 Constraints 설정

① 부품 혹은 패턴간의 이격(Spacing), 배선폭 등의 설정을 위해서, Setup - Constraints - Physical을 선택하거나 아이콘( )을 선택 실행한다.

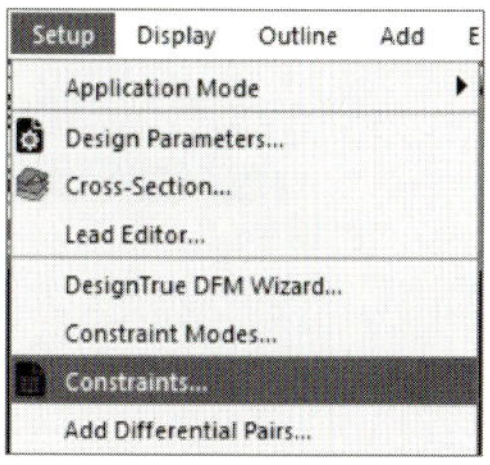

② 열린 화면 Physical Constraint Set에서 All Layer를 선택한 후, Line Width의 Default 값을 기본 값 5mil을 12mil로 수정한다. 이 밖에 변경하고자 값들을 수정하고, 특정 값으로 수정하지 않으면 기본 값으로 설정된다.

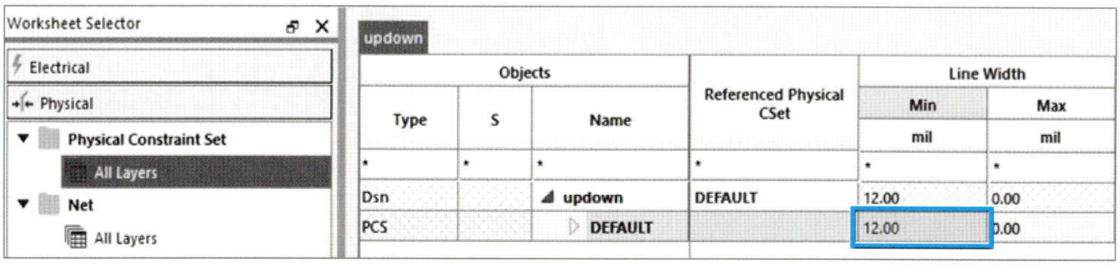

③ 전체 배선폭을 지정한 후 VCC, GND 같은 전원라인이나 중요한 net 등과 같이 패턴의 폭을 아래와 같이 별도로 net 별로 지정할 수 있다.

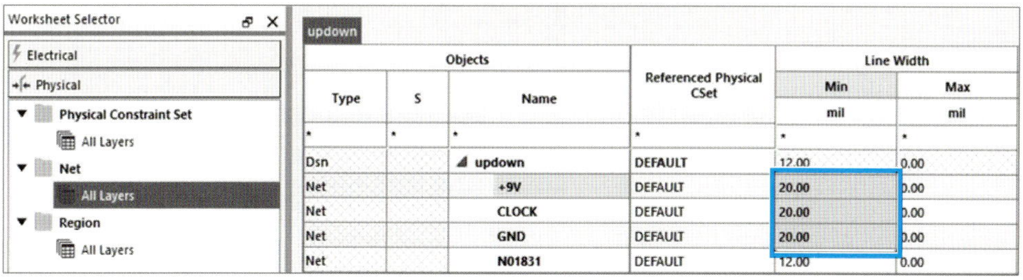

④ PCB의 각층 내에서 부품이나 주요 아이템간의 이격거리를 정해주는 Spacing Constraint는 왼쪽창에 있는 Spacing을 선택하여 수행한다. 여기서는 line : 10mil, Thru pin: 10mil 등으로 지정하고, 같은 방법으로 Default 값을 수정하여 원하는 곳의 배선 폭을 변경한 후 Constraint Manager 창을 닫는다.

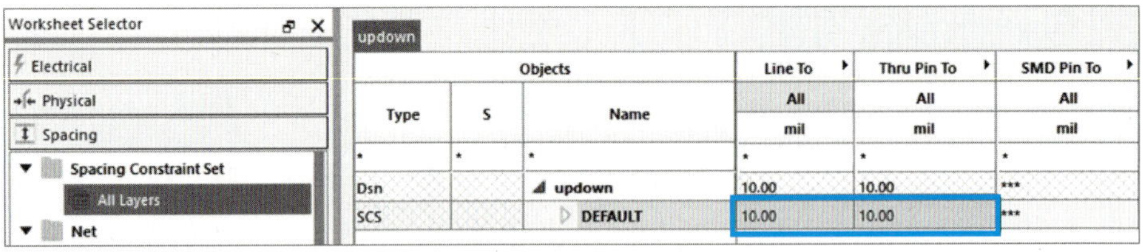

3.5 부품배치(Part Placement)

① 메뉴 바의 Place - Component Manually를 선택하거나 Place Manual 아이콘( )을 선택한다. Components by refdes를 선택하고, 배치하고자 하는 부품을 선택한 후, Hide를 누르면 창이 닫히면서 화면에 나타난 부품을 보드 내에 적당히 배치시킨다.

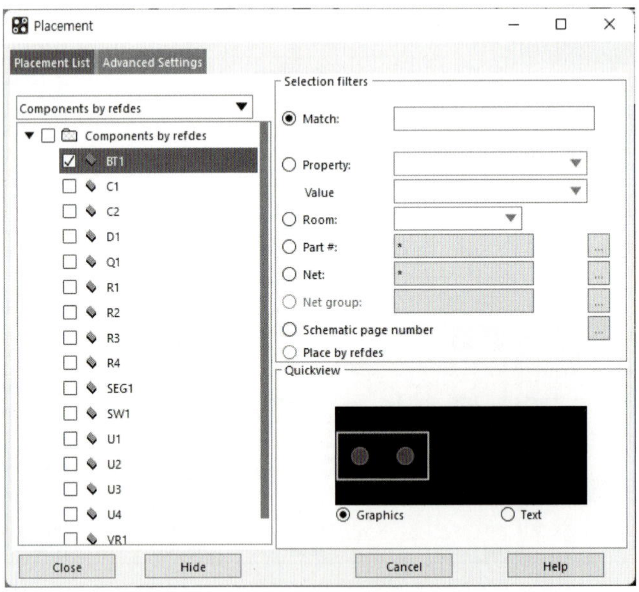

② 메뉴바의 Display - Blank Rats - All 또는 Blank Rats All 아이콘( ) 또는 Rats all 아이콘( )을 선택하여, 모든 Ratsnest를 화면에 보이지 않거나 보이게 할 수 있다.

③ 부품(Package Symbol)의 이동, 복사 등 명령을 적용할 경우 해당 명령어와 우측 Control Panel의 Find에서 필요한 항목을 선택하고, 선택된 항목에 대해서만 명령어가 수행되도록 설정한다. 아래는 부품의 배치가 완료되고, Ratsnest를 나타낸 상태이다.

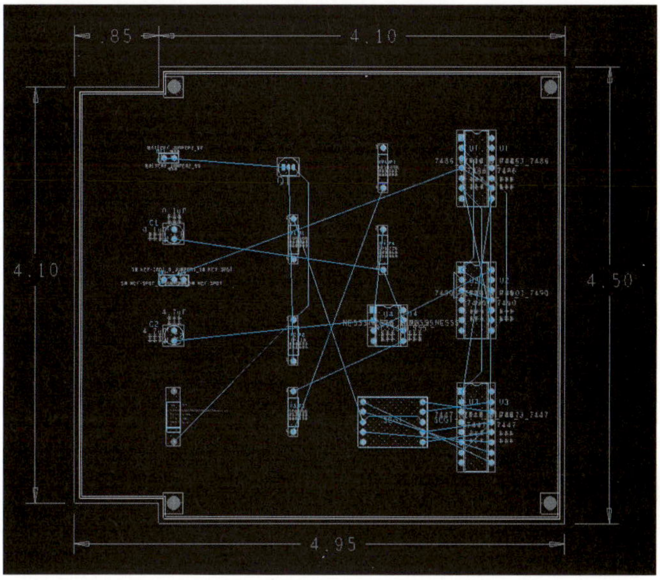

3.6 Color Setting

① 메뉴바에서 Setup - Color 또는 Color192 아이콘( )을 선택하여 필요한 Layer만 Color를 설정한다. Color Dialog 화면이 열리면 다음과 같이 Global Visibility를 Off시킨다.

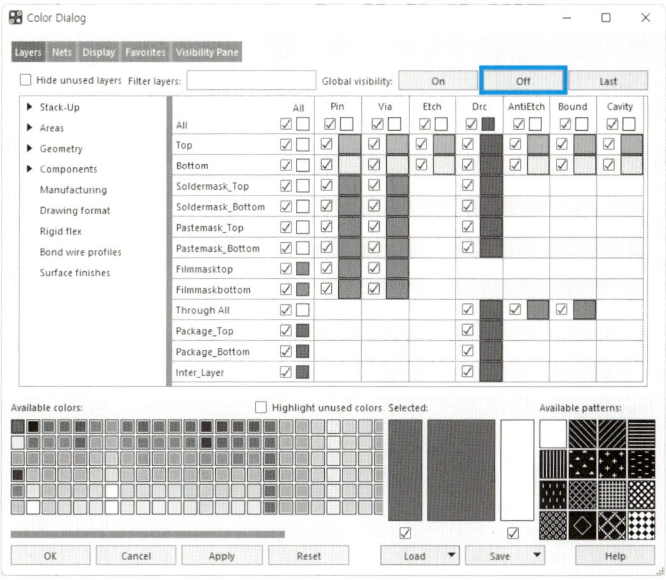

② 회로 Design을 하기 위해 Colors 설정으로 아래의 항목을 참고하여 체크 한다.

카테고리	하위 카테고리
• Stack-Up	Top, Bottom의 All
• Area	All의 Pkg KI, Rte KI
• Board Geometry	Design_Ouline, Dimension
• Package Geometry	Silkscreen_Top
• Component	RefDes

• Stack-Up

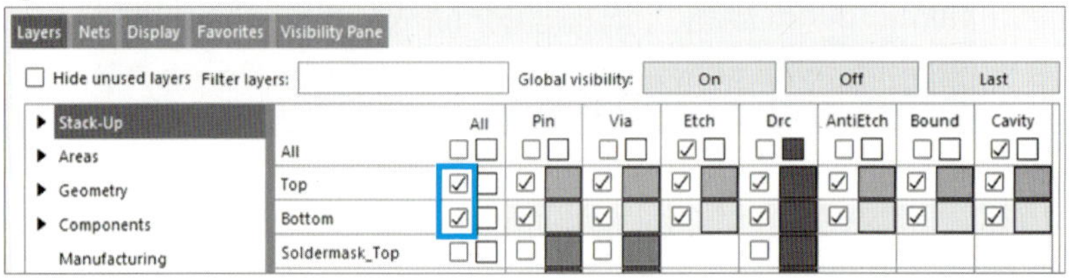

• Area

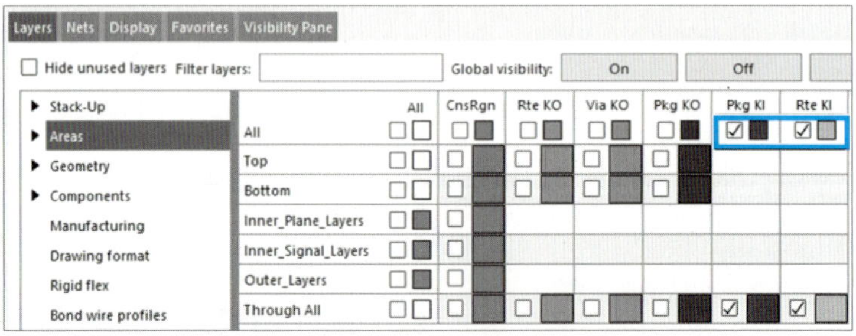

• Board Geometry

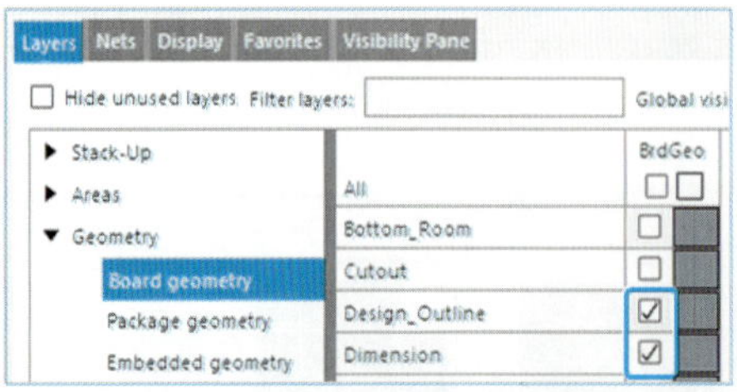

• Package Geometry

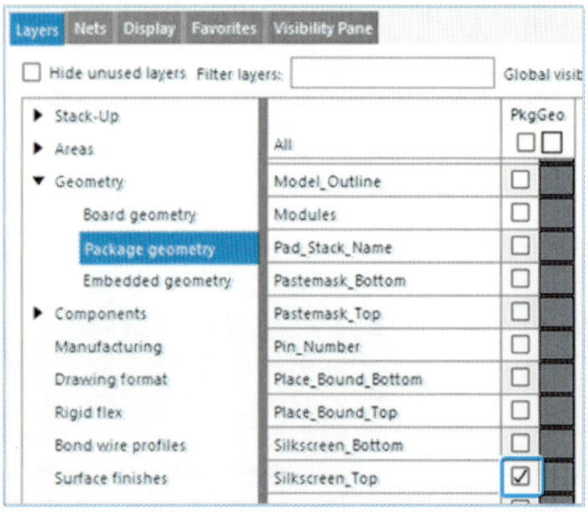

• Component

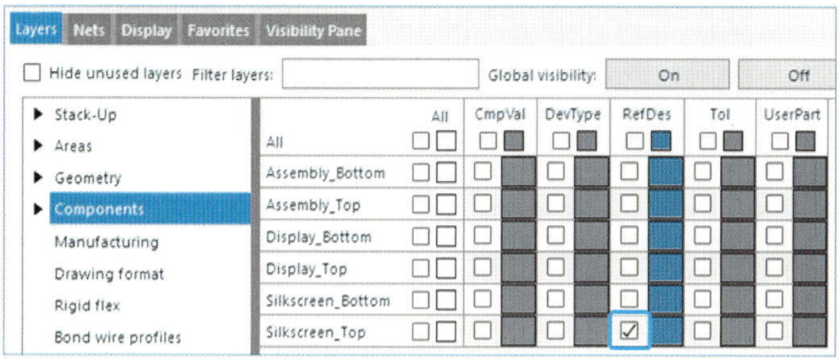

③ 설정을 마치면 OK를 눌러서 Color 설정을 종료한다. Color 설정 후 보드는 아래 그림과 같게 된다.

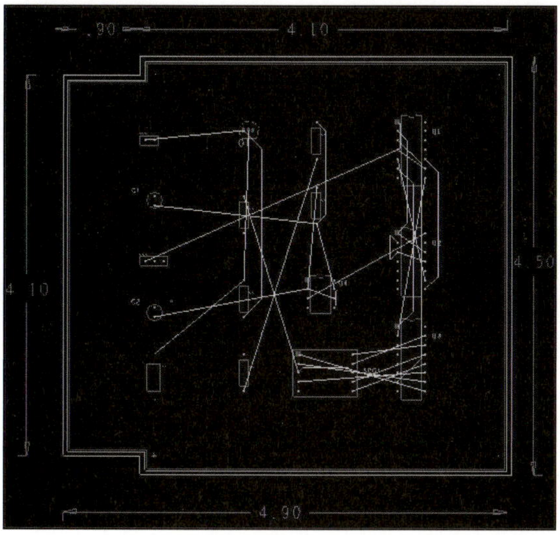

3.7 배선(Routing)

3.7.1 수동배선(Manual Routing)

① 메뉴바에서 Display - Show rats - All 또는 Rats All( )을 선택한다.
배선하고자 하는 Ratsnest 혹은 연결하고자 하는 핀을 마우스로 클릭한 후, Route-Connect 단축아이콘( )이나 F3키를 이용하여 배선을 한다.

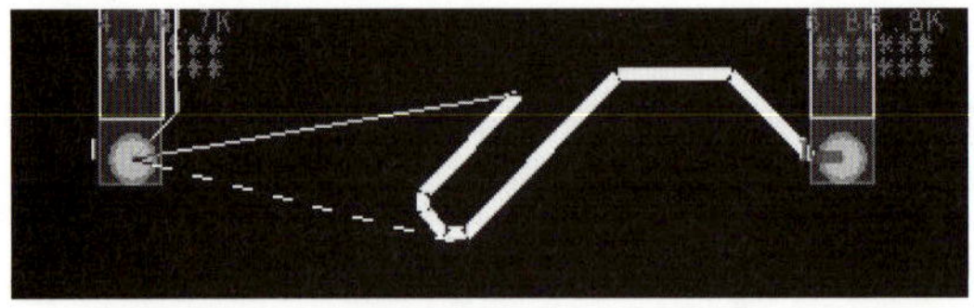

② Control Panel의 Visibility, Find 및 Option의 설정을 확인하여, 각 층의 색상을 확인한다. 또한 Find 창에 Pins이 선택되지 않았다면 배선이 수행되지 않으므로 선택해 준다.

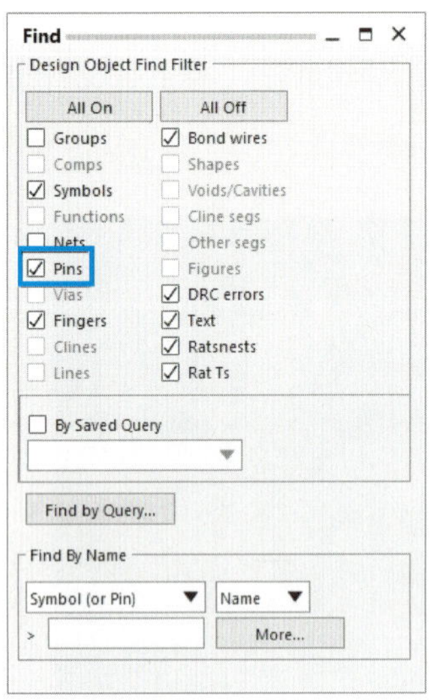

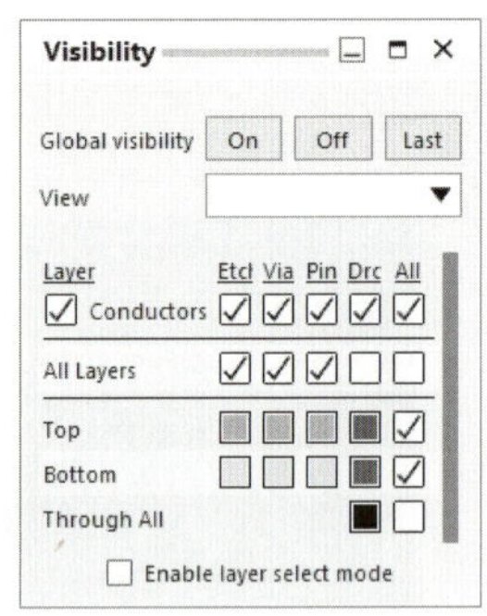

③ 배선 도중 층(layer) 변경, 비어삽입 등은 마우스 더블클릭을 이용하고, 아래와 같이 Options 패널의 Line Width 항목으로 배선폭의 변경 등을 수행한다. 배선 네트의 취소 혹은 삭제 등은 해당 네트를 선택하여 마우스 오른쪽 버튼을 눌러 수행한다.

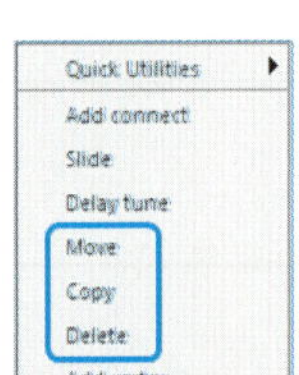

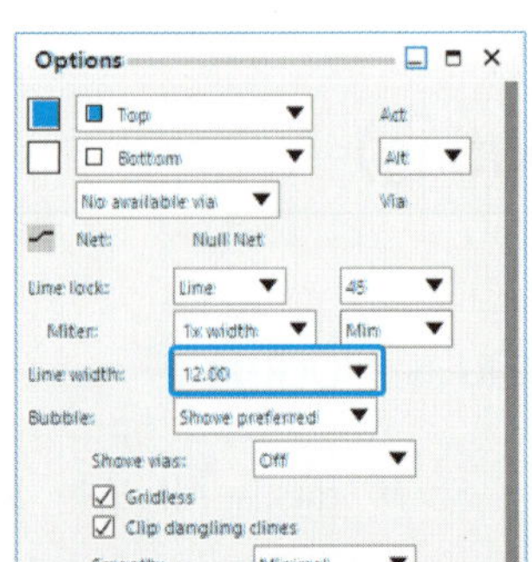

④ 같은 층에서의 배선이 서로 교차되는 경우에 실시간 DRC 체크로 인해 배선이 지나가지 못하도록 한다. 이 경우에는 마우스를 더블 클릭을 하면 작업 layer가 변경되면서 해당 위치에 비어가 생성된다.

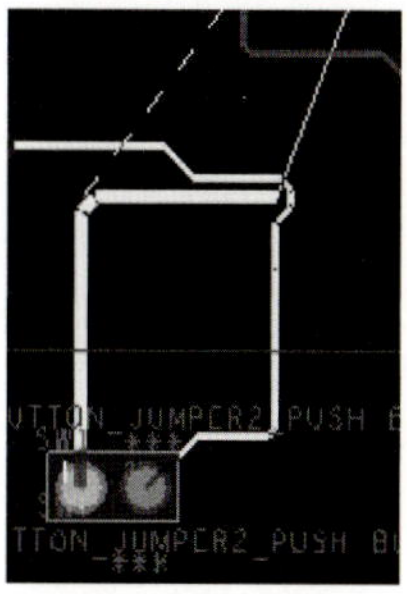

⑤ 배선된 Etch(패턴 혹은 동판영역 등)을 삭제할 경우에는 메뉴바 Edit-Delete를 이용하거나 아이콘( )을 선택한 후 삭제하고자 하는 아이템을 더블클릭 한다. 단, 삭제하고자 하는 아이템만을 Control 패널의 Find 탭에서 설정한 후 실행한다. 예를 들어, 배선된 패턴을 삭제하고자 할 경우에는 우측과 같이 설정 후 해당 패턴을 더블 클릭한 후 마우스 오른쪽 버튼을 눌러 Done을 선택한다.

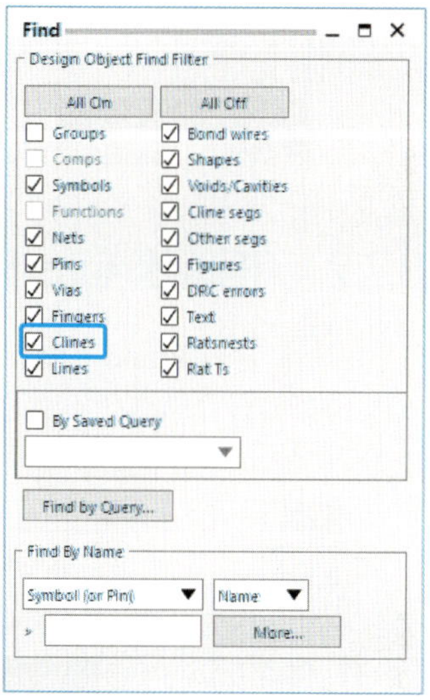

⑥ 배선된 Etch를 슬라이드(밀어내는) Slide 명령( ), 곡선이나 꺾인 Etch를 직선으로 바꾸어 주는 Custom Smooth( ), 기존 Etch에 꼭지점을 추가해주는 Vertex 명령( )을 이용하여 패턴을 수정한다. 또한 SMD(표면실장)용 소자의 핀에 대해서는 Create Fanout( )을 이용하여 Fanout을 생성한다.

⑦ 메뉴바 Export - Quick Report에서도 배치되지 않은 Component 관련 정보, 연결되지 않은 Pin 정보, Net 관련 결과파일 등 50여 가지의 보고서 파일을 생성할 수 있다.

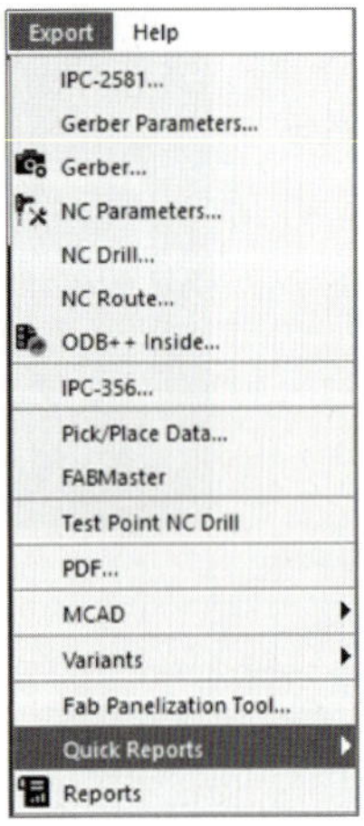

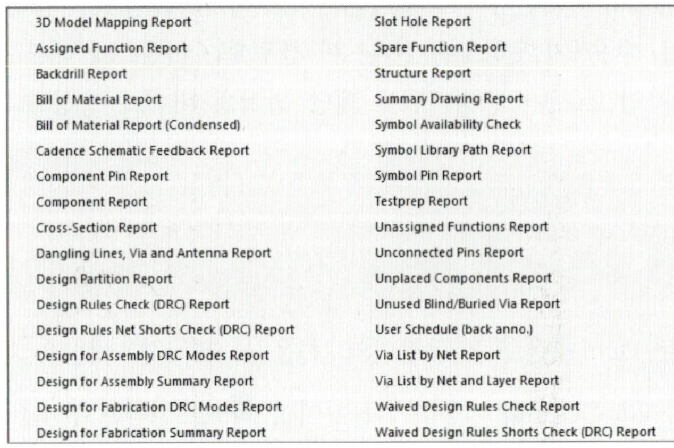

3.7.2 자동배선(Auto Routing)

① 아래와 같이 Route – PCB Router - Route Automatic을 선택하여 자동배선을 할 수 있다.

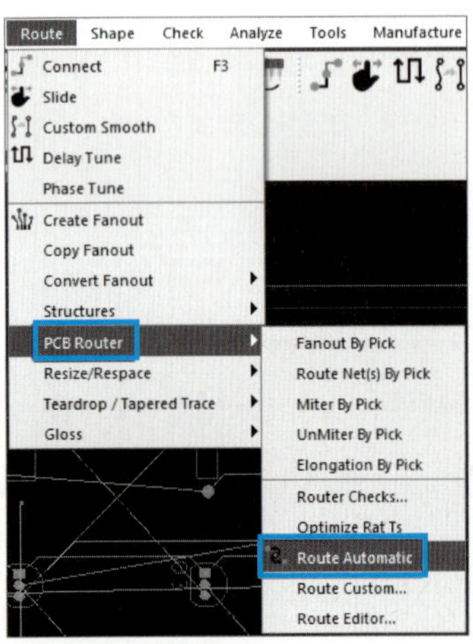

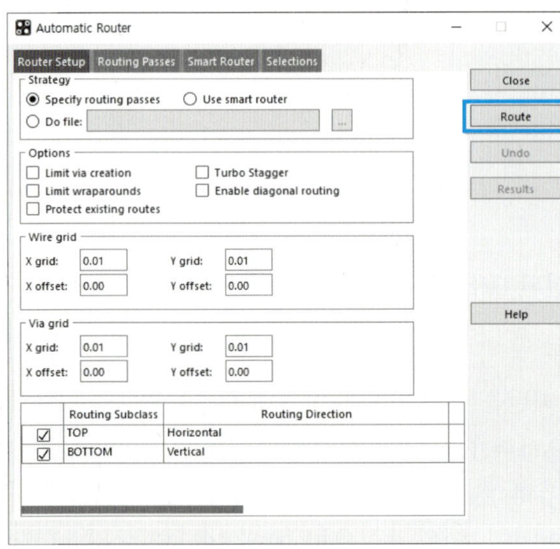

3.7.3 동판(Copper)배치

① PCB 설계시 전기적인 특성을 높이고, 잡음이나 신호개선을 위해 매우 중요한 기능을 하는 것이 동판인 Copper의 배치이며, 일반적으로 GND Net와 연결한다. Top 층의 Copper설정을 위해 Shape - Rectangular 또는 Shape Add Rectangular 아이콘( )을 선택하고, 아래와 같이 Control Panel에서 Option을 선택한 후 배치할 층으로 Top을, Copper에 지정할 Net로 GND Net를 지정해 준다.

② PCB의 좌측상단 모서리에서 클릭한 후 드래그하여, 우측 하단 모서리에서 클릭하여 원하는 크기의 사각형 Top Layer에 Copper 처리를 아래와 같이 형성한다.

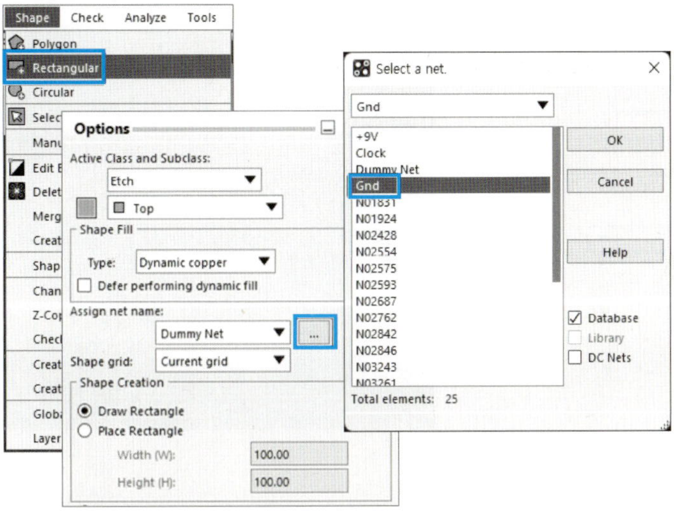

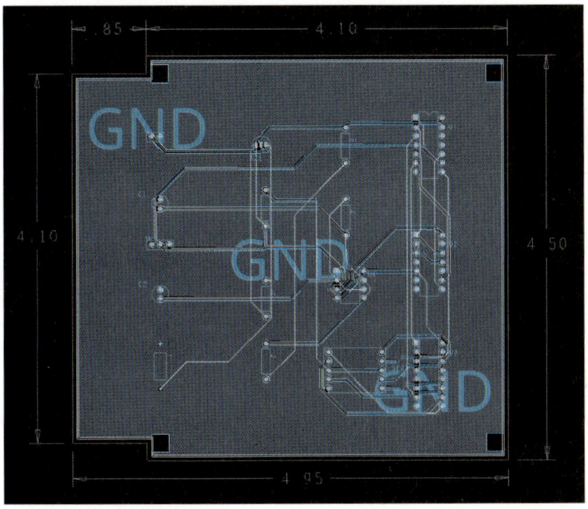

③ Bottom층의 Copper의 설정은 Shape - Polygon 을 선택하고, 아래와 같이 Control Panel에서 Option을 선택한 후 배치할 층으로 Bottom을, Copper에 지정할 Net로 GND Net를 지정해 준다. 같은 방법으로 Bottom 층에 Copper를 배치한다. PCB의 좌측상단 모서리에서 클릭한 후 드래그 해나가며, 임의의 다각형 형태의 Copper를 Bottom층에 형성한다.

④ 다음과 같이 배치(Placement), 배선(Routing) 및 Copper 배치 등 보드 설계가 완성된다.

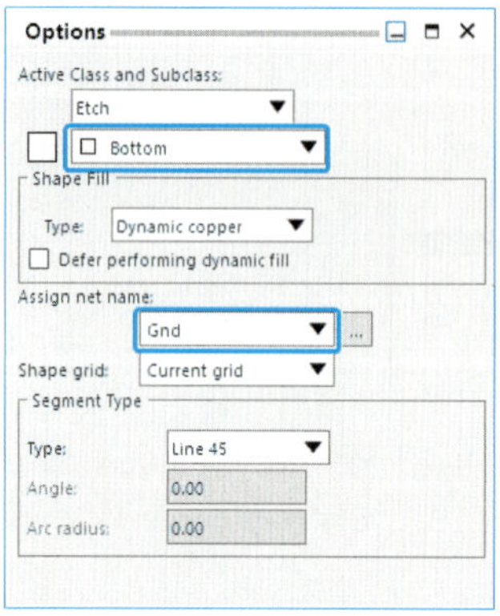

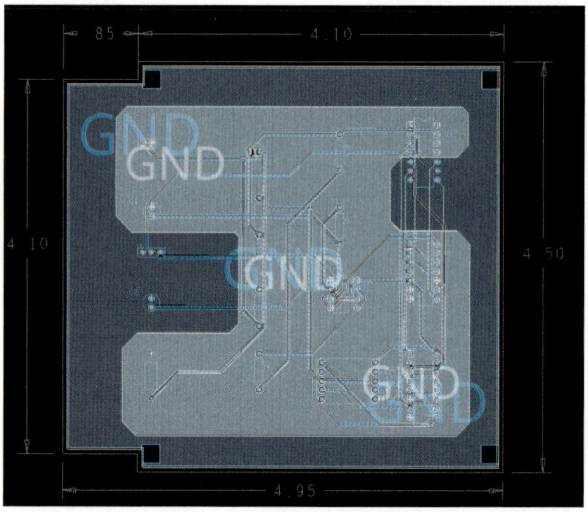

3.7.4 설계보드상태(Status) 확인

① Copper 영역 작성 후 현재 설계한 PCB의 부품 배치 및 배선된 상태를 검사하기 위해 메뉴 Check – Design Status를 선택한다.

② 아래 그림과 같이 Symbols and nets 부분이 Color Box 부분이 녹색일 경우는 정상으로 배치 및 배선이 완료된 것이며, 노란색 및 빨강일 경우 부품의 배치 및 배선이 안된 곳이 있는 경우이므로, Color Box를 클릭하여 좌표를 확인할 수 있다. Shapes 및 DRCs 부분도 같은 방법으로 확인할 수 있다.

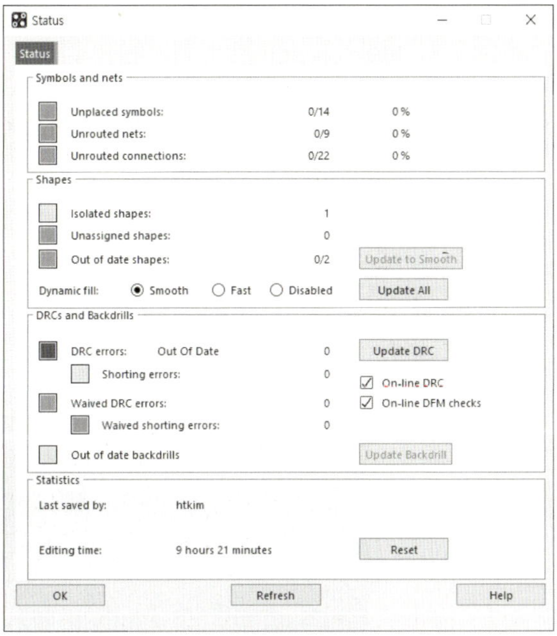

3.8 후처리 과정(Post Processing)

3.8.1 드릴 범례(Drill Legend)

① 다음과 같이 Manufacture – Customize Drill Table을 선택한 후, Drill Symbol의 종류, 좌표, 홀수 등의 정보를 확인하고, Auto Generate Symbol을 눌러 자동으로 Drill Symbol을 생성한 후, OK를 누른다.

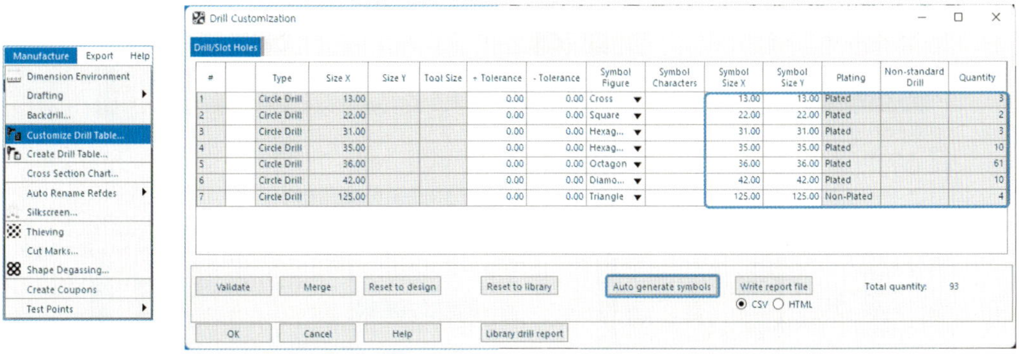

② 메뉴바에서 Manufacture-Create Drill Table을 선택하거나 툴바에서 Drill Legend 아이콘()을 선택한 후 적당한 위치에 배치한다. 이때 화면의 작업공간이 작아 배치가 잘 안될 경우에는 메뉴바에서 Setup - Design Parameters - Design에서 작업화면의 크기나 원점을 이동하여 배치한다.

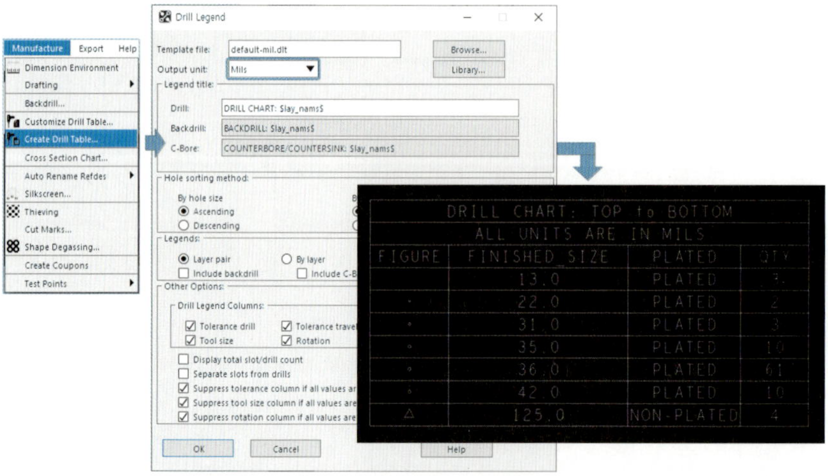

3.8.2 Silkscreen 정리

① Setup - Color 설정 창을 열어 Global Visibility를 Off 시킨다. Stack-Up 폴더의 Top Layer의 Pin과 Via를 선택한다.

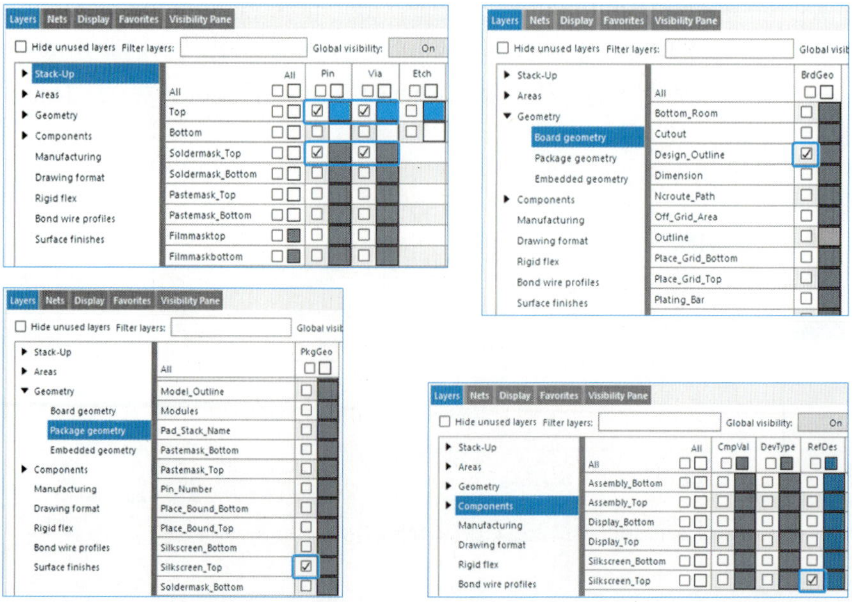

② 메뉴바에서 Edit – Change Objects를 선택한다. 오른쪽 Control Panel의 Options을 Class는 RefDes, subclass로 Silkscreen_Top으로, Text block을 5로 설정한다. Control Panel의 Find에서 Text 외에는 모두 선택을 해제한다.

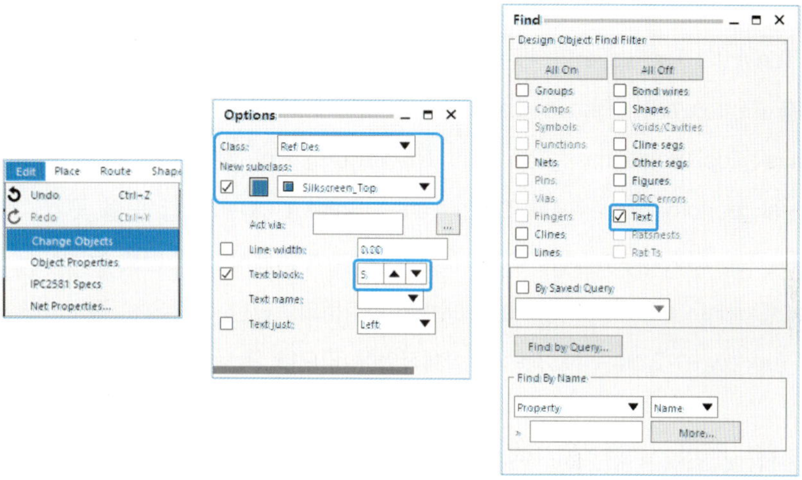

③ PCB 전체를 마우스로 드래그 하면, 아래와 같이 보드의 모든 Text가 크기 5로 일률적으로 변경된다. RMB을 하여 Done을 선택한다.

④ 메뉴 바에서 Edit - Move를 선택한다. Control Panel의 Find 탭에서 Text 만을 선택한다. 방향과 위치를 고려하여 PCB의 Text를 아래와 같이 정리한다.

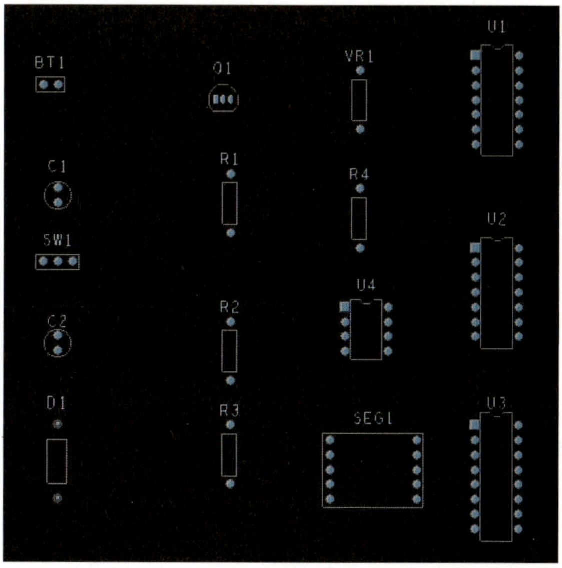

3.8.3 거버(Gerber)파일 생성

PCB 제조를 위해서는 거버(Gerber)파일을 생성해야 하는데, 2층 양면기판인 경우에 생성해 주어야 할 파일은 다음과 같다.

(1) Top층 (Top.art) : Top Layer의 패턴, 핀, 비아 등의 동박부분

(2) Bottom층 (Bottom.art) : Bottom Layer의 패턴, 핀, 비아 등의 동박부분

(3) Soldermask_Top (Soldermask_Top.art) : Top Layer의 Pin, VIA 등 납 묻을 곳

(4) Soldermask_Bottom (Soldermask_Bottom.art) : Bottom Layer의 납 묻을 곳

(5) Silkscreen_Top (Silkscreen.art) : PCB Top Layer에 부품표시, 참조번호 등 표기

(6) Drilldraw (Drilldraw.art) : Drill Symbol, Dimension 등의 관한 Drill Size 정보

(7) NC-Drill (updown-1-2.drl) : NC장비가 실제작업에 필요한 Data, 좌표, Drill 크기

여기서, 이밖에 조립시 필요한 정보인 Assembly Top 정보, SMD 부품을 사용한 경우에는 Pastemask 관련 정보를 추가로 필요하다.

1) Top층 및 Bottom층의 거버파일 생성

① Export 메뉴 - Gerber를 선택하거나 툴바에서 Artwork 아이콘( )을 실행하며, 아래와 같이 Device Type, Format, Output unit 항목을 설정한다.

Device Type : RS274X

Format :

- Integer places : 3
- Decimal places : 5

Output units : Inches

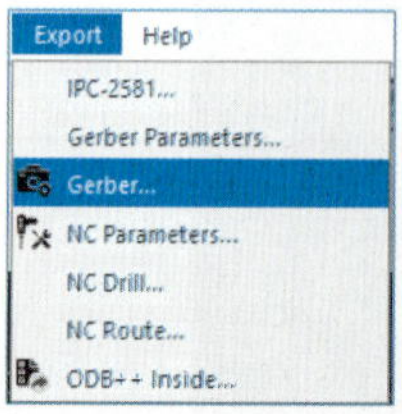

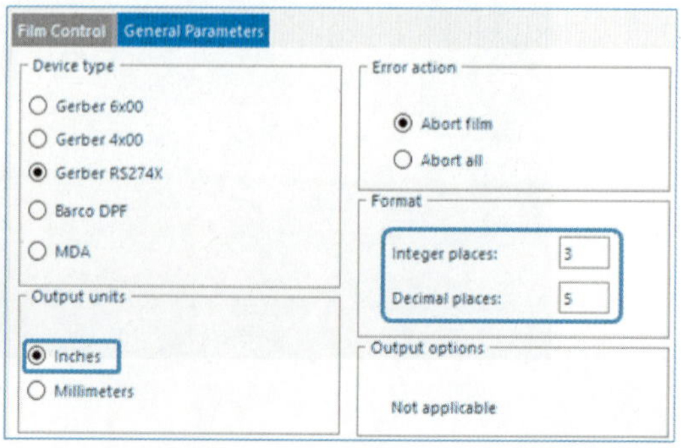

② Film control 창을 선택한 후, Bottom과 Top을 선택한다. Create Artwork 버튼을 눌러 Top 층, Bottom 층의 거버파일을 생성할 수 있다.

2) Soldermask_Top 생성

① Gerber Film으로 원하는 영역만을 출력하기 위해 Setup 메뉴 - Colors를 선택하여 Color 설정 창으로 진입 후 Global Visibility를 Off 시킨다.

② Stack-Up 카테고리 - Non-Conductor를 선택, Soldermask_Top 항목에서 Pin과 Via를 체크하여 작업 화면에 Soldermask_Top 영역만 나타나게 한다.

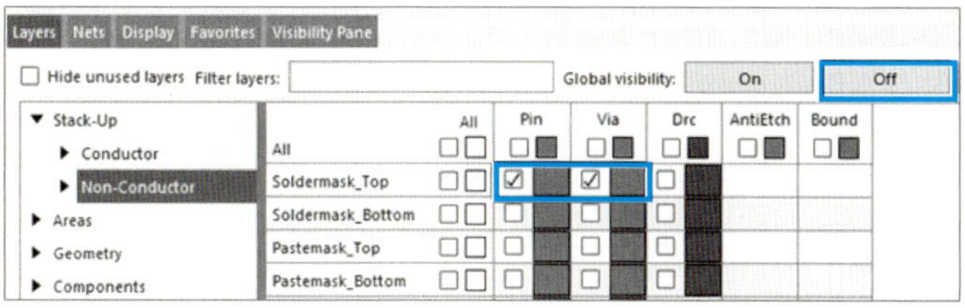

③ Gerber 창으로 돌아온 후 Available films의 Top을 선택, 마우스 오른쪽 버튼(MRB) - Add를 선택하여 Film 이름으로 Soldermask_Top을 작성하여 생성한다.

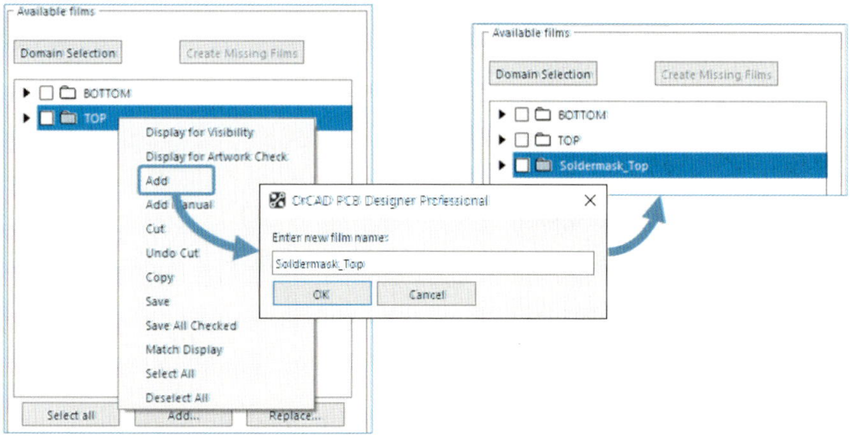

3) Soldermask_Bottom 생성

① Color 설정 창으로 돌아와 Global Visibility를 Off 시킨다.

② Stack-Up 카테고리 - Non-Conductor를 선택, Soldermask_Bottom 항목에서 Pin과 Via를 체크하여 작업 화면에 Soldermask_Bottom 영역만 나타나게 한다.

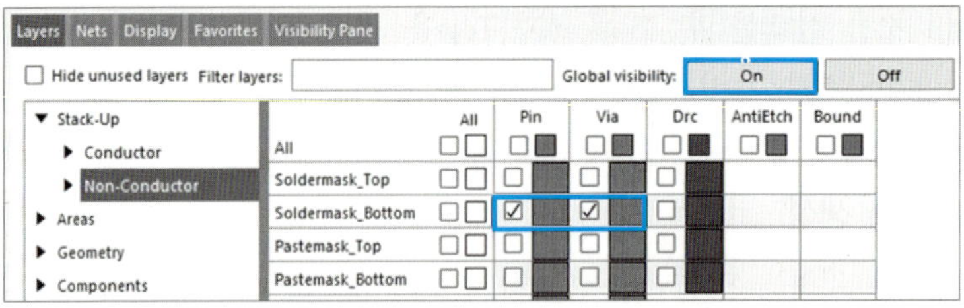

③ Gerber 창 - Available films의 Soldermask_Top을 선택, 마우스 오른쪽 버튼(MRB) - Add를 선택하여 Film 이름으로 Soldermask_Bottom을 작성하여 생성한다.

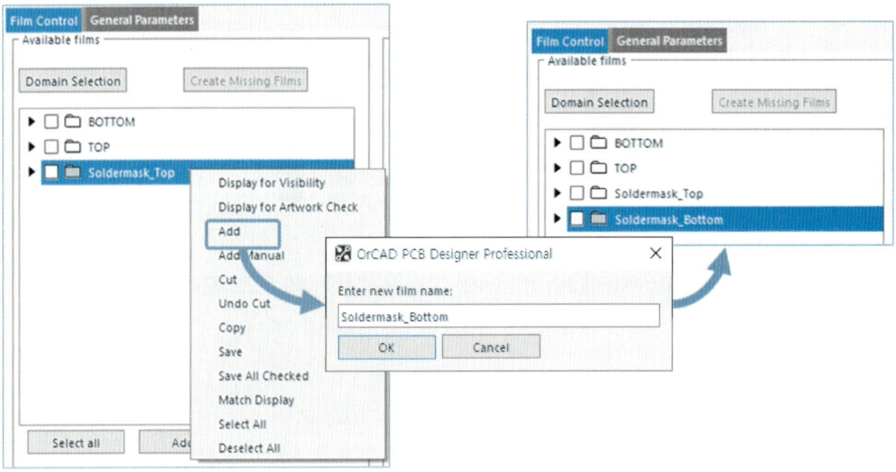

4) Silkscreen_Top 생성

① Color 설정 창으로 돌아와 Global Visibility를 Off 시킨다.

② Geometry 카테고리, Component 카테고리의 항목을 아래와 같이 체크하여 작업 화면에 Silkscreen_Top 영역만 나타나게 한다.

- Package Geometry 카테고리 – Silkscreen_Top
- Component 카테고리 – Silkscreen_Top 항목의 RefDes

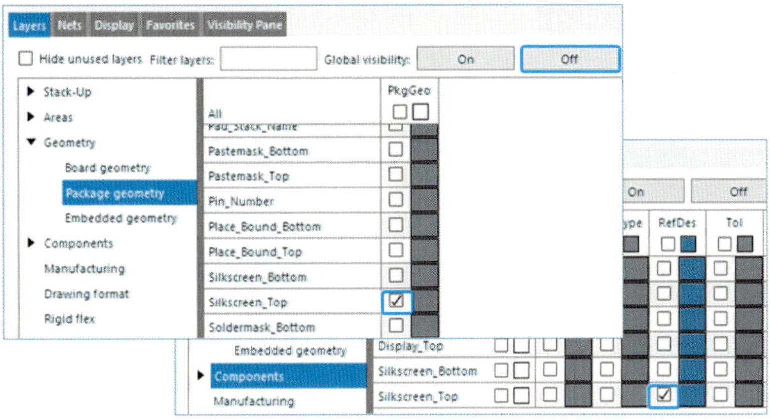

③ Gerber 창 - Available films의 Soldermask_Bottom을 선택, 마우스 오른쪽 버튼(MRB) - Add를 선택하여 Film 이름으로 Silkscreen_Top을 작성하여 생성한다.

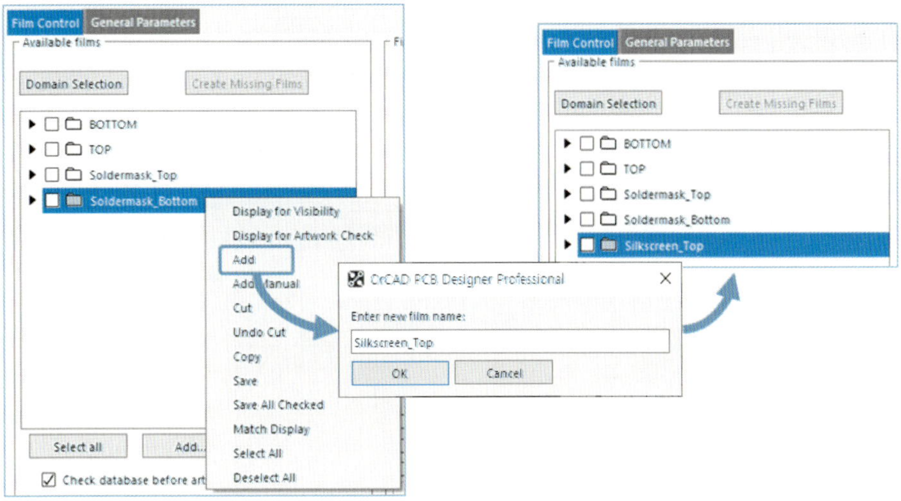

5) Drilldraw 생성

① Color 설정 창으로 돌아와 Global Visibility를 Off 시킨다.

② Geometry 카테고리, Manufacturing 카테고리의 항목을 아래와 같이 체크하여 작업 화면에 Drill 관련된 정보만 나타나게 한다.

- Board Geometry 카테고리 – Design_Outline, Dimension
- Manufacturing 카테고리 – Ncdrill_Legend, Nclegend-1-2

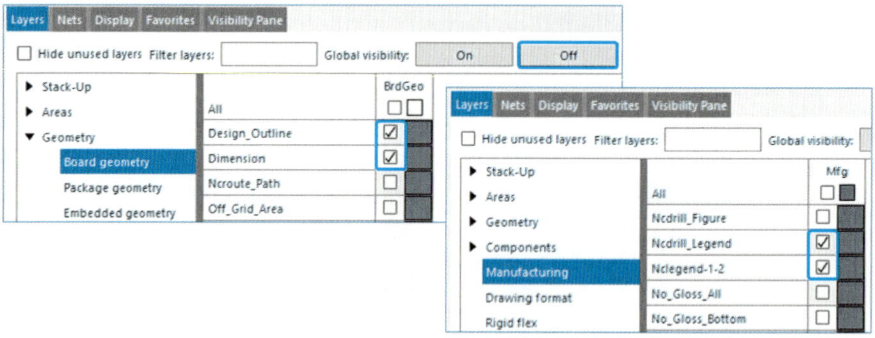

③ Gerber 창 - Available films의 Silkscreen_Top을 선택, 마우스 오른쪽 버튼(MRB) - Add를 선택하여 Film 이름으로 Drilldraw를 작성하여 생성한다.

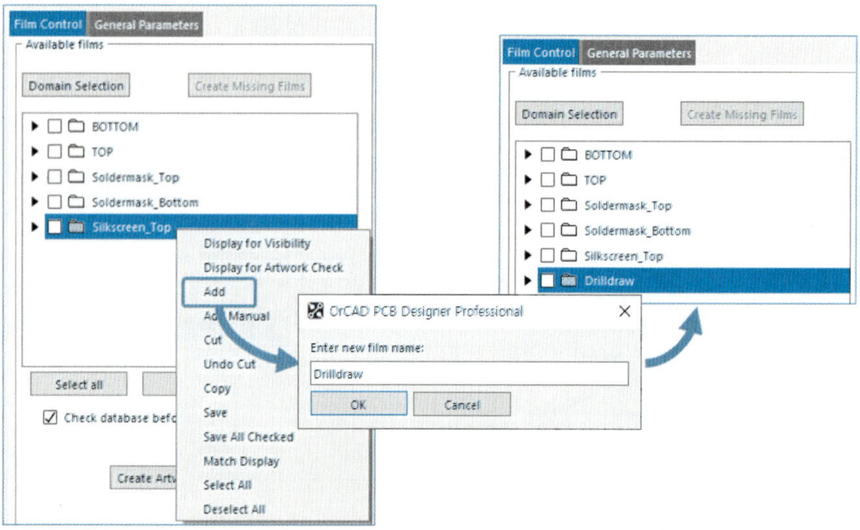

6) Undefined line width 설정

① Board에 기재되어 있는 Board명 혹은 Design_Outline과 같은 Object들은 두께가 0으로 되어있기 때문에 그대로 출력하게 된다면 보이지 않게 되므로, Gerber로 출력할 경우 0인 두께를 바꿔주어야 한다. 그러기 위해서는 Available films에 있는 가장 위의 폴더를 선택 후 오른쪽에 있는 Film options의 Undefined line width 기입란에 10을 기입한다.

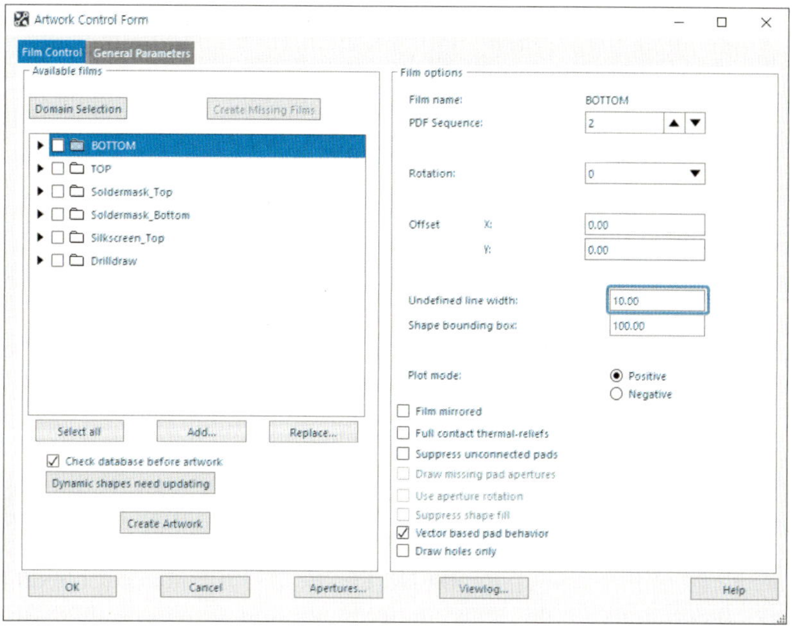

② Available films의 각 항목들을 하나하나 선택하면서 가장 아래 폴더까지 ①번 과정을 반복한다.

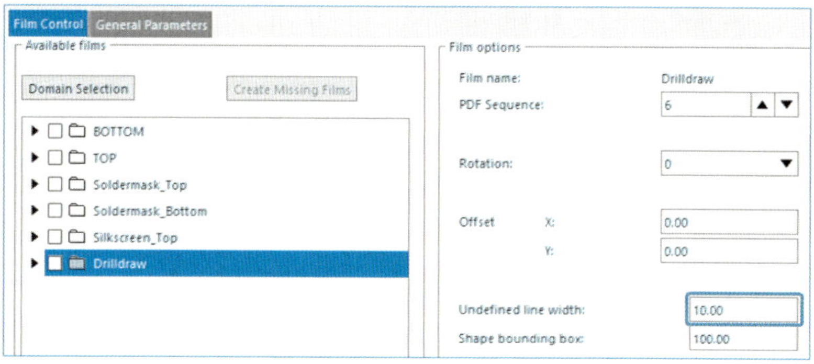

7) NC Drill 생성

① Export-NC Parameter를 선택하거나 NC Parameter 아이콘( )을 선택한다. 열린 창에서 Format을 3.5로 정하고, 기타 값들도 아래와 같이 필요하면 변경하여 설정한다.

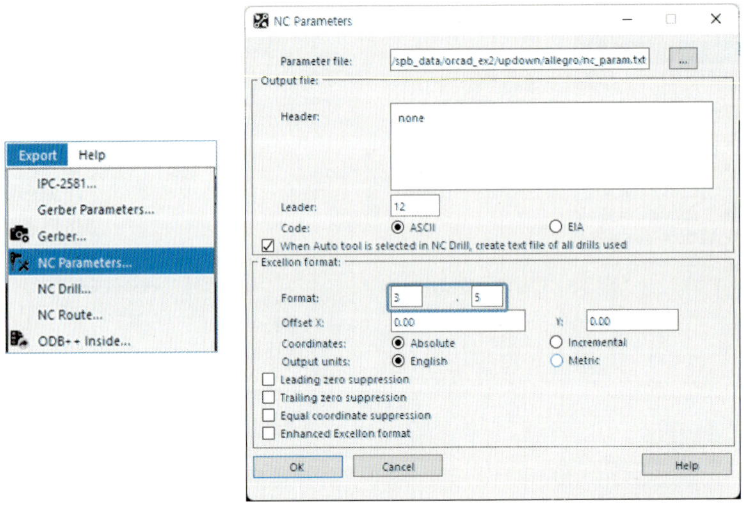

② NC Parameter의 설정이 끝나면, Export-NC Drill을 선택하면 monostable.drl라는 파일에 NC data가 생성된다.

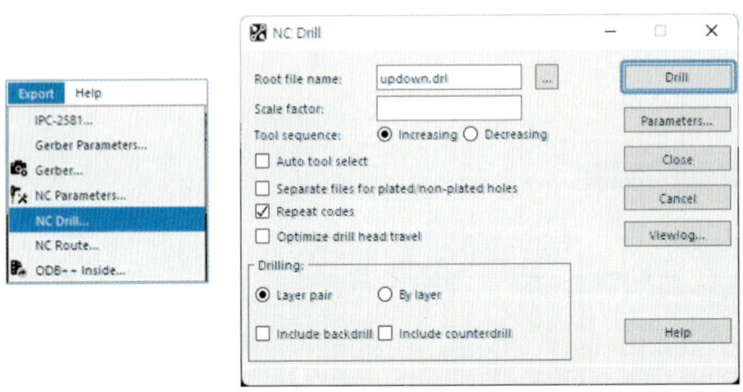

③ 해당 작업 경로에 가서 작성된 거버파일과 드릴파일을 확인한다.

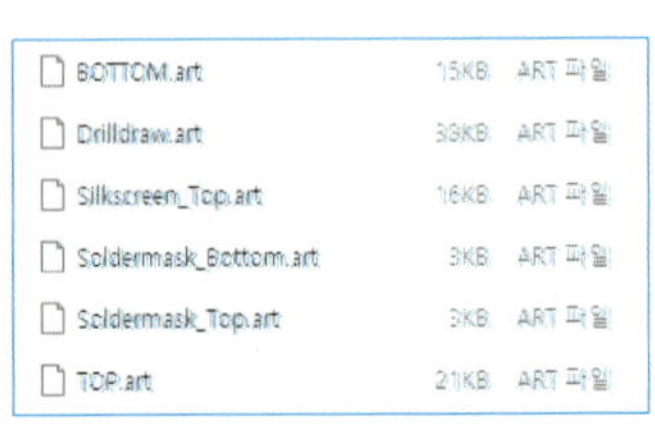

3.8.4 거버(Gerber)파일 출력(1) - Display를 이용한 방법

① 작성된 거버 데이터를 화면 혹은 프린터로 인쇄하기 위해서는 다음과 같이 한다. Export 메뉴 - Gerber를 선택한 후 우클릭(MRB), 열린 화면에서 Display for Artwork Check를 선택한다. 이때 화면에 선택된 레이어가 나타난다.

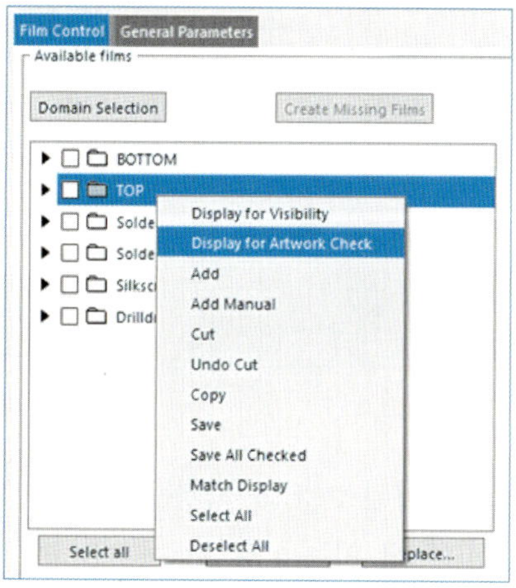

② Setup 메뉴 – Colors를 선택한다.

③ Geometry 카테고리 – Board Geometry에서 Design_Outline과 Dimension을 체크한다.

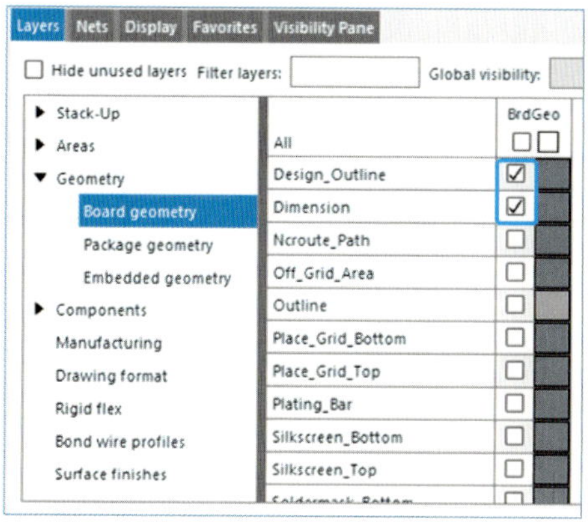

④ 위에서 화면에 나타난 해당 정보를 인쇄하기 위해서는 File 메뉴 - Print setup을 선택하고, 필요한 값을 아래와 같이 설정한 후 OK를 선택하여 인쇄한다. File-Print Preview를 통해 화면상에서 출력 내용을 미리 확인한다.

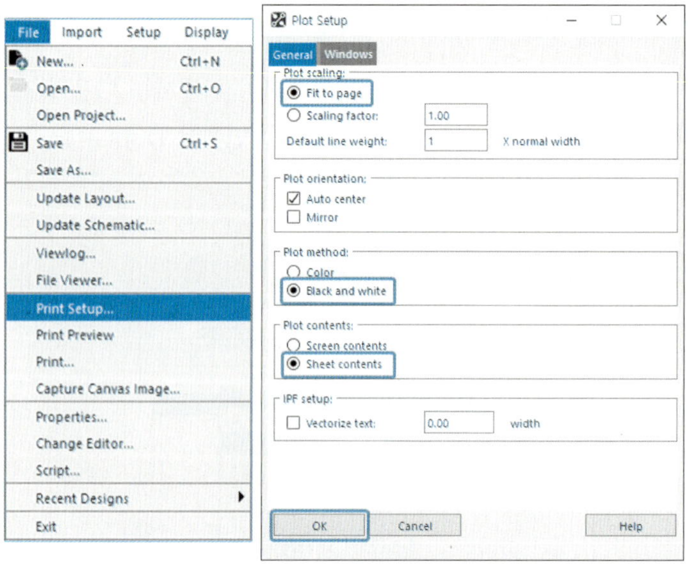

④ File-Print Preview를 통해 설계된 PCB의 각층을 다음과 같이 확인한다.
단, 편의상 Top층과 Bottom층에 있는 Copper는 제거하고 Preview를 한 것이다.

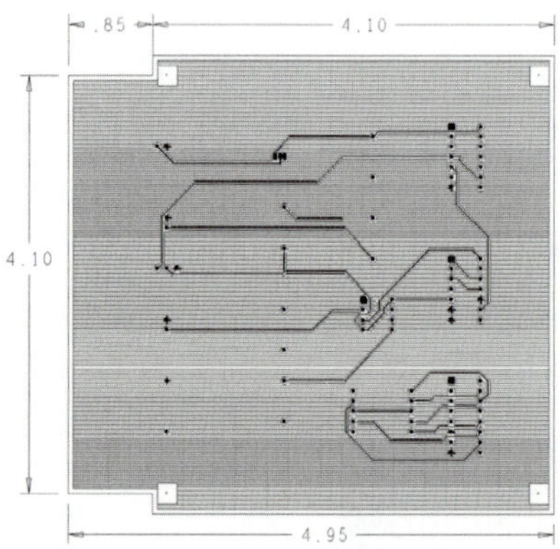

Top 층 패턴도 (Top Layer)

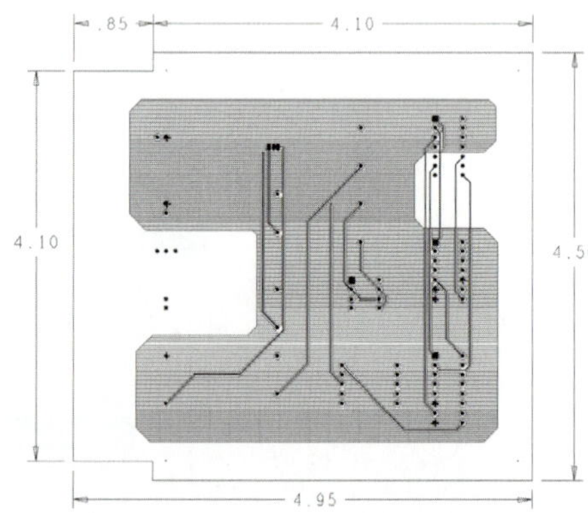

Bottom 층 패턴도 (Bottom Layer)

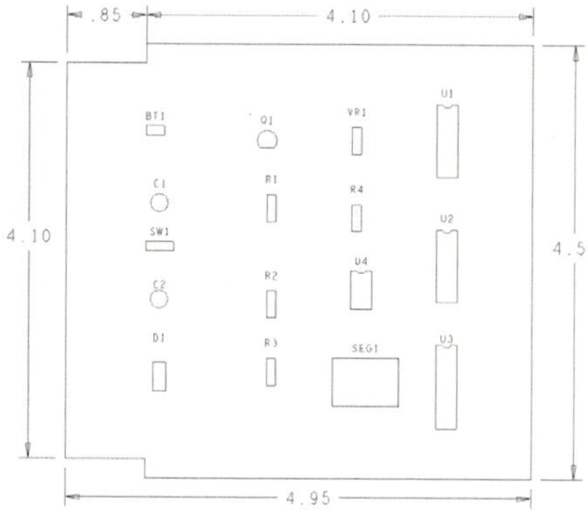

실크스크린 Top (Silkscreen Top)

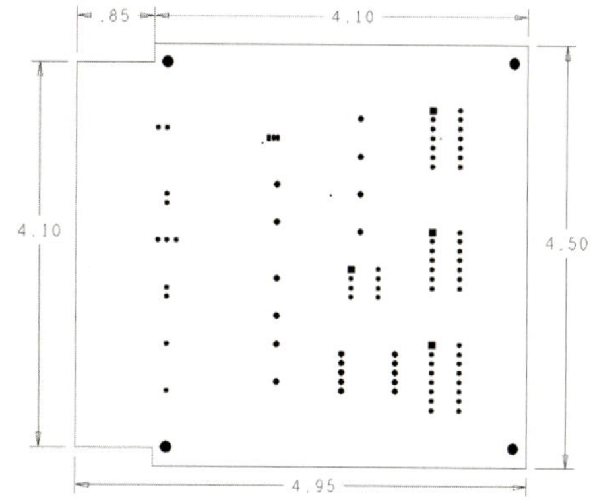

Soldermask_Top / Soldermask_Bottom

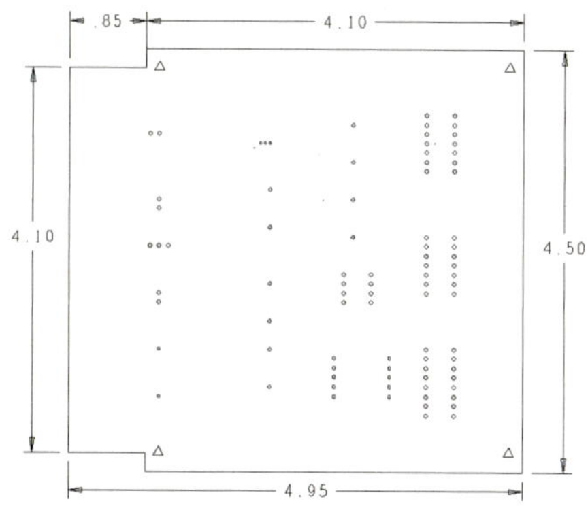

DRILL CHART: TOP to BOTTOM			
ALL UNITS ARE IN MILS			
FIGURE	FINISHED_SIZE	PLATED	QTY
·	13.0	PLATED	3
•	22.0	PLATED	2
•	31.0	PLATED	3
•	35.0	PLATED	10
○	36.0	PLATED	61
○	42.0	PLATED	10
△	125.0	NON-PLATED	4

드릴도(Drilldraw)와 범례(Drill Legend)

3.8.5 거버(Gerber)파일 출력(2)-Gerber 파일 load에 의한 방법

거버파일의 프린터 출력은 앞에서 살펴본 화면 Export - Gerber - Film Control-Display를 통한 방법 외에, 다음과 같이 거버파일을 읽어들이는 방법을 통해서도 가능하다. 출력할 거버파일은 확장자가 art로 끝나는 파일이다.

① 생성된 거버파일이 저장된 경로와 파일명을 확인한다.

② 메뉴 Setup-Subclasses를 선택한 후, DRAWING FORMAT를 선택한다.

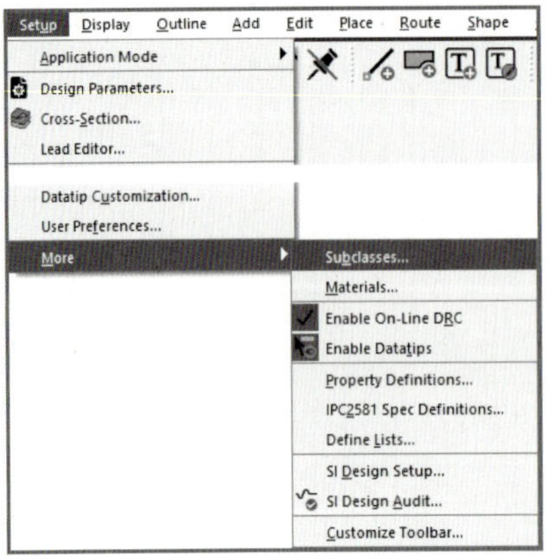

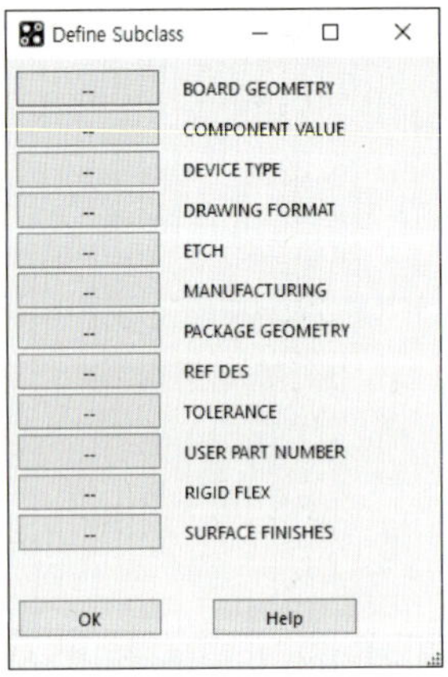

③ New Subclass 항목에 출력하고자 하는 항목들을 입력한다. 한 항목씩 입력 후 Enter↵를 누른다. 입력 후에는 창을 닫는다. OK를 눌러 Define Subclasses 창을 닫는다.

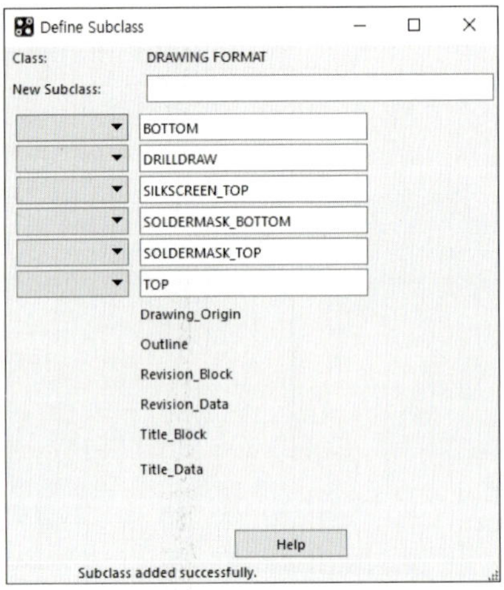

Top Enter↵
Bottom Enter↵
Soldermask_Top Enter↵
Soldermask_Bottom Enter↵
Silkscreen_Top Enter↵
Drilldraw Enter↵

④ Color 설정하기

모든 레이어의 Color를 보이지 않게 설정한다. Drawing Format 항목의 방금 추가한 레이어만 보이게 설정한다.

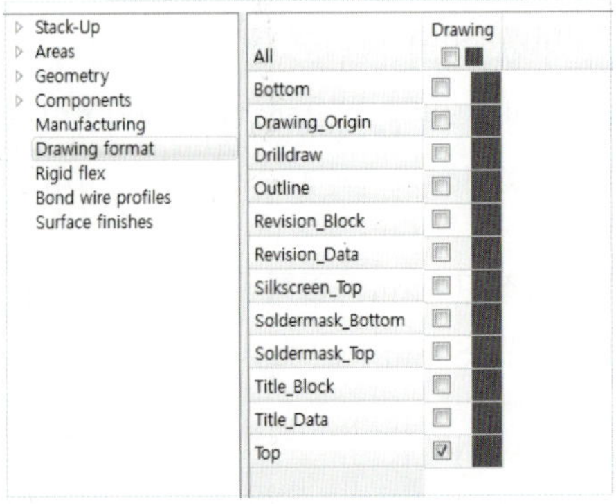

⑤ 거버불러오기

메뉴 Import-Artwork을 선택한다.

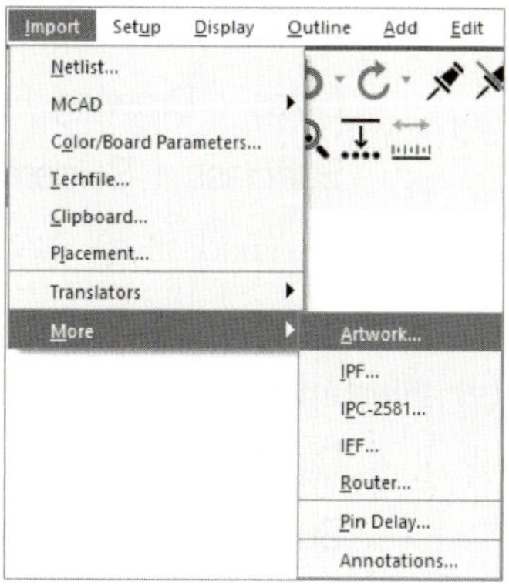

(i) Load Cadence Artwork창이 열리면 Filename의 Browse 아이콘을 눌러 Top.art가 저장된 경로와 파일명을 지정한다. Load file을 선택하여 Top층의 거버파일을 읽어 들인다. OK를 선택하여 창을 닫는다.

Class : Drawing Format
Subclass : Top

Load file를 누르면 마우스에 Top.art 거버파일이 따라 다니고 화면 중앙쯤에 놓는다. 화면에 배치하고 나면 다시 Load Cadence Artwork창이 열린다.

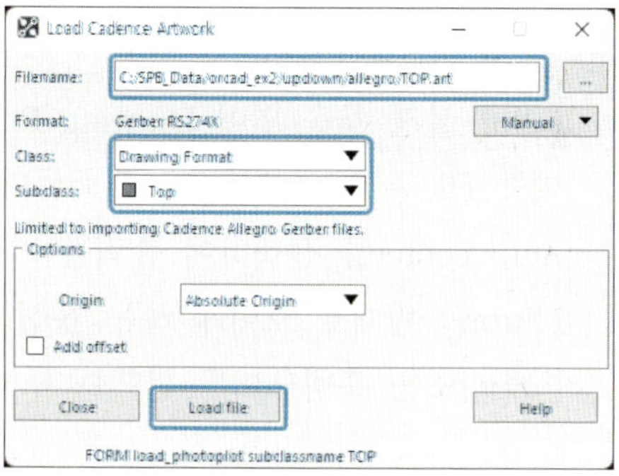

(ii) Filename : Bottom.art

Class : Drawing Format
Subclass : Bottom

설정 후 Load file을 눌러 겹쳐지게 배치한다.

(iii) Filename : Silkscreen_Top.art

Class : Drawing Format
Subclass : Silkscreen_Top

설정 후 Load file을 눌러 겹쳐지게 배치한다.

(iv) Filename : Soldermask_Top.art
Class : Drawing Format
Subclass : Soldermask_Top
설정 후 Load file을 눌러 겹쳐지게 배치한다.

(v) Filename : Soldermask_Bottom.art
Class : Drawing Format
Subclass : Soldermask_Bottom
설정 후 Load file을 눌러 겹쳐지게 배치한다.

(vi) Filename : Drilldraw.art
Class : Drawing Format
Subclass : Drilldraw
설정 후 Load file을 눌러 겹쳐지게 배치한다.
OK를 눌러 Load Cadence Artwork창을 닫는다.

⑥ 프린터로 출력하기

Color 설정 창을 열어 Drawing Format / Top만 보이게 설정한다.
메뉴 File - Print Setup을 선택한다. 설계한 데이터를 그대로 확인한다.
Auto center를 선택하여 출력물 가운데 위치하도록 한다.
Mirror : 반대로 보이게 하는 옵션으로 Bottom, Soldermask_Bottom에 적용한다.
Color 또는 흑백모드를 선택한다. OK를 눌러 설정을 마친다.

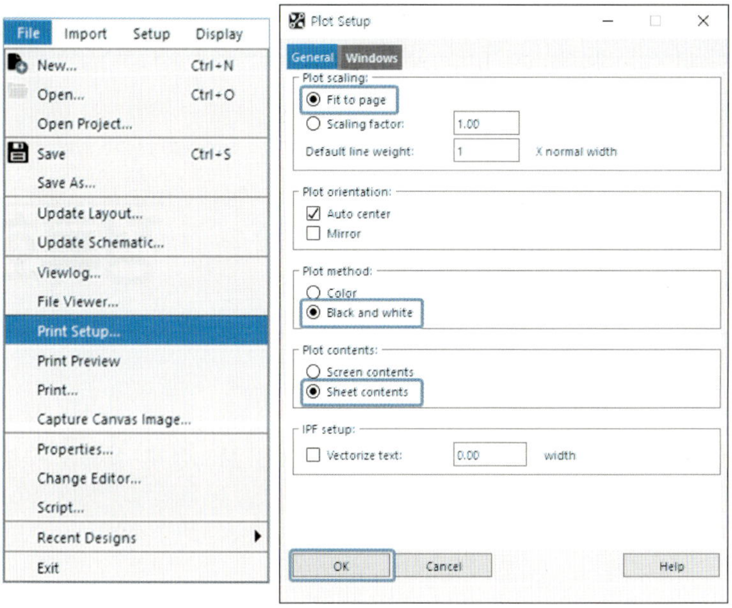

메뉴 File - Print를 선택한다. Setup을 눌러 프린터, 용지 및 방향을 선택한다. OK를 누르면 출력이 된다. 위의 과정을 반복하여 출력한다. 모든 데이터를 저장한다.

3.9 검토사항

① UP/DOWN 카운터의 회로 동작에 관하여 설명하여라.

② Capture의 새로운 부품 작성 및 수정 방법을 설명하여라.

③ PCB의 종류, 제조방법 및 관련용어에 관하여 설명하여라.

④ Netlist란 무엇이며, 그 종류와 활용방법에 대하여 설명하여라.

⑤ BOM 파일, Cross Reference 파일의 작성방법과 활용에 대하여 설명하여라.

04 정류회로

본 예제에서는 전파정류회로의 회로도 작성 및 PCB 보드설계 실습을 수행한다.

4.1 회로도

4.1.1 개요

정류회로는 교류를 직류로 변환해주는 회로이다. 여기서는 다이오드를 사용하여 교류의 +, - 어느 반 사이클에 대해서도 정류를 하고, 부하에 직류 전류를 흘리도록 한 전파정류회로로서 2개의 다이오드와 중간 탭이 있는 트랜스로 구성된다.

4.1.2 회로도

정류회로 회로도와 부품목록은 다음과 같다.

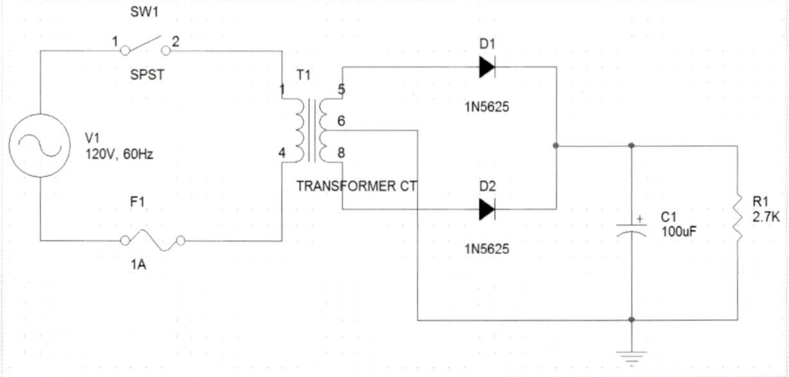

4.1.3 부품목록

번 호	Capture 부품이름	부품 값	수량	라이브러리 명
1	Source Voltage	120V, 60Hz	1	
2	CAP POL	100uF, 50V	1	
3	DIODE	1N5625	2	
4	R	2.7K	1	Discrete.olb
5	FUSE	1A	1	
6	SW SPST	SPST	1	
7	TRANSFORMER CT	120V, 27V	1	

4.2 회로도 그리기

4.2.1 회로도 설정

① Capture 윈도우의 File 메뉴 - New() - Project를 선택한다.

② New Project 대화상자의 Name에 새로운 프로젝트 이름(rectifier)을 입력하고, Location에 저장할 경로와 파일명을 입력한 후 OK 버튼을 선택한다.

③ 회로도 파일은 SCHEMATIC1이란 회로도와 그 회로도에 포함된 PAGE1이란 회로도면이 생성되어 도면작성을 시작할 수 있다. 프로젝트 파일(rectifier.opj) 및 회로도 파일(rectifier.dsn)이 지정한 경로에 생성된다.

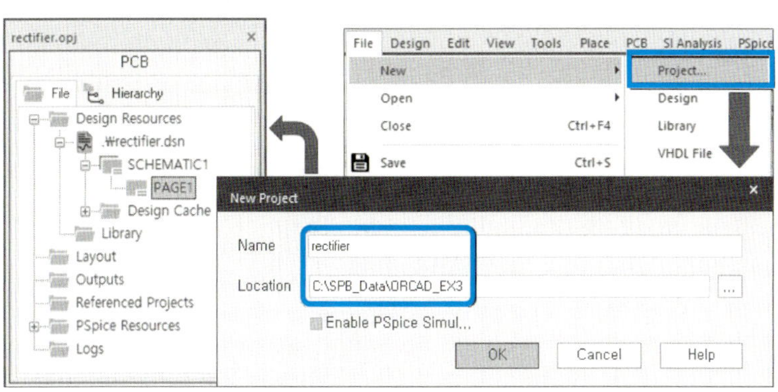

4.2.2 부품 배치

① Place 메뉴에서 Part를 선택하거나 툴 파렛트에서 Place Part (아이콘)를 클릭하여 대화상자를 연다.

② Add Library 버튼을 클릭하여, Discrete.olb 라이브러리를 선택하여 읽어 들인다. (기본경로 : C:\Cadence\SPB_17.4\tools\capture\library)

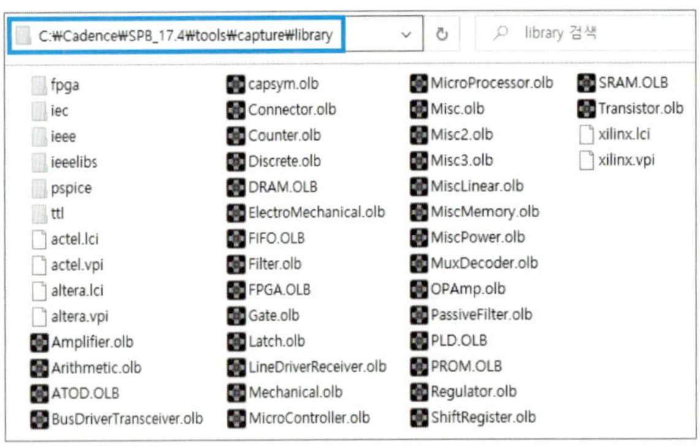

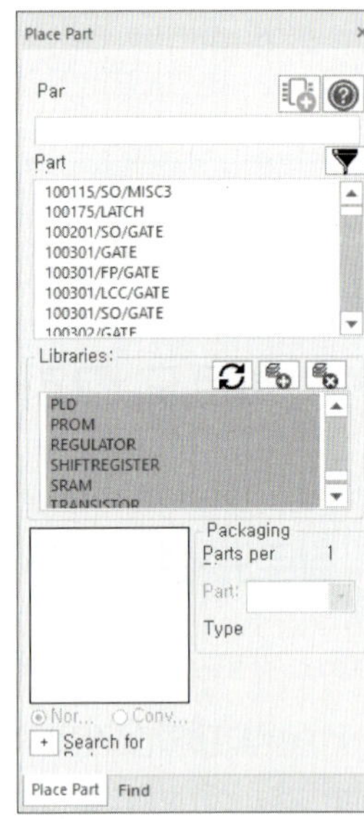

③ Place Part 대화상자에 저항(R), 다이오드(Diode), 전원(Source Voltage), 퓨즈(Fuse), 트랜스포머(Transformer CT), 캐패시터(Cap pol) 및 스위치(SW SPST) 등을 다음 그림과 같이 각각 배치한다. 마우스 우클릭(MRB)를 이용하여, 부품회전, 복사, 삭제 및 속성변경 등을 수행한다.

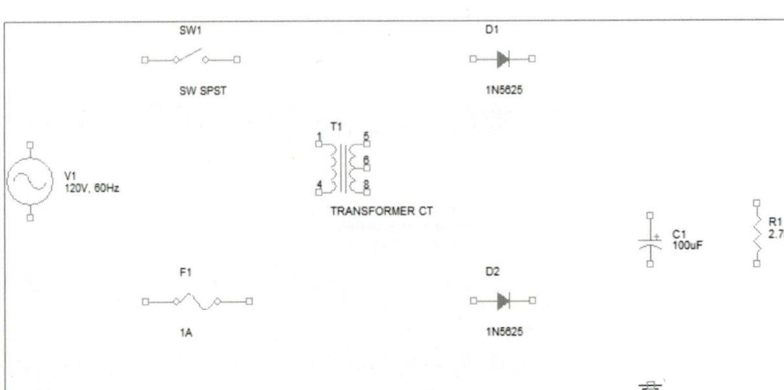

4.2.3 부품 배선

① 회로도면 편집기의 Place 메뉴에서 Wire 명령을 선택하거나 툴 파렛트에서 아이콘을 클릭하여 선을 그릴 수 있다. 마우스의 왼쪽 버튼을 클릭하여 배선을 시작하고, 더블 클릭하여 그리고 있는 결선을 끝낸다.

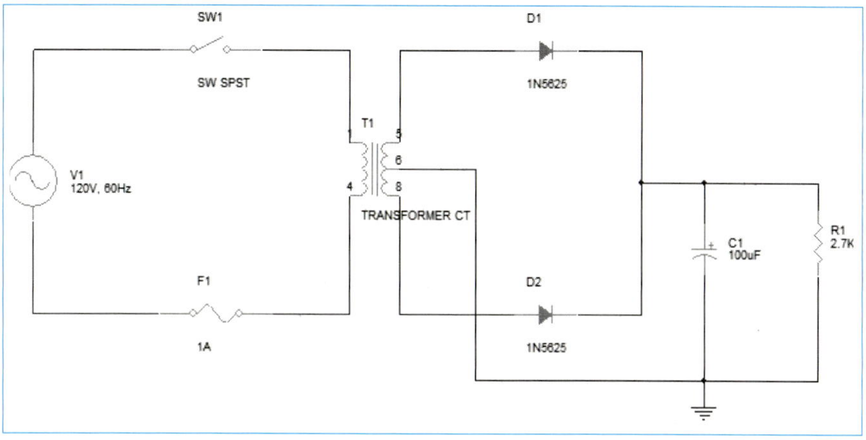

4.3 유틸리티

4.3.1 부품 속성편집

① 부품의 부품 값을 선택한 후 마우스 오른쪽 버튼을 클릭한 후 Edit Properties를 실행하여 각 부품 값들을 입력한다.

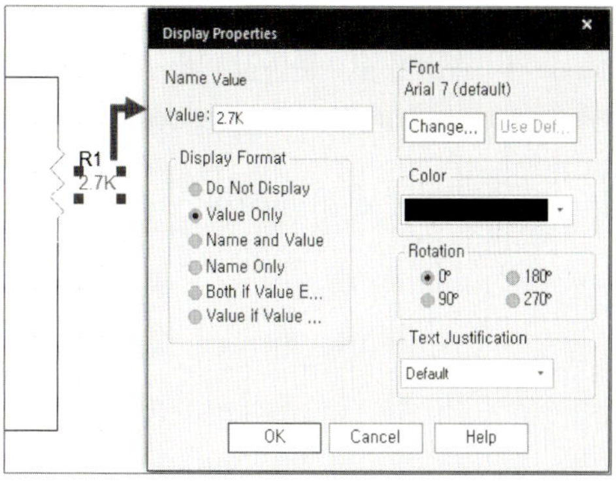

② 또는 전체 부품을 선택한 후 Edit Properties를 실행하여 Value 부분에서 각각의 값들을 입력할 수 있다. 같은 값을 입력할 경우 아래 그림과 같이 Sheet를 클릭 후 아래로 복사할 수 있다.

		Power Pins Visible	Primitive	Reference	Value	Source Library	Source Package
1	SCHEMATIC1 : PAGE1		DEFAULT	C1	100uF	C:\CADENCE\SPB_17.4 ...	CAP POL
2	SCHEMATIC1 : PAGE1		DEFAULT	D1	1N5625	C:\CADENCE\SPB_17.4 ...	DIODE
3	SCHEMATIC1 : PAGE1		DEFAULT	D2	1N5625	C:\CADENCE\SPB_17.4 ...	DIODE
4	SCHEMATIC1 : PAGE1		DEFAULT	F1	1A	C:\CADENCE\SPB_17.4 ...	FUSE
5	SCHEMATIC1 : PAGE1		DEFAULT	R1	2.7K	C:\CADENCE\SPB_17.4 ...	R
6	SCHEMATIC1 : PAGE1		DEFAULT	SW1	SW SPST	C:\CADENCE\SPB_17.4 ...	SW SPST
7	SCHEMATIC1 : PAGE1		DEFAULT	T1	TRANSFORMER CT	C:\CADENCE\SPB_17.4 ...	TRANSFORMER CT
8	SCHEMATIC1 : PAGE1		DEFAULT	V1	120V, 60Hz	C:\CADENCE\SPB_17.4 ...	SOURCE VOLTAGE

4.3.2 부품 Footprint 입력

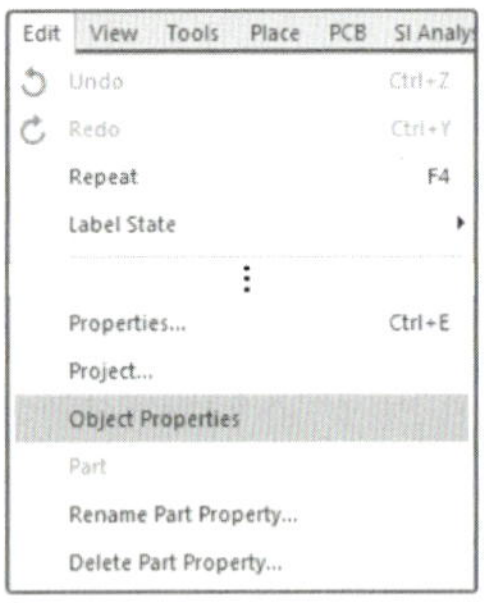

① PCB 설계를 위해서는 각 부품의 PCB Footprint를 입력해야 한다. 각 부품의 Footprint를 지정하는 방법은 부품을 더블클릭 하거나, 부품을 클릭한 후 마우스 우클릭(MRB) - Edit Properties를 선택하여 입력한다.

② 작성된 도면에서 모든 부품의 스프레드시트에서 PCB Footprint를 입력하거나 수정할 수도 있다. 아래와 그림과 같이 프로젝트 관리자( )에서 Edit - Object Properties를 수행하여 각 부품의 Footprint 값을 입력하거나 수정한다.

		Part Reference	PCB Footprint	Power Pins Visible	Primitive	Reference	Value
1	SCHEMATIC1 : PAGE1	C1	CAP196		DEFAULT	C1	100uF
2	SCHEMATIC1 : PAGE1	D1	DO14		DEFAULT	D1	1N5625
3	SCHEMATIC1 : PAGE1	D2	DO14		DEFAULT	D2	1N5625
4	SCHEMATIC1 : PAGE1	F1	JUMPER2		DEFAULT	F1	1A
5	SCHEMATIC1 : PAGE1	R1	RES400		DEFAULT	R1	2.7K
6	SCHEMATIC1 : PAGE1	SW1	JUMPER2		DEFAULT	SW1	SW SPST
7	SCHEMATIC1 : PAGE1	T1	Transformer_CT		DEFAULT	T1	TRANSFORMER CT
8	SCHEMATIC1 : PAGE1	V1	JUMPER2		DEFAULT	V1	120V, 60Hz

③ 회로에 사용되는 Capture의 부품이름, 부품값 및 PCB Footprint 값을 아래와 같이 지정한다. PCB Editor가 제공하는 Library는 다음 경로에 있다.

C:\Cadence\SPB_17.4\share\pcb\pcb_lib\symbols

번호	Capture 부품이름	부품값	PCB Editor Footprint
1	Source Voltage	120V, 60Hz	JUMPER2
2	CAP POL	100uF, 50V	CAP196
3	Diode	1N5625	DO14 주1)
4	Fuse	1A	JUMPER2
5	Resistor	2.7K	RES400
6	SW SPST	SPST	JUMPER2
7	Transformer_CT	120V, 27V	Transformer_CT 주2)

주1) 핀번호 수정(④), 주2)Footprint 제작(⑤)

④ Diode의 Footprint인 DO14는 anode가 2번, cathode가 1번이어서, Capture의 Edit part 명령을 이용하여, anode는 1번 → 2번, cathode는 2번 → 1번으로 Footprint 핀번호와 일치하도록 수정한다. 또는 Footprint의 핀번호를 Capture의 부품 라이브러리에 맞게 변경할 수도 된다.

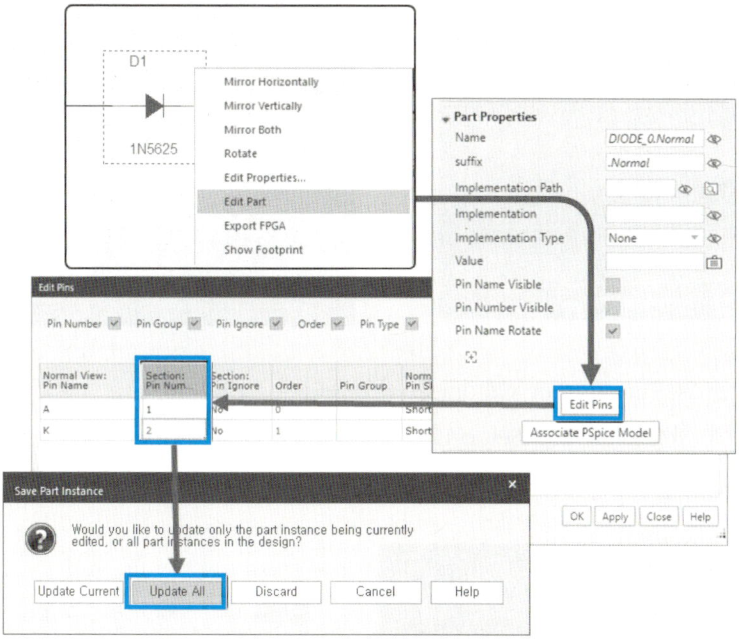

⑤ Transformer_CT의 Footprint를 제작하기 위해, PCB Editor로 DIP 8핀 Symbol을 읽어 들여, 수정하여 사용하는 방법을 사용하기로 한다. PCB Editor를 실행하여, pcblib (C:/cadence/spb17.4/share/pcb/ pcb_lib/symbols)에서 dip8_3.dra를 읽어 들인다.

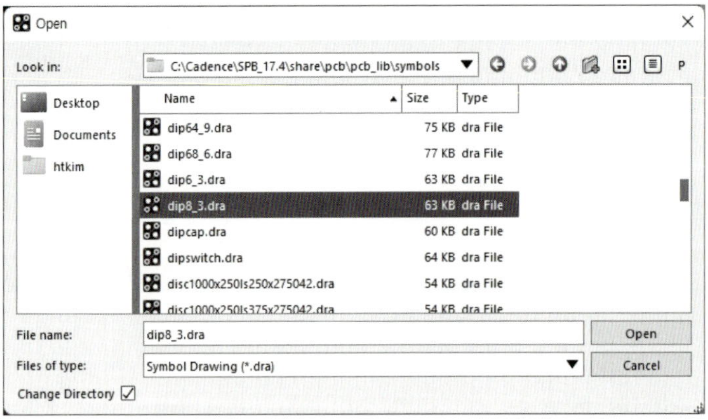

⑥ 2번, 3번, 7번을 선택 - RMB 및 Delete 한다. 핀 1번, 4번, 5번, 6번 및 8번만 남게 되어 Transformer_CT와 일치하게 된다.

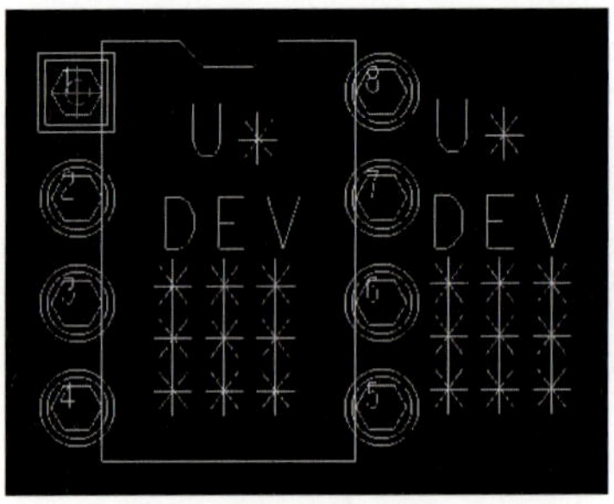

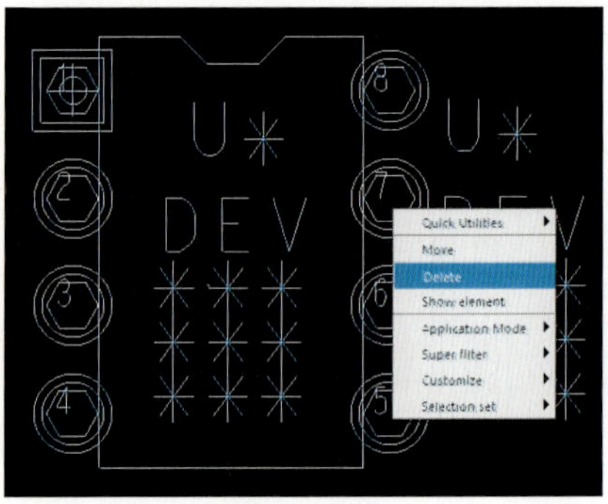

⑦ File - Save As Transformer_CT.dra로 작업폴더에 저장한다.
다른 폴더에 저장할 때에는 Setup-User Preferences-Paths-Library
에서 padpath, psmpath에 Footprint가 있는 경로를 추가해주어야 배치 가능하다.

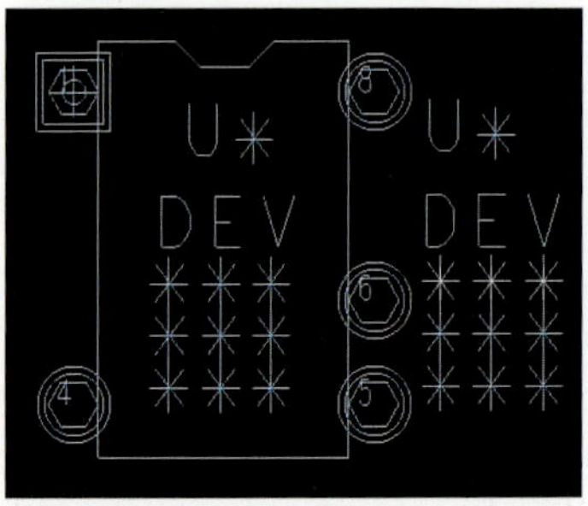

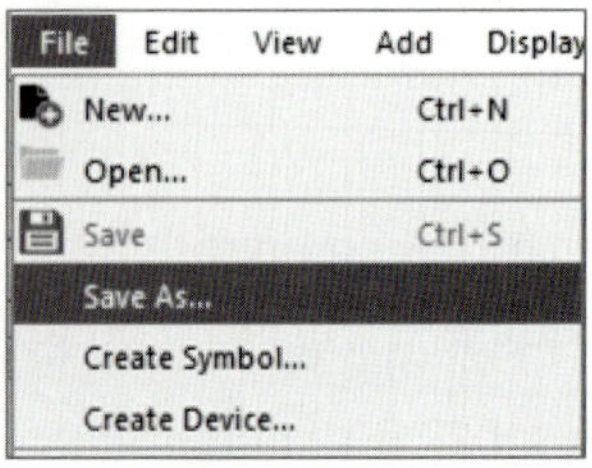

4.3.3 부품참조갱신(Annotate)

① 프로젝트 관리자( )의 Tools 메뉴에서 Annotate를 선택하거나 툴 파렛트에서 를 마우스의 눌러, 부품참조 번호를 초기화한 후 갱신한다.

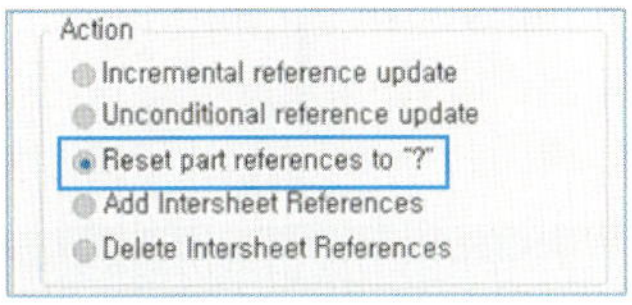

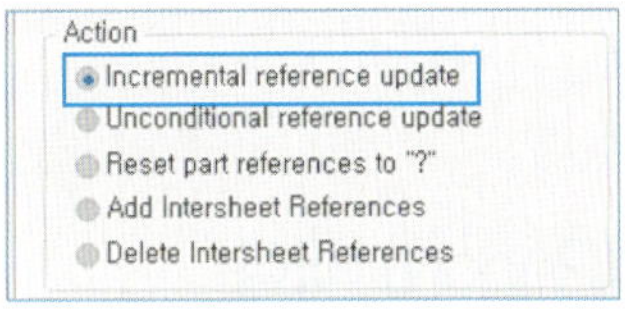

4.3.4 설계규칙검사(Design Rule Check)

① 프로젝트 관리자( )의 PCB 메뉴에서 Design Rule Check를 선택하거나 툴 파렛트에서 를 마우스로 클릭한다. Rule Setup 탭 - Electrical Rules을 펼쳐 아래 그림과 같이 전기적인 규칙검사를 선택하고, Run을 눌러 실행한다.

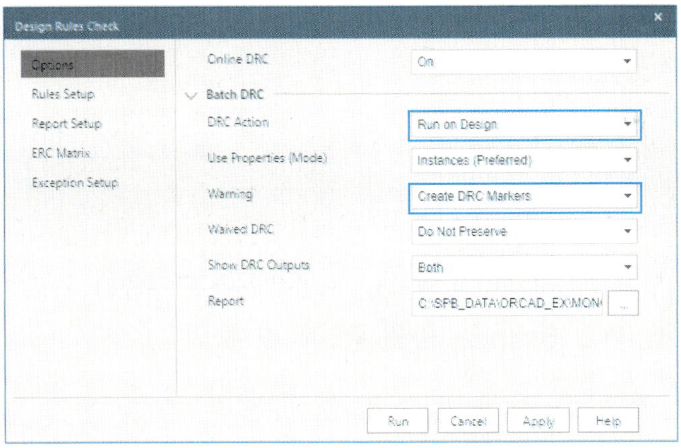

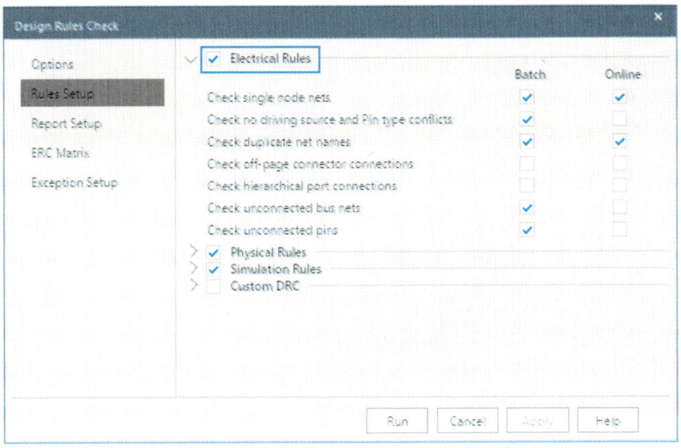

② 레포트파일(rectifier.drc)을 열어서 Design Rule Check 수행 결과를 확인한다. 에러가 있는 경우에는 그 원인을 수정한 후 다시 DRC 명령을 실행하며, 경고나 에러표시가 나타나지 않을 때까지 계속하여 반복한다.

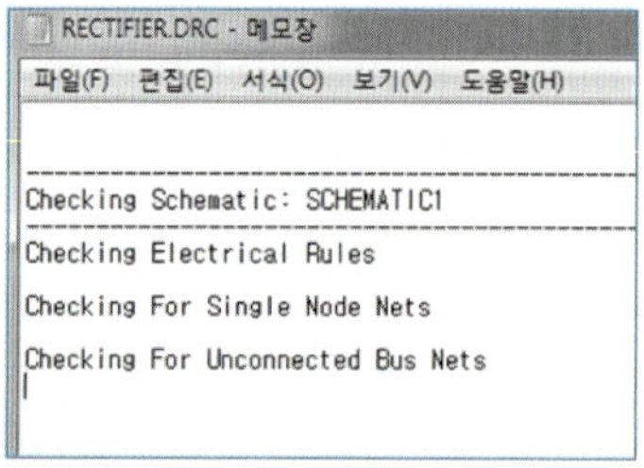

4.3.5 레포트(Report) 작성

1) BOM(Bill of Material) 작성

① 프로젝트 관리자( )의 Tools 메뉴에서 Bill of materials를 선택하거나 툴 파렛트에서 를 마우스로 클릭하여 BOM 파일을 작성한다.

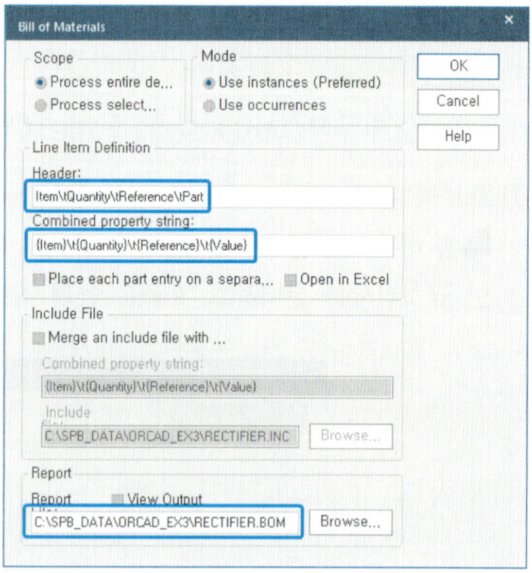

② 생성된 BOM 파일(rectifier.bom)을 열어서, 도면에 사용된 부품의 속성, 항목, 수량, 참조번호 및 부품의 값, PCB Footprint 등을 확인해 본다.

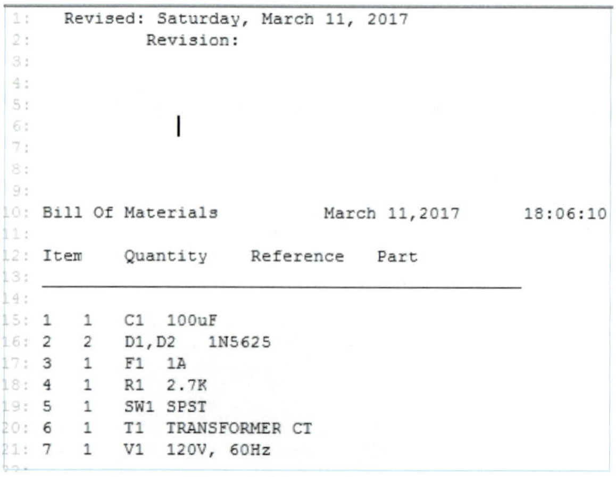

2) Cross reference 작성

① 프로젝트 관리자( )의 Tools 메뉴에서 Cross Reference를 선택하거나 툴파렛트에서 ( )를 마우스로 클릭하여 실행한다.

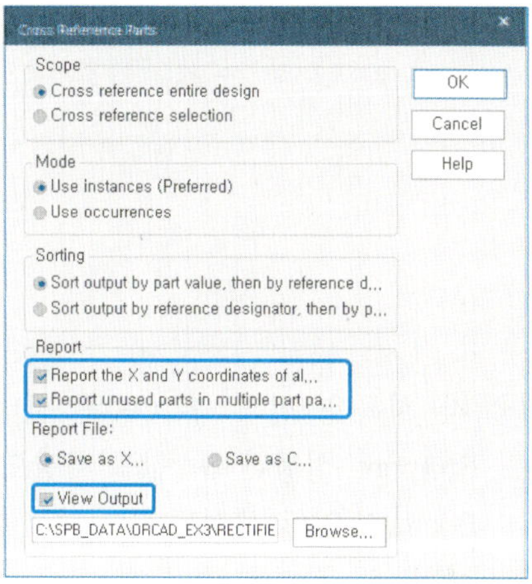

② 생성된 Cross Reference 파일(rectifier.xrf)을 열어서, 모든 부품의 부품 참조번호, 부품값 및 각 부품의 좌표값 등을 확인해 본다.

```
Revised: Saturday, March 11, 2017
        Revision:



Design Name:  C:₩SPB_DATA₩ORCAD_EX3₩RECTIFIER.DSN

Cross Reference          March 11,2017      18:09:22  Page1

Item    Part     Reference      SchematicName   Sheet   Library X       Y
---------------------------------------------------------------------------

1       1A       F1     SCHEMATIC1/PAGE1        1       C:₩PROGRAM1₩ORCAD10₩TOOLS₩CAPTURE₩LIBRARY₩DISCRETE.OLB  1.70    2.70
2       1N5625   D1     SCHEMATIC1/PAGE1        1       C:₩SPB_DATA₩ORCAD_EX3₩RECTIFIER.DSN     3.90    1.60
3       1N5625   D2     SCHEMATIC1/PAGE1        1       C:₩SPB_DATA₩ORCAD_EX3₩RECTIFIER.DSN     3.90    2.50
4       2.7K     R1     SCHEMATIC1/PAGE1        1       C:₩PROGRAM1₩ORCAD10₩TOOLS₩CAPTURE₩LIBRARY₩DISCRETE.OLB  5.60    2.50
5       100uF    C1     SCHEMATIC1/PAGE1        1       C:₩PROGRAM1₩ORCAD10₩TOOLS₩CAPTURE₩LIBRARY₩DISCRETE.OLB  4.90    2.60
6       120V, 60Hz      V1      SCHEMATIC1/PAGE1        1       C:₩PROGRAM1₩ORCAD10₩TOOLS₩CAPTURE₩LIBRARY₩DISCRETE.OLB  0.90    2.00
7       SPST     SW1    SCHEMATIC1/PAGE1        1       C:₩PROGRAM1₩ORCAD10₩TOOLS₩CAPTURE₩LIBRARY₩DISCRETE.OLB  1.70    1.50
8       TRANSFORMER CT  T1      SCHEMATIC1/PAGE1        1       C:₩PROGRAM1₩ORCAD10₩TOOLS₩CAPTURE₩LIBRARY₩DISCRETE.OLB  2.80    1.90

  Revised:
        Revision:
```

4.3.6 네트리스트(Netlist) 작성 및 PCB Editor 실행

① 프로젝트 관리자( )의 PCB 메뉴에서 New Layout을 선택하여 New Layout 대화상자를 활성화 한다.

② 이 대화상자에서 PCB Layout Folder, Input Board File, Board 항목을 설정한다.

PCB Layout Folder : Netlist 파일의 경로 설정
Input Board File : 환경이 설정된 보드 파일이나 수정할 보드 파일을 입력
Board : 작업할 경로와 보드 파일을 설정

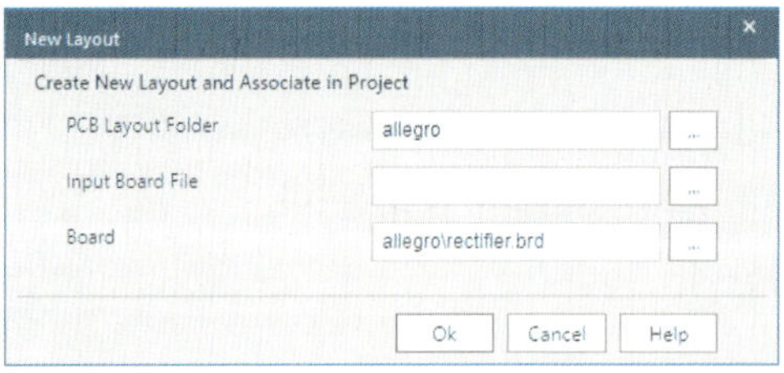

③ 각 항목을 설정 후 OK를 선택하여 설계된 회로도와 PCB Footprint, 설정된 속성값을 바탕으로 아래와 같은 Netlist 및 PCB Board 파일이 생성된다.

pstxprt.dat : 부품관련 정보
pstxnet.dat : 부품간 Net 연결 등 관련 정보
pstchip.dat : 부품 Footprint 등 관련정보

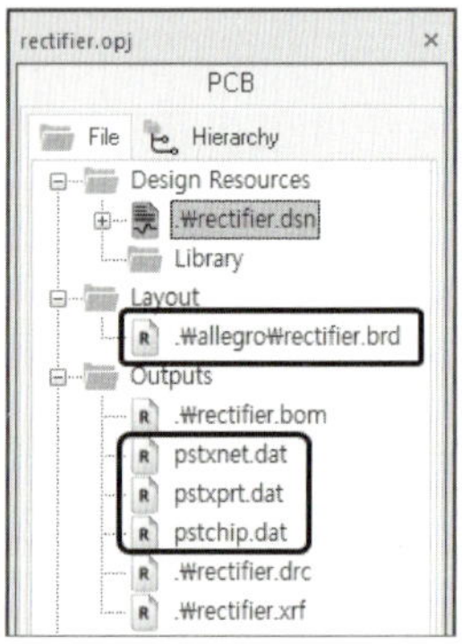

④ Netlist가 정상적으로 에러없이 생성되면, 아래와 같이 PCB Editor가 실행되고, Netlist와 Footprint 정보가 PCB Editor로 전달된다. 또한 PCB 설계가 저장되는 *.brd(board) 확장자를 가진 monostable.brd라는 보드파일이 생성된다. Capture의 모든 프로젝트를 저장한다.

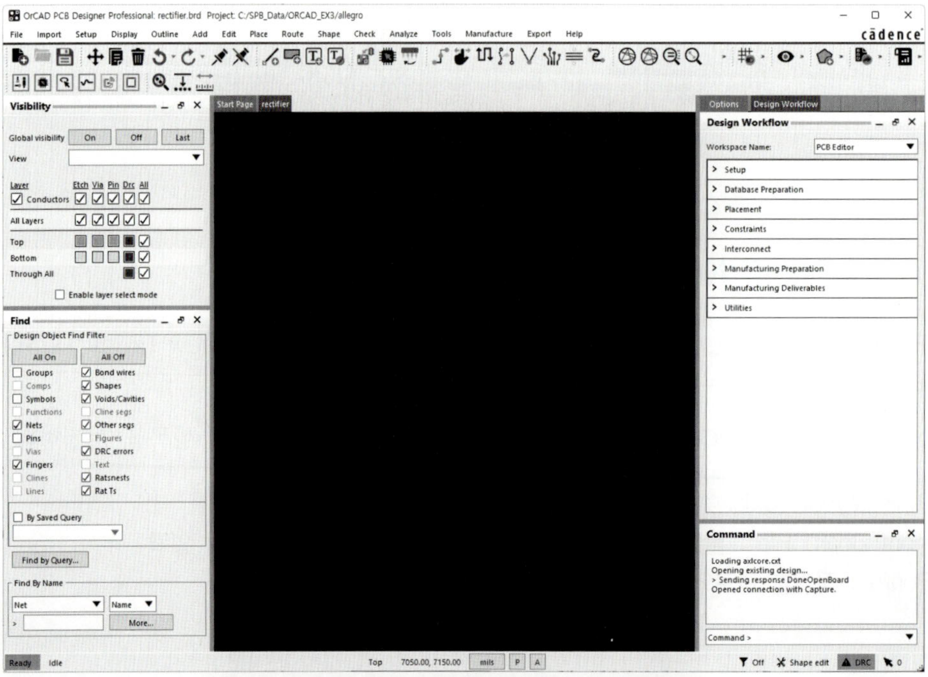

4.4 PCB 설계보드 설정

4.4.1 기본환경설정

① PCB Editor의 메뉴 Setup - Design Parameters를 선택한다.

② Display 탭에서는 화면에 표시되는 정보들의 크기 및 핀 정보들을 설정하는데, 여기서는 기본 값으로 설정하여 사용한다. Grid는 on으로 설정한다.

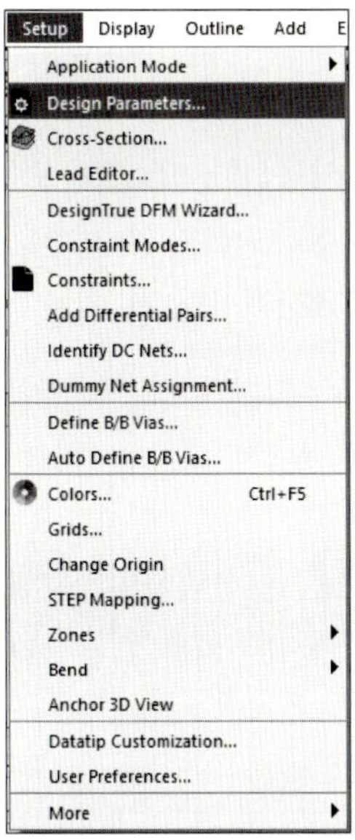

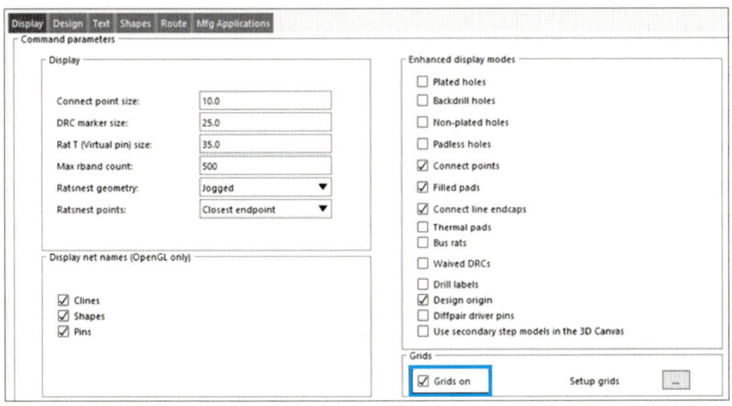

③ Setup - Design Parameters - Design 탭을 도면의 크기를 결정한다. 단위는 Mils, 도면 크기는 A, 소수점 이하 2자리까지 표현하도록 accuracy는 2로 지정한다. 화면의 왼쪽하단 모서리 점의 좌표를 (-2000, -2000)으로 설정되도록 Left X:-2000, Lower Y : -2000으로 Width 11000와 Height 8500으로 우측 그림과 같이 설정한다.

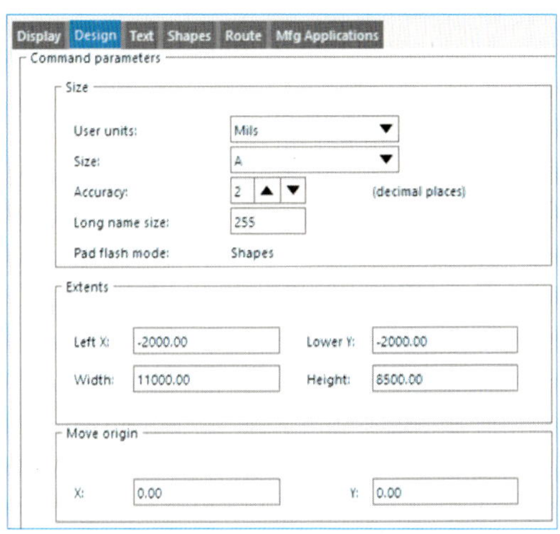

④ Setup - Grids에서 설계할 보드의 Grid를 아래와 같이 설정한다.

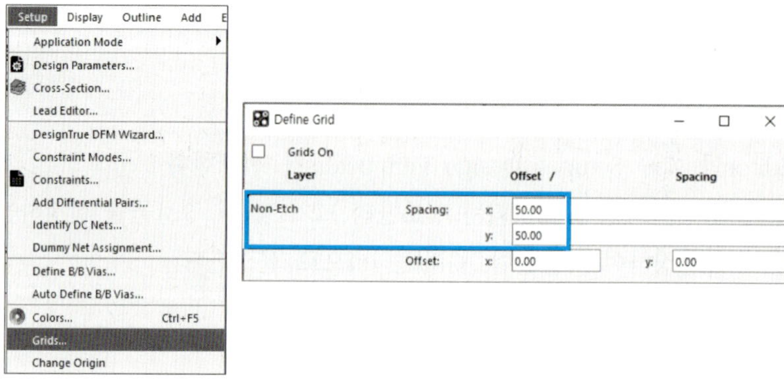

Non-Etch : 50mil로 설정. 전기적인 속성이 없는 모든 도면작업에 사용되는 그리드. 모든 Layer에 공통적으로 등간격의 Gird 사용

All Etch : 전기적인 속성이 있는 도면 작업을 위한 Grid. 자동배치/배선, 대화식 배선 시 사용되는 Grid. 모든 Layer에 동시 적용

Top/Bottom : 해당 Layer에 각각 Grid 사용가능

⑤ 메뉴바에서 Setup - Cross-section 탭을 누르거나 Xsection 아이콘( )을 선택하여 설계할 PCB의 Layer(층)을 설정한다. 기본 값은 2층으로 설정되어 있고, 여기서는 기본 값을 이용한다.

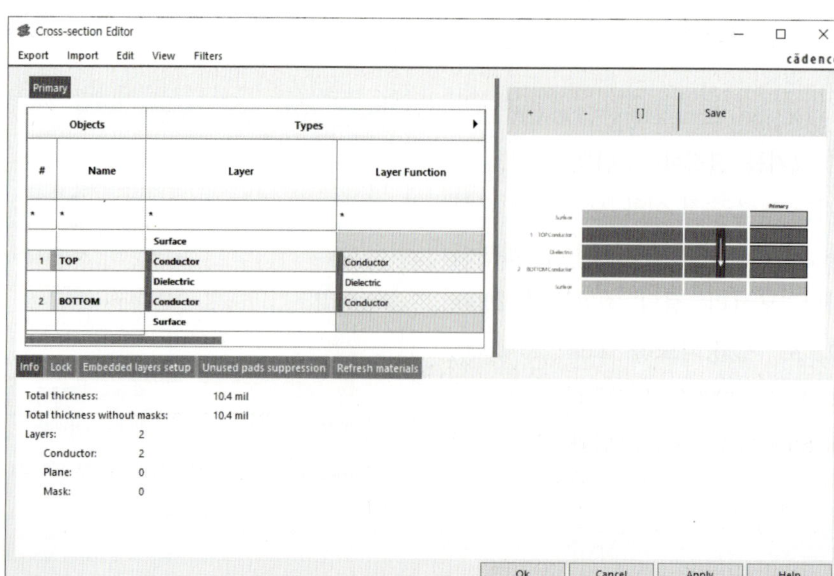

4.4.2 보드외곽선(Board Outline) 설정

① 메뉴바 Outline - Design을 선택하여 설계할 PCB의 크기를 설정한다. 설계할 PCB 크기를 3000(mil)×2000(mil)로 설정한다. Create 항목으로 설정하고, Clearance를 100mil로 수정하고, Draw Rectangle을 선택한다.

② 외곽선을 그리는 방법은 Design Outline 창이 띄워진 상태에서 Command 창에 x∨0,∨0 입력 후 Enter↵, x∨3000,∨2000을 입력하고 Enter↵를 치면 된다. 혹은 화면하단의 좌표를 보면서 직접 그리는 방법을 사용하여도 된다.

③ 좌표입력 x∨0,∨0 Enter↵에 의해 사각형의 한 점을 지정하고, x∨3000, ∨2000 Enter↵에 의해 대각선의 한 점을 지정하게 된다. 이 두 점을 대각선으로 지나는 크기가 보드크기가 된다. x 다음에 빈칸(∨로 표기함)을 띄우지 않거나 Design Outline 창을 닫은 상태에서는 Command가 정상적으로 수행되지 않는다. 보드외곽선의 설정이 끝나면 Close를 선택한다.

④ 아래의 그림에서 바깥선이 3000(mil)×2000(mil) 크기의 PCB 외곽선이 되고, 100mil 안쪽으로 Package Keepin(부품 배치가 허용되는 영역) 영역 및 Route Keepin(배선이 이용되는 영역) 영역이 겹쳐져 만들어진다.

⑤ 기구홀을 삽입하기 위해 메뉴바에서 Place – Component Manually 탭을 선택하거나 Place Manually 아이콘( )을 선택한 후, Advanced Setting 탭으로 이동한 후 Library 박스를 체크한다. Place - Mechanical Symbol의 MTG125를 체크하고 배치한다. 나머지 모서리에도 아래 그림과 같이 반복하여 MTG125선택 및 배치를 반복 수행한다.

x 200, 200
x 200, 1800
x 2800, 200
x 2800, 1800

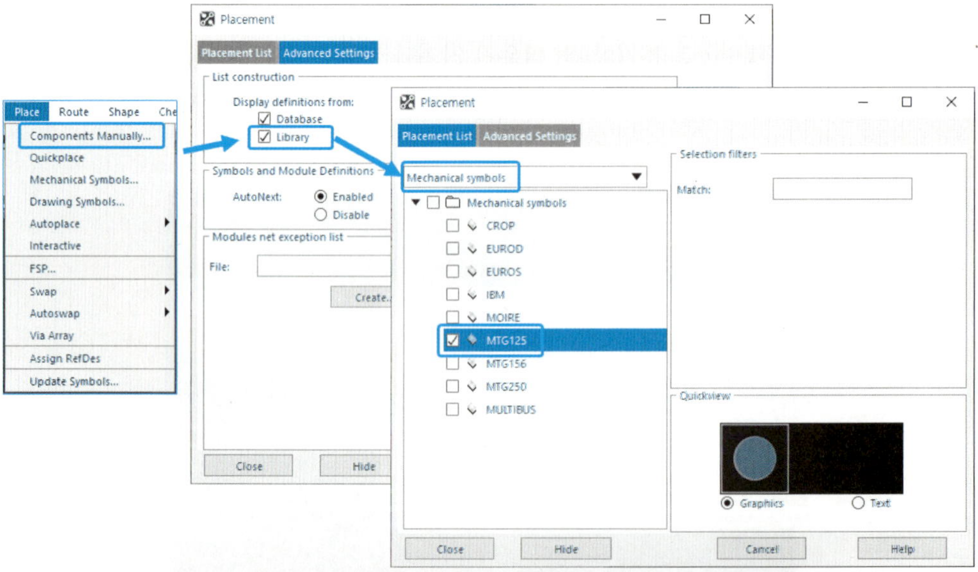

4.4.3 Constraints 설정

① 부품 혹은 패턴간의 이격(Spacing), 배선폭 등의 설정을 위해서, Setup - Constraints - Physical을 선택하거나 아이콘( )을 선택 실행한다.

② 열린 화면 좌측의 Physical Constraint Set에서 All Layer를 선택한 후, Line Width의 Default 값을 기본 값 5mil을 12mil로 수정한다. 이 밖에 변경하고자 값들을 수정하고, 수정하지 않으면 기본 값으로 설정된다.

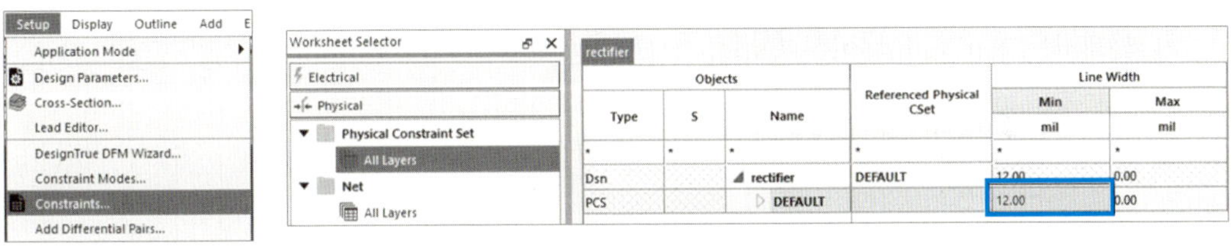

③ 전체 배선폭을 지정한 후, VCC, GND 같은 전원라인이나 중요한 net 등과 같이 패턴의 폭을 아래와 같이 별도로 net 별로 지정할 수 있다.

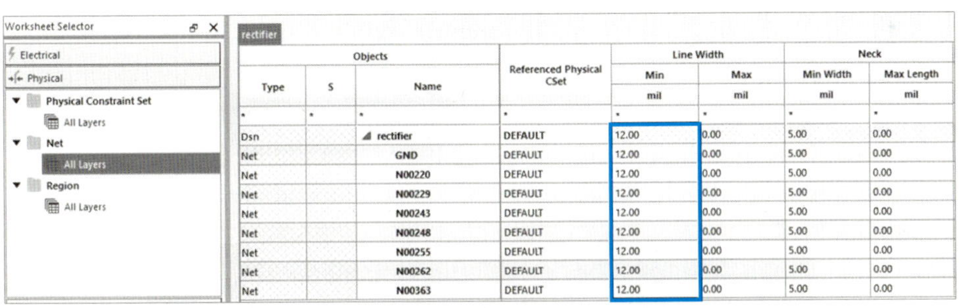

④ PCB의 각층 내에서 부품이나 주요 아이템 간의 이격거리를 정해주는 Spacing Constraint는 화면 왼쪽 창에 있는 Spacing을 선택하여 수행한다. Default 값을 사용하거나, 원하는 곳의 배선 폭으로 변경한 후 Constraint Manager 창을 닫는다.

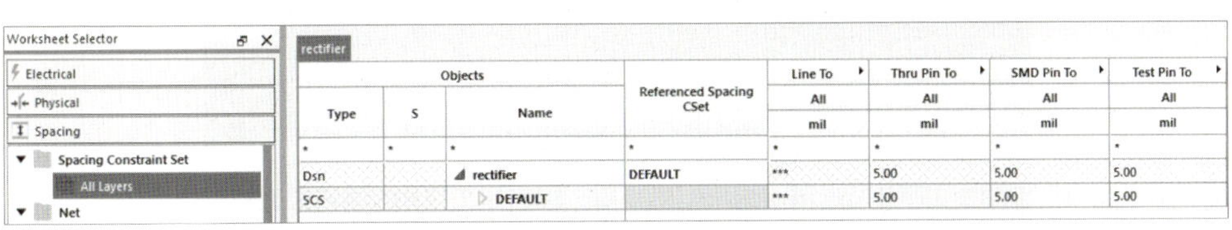

4.5 부품배치(Part Placement)

① 메뉴바의 Place - Component Manually를 선택하거나 Place Manual 아이콘( )을 선택한다. Components by refdes를 선택, 배치하고자 하는 부품을 지정한 후, Hide를 누르면 창이 닫히면서 화면에 나타난 부품을 보드 내에 적당히 배치시킨다.

② 메뉴바의 Display - Blank Rats -All 또는 Unrats 아이콘( )을 선택하여, 모든 Ratsnest를 보이지 않게 하여 아래 오른쪽 화면과 같이 설정한다. 다시 모든 Ratsnest를 화면에 나타나기 위해서는 Rats all 아이콘( )을 선택하면 된다.

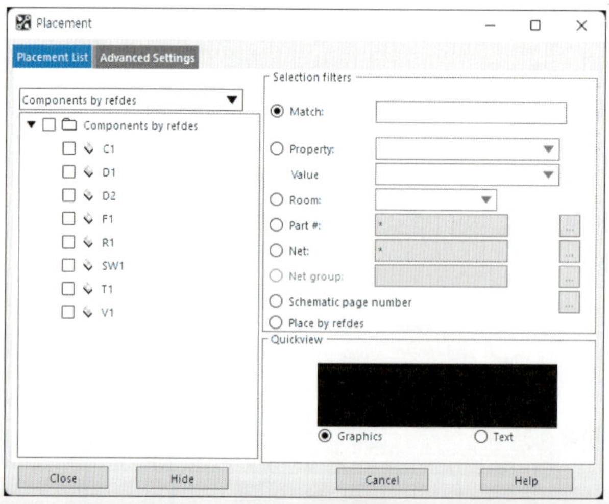

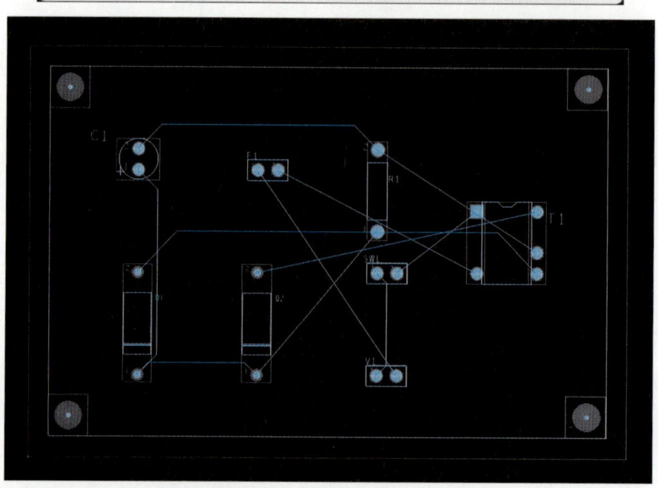

③ 부품(Package Symbol)의 이동, 복사 등 명령을 적용할 경우 해당 명령어와 우측 Control Panel의 Find에서 필요한 항목을 선택하고, 선택된 항목에 대해서만 명령어가 수행되도록 설정한다.

4.6 Color Setting

① 메뉴 바에서 Setup – Colors 또는 Color192 아이콘( )을 선택하여, 필요한 Layer의 Color Display를 설정한다. Color Dialog 화면이 열리면 아래 그림과 같이 Global Visibility를 Off시킨다.

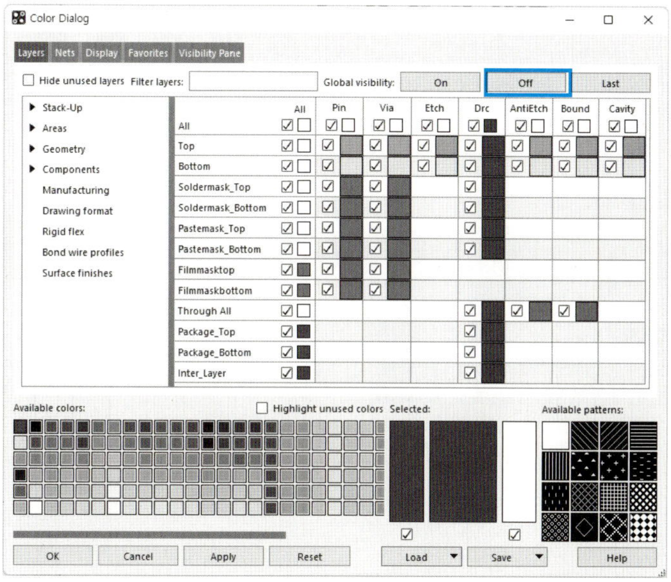

② 회로 Design을 하기 위해 Colors 설정으로 아래의 항목을 참고하여 체크한다.

카테고리	하위 카테고리
• Stack-Up	Top, Bottom의 All
• Area	All의 Pkg KI, Rte KI
• Board Geometry	Design_Ouline, Dimension
• Package Geometry	Silkscreen_Top
• Component	RefDes

• Stack-Up

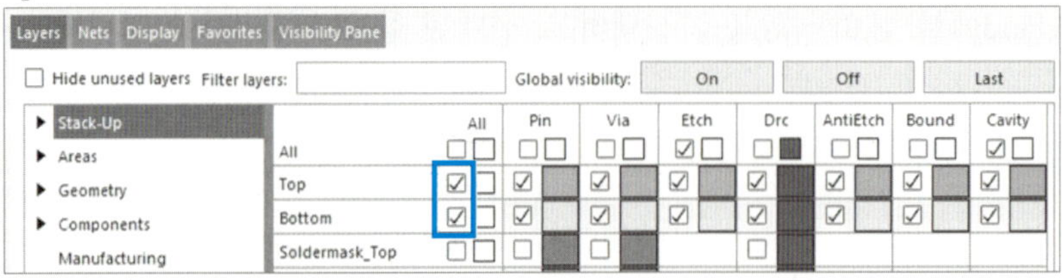

• Area

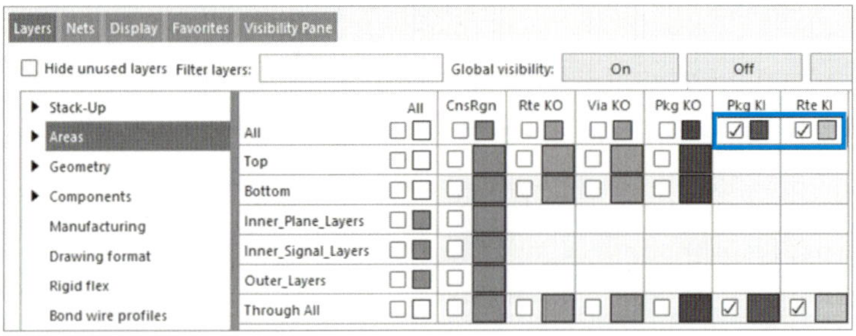

• Board Geometry

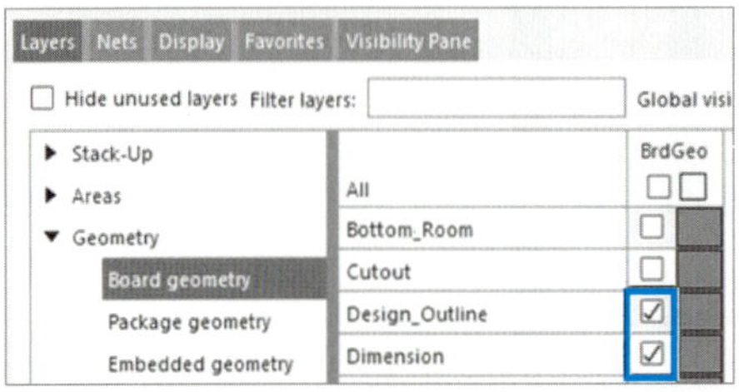

• Package Geometry

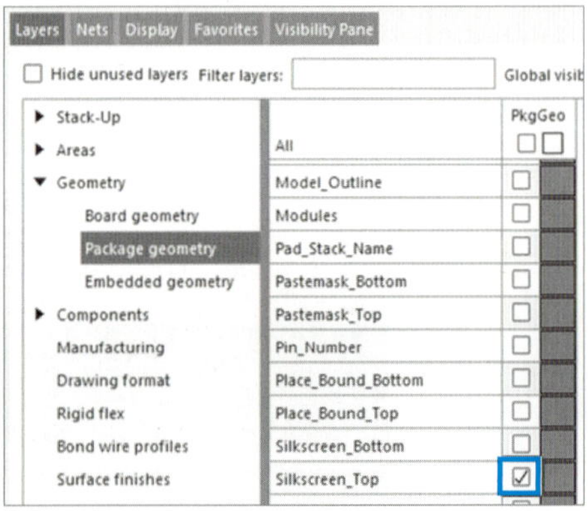

• Component

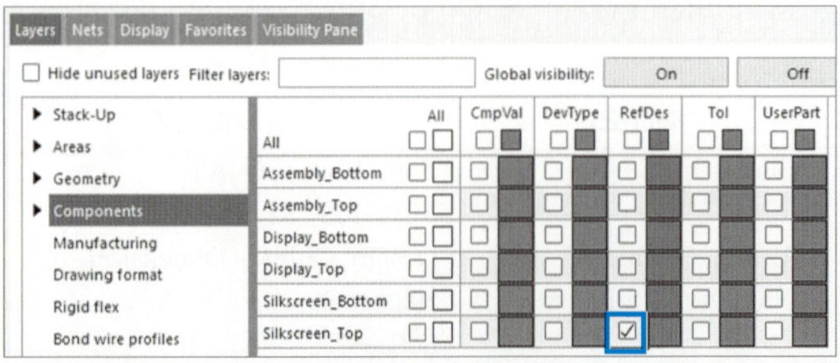

⑦ 설정을 마치면 OK를 눌러서 Color 설정을 종료한다.

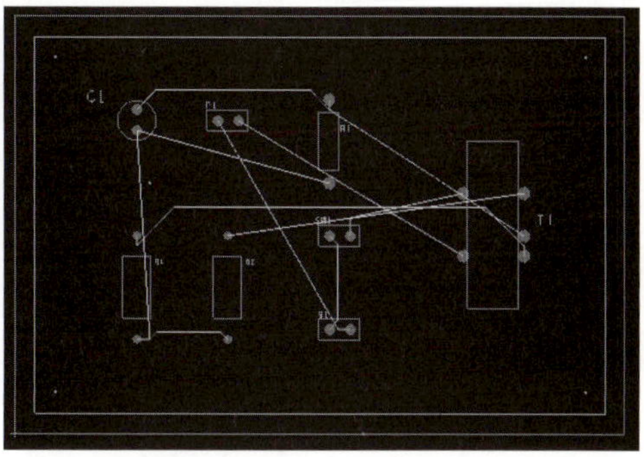

4.7 배선(Routing)

4.7.1 수동배선(Manual Routing)

① 메뉴바에서 Display - Show rats - All 또는 Rats All( )을 선택한다.
배선하고자 하는 Ratsnest 혹은 연결하고자 하는 두 핀을 마우스로 클릭한 후 단축아이콘 ( ) 또는 F3키를 이용하여 배선을 한다.

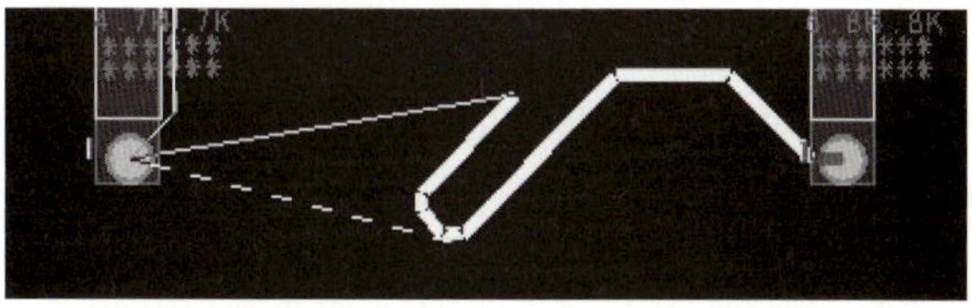

② Control Panel의 Visibility, Find 및 Options의 설정을 확인하여, 각 층의 색상을 확인한다. 또한 Find 창에 Pins가 선택되지 않았다면 배선이 수행되지 않으므로 선택해준다.

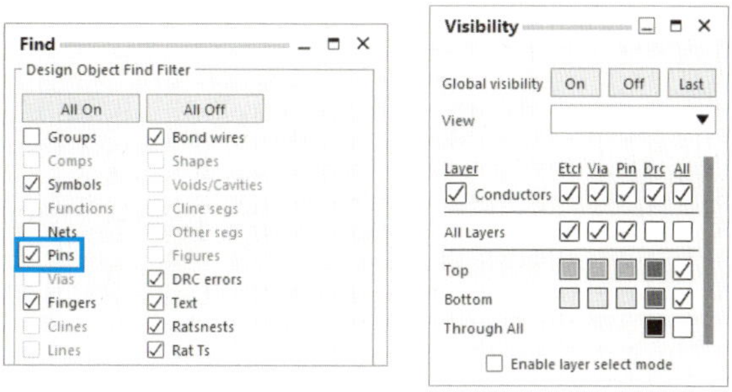

③ 배선 도중 층(layer) 변경, 비어삽입 등은 MRB를 이용하고, 아래와 같이 Options을 선택하여 배선폭의 변경 등을 수행한다. 배선 네트의 취소 혹은 삭제 등도 해당 네트를 선택하여 마우스 오른쪽 버튼을 눌러 수행한다.

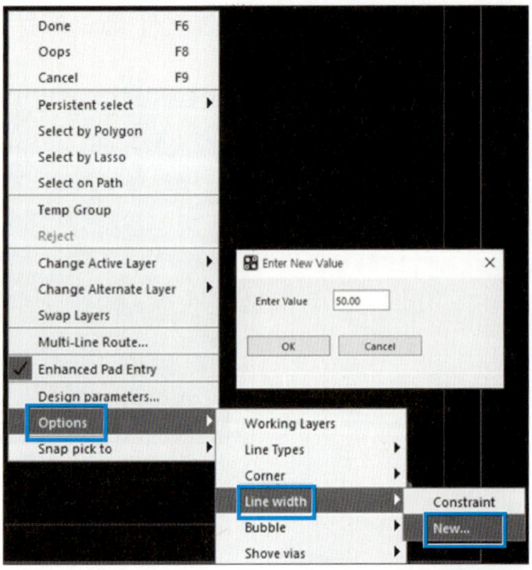

④ 같은 층에서의 배선이 서로 교차되는 경우에 실시간 DRC 체크로 인해 배선이 지나가지 못하도록 한다. 이 경우에는 마우스를 더블클릭을 하면 작업 layer가 변경되면서 해당 위치에 Via가 생성된다.

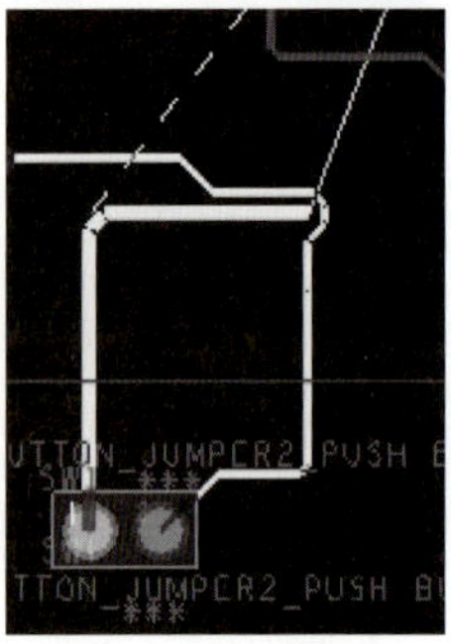

⑤ 배선된 Etch(패턴 혹은 동판영역 등)를 삭제할 경우에는 메뉴바 Edit-Delete를 이용하거나 아이콘(🗑)을 선택한 후 삭제하고자 하는 아이템을 더블클릭한다. 단, 삭제하고자 하는 아이템만을 Control 패널의 Find 탭에서 설정한 후 실행한다. 예를 들어, 배선된 패턴을 삭제하고자 할 경우에는 아래와 같이 설정 후 해당 패턴을 더블 클릭한 후 마우스 오른쪽 버튼을 눌러 Done을 선택한다.

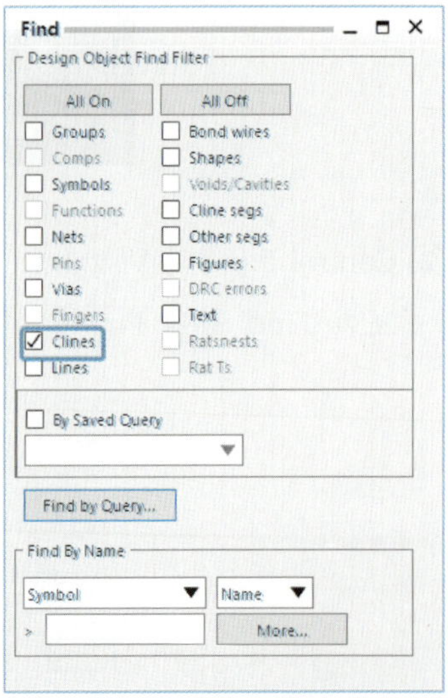

⑥ 배선된 Etch를 슬라이드(밀어내는) Slide 명령( ), 곡선이나 꺾인 Etch를 직선으로 바꾸어주는 Custom Smooth( ), 기존 Etch에 꼭지점을 추가해 주는 Vertex 명령( )을 이용하여 패턴을 수정한다.

4.7.2 자동배선(Auto Routing)

① 아래와 같이 Route – PCB Router - Route Automatic을 선택하여 자동배선을 할 수 있다.

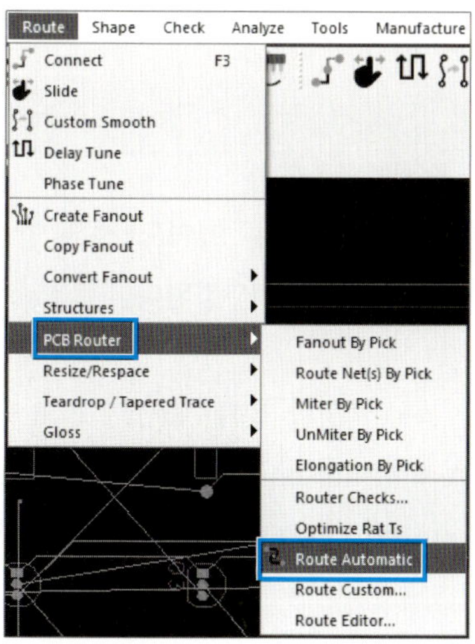

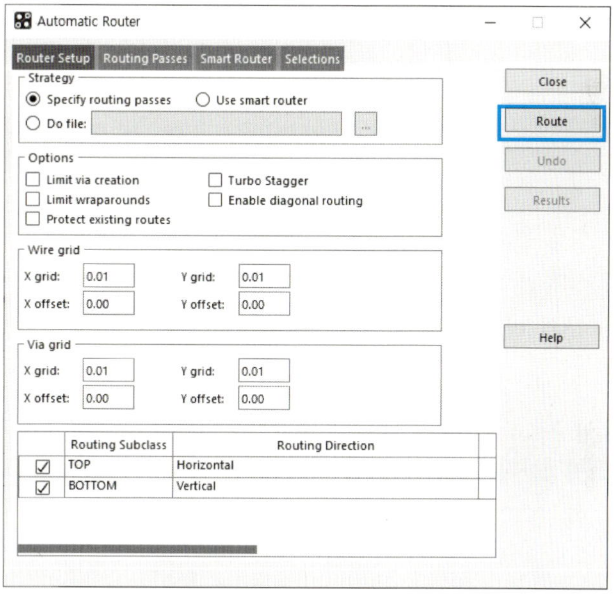

4.7.3 동판(Copper) 배치

① PCB 설계시 전기적인 특성을 높이고, 잡음이나 신호개선을 위해 매우 중요한 기능을 하는 것이 동판인 Copper의 배치이며, 일반적으로 GND Net와 연결한다. Copper Area 설정은 메뉴 Shape - Rectangular 또는 Shape Add Rect(Rectangular) 아이콘( )을 선택한다.

② 다음 그림과 같이 Control Panel의 Options부분에서 Active Class and Subclass(설정할 층)를 Etch/Top으로 설정한다. Shape Fill은 Dynamic copper로 선택하고, Assign net name은 GND Net으로 지정한다.

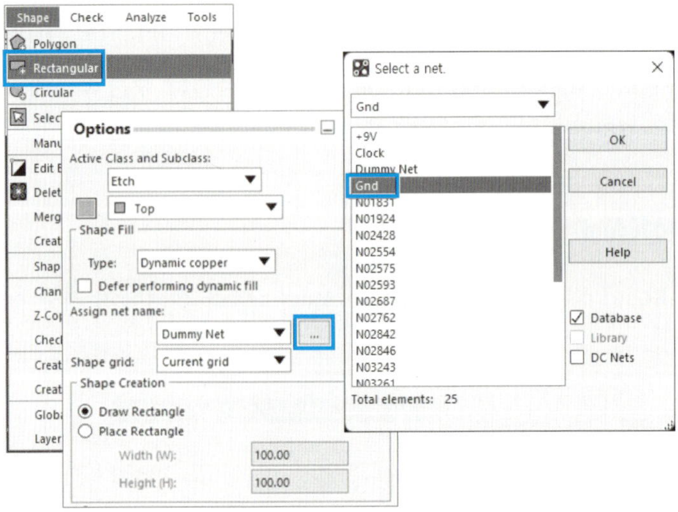

③ 설정 완료 후 Copper 영역을 작성하기 위해 Board 전체를 드래그 한다. 영역 생성은 앞서 설정된 Route Keepin 영역 안쪽으로 GND 속성의 Copper 영역이 작성된다.

③ 같은 방법으로 Bottom 층에 Copper 영역을 작성한다.

Control Panel의 Options 부분에서 Active Class and Subclass(설정할 층)를 Etch / Bottom으로 설정하고, Shape Fill은 Dynamic copper로 선택, Assign net name은 GND Net으로 지정한다. 설정 완료 후 Board 전체를 드래그 하여 Bottom층의 GND Copper 영역을 작성할 수 있다.

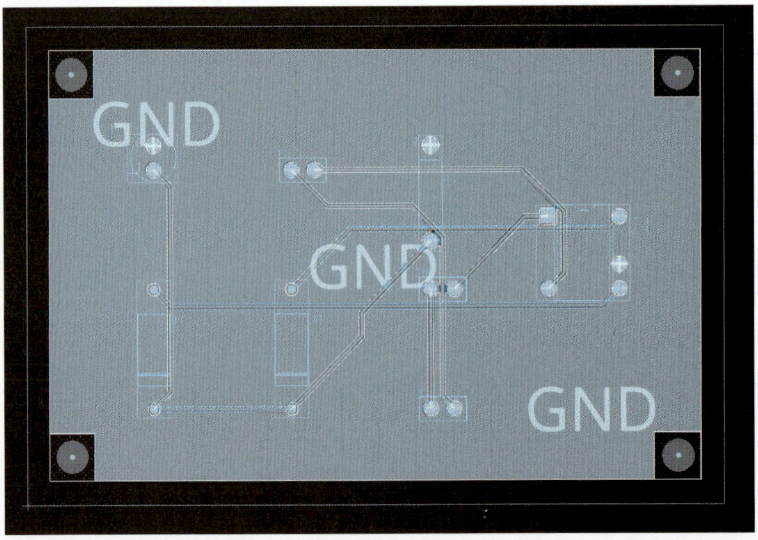

4.7.4 설계보드상태(Status) 확인

① Copper 영역 작성 후 현재 설계한 PCB의 부품 배치 및 배선된 상태를 검사하기 위해 메뉴 Check – Design Status를 선택한다.

② 아래 그림과 같이 Symbols and nets 부분이 Color Box 부분이 녹색일 경우는 정상으로 배치 및 배선이 완료된 것이며, 노란색 및 빨강일 경우 부품의 배치 및 배선이 안된 곳이 있는 경우이므로 Color Box를 클릭하여 좌표를 확인할 수 있다. 그 외 Shapes 및 DRCs 부분도 같은 방법으로 확인할 수 있다.

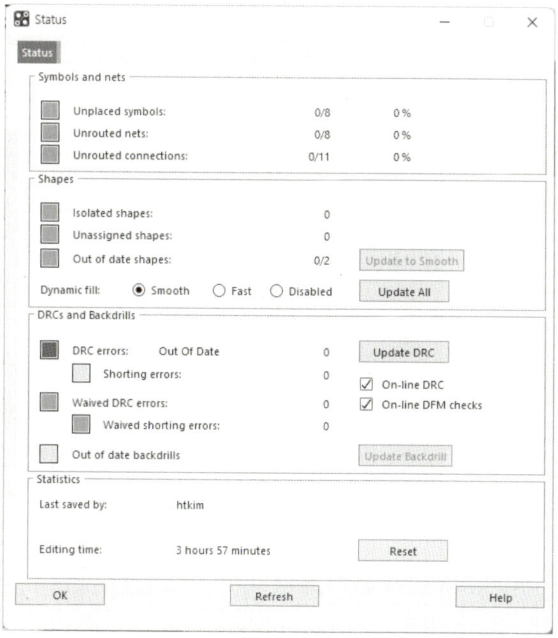

4.8 설계 마무리 작업

4.8.1 Reference 정리

① 크기가 서로 다른 Reference를 동일한 크기로 설정하기 위해 먼저 Control Panel의 Visibility에서 Etch의 Color Box를 Check하여 배선 및 Copper 영역을 off한다.

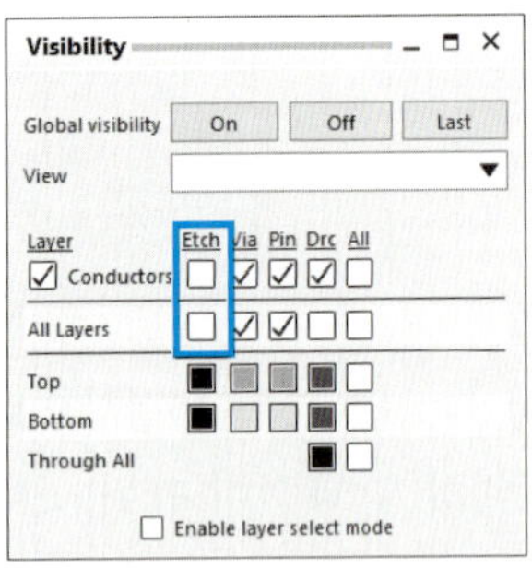

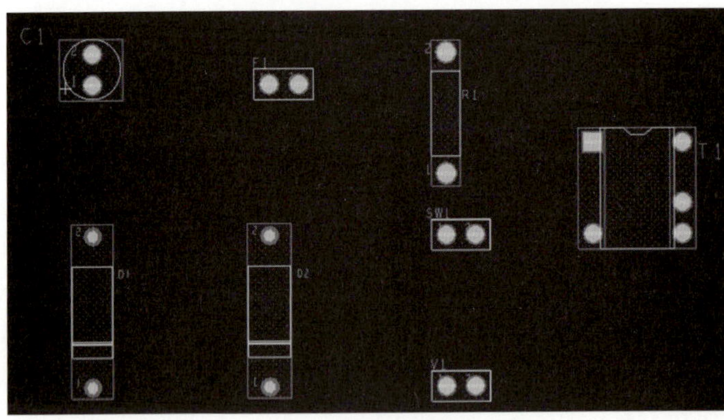

② 메뉴 Edit - Change Objects를 선택한다. Control Panel의 Options에서 Class는 Refdes로 New subclass는 Silkscreen_Top으로 설정한 후 Text block을 4으로 설정 후 보드 전체를 드래그하여 Reference 크기를 동일하게 변경한다.

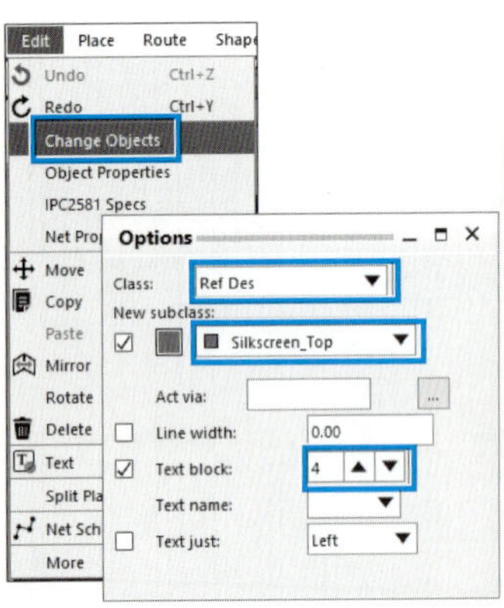

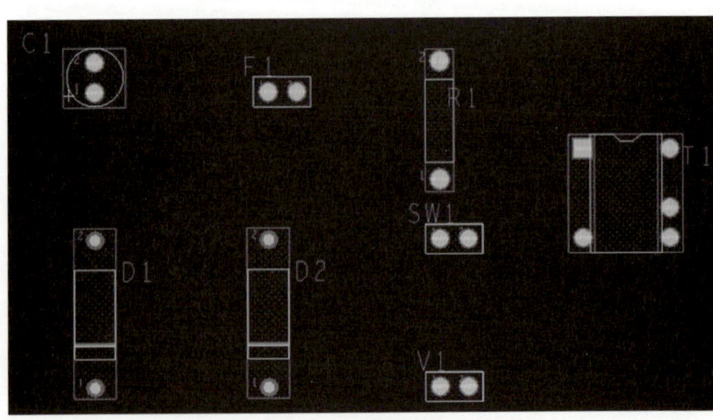

③ 크기를 변경 후 Reference 방향을 동일하게 정리하기 위해 메뉴 Edit - Move를 선택한다. Find Panel에서 모든 아이템을 All off한 후 Text만 Check한다.

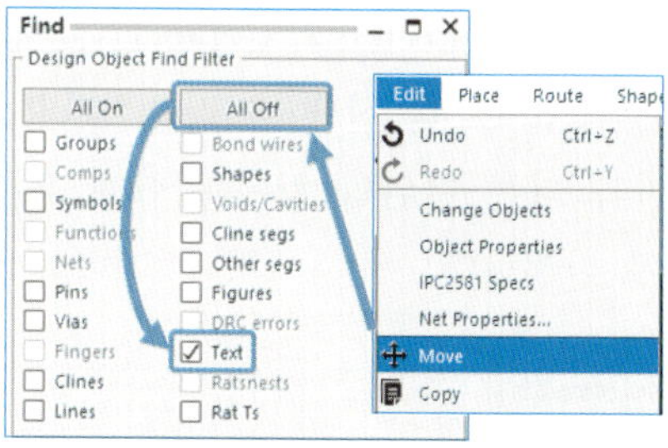

④ 만일 Reference 방향을 수정하고자 할 때 Reference를 선택한 후 마우스 오른쪽 버튼을 클릭, Rotate 명령을 실행하여 수정한다.

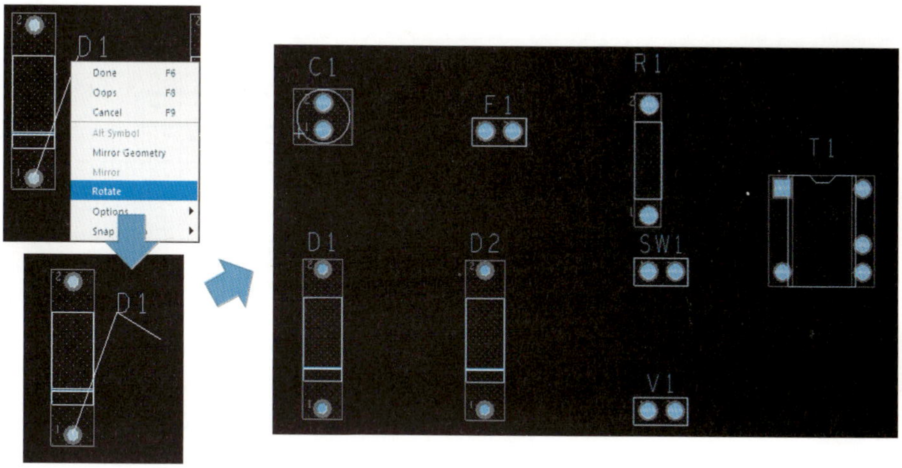

4.8.2 Dimensions 작성

① 설계 보드의 치수를 작성하기 위해 메뉴 Manufacture - Dimension Environment 선택한 후, 우클릭(MRB)하여 Parameters를 선택한다.

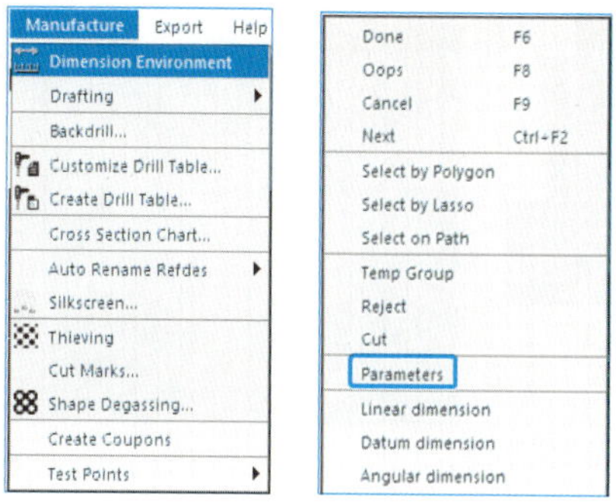

② 아래 그림과 같이 Dimensioning Parameters의 General Tab에서 Parameter editing의 Units를 Millimeters로 설정한다. Text Tab을 선택 후 Text block을 9 / Primary dimensions의 Units를 Mils 설정한다. 만약 다른 단위의 치수를 함께 표시하고자 할 경우 Secondary dimensions에 단위를 함께 설정한다.

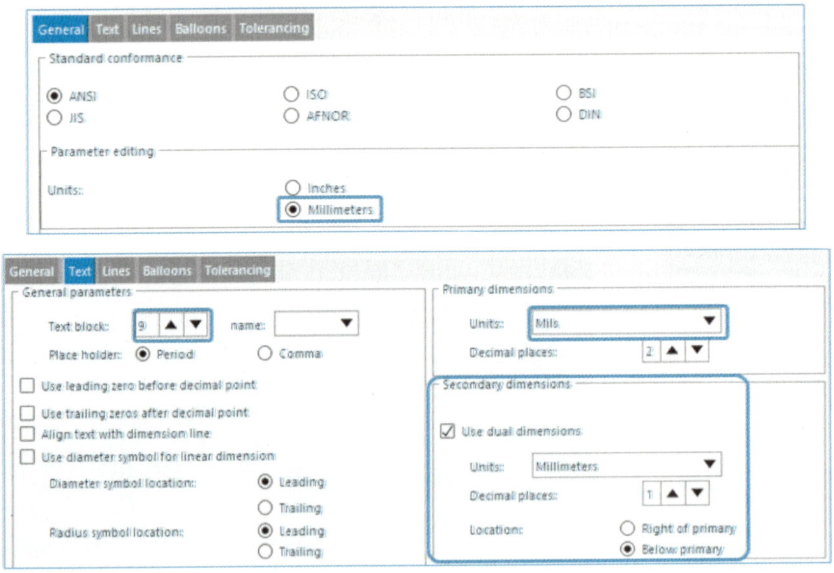

③ 기본적인 Dimension Parameter 설정 후 보드 치수를 기입하기 위해 메뉴 Manufacture을 선택한 후, 마우스 우클릭(MRB)하여 Linear Dimension을 선택한다.
아래 그림과 같이 치수 기입할 선을 클릭하면 측정된 값이 마우스 커서에 붙어 있는 것을 확인할 수 있다. 치수 확인 후 적당한 위치에 기입한다.

④ 이와 같은 방법으로 아래 그림과 같이 치수를 측정하여 기입한다.

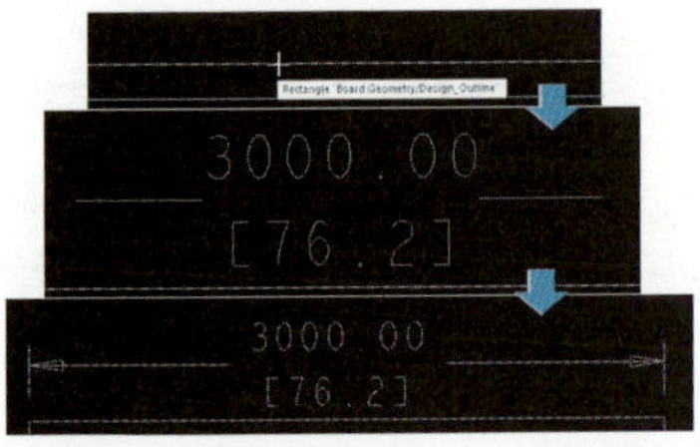

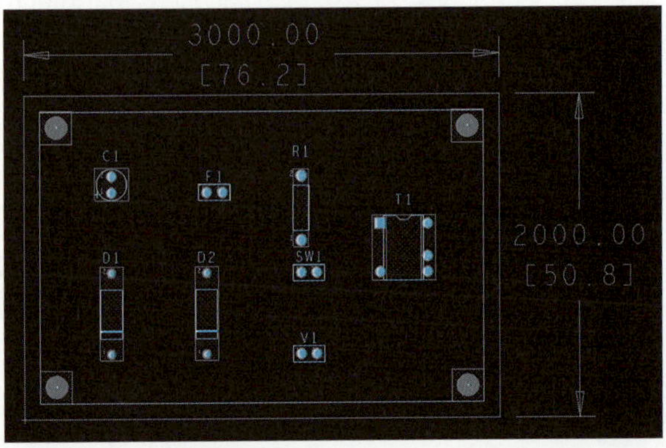

4.9 후처리 과정(Post Processing)

4.9.1 드릴 범례(Drill Legend)

① 다음과 같이 Manufacture – Customize Drill Table을 선택한 후, Drill Symbol을 자동으로 생성하기 위해 Auto Generate Symbols 버튼을 선택한다.

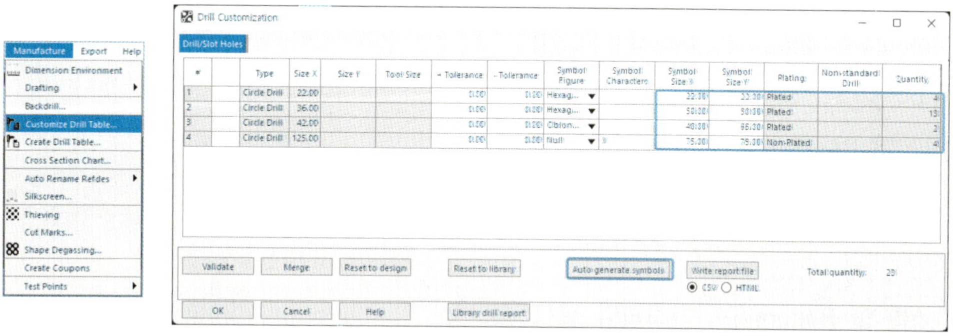

② 메뉴바에서 Manufacture – Create Drill Table을 선택하거나 툴바에서 Drill Legend 아이콘( )을 선택한 후 화면 빈 공간 적당한 위치에 배치한다. 이때 화면의 작업공간이 작아 배치가 잘 안될 경우에는 메뉴 바에서 Setup – Design Parameters - Design Tab에서 작업화면을 확장하거나 원점을 이동한 후 배치한다.

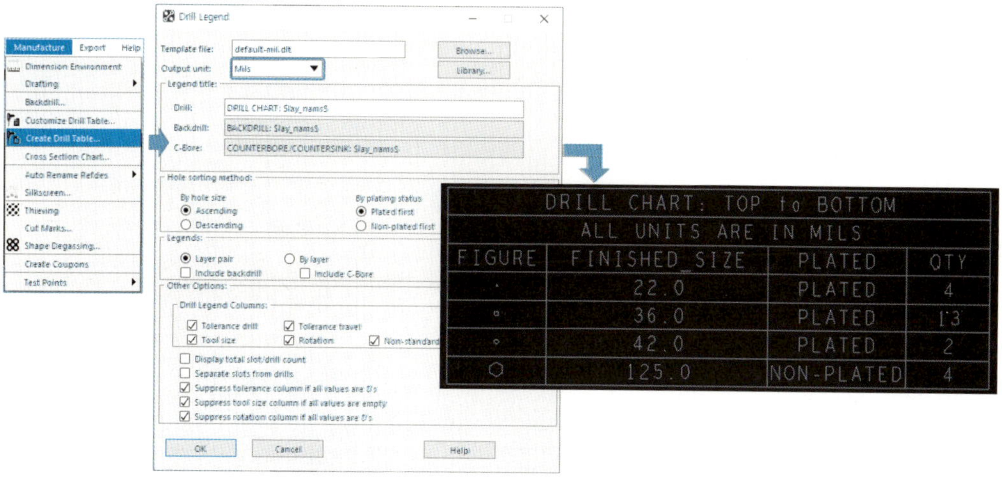

4.9.2 거버(Gerber)파일 생성

PCB 제조를 위해서는 거버(Gerber)파일을 생성해야 하는데, 2층 양면기판인 경우에 생성해 주어야 할 파일은 다음과 같다.

(1) Top층 (Top.art)
(2) Bottom층 (Bottom.art)
(3) Soldermask_Top (Soldermask_Top.art)
(4) Soldermask_Bottom (Soldermask_Bottom.art)
(5) Silkscreen_Top (Silkscreen.art)
(6) Drilldraw (Drilldraw.art)
(7) NC-Drill (monostable-1-2.drl)

여기서, SMD 부품을 사용한 경우에는 Pastemask 관련 정보를 추가로 필요하다.

1) Top층 및 Bottom층의 거버파일 생성

① Export 메뉴 - Gerber를 선택하거나 툴바에서 Artwork 아이콘( )을 실행하며, 아래와 같이 Device Type, Format, Output unit 항목을 설정한다.

Device Type : RS274X
Format :
- Integer places : 3
- Decimal places : 5
Output units : Inches

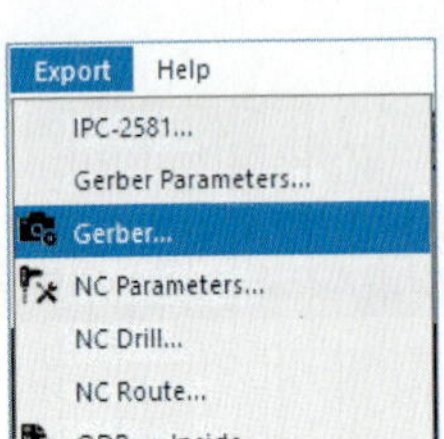

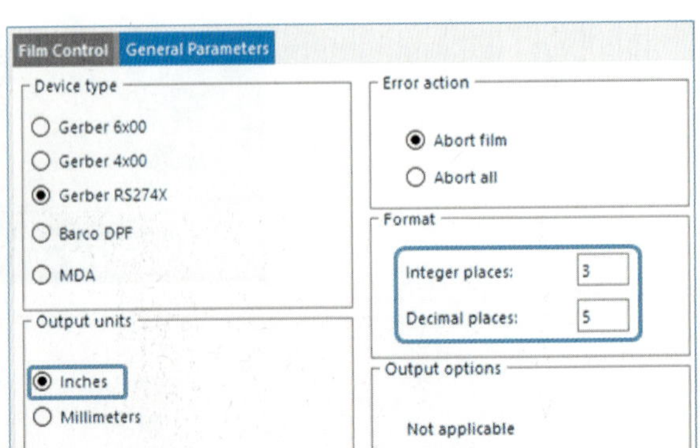

② Film control 창을 선택한 후, Bottom과 Top을 선택한다. Create Artwork 버튼을 눌러 Top 층, Bottom 층의 거버파일을 생성할 수 있다.

2) Soldermask_Top 생성

① Gerber Film으로 원하는 영역만을 출력하기 위해 Setup 메뉴 - Colors를 선택하여 Color 설정 창으로 진입 후 Global Visibility를 Off 시킨다.

② Stack-Up 카테고리 - Non-Conductor를 선택, Soldermask_Top 항목에서 Pin과 Via를 체크하여 작업 화면에 Soldermask_Top 영역만 나타나게 한다.

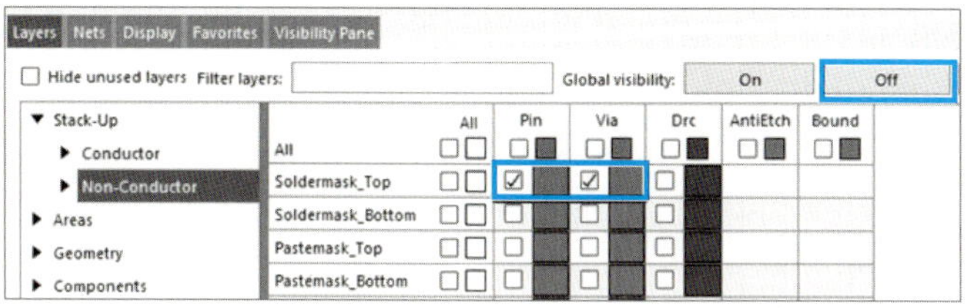

③ Gerber 창으로 돌아온 후 Available films의 Top을 선택, 마우스 오른쪽 버튼(MRB) - Add를 선택하여 Film 이름으로 Soldermask_Top을 작성하여 생성한다.

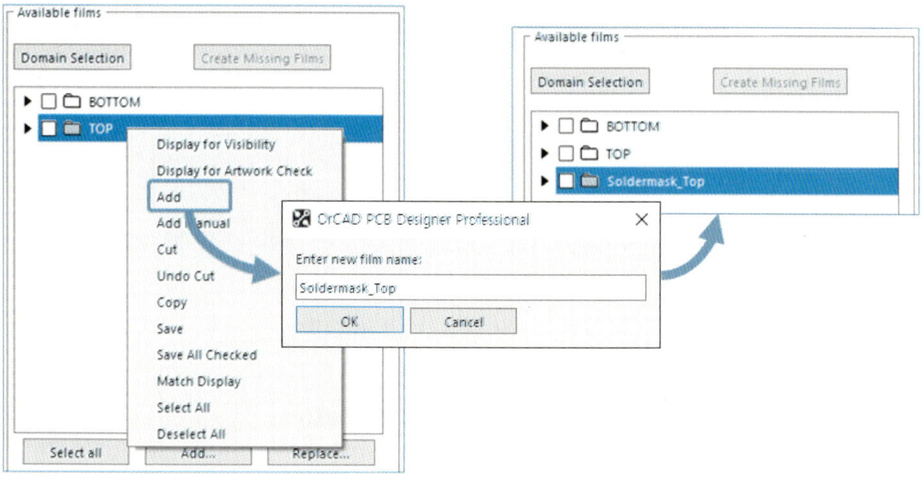

3) Soldermask_Bottom 생성

① Color 설정 창으로 돌아와 Global Visibility를 Off 시킨다.

② Stack-Up 카테고리 - Non-Conductor를 선택, Soldermask_Bottom 항목에서 Pin과 Via를 체크하여 작업 화면에 Soldermask_Bottom 영역만 나타나게 한다.

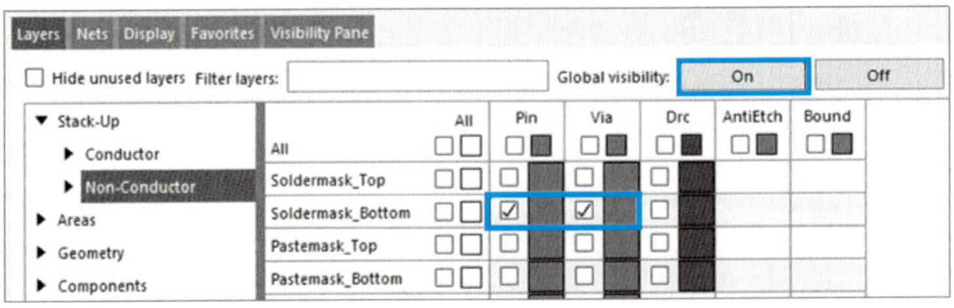

③ Gerber 창 - Available films의 Soldermask_Top을 선택, 마우스 오른쪽 버튼(MRB) - Add를 선택하여 Film 이름으로 Soldermask_Bottom을 작성하여 생성한다.

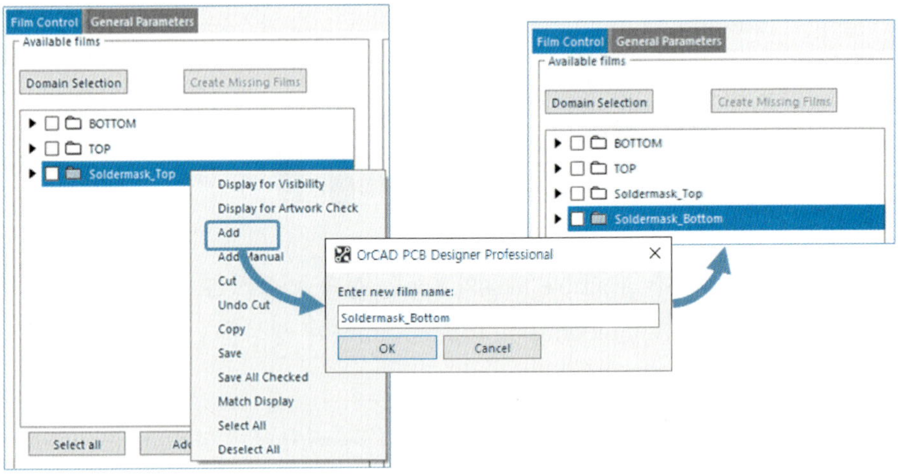

4) Silkscreen_Top 생성

① Color 설정 창으로 돌아와 Global Visibility를 Off 시킨다.

② Geometry 카테고리, Component 카테고리의 항목을 아래와 같이 체크하여 작업 화면에 Silkscreen_Top 영역만 나타나게 한다.

- Package Geometry 카테고리 – Silkscreen_Top
- Component 카테고리 – Silkscreen_Top 항목의 RefDes

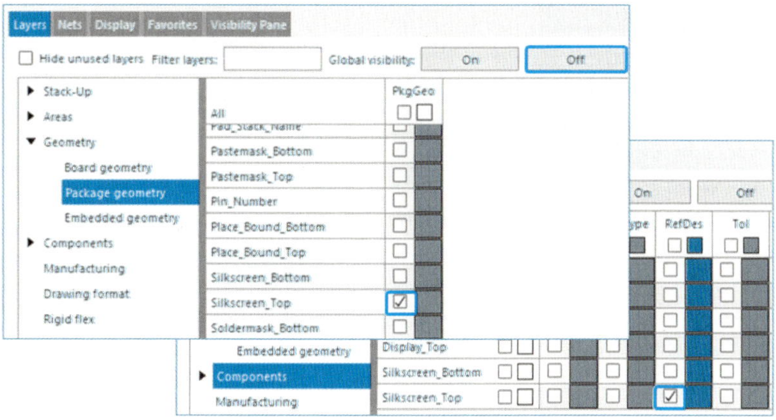

③ Gerber 창 - Available films의 Soldermask_Bottom을 선택, 마우스 오른쪽 버튼(MRB) - Add를 선택하여 Film 이름으로 Silkscreen_Top을 작성하여 생성한다.

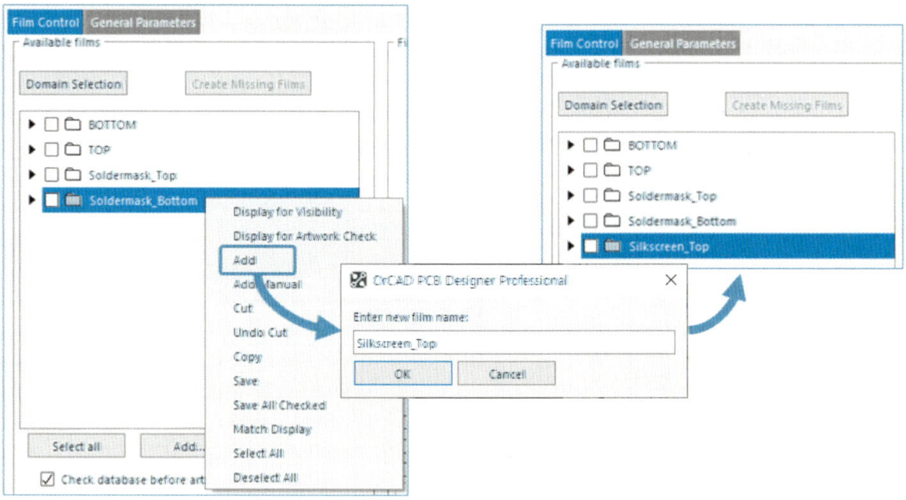

5) Drilldraw 생성

① Color 설정 창으로 돌아와 Global Visibility를 Off 시킨다.

② Geometry 카테고리, Manufacturing 카테고리의 항목을 아래와 같이 체크하여 작업 화면에 Drill 관련된 정보만 나타나게 한다.

- Board Geometry 카테고리 – Design_Outline, Dimension
- Manufacturing 카테고리 – Ncdrill_Legend, Nclegend-1-2

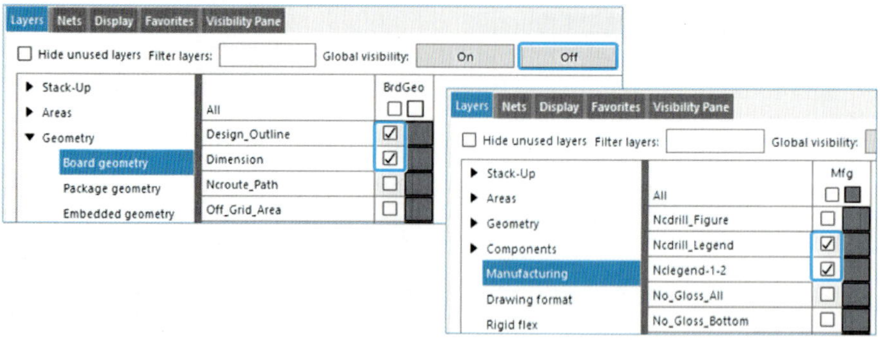

③ Gerber 창 - Available films의 Silkscreen_Top을 선택, 마우스 오른쪽 버튼(MRB) - Add를 선택하여 Film 이름으로 Drilldraw를 작성하여 생성한다.

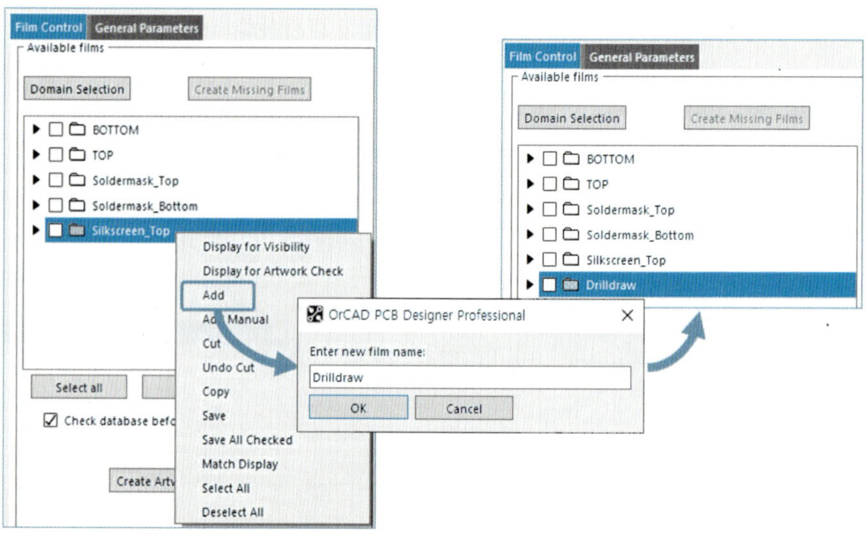

6) Undefined line width 설정

① Board에 기재되어 있는 Board명 혹은 Design_Outline과 같은 Object들은 두께가 0으로 되어있기 때문에 그대로 출력하게 된다면 보이지 않게 되므로, Gerber로 출력할 경우 0인 두께를 바꿔주어야 한다. 그러기 위해서는 Available films에 있는 가장 위의 폴더를 선택 후 오른쪽에 있는 Film options의 Undefined line width 기입란에 10을 기입한다.

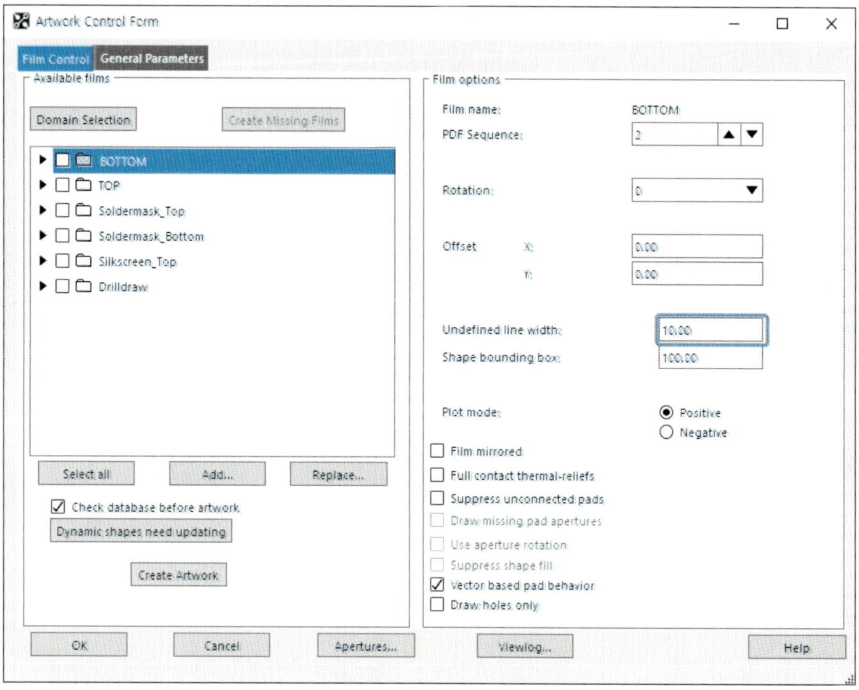

② Available films의 각 항목들을 하나하나 선택하면서 가장 아래 폴더까지 ①번 과정을 반복한다.

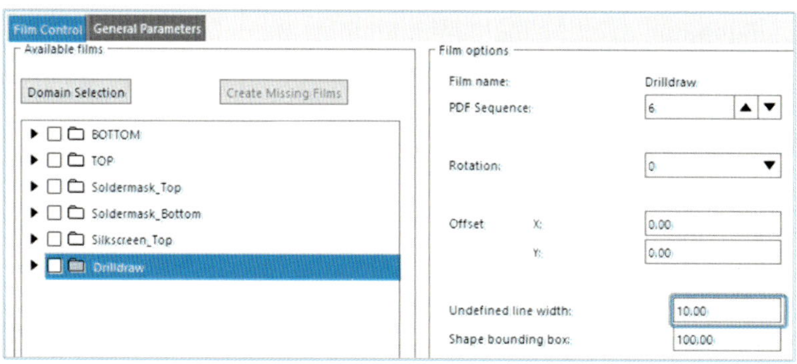

7) NC Drill 생성

① Export-NC Parameter를 선택하거나 NC Parameter 아이콘( )을 선택한다. 열린 창에서 Format을 3.5로 정하고, 기타 값들도 아래와 같이 필요하면 변경하여 설정한다.

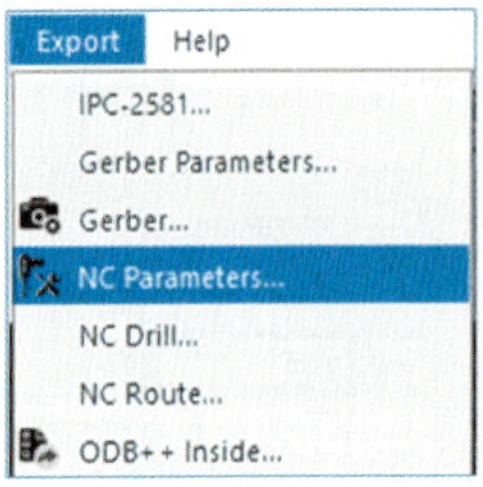

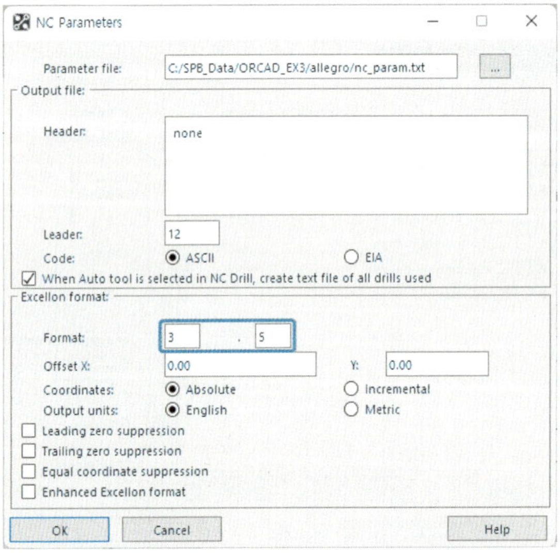

② NC Parameter의 설정이 끝나면, Export-NC Drill을 선택하면 monostable.drl라는 파일에 NC data가 생성된다.

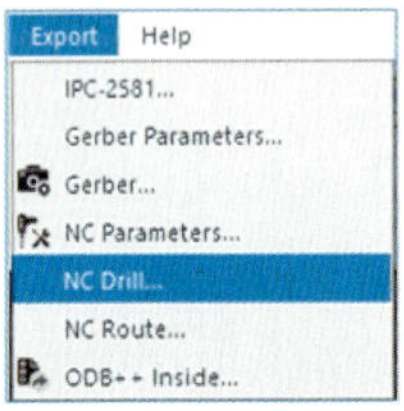

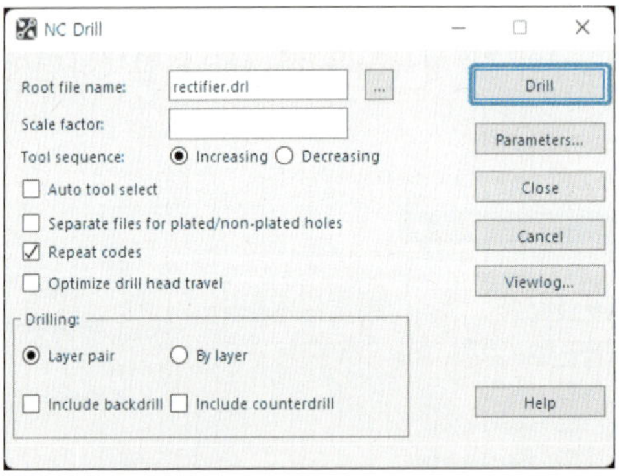

③ 해당 작업 경로에 가서 작성된 거버파일과 드릴파일을 확인한다.

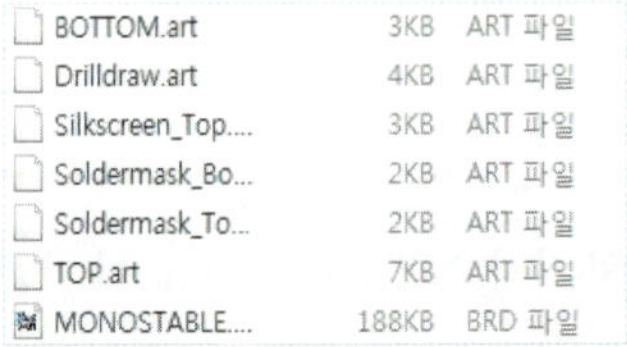

4.9.3 거버(Gerber)파일 출력 - Display를 이용한 방법

① 작성된 거버 데이터를 화면 혹은 프린터로 인쇄하기 위해서는 다음과 같이 한다. Export 메뉴 - Gerber를 선택한 후 우클릭(MRB), 열린 화면에서 Display for Artwork Check를 선택한다. 이때 화면에 선택된 레이어가 나타난다.

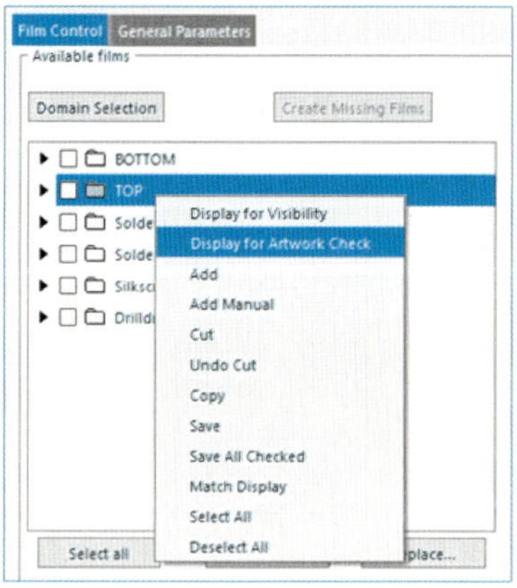

② Setup 메뉴 – Colors를 선택한다.

③ Geometry 카테고리 – Board Geometry에서 Design_Outline과 Dimension을 체크한다.

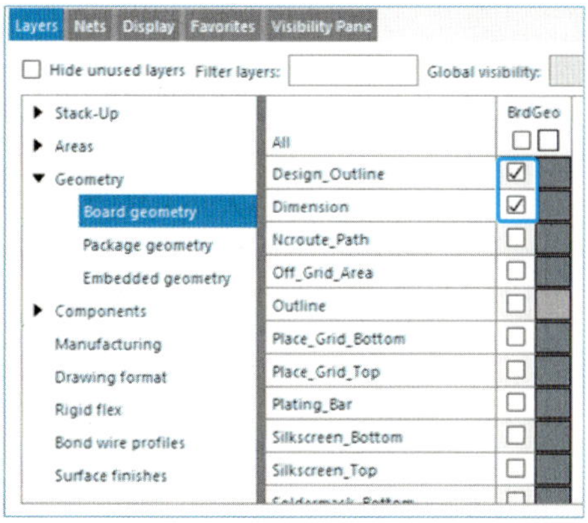

④ 위에서 화면에 나타난 해당 정보를 인쇄하기 위해서는 File 메뉴 - Print setup을 선택하고, 필요한 값을 아래와 같이 설정한 후 OK를 선택하여 인쇄한다. File-Print Preview를 통해 화면상에서 출력 내용을 미리 확인한다.

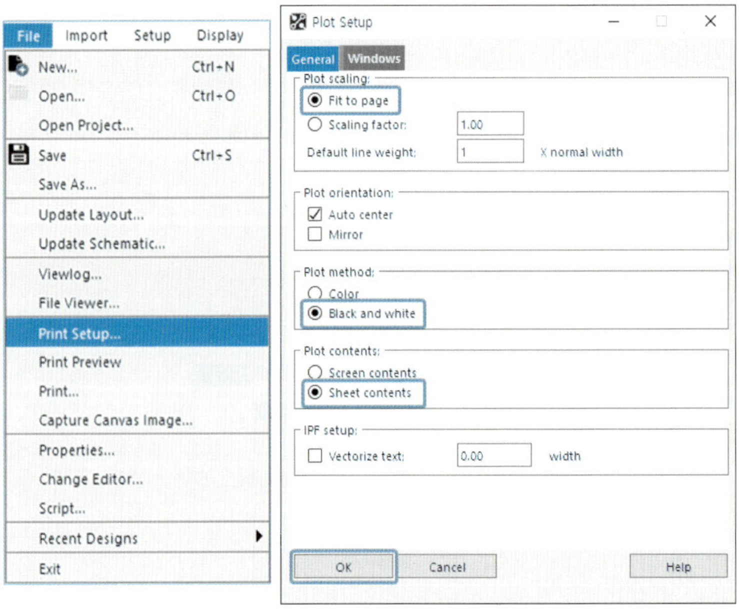

④ File-Print Preview를 통해 설계된 PCB의 각층을 다음과 같이 확인한다.
단, 편의상 Top층과 Bottom층에 있는 Copper는 제거하고 Preview를 한 것이다.

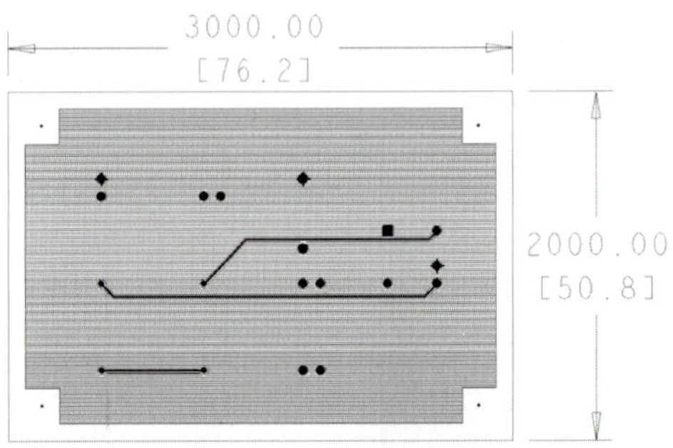

Top 층 패턴도 (Top Layer)

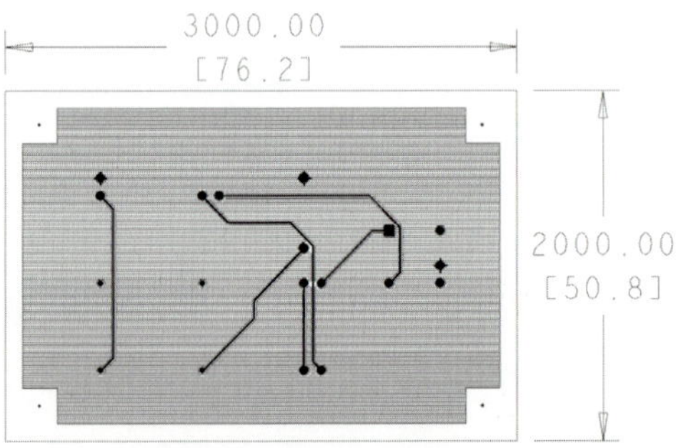

Bottom 층 패턴도 (Bottom Layer)

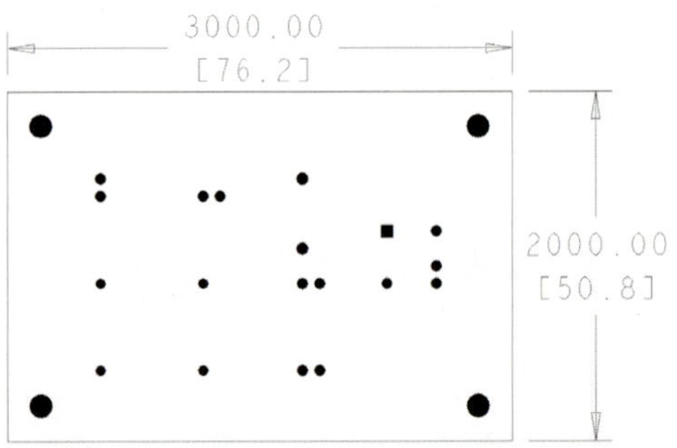

Soldermask_Top/Soldermask_Bottom

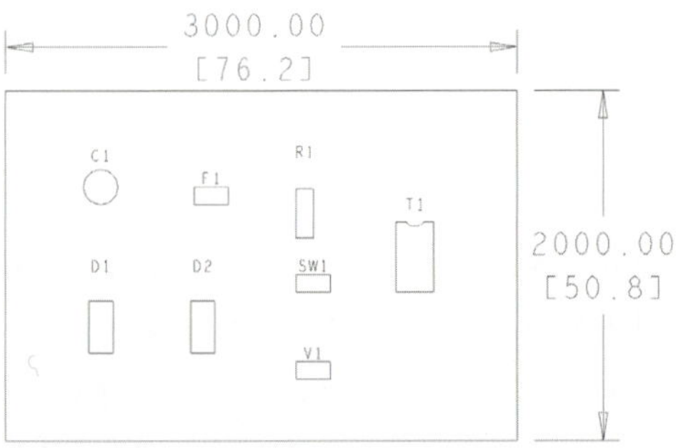

실크스크린 Top (Silkscreen Top)

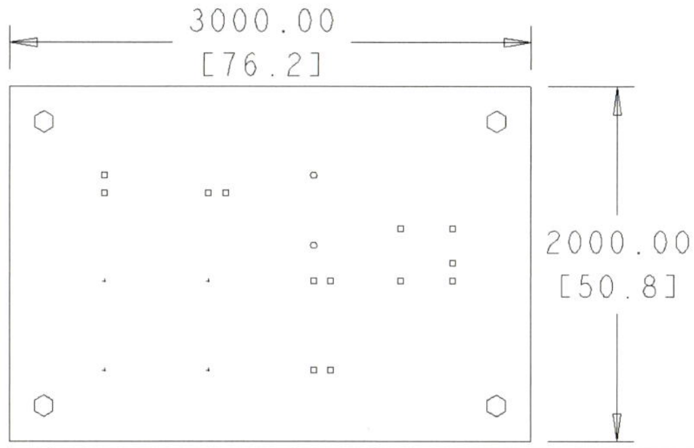

DRILL CHART: TOP to BOTTOM			
ALL UNITS ARE IN MILS			
FIGURE	FINISHED_SIZE	PLATED	QTY
·	22.0	PLATED	4
□	36.0	PLATED	13
○	42.0	PLATED	2
⬡	125.0	NON-PLATED	4

드릴도(Drilldraw)와 범례(Drill Legend)

4.10 검토사항

PCB Editor에 대한 다음 사항에 대하여 검토하여라.

① 회로도의 부품 library와 PCB의 Package Symbol library의 차이점을 설명하여라.
② PCB Editor에서 새로운 Package Symbol 작성방법에 설명하여라.
③ Copper Pour와 Thermal Relief에 대하여 설명하여라.
④ Neltlist 생성시 발생하는 Pin Count 에러의 이유와 해결방법에 대하여 설명하여라.
⑤ Gerber 파일이란 무엇이며, 어떻게 활용되는 가를 설명하여라.
⑥ Gerber Format 설정시 사용하는 RS-274D/X란 무엇인가?
⑦ 보드 Dimensions 설정방법에 대하여 설명하여라.

05 프리셋 카운터

본 예제에서는 임의로 설정한 값을 카운트 UP/DOWN 할 수 있는 프리셋 카운터의 계층도면 회로도를 작성하고, PCB 보드 설계를 수행한다.

5.1 회로도

5.1.1 개요

프리셋 카운터는 미리 설정한 특정한 값에서 새로운 클럭이 입력될 때마다 1씩 가산 혹은 감산하는 카운터 회로이다. 회로도는 발진 IC인 555를 사용한 발진회로와 UP/DOWN 선택회로를 모도면(Root Schematic Page)으로 하고, 카운터 및 표시부 회로도면을 하위인 계층도면으로 되어 있다. SW2에서 특정 값을 미리 설정한 후, SW1의 선택에 의해 클럭이 입력될 때마다, 카운트 UP/DOWN 동작을 수행한다.

5.1.2 회로도

프리셋 카운터 회로도와 부품목록은 다음과 같다.

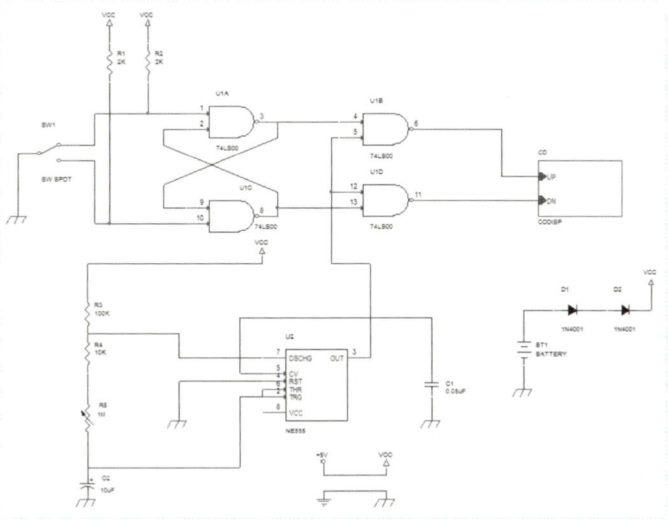

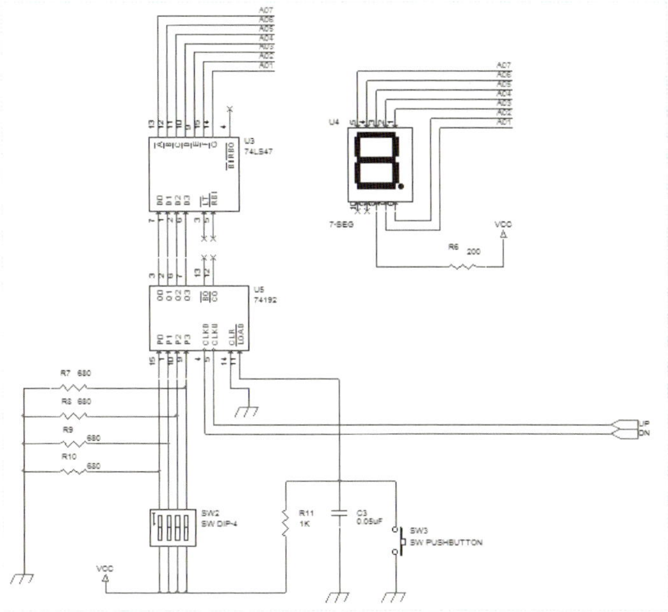

5.1.3 부품목록

번 호	Capture 부품이름	부품 값	수량	라이브러리 명
1	BATTERY	BT1	1	Discrete.olb
2	R	2K	각 1	
		10K	1	
		100K	1	
		1K	1	
		680	4	
		200	1	
		1M	1	
3	CAP NP	0.05uF	2	
	CAP POL	10uF	1	
4	DIODE	1N4001	2	
	SW SPDT	SW SPDT	1	
	SW DIP-4	SW DIP-4	1	
	SW PUSHBUTTON	SW USHBUTTON	1	
	74LS00	74LS00	1	Gate.olb
	NE555	NE555	1	Misclinear.olb
	74LS47	74LS47	1	Muxdecoder.olb
	74192	74192	1	Counter.olb
	7-SEG	7-SEG	1	8진 UP/DOWN 예제에서 작성한 부품 사용

5.2 회로도 그리기

5.2.1 회로도 설정

① Capture 윈도우의 File 메뉴 - New( ) - Project를 선택한다.

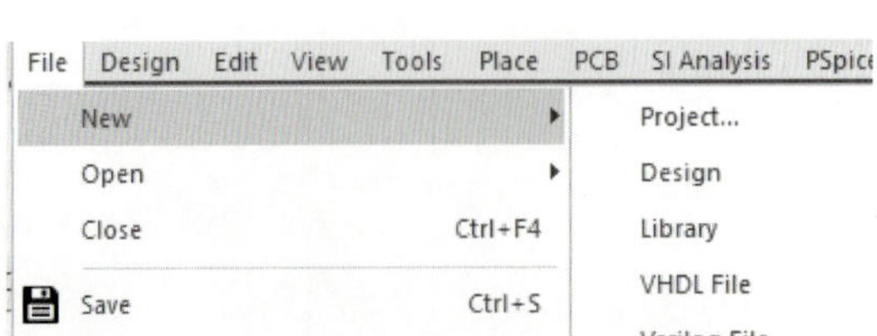

② New Project Name 문자상자에 새로운 프로젝트 이름(pcounter)을 입력하고, 프로젝트 형태를 Schematic으로 설정한다.

③ Location 문자 상자에 저장할 경로와 파일명을 입력한 후 OK 버튼을 실행한다.

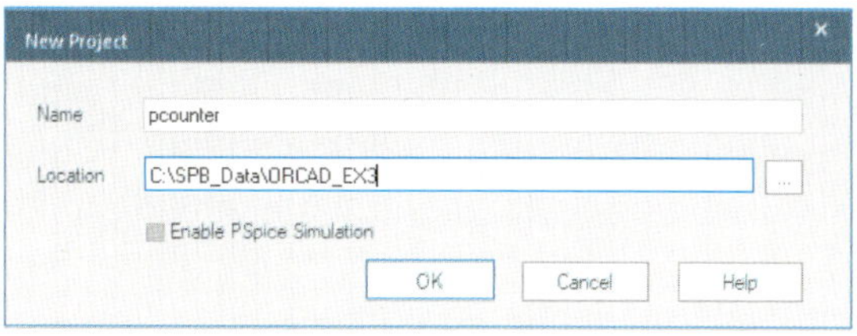

④ 회로도 파일은 SCHEMATIC1이란 회로도와 그 회로도에 포함된 PAGE1이란 회로도면이 생성되어 도면작성을 시작할 수 있다. 프로젝트 파일(pcounter.opj) 및 회로도 파일(pcounter .dsn)이 지정한 경로에 생성된다.

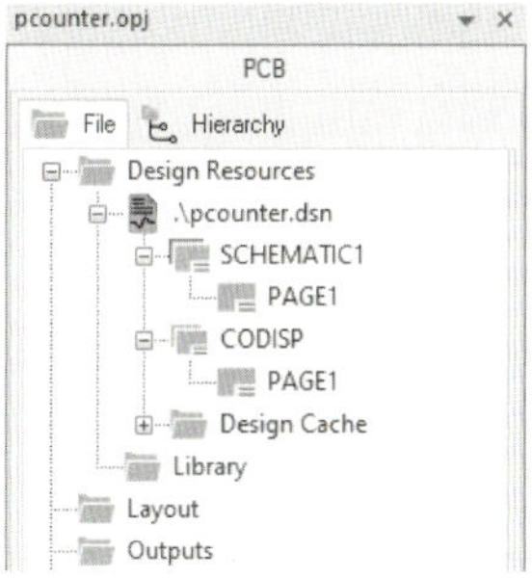

5.2.2 부품 배치

① Place 메뉴에서 Part를 선택하거나 툴 파렛트에서 Place Part ( )를 클릭하여 대화상자를 연다.

② Add Library 버튼을 클릭하여, Discrete.olb, Gate.olb, Misclinear.olb, Muxdecoder.olb, Counter.olb 및 Library.olb 라이브러리를 선택하여 읽어 들인다. (기본경로 : C:\Cadence\SPB_17.4\tools\capture\library)

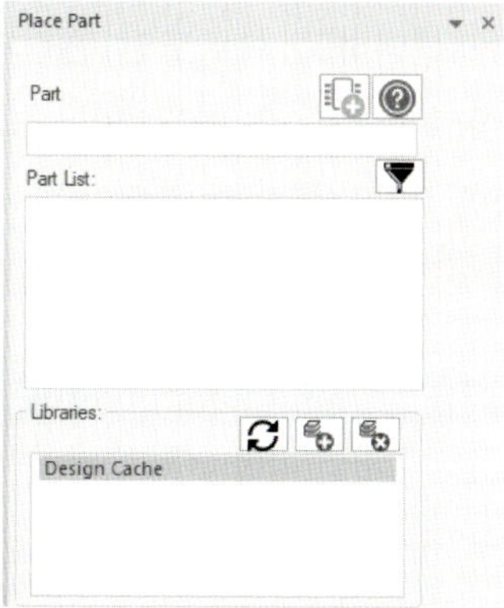

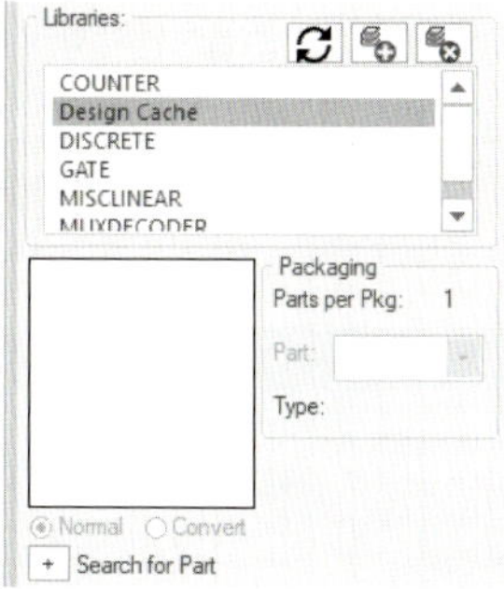

③ Place Part 대화상자에 각 부품들을 다음 그림과 같이 각각 배치한다. 마우스 우클릭(MRB)를 이용하여, 부품회전, 복사, 삭제 및 속성변경 등을 수행한다.

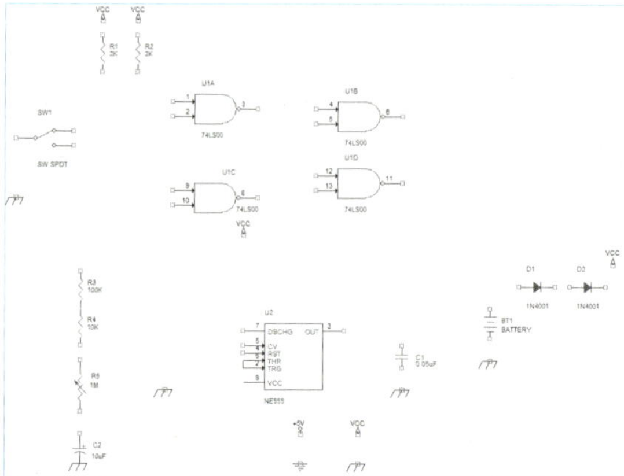

④ Place 메뉴에서 Hierarchical Block을 선택하거나 툴 파렛트에서 을 클릭하면 Place Hierarchical Block 대화상자가 나타난다. 대화상자의 Reference 문자상자에 CD를 입력한다. 계층구조의 하위 구조가 존재하지 않기 때문에 Type을 Schematic view로 선택하고, Name을 CODISP로 입력한다.

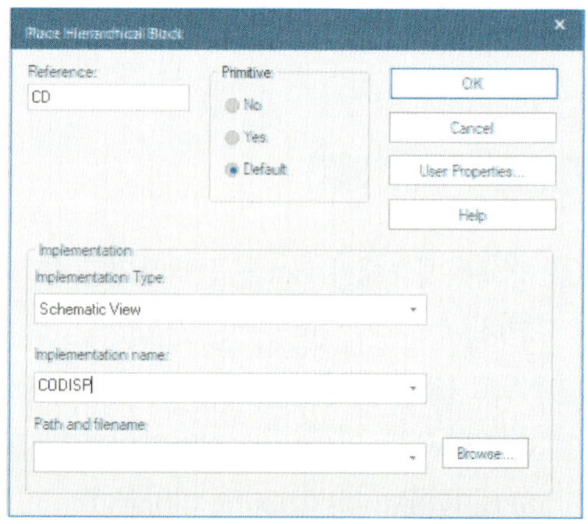

⑤ 계층구조 핀의 입력을 원하는 계층구조 블록을 선택하고 회로도면 편집기 화면의 Place 메뉴에서 Hierarchical Pin을 선택하거나 툴 파렛트에서 을 클릭하여 나타난 대화상자에 아래와 같이 Pin Name에 UP, DN을, Pin Type에 Input을 각각 선택하여 계층블럭에 각각 배치한다.

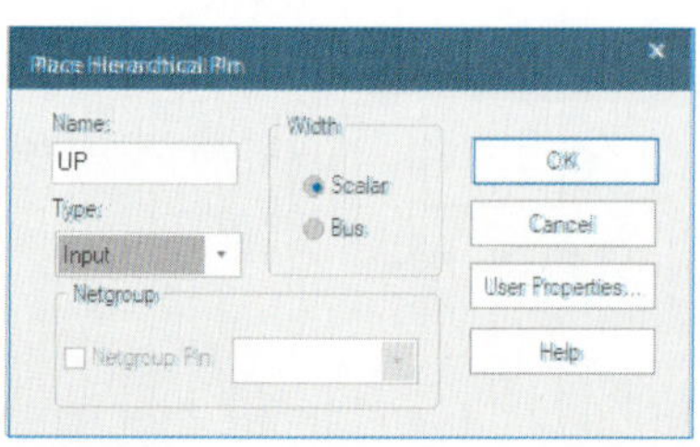

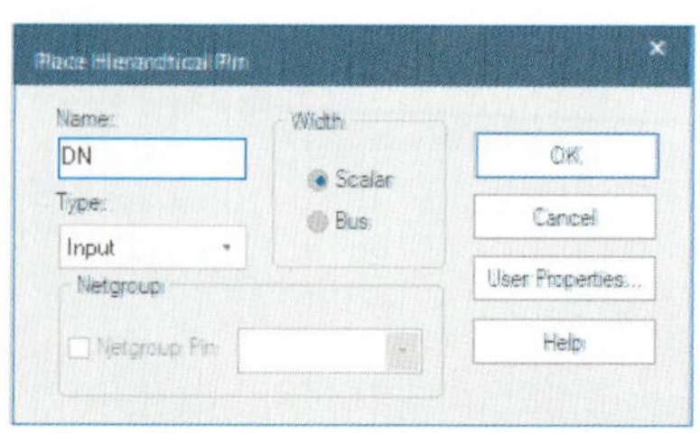

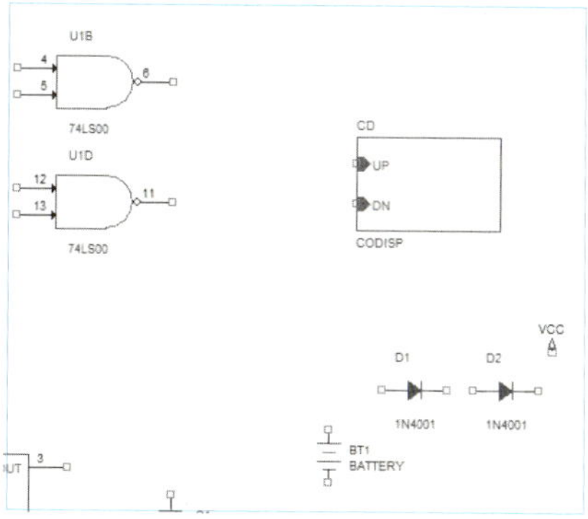

⑥ CD의 계층블럭을 선택한 후, 마우스 오른쪽 버튼을 눌러 나타난 아래의 팝업 메뉴에서 Descend Hierarchy 메뉴를 실행하여, 하위 계층도면으로 이동한다. DN, UP의 Hierarchical Port를 갖는 도면이 각각 나타난다.

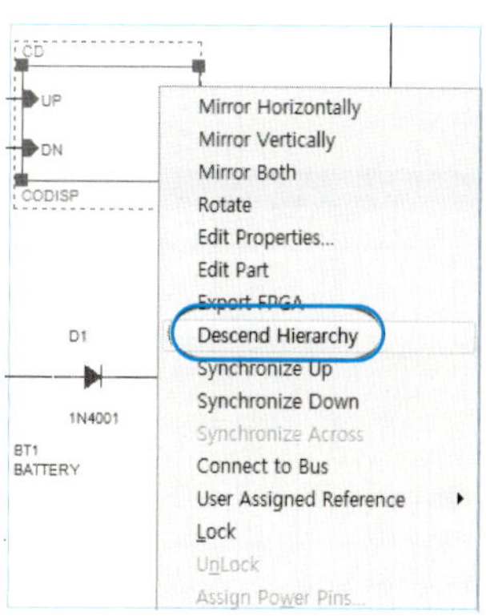

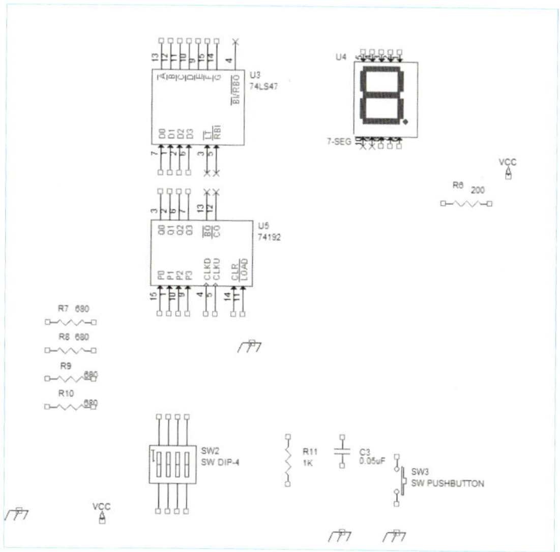

5.2.3 부품 배선

① 회로도면 편집기의 Place 메뉴에서 Wire 명령을 선택하거나 툴 파렛트에서 아이콘을 클릭하여 선을 그릴 수 있다. 마우스의 왼쪽 버튼을 클릭하여 배선을 시작하고, 더블 클릭하여 그리고 있는 결선을 끝낸다.

5.3 유틸리티

5.3.1 부품 속성편집

① 부품의 부품 값을 선택한 후 마우스 오른쪽 버튼을 클릭한 후 Edit Properties를 실행하여 각 부품값들을 입력한다.

② 또는 마우스로 전체 부품을 선택한 후 Edit Properties를 실행하여 Value 부분에서 각각의 값들을 입력할 수 있다.

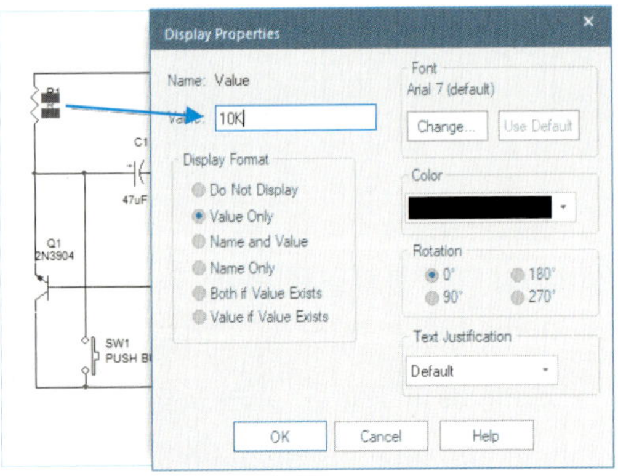

5.3.2 부품 Footprint 입력

① PCB 설계를 위해서는 각 부품의 PCB Footprint를 입력해야 한다. 각 부품의 Footprint를 지정하는 방법은 부품을 더블클릭 하거나, 도면에서 전체회로도를 선택한 후 마우스 우클릭(MRB) - Edit Properties를 선택하여 아래와 같이 입력한다.

② 작성된 도면에서 모든 부품의 스프레드시트에서 PCB Footprint를 입력하거나 수정할 수도 있다. 아래와 그림과 같이 프로젝트 관리자( )에서 Edit - Object Properties를 수행하여 각 부품의 Footprint 값을 입력하거나 수정한다.

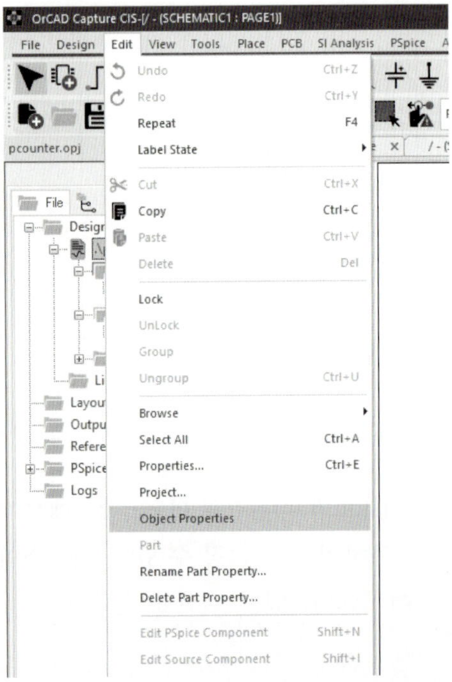

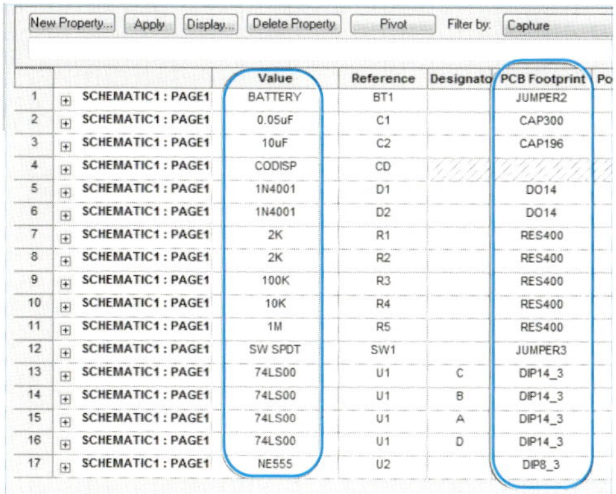

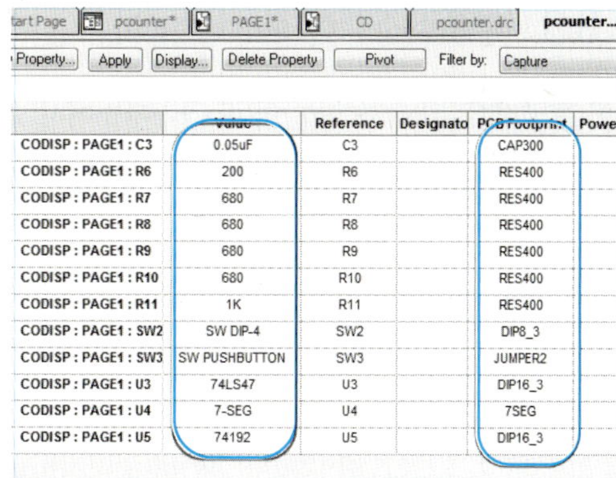

③ 회로에 사용되는 Capture의 부품이름, 부품값 및 PCB Footprint 값을 아래와 같이 지정한다. PCB Editor가 제공하는 Library는 다음 경로에 있다.

C:\Cadence\SPB_17.4\share\pcb\pcb_lib\symbols

번 호	Capture 부품이름	부품 값	PCB Editor Footprint
1	BATTERY	BT1	JUMPER2
2	R	2K	RES400
		10K	
		100K	
		1K	
		680	
		200	
		1M	
3	CAP NP	0.05uF	CAP300
	CAP POL	10uF	CAP196
4	DIODE	1N4001	DO14 주1)
	SW SPDT	SW SPDT	JUMPER3
	SW DIP-4	SW DIP-4	DIP8_3
	SW PUSHBUTTON	SW USHBUTTON	JUMPER2
	74LS00	74LS00	DIP14_3
	NE555	NE555	DIP8_3
	74LS47	74LS47	DIP16_31
	74192	74192	DIP16_3
	7-SEG	7-SEG	7SEG 주2)

주1) 핀번호 수정, 주2) 'UP/DOWN 카운터' 예제에서 제작한 footprint 사용.

5.3.3 부품참조갱신(Annotate)

① 프로젝트 관리자( )의 Tools 메뉴에서 Annotate를 선택하거나 툴 파렛트에서 를 마우스의 눌러, 부품참조 번호를 초기화한 후 갱신한다.

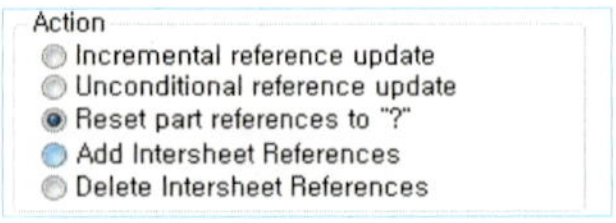

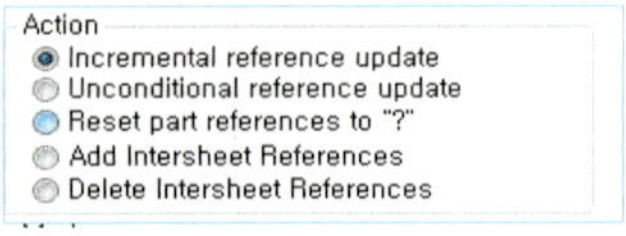

5.3.4 설계규칙검사(Design Rule Check)

① 프로젝트 관리자( )의 Tools 메뉴에서 Design Rule Check를 선택하거나 툴 파렛트에서 를 마우스로 클릭한다. Rule Setup탭에서 Electrical Rules를 체크하고 아래 그림과 같이 전기적인 규칙검사와 원하는 보고서 파일을 선택하고, Run을 눌러 실행한다.

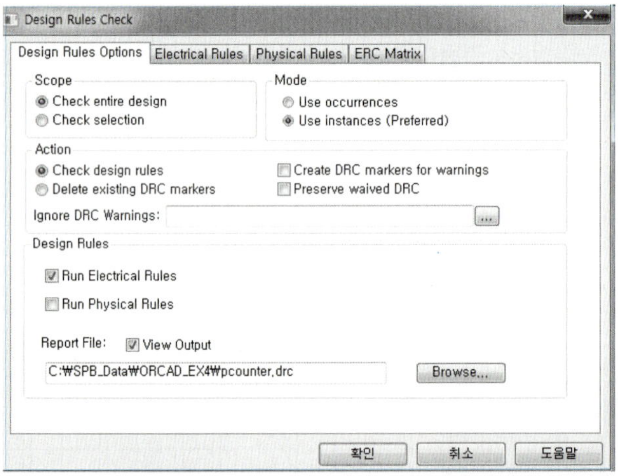

② 레포트파일(pcounter.drc)을 열어서 Design Rule Check 수행 결과를 확인한다. 에러가 있는 경우에는 그 원인을 수정한 후 다시 DRC 명령을 실행하며, 경고나 에러표시가 나타나지 않을 때까지 계속하여 반복한다.

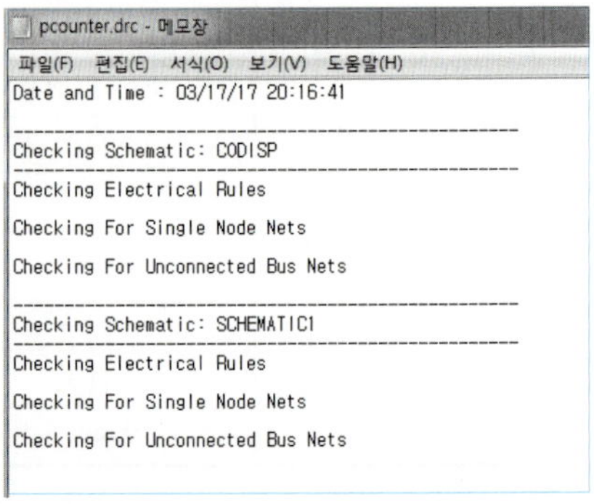

5.3.5 레포트(Report) 작성

1) BOM(Bill of Material) 작성

① 프로젝트 관리자( )의 Tools 메뉴에서 Bill of Materials를 선택하거나 툴 파렛트에서 를 마우스로 클릭하여 BOM 파일을 작성한다.

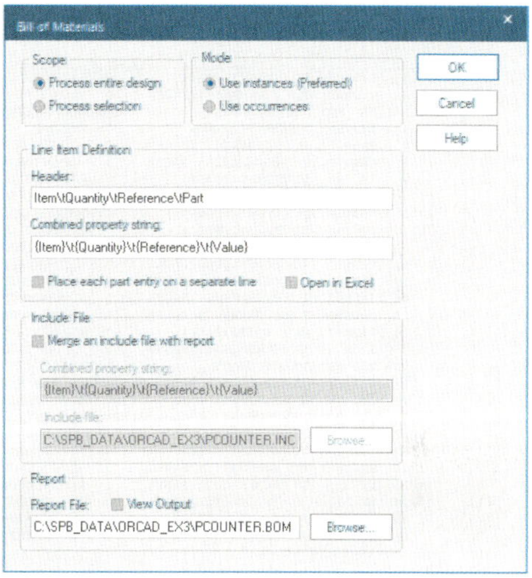

② 생성된 BOM 파일(pcounter.bom)을 열어서, 도면에 사용된 부품의 속성, 항목, 수량, 참조번호 및 부품의 값, PCB Footprint 등을 확인해 본다.

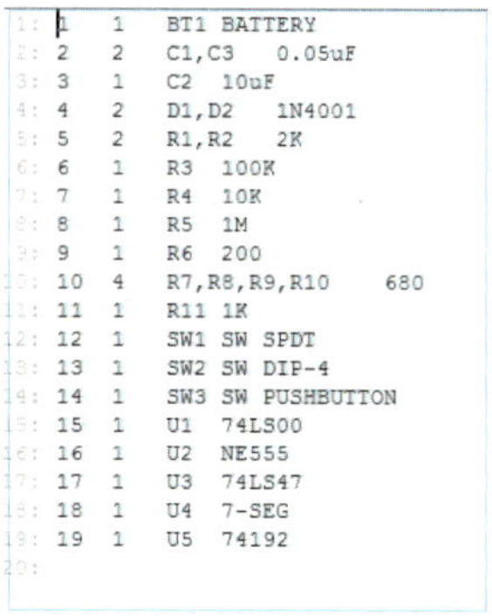

```
1   1   BT1 BATTERY
2   2   C1,C3   0.05uF
3   1   C2  10uF
4   2   D1,D2   1N4001
5   2   R1,R2   2K
6   1   R3  100K
7   1   R4  10K
8   1   R5  1M
9   1   R6  200
10  4   R7,R8,R9,R10    680
11  1   R11 1K
12  1   SW1 SW SPDT
13  1   SW2 SW DIP-4
14  1   SW3 SW PUSHBUTTON
15  1   U1  74LS00
16  1   U2  NE555
17  1   U3  74LS47
18  1   U4  7-SEG
19  1   U5  74192
```

2) Cross Reference 작성

① 프로젝트 관리자( )의 Tools 메뉴에서 Cross Reference를 선택하거나 툴파렛트에서 ( )를 마우스로 클릭하여 실행한다.

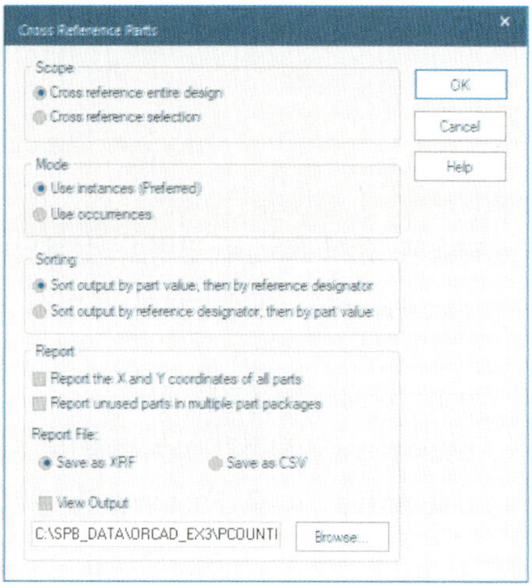

② 생성된 Cross Reference 파일(pcounter.xrf)을 열어서, 모든 부품의 부품 참조번호, 부품값 및 각 부품의 좌표값 등을 확인해 본다.

```
1   0.05uF  C3  CODISP/PAGE1    0   C:\PROGRAM1\ORCAD10\TOOLS\CAPTURE\LIBRARY\DISCRETE.OLB  3.70    5.50
2   0.05uF  C1  SCHEMATIC1/PAGE1    0   C:\ORCAD_EX5\PCOUNTER.DSN   5.70    5.00
3   1K  R11 CODISP/PAGE1    0   C:\PROGRAM1\ORCAD10\TOOLS\CAPTURE\LIBRARY\DISCRETE.OLB  3.10    5.50
4   1M  R5  SCHEMATIC1/PAGE1    0   C:\PROGRAM1\ORCAD10\TOOLS\CAPTURE\LIBRARY\DISCRETE.OLB  1.20    5.20
5   1N4001  D1  SCHEMATIC1/PAGE1    0   C:\PROGRAM1\ORCAD10\TOOLS\CAPTURE\LIBRARY\DISCRETE.OLB  7.50    4.00
6   1N4001  D2  SCHEMATIC1/PAGE1    0   C:\PROGRAM1\ORCAD10\TOOLS\CAPTURE\LIBRARY\DISCRETE.OLB  8.20    4.00
7   2K  R1  SCHEMATIC1/PAGE1    0   C:\PROGRAM1\ORCAD10\TOOLS\CAPTURE\LIBRARY\DISCRETE.OLB  1.50    0.80
8   2K  R2  SCHEMATIC1/PAGE1    0   C:\PROGRAM1\ORCAD10\TOOLS\CAPTURE\LIBRARY\DISCRETE.OLB  2.00    0.80
9   7-SEG   U4  CODISP/PAGE1    0   C:\ORCAD_EX6\PCOUNTER.DSN   3.90    1.40
10  10K R4  SCHEMATIC1/PAGE1    0   C:\PROGRAM1\ORCAD10\TOOLS\CAPTURE\LIBRARY\DISCRETE.OLB  1.20    4.50
11  10uF    C2  SCHEMATIC1/PAGE1    0   C:\PROGRAM1\ORCAD10\TOOLS\CAPTURE\LIBRARY\DISCRETE.OLB  1.20    6.20
12  74LS00  U1A SCHEMATIC1/PAGE1    0   C:\PROGRAM1\ORCAD10\TOOLS\CAPTURE\LIBRARY\GATE.OLB  2.90    1.50
13  74LS00  U1B SCHEMATIC1/PAGE1    0   C:\PROGRAM1\ORCAD10\TOOLS\CAPTURE\LIBRARY\GATE.OLB  4.90    1.60
14  74LS00  U1C SCHEMATIC1/PAGE1    0   C:\PROGRAM1\ORCAD10\TOOLS\CAPTURE\LIBRARY\GATE.OLB  2.90    2.70
15  74LS00  U1D SCHEMATIC1/PAGE1    0   C:\PROGRAM1\ORCAD10\TOOLS\CAPTURE\LIBRARY\GATE.OLB  4.90    2.50
16  74LS47  U3  CODISP/PAGE1    0   C:\PROGRAM1\ORCAD10\TOOLS\CAPTURE\LIBRARY\MUXDECODER.OLB    1.70    1.50
17  100K    R3  SCHEMATIC1/PAGE1    0   C:\PROGRAM1\ORCAD10\TOOLS\CAPTURE\LIBRARY\DISCRETE.OLB  1.20    4.00
18  200 R6  CODISP/PAGE1    0   C:\PROGRAM1\ORCAD10\TOOLS\CAPTURE\LIBRARY\DISCRETE.OLB  5.00    2.80
19  680 R7  CODISP/PAGE1    0   C:\PROGRAM1\ORCAD10\TOOLS\CAPTURE\LIBRARY\DISCRETE.OLB  0.70    4.10
20  680 R8  CODISP/PAGE1    0   C:\PROGRAM1\ORCAD10\TOOLS\CAPTURE\LIBRARY\DISCRETE.OLB  0.70    4.40
21  680 R9  CODISP/PAGE1    0   C:\PROGRAM1\ORCAD10\TOOLS\CAPTURE\LIBRARY\DISCRETE.OLB  0.70    4.70
22  680 R10 CODISP/PAGE1    0   C:\PROGRAM1\ORCAD10\TOOLS\CAPTURE\LIBRARY\DISCRETE.OLB  0.70    5.00
23  74192   U5  CODISP/PAGE1    0   C:\PROGRAM1\ORCAD10\TOOLS\CAPTURE\LIBRARY\COUNTER.OLB   1.70    3.10
24  BATTERY BT1 SCHEMATIC1/PAGE1    0   C:\PROGRAM1\ORCAD10\TOOLS\CAPTURE\LIBRARY\DISCRETE.OLB  6.90    4.50
25  NE555   U2  SCHEMATIC1/PAGE1    0   C:\PROGRAM1\ORCAD10\TOOLS\CAPTURE\LIBRARY\MISCLINEAR.OLB    3.90    4.60
26  SW DIP-4    SW2 CODISP/PAGE1    0   C:\PROGRAM1\ORCAD10\TOOLS\CAPTURE\LIBRARY\DISCRETE.OLB  1.70    5.50
27  SW PUSHBUTTON   SW3 CODISP/PAGE1    0   C:\PROGRAM1\ORCAD10\TOOLS\CAPTURE\LIBRARY\DISCRETE.OLB  4.30    5.70
28  SW SPDT SW1 SCHEMATIC1/PAGE1    0   C:\PROGRAM1\ORCAD10\TOOLS\CAPTURE\LIBRARY\DISCRETE.OLB  0.70    1.90
```

5.3.6 네트리스트(Netlist) 작성 및 PCB Editor 실행

① 프로젝트 관리자( )의 PCB 메뉴에서 New Layout 선택하면 New Layout 대화상자가 나타난다. 이 대화상자에서 경로 및 파일명을 확인한다.

② 확인이 완료되면 OK를 눌러 실행한다. 왼쪽 Outputs을 확장하여 생성된 Netlist를 화면에서 바로 확인한다. 그리고 문제가 없다면 바로 PCB Editor가 실행된다.

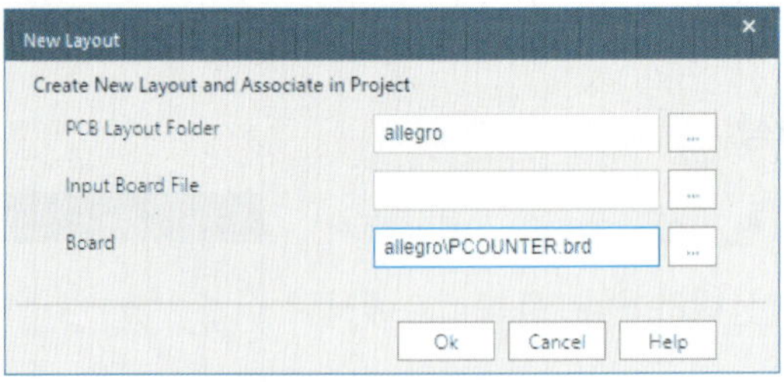

③ 다음과 같이 Netlist 명령이 실행되며, 오류없이 정상적으로 종료되면 pstxrt.dat, pstxnet.dat, pstchip.dat의 3개의 파일이 생성된다.

pstxprt.dat : 부품관련 정보
pstxnet.dat : 부품간 Net 연결 등 관련 정보
pstchip.dat : 부품 Footprint 등 관련정보

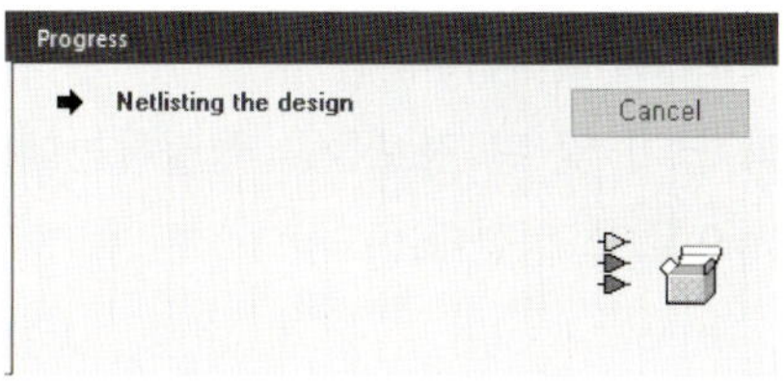

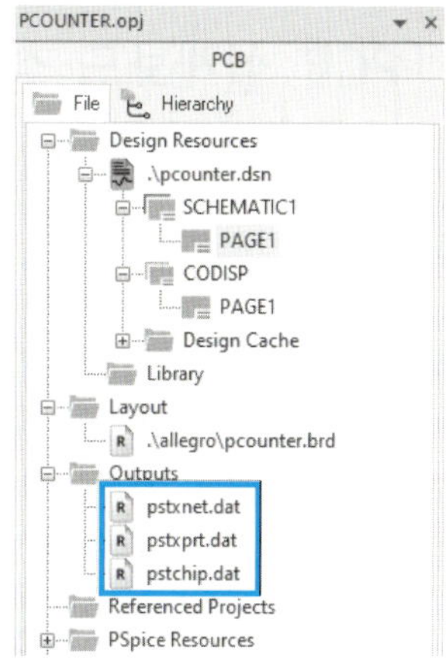

④ Netlist가 정상적으로 에러없이 생성되면, 아래와 같이 PCB Editor가 실행되고, Netlist와 Footprint 정보가 PCB Editor로 전달된다. 또한 PCB 설계가 저장되는 *.brd(board) 확장자를 가진 pcounter.brd라는 보드파일이 생성된다. Capture의 모든 프로젝트를 저장한다.

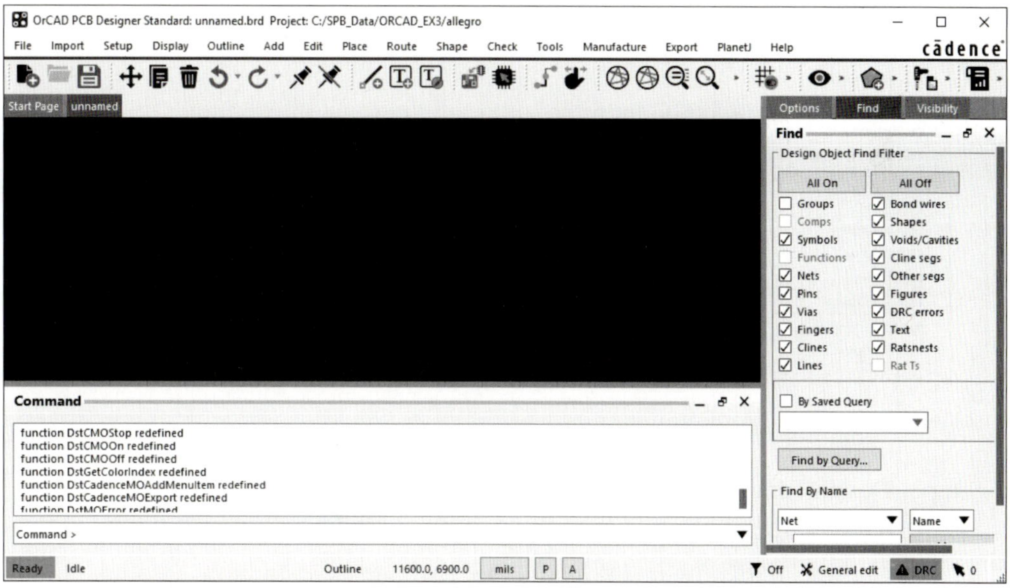

5.4 PCB 설계보드 설정

5.4.1 기본환경설정

① PCB Editor의 메뉴 Setup - Design Parameters를 선택한다.

② Display 탭에서는 화면에 표시되는 정보들의 크기 및 핀 정보들을 설정하는데, 여기서는 기본 값으로 설정하여 사용한다. Grid는 on으로 설정한다.

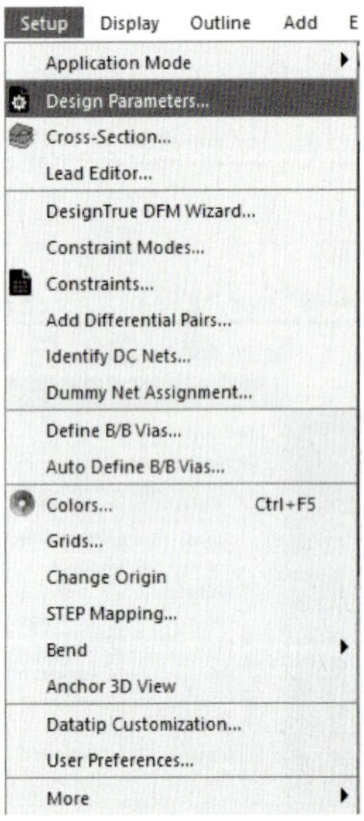

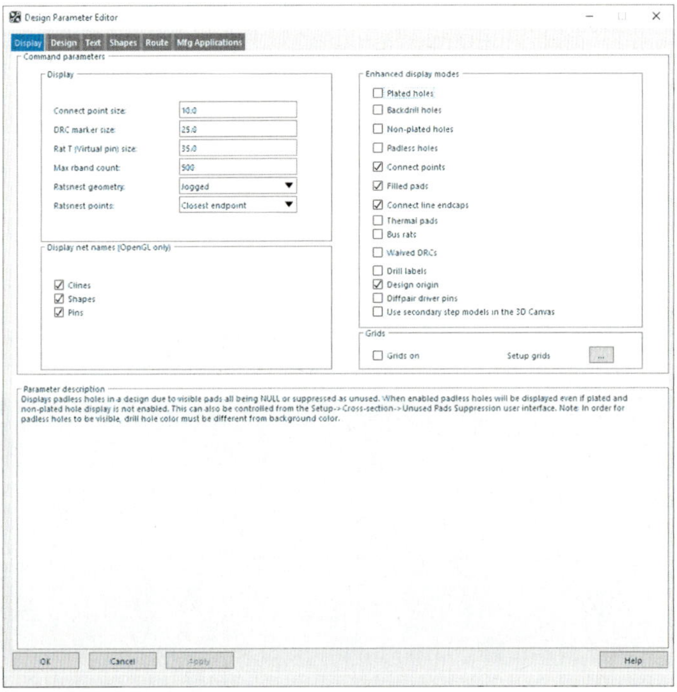

③ Setup - Design Parameters - Design 탭을 도면의 크기를 결정한다. 단위는 Mils, 도면 크기는 A, 소수점 이하 2자리까지 표현하도록 accuracy는 2로 지정한다. 화면의 왼쪽하단 모서리 점의 좌표를 (-2000, -2000)으로 설정되도록 Left X:-2000, Lower Y : -2000으로 Width 11000와 Height 8500을 아래 그림과 같이 설정한다.

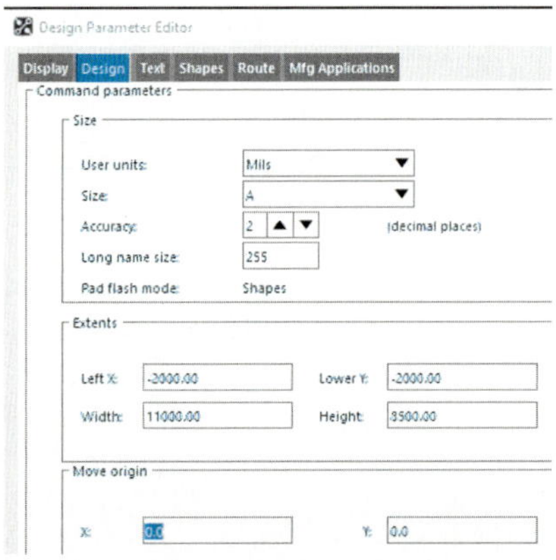

④ Setup - Grids에서 설계할 보드의 Grid를 아래와 같이 설정한다.

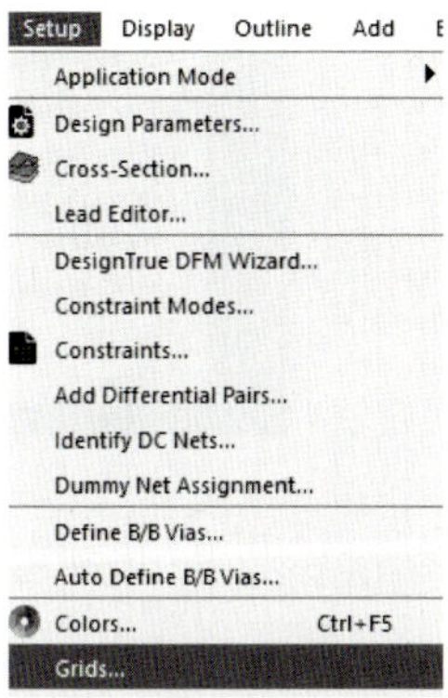

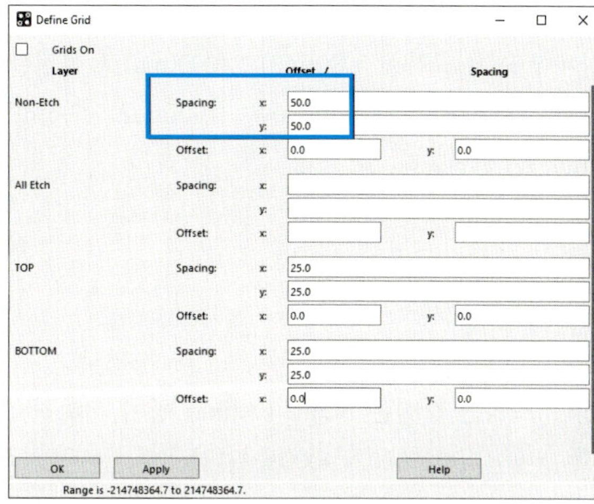

Non-Etch : 50mil로 설정. 전기적인 속성이 없는 모든 도면작업에 사용되는 그리드. 모든 Layer에 공통적으로 등간격의 Gird 사용

All Etch : 전기적인 속성이 있는 도면 작업을 위한 Grid. 자동배치/배선, 대화식 배선 시 사용되는 Grid. 모든 Layer에 동시 적용

Top/Bottom : 해당 Layer에 각각 Grid 사용가능

⑤ 메뉴바에서 Setup - Cross-section 탭을 누르거나 Xsection 아이콘( )을 선택하여 설계할 PCB의 Layer(층)을 설정한다. 기본 값은 2층으로 설정되어 있고, 여기서는 기본 값을 이용한다.

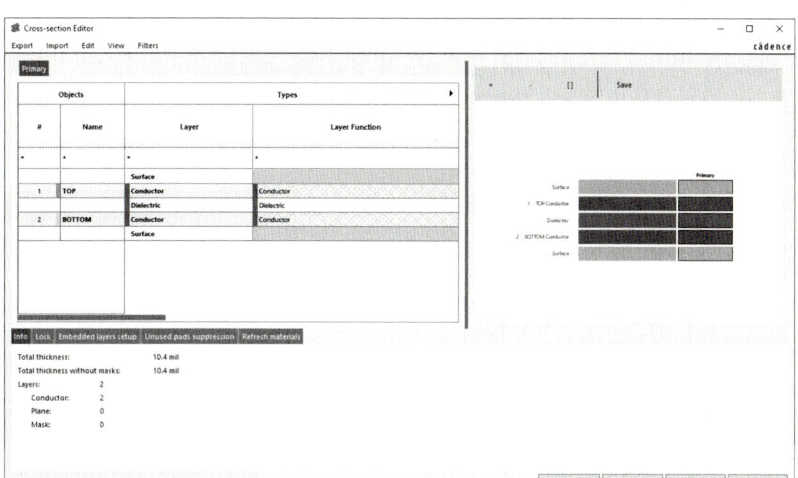

5.4.2 보드외곽선(Board Outline) 설정

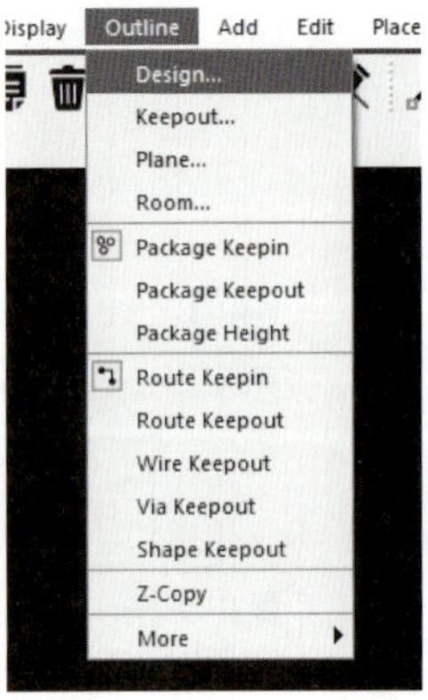

① 메뉴바 Outline - Design을 선택하여 설계할 PCB의 크기를 설정한다. 설계할 PCB 크기를 5000(mil)× 4000(mil)로 설정한다. Create 항목으로 설정하고, Clearance를 100mil로 수정하고, Draw Rectangle을 선택한다.

② 외곽선을 그리는 방법은 Board Outline 창이 띄워진 상태에서 Command 창에 x∨0,∨0 입력 후 Enter↵, x∨5000,∨4000을 입력하고 Enter↵를 치면 된다. 혹은 화면하단의 좌표를 보면서 직접 그리는 방법을 사용하여도 된다.

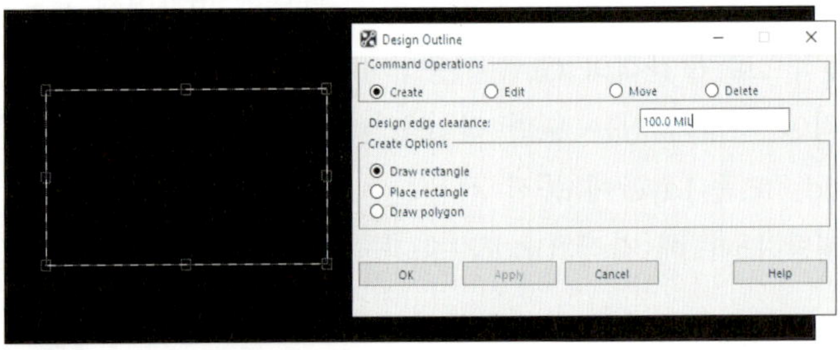

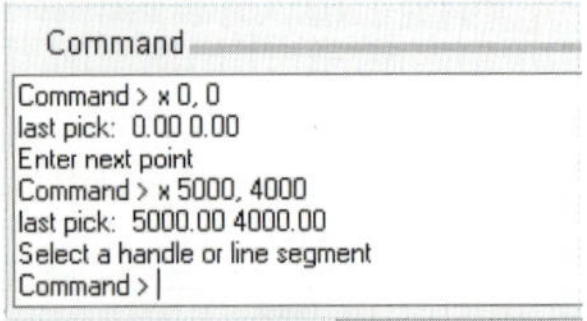

③ 좌표입력 x∨0,∨0 Enter↵에 의해 사각형의 한 점을 지정하고, x∨5000, ∨4000 Enter↵에 의해 대각선의 한 점을 지정하게 된다. 이 두 점을 대각선으로 지나는 크기가 보드크기가 된다. x 다음에 빈칸(∨로 표기함)을 띄우지 않거나 Board Outline 창을 닫은 상태에서는 Command 가 정상적으로 수행되지 않는다. 보드외곽선의 설정이 끝나면 Close를 선택한다.

④ 오른쪽의 그림에서 바깥선이 5000(mil)×4000(mil) 크기의 PCB 외곽선이 되고, 100mil 안쪽으로 Package Keepin(부품 배치가 허용되는 영역) 영역 및 Route Keepin(배선이 이용되는 영역) 영역이 겹쳐져 만들어진다.

⑤ 기구홀을 삽입하기 위해 메뉴바에서 Place – Component Manually 탭을 선택하거나 Place Manually 아이콘( )을 선택한 후, Advanced Setting 탭으로 이동한 후 Library 박스를 체크한다. Place - Mechanical Symbol의 MTG125를 체크하고 배치한다. 나머지 모서리에도 아래 그림과 같이 반복하여 MTG125선택 및 배치를 반복수행한다.

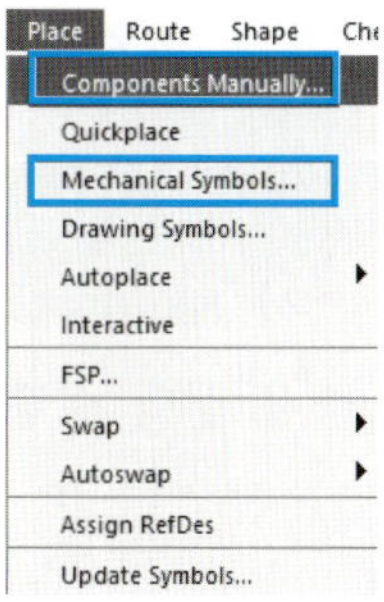

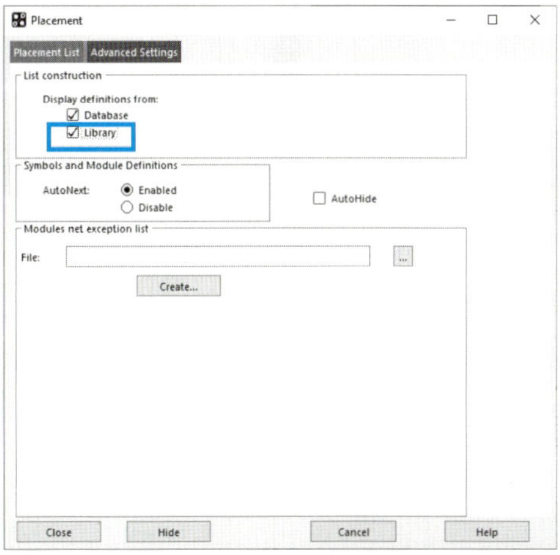

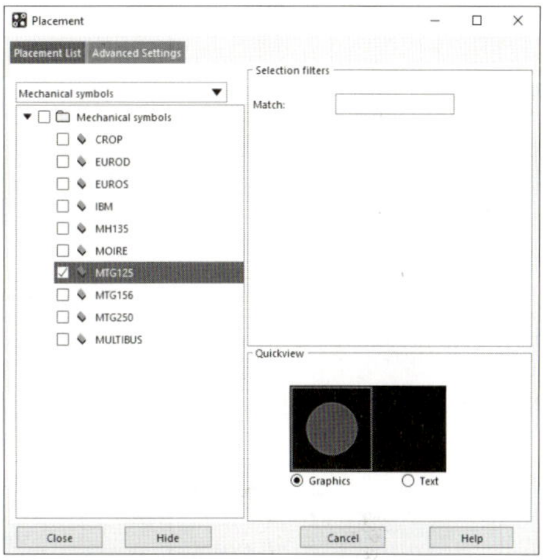

5.4.3 Constraints 설정

① 부품 혹은 패턴간의 이격(Spacing), 배선폭 등의 설정을 위해서, Setup - Constraints - Physical을 선택하거나 아이콘( )을 선택 실행한다.

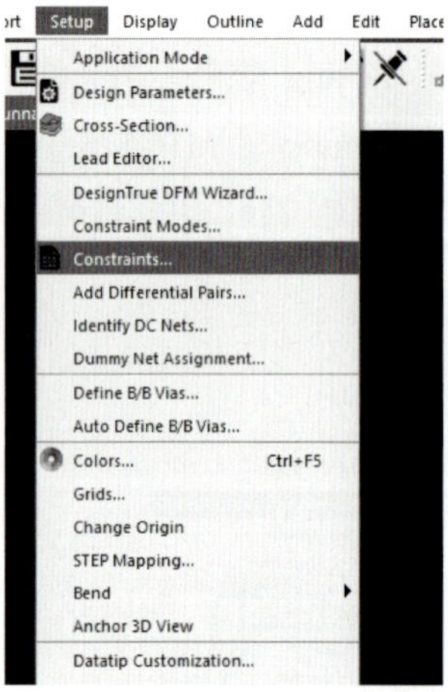

② 열린 화면 좌측의 Physical Constraint Set에서 All Layer를 선택한 후, Line Width의 Default 값을 기본 값 5mil을 12mil로 수정한다. 이 밖에 변경하고자 값들을 수정하고, 수정하지 않으면 기본 값으로 설정된다.

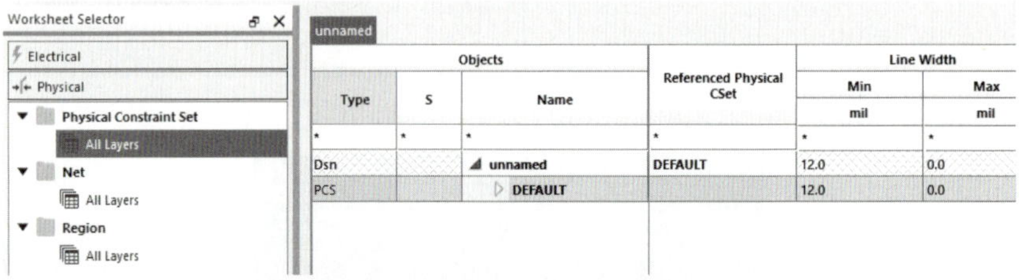

③ 전체 배선폭을 지정한 후, VCC, GND 같은 전원라인이나 중요한 net 등과 같이 패턴의 폭을 아래와 같이 별도로 net 별로 지정할 수 있다.

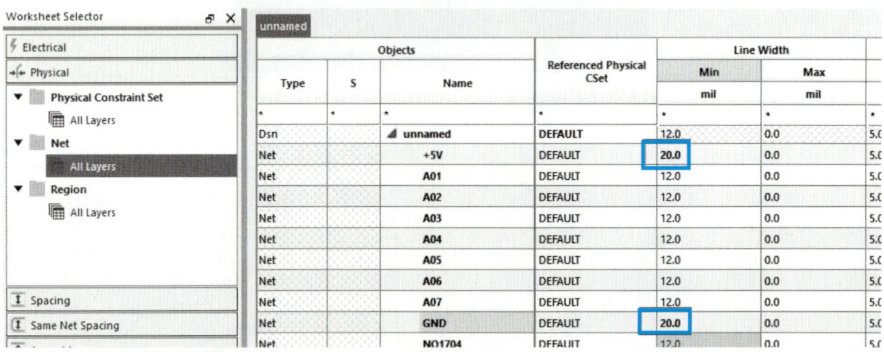

④ PCB의 각층 내에서 부품이나 주요 아이템 간의 이격거리를 정해주는 Spacing Constraint는 화면 왼쪽 창에 있는 Spacing을 선택하여 수행한다. Default 값을 사용하거나, 원하는 곳의 배선 폭으로 변경한 후 Constraint Manager 창을 닫는다.

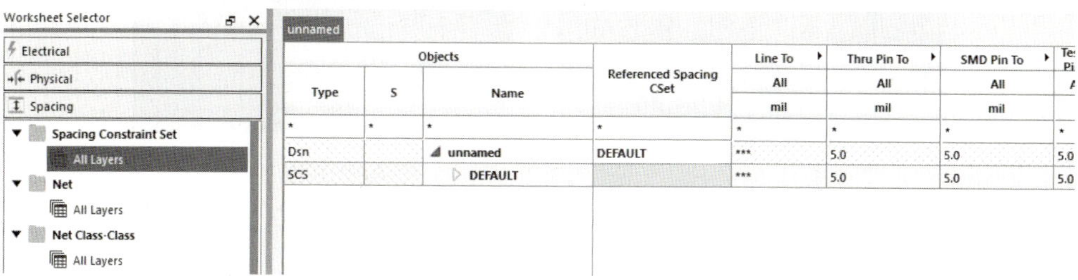

5.5 부품배치(Part Placement)

① 메뉴바의 Place - Component Manually를 선택하거나 Place Manual 아이콘( )을 선택한다. Components by refdes를 선택하고, 배치하고자 하는 부품을 지정한 후, Hide를 누르면 창이 닫히면서 화면에 나타난 부품을 보드 내에 적당히 배치시킨다.

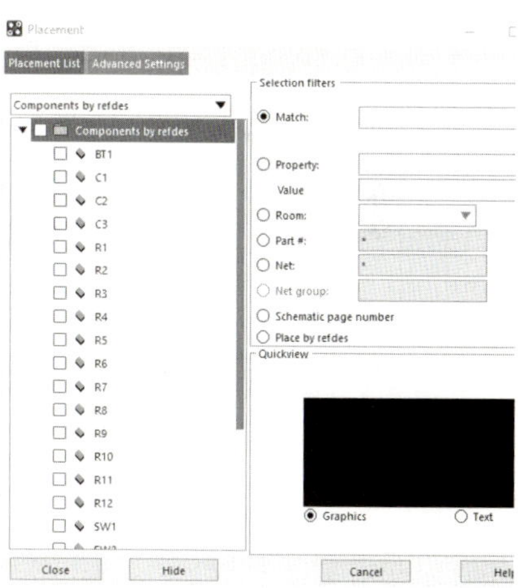

② 메뉴바의 Display - Blank Rats -All 또는 Unrats 아이콘( )을 선택하여, 모든 Ratsnest를 보이지 않게 하여 아래 오른쪽 화면과 같이 설정한다. 다시 모든 Ratsnest를 화면에 나타나도록 하기 위해서는 Rats all 아이콘( )을 선택하면 된다.

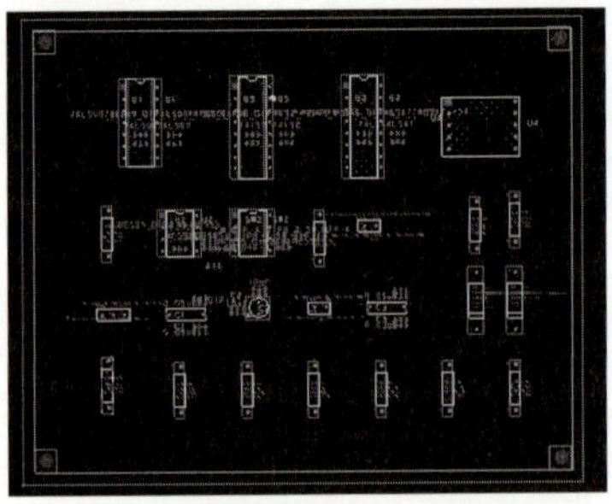

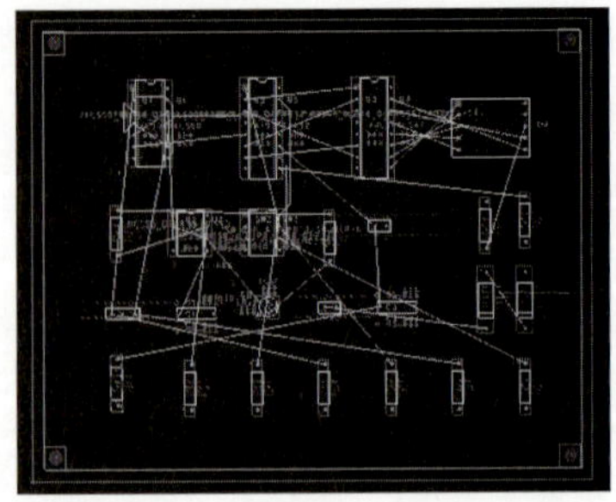

③ 부품(Package Symbol)의 이동, 복사 등 명령을 적용할 경우 해당 명령어와 우측 Control Panel의 Find에서 필요한 항목을 선택하고, 선택된 항목에 대해서만 명령어가 수행되도록 설정한다.

5.6 Color Setting

① 메뉴 바에서 Setup – Colors 또는 Color192 아이콘( )을 선택하여, 필요한 Layer의 Color Display를 설정한다. Color Dialog 화면이 열리면 아래 그림과 같이 Global Visibility를 Off시킨다.

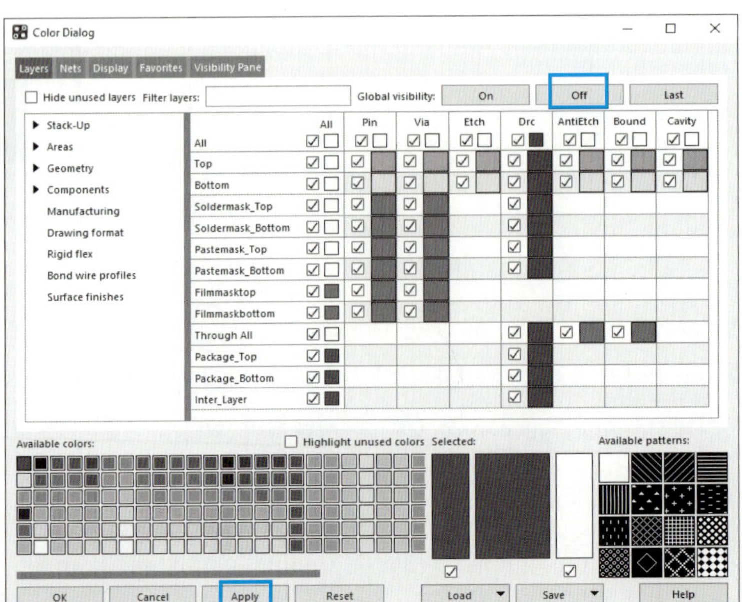

② Stack-Up을 Top과 Bottom의 All을 선택한다.

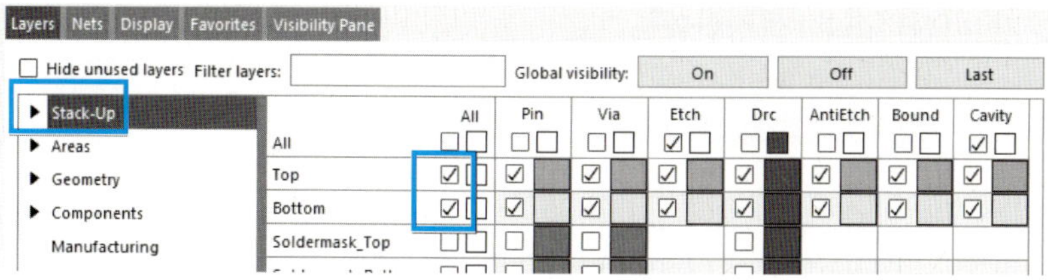

③ Board Geometry는 Design_Outline, Outline과 Dimension 만을 보이도록 설정한다.

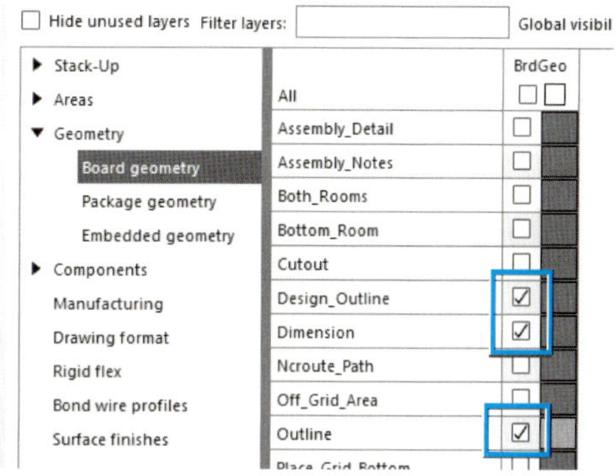

④ Area는 부품배치영역(PKG KI)과 배선영역(RTE KI)만을 나타나도록 설정한다.

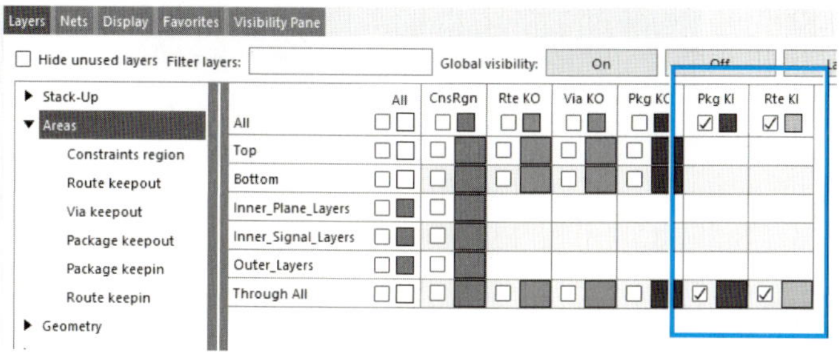

⑤ Package Geometry는 부품의 그림에 관계된 컬러 설정으로 Silkscreen_Top 또는 Assembly_Top중 하나만 보이게 설정한다.
여기서는 Silkscreen_Top만 설정한다.

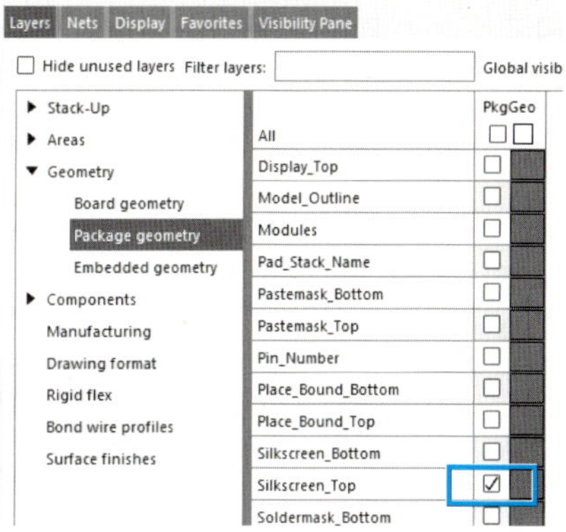

⑥ Components는 부품에 표시되는 정보로서 여기서는 Silkscreen_Top의 Refdes의 부품 참조번호가 나타나도록 설정한다.

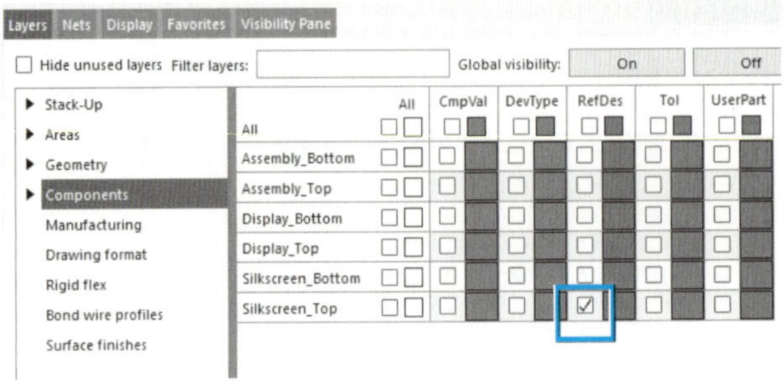

⑦ 설정을 마치면 OK를 눌러서 Color 설정을 종료한다.

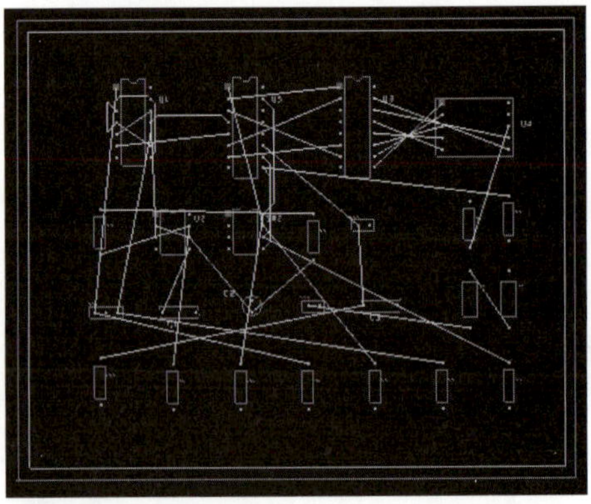

5.7 배선(Routing)

5.7.1 수동배선(Manual Routing)

① 메뉴바에서 Display - Show rats - All 또는 Rats All( )을 선택한다. 배선하고자 하는 Ratsnest 혹은 연결하고자 하는 두 핀을 마우스로 클릭한 후 단축아이콘( ) 또는 F3키를 이용하여 배선을 한다.

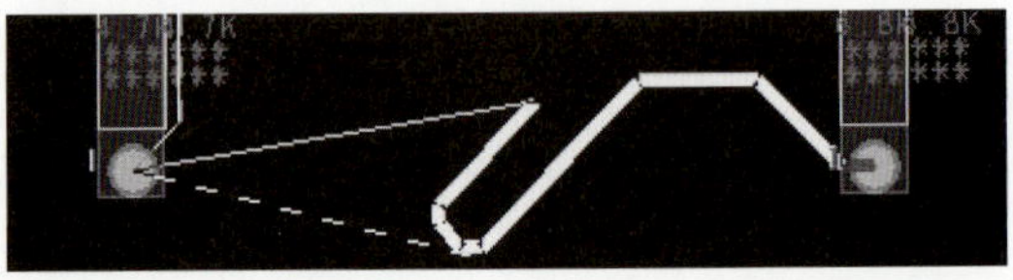

② Control Panel의 Visibility, Find 및 Options의 설정을 확인하여, 각 층의 색상을 확인한다. 또한 Find 창에 Pins가 선택되지 않았다면 배선이 수행되지 않으므로 선택해준다.

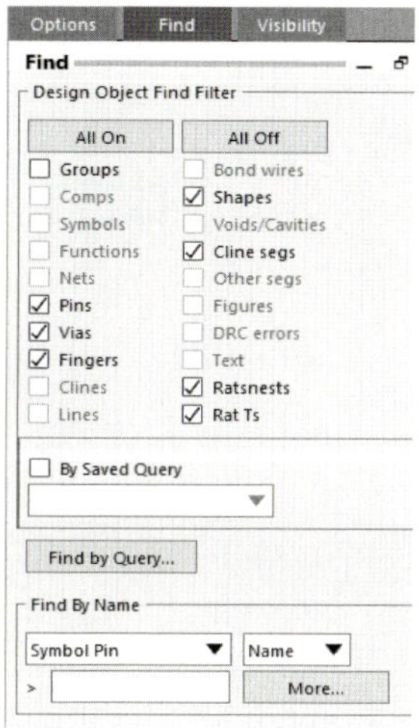

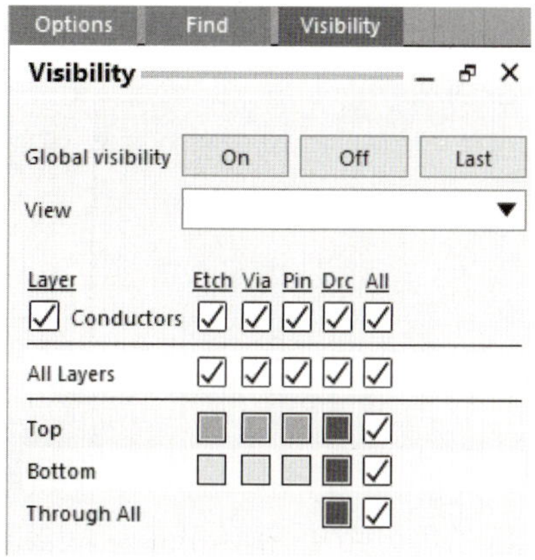

③ 배선 도중 층(layer) 변경, 비어삽입 등은 MRB를 이용하고, 우측과 같이 Options을 선택하여 배선 폭의 변경 등을 수행한다. 배선 네트의 취소 혹은 삭제 등도 해당 네트를 선택하여 마우스 오른쪽 버튼을 눌러 수행한다.

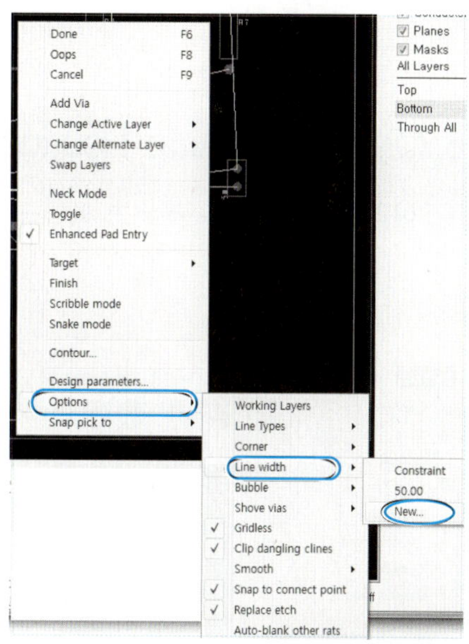

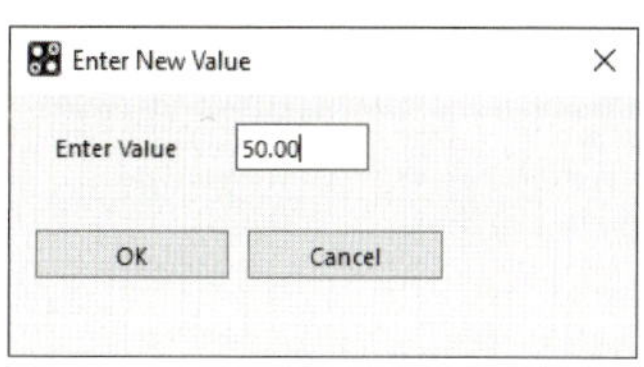

④ 같은 층에서의 배선이 서로 교차되는 경우에 실시간 DRC 체크로 인해 배선이 지나가지 못하도록 한다. 이 경우에는 마우스를 더블클릭을 하면 작업 layer가 변경되면서 해당 위치에 Via가 생성된다.

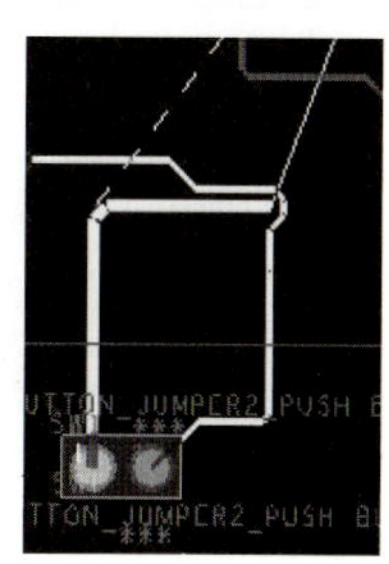

⑤ 배선된 Etch(패턴 혹은 동판영역 등)을 삭제할 경우에는 메뉴바 Edit-Delete를 이용하거나 아이콘( )을 선택한 후 삭제하고자 하는 아이템을 더블클릭한다. 단, 삭제하고자 하는 아이템만을 Control 패널의 Find 탭에서 설정한 후 실행한다. 예를 들어, 배선된 패턴을 삭제하고자 할 경우에는 우측과 같이 설정 후 해당 패턴을 더블 클릭한 후 마우스 오른쪽 버튼을 눌러 Done을 선택한다.

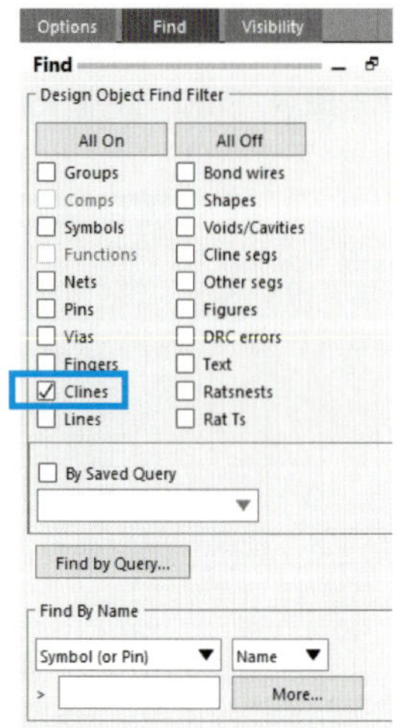

⑥ 배선된 Etch를 슬라이드(밀어내는) Slide 명령( ), 곡선이나 꺾인 Etch를 직선으로 바꾸어주는 Custom Smooth( ), 기존 Etch에 꼭지점을 추가해 주는 Vertex 명령( )을 이용하여 패턴을 수정한다.

5.7.2 자동배선(Auto Routing)

① 아래와 같이 Route – PCB Router - Route Automatic을 선택하여 자동배선을 할 수 있다.

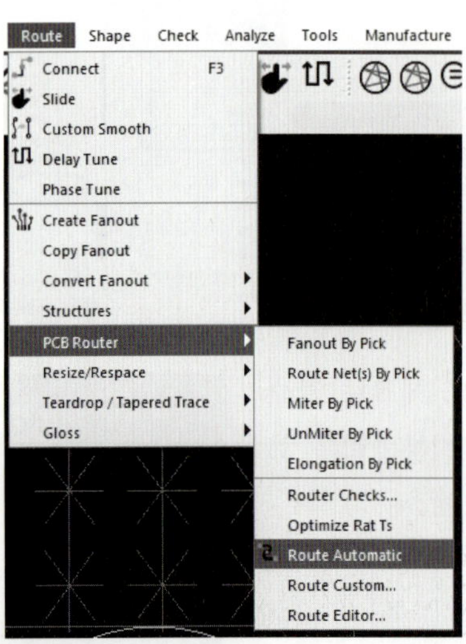

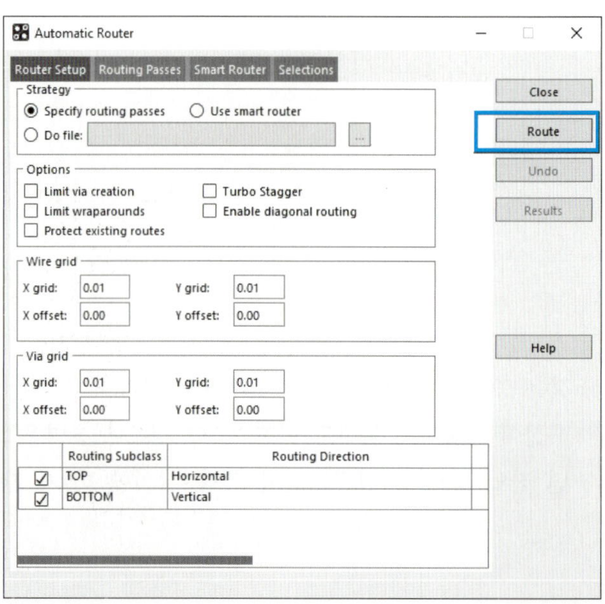

5.7.3 동판(Copper) 배치

① PCB 설계시 전기적인 특성을 높이고, 잡음이나 신호개선을 위해 매우 중요한 기능을 하는 것이 동판인 Copper의 배치이며, 일반적으로 GND Net와 연결한다. Copper Area 설정은 메뉴 Shape - Rectangular 또는 Shape Add Rect(Rectangular) 아이콘( )을 선택한다.

② 다음 그림과 같이 Control Panel의 Options부분에서 Active Class and Subclass(설정할 층)를 Etch/Top으로 설정한다. Shape Fill은 Dynamic copper로 선택하고, Assign net name은 GND Net으로 지정한다.

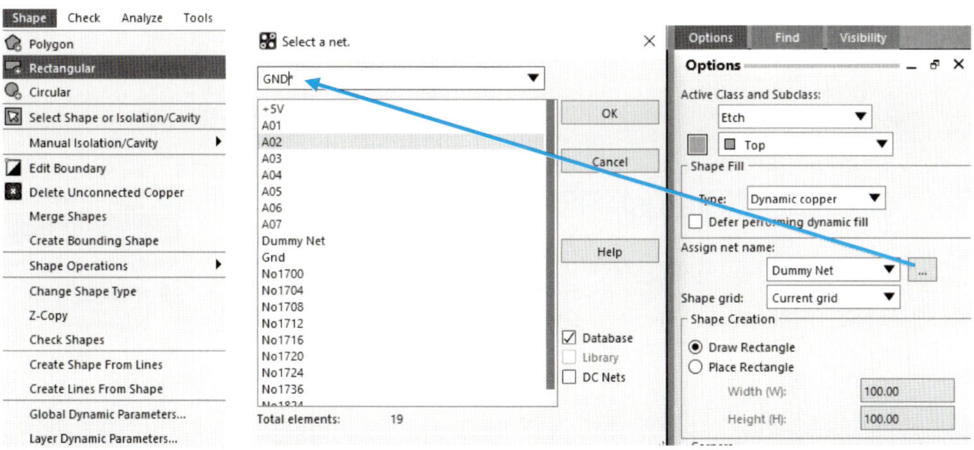

③ 설정 완료 후 Copper 영역을 작성하기 위해 Board 전체를 드래그 한다. 아래 그림과 같이 앞서 설정된 Route Keepin 영역 안쪽으로 GND 속성의 Copper 영역이 작성된다.

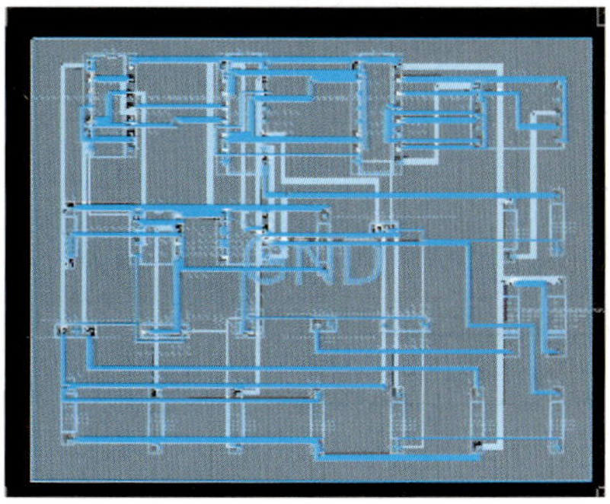

④ 같은 방법으로 Bottom 층에 Copper 영역을 작성한다. Control Panel의 Options 부분에서 Active Class and Subclass(설정할 층)를 Etch / Bottom으로 설정한다. Shape Fill은 Dynamic copper로 선택하고, Assign net name은 GND Net으로 지정한다. 설정 완료 후

Board 전체를 드래그 하여 Bottom층의 GND Copper 영역을 작성할 수 있다.

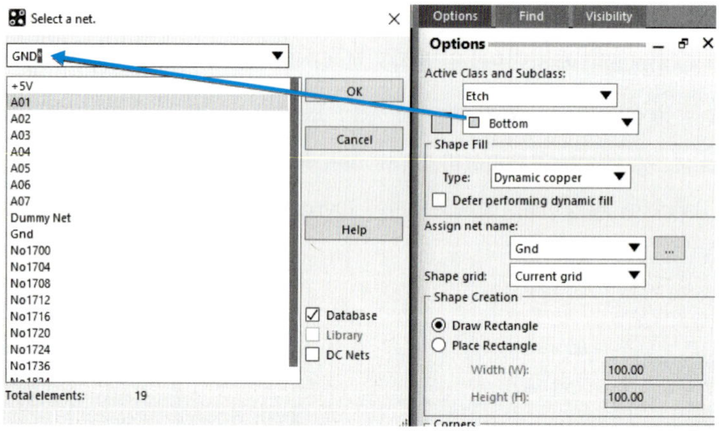

5.7.4 설계보드상태(Status) 확인

① Copper 영역 작성 후 현재 설계한 PCB의 부품 배치 및 배선된 상태를 검사하기 위해 메뉴 Check – Design Status를 선택한다.

② 우측 그림과 같이 Symbols and nets의 Color Box 부분이 녹색일 경우는 정상으로 배치 및 배선이 완료된 것이며, 노란색 및 빨강일 경우 부품의 배치 및 배선이 안된 곳이 있는 경우이므로 Color Box를 클릭하여 좌표를 확인할 수 있다. 그 외 Shapes 및 DRCs 부분도 같은 방법으로 확인할 수 있다.

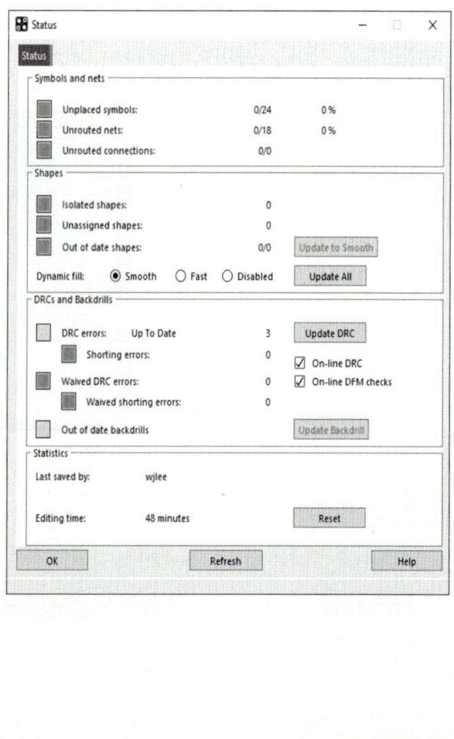

5.8 설계 마무리 작업

5.8.1 Reference 정리

① 크기가 서로 다른 Reference를 동일한 크기로 설정하기 위해 먼저 Control Panel의 Visibility에서 Etch의 Color Box를 Check하여 배선 및 Copper 영역을 off한다.

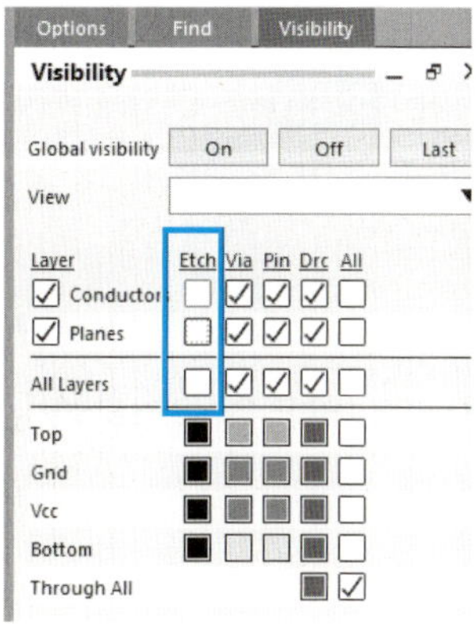

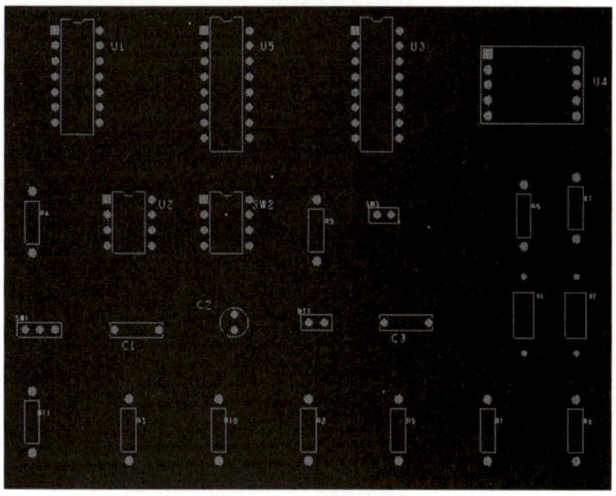

② 메뉴 Edit – Change Objects를 선택한다. Control Panel의 Options에서 Class는 Refdes로 New subclass는 Silkscreen_Top으로 설정한 후 Text block을 4으로 설정 후 보드 전체를 드래그하여 Reference 크기를 동일하게 변경한다.

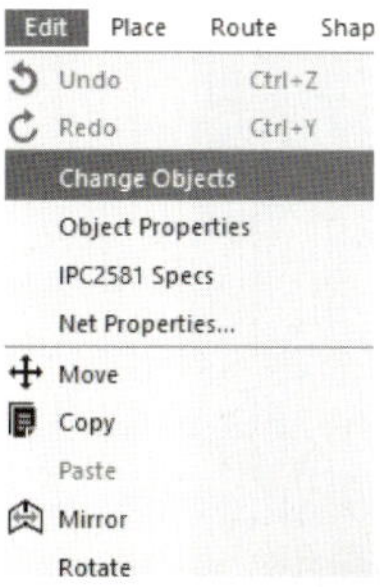

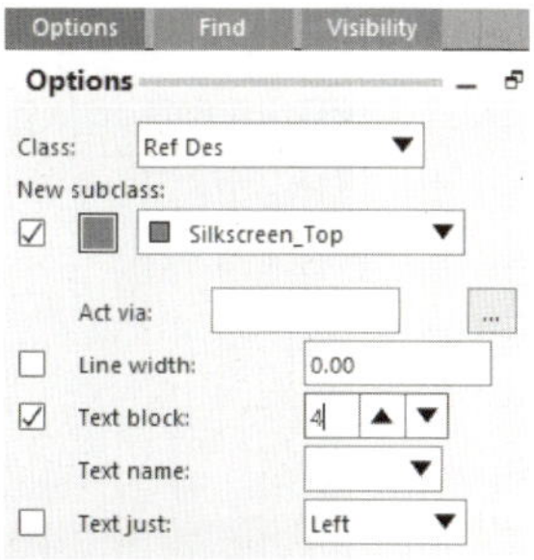

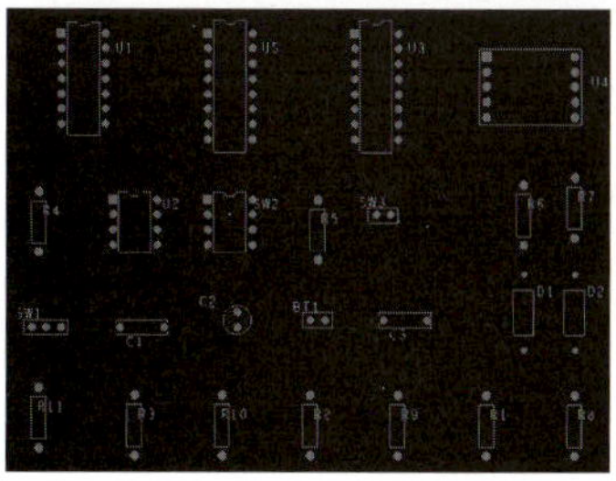

③ Reference 크기를 동일하게 변경 후 Reference 방향을 동일하게 정리하기 위해 메뉴 Edit - Move를 선택한다. Control Panel의 Find에서 모든 아이템을 All off한 후 Text만 Check한다.

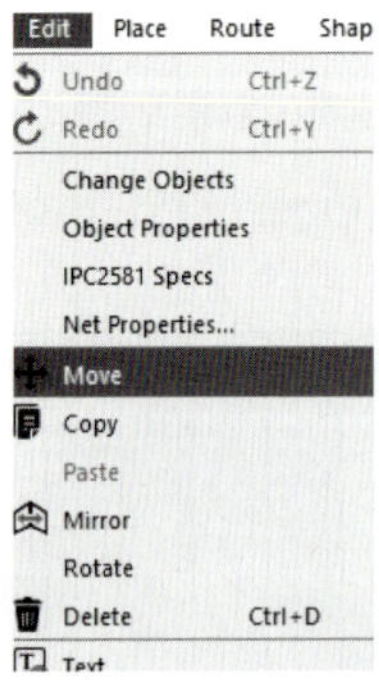

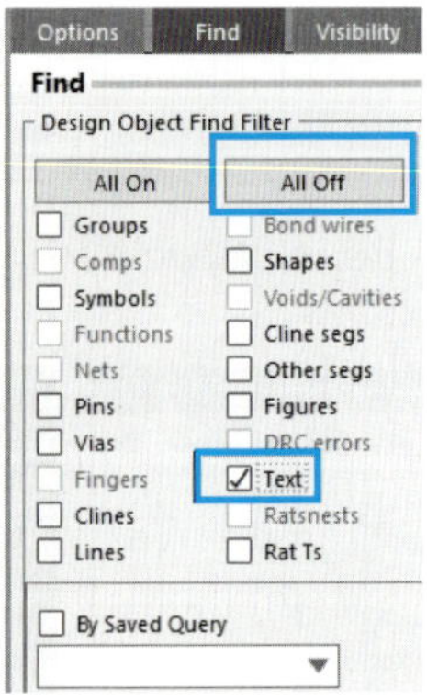

④ 아래 그림과 같이 Reference를 선택한 후 마우스 오른쪽 버튼을 클릭하여 Rotate 명령을 실행하여 Reference를 적절히 배치한다.

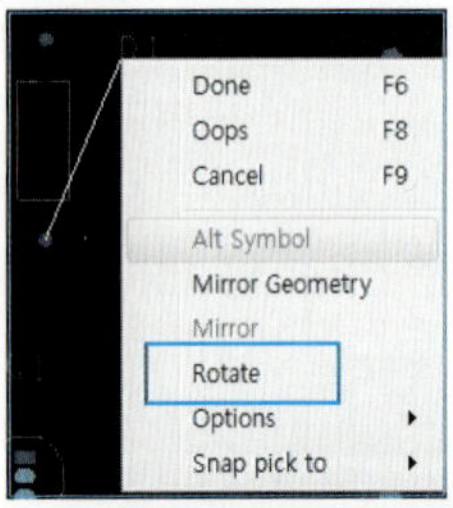

5.8.2 Dimensions 작성

① 설계 보드의 치수를 작성하기 위해 메뉴 Manufacture – Dimension Environment를 선택한 후, 마우스를 우클릭(MRB)하여, Parameters를 선택한다.

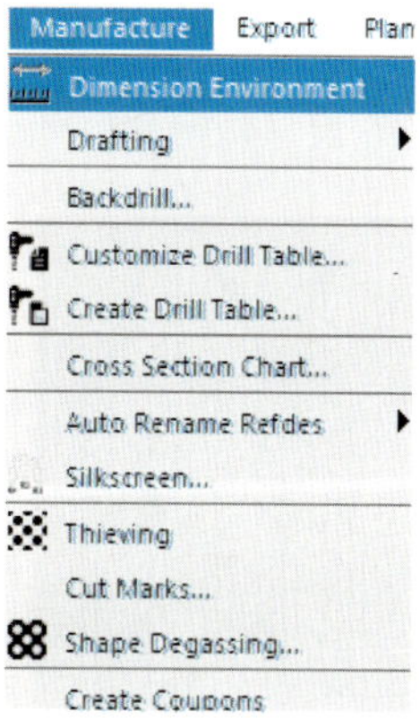

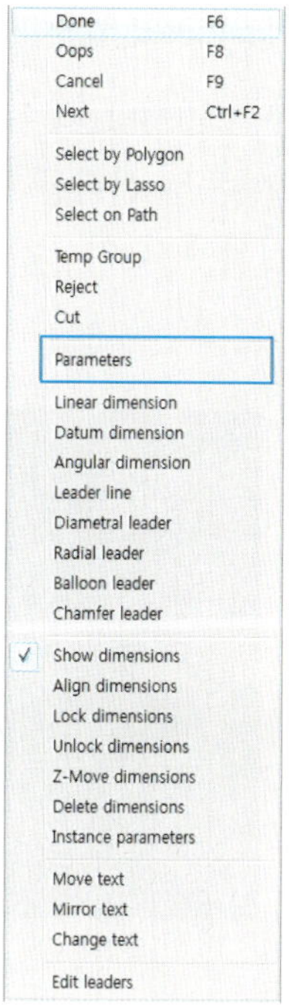

② 아래 그림과 같이 Dimensioning Parameters의 General Tab에서 Parameter editing의 Units를 Millimeters로 설정한다. Text Tab을 선택 후 Text block을 9 / Primary dimensions의 Units를 Mils 설정한다. 만약 다른 단위의 치수를 함께 표시하고자 할 경우 Secondary dimensions에 단위를 함께 설정한다.

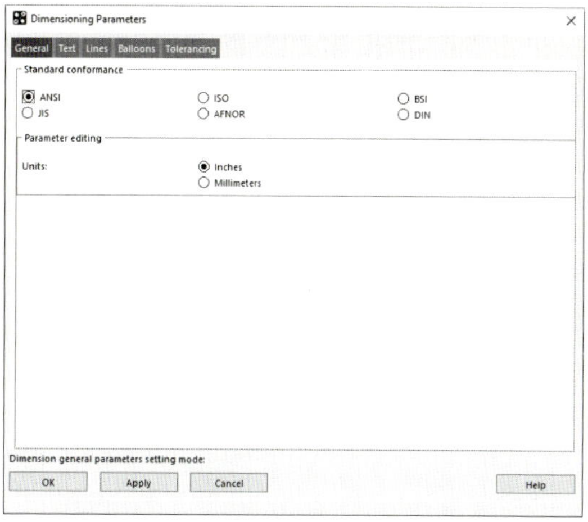

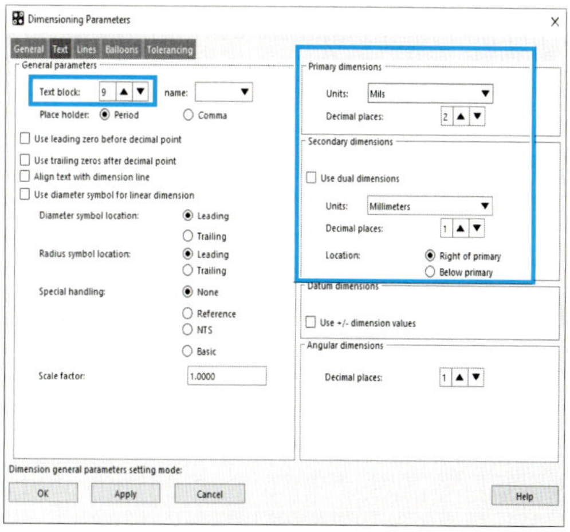

③ 기본적인 Dimension Parameter 설정 후 보드 치수를 기입하기 위해 메뉴 Manufacture을 선택한 후, 마우스 우클릭(MRB)하여 Linear Dim(Dimension)을 선택하거나, (Dimension Linear) 아이콘을 선택한다. 아래 그림과 같이 치수 기입할 선을 클릭하면 측정된 값이 마우스 커서에 붙어 있는 것을 확인할 수 있다. 치수 확인 후 적당한 위치에 기입한다.

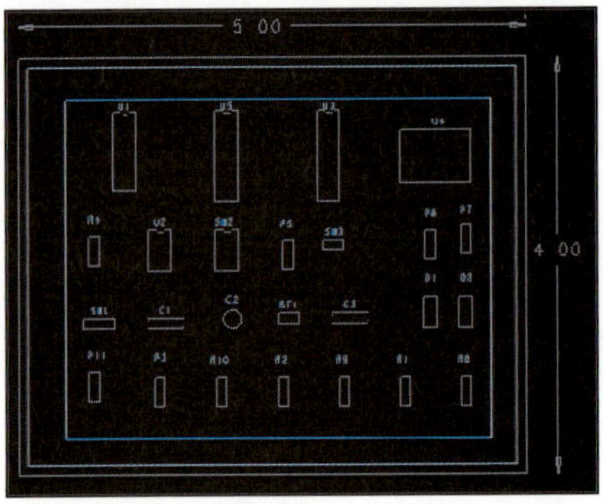

5.9 후처리 과정(Post Processing)

5.9.1 드릴 범례(Drill Legend)

① 다음과 같이 Manufacture – Customize Drill Table을 선택한 후, Drill Symbol을 자동으로 생성하기 위해 Auto Generate Symbols 버튼을 선택한다.

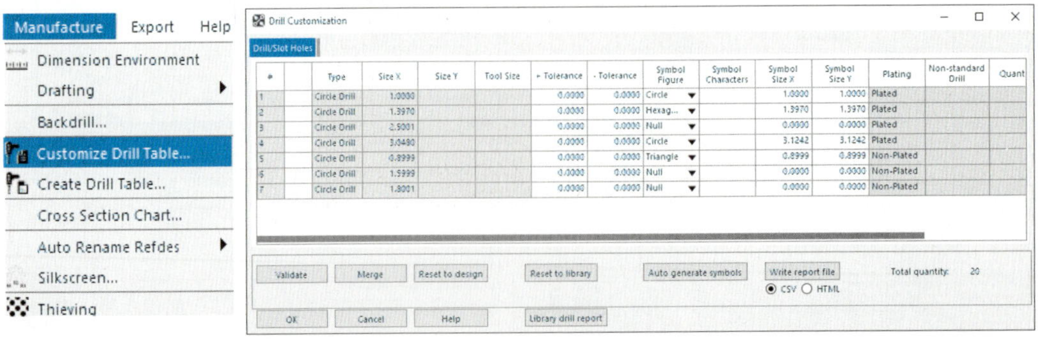

② 메뉴바에서 Manufacture – Create Drill Table을 선택하거나 툴바에서 Drill Legend 아이콘( )을 선택한 후 화면 빈 공간 적당한 위치에 배치한다. 이때 화면의 작업공간이 작아 배치가 잘 안될 경우에는 메뉴 바에서 Setup – Design Parameters - Design Tab에서 작업화면을 확장하거나 원점을 이동한 후 배치한다.

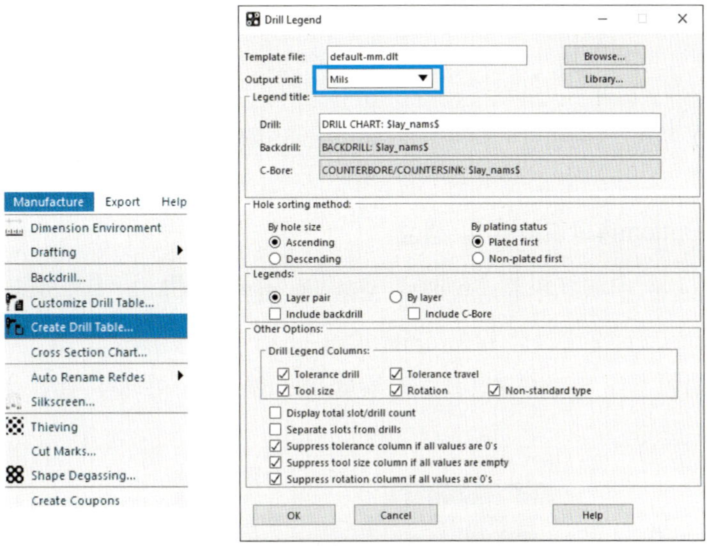

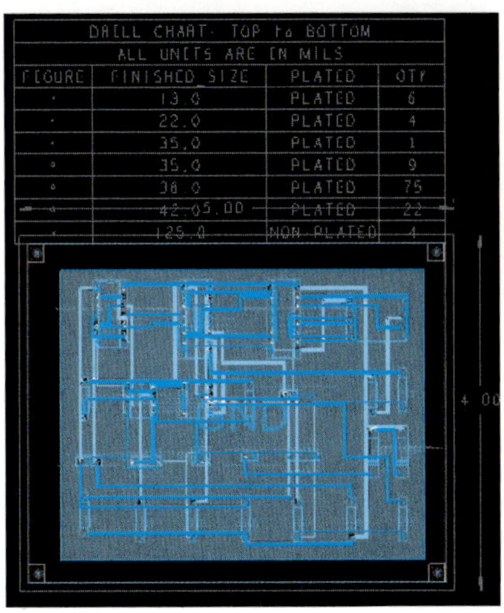

5.9.2 거버(Gerber)파일 생성

PCB 제조를 위해서는 거버(Gerber)파일을 생성해야 하는데, 2층 양면기판인 경우에 생성해 주어야 할 파일은 다음과 같다.

(1) Top층 (Top.art)
(2) Bottom층 (Bottom.art)
(3) Soldermask_Top (Soldermask_Top.art)
(4) Soldermask_Bottom (Soldermask_Bottom.art)
(5) Silkscreen_Top (Silkscreen.art)
(6) Drilldraw (Drilldraw.art)
(7) NC-Drill (monostable-1-2.drl)

여기서, SMD 부품을 사용한 경우에는 Pastemask 관련 정보를 추가로 필요하다.

1) Top 층 및 Bottom층의 거버파일 생성

① Export-Gerber를 선택하거나 툴바에서 Artwork 아이콘( )을 실행한다. General Parameters에서 가장 많이 사용되는 Gerber Type인 RS274X를 선택한다. Format을 아래와 같이 3과 5로 수정하고, 그 밖에 필요한 값을 아래와 같이 설정한다.

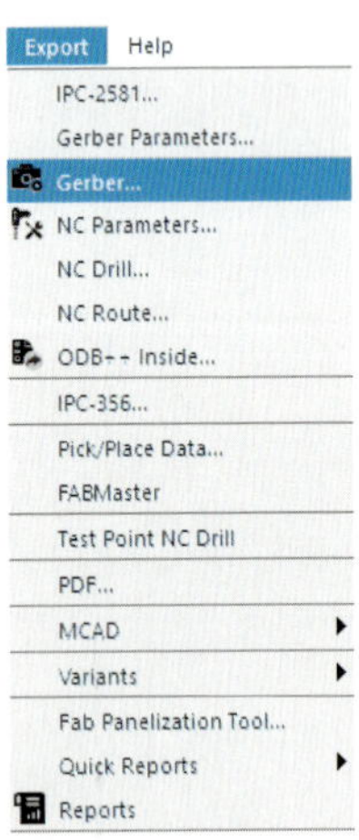

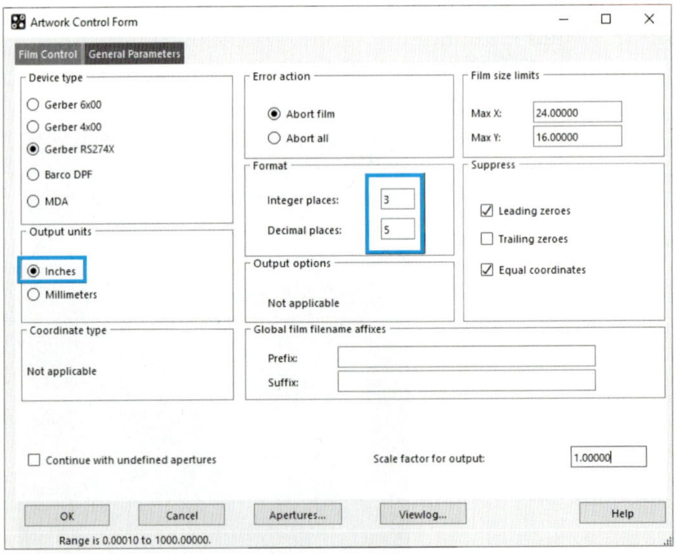

② Export-Gerber-Film control 창을 선택한 후, Bottom과 Top을 선택한다. Create Artwork 버튼을 눌러 Top 층, Bottom 층의 거버파일을 생성할 수 있다.

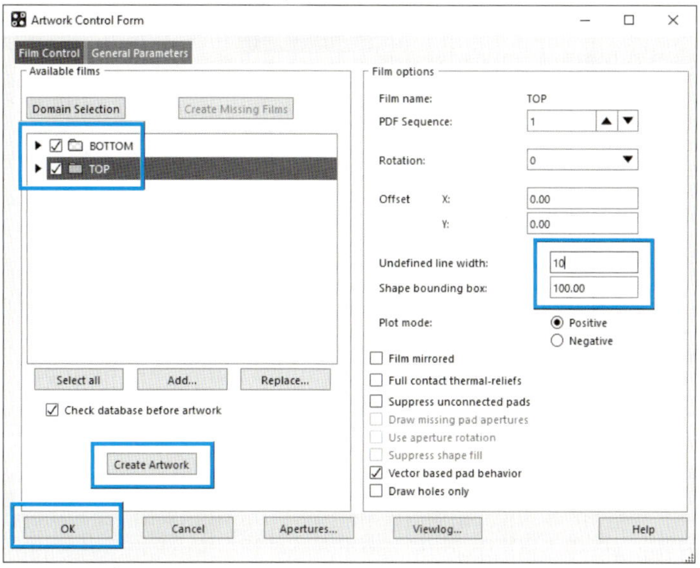

2) Soldermask_Top 생성

① Color 설정 창을 열어 Global Visibility를 Off 시킨다. Stack-Up 폴더의 Soldermask _Top에서 Pin과 Via를 선택한다.

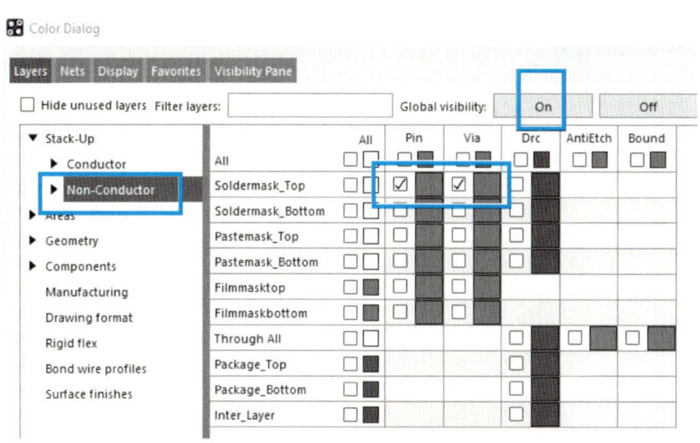

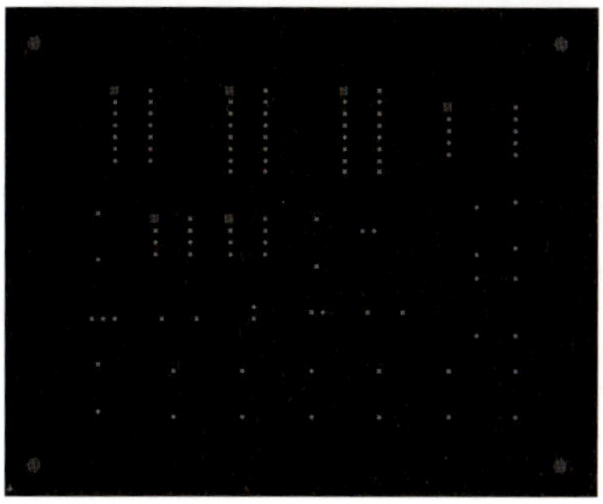

② Export-Gerber를 선택하거나 툴바에서 Artwork 아이콘( )을 실행한다. General Parameters에서 가장 많이 사용되는 Gerber Type인 RS274X를 선택한다. Format을 아래와 같이 3과 5로 수정하고, 그 밖에 필요한 값을 아래와 같이 설정한다.

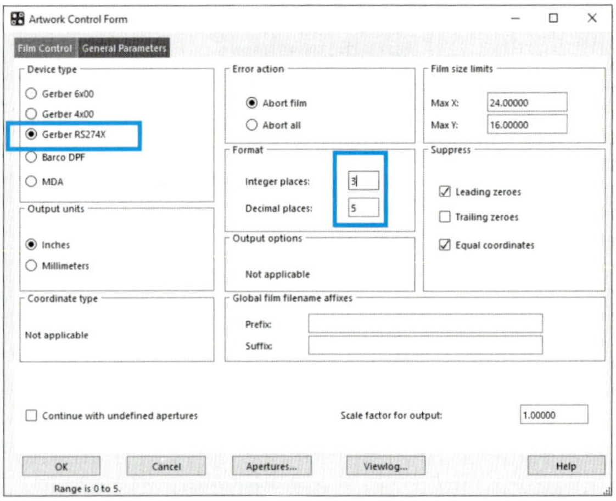

③ Export - Gerber - Film Control 창에서 Top을 선택한 후 마우스 오른쪽 버튼을 클릭하여 Add를 수행한 후 Soldermask_Top이라 입력한다. Soldermask_Top을 선택한 후 Create Artwork을 수행하면 Soldermask_Top.art 거버파일이 생성된다.

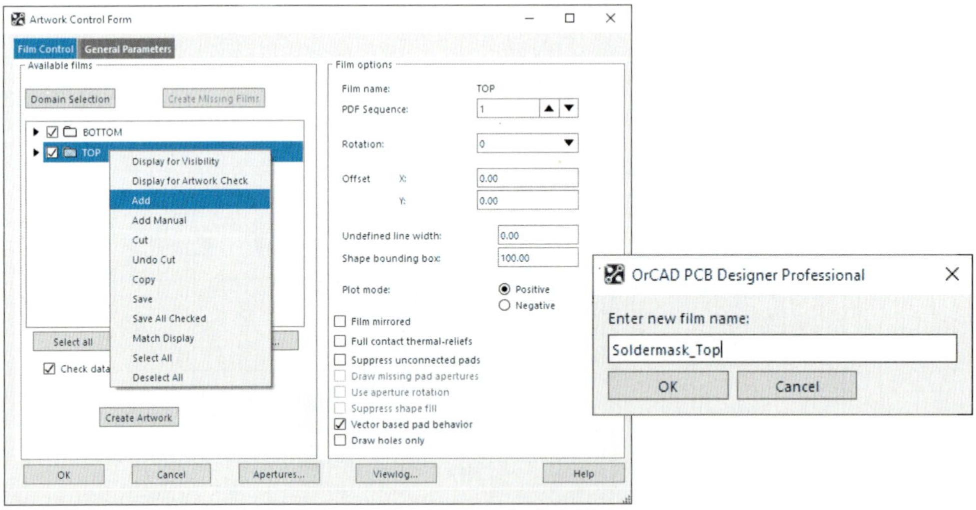

3) Soldermask_Bottom 생성

① Color 설정 창을 열어, Global Visibility를 Off 시킨다. Stack-Up 폴더의 Soldermask_Bottom에서 Pin과 Via를 선택한다.

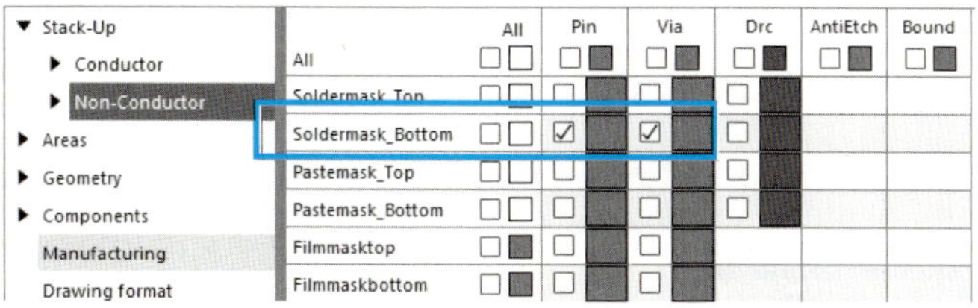

② Export-Gerber를 선택하거나 툴바에서 Artwork 아이콘( )을 실행한다. General Parameters에서 가장 많이 사용되는 Gerber Type인 RS274X를 선택한다. Format을 아래와 같이 3과 5로 수정하고, 그 밖에 필요한 값을 아래와 같이 설정한다.

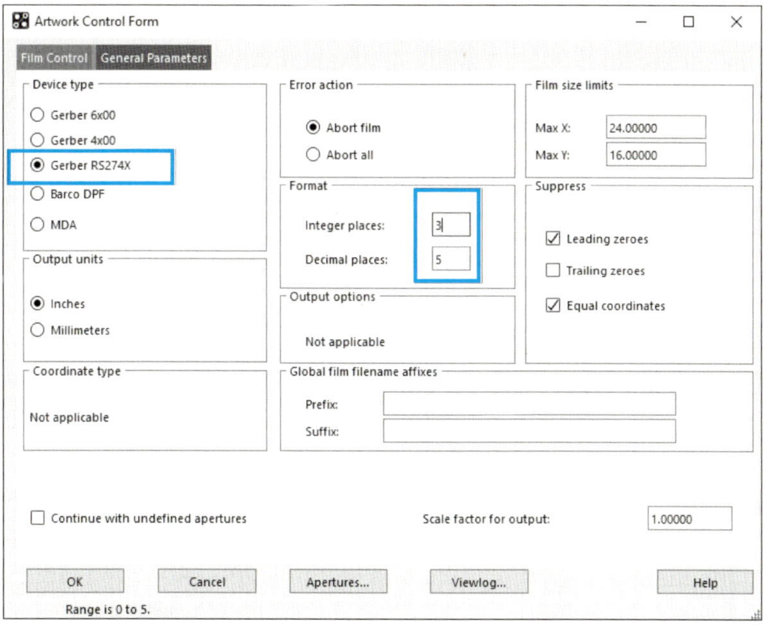

③ Export - Gerber - Film Control 창에서 Soldermask_Top을 선택한 후 마우스 오른쪽 버튼을 클릭하여 Add를 수행한 후 Soldermask_Bottom이라 입력한다. Soldermask_Bottom을 선택한 후 Create Artwork을 수행하면 Soldermask_Bottom.art 거버파일이 생성된다.

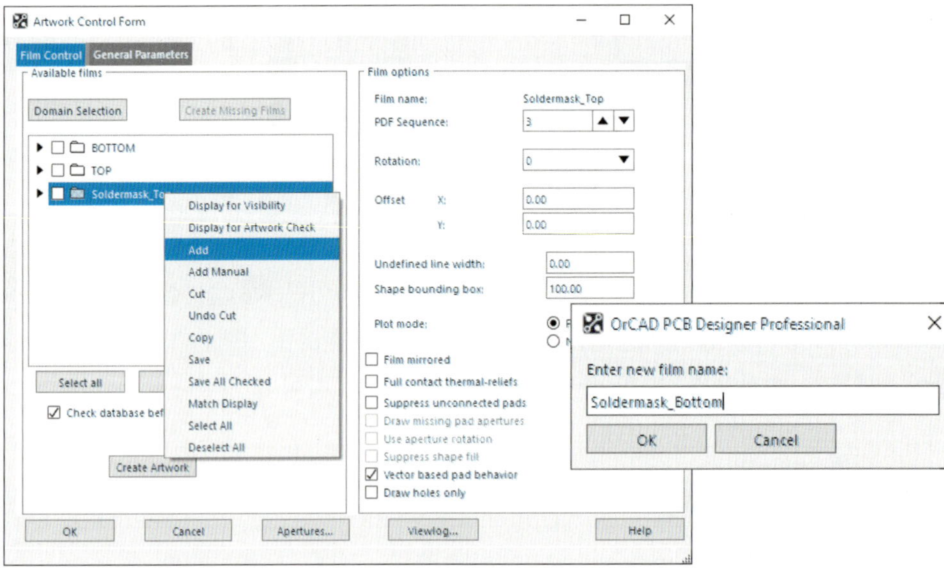

4) Silkscreen_Top 생성

① Color 설정 창을 열어, Global Visibility를 Off 시킨다. Package Geometry에서 Silkscreen Top을, Board Geometry에서 Design Outline, Outline, Dimension을 선택한다. Components Silkscreen Top은 RefDes를 선택, 참조번호와 부품의 패키지가 Silkscreen Top에 나오도록 설정한다.

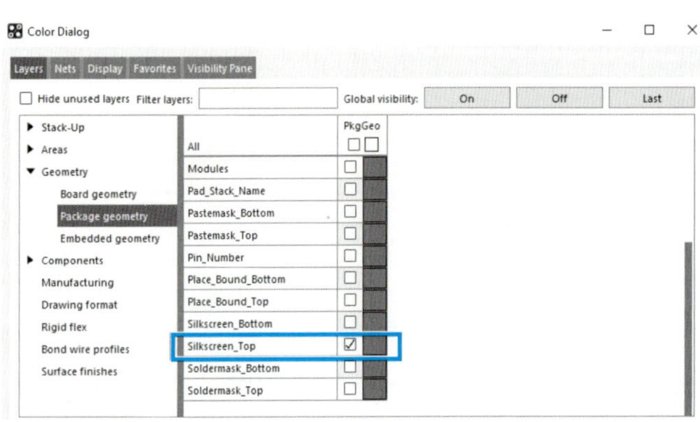

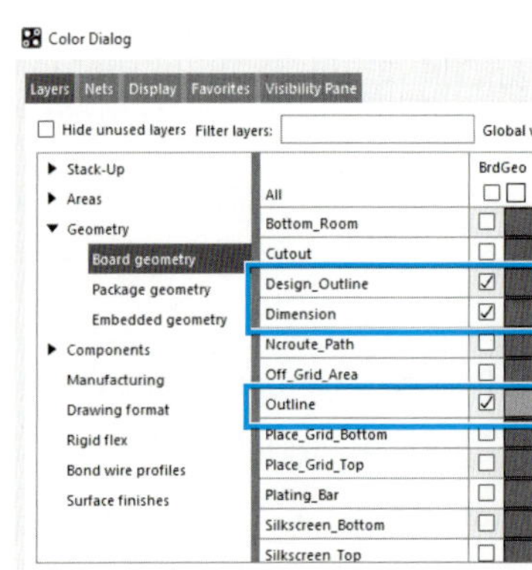

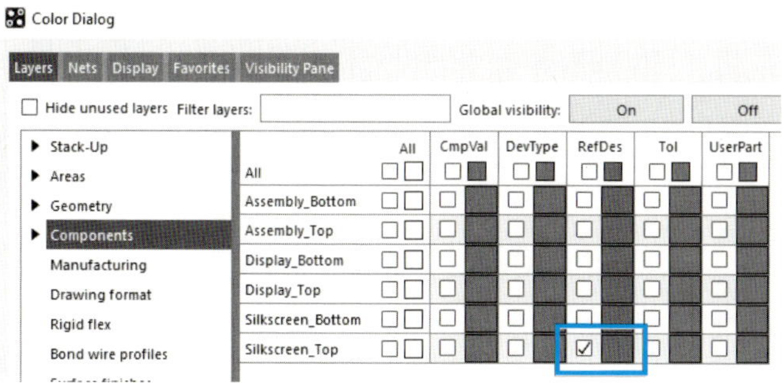

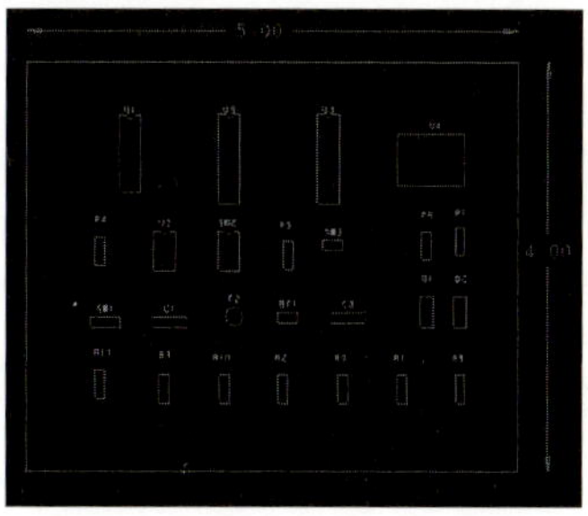

② Export-Gerber를 선택하거나 툴바에서 Artwork 아이콘( )을 실행한다. General Parameters에서 가장 많이 사용되는 Gerber Type인 RS274X를 선택한다. Format을 아래와 같이 3과 5로 수정하고, 그 밖에 필요한 값을 앞에서와 같이 설정한다.

③ Export – Gerber - Film Control 창에서 Top을 선택한 후, 우클릭(MRB)하여 Add를 수행한 후 Silkscreen_Top을 입력한 후, Undefined line width를 10mil로 설정한다. Silkscreen_Top을 선택한 후 Create Artwork을 수행하면 Silkscreen_Top.art 거버파일이 생성된다.

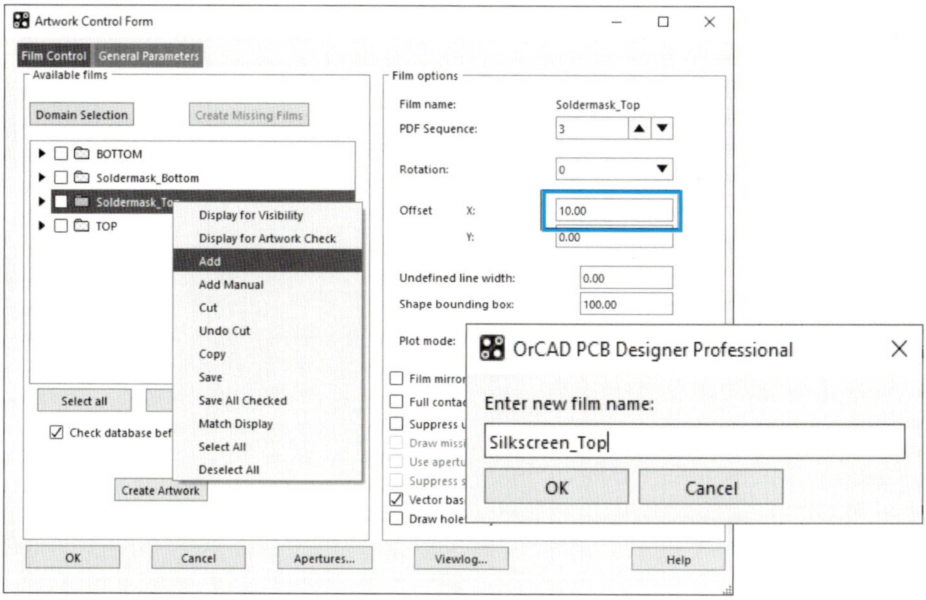

5) Drilldraw 생성

① Color 설정 창을 열어, Global Visibility를 Off 시킨다. Board Geometry에서 Design Outline, Outline과 Dimension을, Manufacturing에서 Nclegend-1-2와 Ncdrill_Legend를 각각 선택한다.

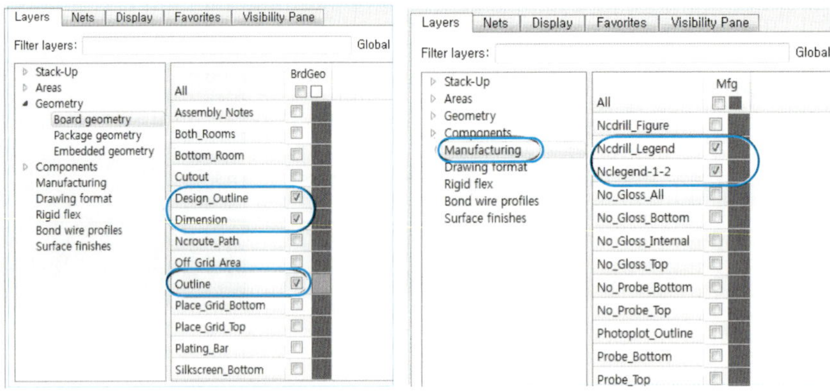

② Export-Gerber를 선택하거나 툴바에서 Artwork 아이콘( )을 실행한다. General Parameters에서 가장 많이 사용되는 Gerber Type인 RS274X를 선택한다. Format을 아래와 같이 3과 5로 수정하고, 그 밖에 필요한 값을 앞에서와 같이 설정한다.

③ Film Control 창에서 Silkscreen_Top을 선택한 후, 마우스 오른쪽 버튼을 클릭하여 Add를 수행한 후 Drilldraw을 입력하고, Undefined line width를 10mil로 설정한다. Drilldraw을 선택한 후 Create Artwork을 수행하면 Drilldraw.art 거버파일이 생성된다.

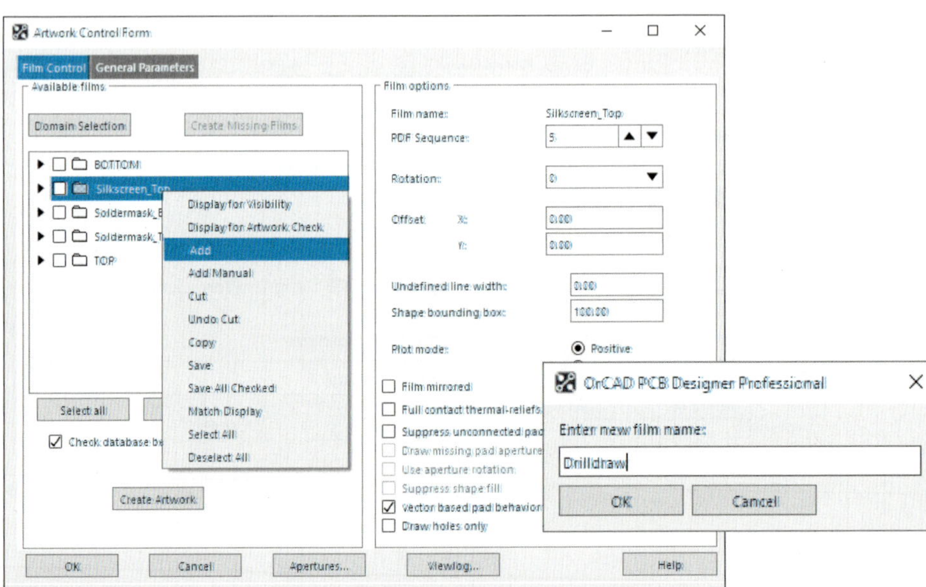

6) NC Drill 생성

① Export-NC Parameter를 선택하거나 NC Parameter 아이콘( )을 선택한다. 열린 창에서 Format을 3.5로 정하고, 기타 값들도 아래와 같이 필요하면 변경하여 설정한다.

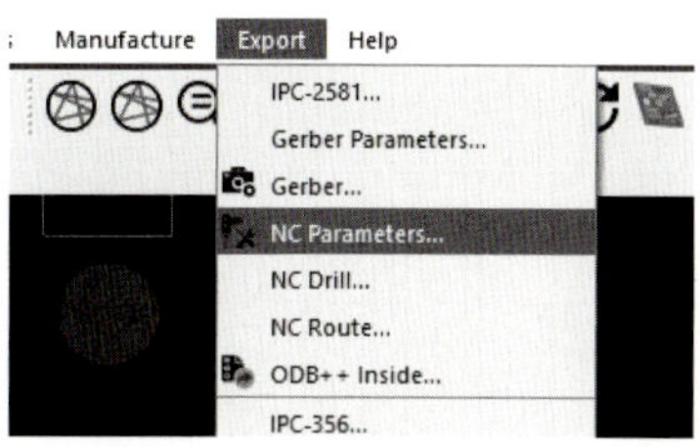

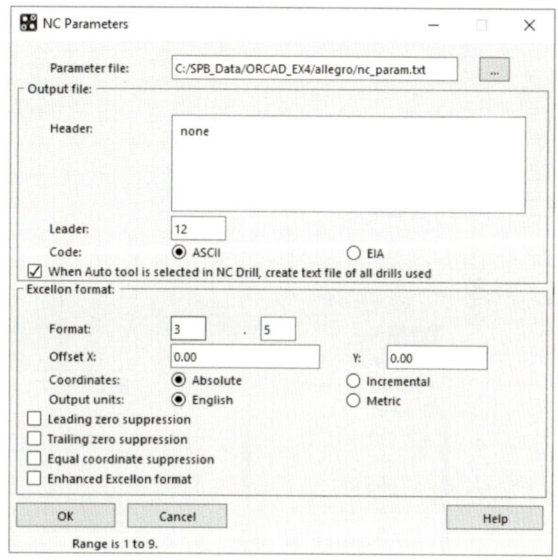

② NC Parameter의 설정이 끝나면, Export-NC Drill을 선택하여, Drill을 수행하면 pcounter.drl 라는 파일에 NC data가 생성된다.

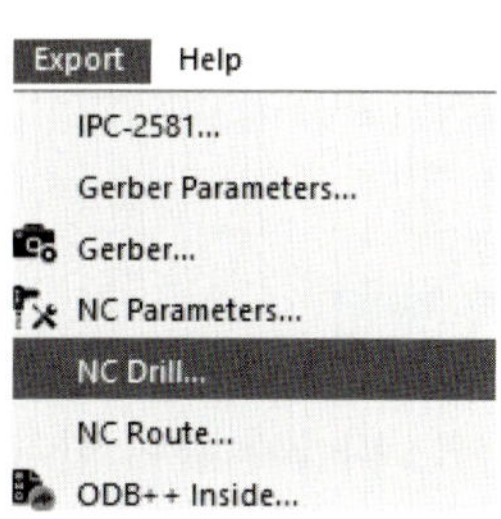

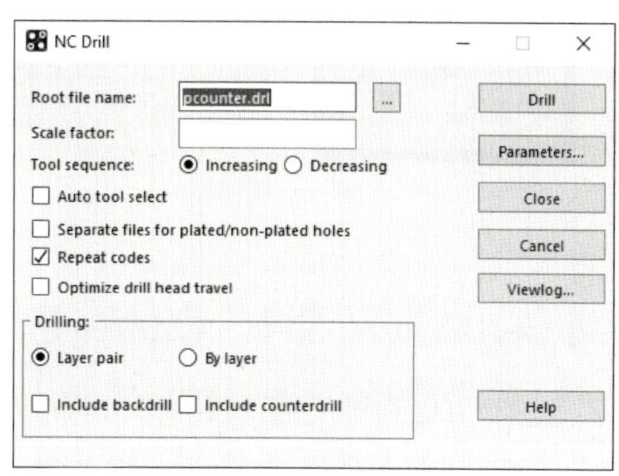

③ 해당 작업 경로에 가서 작성된 거버파일과 드릴파일을 확인한다.

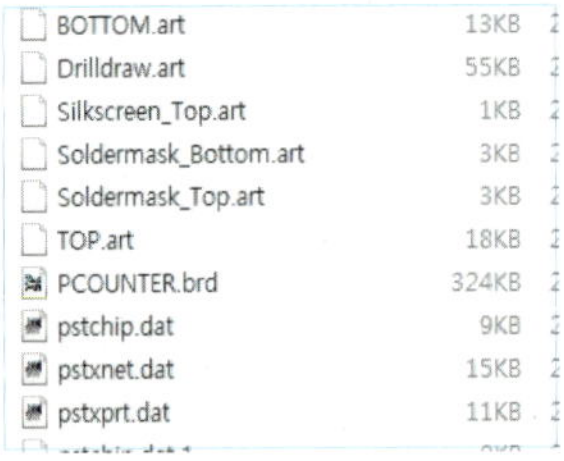

7) 보고서파일 생성

메뉴바의 Export-Reports에서 설계된 PCB 보드와 관련된 여러 보고서 파일을 만들 수 있다.

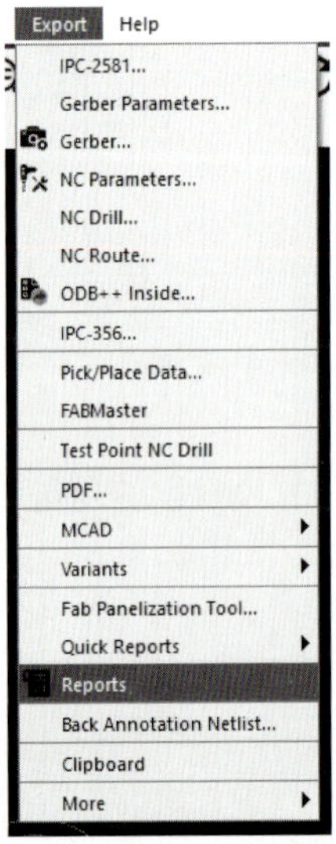

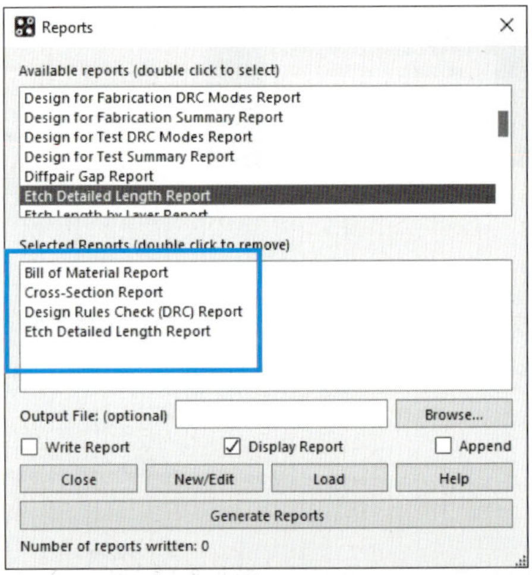

5.9.3 거버(Gerber)파일 출력 - Display를 이용한 방법

① 작성된 거버 데이터를 화면 혹은 프린터로 인쇄하기 위해서는 다음과 같이 한다. 메뉴바에서 Export - Gerber를 선택한 후 우클릭(MRB)하여, 열린 화면에서 Display for Artwork Check를 선택한다. 이때 화면에 선택된 레이어가 나타난다.

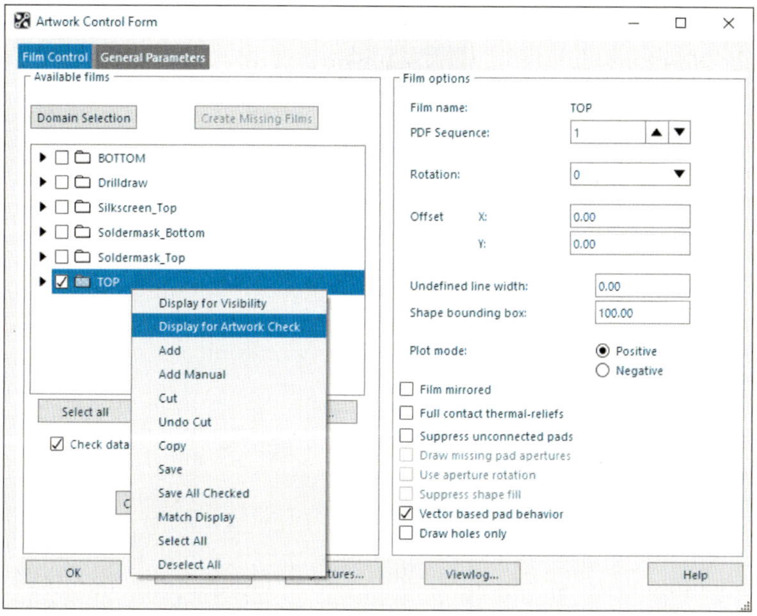

② Setup-Colors-Geometry에서 Design_Outline, Dimension 및 Outline을 각각 선택한다.

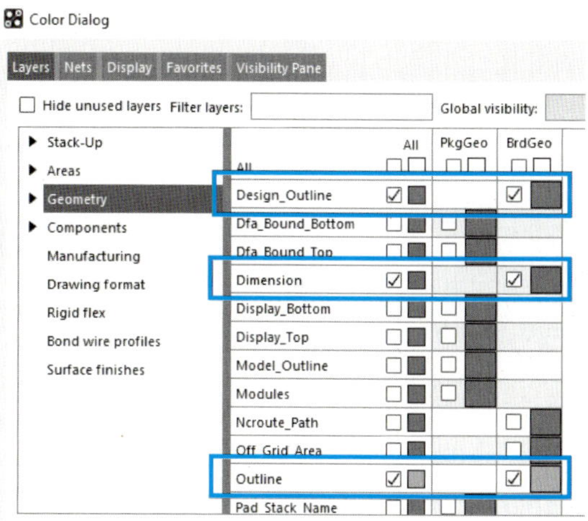

③ 위에서 화면에 나타난 해당 정보를 인쇄하기 위해서는 메뉴바에서 File-Print setup을 선택하고, 필요한 값을 아래와 같이 설정한 후 OK를 선택하여 인쇄한다.
File-Print Preview를 통해 화면상에서 출력 내용을 미리 확인한다.

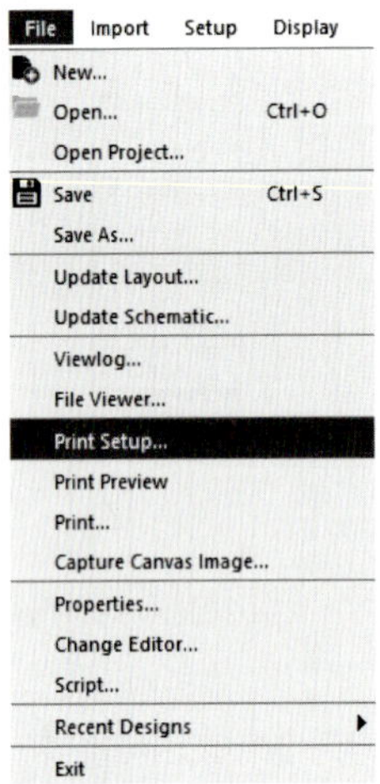

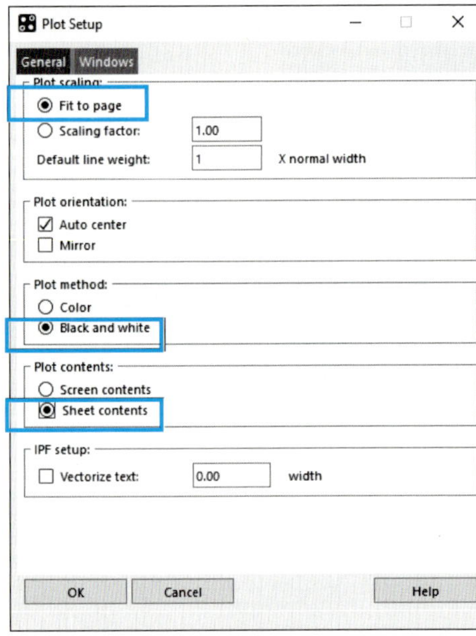

④ File-Print Preview를 통해 설계된 PCB의 각층을 다음과 같이 확인한다.
단, 편의상 Top층과 Bottom층에 있는 Copper는 제거하고 Preview를 한 것이다.

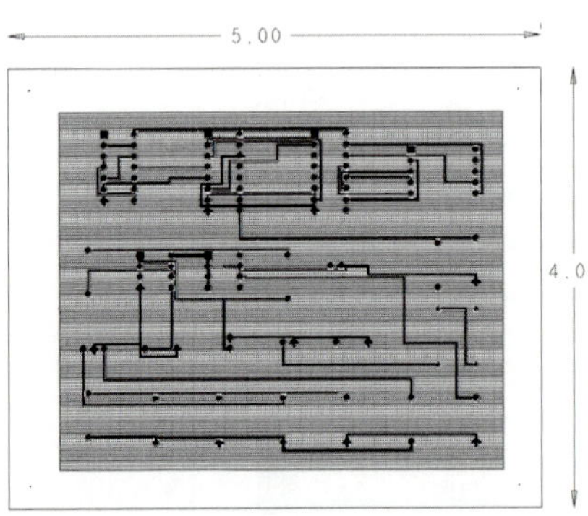

Top 층 패턴도 (Top Layer)

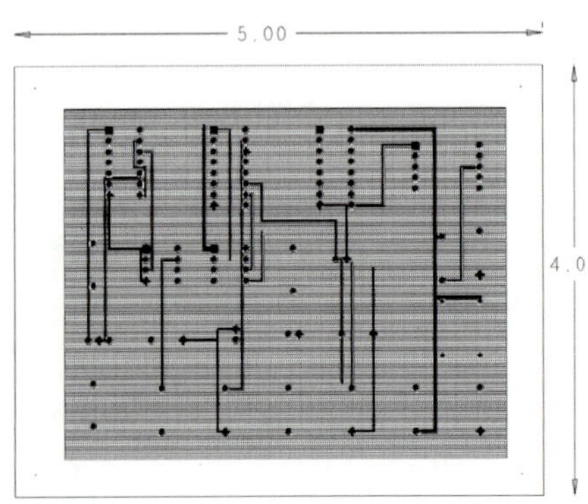

Bottom 층 패턴도 (Bottom Layer)

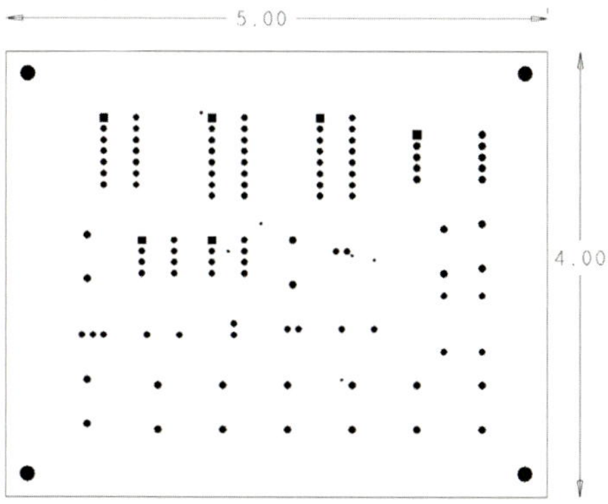

Soldermask_Top

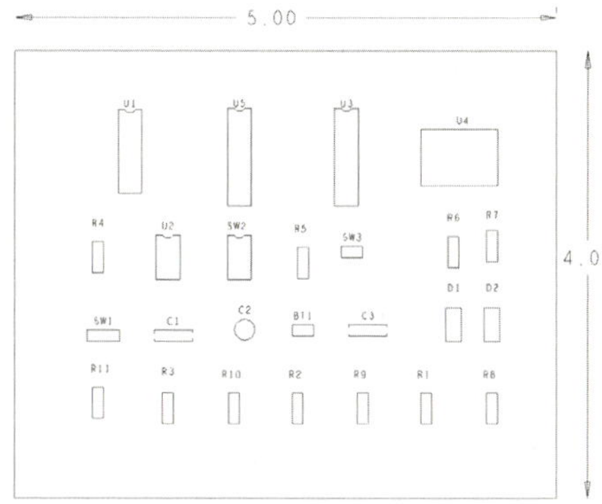

실크스크린 Top (Silkscreen Top)

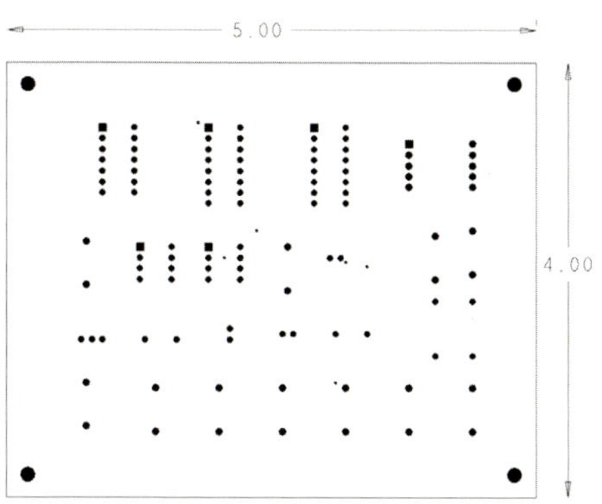

Soldermask_Bottom

DRILL CHART: TOP to BOTTOM			
ALL UNITS ARE IN MILS			
FIGURE	FINISHED_SIZE	PLATED	QTY
•	13.0	PLATED	6
•	22.0	PLATED	4
·	35.0	PLATED	1
o	35.0	PLATED	9
o	36.0	PLATED	75
o	42.0	PLATED	22
x	125.0	NON-PLATED	4

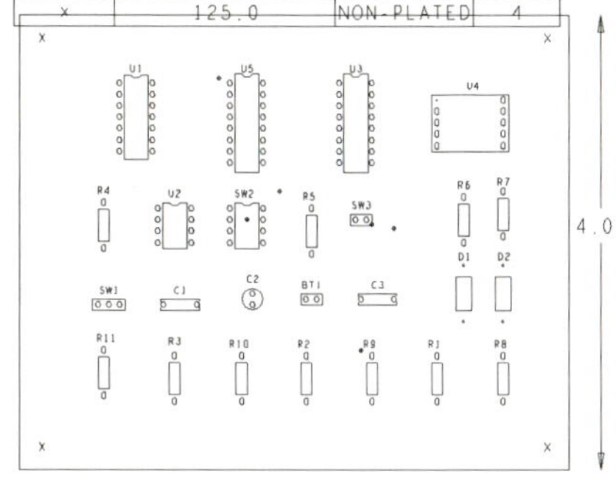

드릴도 (Drilldraw)와 범례 (Drill Legend)

5.10 검토사항

PCB Editor에 대한 다음 사항에 대하여 검토하여라.

① Control Panel의 Visibility, Find 및 Options 사용에 대해 설명하여라.
② 설계 제약조건(Constraint Rule) 설정방법에 대하여 설명하여라.
③ Color 설정방법에 대하여 설명하여라.
④ 배선명령(Routing)에 대하여 설명하여라.
⑤ Gerber 파일의 설정 및 작성방법에 대하여 설명하여라.
⑥ Gerber 파일의 출력방법에 대하여 설명하여라.

06 A/D 혼성회로

본 예제에서는 아날로그와 디지털 부품이 함께 사용된 혼성회로에서의 PCB설계로서, 다중 전원판(power plane), 아날로그 접지판과 디지털 접지판(ground plane)을 분리하고, 공통점으로 연결하여, 잡음의 영향을 줄이는 PCB 보드 설계를 수행한다.

6.1 회로도

6.1.1 개요

회로는 아날로그 부품인 OP 앰프, A/D변환기와 마이크로컨트롤러, 직병렬 시프트레지스터로 구성되어 있고, 그 밖에 저항과 커넥터가 사용된다. 이 회로는 크게 다섯 종류의 전원단자가 있는데, 아날로그 전원(V+, V-)와 아날로그 접지(AGND), 5V 디지털 전원(VCC)와 디지털접지(GND)가 있다. A/D 혼성회로에서는 아날로그 접지와 디지털 접지는 분리하여 디지털스위칭 잡음의 영향을 줄이는 방법을 사용하는데, A/D 컨버터나 D/A 컨버터 등과 같은 회로의 동작을 위해서는 전기적으로 공통접지로 연결해주어야 한다. 본 예제에서도 분리된 두 접지를 낮은 임피던스를 갖는 커넥터의 단일점을 통하여 연결하였다.

6.1.2 회로도

A/D 혼성회로의 회로도와 부품목록은 다음과 같다.

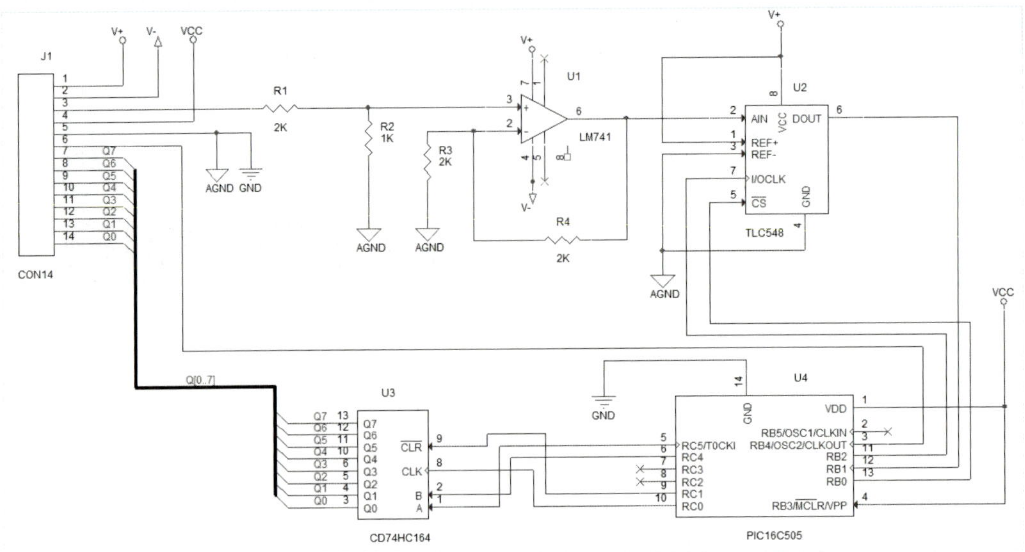

6.1.3 부품목록

번 호	Capture 부품이름	부품 값	수량	라이브러리 명
1	R	1K	1	Discrete.olb
		2K	3	
2	CON14	CON14	1	Connector.olb
3	CD74HC164	CD74HC164	1	Shiftregister.olb
4	PIC16C505	PIC16C505	1	Microcontroller.olb
5	TLC548	TLC548	1	Atod.olb
6	LM741	LM741	1	Opamp.olb

6.2 회로도 그리기

6.2.1 회로도 설정

① Capture 윈도우의 File 메뉴 - New( ) - Project를 선택한다.

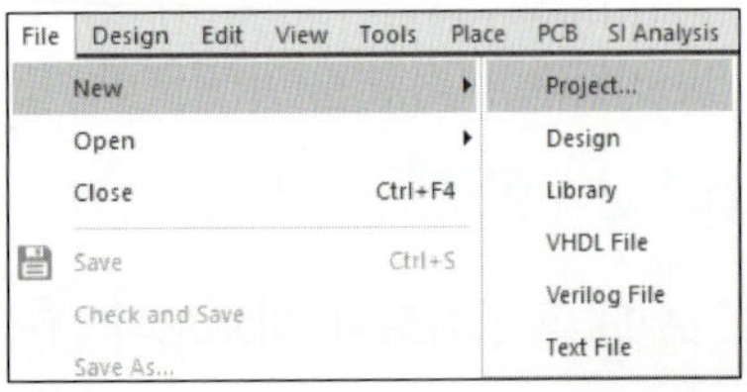

② New Project Name 문자상자에 새로운 프로젝트 이름(admixed)을 입력한다.

③ Location 문자 상자에 저장할 경로와 파일명을 입력한 후 OK 버튼을 실행한다.

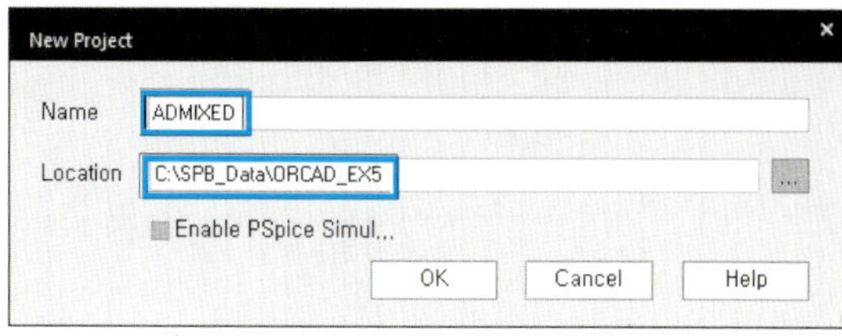

④ 회로도 파일은 SCHEMATIC1이란 회로도와 그 회로도에 포함된 PAGE1이란 회로도면이 생성되어 도면작성을 시작할 수 있다. 프로젝트 파일(admixed.opj) 및 회로도 파일(admixed.dsn)이 지정한 경로에 생성된다.

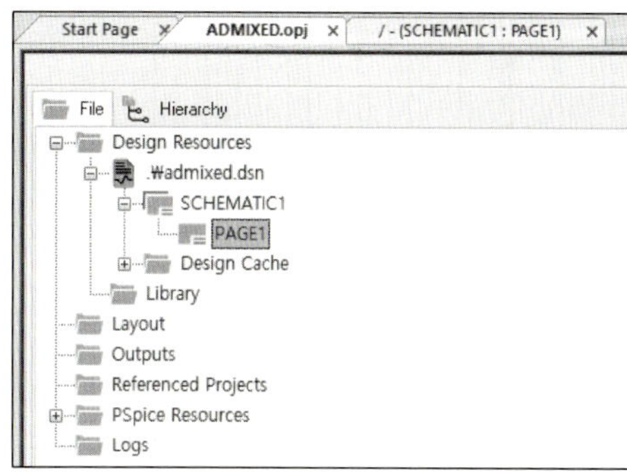

6.2.2 부품 배치

① Place 메뉴에서 Part를 선택하거나 툴 파렛트에서 Place Part ()를 클릭하여 대화상자를 연다.

② Add Library 버튼을 클릭하여, Discrete.olb, Connector.olb, Shiftregister.olb, Microcontroller.olb, Atod.olb 라이브러리를 선택하여 읽어 들인다.

- 라이브러리 기본 경로 : (C:\Cadence\SPB_17.4\tools\capture\library)

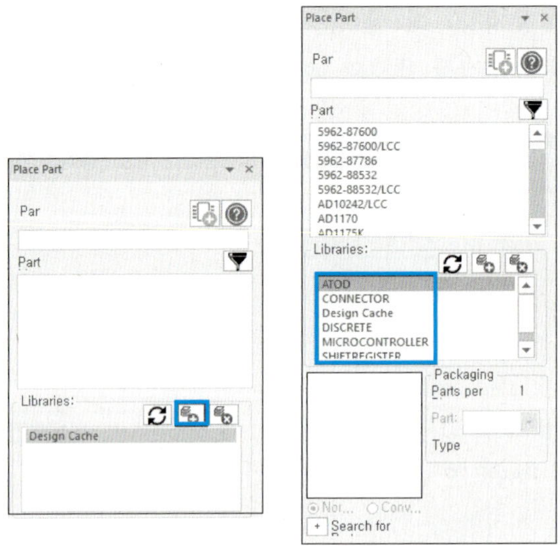

③ Place Part 대화상자에 각 부품들을 다음 그림과 같이 각각 배치한다. 마우스 우클릭(MRB)을 이용하여, 부품회전, 복사, 삭제 및 속성변경 등을 수행한다.

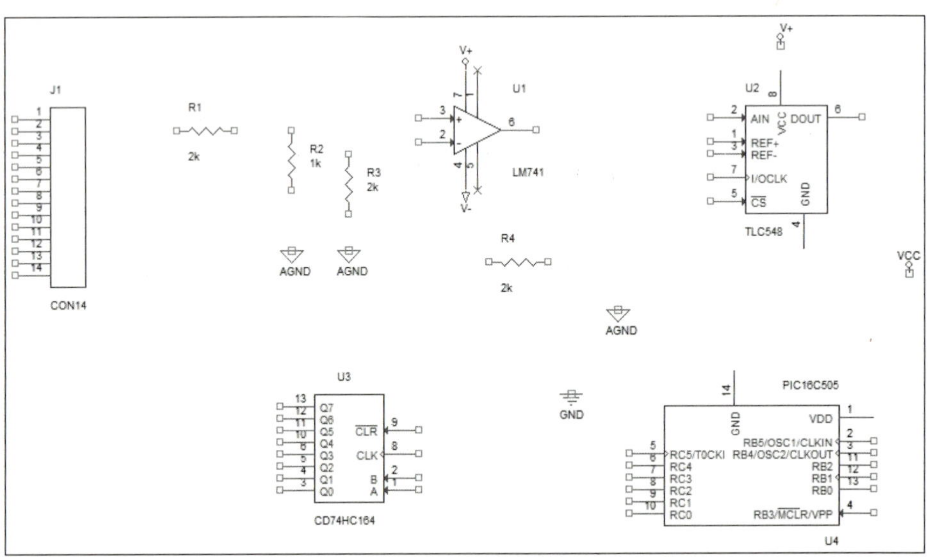

④ 배치된 GND, VCC 부품을 더블클릭하여 Name을 GND는 GND, AGND로 설정하고, VCC는 V+, V-, VCC로 각각 설정한다. 또한 Value Only를 설정하여, 회로도처럼 값이 표시되도록 설정한다.

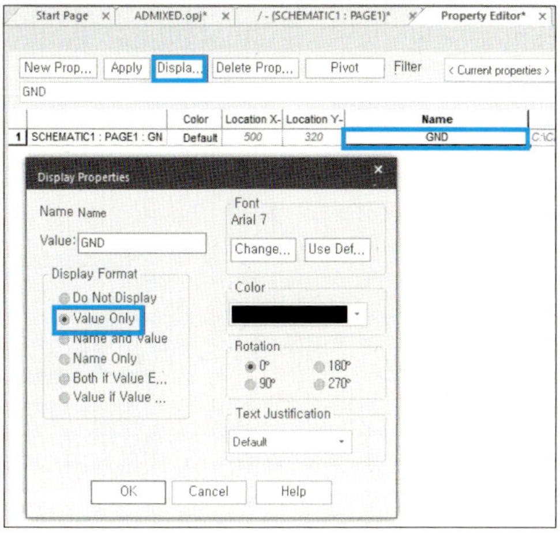

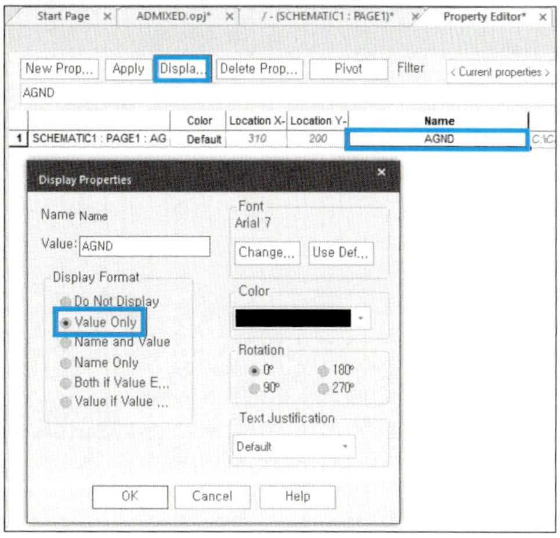

⑤ TLC548과 PIC16C505를 각각 우클릭(MRB)하여, Edit Part를 수행하여, GND핀, VCC핀을 Pin Shape을 Line으로, Pin Visible로 설정 변경한다.

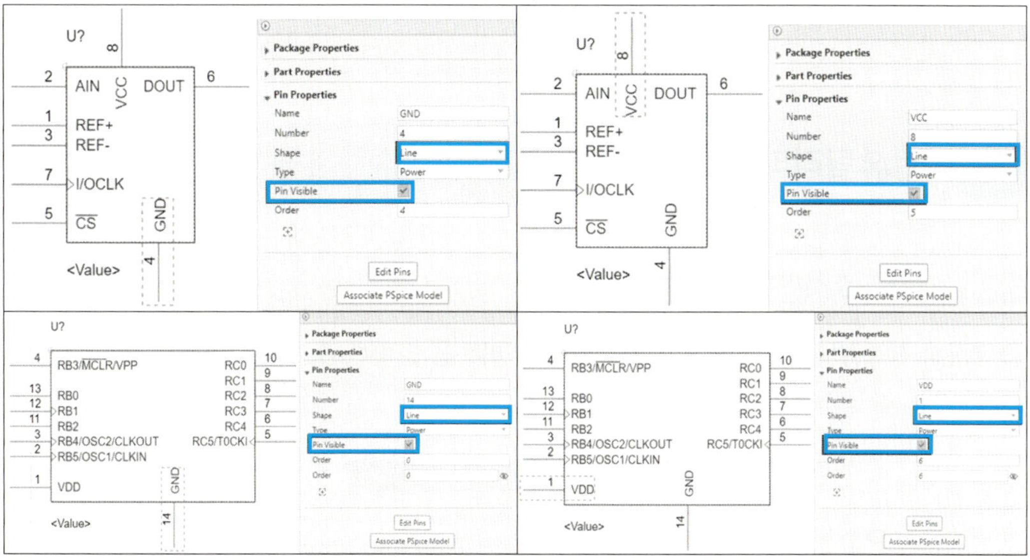

⑥ 7핀 Op Amp인 LM741을 NC핀 1개를 추가하여, 8핀으로 아래와 같이 변경한다. 이것은 8핀 PCB Footprint와 일치시키기 위한 것이다. Capture의 부품과 Footprint 부품간의 불일치가 있으면, PCB용 Netlist 생성시 에러가 발생되므로, 미리 수정하여야 한다.

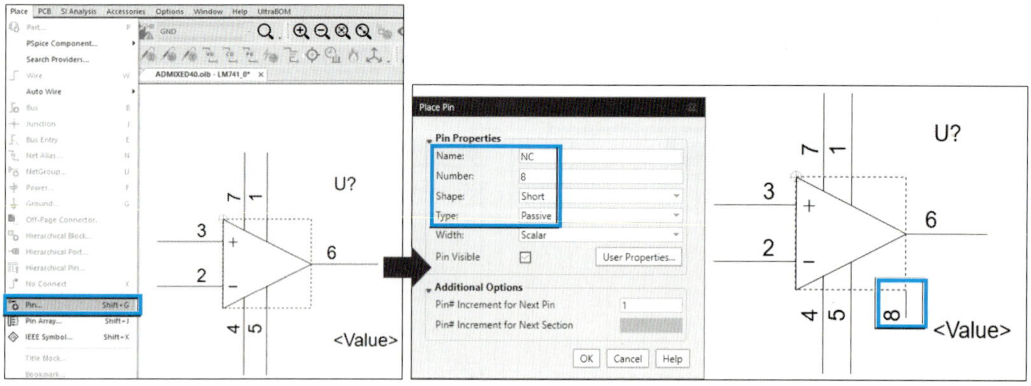

6.2.3 부품 배선

① 회로도면 편집기의 Place 메뉴에서 Wire 명령을 선택하거나 툴 파렛트에서 아이콘을 클릭하여 선을 그릴 수 있다. 마우스의 왼쪽 버튼을 클릭하여 배선을 시작하고, 더블 클릭하여 그리고 있는 결선을 끝낸다.

6.3 유틸리티

6.3.1 부품 속성편집

① 부품의 부품 값을 선택한 후 마우스 오른쪽 버튼을 클릭한 후 Edit Properties를 실행하여 각 부품 값들을 입력한다.

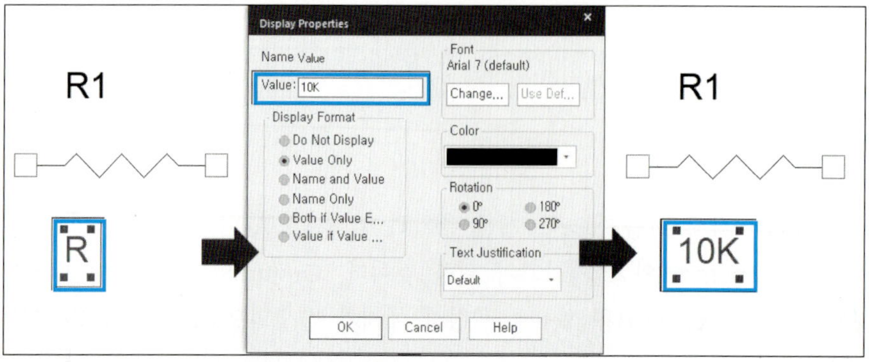

② 또는 마우스로 전체 부품을 선택한 후 Edit Properties를 실행하여 Value 부분에서 각각의 값들을 입력할 수 있다.

6.3.2 부품 Footprint 입력

① PCB 설계를 위해서는 각 부품의 PCB Footprint를 입력해야 한다. 각 부품의 Footprint를 지정하는 방법은 부품을 더블클릭 하거나, 도면에서 전체회로도를 선택한 후 마우스 우클릭(MRB) - Edit Properties를 선택하여 아래와 같이 입력한다.

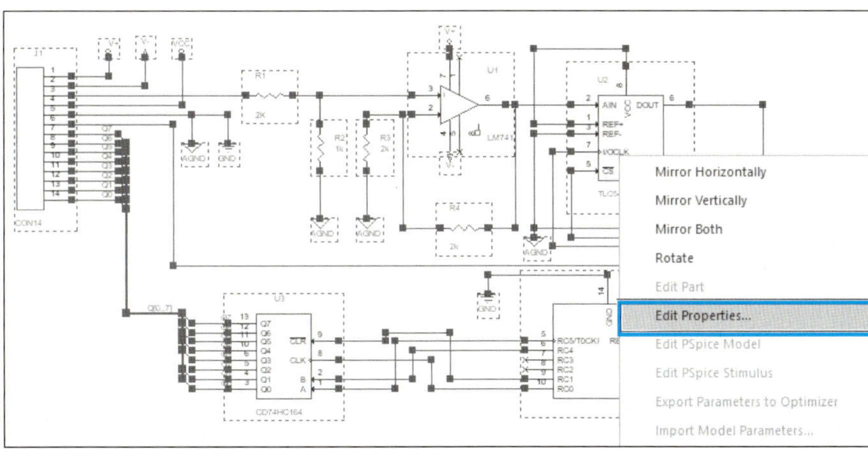

② 작성된 도면에서 모든 부품의 스프레드시트에서 PCB Footprint를 입력하거나 수정할 수도 있다. 아래와 그림과 같이 프로젝트 관리자에서 dsn파일 선택 후 마우스 오른쪽 팝업메뉴의 Edit Object Properties를 클릭하여 각 부품의 Footprint 값을 입력하거나 수정한다.

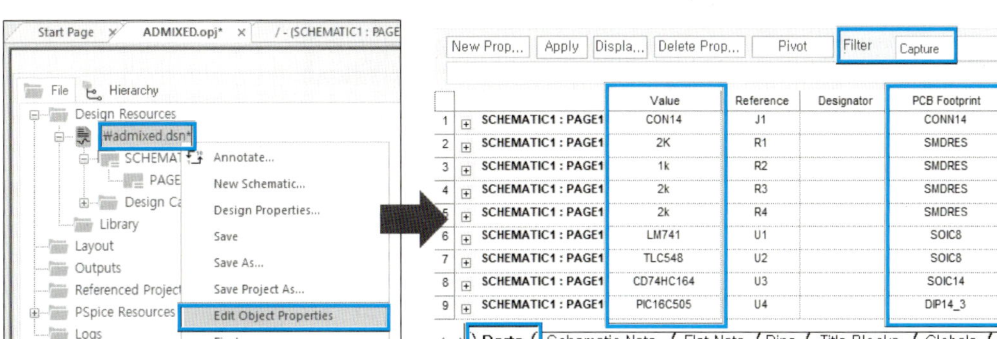

③ 회로에 사용되는 Capture의 부품이름, 부품값 및 PCB Footprint 값을 아래와 같이 지정한다. PCB Editor가 제공하는 Library는 다음 경로에 있다.

C:\Cadence\SPB_17.4\share\pcb\pcb_lib\symbols

번 호	Capture 부품이름	부품 값	수량	PCB Editor Footprint
1	R	1K	1	SMDRES
		2K	3	
2	CON14	CON14	1	CONN14 주1)
3	CD74HC164	CD74HC164	1	SOIC14
4	PIC16C505	PIC16C505	1	DIP14_3
5	TLC548	TLC548	1	SOIC8
6	LM741	LM741	1	SOIC8

주1) OrCAD에서 제공하는 CONN20 Footprint를 일부 수정하여 CONN14로 사용.

④ PCB Editor를 실행하여, C:\Cadence\SPB_17.4\share\pcb\pcb_lib\symbols 경로에서 20 핀 커넥터인 CONN20.dra를 아래와 같이 읽어 들인다. 이때 Grid는 아이콘을 ON으로, Visibility 탭에서 Global visibility를 ON으로 설정한다.

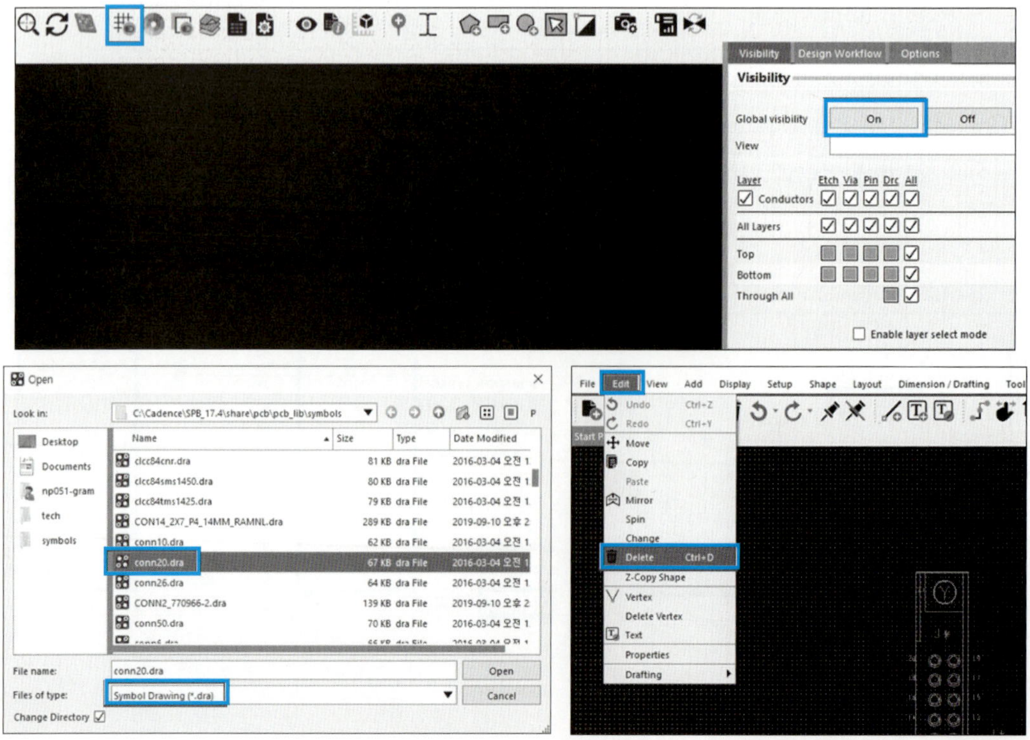

⑤ 툴바에서 Edit-Delete 명령을 이용하거나 삭제 아이콘을 이용하여, 핀(15번~20번)과 외곽선들을 우측 그림과 같이 삭제한다.

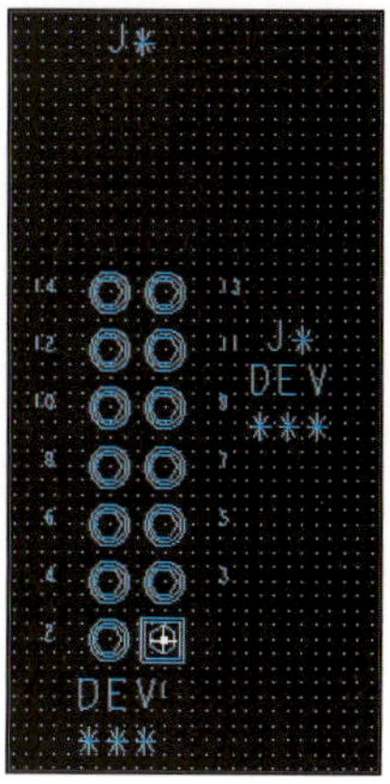

⑥ Add-Rectangle이나 Shape Add Rect 아이콘( )을 선택한다. Options 탭에서 Class와 Subclass를 Package Geometry, Assembly_Top으로 설정한 후에 아래와 같이 그려준다.

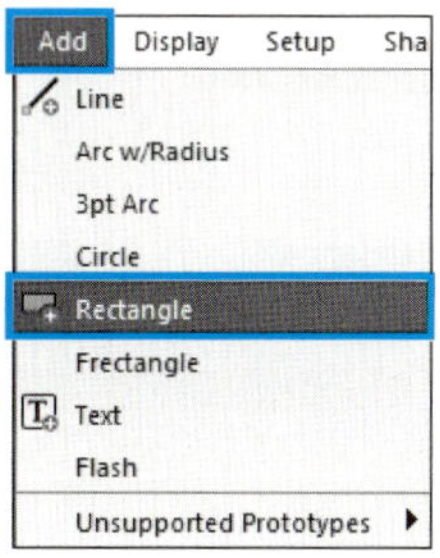

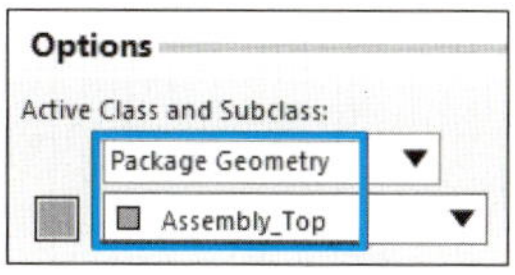

⑦ 위 ⑥과 같은 방법으로 Options 탭에서 Class와 Subclass를 Package Geometry, Silkscreen _Top, Place_Bound_Top 설정한 후에 각각 부품의 외곽선을 그려준다.

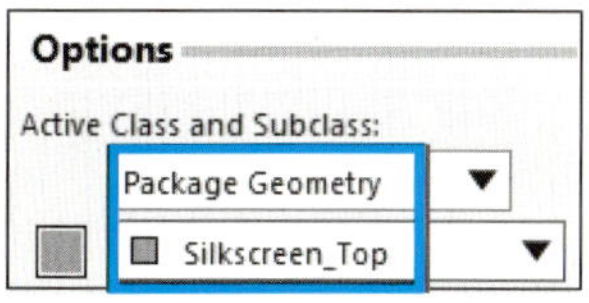

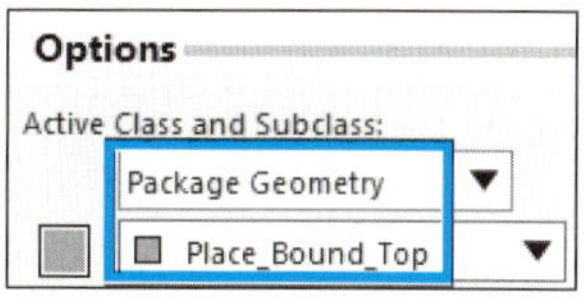

⑧ Edit-Move 명령이나 Move 아이콘(✥)을 이용하여 참조번호 J* 등을 적당한 위치로 이동한 후, 읽어 온 동일 경로인 Symbols 라이브러리 경로에 CONN14.dra로 저장한다.

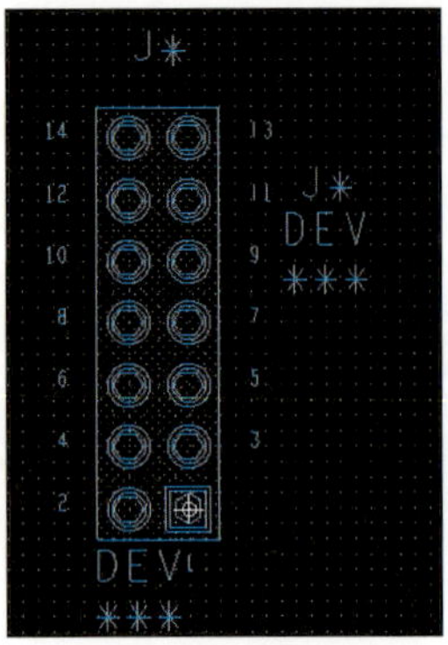

6.3.3 부품참조갱신(Annotate)

① 프로젝트 관리자( )의 Tools 메뉴에서 Annotate를 선택하거나 툴 파렛트에서 를 마우스의 눌러, 부품참조 번호를 초기화한 후 갱신한다.

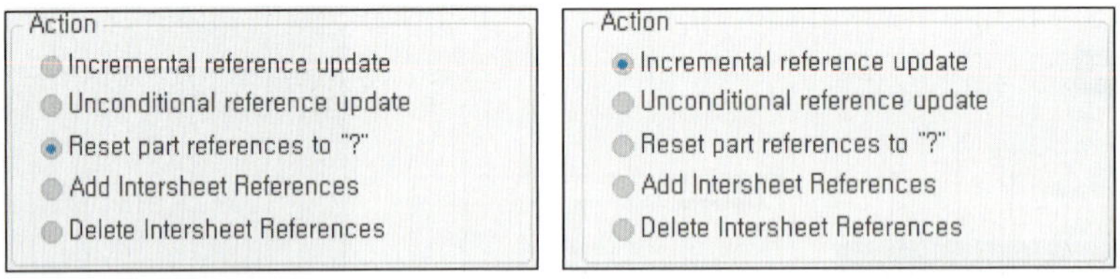

6.3.4 설계규칙검사(Design Rule Check)

① 프로젝트 관리자( )의 Tools 메뉴에서 Design Rule Check를 선택하거나 툴 파렛트에서 를 마우스로 클릭한다. Electrical Rules 대화상자를 열어 아래 그림과 같이 전기적인 규칙검사와 원하는 보고서 파일을 선택하고, 확인을 눌러 실행한다.

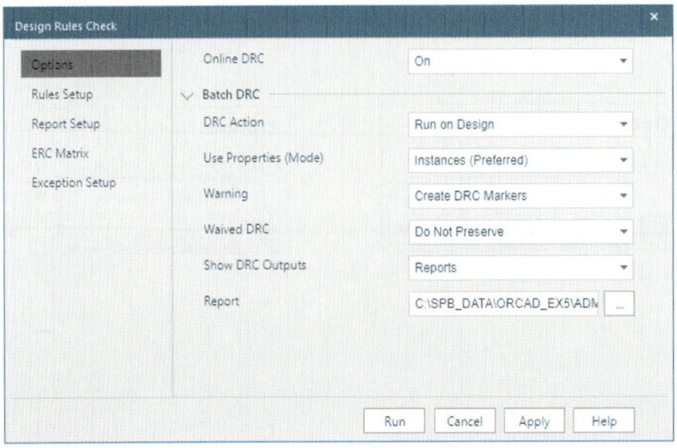

② 레포트파일(admixed.drc)을 열어서 Design Rule Check 수행 결과를 확인한다. 에러가 있는 경우에는 그 원인을 수정한 후 다시 DRC 명령을 실행하며, 경고나 에러표시가 나타나지 않을 때까지 계속하여 반복한다.

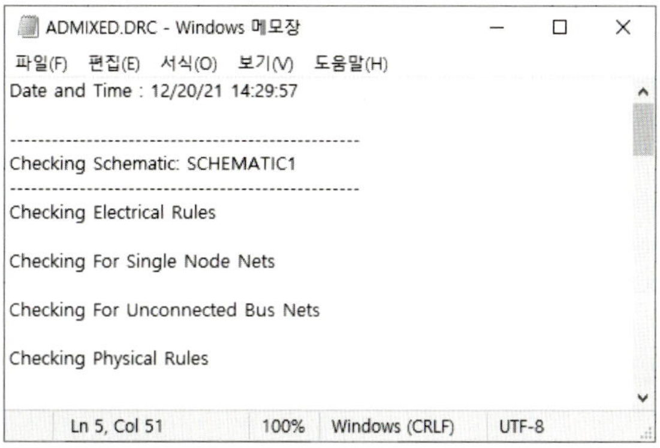
ADMIXED.DRC - Windows 메모장

파일(F) 편집(E) 서식(O) 보기(V) 도움말(H)

Date and Time : 12/20/21 14:29:57

Checking Schematic: SCHEMATIC1

Checking Electrical Rules

Checking For Single Node Nets

Checking For Unconnected Bus Nets

Checking Physical Rules

Ln 5, Col 51 | 100% | Windows (CRLF) | UTF-8

6.3.5 레포트(Report) 작성

1) BOM(Bill of Material) 작성

① 프로젝트 관리자( )의 Tools 메뉴에서 Bill of Materials를 선택하거나 툴 파렛트에서 를 마우스로 클릭하여 BOM 파일을 작성한다.

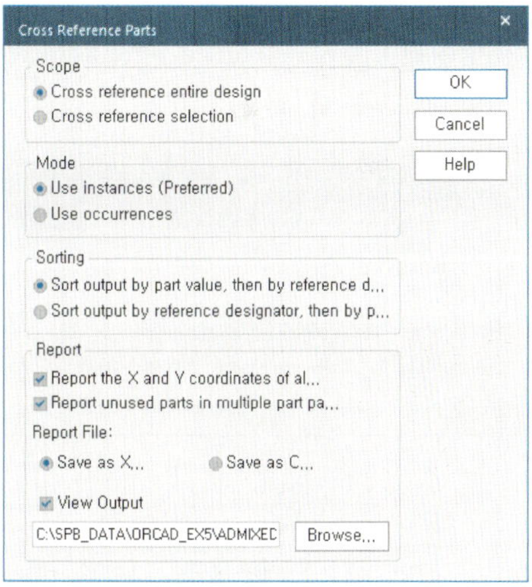

② 생성된 BOM 파일(admixed.bom)을 열어서, 도면에 사용된 부품의 속성, 항목, 수량, 참조번호 및 부품의 값, PCB Footprint 등을 확인해 본다.

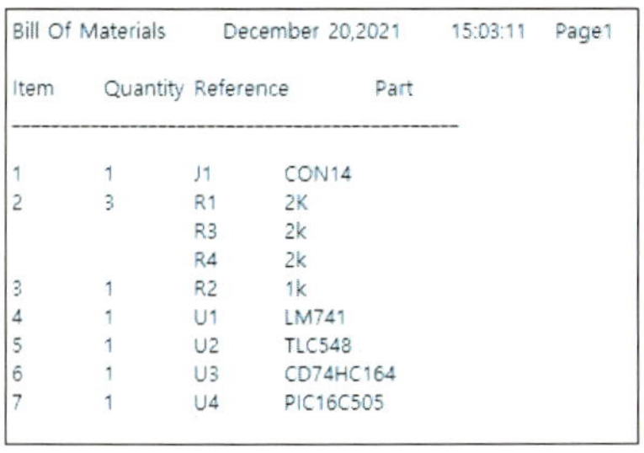
Bill Of Materials   December 20,2021   15:03:11   Page1

Item	Quantity	Reference	Part
1	1	J1	CON14
2	3	R1	2K
		R3	2k
		R4	2k
3	1	R2	1k
4	1	U1	LM741
5	1	U2	TLC548
6	1	U3	CD74HC164
7	1	U4	PIC16C505

2) Cross Reference 작성

① 프로젝트 관리자( )의 Tools 메뉴에서 Cross Reference를 선택하거나 툴파렛트에서 ( )를 마우스로 클릭하여 실행한다.

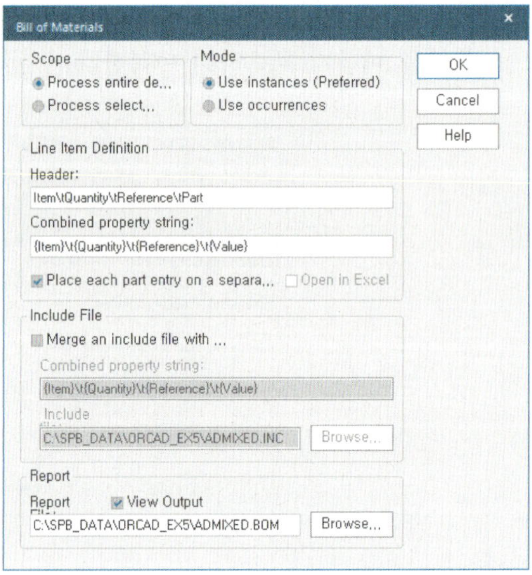

② 생성된 Cross Reference 파일(admixed.xrf)을 열어서, 모든 부품의 부품 참조번호, 부품값 및 각 부품의 좌표값 등을 확인해 본다.

6.3.6 네트리스트(Netlist) 작성 및 PCB Editor 실행

① PCB 메뉴에서 New Layout 선택하면 New Layout 대화상자가 나타난다. 이 대화상자에서 경로 및 파일명을 확인한다.

② 확인이 완료되면 OK를 눌러 실행한다. 왼쪽 Outputs을 확장하여 생성된 Netlist를 화면에서 바로 확인한다. 그리고 문제가 없다면 바로 PCB Editor가 실행된다.

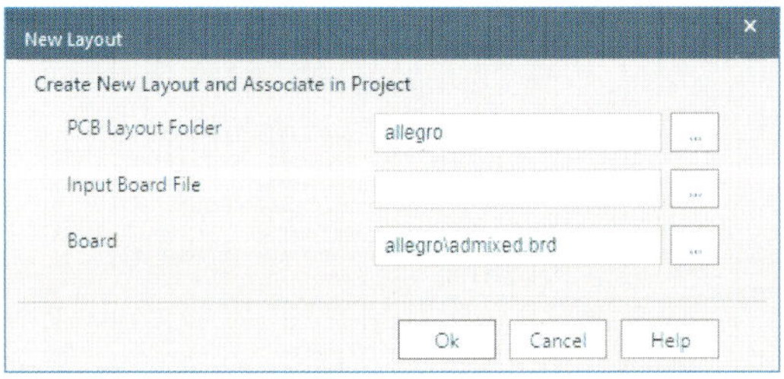

③ 다음과 같이 Netlist 명령이 실행되며, 오류없이 정상적으로 종료되면 pstxrt.dat, pstxnet.dat, pstchip.dat의 3개의 파일이 생성된다.

pstxprt.dat : 부품관련 정보
pstxnet.dat : 부품간 Net 연결 등 관련 정보
pstchip.dat : 부품 Footprint 등 관련정보

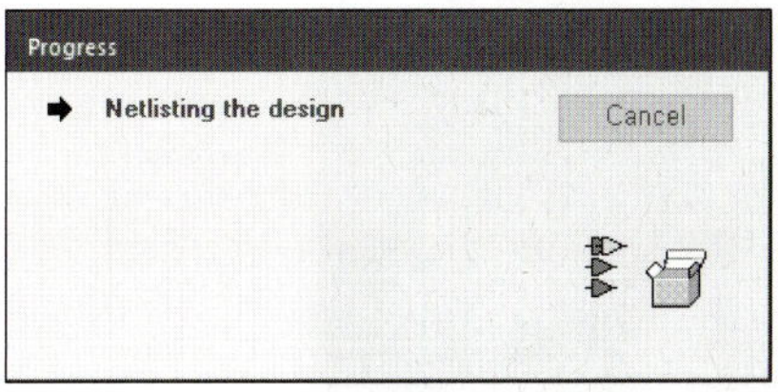

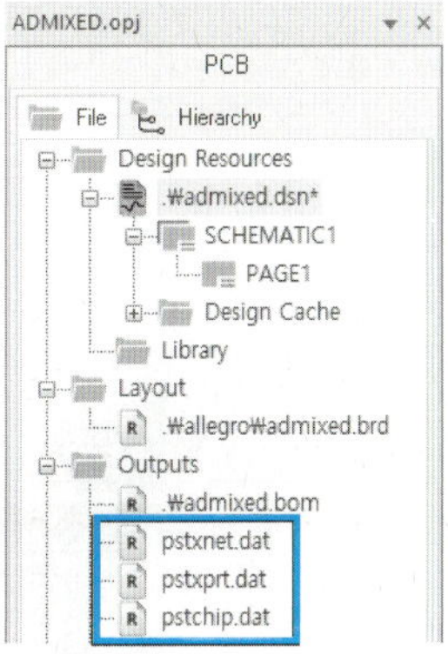

④ Netlist 작성 중에 에러가 발생하면, Session Log나 PCB 보드가 저장되는 경로에 생성되는 상태파일인 아래의 Netrev.lst 파일을 열어 에러원인을 파악하여 수정한다.

```
(---------------------------------------------------------------------)
(                                                                     )
(    Allegro Netrev Import Logic                                      )
(                                                                     )
(    Drawing           : ADMIXED.brd                                  )
(    Software Version  : 17.2S005                                     )
(    Date/Time         : Sat Mar 25 15:24:15 2017                     )
(                                                                     )
(---------------------------------------------------------------------)
------ Directives ------------
Ripup etch:                  No
Ripup delete first segment:  No
Ripup retain bondwire:       No
Ripup symbols:               Always
Missing symbol has error:    No
DRC update:                  Yes
Schematic directory:         'C:\SPB_DATA\ORCAD_EX5\allegro'
Design Directory:            'C:/SPB_DATA/ORCAD_EX5/allegro'
Old design name:             'C:/SPB_DATA/ORCAD_EX5/allegro/ADMIXED.brd'
New design name:             'C:/SPB_DATA/ORCAD_EX5/allegro/ADMIXED.brd'
CmdLine:    netrev.exe    -y    1    -n    -i    C:\SPB_DATA\ORCAD_EX5\allegro
C:\SPB_DATA\ORCAD_EX5\allegro\ADMIXED.brd
C:\SPB_DATA\ORCAD_EX5\allegro\ADMIXED.brd
------ Preparing to read pst files ------
Starting to read C:/SPB_DATA/ORCAD_EX5/allegro/pstchip.dat
   Finished reading C:/SPB_DATA/ORCAD_EX5/allegro/pstchip.dat (00:00:00.05)
Starting to read C:/SPB_DATA/ORCAD_EX5/allegro/pstxprt.dat
   Finished reading C:/SPB_DATA/ORCAD_EX5/allegro/pstxprt.dat (00:00:00.00)
Starting to read C:/SPB_DATA/ORCAD_EX5/allegro/pstxnet.dat
   Finished reading C:/SPB_DATA/ORCAD_EX5/allegro/pstxnet.dat (00:00:00.00)
------ Oversights/Warnings/Errors ------
------ Library Paths ------
MODULEPATH = .
           C:/Cadence/SPB_17.2/share/local/pcb/modules
PSMPATH = .
           symbols
           ..
           ../symbols
           C:/Cadence/SPB_17.2/share/local/pcb/symbols
           C:/Cadence/SPB_17.2/share/pcb/pcb_lib/symbols
           C:/Cadence/SPB_17.2/share/pcb/allegrolib/symbols
```

⑤ Netlist가 정상적으로 에러없이 생성되면, 아래와 같이 PCB Editor가 실행되고, Netlist와 Footprint 정보가 PCB Editor로 전달된다. 또한 PCB 설계가 저장되는 *.brd(board) 확장자를 가진 admixed.brd라는 보드파일이 생성된다. Capture의 모든 프로젝트를 저장한다.

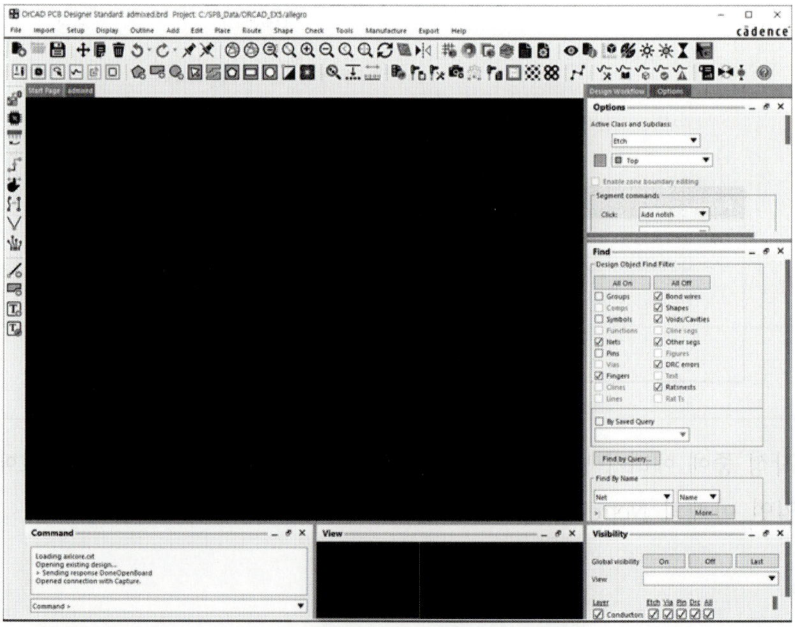

6.4 PCB 설계보드 설정

6.4.1 기본환경설정

① PCB Editor의 메뉴 Setup - Design Parameters를 선택한다.

② Display 탭에서는 화면에 표시되는 정보들의 크기 및 핀 정보들을 설정하는데, 여기서는 기본 값으로 설정하여 사용한다. Grid는 on으로 설정한다.

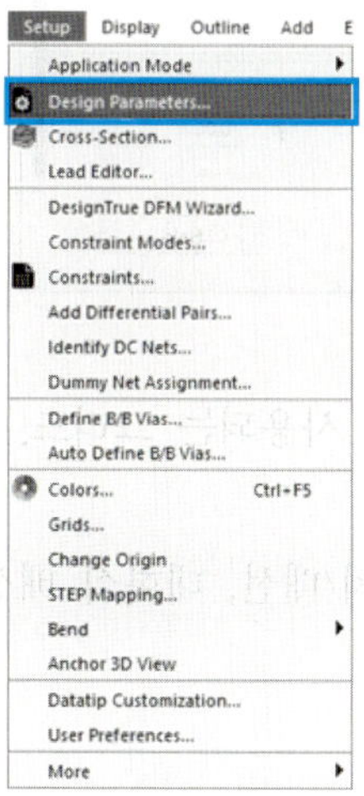

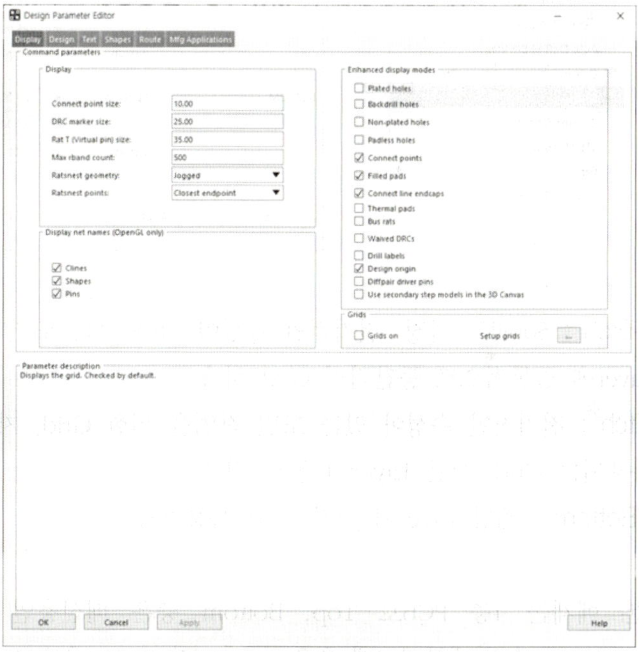

③ Setup - Design Parameters - Design 탭을 도면의 크기를 결정한다. 단위는 Mils, 도면 크기는 A, 소수점 이하 2자리까지 표현하도록 accuracy는 2로 지정한다. 화면의 왼쪽하단 모서리 점의 좌표를 (-2000, -2000)으로 설정되도록 Left X:-2000, Lower Y : -2000으로 Width 11000와 Height 8500을 우측 그림과 같이 설정한다.

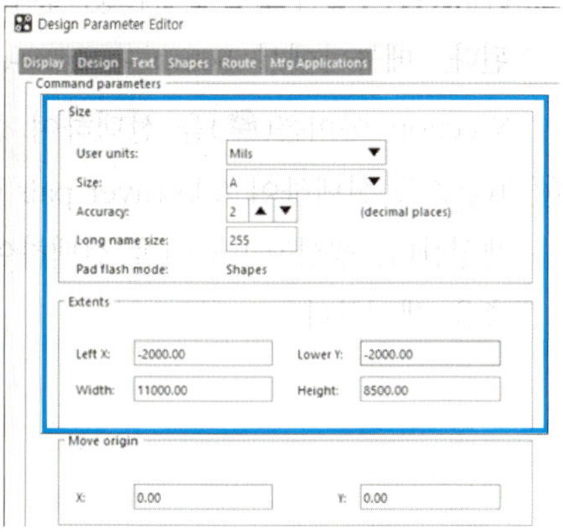

④ Setup - Grids에서 설계할 보드의 Grid를 아래와 같이 설정한다.

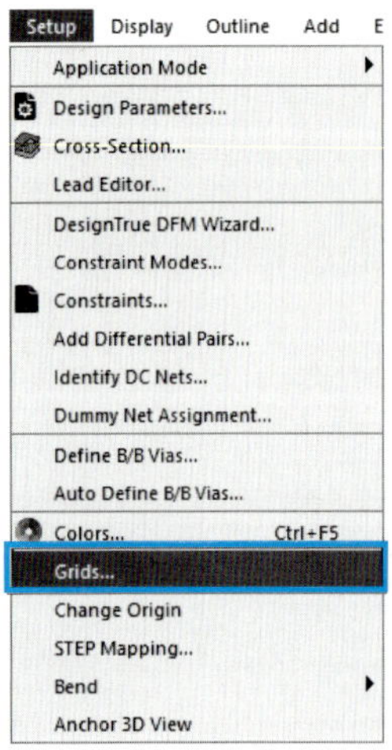

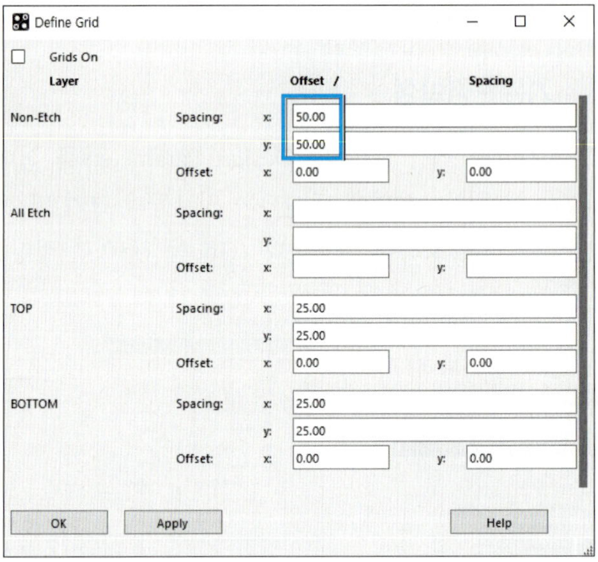

Non-Etch : 50mil로 설정. 전기적인 속성이 없는 모든 도면작업에 사용되는 그리드. 모든 Layer에 공통적으로 등간격의 Gird 사용

All Etch : 전기적인 속성이 있는 도면 작업을 위한 Grid. 자동배치/배선, 대화식 배선 시 사용되는 Grid. 모든 Layer에 동시 적용

Top/Bottom : 해당 Layer에 각각 Grid 사용가능

⑤ 본 예제는 4층 PCB로 Top, Bottom 층은 배선용인 Conductor이고, 내부의 2개 층은 Ground와 Power층으로 Plane 층으로 구성된다. 각 층 사이에는 절연층이 존재하게 된다. 메뉴바에서 Setup - Cross-section 탭을 누르거나 Xsection 아이콘( )을 선택하여 설계할 PCB의 Layer(층)을 설정한다.

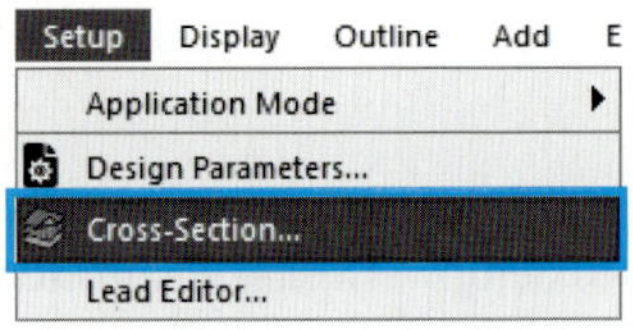

⑥ Top층을 선택하여 Add-Layer pair below를 실행하여, Top층 아래에 Layer 1과 절연층을 생성한다. 생성된 Layer1을 선택하여, Add-Layer pair below를 실행하여, Layer2층과 절연층을 생성한다.

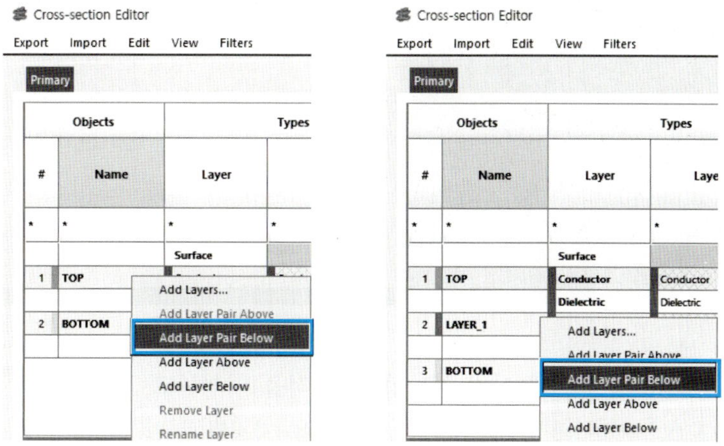

⑦ Layer 1을 Ground로, Layer 2는 Power로 Name을 바꾸고, Type을 Plane으로 설정한다.

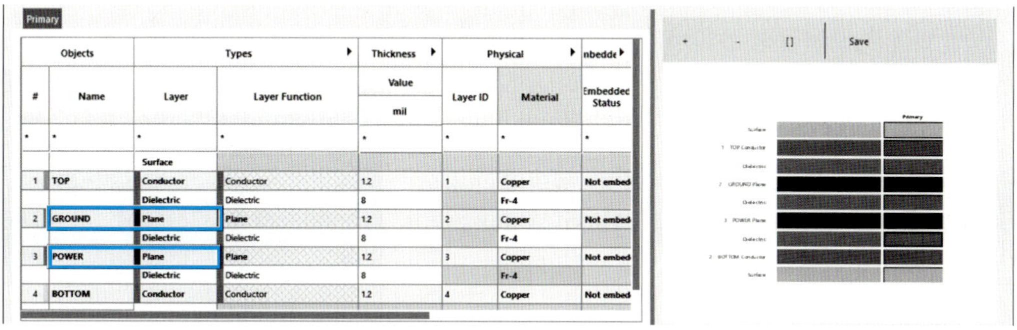

6.4.2 보드외곽선(Board Outline) 설정

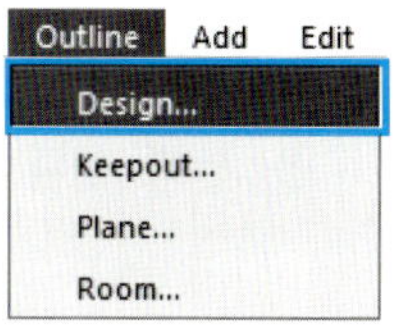

① 메뉴바 Outline - Design을 선택하여 설계할 PCB의 크기를 설정한다. 설계할 PCB 크기를 4000(mil) × 3000(mil)로 설정한다. Create 항목으로 설정하고, Clearance를 100mil로 수정하고, Draw Rectangle을 선택한다.

② 외곽선을 그리는 방법은 Board Outline 창이 띄워진 상태에서 Command 창에 x∨0,∨0 입력 후 Enter↵, x∨4000,∨3000을 입력하고 Enter↵를 치면 된다. 혹은 화면하단의 좌표를 보면서 직접 그리는 방법을 사용하여도 된다.

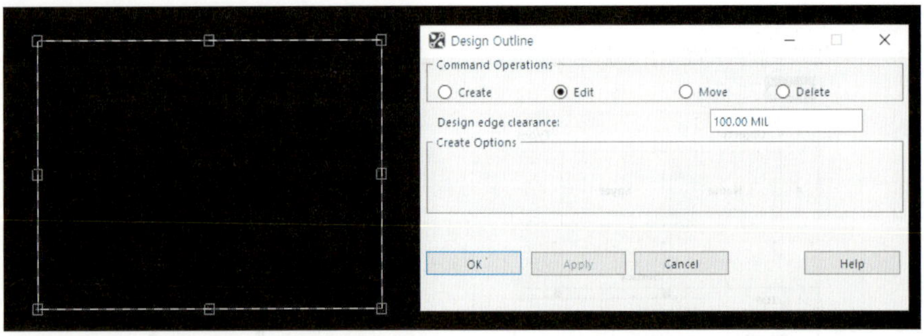

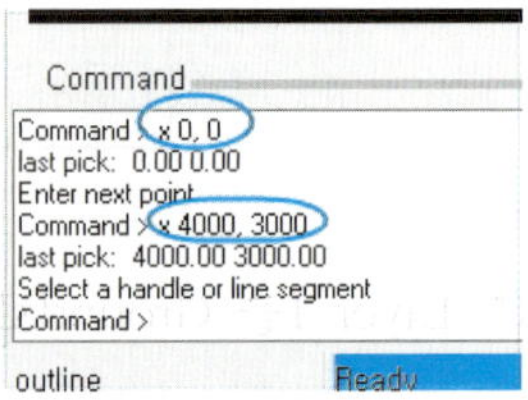

③ 좌표입력 x∨0,∨0 Enter↵에 의해 사각형의 한 점을 지정하고, x∨4000, ∨3000 Enter↵에 의해 대각선의 한 점을 지정하게 된다. 이 두 점을 대각선으로 지나는 크기가 보드크기가 된다. x 다음에 빈칸(∨로 표기함)을 띄우지 않거나 Board Outline 창을 닫은 상태에서는 Command 가 정상적으로 수행되지 않는다. 보드외곽선의 설정이 끝나면 Close를 선택한다.

④ 우측의 그림에서 바깥선이 4000(mil) × 3000(mil) 크기의 PCB 외곽선이 되고, 100mil 안쪽으로 Package Keepin(부품 배치가 허용되는 영역) 영역 및 Route Keepin(배선이 허용되는 영역) 영역이 겹쳐져 만들어진다.

6.4.3 Constraints 설정

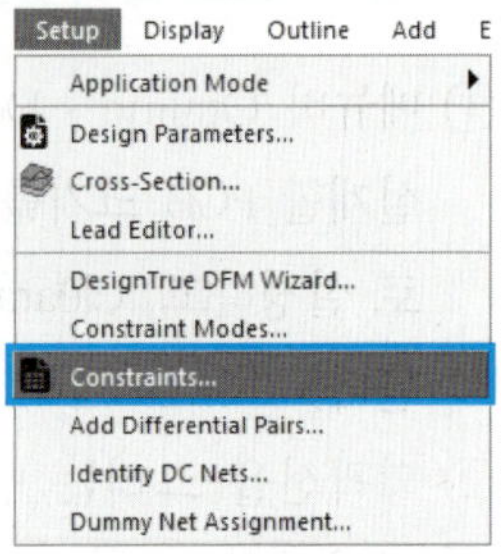

① 패턴의 배선폭, 부품 혹은 패턴간의 이격(Spacing) 등의 설정을 위해서, Setup - Constraints - Physical을 선택하거나 아이콘( ) 을 선택 실행한다.

② 열린 화면 좌측의 Physical Constraint Set에서 All Layer를 선택한 후, Line Width의 Default 값을 기본 값을 아래 그림과 같이 일부 수정한다. 이 밖에 변경하고자 값들을 수정하고, 수정하지 않으면 기본 값으로 설정된다.

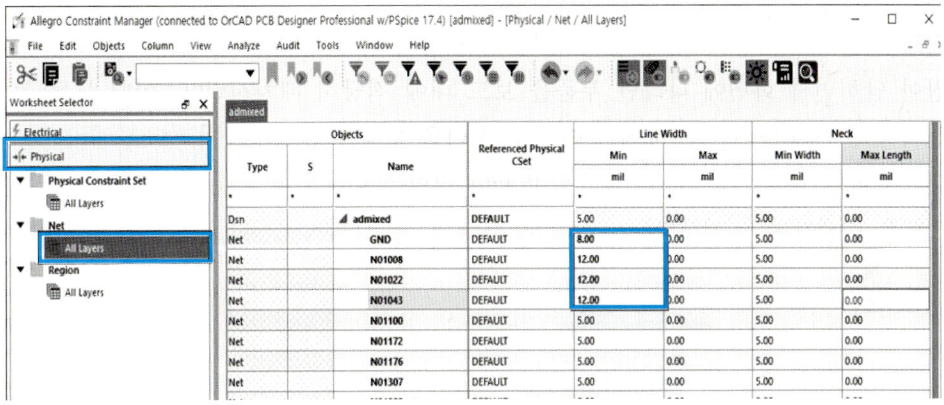

③ PCB의 각층 내에서 부품이나 주요 아이템 간의 이격거리를 정해주는 Spacing Constraint는 화면 왼쪽 창에 있는 Spacing을 선택하여 수행한다. Default 값을 사용하거나, 원하는 곳의 배선 폭으로 변경한 후 Constraint Manager 창을 닫는다.

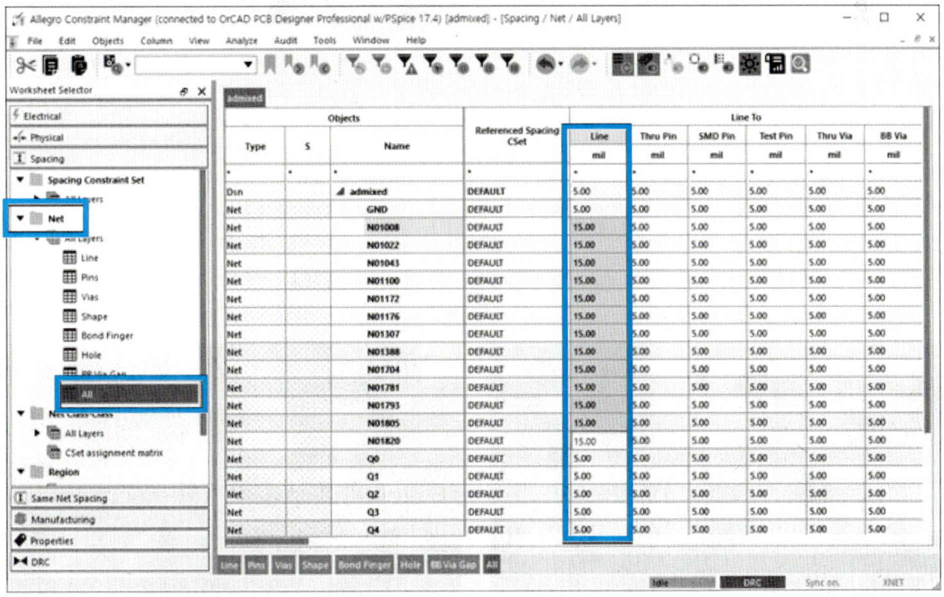

6.5 부품배치(Part Placement)

① 메뉴바의 Place - Component Manually를 선택하거나 Place Manual 아이콘( )을 선택한다. Components by refdes를 선택하고, 배치하고자 하는 부품을 지정한 후, Hide를 누르면 창이 닫히면서 화면에 나타난 부품을 보드 내에 적당히 배치시킨다. 이때 모든 부품을 선택한 후 Hide를 누르면 배치할 때마다 그 다음 부품이 나타나 순차적으로 배치가 가능하며, 커넥터 J1은 우클릭(MRB)한 후 Rotate 명령을 이용하여 부품을 회전시킨 후 1번이 위쪽을 향하도록 배치한다.

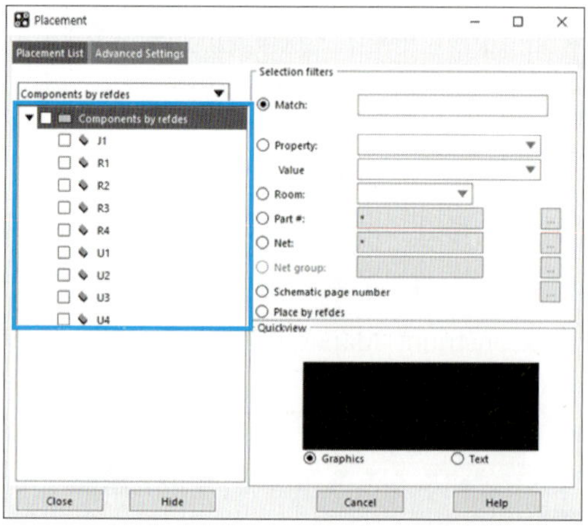

② 메뉴바의 Display - Blank Rats -All 또는 Unrats 아이콘( )을 선택하여, 모든 Ratsnest를 보이지 않게 하여 아래 오른쪽 화면과 같이 설정한다. 다시 모든 Ratsnest를 화면에 나타나도록 하기 위해서는 Rats all 아이콘( )을 선택하면 된다.

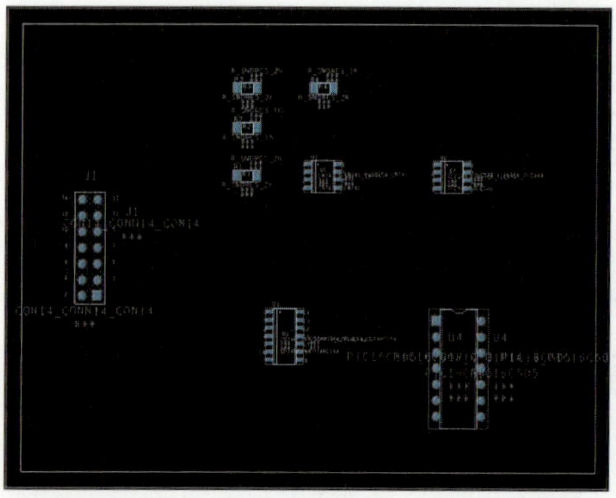

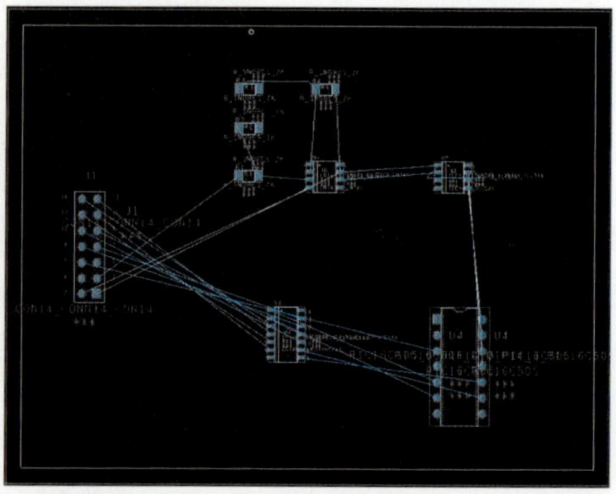

6.6 Color Setting

① 메뉴 바에서 Setup – Colors 또는 Color192 아이콘( )을 선택하여, 필요한 Layer의 Color Display를 설정한다. Color Dialog 화면이 열리면 아래 그림과 같이 Global Visibility를 Off시킨다.

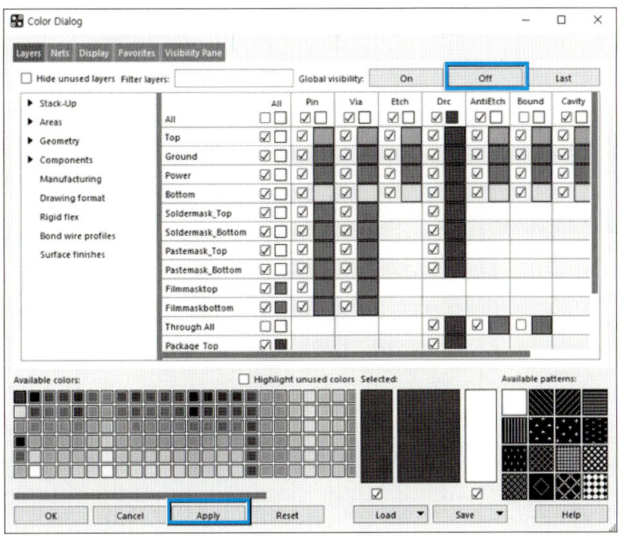

② Stack-Up을 Top과 Bottom의 All을 선택한다.

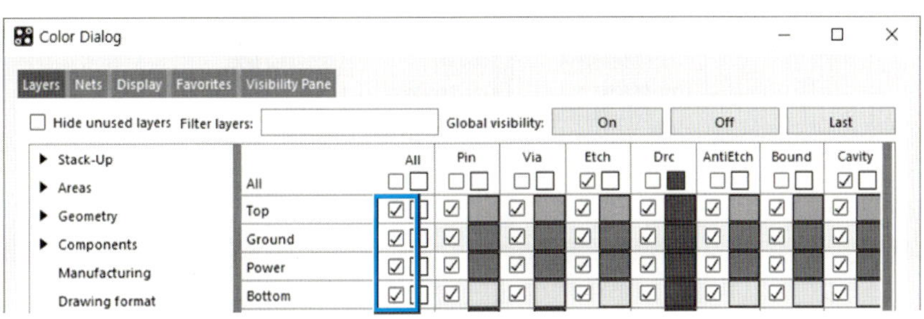

③ Board Geometry는 Outline, Design Outline과 Dimension 만을 보이도록 설정한다.

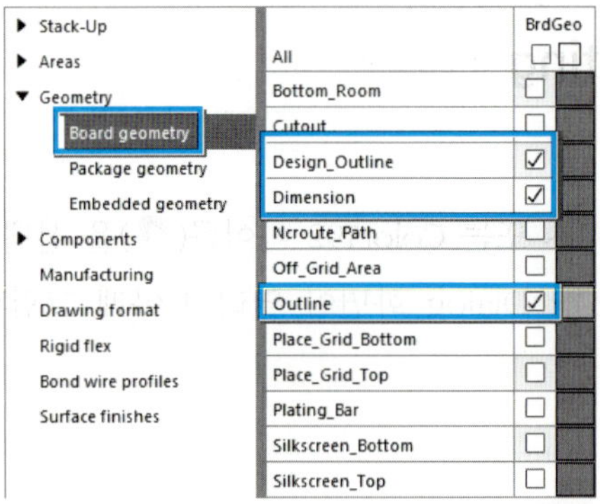

④ Area는 부품배치영역(PKG KI)과 배선영역(RTE KI)만을 나타나도록 설정한다.

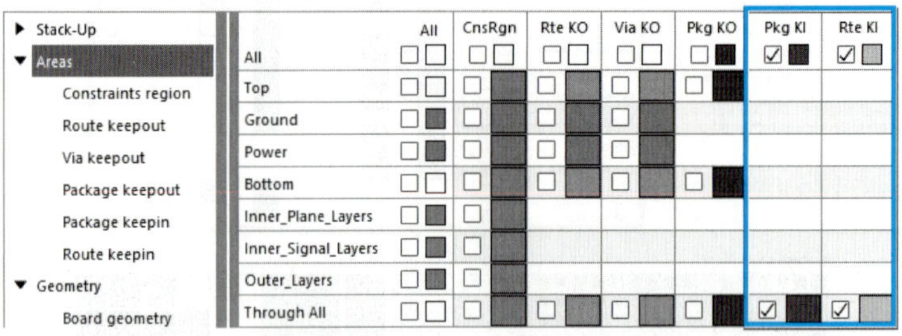

⑤ Package Geometry는 부품의 그림에 관계된 컬러설정으로 Silkscreen_Top 또는 Assembly _Top중 하나만 보이게 설정한다. 여기서는 Silkscreen_Top만 설정한다.

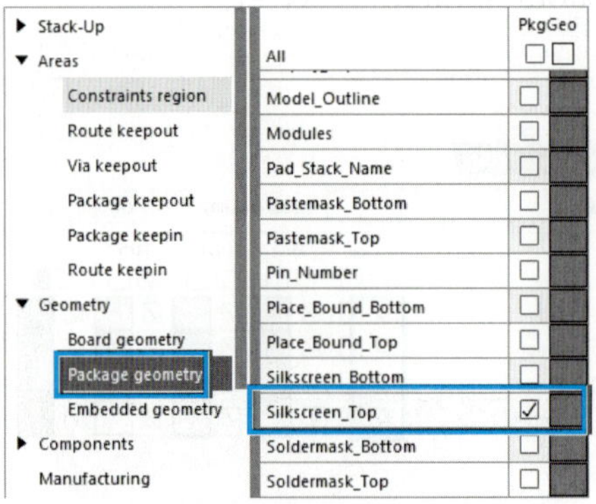

⑥ Components는 부품에 표시되는 정보로서 여기서는 Silkscreen_Top의 Refdes의 부품참조 번호가 나타나도록 설정한다. 설정을 마치면 OK를 눌러서 Color 설정을 종료한다.

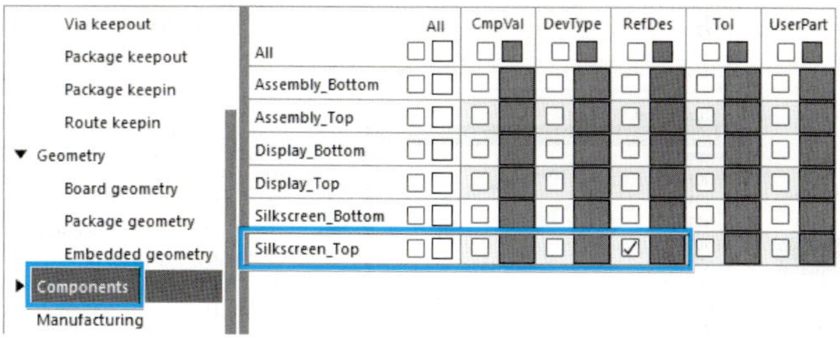

6.7 전원판(Power Plane) 및 접지판(Ground Plane) 형성

본 예제의 전원과 접지는 아래 그림과 같이, 전원판(Power Plane)에는 V+, V-, VCC 3개의 전원을 다른 Shape를 사용하여 분리하여 배치하고, 접지판(Ground Plane)에는 아날로그와 디지털 접지를 둘 다 배치하도록 한다.

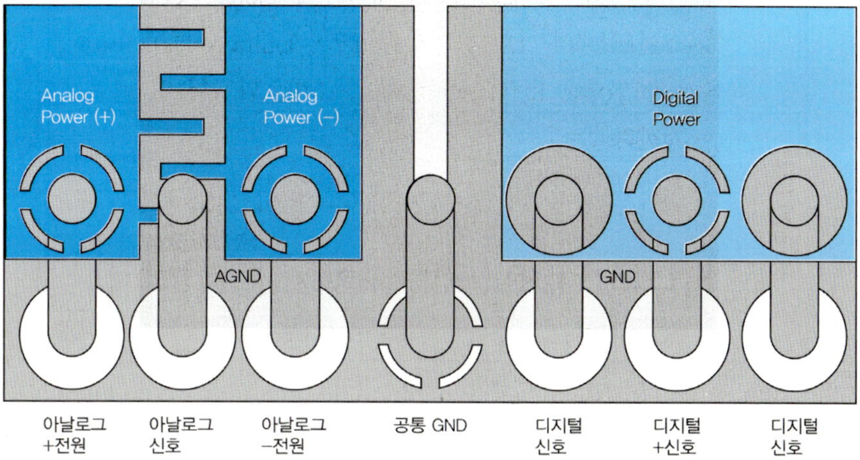

6.7.1 접지판의 형성 및 분리

① 메뉴바에서 Shape-Rectangle이나 Shape Add Rect 아이콘( )을 선택한 후, Options 탭에서 Active Class와 Sub Class를 Etch, Ground로 각각 설정한다. 또한, Shape Fill은 Dynamic Copper, Net name으로는 GND네트를 선택 지정한다.

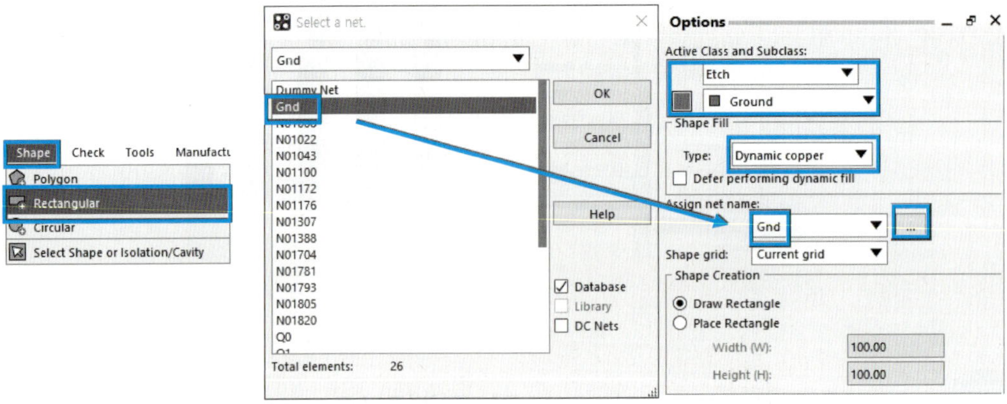

② PCB 보드의 한쪽모서리를 마우스로 클릭한 후, 마주보는 대각선 쪽 모서리로 이동시켜 클릭하여, 아래와 같이 GND층을 형성한다.

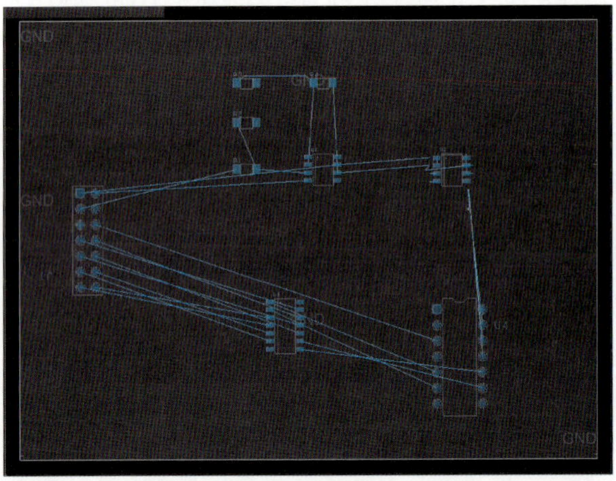

③ Shape Void Polygon 아이콘( )을 디지털 접지와 아날로그 접지를 50MIL의 폭으로 분리한다. 이때 그리드( )를 ON하여, 아날로그 부품이 배치되어 있는 PCB 보드의 중간 위쪽을 아날로그 접지로, 디지털 부품이 배치되어 있는 아래쪽을 디지털 접지로 아래와 같이 분리한다.

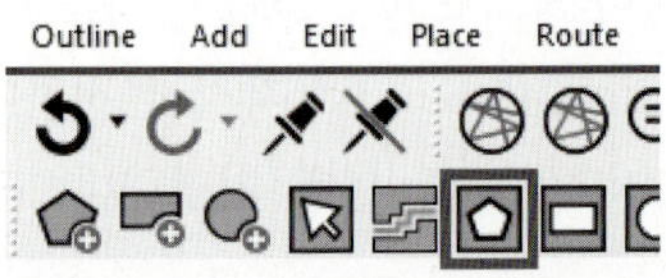

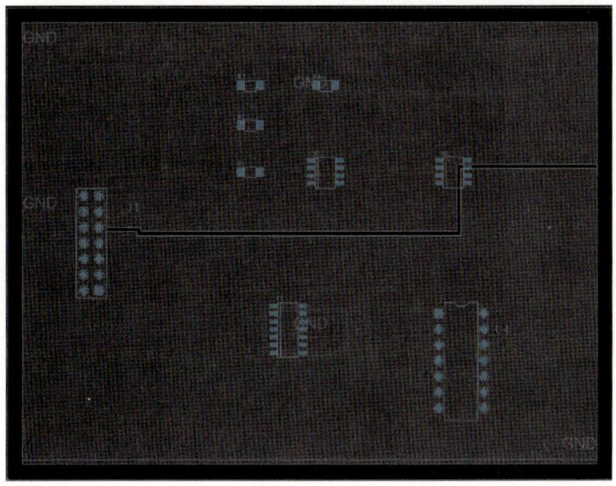

④ Shape – Merge Shapes 기능과 Options – Etch- Ground를 선택하여, 분리된 두 접지판을 전기적으로 연결한다. 이를 통해 디지털스위칭 노이즈가 아날로그 부품에 주는 영향을 최소화 하면서, A/D 컨버터의 전기적 동작이 잘 되도록 공통으로 접속하는 기능을 한다. 본 예제에서는 J1 커넥터를 통해서도 두 접지가 서로 연결된다.

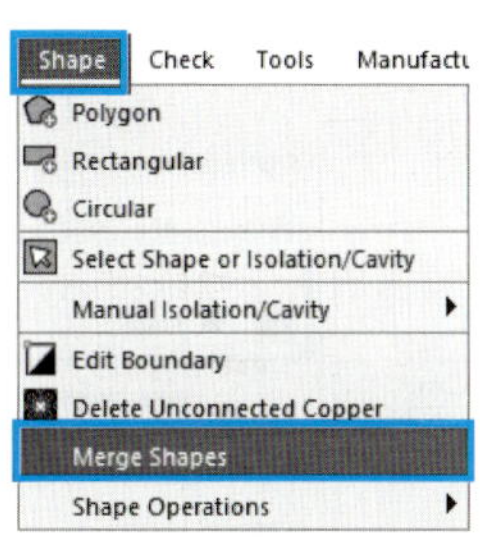

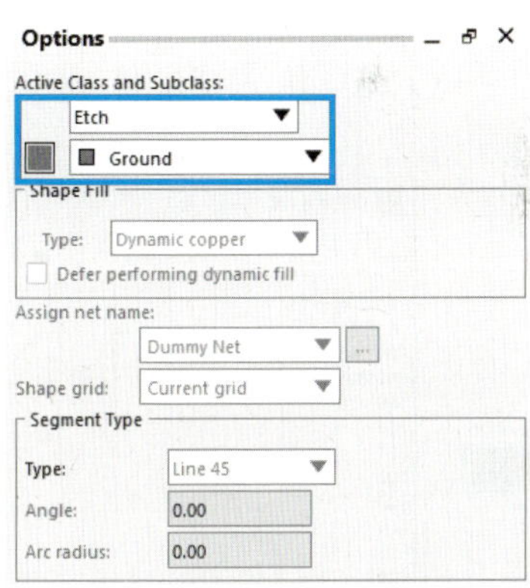

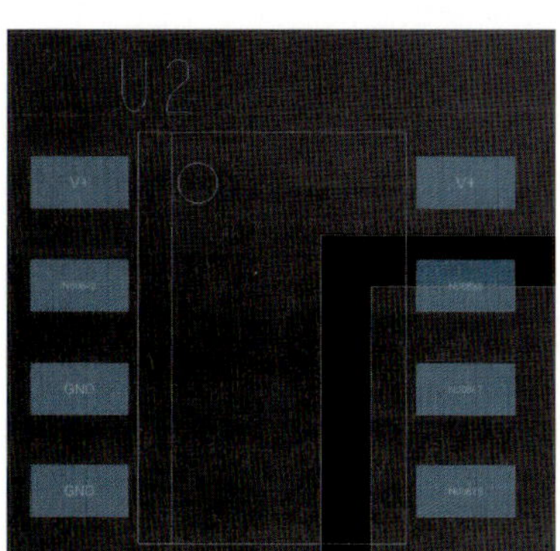

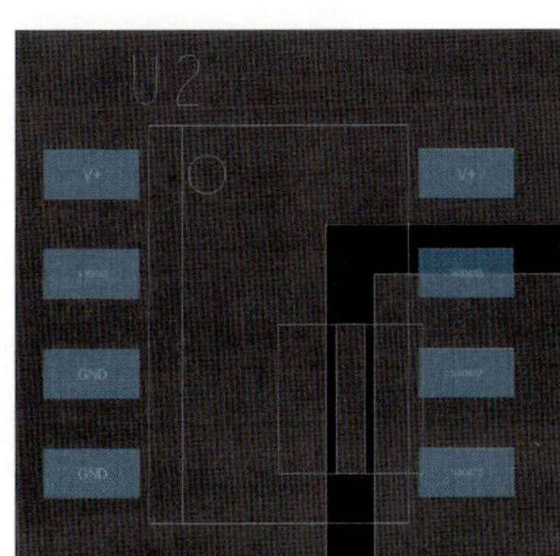

6.7.2 전원판의 형성 및 분리

① 3개의 전원 VCC, V+, V를 전원판에 Shape 명령을 이용하여 형성한다. 그리드는 ON으로 하고, Visibility 탭은 Top과 Power 층만을 ON으로 설정한다. 접지판과 구분하기 위해 아래와 같이 Color 명령어에서 Power - Etch를 접지색과 다른색으로 설정한다.

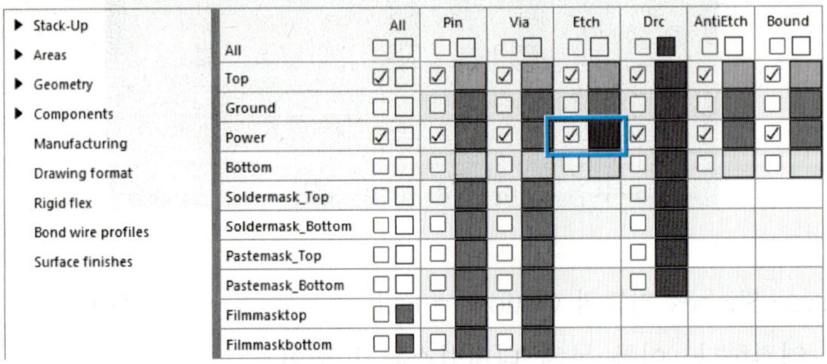

② 메뉴바에서 Shape-Polygon이나 Shape Add 아이콘( )을 선택한 후, Options 탭에서 Active Class와 Sub Class를 Etch, Power로 설정한다. 또한, Shape Fill은 Dynamic Copper, Net name으로는 VCC네트를 선택하여 지정한다.

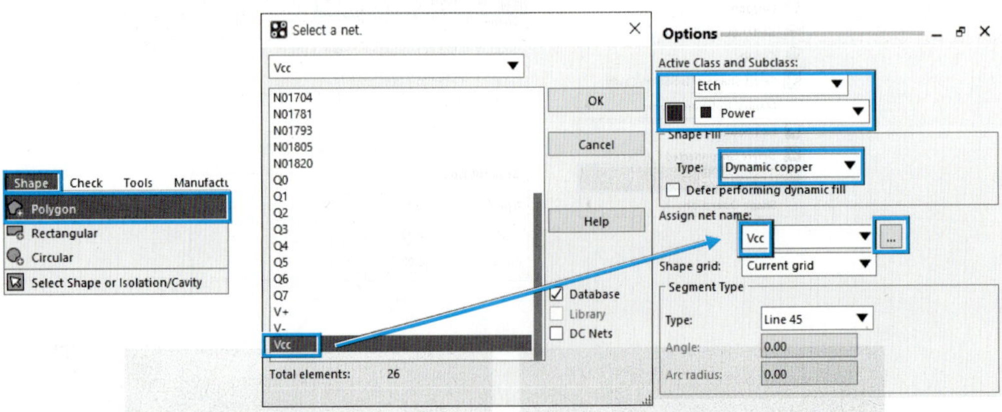

③ Shape-Polygon 명령어를 수행하여, 8개의 꼭지점을 순차적으로 선택하여 마우스를 클릭하면, 아래의 VCC 전원판(Power Plane)을 형성한다.

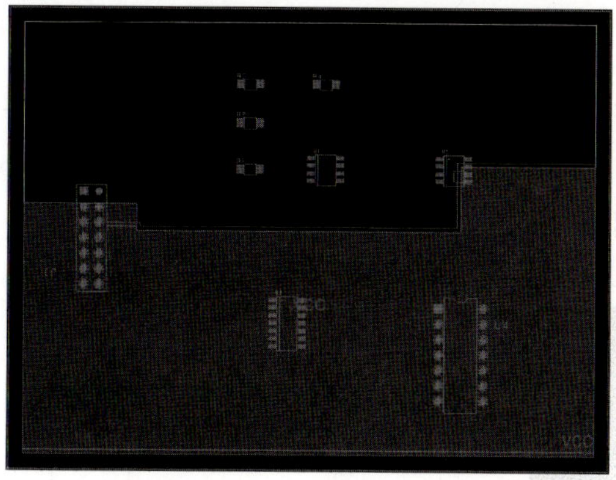

④ Shape-Polygon 명령어를 수행하여, 꼭지점을 순차적으로 선택하고, 마우스를 클릭하여 V-전원영역을 형성한다.

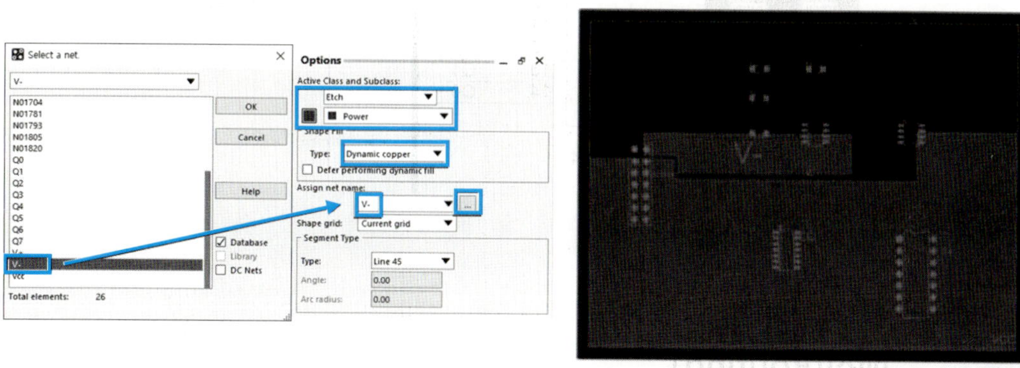

⑤ Shape-Polygon 명령어를 수행하여, 꼭지점을 순차적으로 선택하고, 마우스를 클릭하여 V+ 전원영역을 형성한다.

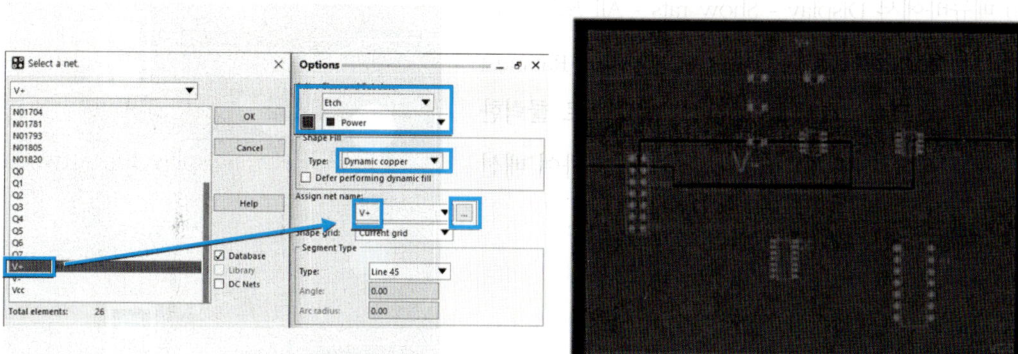

6.7.3 J1 커넥터의 핀과 배치도

① 3개의 전원과 접지가 연결되는 J1 커넥터의 핀배치와 도면은 아래와 같다. Footprint는 Orcad에서 제공하는 Symbols Conn20을 수정하여 만든, 14핀용 Footprint Conn14 를 사용하였고, Rotate 명령을 이용하여 회전시켜 배치하였다.

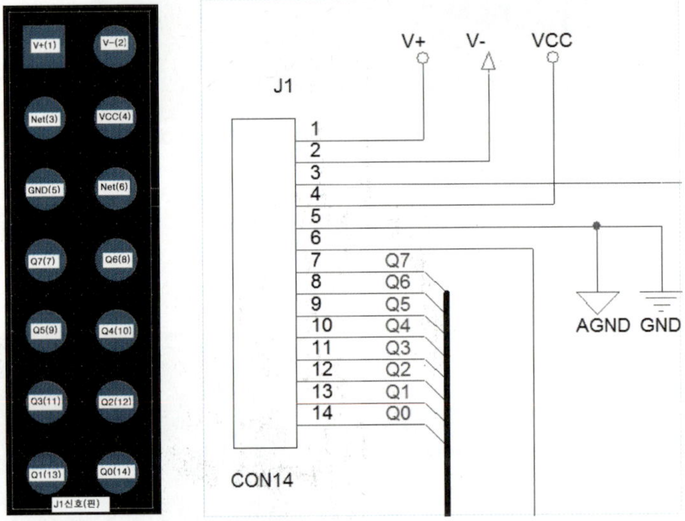

6.8 배선(Routing)

6.8.1 수동배선(Manual Routing)

① 메뉴바에서 Display - Show rats - All 또는 Rats All( )을 선택한다. 배선하고자 하는 Ratsnest 혹은 연결하고자 하는 두 핀을 마우스로 클릭한 후 단축아이콘( ) 또는 F3키를 이용하여 배선을 한다.

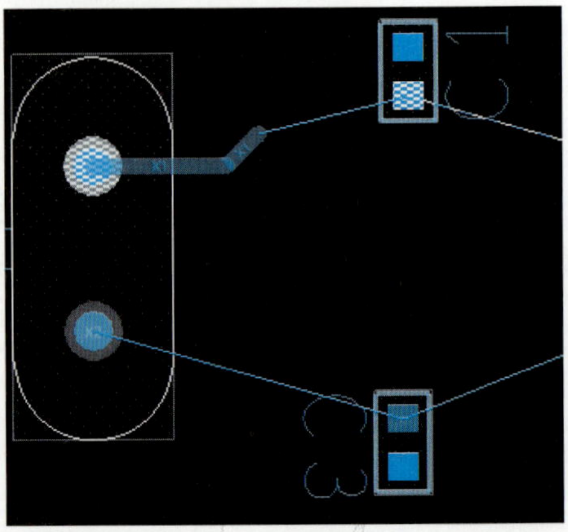

② Control Panel의 Visibility, Find 및 Options의 설정을 확인하여, 각 층의 색상을 확인한다. 또한 Find 창에 Pins가 선택되지 않았다면 배선이 수행되지 않으므로 선택해준다.

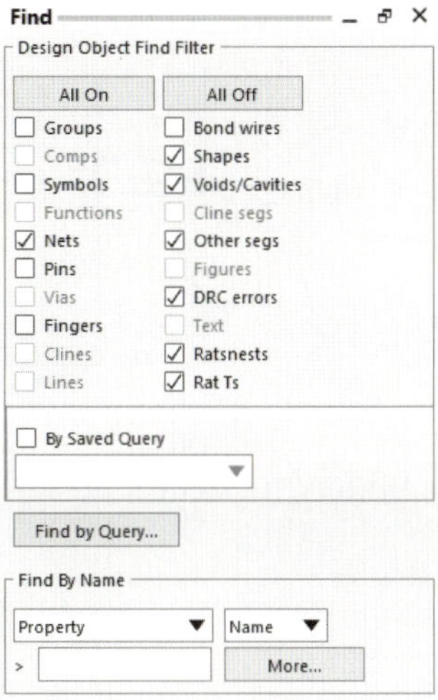

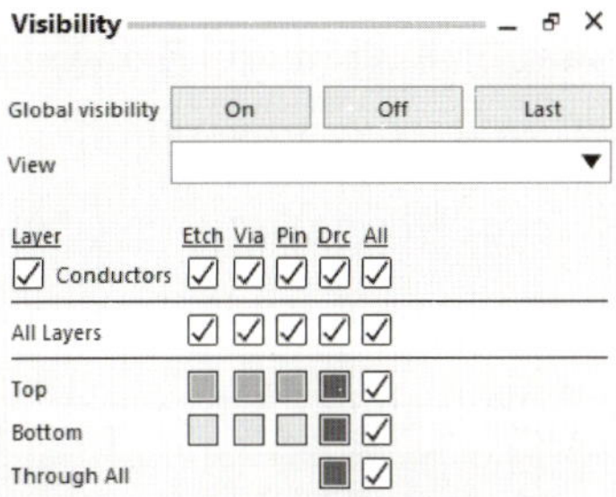

③ 배선 도중 층(layer) 변경, 비어삽입 등은 MRB를 이용하고, 아래와 같이 Options을 선택하여 배선폭의 변경 등을 수행한다. 배선 네트의 취소 혹은 삭제 등도 해당 네트를 선택하여 마우스 오른쪽 버튼을 눌러 수행한다.

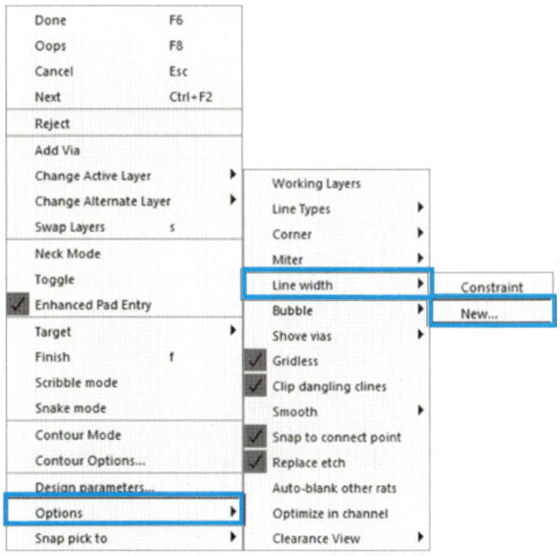

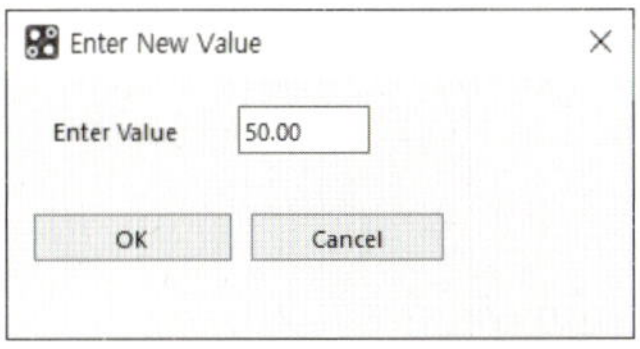

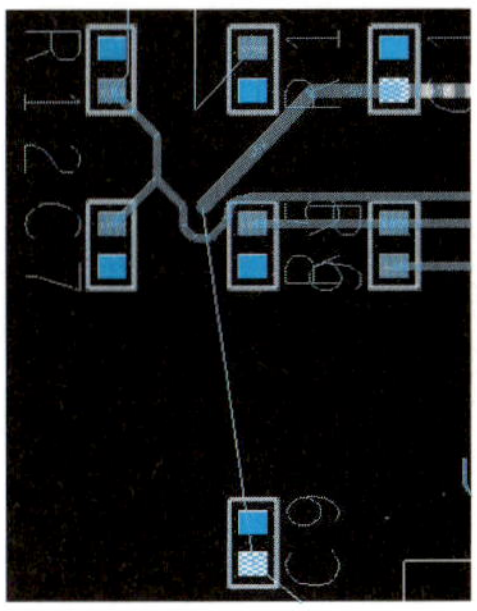

④ 같은 층에서의 배선이 서로 교차되는 경우에 실시간 DRC 체크로 인해 배선이 지나가지 못하도록 한다. 이 경우에는 마우스를 더블 클릭을 하면 작업 layer가 변경되면서 해당 위치에 Via가 생성된다.

⑤ 배선된 Etch(패턴 혹은 동판영역 등)을 삭제할 경우에는 메뉴바 Edit-Delete를 이용하거나 아이콘( )을 선택한 후 삭제하고자 하는 아이템을 더블클릭한다. 단, 삭제하고자 하는 아이템만을 Control 패널의 Find 탭에서 설정한 후 실행한다. 예를 들어, 배선된 패턴을 삭제하고자 할 경우에는 아래와 같이 설정 후 해당 패턴을 더블 클릭한 후 마우스 오른쪽 버튼을 눌러 Done을 선택한다.

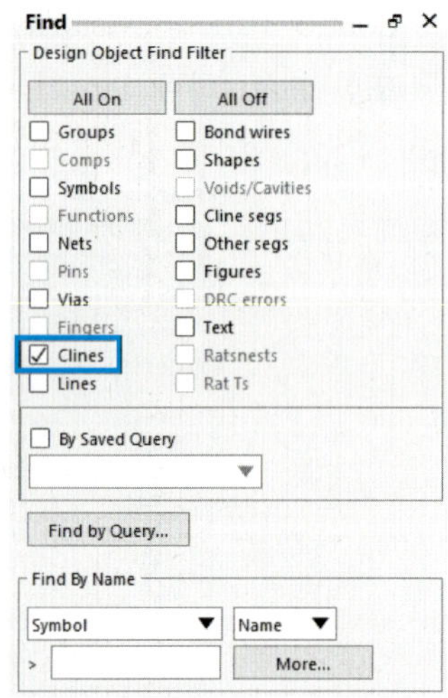

⑥ 배선된 Etch를 슬라이드(밀어내는) Slide 명령( ), 곡선이나 꺾인 Etch를 직선으로 바꾸어주는 Custom Smooth ( ), 기존 Etch에 꼭지점을 추가해 주는 Vertex 명령( ) 을 이용하여 패턴을 수정한다.

6.8.2 자동배선(Auto Routing)

① 아래와 같이 Route - PCB Router - Route Automatic을 선택하여 자동배선을 할 수 있다.

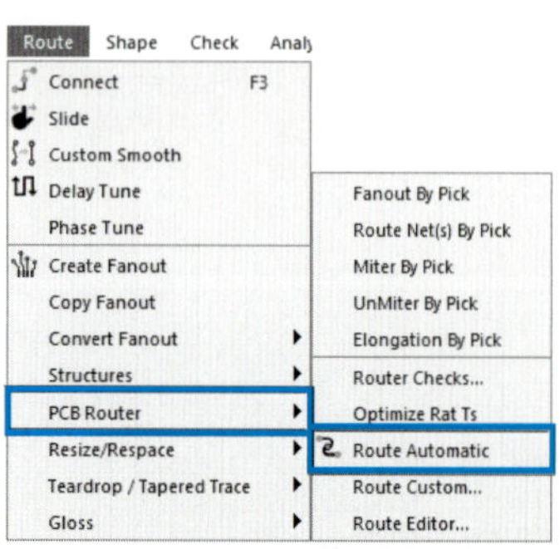

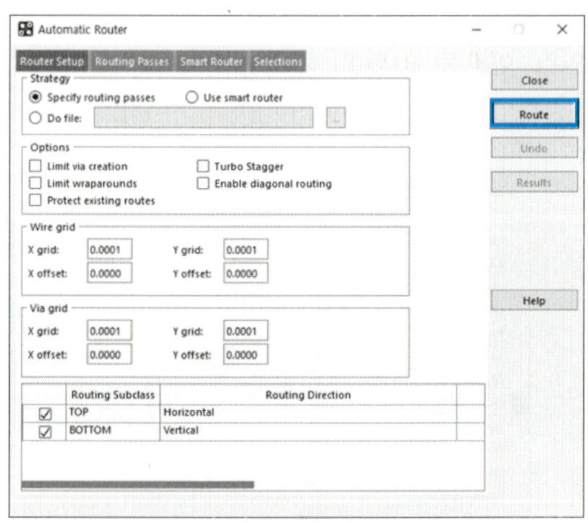

② 배선이 완료되면 다음과 같다.

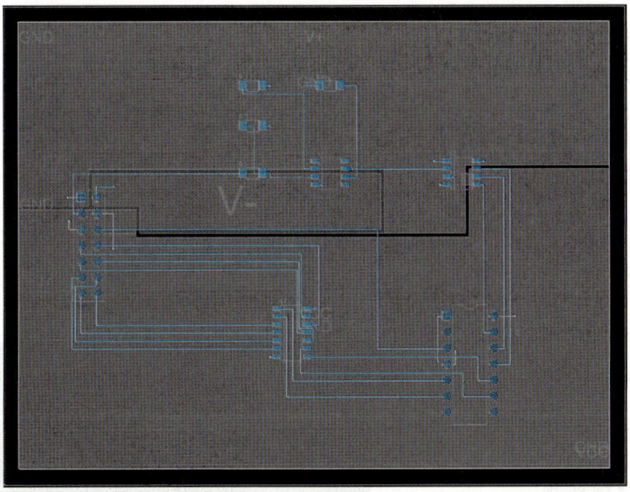

6.8.4 설계보드상태(Status) 확인

① 현재 설계한 PCB의 부품 배치 및 배선된 상태를 검사하기 위해 메뉴 Check – Design Status를 선택한다.

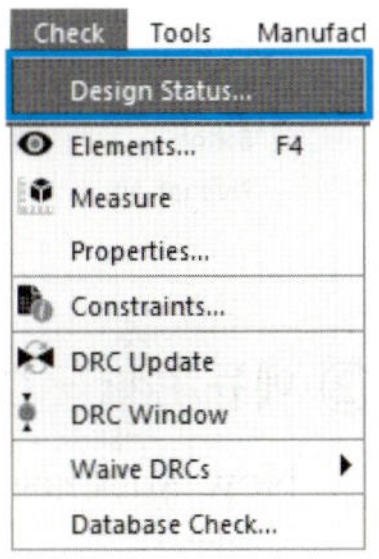

② 아래 그림과 같이 Symbols and nets 부분이 Color Box 부분이 녹색일 경우는 정상으로 배치 및 배선이 완료된 것이며, 노란색 및 빨강일 경우 부품의 배치 및 배선이 안된 곳이 있는 경우이므로 Color Box를 클릭하여 좌표를 확인할 수 있다. 그 외 Shapes 및 DRCs 부분도 같은 방법으로 확인할 수 있다.

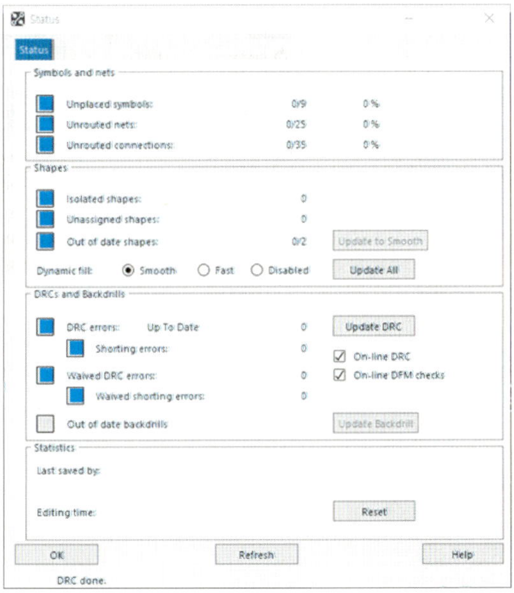

6.9 설계 마무리 작업

6.9.1 Reference 정리

① 크기가 서로 다른 Reference를 동일한 크기로 설정하기 위해 먼저 Control Panel의 Visibility에서 Etch의 Color Box를 Check하여 배선 및 Copper 영역을 off한다.

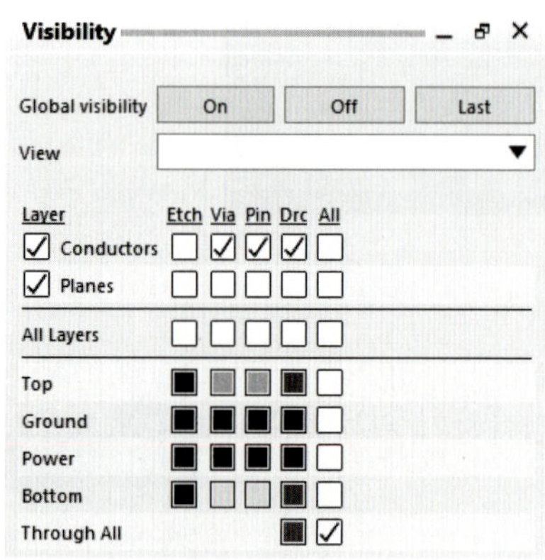

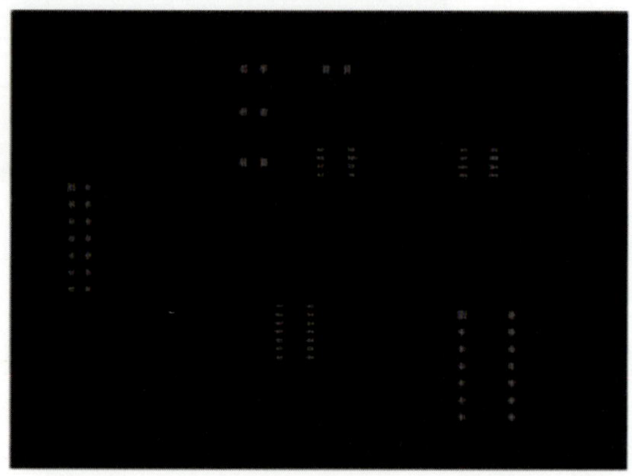

② 메뉴 Edit - Change Objects를 선택한다. Control Panel의 Options에서 Class는 Refdes로 New subclass는 Silkscreen_Top으로 설정한 후 Text block을 4으로 설정 후 보드 전체를 드래그하여 Reference 크기를 동일하게 변경한다.

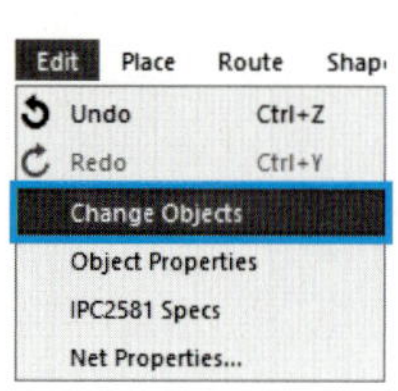

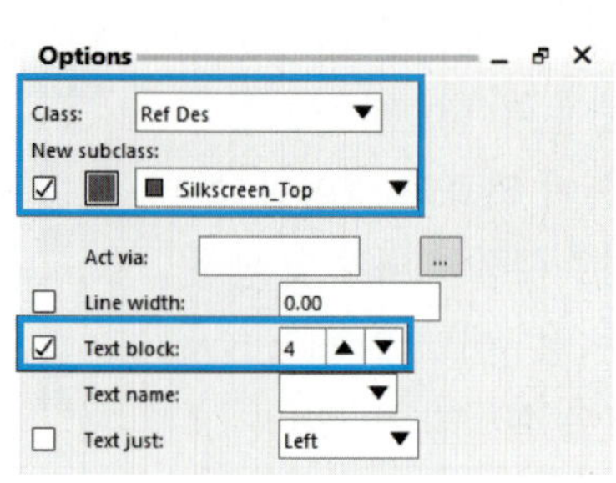

③ Reference 크기를 동일하게 변경후 Reference 방향을 동일하게 정리하기 위해 메뉴 Edit - Move를 선택한다. Control Panel의 Find에서 모든 아이템을 All off한 후 Text만 Check한다.

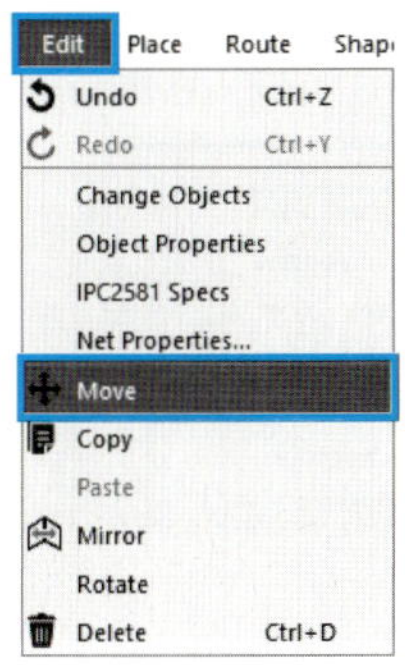

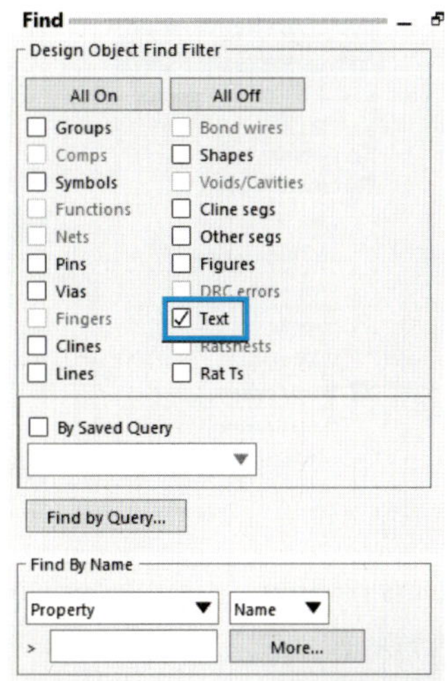

④ 우측 그림과 같이 Reference를 선택한 후 마우스 오른쪽 버튼을 클릭하여 Rotate 명령을 실행하여 Reference를 적절히 배치한다.

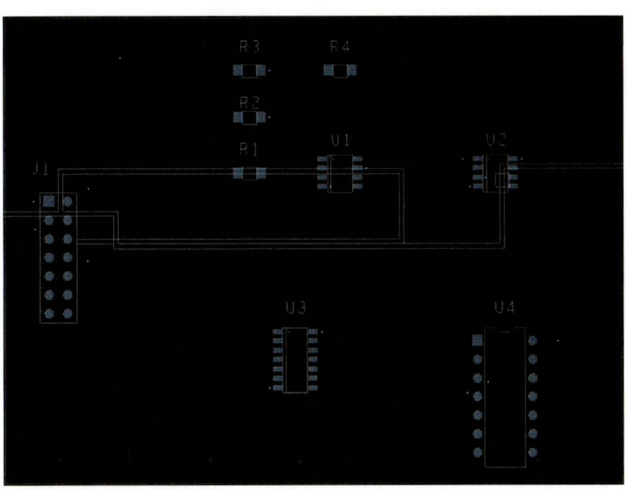

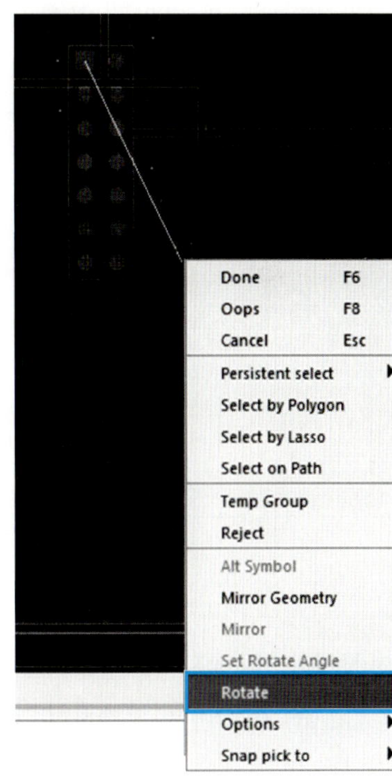

6.9.2 Dimensions 작성

① 설계 보드의 치수를 작성하기 위해 메뉴 Manufacture – Dimension Environment를 선택한 후, 마우스를 우클릭(MRB)하여, Parameters를 선택한다.

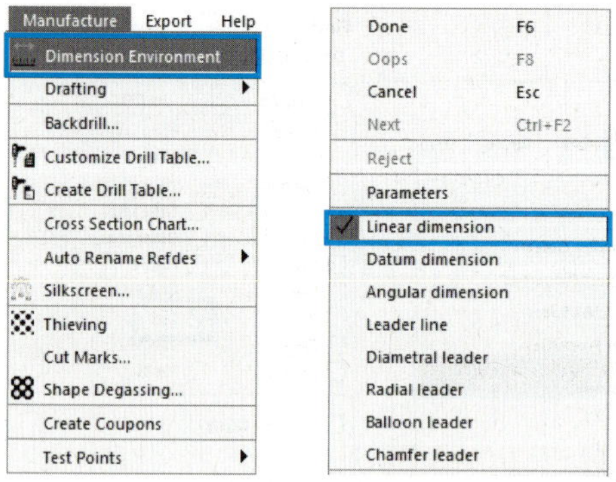

② 아래 그림과 같이 Dimensioning Parameters의 General Tab에서 Parameter editing의 Units를 Millimeters로 설정한다. Text Tab을 선택 후 Text block을 9 / Primary dimensions의 Units를 Mils 설정한다. 만약 다른 단위의 치수를 함께 표시하고자 할 경우 Secondary dimensions에 단위를 함께 설정한다.

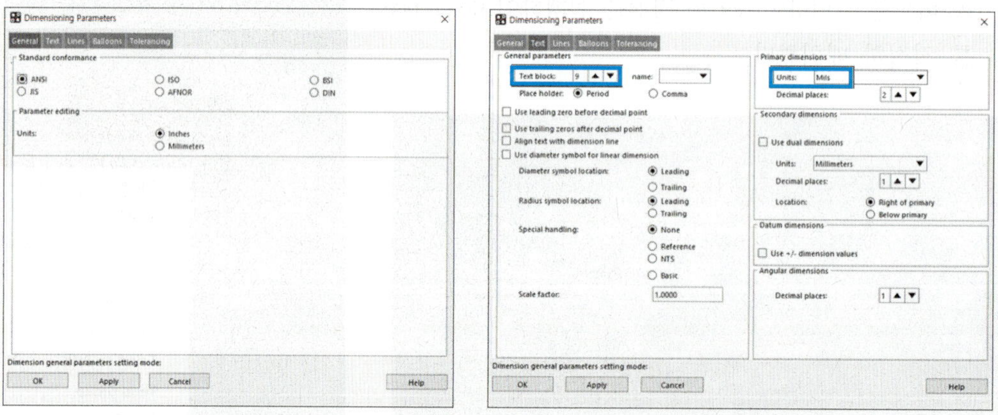

③ 기본적인 Dimension Parameter 설정 후 보드 치수를 기입하기 위해 메뉴 Manufacture을 선택한 후, 마우스 우클릭(MRB)하여 Linear Dimension을 선택하거나, (Dimension Linear) 아이콘을 선택한다. 아래 그림과 같이 치수 기입할 선을 클릭하면 측정된 값이 마우스 커서에 붙어 있는 것을 확인할 수 있다. 치수 확인 후 적당한 위치에 기입한다.

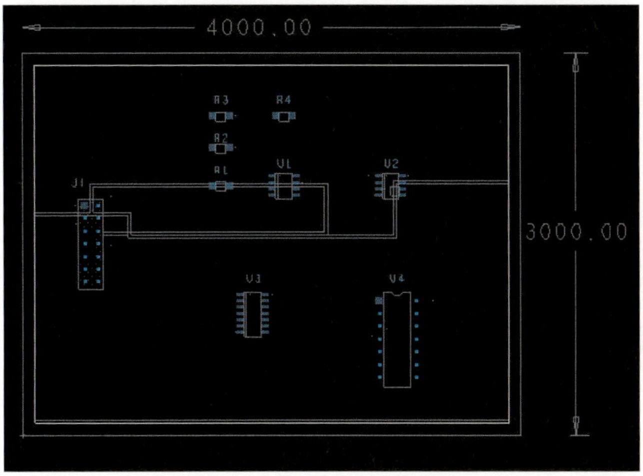

6.10 후처리 과정(Post Processing)

6.10.1 드릴 범례(Drill Legend)

① 다음과 같이 Manufacture – Customize Drill Table을 선택한 후, Drill Symbol을 자동으로 생성하기 위해 Auto Generate Symbols 버튼을 선택한다.

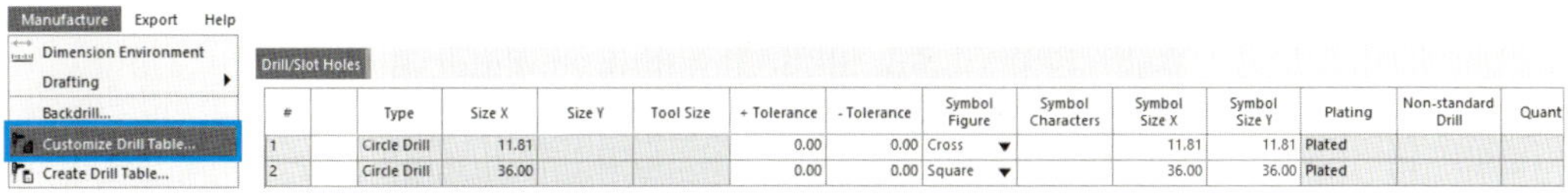

#		Type	Size X	Size Y	Tool Size	+ Tolerance	- Tolerance	Symbol Figure	Symbol Characters	Symbol Size X	Symbol Size Y	Plating	Non-standard Drill	Quant
1		Circle Drill	11.81			0.00	0.00	Cross		11.81	11.81	Plated		
2		Circle Drill	36.00			0.00	0.00	Square		36.00	36.00	Plated		

② 메뉴바에서 Manufacture – Create Drill Table을 선택하거나 툴바에서 Drill Legend 아이콘()을 선택한 후 화면 빈 공간 적당한 위치에 배치한다. 이때 화면의 작업공간이 작아 배치가 잘 안될 경우에는 메뉴 바에서 Setup – Design Parameters - Design Tab에서 작업화면을 확장하거나 원점을 이동한 후 배치한다.

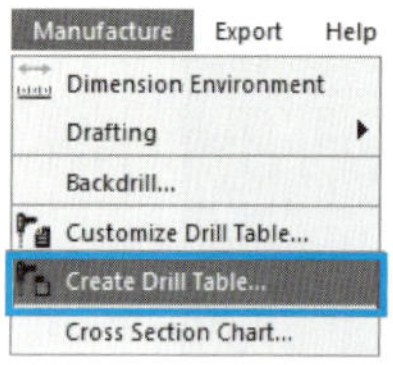

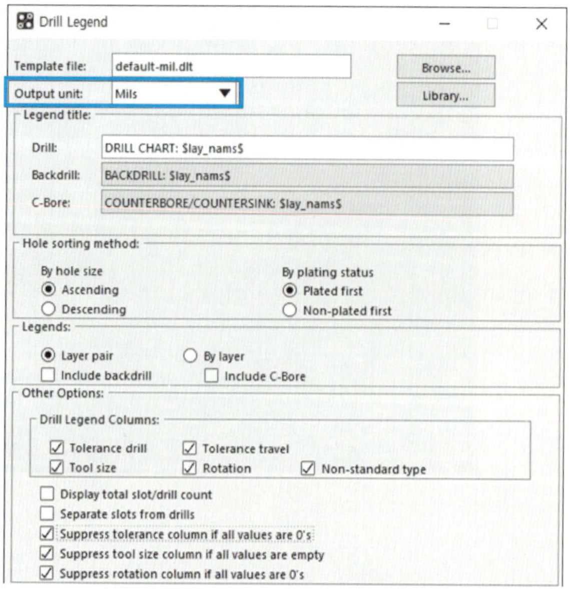

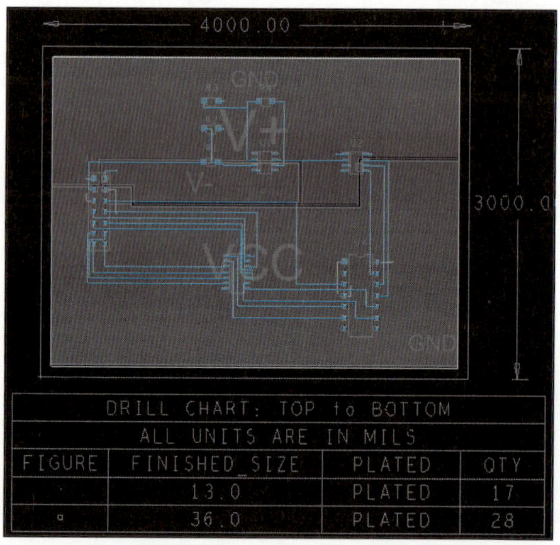

6.10.2 거버(Gerber)파일 생성

PCB 제조를 위해서는 거버(Gerber)파일을 생성해야 하는데, 4층 양면기판인 경우에 생성해 주어야 할 파일은 다음과 같다.

(1) Top층 (Top.art)
(2) Bottom층 (Bottom.art)
(3) GND층(Ground.art)
(4) Power층(Power.art)
(5) Soldermask_Top (Soldermask_Top.art)
(6) Soldermask_Bottom (Soldermask_Bottom.art)
(7) Silkscreen_Top (Silkscreen.art)
(8)Drilldraw (Drilldraw.art)
(9) NC-Drill (monostable-1-2.drl)

1) Top 층 및 Bottom층의 거버파일 생성

① Export-Gerber를 선택하거나 툴바에서 Artwork 아이콘( )을 실행한다. General Parameters에서 가장 많이 사용되는 Gerber Type인 RS274X를 선택한다. Format을 아래와 같이 3과 5로 수정하고, 그 밖에 필요한 값을 아래와 같이 설정한다.

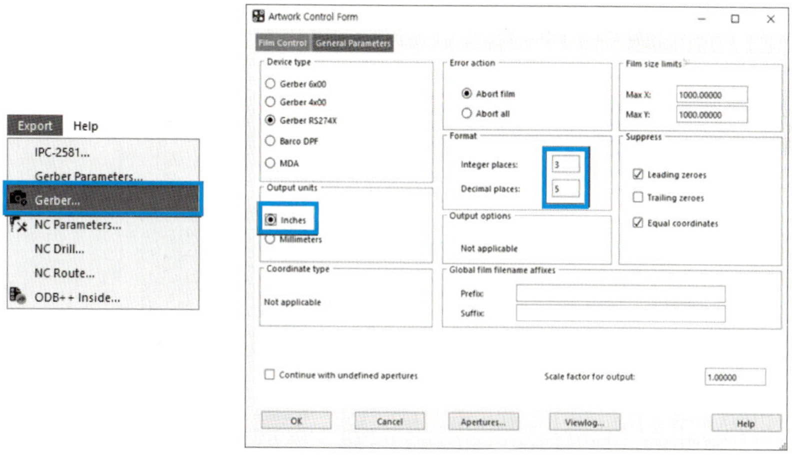

② Export-Gerber-Film control 창을 선택한 후, Bottom과 Top을 선택한다. Create Artwork 버튼을 눌러 Top층, Bottom층, Ground층, Power층의 거버파일을 생성할 수 있다.

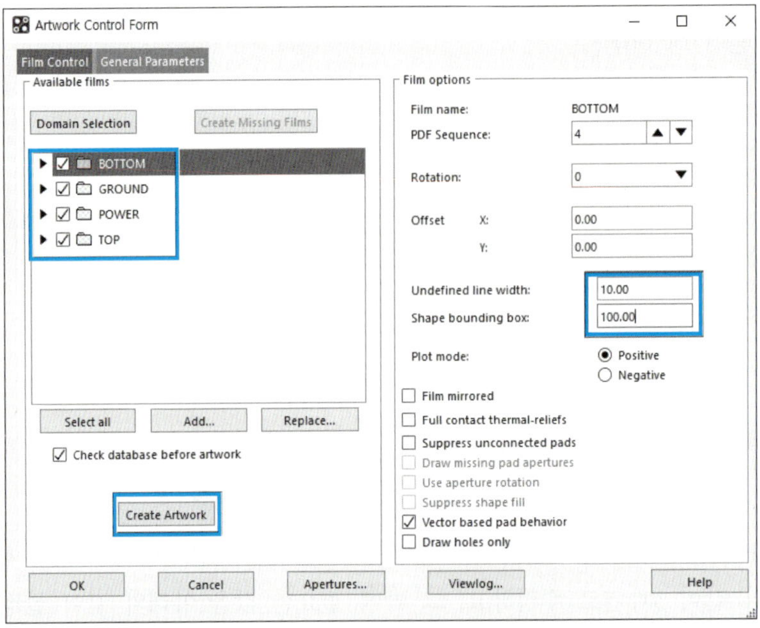

2) Soldermask_Top 생성

① Color 설정 창을 열어 Global Visibility를 Off 시킨다. Stack-Up 폴더의 Soldermask _Top에서 Pin과 Via를 선택한다.

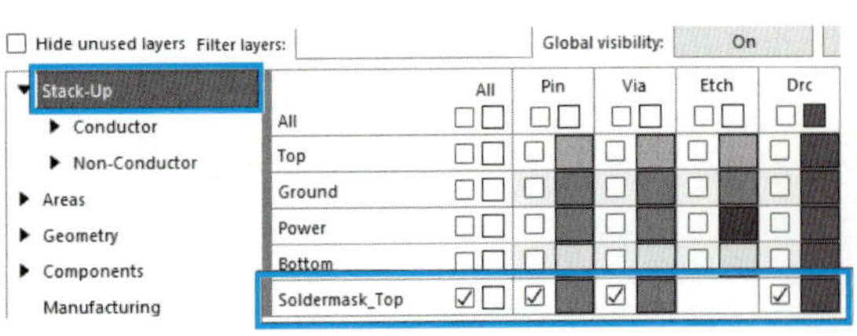

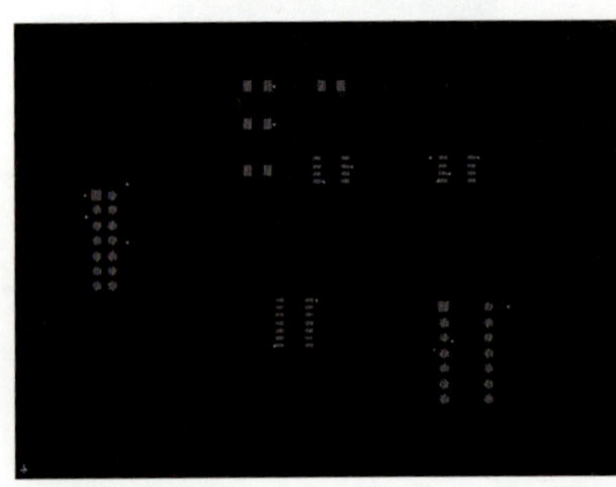

② Export-Gerber을 선택하거나 툴바에서 Artwork 아이콘( )을 실행한다. General Parameters에서 가장 많이 사용되는 Gerber Type인 RS274X를 선택한다. Format을 아래와 같이 3과 5로 수정하고, 그 밖에 필요한 값을 아래와 같이 설정한다.

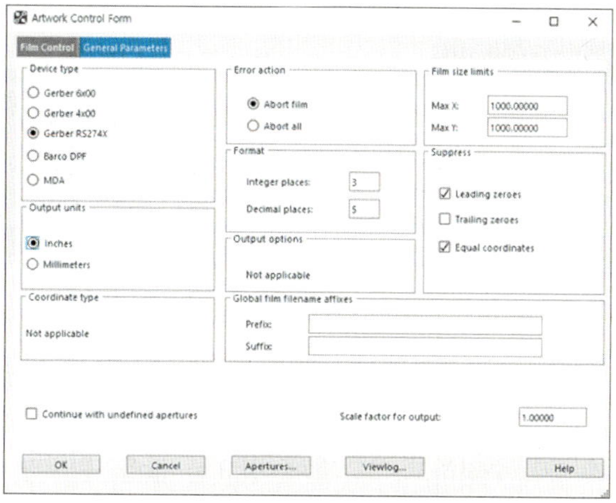

③ Export – Gerber - Film Control 창에서 Top을 선택한 후 마우스 오른쪽 버튼을 클릭하여 Add를 수행한 후 Soldermask_Top이라 입력한다. Soldermask_Top을 선택한 후 Create Artwork을 수행하면 Soldermask_Top.art 거버파일이 생성된다.

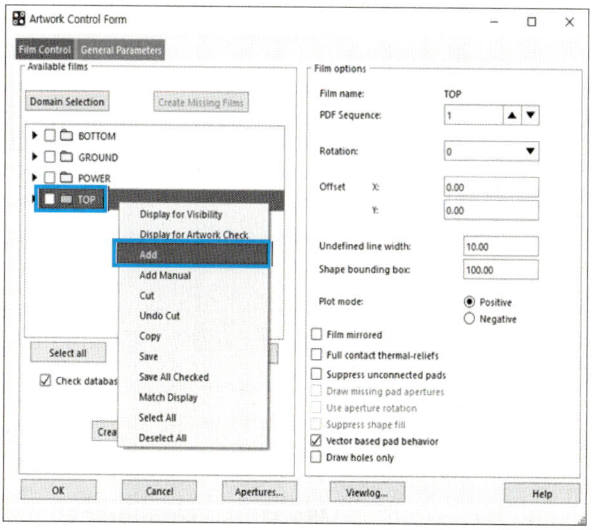

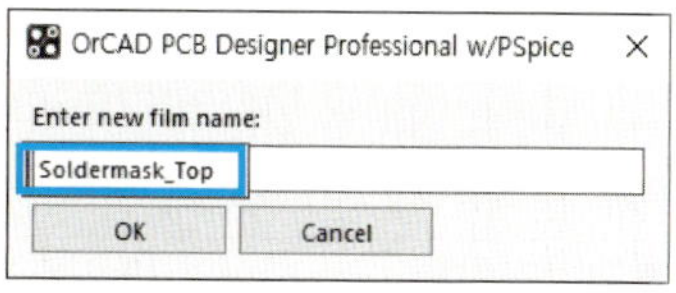

3) Soldermask_Bottom 생성

① Color 설정 창을 열어, Global Visibility를 Off 시킨다. Stack-Up 폴더의 Soldermask_Bottom에서 Pin과 Via를 선택한다.

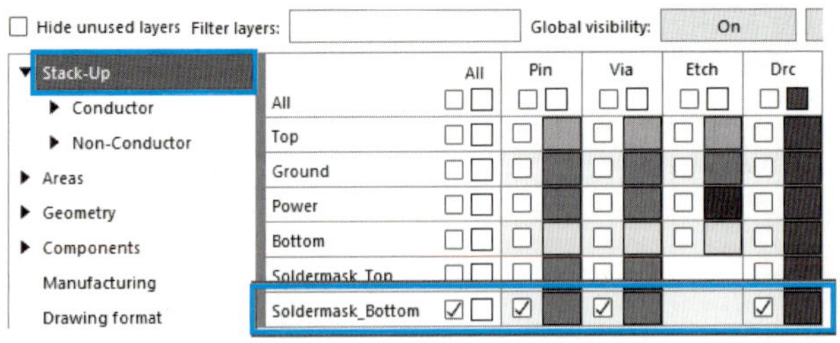

② Export-Gerber를 선택하거나 툴바에서 Artwork 아이콘( )을 실행한다.
General Parameters에서 가장 많이 사용되는 Gerber Type인 RS274X를 선택한다. Format을 아래와 같이 3과 5로 수정하고, 그 밖에 필요한 값을 우측과 같이 설정한다.

③ Export – Gerber - Film Control 창에서 Soldermask_Top을 선택한 후 마우스 오른쪽 버튼을 클릭하여 Add를 수행한 후 Soldermask_Bottom이라 입력한다. Soldermask_Bottom을 선택한 후 Create Artwork을 수행하면 Soldermask_Bottom.art 거버파일이 생성된다.

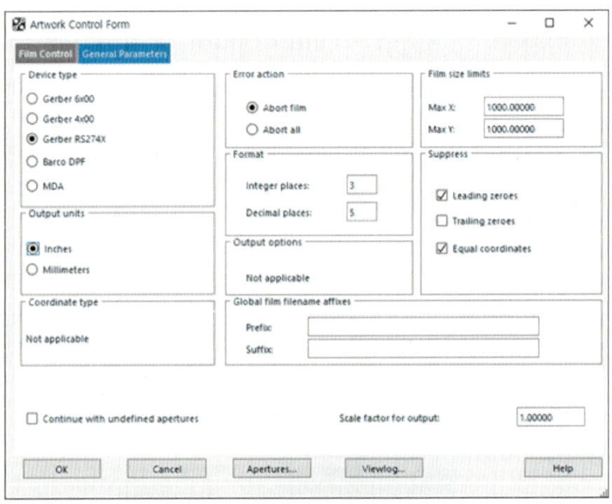

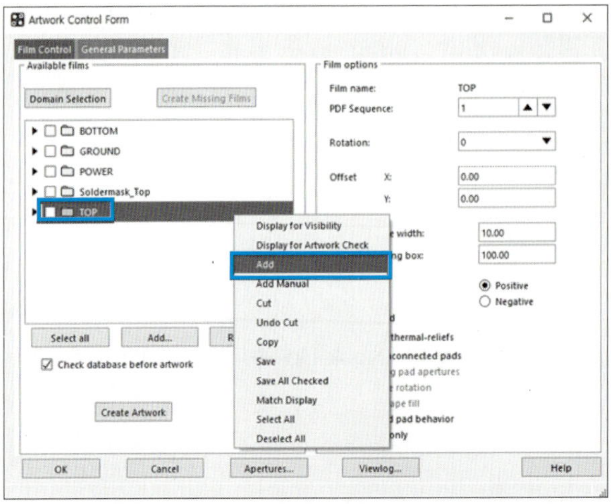

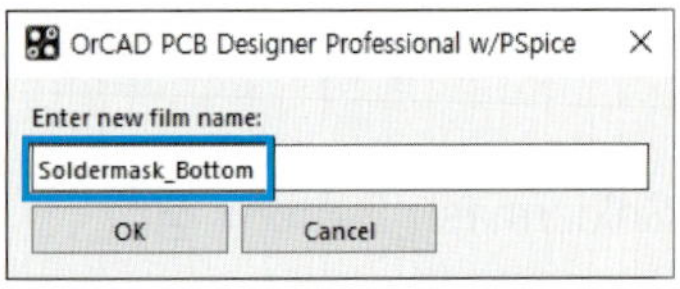

4) Silkscreen_Top 생성

① Color 설정 창을 열어, Global Visibility를 Off 시킨다. Package Geometry에서 Silkscreen Top을, Board Geometry에서 Design Outline, Outline, Dimension을 선택한다. Components Silkscreen Top은 RefDes를 선택, 참조번호와 부품의 패키지가 Silkscreen Top에 나오도록 설정한다.

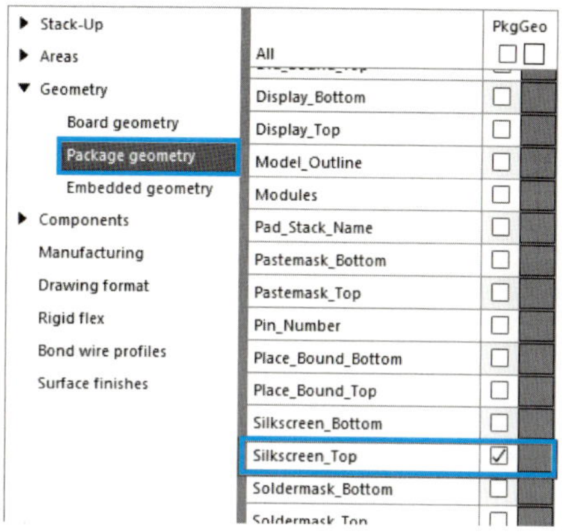

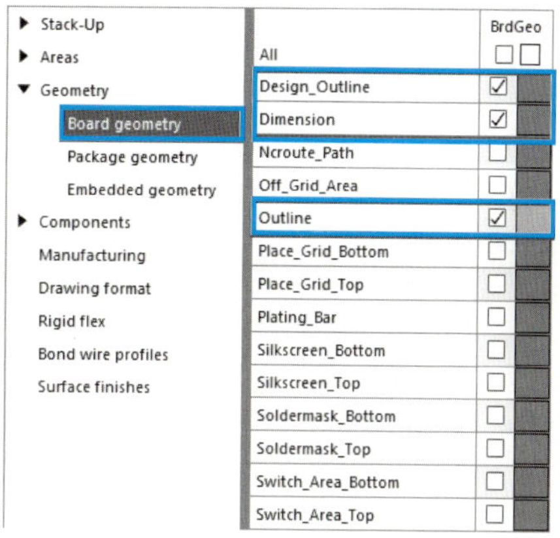

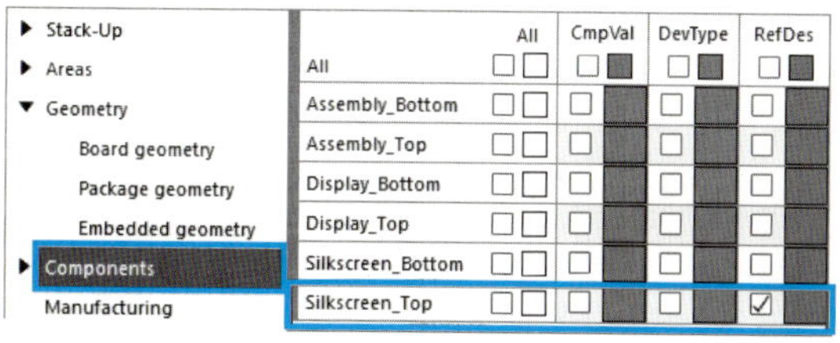

② Export-Gerber를 선택하거나 툴바에서 Artwork 아이콘( )을 실행한다.
General Parameters에서 가장 많이 사용되는 Gerber Type인 RS274X를 선택한다. Format을 아래와 같이 3과 5로 수정하고, 그 밖에 필요한 값을 앞에서와 같이 설정한다.

③ Export – Gerber - Film Control 창에서 Top을 선택한 후, 우클릭(MRB)하여 Add를 수행한 후 Silkscreen_Top을 입력한 후, Undefined line width를 10mil로 설정한다. Silkscreen_Top을 선택한 후 Create Artwork을 수행하면 Silkscreen_Top.art 거버파일이 생성된다.

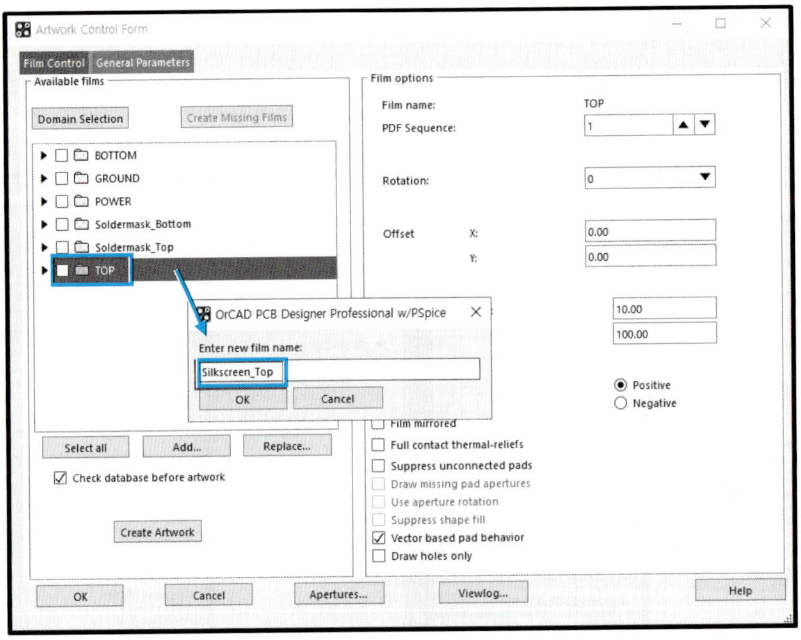

5) Drilldraw 생성

① Color 설정 창을 열어, Global Visibility를 Off 시킨다. Board Geometry에서 Design Outline, Outline과 Dimension을, Manufacturing에서 Nclegend-1-4와 Ncdrill_Legend를 각각 선택한다.

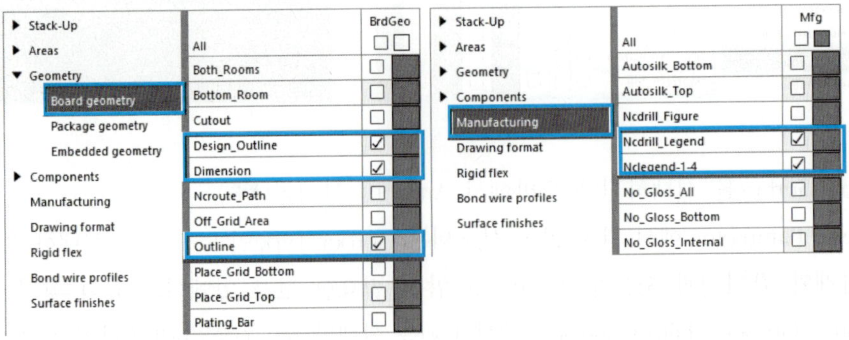

② Export-Gerber를 선택하거나 툴바에서 Artwork 아이콘( )을 실행한다. General Parameters에서 가장 많이 사용되는 Gerber Type인 RS274X를 선택한다. Format을 아래와 같이 3과 5로 수정하고, 그 밖에 필요한 값을 앞에서와 같이 설정한다.

③ Film Control 창에서 Silkscreen_Top을 선택한 후, 마우스 오른쪽 버튼을 클릭하여 Add를 수행한 후 Drilldraw을 입력하고, Undefined line width를 10mil로 설정한다. Drilldraw을 선택한 후 Create Artwork을 수행하면 Drilldraw.art 거버파일이 생성된다.

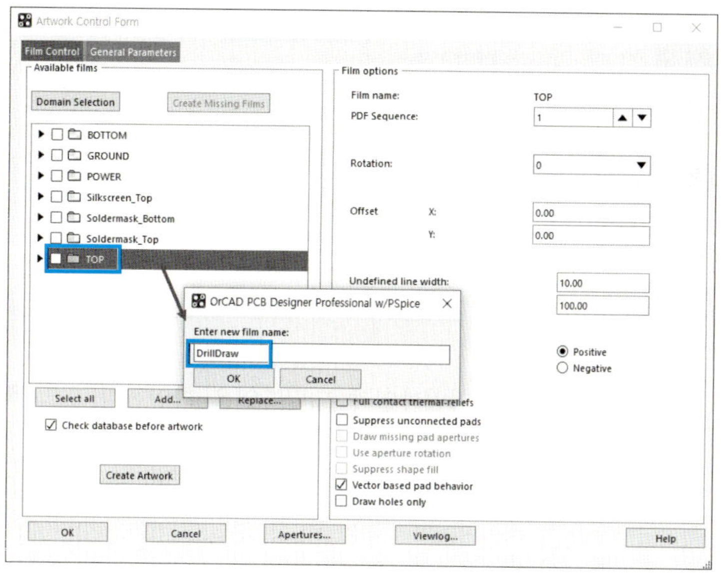

6) NC Drill 생성

① Export-NC Parameter를 선택하거나 NC Parameter 아이콘( )을 선택한다. 열린 창에서 Format을 3.5로 정하고, 기타 값들도 아래와 같이 필요하면 변경하여 설정한다.

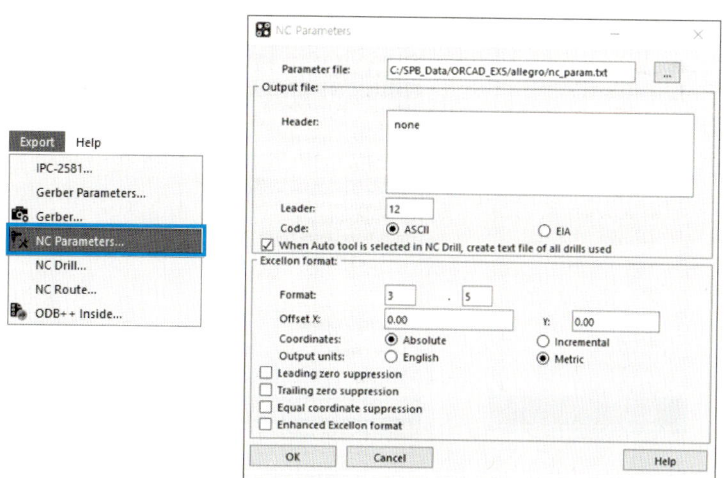

② NC Parameter의 설정이 끝나면, Export-NC Drill을 선택하여, Drill을 수행면 admixed.drl라는 파일에 NC data가 생성된다.

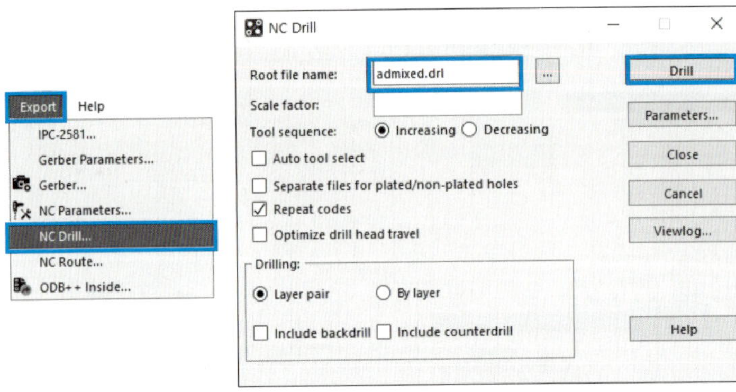

③ 해당 작업 경로에 가서 작성된 거버파일과 드릴파일을 확인한다.

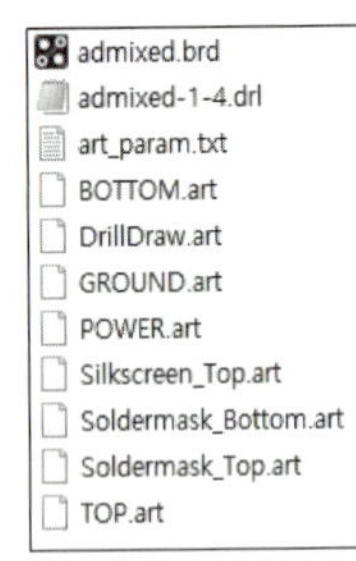

7) 보고서파일 생성

메뉴바의 Export-Reports에서 설계된 PCB 보드와 관련된 여러 보고서 파일을 만들 수 있다.

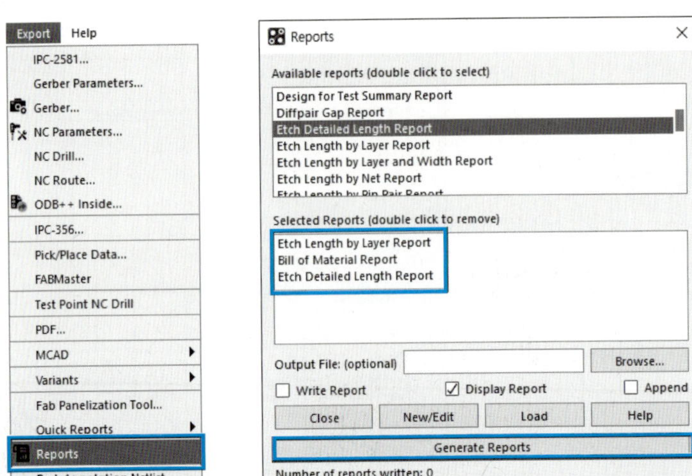

6.10.3 거버(Gerber)파일 출력 - Display를 이용한 방법

① 작성된 거버 데이터를 화면 혹은 프린터로 인쇄하기 위해서는 다음과 같이 한다. 메뉴바에서 Export - Gerber를 선택한 후 우클릭(MRB)하여, 열린 화면에서 Display for Artwork Check 를 선택한다. 이때 화면에 선택된 레이어가 나타난다.

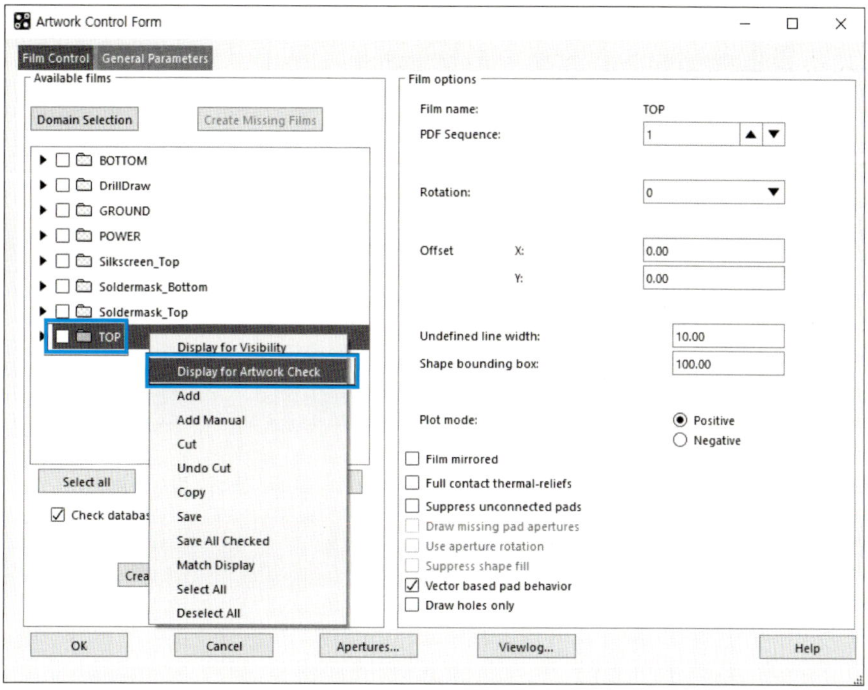

② Setup-Colors-Geometry-Board Geometry에서 Design_Outline, Dimension 및 Outline을 각각 선택한다.

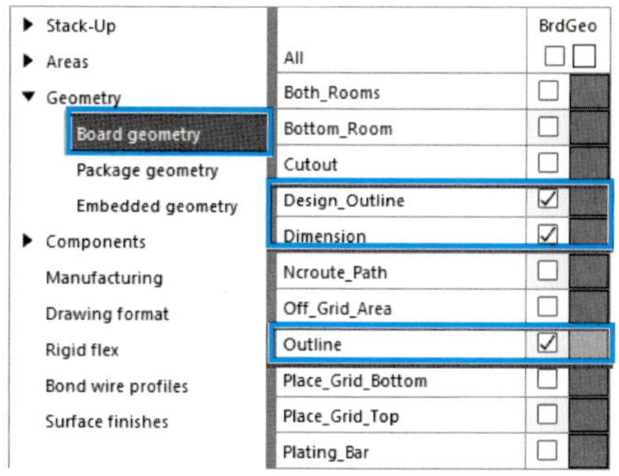

③ 위에서 화면에 나타난 해당 정보를 인쇄하기 위해서는 메뉴바에서 File-Print setup을 선택하고, 필요한 값을 아래와 같이 설정한 후 OK를 선택하여 인쇄한다. File-Print Preview를 통해 화면상에서 출력 내용을 미리 확인한다.

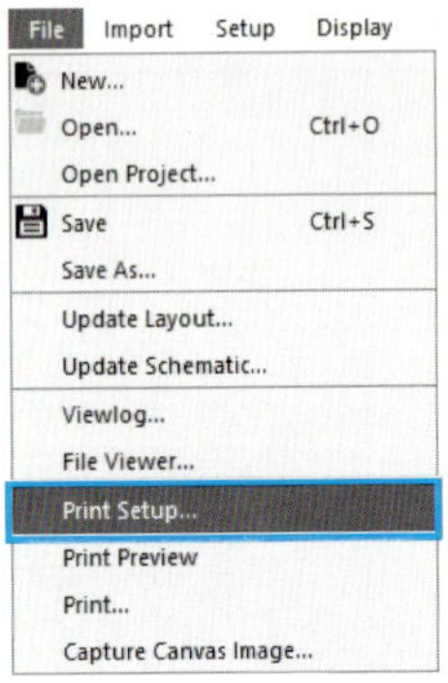

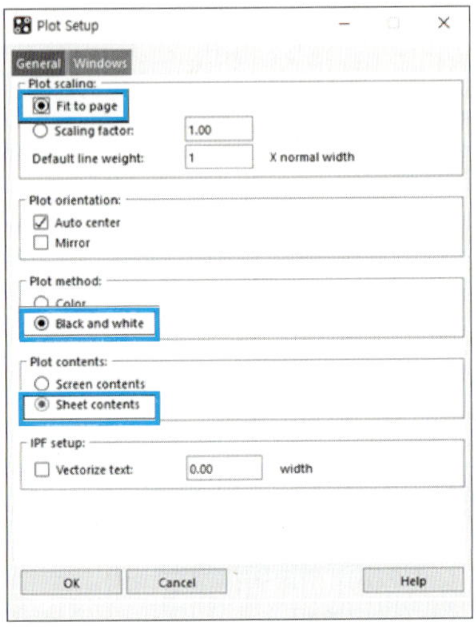

④ File-Print Preview를 통해 설계된 PCB의 각층을 다음과 같이 확인한다.

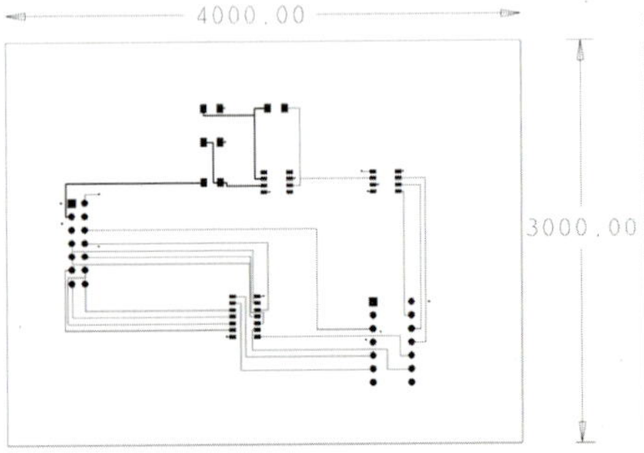

Top 층 패턴도 (Top Layer)

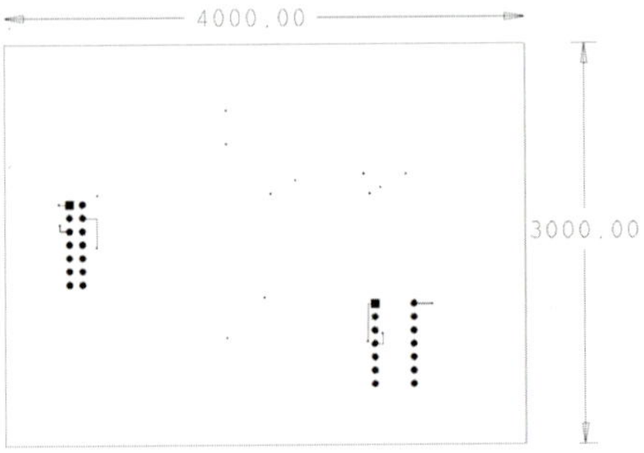

Bottom 층 패턴도 (Bottom Layer)

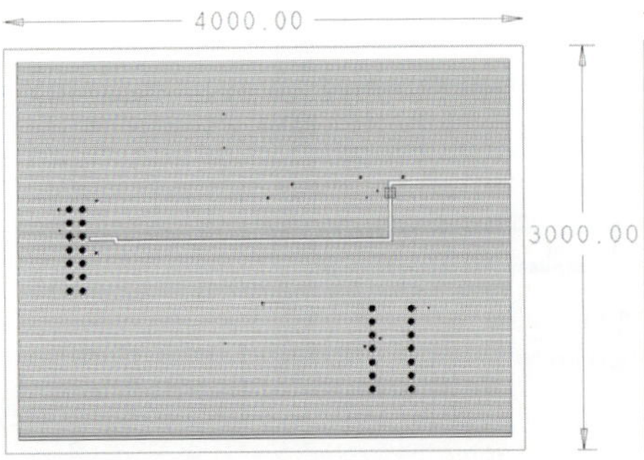

GND 층 패턴도 (Ground Layer)

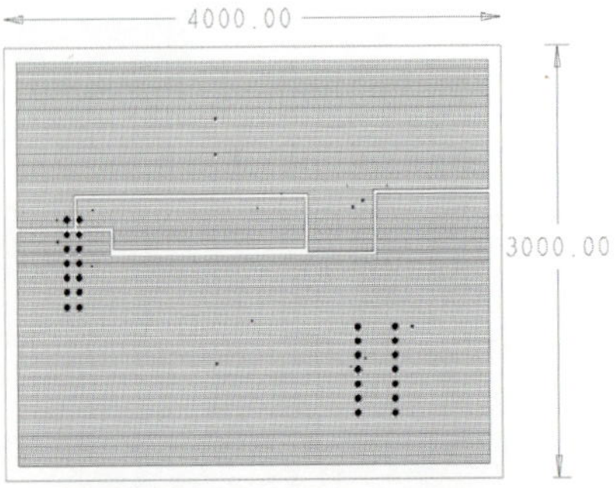

Power층 패턴도 (Power Layer)

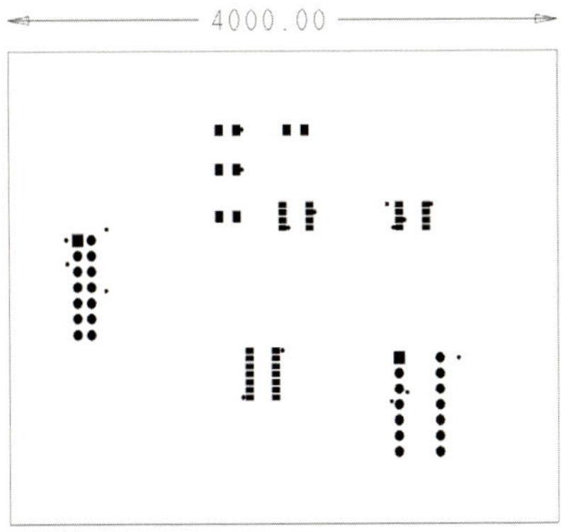

Soldermask_Top

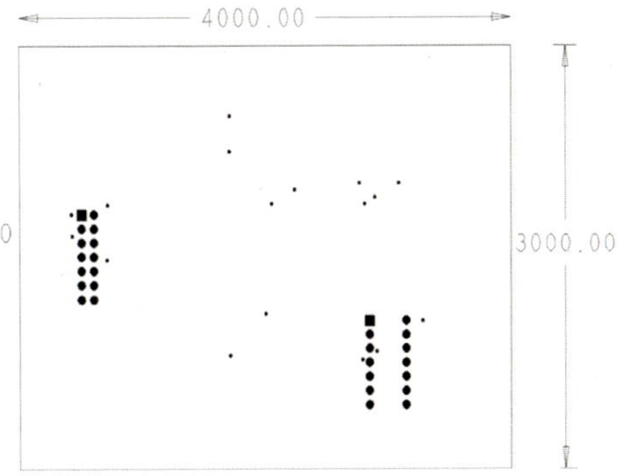

Soldermask_Bottom

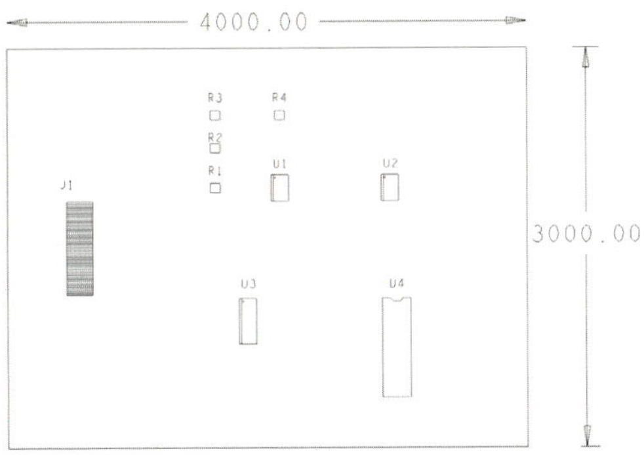

Silkscreen_Top

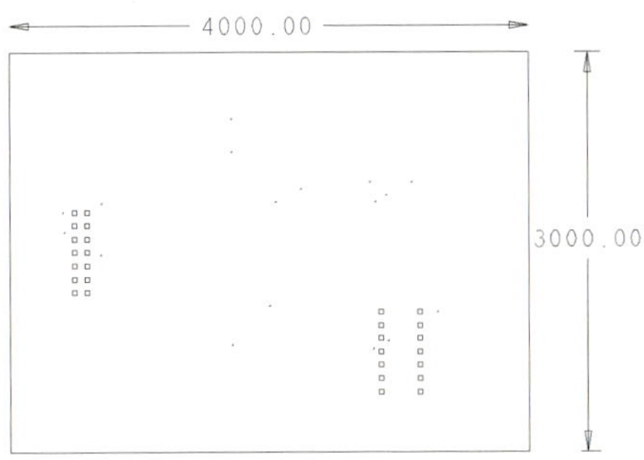

DRILL CHART: TOP to BOTTOM			
ALL UNITS ARE IN MILS			
FIGURE	FINISHED_SIZE	PLATED	QTY
·	13.0	PLATED	17
▫	36.0	PLATED	28

드릴도 (Drilldraw)와 범례 (Drill Legend)

6.11 검토사항

① PCB 관련 Report File 생성방법에 대하여 설명하여라.
② Drill Legend 작성 및 Silkscreen Text의 정리방법에 대하여 설명하여라.
③ 배치명령(Placement)에 대하여 설명하여라.
④ Package와 Route의 Keepin, Keepout이란 무엇이며, 어떻게 활용하는가.
⑤ PCB 설계시 고려할 사항들에 관하여 설명하여라.
⑥ PCB에서 Analog 접지와 Digital 접지의 분리이유와 방법을 설명하여라.
⑦ 하나의 Power 면에서 다중 전원판(multi power plane)을 배치하는 명령어에 대하여 설명하여라.

APPENDIX

OrCAD 17.4 Trial 제품 설치방법

OrCAD 17.4는 Lite 제품을 제공하지 않으며,
Trial 제품은 orcad.com에서 신청 후 승인을 받으셔야 사용 가능합니다.

Trial에서는 OrCAD 제품을 이용할 수 있으며, **최초 설치일로부터 최대 30일간 사용가능**합니다.
Trial 프로그램을 다운 받은 한 대의 컴퓨터만 사용 가능하며, 컴퓨터 이름이나 하드웨어 변경 시 사용이 안될 수 있습니다.

Trial 설치 방법

17.4 버전은 아래 윈도우 운영 체제의 64bit 버전만 지원합니다.

- ❏ Microsoft® Windows® 10
- ❏ Microsoft® Windows® Server 2012
- ❏ Microsoft® Windows® Server 2016

Note. Microsoft® Windows® 7는 권장하지 않음

(1) orcad.com 홈페이지 접속하기

https://www.orcad.com/free-trial

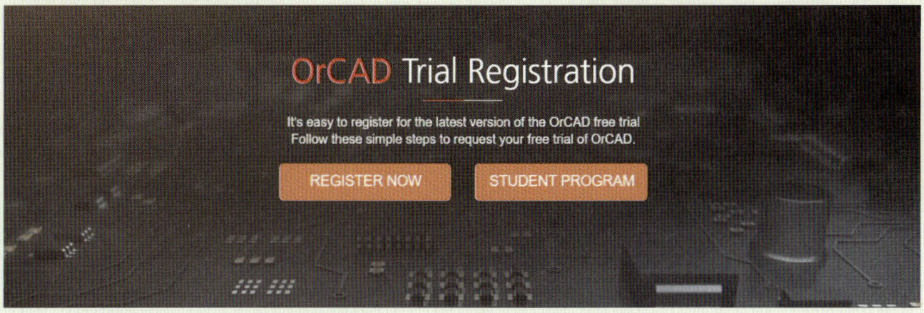

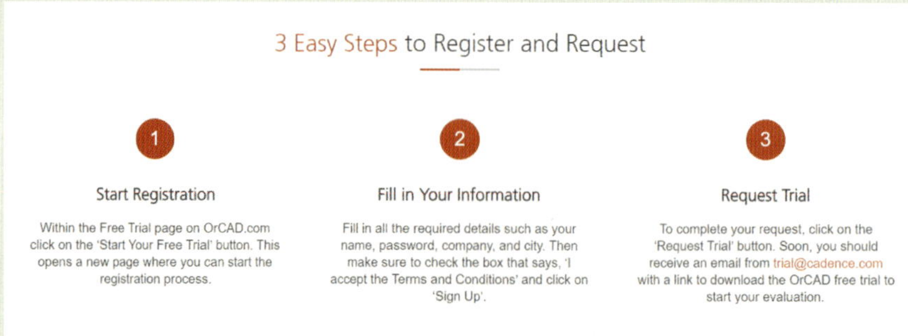

(2) Free Trial 등록하기

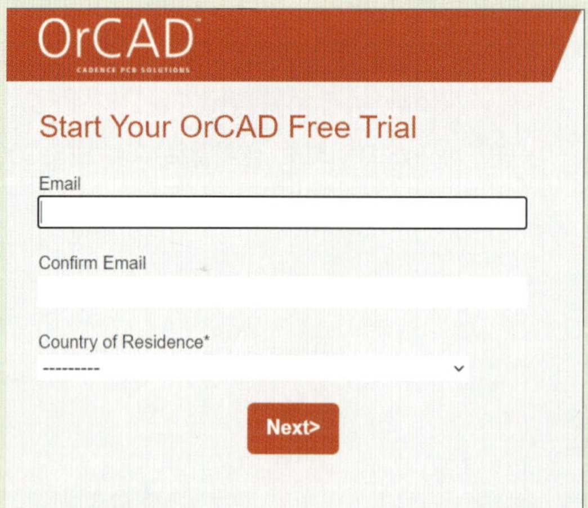

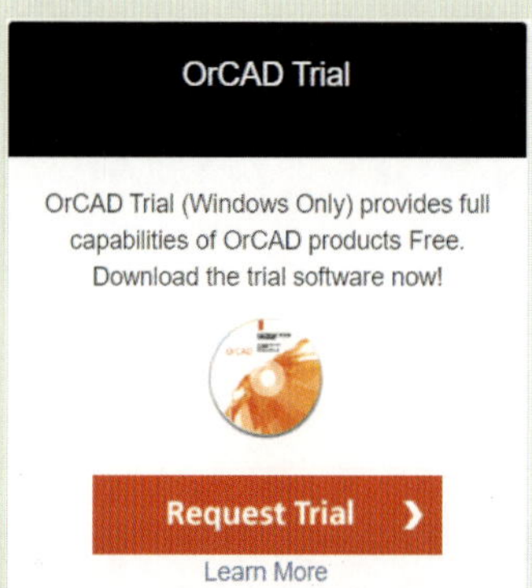

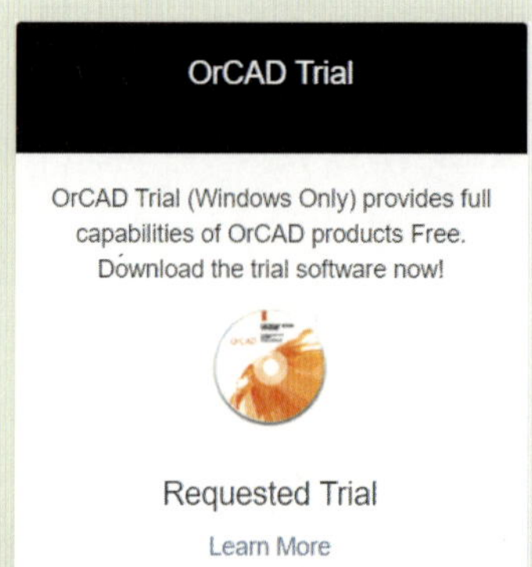

(3) Free Trial 등록 메일 확인하기

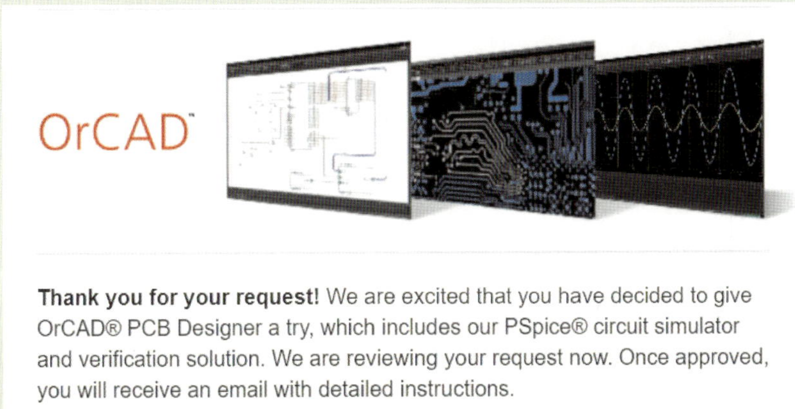

(4) Free Trial 승인 메일 확인하여 설치 파일 다운로드 및 실행하기

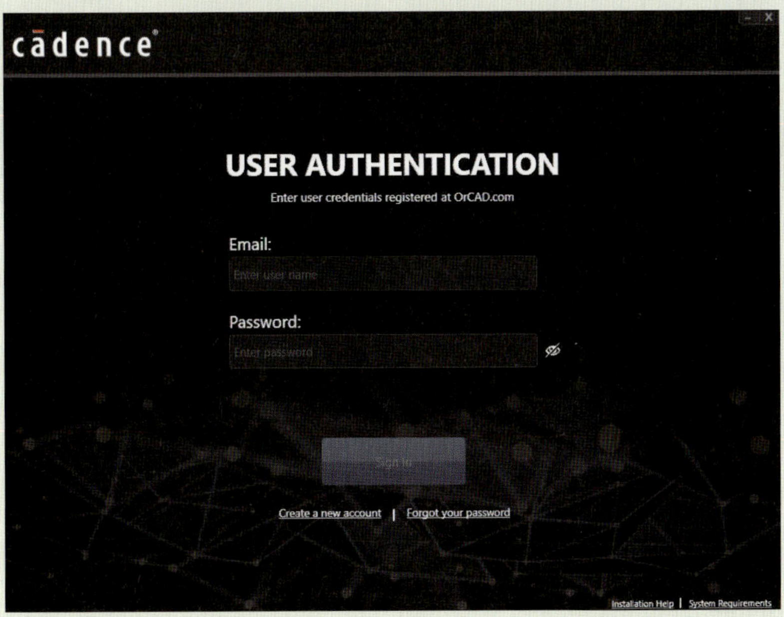

(5) Free Trial 설치 진행 화면

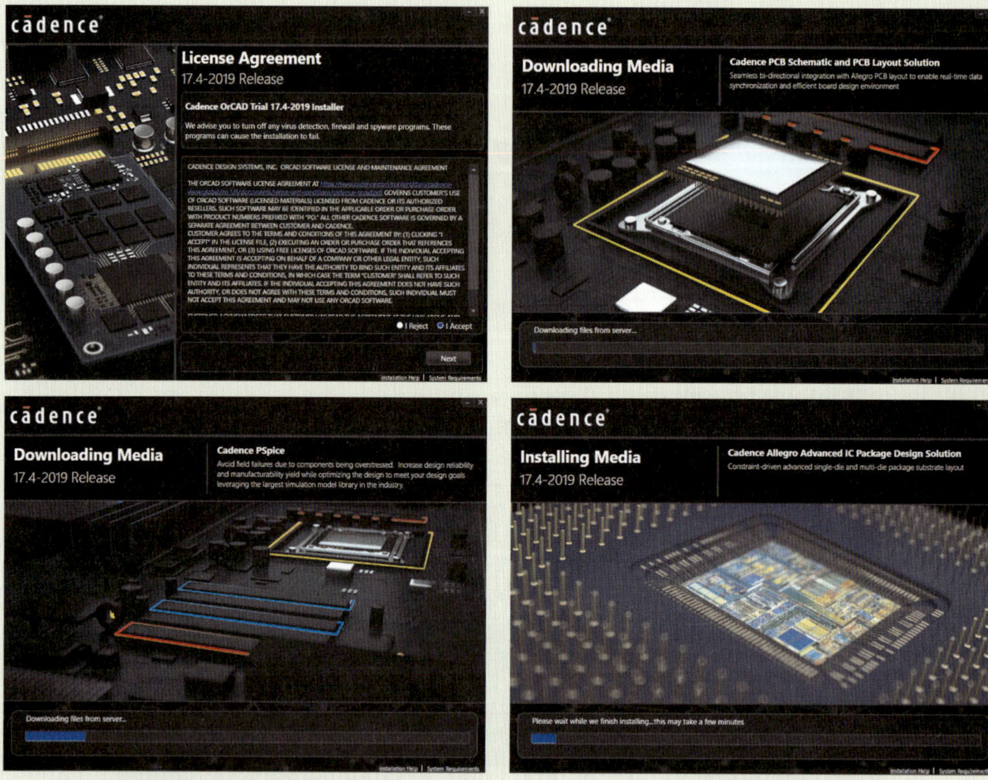

(6) 설치 완료 화면

(7) 설치 완료 후 OrCAD Capture 실행 첫 화면

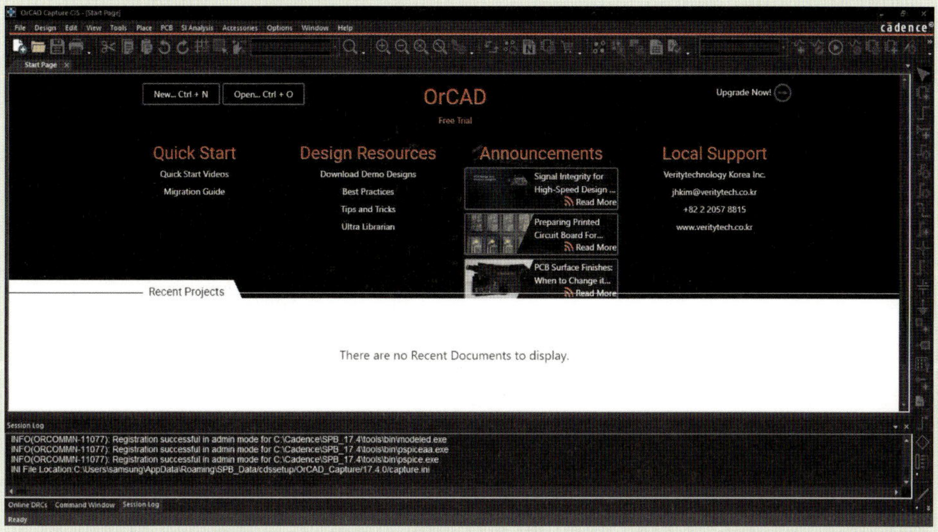

▶ OrCAD 17.4 Trial 제품 프로그램 경로

Capture CIS 17.4

C:₩Cadence₩SPB_17.4₩tools₩bin₩Capture.exe

PCB Editor 17.4

C:₩Cadence₩SPB_17.4₩tools₩bin₩allegro.exe -orcad

PCB Router 17.4

C:₩Cadence₩SPB_17.4₩tools₩bin₩specctra.exe

PCB Signal Integrity 17.4

C:₩Cadence₩SPB_17.4₩tools₩bin₩allegro.exe-product OrCAD_Signal_Explorer

PSpice AD 17.4

C:₩Cadence₩SPB_17.4₩tools₩bin₩pspice.exe

PSpice Advanced Analysis 17.4

C:₩Cadence₩SPB_17.4₩tools₩bin₩pspiceaa.exe

PSpice Model Editor 17.4

C:₩Cadence₩SPB_17.4₩tools₩bin₩ModelEd.exe

PSpice Simulation Manager 17.4

C:₩Cadence₩SPB_17.4₩tools₩bin₩simmgr.exe

PSpice Stimulus Editor 17.4

C:₩Cadence₩SPB_17.4₩tools₩bin₩stmed.exe

Cadence Help 17.4

C:₩Cadence₩SPB_17.4₩tools₩cdnshelp₩bin₩cdnshelp.exe

Cadence OrCAD and Allegro Tutorials 17.4

C:₩Cadence₩SPB_17.4₩tools₩bin₩tutorials.exe

저 | 자 | 소 | 개

김종오 / 現 동양미래대학교 전자공학과 교수

안태원 / 現 동양미래대학교 전자공학과 교수

박현찬 / 現 나인플러스IT(주) 대표

실무와 예제를 중심으로 한

OrCAD PCB 설계 v17.4

2판 2쇄 2024년 3월 8일

저 자	김종오 / 안태원 / 박현찬
발행인	송광헌
발행처	복두출판사
주 소	서울특별시 영등포구 경인로82길 3-4 센터플러스 807호 (우) 07371
전 화	02-2164-2580
FAX	02-2164-2584
등 록	1993. 11. 22. 제 10-902 호

정가 : 30,000원

ISBN : 979-11-6675-238-4 93560

한국과학기술출판협회 회원사

기술문의처

Cadence 한국총판 : 나인플러스IT(주)

서울 : 서울특별시 금천구 가산디지털1로 84 (가산동) 1502호
(전자설계학원 : 금천구 디지털로 121 에이스가산타워 203호 (가산동 550-9)
Tel) 02-6123-3355 / FAX) 02-6123-3350

부산 : 부산광역시 해운대구 센텀중앙로 78, 센텀그린타워 1506호
Tel) 051-758-4841, 4~5 / FAX) 051-758-4866

홈페이지 http://www.npit.co.kr
학원 홈페이지 http://www.npacademy.co.kr